JORKS

Handwerkerversicherungsgesetz

SAMMLUNG GUTTENTAG

258

Handwerkerversicherungsgesetz

vom 8. September 1960

Kommentar

von

Eugen Jorks
Verwaltungsrat in Frankfurt a. M.

BERLIN 1962

WALTER DE GRUYTER & CO.

vormals G. J. Göschen'sche Verlagshandlung — J. Guttentag, Verlagsbuchhandlung — Georg Reimer — Karl J. Trübner — Veit & Comp.

Archiv-Nr. 2 958 62 1

Satz und Druck: Walter de Gruyter & Co., Berlin W 30

VORWORT

Die Neuregelung des Rechts der Rentenversicherung der Handwerker durch das Handwerkerversicherungsgesetz vom 8. 9. 1960 löst die bisher geltenden Vorschriften des Gesetzes über die Altersversorgung für das Deutsche Handwerk vom 21. 12. 1938 samt den dazu erlassenen Durchführungs- und Ergänzungsvorschriften ab. Bei der Neuregelung ist dabei von völlig anderen Grundzügen, als sie dem bisher geltenden Recht zugrunde lagen, ausgegangen worden. Es wurde nicht nur eine Anpassung des Handwerkerversicherungsrechts an die seit 1957 geltenden Vorschriften der gesetzlichen Rentenversicherungen vorgenommen, sondern vielmehr eine vollkommen neue Regelung geschaffen.

Die Vorschriften des Handwerkerversicherungsgesetzes enthalten zwar die nunmehr maßgebenden grundsätzlichen Regelungen, lassen daneben aber viele Fragen der praktischen Durchführung offen, deren Beantwortung der Rechtsprechung und der Praxis überlassen sind. Der Verfasser will mit diesem Kommentar einen Beitrag zur Lösung der Zweifelsfragen leisten und Anregungen für die praktische Durchführung des Gesetzes geben. Damit soll einmal die Arbeit derjenigen erleichtert werden, die mit der Anwendung der Vorschriften des Gesetzes unmittelbar oder mittelbar befaßt sind, zum anderen aber auch den Organisationen des Handwerks und nicht zuletzt dem einzelnen interessierten Handwerker ein Hilfsmittel in die Hand gegeben werden, um sich über die aus der Neuregelung der Handwerkerversicherung sich ergebenden Rechte und Pflichten eingehend zu informieren. Das Erscheinen des Kommentars kurz nach dem Inkrafttreten des Gesetzes machte es unmöglich, bereits auf die Auffassungen der Gerichte der Sozialgerichtsbarkeit einzugehen.

Bei den Erläuterungen der einzelnen Vorschriften ist der Verfasser davon ausgegangen, nicht nur die einzelnen sich aus den Vorschriften ergebenden Zweifelsfragen zu behandeln und Lösungsmöglichkeiten aufzuzeigen, sondern es wurde darüber hinaus auch versucht, die in anderen Gesetzen enthaltenen Vorschriften, die für die Versicherung der Handwerker von Bedeutung sind, zusammengefaßt anzuführen, um dem Benutzer des Kommentars ein Suchen zu ersparen. Daneben wurde auch auf das bisher geltende Recht eingegangen, soweit es noch künftig Bedeutung hat, wie z. B. bei der Frage, welche Voraussetzungen Lebensversicherungsverträge erfüllen mußten, damit sie auch ab 1. 1. 1962 die Versicherungsfreiheit der Handwerker begründen.

Vorwort

Im Anhang sind die Vorschriften des bisher geltenden Rechts mit abgedruckt worden, da diese wegen der Übergangsregelungen noch Bedeutung haben können. Weiterhin wurden die für die Versicherungspflicht wichtigen Vorschriften der Handwerkerordnung, sowie die Vorschriften des 4. Buches der Reichsversicherungsordnung, soweit darin materiellrechtliche Regelungen enthalten sind, abgedruckt. Erläuterungen zu den allgemeinen Vorschriften der Rentenversicherung der Arbeiter, soweit sie über den Rahmen der Handwerkerversicherung hinausgehen, zu geben, war in diesem Zusammenhang nicht möglich; insoweit mußte der Benutzer auf die einschlägigen Kommentare verwiesen werden.

Frankfurt am Main, im Juni 1962

Der Verfasser

INHALTSVERZEICHNIS

ABKÜRZUNGSVERZEICHNIS

a. A.	anderer Auffassung
Abs.	Absatz
ABl.	Amtsblatt
aF	alte Fassung
AKG	Allgemeines Kriegsfolgengesetz
AN	Amtliche Nachrichten (Jahrgang, Seite)
Anm.	Anmerkung
AnVNG	Angestelltenversicherungs-Neuregelungsgesetz
Art.	Artikel
ArVNG	Arbeiterrentenversicherungs-Neuregelungsgesetz
AVAVG	Gesetz über Arbeitsvermittlung und Arbeitslosenversicherung
AVG	Angestelltenversicherungsgesetz
BAnz.	Bundesanzeiger
BArbBl.	Bundesarbeitsblatt
BGB	Bürgerliches Gesetzbuch
BGBl.	Bundesgesetzblatt (Teil, Seite)
BSG	Bundessozialgericht
BSGE	Sammlung der Entscheidungen des Bundessozialgerichts (Band, Seite)
d. h.	das heißt
1. DVOzHVG	Erste Verordnung zur Durchführung und Ergänzung des Gesetzes über die Altersversorgung für das Deutsche Handwerk vom 13. 7. 1939
2. DVOzHVG	Zweite Verordnung zur Durchführung und Ergänzung des Gesetzes über die Altersversorgung für das Deutsche Handwerk vom 28. 10. 1939
EStG	Einkommensteuergesetz
EuM	Entscheidungen und Mitteilungen des Reichsversicherungsamts (Band, Seite)
FANG	Fremdrenten- und Auslandsrenten-Neuregelungsgesetz
FRG	Fremdrentengesetz
G 131	Gesetz zur Regelung der Rechtsverhältnisse der unter Artikel 131 des Grundgesetzes fallenden Personen
GE	Grundsätzliche Entscheidungen
GewO	Gewerbeordnung
GVBl.	Gesetz- und Verordnungsblatt
HO	Handwerksordnung

Abkürzungsverzeichnis

HVG	Gesetz über die Altersversorgung für das Deutsche Handwerk vom 21. 12. 1938
HwVG	Gesetz über eine Rentenversicherung der Handwerker
i. d. F.	in der Fassung
nF	neue Fassung
Nr.	Nummer
RAM	Reichsarbeitsminister
RGBl.	Reichsgesetzblatt (Teil, Seite)
RKG	Reichsknappschaftsgesetz
RMG	Rentenmehrbetragsgesetz
RVA	Reichsversicherungsamt
RVO	Reichsversicherungsordnung
S.	Seite
SVAG	Sozialversicherungs-Anpassungsgesetz
u. A.	unter Anderem
u. U.	unter Umständen
VAG	Gesetz über die Beaufsichtigung der privaten Versicherungsunternehmungen und Bausparkassen
vgl.	vergleiche
VO	Verordnung
VVG	Gesetz über den Versicherungsvertrag
WehrpflG	Wehrpflichtgesetz
z. B.	zum Beispiel

LITERATURVERZEICHNIS

Barke	Leitfaden zum neuen Handwerkerversicherungsgesetz, Sonderdruck des Deutschen Handwerksblatts 1960
Brackmann	Handbuch der Sozialversicherung, Asgard-Verlag, Bad Godesberg
Brockhof	RVO-Gesamtkommentar – Viertes Buch – Chmielorz-Verlag, Wiesbaden
Eicher-Haase	Gesetze zur Neuregelung des Rechts der Rentenversicherung der Arbeiter und der Angestellten – 2. Auflage – Kommunalschriften-Verlag J. Jehle, München.
Etmer	Reichsversicherungsordnung – Viertes Buch – Rentenversicherung der Arbeiter, Verlag R. S. Schulz, München.
Eyermann-Fröhler	Handwerksordnung – Kommentar – C. H. Beck'sche Verlagsbuchhandlung, München und Berlin.
Haaß-Glanzmann	Handwerkerversorgungsgesetz – Kommentar – Verlag Walter de Gruyter & Co. (Guttentagsche Sammlung) Berlin.
Hartmann-Philipp	Handwerksordnung – Kommentar – Otto Elsner Verlagsgesellschaft, Darmstadt und Berlin.
Hoernigk-Jorks	Rentenversicherungs-Neuregelungsgesetze – Kommentar – Verlag Kommentator (WK-Reihe), Frankfurt/Main.
Hoernigk-Jorks	Rentenversicherung der Handwerker – Grundriß – Verlagsgesellschaft Recht und Wirtschaft, Heidelberg.
Jantz-Zweng	Das neue Recht der Rentenversicherung der Arbeiter und der Angestellten, W. Kohlhammer-Verlag, Stuttgart.
Kahmann-Jahn-Hoernigk	Das Handwerkerversorgungsrecht / Das Handwerkerversicherungsgesetz, Asgard-Verlag, Bad Godesberg.
Koch-Hartmann-Altrock-Fürst	Das Angestelltenversicherungsgesetz – Kommentar – Engel-Verlag, Berlin.
Prölß	Versicherungsvertragsgesetz – Kommentar – C. H. Beck'sche Verlagsbuchhandlung, München und Berlin.
Schlageter	Handwerkerversicherungsgesetz – Kommentar – Verlag Hofrichter u. Co., Freiburg i. Br.

GESETZESTEXT

Gesetz
'ber eine Rentenversicherung der Handwerker
'Handwerkerversicherungsgesetz — HwVG)

vom 8. September 1960
(BGBl. I S. 737)

unter Berücksichtigung der Änderungen durch das Gesetz zur Änderung sozialrechtlicher Vorschriften vom 25. April 1961 (BGBl. I S. 465) und des Gesetzes zur Änderung des Handwerkversicherungsgesetzes vom 11. September 1962 (BGBl. I S. 610)

Der Bundestag hat mit Zustimmung des Bundesrates das folgende Gesetz beschlossen:

ERSTER ABSCHNITT

Allgemeine Vorschriften

§ 1

(1) Nach diesem Gesetz werden Handwerker, die in die Handwerksrolle eingetragen sind, in der Rentenversicherung der Arbeiter versichert, solange sie Beiträge für eine rentenversicherungspflichtige Beschäftigung oder Tätigkeit für weniger als zweihundertsechzehn Kalendermonate entrichtet haben.

(2) Die Versicherungspflicht nach § 1227 Abs. 1 Nr. 6 der Reichsversicherungsordnung geht derjenigen nach Absatz 1 vor.

(3) Die Versicherungspflicht beginnt mit dem Kalendermonat, der auf den Kalendermonat folgt, in dem die Voraussetzungen für die Versicherungspflicht erfüllt werden.

(4) Die Versicherungspflicht endet mit Ablauf des Kalendermonats, in dem die Voraussetzungen für die Versicherungspflicht entfallen.

(5) Für die Versicherung nach diesem Gesetz gelten die Vorschriften der Rentenversicherung der Arbeiter für die nach § 1227 Abs. 1 Nr. 3 und 4 der Reichsversicherungsordnung versicherungspflichtigen Personen einschließlich derjenigen Vorschriften, die das Recht der Rentenversicherung der Arbeiter ändern oder ergänzen, soweit nicht in diesem Gesetz Abweichendes bestimmt ist.

§ 2

(1) Versicherungsfrei sind über die Vorschriften, die für die Rentenversicherung der Arbeiter gelten, hinaus auch,

1. wer als Inhaber eines handwerklichen Nebenbetriebes (§ 2 Nr. 2 und 3 und § 3 der Handwerksordnung vom 17. September 1953 [Bundesgesetzbl. I S. 1411], zuletzt geändert durch Gesetz vom 26. Dezember 1957 [Bundesgesetzbl. I S. 1883]) in die Handwerksrolle eingetragen ist,

2. wer als Nachlaßverwalter, Nachlaßpfleger oder Testamentsvollstrecker einen Handwerksbetrieb führt,
3. wer als Erbe oder in ungeteilter Erbengemeinschaft in die Handwerksrolle eingetragen und nicht in dem nachgelassenen Handwerksbetrieb tätig ist,
4. Witwen und Witwer, für die Zeit nach dem Tode ihres Ehegatten, wenn sie dessen Handwerksbetrieb fortführen, es sei denn, daß sie im Zeitpunkt des Todes ihres Ehegatten nach § 1 versichert waren,
5. wer als Arbeitnehmer versicherungspflichtig ist.

(2) Auf ihren Antrag werden Bezirksschornsteinfegermeister von der Versicherungspflicht befreit.

(3) § 1 Abs. 3 und 4 gilt entsprechend für die Versicherungsfreiheit.

(4) Für die Befreiung von der Versicherungspflicht tritt an die Stelle des Beginns des Beschäftigungsverhältnisses (§ 1230 der Reichsversicherungsordnung) und der Verleihung der Anwartschaft (§ 1231 der Reichsversicherungsordnung) der Beginn des Kalendermonats, in den die genannten Ereignisse fallen.

§ 3

(1) Arbeitslosigkeit im Sinne des § 1248 Abs. 2, des § 1251 Abs. 1 und des § 1259 Abs. 1 Nr. 3 der Reichsversicherungsordnung liegt nur vor, wenn und solange der Handwerker in der Handwerksrolle gelöscht ist.

(2) Zeiten der Krankheit im Sinne des § 1251 Abs. 1, der Arbeitsunfähigkeit im Sinne des § 1259 Abs. 1 Nr. 1 und der Schwangerschaft oder des Wochenbetts im Sinne des § 1259 Abs. 1 Nr. 2 der Reichsversicherungsordnung werden bei Anwendung der genannten Vorschriften nur dann berücksichtigt, wenn der Handwerker während dieser Zeiten keine anderen als die in § 4 Abs. 5 Nr. 2 genannten Personen beschäftigt hat. Der Bundesminister für Arbeit und Sozialordnung erläßt mit Zustimmung des Bundesrates Verwaltungsvorschriften darüber, wie die Arbeitsunfähigkeit nachzuweisen ist.

(3) War ein Handwerker während einer Ersatzzeit des § 1251 der Reichsversicherungsordnung auf Grund seiner Eintragung in die Handwerksrolle versicherungspflichtig, so schließt diese Versicherungspflicht die Anrechnung der Ersatzzeit nicht aus, wenn für diese Zeit Beiträge nicht entrichtet sind.

§ 4

(1) Für die Pflichtversicherung gelten die Beitragsklassen des § 1387 der Reichsversicherungsordnung von Beitragsklasse V an.

(2) Pflichtbeiträge sind ohne Rücksicht auf die Höhe des Arbeitseinkommens in der Beitragsklasse zu entrichten, die für ein Zwölftel des nach § 1256 Abs. 1 Buchstabe c der Reichsversicherungsordnung bestimmten durchschnittlichen Bruttoarbeitsentgelts anzuwenden ist. Die Beitragsklasse wird in der in § 1256 Abs. 1 der Reichsversicherungsordnung vorgesehenen Rechtsverordnung bekanntgegeben.

(3) Pflichtversicherte können an Stelle der Beitragsklasse nach Absatz 2 eine höhere Beitragsklasse wählen, jedoch nicht eine höhere, als einem Zwölftel ihrer Jahreseinkünfte (Absatz 6) entspricht.

(4) Für die in § 3 Abs. 2 aufgeführten Zeiten brauchen Beiträge auf Antrag nicht entrichtet zu werden.

(5) Pflichtversicherte brauchen Beiträge nur für jeden zweiten Monat zu entrichten

1. bis zum Ablauf von drei Kalenderjahren nach dem Jahr der erstmaligen Eintragung in die Handwerksrolle,
2. für die Zeit, in der sie in ihrem Gewerbebetrieb mit Ausnahme eines Lehrlings oder eines Verwandten ersten Grades keine Personen beschäftigen, die wegen dieser Beschäftigung rentenversicherungspflichtig sind.

Hat der Handwerker von dem Recht des Satzes 1 im letzten Kalenderjahr vor dem Versicherungsfall Gebrauch gemacht, so dürfen nach dem Versicherungsfall Beiträge für Zeiten vorher auch nur für sechs Kalendermonate im Jahr entrichtet werden.

(6) Liegt der im letzten Einkommensteuerbescheid ausgewiesene Betrag der Jahreseinkünfte aus Gewerbebetrieb vor Abzug der Sonderausgaben und Freibeträge unter der Hälfte des Betrages des nach Absatz 2 bestimmten durchschnittlichen Bruttoarbeitsentgelts, so können die in Absatz 5 genannten Pflichtversicherten Beiträge in einer niedrigeren Beitragsklasse des Absatzes 1 entrichten.

§ 5

(1) Die Beiträge pflichtversicherter Handwerker werden von dem Träger der Rentenversicherung der Arbeiter eingezogen.

(2) Der Träger der Rentenversicherung der Arbeiter kann mit Trägern der gesetzlichen Krankenversicherung vereinbaren, daß diese als Einzugsstellen tätig werden; § 1399 Abs. 3 bis 5, § 1400 Abs. 1 und 3, § 1426 Abs. 1 und 2, §§ 1433 bis 1437 der Reichsversicherungsordnung gelten entsprechend.

(3) Die Entrichtung der Beiträge an die Einzugsstelle ist von dieser unter Angabe des Zeitraumes, für den die Beiträge bestimmt sind, in die Versicherungskarte des Versicherten einzutragen.

(4) Die Beitragsentrichtung hat jeweils am Ende jedes Kalendermonats für diesen Monat, in den Fällen des § 4 Abs. 5 am Ende der Kalendermonate mit gerader Ordnungszahl zu erfolgen.

(5) Die Handwerkskammern haben den Versicherungsträgern und den Einzugsstellen Einblick in die Handwerksrolle zu gewähren und ihnen die Anmeldungen und Löschungen mitzuteilen. Der Bundesminister für Arbeit und Sozialordnung bestimmt mit Zustimmung des Bundesrates Art und Umfang der Mitteilungen der Handwerkskammern.

ZWEITER ABSCHNITT

Übergangsvorschriften

§ 6

(1) Handwerker, die für Januar und Februar 1957 die Voraussetzungen für die Versicherungsfreiheit nach § 3 des Gesetzes über die Altersversorgung für das Deutsche Handwerk vom 21. Dezember 1938 (Reichsgesetzbl. I S. 1900) erfüllten und in dieser Zeit versicherungsfrei waren, bleiben versicherungsfrei.

(2) Handwerker, die für Januar und Februar 1957 die Voraussetzungen für die Befreiung von der halben Beitragsleistung nach § 5 des Gesetzes über die Altersversorgung für das Deutsche Handwerk erfüllten und in dieser Zeit von der halben Beitragsleistung befreit waren, entrichten vom Inkrafttreten des Gesetzes an für die Dauer ihrer Versicherungspflicht Beiträge mindestens nach § 4 Abs. 5 Nr. 2 und Abs. 6.

(3) Handwerker, die vor dem Inkrafttreten dieses Gesetzes auf Grund eines Versicherungsvertrages die Versicherungsfreiheit nach § 3 des Gesetzes über die Altersversorgung für das Deutsche Handwerk geltend gemacht und bis zum Inkrafttreten dieses Gesetzes die Voraussetzungen für die Versicherungsfreiheit nach § 3 des Gesetzes über die Altersversorgung für das Deutsche Handwerk erfüllt haben, bleiben weiterhin versicherungsfrei.

(4) Handwerker, die vor dem Inkrafttreten dieses Gesetzes auf Grund eines Versicherungsvertrages die Befreiung von der halben Beitragsleistung nach § 5 des Gesetzes über die Altersversorgung für das Deutsche Handwerk geltend gemacht haben, entrichten vom Inkrafttreten dieses Gesetzes an für die Dauer ihrer Versicherungspflicht Beiträge mindestens nach § 4 Abs. 5 Nr. 2 und Abs. 6.

(5) Die Versicherungsfreiheit endet bei Löschung der Eintragung des Handwerkers in der Handwerksrolle.

(6) Für Handwerker, die auf Grund eines Pensionsvertrages mit der Pensionskasse des Bäckerhandwerks Versicherungsverein auf Gegenseitigkeit, Sitz Berlin, die Versicherungsfreiheit oder die Befreiung von der halben Beitragsleistung geltend gemacht haben, gelten die Absätze 1 bis 5 entsprechend, und zwar auch dann, wenn die Versicherungsfreiheit auf Grund von zwei oder mehr Verträgen mit der Pensionskasse des Bäckerhandwerks und einem oder mehr als einem Lebensversicherungsunternehmen geltend gemacht wurde.

§ 7

(1) Handwerker, die nach Artikel 1 Abs. 2 Nr. 3 oder Abs. 4 Nr. 3 des Gesetzes zur vorläufigen Änderung des Gesetzes über die Altersversorgung für das Deutsche Handwerk vom 27. August 1956 (Bundesgesetzbl. I S. 755) befreit sind oder werden, bleiben von der Versicherungspflicht befreit; § 1230 Abs. 4 und 5 der Reichsversicherungsordnung gilt. Die in Artikel 1 Abs. 2 Nr. 3 des angeführten Gesetzes geforderten Voraussetzungen gelten, soweit ein Antrag auf Befreiung gestellt, aber ein bindender Bescheid noch nicht ergangen ist, als erfüllt. Für die Berechnung der Wartezeit bei Anwendung des Artikels 1 Abs. 4 Nr. 3 des angeführten Gesetzes findet § 26 des Angestelltenversicherungsgesetzes in der Fassung vom 23. Februar 1957 (Bundesgesetzbl. I S. 88) Anwendung.

(2) Befreiungen auf Grund des Artikels 2 § 52 Abs. 3 des Angestelltenversicherungs-Neuregelungsgesetzes vom 23. Februar 1957 gelten als Befreiungen auch für die Zeit nach Inkrafttreten dieses Gesetzes, auch wenn sie nachher erteilt sind; § 1230 Abs. 4 und 5 der Reichsversicherungsordnung gilt.

(3) Befreiungen nach § 33 der Verordnung zur Durchführung und Ergänzung des Gesetzes über die Altersversorgung für das Deutsche Handwerk vom 13. Juli 1939 (Reichsgesetzbl. I S. 1255) gelten als Befreiungen nach § 1230 der Reichsversicherungsordnung.

(4) Witwen und Witwer, die nach dem Tode ihres Ehegatten dessen Handwerksbetrieb fortführen und nach § 33 Abs. 1 der Verordnung zur Durchführung und Ergänzung des Gesetzes über die Altersversorgung für das Deutsche Handwerk vom 13. Juli 1939 versicherungspflichtig waren, jedoch auf Grund des § 2 Abs. 1 Nr. 4 dieses Gesetzes versicherungsfrei werden, können die Versicherung freiwillig fortsetzen. § 8 Abs. 3 dieses Gesetzes gilt.

(5) Im Saarland tritt an die Stelle des in Absatz 1 genannten Gesetzes zur vorläufigen Änderung des Gesetzes über eine Altersversorgung für das Deutsche

Handwerk vom 27. August 1956 das Gesetz Nr. 569 zur weiteren Änderung des Gesetzes über die Altersversorgung für das Deutsche Handwerk vom 22. Dezember 1956 (Amtsblatt des Saarlandes S. 1728); Absatz 1 Satz 1 gilt entsprechend für Befreiungen auf Grund des § 1 des Gesetzes vom 6. Juni 1952 (Amtsblatt des Saarlandes S. 661) zur Änderung des Gesetzes über die Altersversorgung für das Deutsche Handwerk vom 21. Dezember 1938 (Reichsgesetzbl. I S. 1900).

(6) Versicherungsfrei sind Handwerker, die am 31. 12. 1956 das 65. Lebensjahr vollendet haben.

§ 8

(1) Beiträge, die auf Grund des Gesetzes über die Altersversorgung für das Deutsche Handwerk entrichtet sind, gelten als Beiträge zur Rentenversicherung der Arbeiter; dies gilt bei Anwendung des § 1314 der Reichsversicherungsordnung und des § 93 des Angestelltenversicherungsgesetzes auch für Rentenbezugszeiten vor dem Inkrafttreten dieses Gesetzes. Zur Ermittlung des Verhältnisses zwischen dem von dem Versicherten erzielten Arbeitseinkommen (§ 1255 Abs. 6 der Reichsversicherungsordnung) und dem durchschnittlichen Bruttoarbeitsentgelt aller Versicherten sind die Vorschriften der Rentenversicherung der Angestellten anzuwenden, im übrigen gelten die Vorschriften, die in der Rentenversicherung der Arbeiter gelten. Für die Halbversicherung gilt, soweit das vor dem 1. Januar 1957 geltende Recht anzuwenden ist, § 6 Abs. 1 und 3 des in Satz 1 genannten Gesetzes.

(2) Zeiten zwischen dem 9. Mai 1945 und dem 17. Dezember 1953, in denen ein Gewerbetreibender nicht in die Handwerksrolle eingetragen war, jedoch seinen Betrieb als Handwerksbetrieb gewerbepolizeilich angemeldet hatte, stehen Zeiten der Eintragung in die Handwerksrolle gleich.

(3) Erfüllen Handwerker die Voraussetzungen für die freiwillige Weiterversicherung auch durch Beiträge nach Absatz 1, so können sie vom Inkrafttreten dieses Gesetzes an die Weiterversicherung nur in der Rentenversicherung der Arbeiter durchführen.

(4) Handwerker-Versicherungskarten gelten als Versicherungskarten der Rentenversicherung der Arbeiter bis zu ihrem Umtausch weiter; der Umtausch hat innerhalb eines Jahres nach dem Inkrafttreten des Gesetzes zu erfolgen.

§ 9

(1) Sind für die Zeit vor Inkrafttreten dieses Gesetzes Pflichtbeiträge zu entrichten, so bestimmt sich ihre Höhe nach § 4, sofern nicht der Handwerker nachweist, daß er nach bisherigem Recht geringere Beiträge zu entrichten hatte.

(2) Pflichtbeiträge und freiwillige Beiträge von Handwerkern für Zeiten vor Inkrafttreten dieses Gesetzes sind zur Rentenversicherung der Arbeiter nachzuentrichten; dies gilt auch für die Weiterversicherung von Handwerkern, die nach § 3 des Gesetzes über die Altersversorgung für das Deutsche Handwerk versicherungsfrei waren.

(3) Im Saarland beginnt der Beitragseinzug mit dem Inkrafttreten dieses Gesetzes; § 5 Abs. 3 gilt nicht.

§ 10

(1) Renten, die ganz oder zum Teil auf Grund von Beiträgen nach § 8 Abs. 1 durch die Bundesversicherungsanstalt für Angestellte festgestellt sind oder werden, werden weiterhin von dieser gewährt.

(2) Renten, die ganz oder zum Teil auf Grund von Beiträgen nach § 8 Abs. 1 bei der Bundesversicherungsanstalt für Angestellte bis zum 31. Dezember 1961 beantragt oder von Renten nach Absatz 1 abgeleitet oder aus diesen umgewandelt werden, werden auch nach Inkrafttreten dieses Gesetzes von der Bundesversicherungsanstalt für Angestellte festgestellt.

(3) Die Träger der Rentenversicherung der Arbeiter erstatten der Bundesversicherungsanstalt für Angestellte die Ausgaben für Renten nach den Absätzen 1 und 2; §§ 1390 bis 1393 der Reichsversicherungsordnung gelten; § 1314 der Reichsversicherungsordnung und § 93 des Angestelltenversicherungsgesetzes gelten nicht.

(4) Im Saarland werden die Renten weiterhin von der Landesversicherungsanstalt für das Saarland gewährt; Absätze 1 bis 3 gelten nicht.

§ 11

(1) Sind zuletzt Beiträge nach § 8 Abs. 1 Satz 1 entrichtet worden, so ist für die Feststellung der Renten derjenige Träger der Rentenversicherung der Arbeiter zuständig, in dessen Bezirk der Versicherte zur Zeit der Entrichtung dieses Beitrages seinen Wohnsitz gehabt hat. § 1311 der Reichsversicherungsordnung gilt entsprechend.

(2) Absatz 1 gilt auch für die Zuständigkeit beim Umtausch von Versicherungskarten und bei sonstigen Angelegenheiten der Versicherung nach diesem Gesetz.

(3) Maßnahmen zur Erhaltung, Besserung und Wiederherstellung der Erwerbsfähigkeit, die vor dem Inkrafttreten dieses Gesetzes bewilligt sind, werden von der Bundesversicherungsanstalt für Angestellte bis zu dem Zeitpunkt weitergewährt, zu dem sie ohne dieses Gesetz beendigt worden wären. Für Anträge auf solche Maßnahmen, die vor Inkrafttreten dieses Gesetzes gestellt sind, bleibt die Bundesversicherungsanstalt für Angestellte zuständig; Satz 1 gilt entsprechend.

(4) Die Bundesversicherungsanstalt für Angestellte bleibt für die Entscheidung über Anträge zuständig, welche die Beitragspflicht von Handwerkern betreffen und vor dem Inkrafttreten dieses Gesetzes gestellt sind.

(5) In den Fällen der Absätze 3 und 4 tritt im Saarland an die Stelle der Bundesversicherungsanstalt für Angestellte die Landesversicherungsanstalt für das Saarland.

§ 12

Der in § 1389 der Reichsversicherungsordnung in der Fassung des Gesetzes über Bundeszuschüsse und Gemeinlast vom 28. März 1960 (Bundesgesetzbl. I S. 199) festgesetzte Bundeszuschuß erhöht sich, der in § 116 des Angestelltenversicherungsgesetzes in der Fassung des Gesetzes über Bundeszuschüsse und Gemeinlast vom 28. März 1960 festgesetzte Bundeszuschuß ermäßigt sich im Jahre 1962 um 7,9 vom Hundert des Bundeszuschusses der Rentenversicherung der Angestellten.

§ 13

(1) Die Reichsversicherungsordnung wird wie folgt geändert:

1. In § 1227 Abs. 1 werden die Worte „oder des Gesetzes über die Altersversorgung für das Deutsche Handwerk“ gestrichen.
2. In § 1228 Abs. 1 Nr. 4 werden eingefügt hinter „Arbeitgeber“ die Worte „oder eine Nebentätigkeit“ und angefügt die Worte „oder in der Nebentätigkeit“.

3. In § 1314 Abs. 2 wird folgender Satz 2 eingefügt:
„Dabei gelten Beiträge für Zeiten vor dem 1. Januar 1923, in denen der Versicherte als Angestellter beschäftigt war, als Beiträge zur Rentenversicherung der Angestellten."

(2) Das Angestelltenversicherungsgesetz wird wie folgt geändert:

1. In § 4 Abs. 1 Nr. 5 werden eingefügt hinter „Arbeitgeber" die Worte „oder eine Nebentätigkeit" und angefügt die Worte „oder in der Nebentätigkeit".
2. In § 93 Abs. 2 wird folgender Satz 2 eingefügt:
„Dabei gelten Beiträge für Zeiten vor dem 1. Januar 1923, in denen der Versicherte als Angestellter beschäftigt war, als Beiträge zur Rentenversicherung der Angestellten."

(3) 1. Artikel 2 § 36 Abs. 3 des Arbeiterrentenversicherungs-Neuregelungsgesetzes in der Fassung des Gesetzes über Bundeszuschüsse und Gemeinlast vom 28. März 1960 erhält folgende Fassung:
„(3) Von den Aufwendungen für den Sonderzuschuß erstattet der Bund den Trägern der Rentenversicherung der Arbeiter im Jahre 1962 den Betrag von 172 Millionen Deutsche Mark und in den folgenden neun Jahren einen Betrag, der jeweils um 17,2 Millionen Deutsche Mark geringer ist als im Vorjahr."

2. Artikel 2 § 35 Abs. 3 des Angestelltenversicherungs-Neuregelungsgesetzes in der Fassung des Gesetzes über Bundeszuschüsse und Gemeinlast vom 28. März 1960 erhält folgende Fassung:
„(3) Von den Aufwendungen für den Sonderzuschuß erstattet der Bund der Bundesversicherungsanstalt für Angestellte im Jahre 1962 den Betrag von 45 Millionen Deutsche Mark und in den folgenden neun Jahren einen Betrag, der jeweils um 4,5 Millionen Deutsche Mark geringer ist als im Vorjahr."

(4) Das Reichsknappschaftsgesetz wird wie folgt ergänzt:

1. In § 30 Abs. 1 Nr. 4 werden eingefügt hinter „Arbeitgeber" die Worte „oder eine Nebentätigkeit" und angefügt die Worte „oder in der Nebentätigkeit".
2. In § 104 Abs. 2 wird folgender Satz 2 eingefügt:
„Dabei gelten Beiträge für Zeiten vor dem 1. Januar 1923, in denen der Versicherte als Angestellter beschäftigt war, als Beiträge zur Rentenversicherung der Angestellten."

(5) Soweit in anderen Vorschriften auf Bestimmungen verwiesen wird oder Bezeichnungen verwendet werden, die durch dieses Gesetz geändert werden, treten an ihre Stelle die entsprechenden Bestimmungen und Bezeichnungen dieses Gesetzes.

§ 13a

Die Befreiung von der Versicherungspflicht nach § 2 Abs. 2 wirkt vom 1. Januar 1962 an, wenn sie bis zum 31. Dezember 1962 beantragt wird.

DRITTER ABSCHNITT

Schlußvorschriften

§ 14

Mit dem Inkrafttreten dieses Gesetzes treten insbesondere außer Kraft

1. das Gesetz über die Altersversorgung für das Deutsche Handwerk vom 21. Dezember 1938 (Reichsgesetzbl. I S. 1900),

2. die Erste Verordnung zur Durchführung und Ergänzung des Gesetzes über die Altersversorgung für das Deutsche Handwerk vom 13. Juli 1939 (Reichsgesetzbl. I S. 1255),
3. § 3 Abs. 1 Satz 4 der Zweiten Durchführungsverordnung zur Notdienstverordnung vom 10. Oktober 1939 (Reichsgesetzbl. I S. 2018),
4. die Zweite Verordnung zur Durchführung und Ergänzung des Gesetzes über die Altersversorgung für das Deutsche Handwerk vom 28. Oktober 1939 (Reichsgesetzbl. I S. 2113),
5. die Dritte Verordnung zur Durchführung und Ergänzung des Gesetzes über die Altersversorgung für das Deutsche Handwerk vom 20. Dezember 1940 (Reichsgesetzbl. I S. 1671),
6. Abschnitt IV des Gesetzes über weitere Maßnahmen in der Reichsversicherung aus Anlaß des Krieges vom 15. Januar 1941 (Reichsgesetzbl. I S. 34),
7. die Vierte Verordnung zur Durchführung und Ergänzung des Gesetzes über die Altersversorgung für das Deutsche Handwerk vom 8. Dezember 1941 (Reichsgesetzbl. I S. 756),
8. die Fünfte Verordnung zur Durchführung und Ergänzung des Gesetzes über die Altersversorgung für das Deutsche Handwerk vom 26. September 1942 (Reichsgesetzbl. I S. 565),
9. die Sechste Verordnung zur Durchführung und Ergänzung des Gesetzes über die Altersversorgung für das Deutsche Handwerk vom 6. Dezember 1943 (Reichsgesetzbl. I S. 664),
10. Artikel 21 der Ersten Verordnung zur Vereinfachung des Leistungs- und Beitragsrechts in der Sozialversicherung vom 17. März 1945 (Reichsgesetzbl. I S. 41), soweit er selbständige Handwerker betrifft,
11. das Gesetz zur vorläufigen Änderung des Gesetzes über die Altersversorgung für das Deutsche Handwerk vom 27. August 1956 (Bundesgesetzbl. I S. 755),
12. die Verordnung zur Durchführung des Gesetzes zur vorläufigen Änderung des Gesetzes über die Altersversorgung für das Deutsche Handwerk vom 21. Dezember 1956 (Bundesgesetzbl. I S. 950),
13. Artikel 2 § 52 des Angestelltenversicherungs-Neuregelungsgesetzes vom 23. Februar 1957 (Bundesgesetzbl. I S. 88),
14. das Gesetz vom 6. Juni 1952 (Amtsblatt des Saarlandes S. 661) zur Änderung des Gesetzes über die Altersversorgung für das Deutsche Handwerk vom 21. Dezember 1938 (Reichsgesetzblatt I S. 1900),
15. das Gesetz Nr. 569 zur weiteren Änderung des Gesetzes über die Altersversorgung für das Deutsche Handwerk vom 22. Dezember 1956 (Amtsblatt des Saarlandes S. 1728).

§ 15

Dieses Gesetz gilt nach § 13 Abs. 1 des Dritten Überleitungsgesetzes vom 4. Januar 1952 (Bundesgesetzbl. I S. 1) auch im Land Berlin.

§ 16

Dieses Gesetz tritt mit Wirkung vom 1. Januar 1962 in Kraft.

GESETZESMATERIALIEN

Deutscher Bundestag
3. Wahlperiode

Drucksache 684

Antrag der Fraktion der FDP

Der Bundestag wolle beschließen:

Entwurf eines Gesetzes über die Versicherung der Handwerker (Handwerkerversicherungsgesetz)

Der Bundestag hat das folgende Gesetz beschlossen:

ERSTER ABSCHNITT

Kreis der Versicherten

§ 1

(1) Selbständige Handwerker werden in der Rentenversicherung der Arbeiter versichert.

(2) Soweit dieses Gesetz nichts anderes bestimmt, gelten die Vorschriften der Reichsversicherungsordnung entsprechend.

§ 2

(1) Die Versicherungspflicht beginnt mit dem Ersten des auf die Eintragung in die Handwerksrolle folgenden Monats.

(2) Führt der Ehegatte eines selbständigen Handwerkers den Betrieb nach dem Tode des Handwerkers fort, so beginnt die Versicherungspflicht nach Ablauf eines Jahres seit dem Tode des Handwerkers mit dem Ersten des auf den einjährigen Zeitraum folgenden Monats.

§ 3

Versicherungsfrei nach diesem Gesetz sind

1. selbständige Handwerker, die das Handwerk neben einer die Versicherungspflicht begründenden Beschäftigung oder Tätigkeit als Nebentätigkeit betrieben. Nebentätigkeit liegt vor, wenn das Handwerk zwar laufend oder in regelmäßiger Wiederkehr betrieben wird, aber nur gegen ein Einkommen,

das durchschnittlich im Monat ein Achtel der für Monatsbezüge geltenden Beitragsbemessungsgrenze (§ 1385 Abs. 2 der Reichsversicherungsordnung) oder bei höherem Einkommen ein Fünftel des Gesamteinkommens nicht überschreitet,

2. Inhaber einer Unternehmung des Handels, der Industrie, der Landwirtschaft oder einer sonstigen Gruppe der Wirtschaft, die nur einen handwerklichen Nebenbetrieb haben,
3. Bezirksschornsteinfeger,
4. Nachlaßverwalter, Nachlaßpfleger oder Testamentsvollstrecker eines selbständigen Handwerkers während einer Nachlaßverwaltung, Nachlaßpflegschaft oder Testamentsvollstreckung,
5. minderjährige Erben eines selbständigen Handwerkers während der Minderjährigkeit,
6. in ungeteilter Erbengemeinschaft in die Handwerksrolle eingetragene Erben eines selbständigen Handwerkers.

§ 4

(1) Von der Versicherungspflicht werden auf ihren Antrag befreit selbständige Handwerker, die Beitragszeiten im Sinne des § 1250 der Reichsversicherungsordnung oder des § 27 des Angestelltenversicherungsgesetzes oder des Reichsknappschaftsgesetzes während einhundertachtzig Kalendermonaten zurückgelegt haben.

(2) Beiträge zur Weiterversicherung bleiben bei der Berechnung nach Absatz 1 außer Betracht, soweit sie für Versicherungszeiten nach dem 31. Dezember 1956 entrichtet sind.

(3) Über den Antrag entscheidet der für den Wohnsitz des Handwerkers zuständige Träger der Rentenversicherung.

(4) Die Befreiung wirkt vom Beginn des Monats an, der auf den Monat folgt, in dem der Antrag gestellt ist.

§ 5

(1) Auf seinen Antrag wird der Ehegatte eines selbständigen Handwerkers, der den Betrieb nach dem Tode des Handwerkers fortführt, von der Versicherungspflicht befreit, wenn er eine Witwenrente oder eine Witwerrente aus der Rentenversicherung der Arbeiter oder der Rentenversicherung der Angestellten erhält.

(2) Der Antrag ist binnen eines Jahres nach dem Tode des Handwerkers zu stellen. § 4 Abs. 3 gilt entsprechend.

(3) Die Befreiung wirkt vom Ersten des Monats an, mit dem die Versicherungspflicht nach § 2 Abs. 2 beginnen würde.

§ 6

(1) Von der Versicherungspflicht werden auf ihren Antrag befreit selbständige Handwerker, die im Zeitraum der Eintragung in die Handwerksrolle das sechzigste Lebensjahr vollendet haben und bis zur Vollendung des fünfundsechzigsten Lebensjahres die Wartezeit für das Altersruhegeld nicht mehr erfüllen können.

(2) Der Antrag ist binnen drei Monaten nach dem Zeitpunkt der Eintragung zu stellen. § 4 Abs. 3 gilt entsprechend.

(3) Die Befreiung wirkt vom Ersten des Monats an, mit dem die Versicherungspflicht nach § 2 Abs. 1 beginnen würde.

Entwurf der Fraktion der FDP

ZWEITER ABSCHNITT
Weiterversicherung

§ 7

Selbständige Handwerker, die nach § 4 von der Versicherungspflicht befreit und weder nach dem Vierten Buch der Reichsversicherungsordnung, dem Reichsknappschaftsgesetz oder dem Angestelltenversicherungsgesetz versicherungspflichtig sind, können die Versicherung in der Rentenversicherung der Arbeiter fortsetzen.

DRITTER ABSCHNITT
Umfang der Versicherungspflicht und Beitragsentrichtung

§ 8

(1) Selbständige Handwerker, die versicherungspflichtig sind, haben die Beiträge durch Verwendung von Beitragsmarken zu entrichten.

(2) Für die Beitragsberechnung gelten die Beitragsklassen des § 1387 der Reichsversicherungsordnung.

(3) Der Beitragsberechnung ist der im letzten Einkommensteuerbescheid ausgewiesene Betrag der Jahreseinkünfte aus Gewerbebetrieb zugrunde zu legen, bis ein neuer Steuerbescheid ergeht. Ein Zwölftel dieses Betrages gilt als monatliches Bruttoarbeitseinkommen.

(4) Werden Ehegatten zusammenveranlagt und haben sie beide Einkünfte aus Gewerbebetrieb, so ist der Beitragsberechnung im Sinne der Absätze 1, 2 und 3 zugrundezulegen

1. bei Ehegatten mit beiderseitigen Einkünften aus eigenem Gewerbebetrieb der auf den jeweils Versicherungspflichtigen entfallende Teil der Einkünfte aus Gewerbebetrieb;
2. bei Ehegatten, die gemeinsam ein Gewerbe betreiben, die Hälfte der gemeinsamen Einkünfte aus Gewerbebetrieb.

Haben die Eheleute ein anderes Beteiligungsverfahren schriftlich für die Dauer von mindestens drei Jahren vereinbart, so ist dieses Beteiligungsverhältnis zugrunde zu legen.

(5) Ist der selbständige Handwerker für ein Kalenderjahr nicht mit Einkünften aus Gewerbebetrieb zur Einkommensteuer veranlagt worden, so ist der Beitragsberechnung der Betrag zugrunde zu legen, den der selbständige Handwerker im letzten Kalenderjahr für sich und seine Familie dem Gewerbebetrieb entnommen hat. Eine nur für einzelne Monate feststellbare Entnahme ist auf ein volles Jahr umzurechnen. Ist der Gewerbebetrieb erst im laufenden Kalenderjahr eröffnet worden oder wird er im laufenden Kalenderjahr aufgegeben, so ist für jeden einzelnen Monat die durchschnittliche Entnahme der vergangenen Monate maßgebend.

§ 9

(1) Die Beitragsentrichtung hat jeweils am Ende jedes Kalendermonats für diesen Monat zu erfolgen.

(2) In den ersten fünf Jahren nach dem Beginn der Versicherungspflicht (§ 2) wird die Versicherungspflicht auch dann erfüllt, wenn für jeden zweiten Kalendermonat ein Beitrag entrichtet wird.

VIERTER ABSCHNITT
Besondere Vorschriften

§ 10

(1) § 1259 Abs. 1 Nr. 3 der Reichsversicherungsordnung gilt für einen selbständigen Handwerker nur, wenn er während der Dauer der Arbeitslosigkeit in der Handwerksrolle gelöscht war.

(2) Ein arbeitsloser selbständiger Handwerker erhält Altersruhegeld nach § 1248 Abs. 2 der Reichsversicherungsordnung nur, wenn er während der Dauer der Arbeitslosigkeit in der Handwerksrolle gelöscht war.

§ 11

(1) Die Ersatzzeiten nach § 1251 der Reichsversicherungsordnung gelten für den selbständigen Handwerker auch dann, wenn sein Betrieb während der Ersatzzeit ohne Minderung des Ertrages weitergeführt wurde.

(2) Ausfallzeiten nach § 1259 Abs. 1 Nr. 1 und 2 der Reichsversicherungsordnung werden nur berücksichtigt, wenn der selbständige Handwerker sich nicht auf die Leitung seines Betriebes beschränkt, sondern körperlich mitarbeitet und an der Fortsetzung dieser Mitarbeit verhindert wird.

(3) Für die nach Absatz 1 und 2 zu berücksichtigenden Ersatz- und Ausfallzeiten brauchen Beiträge nicht entrichtet zu werden. Beiträge, die gleichwohl entrichtet sind, gelten
a) als Beiträge zur Höherversicherung, wenn sie für Ersatzzeiten,
b) als Pflichtbeiträge, wenn sie für Ausfallzeiten
entrichtet sind.

§ 12

Die Strafvorschriften der Reichsversicherungsordnung gegen Arbeitgeber gelten für selbständige Handwerker nicht, soweit es sich um Verletzungen der Pflichten aus ihrer persönlichen Versicherung handelt.

§ 13

Die Vorschriften der §§ 10 und 11 gelten für selbständige Handwerker auch dann, wenn sie nach § 4 von der Versicherungspflicht befreit sind.

§ 14

(1) Ausgabestellen für die Versicherungskarten der selbständigen Handwerker in der Rentenversicherung der Arbeiter sind die örtlich zuständigen Kreishandwerkerschaften und Handwerkskammern.

(2) Die Höhe der Vergütung für jede ausgegebene Versicherungskarte richtet sich nach den für die Ausgabe von Versicherungskarten der Rentenversicherung der Arbeiter geltenden Bestimmungen.

FÜNFTER ABSCHNITT
Übergangsvorschriften

§ 15

Selbständige Handwerker, die im Zeitpunkt des Inkrafttretens dieses Gesetzes nach Artikel 2 § 52 Abs. 3 des Angestelltenversicherungs-Neuregelungsgesetzes vom

23. Februar 1957 (Bundesgesetzbl. I S. 88) zur Weiterversicherung in der Altersversorgung für das Deutsche Handwerk berechtigt sind, können die Weiterversicherung für die Zeit nach dem Inkrafttreten dieses Gesetzes nur in der Rentenversicherung der Arbeiter durchführen.

§ 16

Renten für selbständige Handwerker und deren Hinterbliebene, die bis zum Inkrafttreten dieses Gesetzes nach den Vorschriften des Gesetzes über die Altersversorgung für das Deutsche Handwerk vom 21. Dezember 1938 (Reichsgesetzbl. I S. 1900) durch die Bundesversicherungsanstalt für Angestellte festzustellen und auszuzahlen waren, werden nach dem Inkrafttreten dieses Gesetzes durch die Träger der Rentenversicherung der Arbeiter ausgezahlt. Dies gilt nicht für Handwerker, die als freiwillig Versicherte im Sinne des § 26 Abs. 2 der Verordnung zur Durchführung und Ergänzung des Gesetzes über die Altersversorgung für das Deutsche Handwerk vom 13. Juli 1939 (Reichsgesetzbl. I S. 1255) der Angestelltenversicherung angehören.

§ 17

(1) Selbständige Handwerker, die

1. im Zeitpunkt des Inkrafttretens dieses Gesetzes für eine Lebensversicherung Prämien entsprechend § 7 des Sozialversicherungs-Anpassungsgesetzes vom 17. Juni 1949 (WiGBl. S. 99) und § 1 Nr. 2 der Beitragsmarken-Verordnung vom 11. März 1955 (Bundesgesetzbl. I S. 104) leisten und
2. die Voraussetzungen für die Befreiung von der vollen oder halben Versicherungspflicht nach Artikel 2 § 52 Abs. 2 des Angestelltenversicherungs-Neuregelungsgesetzes erfüllen,

bleiben von der vollen oder halben Beitragsleistung nach diesem Gesetz befreit, sofern und solange sie für ihre Lebensversicherung Prämien in der nach Nummer 1 erforderlichen Höhe leisten. Insoweit sind die Bestimmungen des Gesetzes über die Altersversorgung für das Deutsche Handwerk betreffend die Versicherungsfreiheit und die Befreiung von der halben Beitragsleistung auch nach dem Inkrafttreten dieses Gesetzes weiter anzuwenden. Die im Gesetz über die Altersversorgung für das Deutsche Handwerk der Bundesversicherungsanstalt für Angestellte übertragenen Aufgaben werden von den Landesversicherungsanstalten wahrgenommen. Wird ein von der vollen oder halben Versicherungspflicht befreiter Handwerker nach dem Inkrafttreten dieses Gesetzes versicherungspflichtig, so ist ein erneuter Wechsel zur Lebensversicherung nicht zulässig.

(2) Mitglieder der „Pensionskasse des Bäckerhandwerks Versicherungsverein auf Gegenseitigkeit, Sitz Berlin“ können die Versicherungsfreiheit oder die Halbversicherung auch nach dem Inkrafttreten dieses Gesetzes geltend machen, sofern und solange die zur Pensionskasse zu entrichtenden Beiträge die nach den bisher geltenden Vorschriften (§ 10 Abs. 3 der Verordnung zur Durchführung und Ergänzung des Gesetzes über die Altersversorgung für das Deutsche Handwerk) erforderliche Höhe erreichen. Wird ein solcher Handwerker nach dem Inkrafttreten dieses Gesetzes versicherungspflichtig, so ist ein erneuter Wechsel zur „Pensionskasse des Bäckerhandwerks Versicherungsverein auf Gegenseitigkeit, Sitz Berlin“ nicht zulässig.

(3) § 4 dieses Gesetzes gilt auch für Handwerker der in Absatz 1 und 2 genannten Art. Bei der Errechnung der Beitragszeiten sind Prämien zu einer nach § 3 des Gesetzes über die Altersversorgung für das Deutsche Handwerk abgeschlossenen Lebensversicherung oder Beiträge zur „Pensionskasse des Bäckerhandwerks Versicherungsverein auf Gegenseitigkeit, Sitz Berlin“ mitzuzählen, soweit nicht für dieselben Zeiträume Beiträge zur Rentenversicherung der Arbeiter oder zur Rentenversicherung der Angestellten, die nach § 4 dieses Gesetzes anzurechnen sind, entrichtet sind.

(4) Selbständige Handwerker der in Absatz 1, 2 und 3 genannten Art können die Versicherung in der gesetzlichen Rentenversicherung unter den Voraussetzungen des § 1233 der Reichsversicherungsordnung, des § 10 des Angestelltenversicherungsgesetzes, des § 33 des Reichsknappschaftsgesetzes, des Artikels 2 § 4 des Arbeiterrentenversicherungs-Neuregelungsgesetzes, des Artikels 2 § 5 des Angestelltenversicherungs-Neuregelungsgesetzes und des Artikels 2 § 3 des Knappschaftsrentenversicherungs-Neuregelungsgesetzes durchführen.

§ 18

Lebensversicherungen von Handwerkern, die nach § 17 Abs. 3 von der Versicherungspflicht befreit worden sind, werden ganz oder teilweise in beitragsfreie Versicherungen umgewandelt, wenn der Handwerker die Beitragszahlung für diese Lebensversicherungen nach der Befreiung ganz oder teilweise einstellt. Für beitragsfreie Versicherungen gilt im übrigen folgendes:

1. Der Anspruch auf Leistung eines Kapitals ist bis zum Höchstbetrage von 10000 DM, der Anspruch auf Zahlung einer Rente in dem gleichen Umfange wie Ansprüche auf Arbeitsvergütung der Pfändung entzogen.
2. Über den Anspruch kann nicht verfügt werden, soweit er der Pfändung entzogen ist. Das Versicherungsunternehmen darf insoweit weder ein Darlehen noch eine Vorauszahlung noch den Rückkauf gewähren.
3. Vereinbarungen über die Fälligkeit der Versicherung können nicht geändert werden, soweit der Anspruch der Pfändung entzogen ist.
4. Vereinbarungen über die Bezugsberechtigung für den Todesfall können, soweit der Anspruch der Pfändung entzogen ist, nur getroffen werden, wenn nachgewiesen wird, daß alle als Bezugsberechtigte bezeichneten Personen verstorben sind.

§ 19

Bei der Ermittlung der Beitragszeiten nach § 4 Abs. 1 dieses Gesetzes sind Beiträge zur Rentenversicherung der Angestellten, die von halbversicherten Handwerkern nach § 5 des Gesetzes über die Altersversorgung für das Deutsche Handwerk entrichtet sind, als volle Beiträge der ermäßigten Beitragsklassen anzurechnen. Prämien zur Lebensversicherung sind daneben nicht zu berücksichtigen. Die von dem Träger der Rentenversicherung nach § 4 Abs. 3 getroffene Entscheidung bewirkt volle Versicherungsfreiheit. § 7 gilt.

§ 20

Für den Ehegatten eines selbständigen Handwerkers der in § 17 Abs. 1 und 2 genannten Art gilt § 5 dieses Gesetzes entsprechend, wenn ihm aus der Lebensversicherung des Handwerkers nach den §§ 3ff. des Gesetzes über die Altersversorgung für das Deutsche Handwerk eine Versicherungsleistung gewährt ist.

Entwurf der Fraktion der FDP

§ 21

(1) Das nach Artikel 2 § 52 Abs. 4 des Angestelltenversicherungs-Neuregelungsgesetzes gebildete nicht rechtsfähige Sondervermögen für die Altersversorgung für das Deutsche Handwerk wird aufgelöst. Das Sondervermögen (Eigentum und alle sonstigen Vermögensrechte), das im Zeitpunkt des Inkrafttretens dieses Gesetzes besteht, sowie die aus Mitteln des Sondervermögens bis zu diesem Zeitpunkt erworbenen Vermögenswerte gehen auf die Träger der Rentenversicherung der Arbeiter über. Dies gilt auch für Rechte, die durch Gesetz für unübertragbar oder nur auf Grund besonderer Vereinbarungen für übertragbar erklärt sind.

(2) Die Verbindlichkeiten, die mit dem Sondervermögen in rechtlichem oder wirtschaftlichem Zusammenhang stehen, gehen auf die einzelnen Träger der Rentenversicherung der Arbeiter über.

(3) Der Übergang nach Absatz 1 und 2 erfolgt im Verhältnis der im jeweiligen Bezirk der einzelnen Träger der Rentenversicherung der Arbeiter in die Handwerksrolle eingetragenen selbständigen Handwerker zur Gesamtzahl der im Bundesgebiet in die Handwerksrolle eingetragenen selbständigen Handwerker. Das Verhältnis ist zu ermitteln nach den Ergebnissen der Handwerkszählung auf Grund des Handwerkszählungsgesetzes 1956 vom 12. Juni 1956 (Bundesgesetzbl. I S. 495).

(4) Für die Auseinandersetzung zwischen der Bundesversicherungsanstalt für Angestellte und den einzelnen Trägern der Rentenversicherung der Arbeiter gelten die §§ 20 bis 25 des Gesetzes über die Errichtung der Bundesversicherungsanstalt für Angestellte vom 7. August 1953 (Bundesgesetzbl. I S. 857) entsprechend.

§ 22

(1) Die von der Bundesversicherungsanstalt für Angestellte nach Artikel 2 § 52 Abs. 3 des Angestelltenversicherungs-Neuregelungsgesetzes sowie nach Artikel 1 Abs. 1 Nr. 3 oder Abs. 4 Nr. 3 des Gesetzes zur vorläufigen Änderung des Gesetzes über die Altersversorgung für das Deutsche Handwerk vom 27. August 1956 (Bundesgesetzbl. I S. 755) oder nach den allgemeinen Bestimmungen des Gesetzes über die Altersversorgung für das Deutsche Handwerk und seine Durchführungsverordnungen ausgesprochenen Befreiungen von der Versicherungspflicht bleiben auch nach dem Inkrafttreten dieses Gesetzes wirksam.

(2) Hat ein Handwerker die Befreiung von der Versicherungspflicht nach einer der in Absatz 1 genannten Vorschriften im Zeitpunkt des Inkrafttretens dieses Gesetzes beantragt, so bleibt die Bundesversicherungsanstalt für die Entscheidung über den Antrag zuständig. § 4 Abs. 1 und 2 dieses Gesetzes ist anzuwenden.

§ 23

(1) Die bisherigen Handwerker-Versicherungskarten sind binnen sechs Monaten nach Inkrafttreten dieses Gesetzes gegen Versicherungskarten der Rentenversicherung der Arbeiter umzutauschen, soweit nicht der Handwerker nachweislich als freiwillig Versicherter im Sinne des § 26 Abs. 2 der Verordnung zur Durchführung und Ergänzung des Gesetzes über die Altersversorgung für das Deutsche Handwerk der Rentenversicherung der Angestellten angehört. Für den Umtausch sind die in § 15 bezeichneten Stellen zuständig.

(2) Handwerker-Versicherungsmarken im Sinne des Artikel 2 Abs. 1 des Gesetzes zur vorläufigen Änderung des Gesetzes über die Altersversorgung für das Deutsche Handwerk werden nach Ablauf von sechs Monaten nach Inkrafttreten

dieses Gesetzes nicht mehr ausgegeben. Beiträge der nach diesem Gesetz versicherten Handwerker können nach diesem Tage wirksam nur durch Beitragsmarken der Rentenversicherung der Arbeiter entrichtet werden. Dies gilt auch für die Nachentrichtung von Beiträgen.

SECHSTER ABSCHNITT

Schlußvorschriften

§ 24

Mit dem Inkrafttreten dieses Gesetzes treten außer Kraft

1. das Gesetz über die Altersversorgung für das Deutsche Handwerk vom 21. Dezember 1938 (Reichsgesetzbl. I S. 1900) und die zu seiner Durchführung und Ergänzung erlassenen Vorschriften,
2. Artikel 2 und Artikel 4 Abs. 1 und 2 des Gesetzes zur vorläufigen Änderung des Gesetzes über die Altersversorgung für das Deutsche Handwerk vom 27. August 1956 (Bundesgesetzbl. I S. 755),
3. die §§ 1 und 2 der Verordnung zur Durchführung des Gesetzes zur vorläufigen Änderung des Gesetzes über die Altersversorgung für das Deutsche Handwerk vom 21. Dezember 1956 (Bundesgesetzbl. I S. 950),
4. Artikel 2 § 52 des Angestelltenversicherungs-Neuregelungsgesetzes vom 23. Februar 1957 (Bundesgesetzbl. I S. 88).

§ 25

(1) Die Reichsversicherungsordnung wird wie folgt geändert:

1. In § 1227 Abs. 1 letzter Halbsatz werden die Worte „oder des Gesetzes über die Altersversorgung für das Deutsche Handwerk" ersetzt durch die Worte „oder des Handwerkerversicherungsgesetzes".
2. In § 1228 Abs. 1 wird folgende Nummer 6 angefügt:
   „6. wer neben einer regelmäßigen, die Versicherungspflicht begründenden Tätigkeit eine Nebenbeschäftigung ausübt, in der Nebenbeschäftigung".
3. In § 1233 Abs. 1 Satz 1 werden die Worte „oder dem Gesetz über die Altersversorgung für das Deutsche Handwerk" ersetzt durch die Worte „oder dem Handwerkerversicherungsgesetz".

(2)Das Angestelltenversicherungsgesetz wird wie folgt geändert:

In § 10 Abs. 1 Satz 1 werden die Worte „oder dem Gesetz über die Altersversorgung für das Deutsche Handwerk" ersetzt durch die Worte „oder dem Handwerkerversicherungsgesetz".

(3) Das Reichsknappschaftsgesetz wird wie folgt geändert:

In § 33 Abs. 2 Satz 1 werden die Worte „oder dem Gesetz über die Altersversorgung für das Deutsche Handwerk" ersetzt durch die Worte „oder dem Handwerkerversicherungsgesetz".

(4) Das Gesetz über eine Altershilfe für Landwirte vom 27. Juli 1957 (Bundesgesetzbl. I S. 1063) wird wie folgt geändert:

1. In § 8 Abs. 2 werden die Worte „oder der Altersversorgung für das Deutsche Handwerk" gestrichen. Das Komma vor den Worten „der knappschaftlichen Rentenversicherung" wird ersetzt durch das Wort „oder".

2. § 8 Abs. 2 erhält folgenden Satz 2:
   „Das gleiche gilt für lebensversicherte Handwerker im Sinne des § 17 Abs. 1 und 2 des Handwerkerversicherungsgesetzes".
3. In § 25 Abs. 3 werden die Worte „ , der Altersversorgung für das Deutsche Handwerk" gestrichen.

§ 26

Der Bundesminister für Arbeit und Sozialordnung wird ermächtigt, durch Rechtsverordnung Vorschriften zur Durchführung dieses Gesetzes zu erlassen.

SIEBENTER ABSCHNITT

Geltung in Berlin und im Saarland; Inkrafttreten

§ 27

Dieses Gesetz gilt nach Maßgabe des § 13 Abs. 1 des Dritten Überleitungsgesetzes vom 4. Januar 1952 (Bundesgesetzbl. I S. 1) auch im Land Berlin. Rechtsverordnungen, die auf Grund dieses Gesetzes erlassen werden, gelten im Land Berlin nach § 14 des Dritten Überleitungsgesetzes.

§ 28

Dieses Gesetz gilt nicht im Saarland.

§ 29

Dieses Gesetz tritt am ersten Tag des auf die Verkündung folgenden Monats in Kraft.

Bonn, den 7. November 1958

Dr. Bucher
Frau Friese-Korn
Mischnick
Dr. Mende und Fraktion

Deutscher Bundestag
3. Wahlperiode

Drucksache 993

Antrag der Fraktion der CDU/CSU

Der Bundestag wolle beschließen:

Entwurf eines Gesetzes über eine Rentenversicherung der Handwerker (Handwerkerversicherungsgesetz — HVG)

Der Bundestag hat das folgende Gesetz beschlossen:

ERSTER ABSCHNITT
Allgemeine Vorschriften

§ 1

(1) Nach diesem Gesetz werden in der Rentenversicherung der Arbeiter versichert

1. Handwerker, die in die Handwerksrolle eingetragen sind, solange sie Beiträge für eine rentenversicherungspflichtige Beschäftigung oder Tätigkeit für weniger als zweihundertsechzehn Kalendermonate entrichtet haben,
2. Handwerker, die im Zeitpunkt der Einberufung zu einer Wehrdienstleistung im Sinne des § 4 Abs. 1 Nr. 1 bis 3 des Wehrpflichtgesetzes vom 21. Juli 1956 (Bundesgesetzbl. I S. 651) nach Nummer 1 pflichtversichert waren, für die Dauer der Wehrdienstleistung.

(2) Die Versicherungspflicht nach Absatz 1 Nr. 2 geht derjenigen nach Absatz 1 Nr. 1 vor.

(3) Die Versicherungspflicht beginnt mit dem Kalendermonat, der auf den Kalendermonat folgt, in dem die Voraussetzungen für die Versicherungspflicht erfüllt werden.

(4) Die Versicherungspflicht endet mit Ablauf des Kalendermonats, in dem die Voraussetzungen für die Versicherungspflicht entfallen.

(5) Für die Versicherung nach diesem Gesetz gelten die Vorschriften der Rentenversicherung der Arbeiter für versicherungspflichtige Selbständige einschließlich derjenigen, die das Recht der Rentenversicherung der Arbeiter ändern oder ergänzen, soweit nicht in diesem Gesetz Abweichendes bestimmt ist.

§ 2

(1) Versicherungsfrei ist über die Vorschriften, die für die Rentenversicherung der Arbeiter gelten, hinaus auch,

1. wer als Inhaber eines handwerklichen Nebenbetriebes (§ 2 Nr. 2 und 3 und § 3 der Handwerksordnung vom 17. September 1953 [Bundesgesetzbl. I S. 1411], zuletzt geändert durch Gesetz vom 22. Dezember 1953 [Bundesgesetzbl. I S. 1567]) in die Handwerksrolle eingetragen ist,
2. wer als Nachlaßverwalter, Nachlaßpfleger oder Testamentsvollstrecker einen Handwerksbetrieb führt,

3. wer als Erbe oder in ungeteilter Erbengemeinschaft in die Handwerksrolle eingetragen und nicht in dem nachgelassenen Handwerksbetrieb tätig ist,
4. Witwen und Witwer für die Zeit nach dem Tode ihres Ehegatten, es sei denn, daß sie im Zeitpunkt des Todes ihres Ehegatten nach § 1 versichert waren,
5. wer als Arbeitnehmer versicherungspflichtig ist.

(2) § 1 Abs. 2 und 3 gilt entsprechend für die Versicherungsfreiheit.

(3) Für die Befreiung von der Versicherungspflicht tritt an die Stelle des Beginns des Beschäftigungsverhältnisses (§ 1230 der Reichsversicherungsordnung) und der Verleihung der Anwartschaft (§ 1231 der Reichsversicherungsordnung) der Beginn des Kalendermonats, in den die genannten Ereignisse fallen.

§ 3

(1) Arbeitslosigkeit im Sinne des § 1248 Abs. 2, des § 1251 Abs. 1 und des § 1259 Abs. 1 Nr. 3 der Reichsversicherungsordnung liegt nur vor, wenn und solange der Handwerker in der Handwerksrolle gelöscht ist.

(2) Zeiten der Krankheit im Sinne des § 1243 Abs. 1, der Arbeitsunfähigkeit im Sinne des § 1259 Abs. 1 Nr. 1 und der Schwangerschaft oder des Wochenbetts im Sinne des § 1259 Abs. 1 Nr. 2 der Reichsversicherungsordnung werden bei Anwendung der genannten Vorschriften nur dann berücksichtigt, wenn der Handwerker während dieser Zeiten keine anderen als die in § 4 Abs. 5 Nr. 2 genannten Personen beschäftigt hat.

(3) War ein Handwerker während einer Ersatzzeit des § 1251 der Reichsversicherungsordnung auf Grund seiner Eintragung in die Handwerksrolle versicherungspflichtig, so schließt diese Versicherungspflicht die Anrechnung der Ersatzzeit nicht aus, wenn für diese Zeit Beiträge nicht entrichtet sind.

§ 4

(1) Für die Pflichtversicherung gelten die Beitragsklassen des § 1387 der Reichsversicherungsordnung von Beitragsklasse V an.

(2) Pflichtbeiträge sind ohne Rücksicht auf die Höhe des Arbeitseinkommens in der Beitragsklasse zu entrichten, die für ein Zwölftel des nach § 1256 Abs. 1 Buchstabe c der Reichsversicherungsordnung bestimmten durchschnittlichen Bruttoarbeitsentgelts anzuwenden ist. Die Beitragsklasse wird in der in § 1256 Abs. 1 der Reichsversicherungsordnung vorgesehenen Rechtsverordnung bekanntgegeben.

(3) Pflichtversicherte können anstelle der Beitragsklasse nach Absatz 2 eine höhere Beitragsklasse wählen, jedoch nicht eine höhere, als einem Zwölftel ihrer Jahreseinkünfte (Absatz 6) entspricht.

(4) Für die in § 3 Abs. 2 aufgeführten Zeiten brauchen Beiträge nicht entrichtet zu werden.

(5) Pflichtversicherte brauchen Beiträge nur für jeden zweiten Monat zu entrichten

1. für die Dauer von drei Kalenderjahren nach dem Jahr der erstmaligen Eintragung in die Handwerksrolle,
2. für die Zeit, in der sie in ihrem Gewerbebetrieb mit Ausnahme eines Lehrlings keine Personen beschäftigen, die wegen dieser Beschäftigung rentenversicherungspflichtig sind.

(6) Liegt der im letzten Einkommensteuerbescheid ausgewiesene Betrag der Jahreseinkünfte aus Gewerbebetrieb vor Abzug der Sonderausgaben und Freibeträge unter der Hälfte des Betrages des nach Absatz 2 bestimmten durchschnittlichen Bruttoarbeitsentgelts, so können die in Absatz 5 genannten Pflichtversicherten Beiträge in einer niedrigeren Beitragsklasse des Absatzes 1 entrichten.

§ 5

(1) Die Beiträge Pflichtversicherter werden von den Einzugstellen eingezogen oder durch Verwendung von Beitragsmarken entrichtet.

(2) Die Beitragsentrichtung hat jeweils am Ende jedes Kalendermonats für diesen Monat, in den Fällen des § 4 Abs. 5 am Ende der Kalendermonate mit gerader Ordnungszahl zu erfolgen.

(3) Beiträge werden von Pflichtversicherten, die Mitglieder einer Handwerksinnung sind und deren Innung Trägerinnung einer Innungskrankenkasse (§ 250 der Reichsversicherungsordnung) ist, von der Innungskrankenkasse (Einzugsstelle) eingezogen. Auf Vorschlag der Kreishandwerkschaft können Innungskrankenkassen von dem Träger der Rentenversicherung mit dem Beitragseinzug von anderen pflichtversicherten Handwerkern beauftragt werden.

(4) Geht bei der Einzugsstelle von einem Handwerker, der Beiträge zu mehr als einem Zweig der Sozialversicherung zu entrichten hat, ein Betrag ohne Angabe der Zweckbestimmung ein, so ist er, soweit Beiträge nach diesem Gesetz fällig sind, hierfür zu verwenden.

(5) Die Entrichtung der Beiträge an die Einzugsstelle ist von dieser unter Angabe des Zeitraumes, für den die Beiträge bestimmt sind, in die Versicherungskarte des Versicherten einzutragen.

(6) Ausgabestellen für die Ausgabe und den Umtausch der Versicherungskarten sind auch die Einzugsstellen, die Kreishandwerkerschaften und die Handwerkskammern.

(7) Die Handwerkskammern haben den Versicherungsträgern und den Einzugsstellen Einblick in die Handwerksrolle zu gewähren und ihnen die Anmeldungen und Löschungen mitzuteilen.

ZWEITER ABSCHNITT
Übergangsvorschriften

§ 6

(1) Handwerker, die für Januar und Februar 1957 die Voraussetzungen für die Versicherungsfreiheit nach § 3 des Gesetzes über die Altersversorgung für das Deutsche Handwerk vom 21. Dezember 1938 (Reichsgesetzbl. I S. 1900) erfüllten und in dieser Zeit versicherungsfrei waren, sind vom 1. April 1959 an versicherungsfrei.

(2) Handwerker, die für Januar und Februar 1957 die Voraussetzungen für die Befreiung von der halben Beitragsleistung nach § 5 des Gesetzes über die Altersversorgung für das Deutsche Handwerk erfüllten und in dieser Zeit von der halben Beitragsleistung befreit waren, entrichten vom 1. April 1959 an für die Dauer ihrer Versicherungspflicht Beiträge mindestens nach § 4 Abs. 5 Nr. 2 und Abs. 6.

(3) Handwerker, die vor dem Inkrafttreten dieses Gesetzes auf Grund eines Versicherungsvertrages die Versicherungsfreiheit nach § 3 des Gesetzes über die Altersversorgung für das Deutsche Handwerk geltend gemacht und bis zum Inkrafttreten dieses Gesetzes die Voraussetzungen für die Versicherungsfreiheit nach § 3 des Gesetzes über die Altersversorgung für das Deutsche Handwerk erfüllt haben, bleiben weiterhin versicherungsfrei.

(4) Handwerker, die vor dem Inkrafttreten dieses Gesetzes auf Grund eines Versicherungsvertrages die Befreiung von der halben Beitragsleistung nach § 5 des Gesetzes über die Altersversorgung für das Deutsche Handwerk geltend gemacht haben, entrichten vom Inkrafttreten dieses Gesetzes an für die Dauer ihrer Versicherungspflicht Beiträge mindestens nach § 4 Abs. 5 Nr. 2 und Abs. 6.

(5) Die Versicherungsfreiheit endet bei Löschung der Eintragung des Handwerkers in der Handwerksrolle.

(6) Für Handwerker, die auf Grund eines Pensionsvertrages mit der Pensionskasse des Bäckerhandwerks Versicherungsverein auf Gegenseitigkeit, Sitz Berlin, die Versicherungsfreiheit oder die Befreiung von der halben Beitragsleistung geltend gemacht haben, gelten die Absätze 1 bis 5 entsprechend, und zwar auch dann, wenn die Versicherungsfreiheit auf Grund von zwei oder mehr Verträgen mit der Pensionskasse des Bäckerhandwerks und einem oder mehr als einem Lebensversicherungsunternehmen geltend gemacht wurde.

§ 7

(1) Handwerker, die nach Artikel 1 Abs. 2 Nr. 3 oder Abs. 4 Nr. 3 des Gesetzes zur vorläufigen Änderung des Gesetzes über eine Altersversorgung für das Deutsche Handwerk vom 27. August 1956 (Bundesgesetzbl. I S. 755) befreit sind oder werden, bleiben von der Versicherungspflicht befreit; § 1230 Abs. 4 und 5 der Reichsversicherungsordnung gilt. Die in Artikel 1 Abs. 2 Nr. 3 des angeführten Gesetzes geforderten Voraussetzungen gelten, soweit ein Antrag auf Befreiung gestellt, aber ein bindender Bescheid noch nicht ergangen ist, als erfüllt. Für die Berechnung der Wartezeit bei Anwendung des Artikels 1 Abs. 4 Nr. 3 des angeführten Gesetzes findet § 26 des Angestelltenversicherungsgesetzes in der Fassung vom 23. Februar 1957 (Bundesgesetzbl. I S. 88) Anwendung.

(2) Befreiungen auf Grund des Artikels 2 § 52 Abs. 3 des Angestelltenversicherungs-Neuregelungsgesetzes vom 23. Februar 1957 (Bundesgesetzbl. I S. 88) gelten als Befreiungen auch für die Zeit nach Inkrafttreten dieses Gesetzes, auch wenn sie nachher erteilt sind; § 1230 Abs. 4 und 5 der Reichsversicherungsordnung gilt.

(3) Befreiungen nach § 33 der Verordnung zur Durchführung und Ergänzung des Gesetzes über die Altersversorgung für das Deutsche Handwerk vom 13. Juli 1939 (Reichsgesetzbl. I S. 1255) gelten als Befreiungen nach § 1230 der Reichsversicherungsordnung.

§ 8

(1) Beiträge, die auf Grund des Gesetzes über die Altersversorgung für das Deutsche Handwerk entrichtet sind, gelten als Beiträge zur Rentenversicherung der Arbeiter. Zur Ermittlung des Verhältnisses zwischen dem von dem Versicherten erzielten Arbeitseinkommen (§ 1255 Abs. 6 der Reichsversicherungsordnung) und dem durchschnittlichen Bruttoarbeitsentgelt aller Versicherten sind die Vorschrif-

ten der Rentenversicherung der Angestellten anzuwenden, im übrigen die Vorschriften, die in der Rentenversicherung der Arbeiter gelten oder zu dem maßgebenden Zeitpunkt gegolten haben. Für die Halbversicherung gilt, soweit das vor dem 1. Januar 1957 geltende Recht anzuwenden ist, § 6 Abs. 1 und 3 des genannten Gesetzes.

(2) Zeiten zwischen dem 9. Mai 1945 und dem 17. Dezember 1953, in denen ein Handwerker nicht in die Handwerksrolle eingetragen war, jedoch seinen Handwerksbetrieb gewerbepolizeilich angemeldet hatte, stehen Zeiten der Eintragung in die Handwerksrolle gleich.

(3) Erfüllen Handwerker die Voraussetzungen für die freiwillige Weiterversicherung auch durch Beiträge nach Absatz 1, so können sie vom Inkrafttreten dieses Gesetzes an die Weiterversicherung nur in der Rentenversicherung der Arbeiter durchführen.

(4) Handwerker-Versicherungskarten gelten bis zu ihrem Umtausch als Versicherungskarten der Rentenversicherung der Arbeiter weiter.

§ 9

(1) Sind für die Zeit vor Inkrafttreten dieses Gesetzes Pflichtbeiträge zu entrichten, so bestimmt sich ihre Höhe nach § 4, sofern nicht der Handwerker nachweist, daß er nach bisherigem Recht geringere Beiträge zu entrichten hatte.

(2) Pflichtbeiträge und freiwillige Beiträge von Handwerkern für Zeiten vor Inkrafttreten dieses Gesetzes sind zur Rentenversicherung der Arbeiter nachzuentrichten; dies gilt auch für die Weiterversicherung von Handwerkern, die nach § 3 des Gesetzes über die Altersversorgung für das Deutsche Handwerk versicherungsfrei waren.

(3) Bis zum Erlaß der in § 4 Abs. 2 vorgesehenen Rechtsverordnung gilt für die Beitragsentrichtung nach § 4 Abs. 2 die Beitragsklasse IX.

(4) Der Bundesminister für Arbeit und Sozialordnung bestimmt den Zeitpunkt, in dem der Beitragseinzug (§ 5 Abs. 3) beginnt. Er kann ihn nach Einzugsstellen unterschiedlich festsetzen.

§ 10

(1) Renten, die ganz oder zum Teil auf Grund von Beiträgen nach § 8 Abs. 1 durch die Bundesversicherungsanstalt für Angestellte festgestellt sind oder werden, werden weiterhin von dieser gewährt.

(2) Renten, die ganz oder zum Teil auf Grund von Beiträgen nach § 8 Abs. 1 bei der Bundesversicherungsanstalt für Angestellte bis zum 31. Dezember 1959 beantragt oder von Renten nach Absatz 1 abgeleitet oder aus diesen umgewandelt werden, werden auch nach Inkrafttreten dieses Gesetzes von der Bundesversicherungsanstalt für Angestellte festgestellt, es sei denn, daß Beiträge auf Grund dieses Gesetzes entrichtet sind.

(3) Die Träger der Rentenversicherung der Arbeiter erstatten der Bundesversicherungsanstalt für Angestellte die Ausgaben für Renten nach den Absätzen 1 und 2; §§ 1390 bis 1393 der Reichsversicherungsordnung gelten.

§ 11

(1) Die Reichsversicherungsordnung wird wie folgt geändert:

1. In § 1227 Abs. 1 werden die Worte „oder des Gesetzes über die Altersversorgung für das Deutsche Handwerk“ gestrichen.

2. In § 1228 Abs. 1 Nr. 4 werden eingefügt hinter „Arbeitgeber" die Worte „oder eine Nebentätigkeit" und angefügt die Worte „oder in der Nebentätigkeit".
3. In § 1314 Abs. 2 wird folgender Satz 2 eingefügt:
„Dabei gelten Beiträge für Zeiten vor dem 1. Januar 1923, in denen der Versicherte als Angestellter beschäftigt war, als Beiträge zur Rentenversicherung der Angestellten".
4. In § 1389 treten an die Stelle der Zahl „1957" die Zahl „1959" und an die Stelle der Zahl „2728" die Zahl „3110".

(2) Das Angestelltenversicherungsgesetz wird wie folgt geändert:

1. In § 4 Abs. 1 Nr. 4 werden eingefügt hinter „Arbeitgeber" die Worte „oder eine Nebentätigkeit" und angefügt die Worte „oder in der Nebentätigkeit".
2. In § 93 Abs. 2 wird folgender Satz 2 eingefügt:
„Dabei gelten Beiträge für Zeiten vor dem 1. Januar 1923, in denen der Versicherte als Angestellter beschäftigt war, als Beiträge zur Rentenversicherung der Angestellten".
3. In § 116 treten an die Stelle der Zahl „1957" die Zahl „1959" und an die Stelle der Zahl „682" die Zahl „723".

(3) 1. In Artikel 2 § 36 Abs. 3 des Arbeiterrentenversicherungs-Neuregelungsgesetzes treten an die Stelle der Zahl „1957" die Zahl „1959", an die Stelle der Zahl „240" die Zahl „219" und an die Stelle der Zahl „16" die Zahl „16,8".

2. In Artikel 2 § 35 Abs. 3 des Angestelltenversicherungs-Neuregelungsgesetzes treten an die Stelle der Zahl „1957" die Zahl „1959", an die Stelle der Zahl „80" die Zahl „58,4" und der Zahl „5,3" die Zahl „4,5".

(4) Soweit in anderen Vorschriften auf Bestimmungen verwiesen wird oder Bezeichnungen verwendet werden, die durch dieses Gesetz geändert werden, treten an ihre Stelle die entsprechenden Bestimmungen und Bezeichnungen dieses Gesetzes.

DRITTER ABSCHNITT

Schlußvorschriften

§ 12

Mit dem Inkrafttreten dieses Gesetzes treten insbesondere außer Kraft:

1. das Gesetz über die Altersversorgung für das Deutsche Handwerk vom 21. Dezember 1938 (Reichsgesetzbl. I S. 1900),
2. die Erste Verordnung zur Durchführung und Ergänzung des Gesetzes über die Altersversorgung für das Deutsche Handwerk vom 13. Juli 1939 (Reichsgesetzbl. I S. 1255),
3. § 3 Abs. 1 Satz 4 der Zweiten Durchführungs-Verordnung zur Notdienstverordnung vom 10. Oktober 1939 (Reichsgesetzbl. I S. 2018),
4. die Zweite Verordnung zur Durchführung und Ergänzung des Gesetzes über die Altersversorgung für das Deutsche Handwerk vom 28. Oktober 1939 (Reichsgesetzbl. I S. 2113),

5. die Dritte Verordnung zur Durchführung und Ergänzung des Gesetzes über die Altersversorgung für das Deutsche Handwerk vom 20. Dezember 1940 (Reichsgesetzbl. I S. 1671),
6. Abschnitt IV des Gesetzes über weitere Maßnahmen in der Reichsversicherung aus Anlaß des Krieges vom 15. Januar 1941 (Reichsgesetzbl. I S. 34),
7. die Vierte Verordnung zur Durchführung und Ergänzung des Gesetzes über die Altersversorgung für das Deutsche Handwerk vom 8. Dezember 1941 (Reichsgesetzbl. I S. 756),
8. die Fünfte Verordnung zur Durchführung und Ergänzung des Gesetzes über die Altersversorgung für das Deutsche Handwerk vom 26. September 1942 (Reichsgesetzbl. I S. 565),
9. die Sechste Verordnung zur Durchführung und Ergänzung des Gesetzes über die Altersversorgung für das Deutsche Handwerk vom 6. Dezember 1943 (Reichsgesetzbl. I S. 664),
10. Artikel 21 der Ersten Verordnung zur Vereinfachung des Leistungs- und Beitragsrechts in der Sozialversicherung vom 17. März 1945 (Reichsgesetzbl. I S. 41), soweit er selbständige Handwerker betrifft,
11. das Gesetz zur vorläufigen Änderung des Gesetzes über die Altersversorgung für das Deutsche Handwerk vom 27. August 1956 (Bundesgesetzbl. I S. 755),
12. die Verordnung zur Durchführung des Gesetzes zur vorläufigen Änderung des Gesetzes über die Altersversorgung für das Deutsche Handwerk vom 21. Dezember 1956 (Bundesgesetzbl. I S. 950),
13. Artikel 2 § 52 des Angestelltenversicherungs-Neuregelungsgesetzes vom 23. Februar 1957 (Bundesgesetzbl. I S. 88),

§ 13

Dieses Gesetz gilt nach § 13 Abs. 1 des Dritten Überleitungsgesetzes vom 4. Januar 1952 (Bundesgesetzbl. I S. 1) auch im Land Berlin.

§ 14

Dieses Gesetz tritt mit Wirkung vom 1. Juli 1959 in Kraft; die §§ 6 bis 8 treten am 1. April 1959 in Kraft.

Bonn, den 10. April 1959

Höcherl, Burgemeister
Horn, Stingl
Schmücker, Wieninger
Dr. Krone und Fraktion

Schriftlicher Bericht des Ausschusses für Sozialpolitik (20. Ausschuß)

über den von der Fraktion der CDU/CSU eingebrachten Entwurf eines Gesetzes über eine Rentenvericherung der Handwerker (Handwerkerversicherungsgesetz — HVG)

Drucksache 993

und

über den von der Fraktion der FDP eingebrachten Entwurf eines Gesetzes über die Versicherung der Handwerker (Handwerkerversicherungsgesetz)

Drucksache 634

A. Bericht der Abgeordneten Frau Korspeter

I. Allgemeiner Bericht

Die vorliegenden Gesetzentwürfe streben eine Neuregelung der Altersversorgung für das Deutsche Handwerk an, die bereits in den Jahren 1956 und anläßlich der Neuregelung der Rentenversicherung 1957 die gesetzgebenden Körperschaften beschäftigt hat.

Die Entwürfe der Fraktion der FDP und der Fraktion der CDU/CSU beruhen auf gleichen Grundsätzen für eine Neuregelung der Handwerkerversicherung und weichen nur in Einzelheiten voneinander ab. Sie haben insbesondere zum Inhalt

1. eine Überführung der Handwerkerversorgung in die Rentenversicherung der Arbeiter,
2. eine Beseitigung des bestehenden Sondervermögens der Altersversorgung für das Deutsche Handwerk,
3. eine Begrenzung der Dauer der Versicherungspflicht der Handwerker,
4. eine Begrenzung der Höhe der Beitragsleistung für Handwerker.

   Der Ausschuß hat sich mit diesen Fragen und darüber hinaus mit

5. den finanziellen Auswirkungen der Gesetzentwürfe eingehend befaßt.

Er hat zusammen mit dem mitberatenden Ausschuß für Mittelstandsfragen Sachverständige aus den beteiligten Berufsverbänden, der privaten Lebensversicherung und der Rentenversicherungsträger gehört.

Zu 1.

Überführung der Handwerkerversorgung in die Rentenversicherung der Arbeiter

Die Handwerkerversorgung wird seit ihrer Einführung im Jahre 1938 von der Rentenversicherung der Angestellten durchgeführt. Als Begründung für die beabsichtigte Überführung in die Rentenversicherung der Arbeiter wurde von den Antragstellern betont, daß die selbständigen Handwerkern mit Ausnahme der sogenannten Meistersöhne als Lehrlinge und Gesellen der Rentenversicherung der Arbeiter angehören und daher auch in Zeiten der Selbständigkeit hier verbleiben sollen, um eine Wanderversicherung zu vermeiden.

Die SPD gab in diesem Zusammenhang ihrem Bedauern darüber Ausdruck, daß die vorgelegten Entwürfe nur ein Teilgebiet der Alterssicherung aller Selbständigen vorsähe und daß es bei der Regierung offenbar an einer Konzeption zur Alterssicherung aller Selbständigen fehle, trotzdem sich das Sozialkabinett bei der Vorbereitung der Rentenneuregelungsgesetze dafür ausgesprochen habe, eigenständige Sicherungseinrichtungen für die Selbständigen zu schaffen. In der weiteren Diskussion wurde darauf hingewiesen, daß bei der beantragten Einbeziehung der Handwerker in die Rentenversicherung der Arbeiter den Handwerkern gegenüber den versicherungspflichtigen Arbeitern Sonderrechte und Sondervergünstigungen zugebilligt würden, die einmal gegen den Grundsatz der Gleichbehandlung aller Pflichtversicherten verstoßen, zum andern aber auch die Rentenversicherung der Arbeiter finanziell zusätzlich belasten können.

Die Antragsteller betonten, daß sie die Probleme und die Schwierigkeiten, Selbständige in die Pflichtversicherung der Arbeiter einzubeziehen, nicht verkennen, glaubten aber ihre Bedenken auf Grund des Wunsches der Handwerker zurückstellen zu sollen.

Übereinstimmend brachte der Ausschuß zum Ausdruck, daß durch die Einbeziehung der Handwerker in die Rentenversicherung der Arbeiter keine Benachteiligung und finanzielle Belastung eines Versicherungsträgers erfolgen solle und dürfe.

Deshalb hat der Ausschuß Bestimmungen über die gesonderte Rechnungslegung für die Rentenversicherung der Handwerker beschlossen.

Zu 2.

Beseitigung des bestehenden Sondervermögens für die Altersversorgung für das Deutsche Handwerk

Die Handwerkerversorgung wurde seit 1957 in der Rentenversicherung der Angestellten als Sondervermögen geführt, nachdem bereits seit Mitte 1956 eine getrennte Einnahmen- und Ausgabenrechnung für die Handwerkerversorgung gesetzlich vorgesehen war. Das Sondervermögen soll nach den vorgelegten Gesetzentwürfen — nach Drucksache 634 (§ 21) ausdrücklich, nach Drucksache 993 durch Streichung des Artikels 2 § 52 Abs. 4 und 5 AnVNG — entfallen. Die Aufhebung des Sondervermögens wurde von den Sachverständigen des Berufsverbandes der Handwerker als notwendig bezeichnet. Die Antragsteller haben diese Aufhebung vor allem damit begründet, daß mit dem Sondervermögen eine besondere Behandlung der Selbständigen in der Rentenversicherung der Arbeitnehmer verbunden werden könne, die im Vergleich zu dem Fehlen einer getrennten Rechnung für freiwillig Versicherte nicht gerechtfertigt sei. Auch sei eine Verwaltung des Sondervermögens bei den 18 Landesversicherungsanstalten im Vergleich zum jetzigen Zustand, bei dem nur ein Sondervermögen bei der Bundesversicherungsanstalt für Angestellte bestehe, schwierig.

Um allen Bedenken zu begegnen, daß mit dem Wegfall des Sondervermögens eine finanzielle Übersicht über die Entwicklung der Handwerkerversicherung verlorengehe, hat die Fraktion der CDU/CSU beantragt, die Einnahmen und Ausgaben für die Handwerksversorgung getrennt nachzuweisen.

Der Ausschuß hat sich diesem Antrag angeschlossen. Außerdem wurde im Ausschuß übereinstimmend festgestellt, daß die getrennte Rechnungslegung auch für den Bundeszuschuß gelten und in der versicherungstechnischen Bilanz ihren Ausdruck finden solle.

Zu 3.

Begrenzung der Dauer der Versicherungspflicht der Handwerker

Nach dem Entwurf der Fraktion der FDP kann der Handwerker nach 15jähriger Versicherungszeit von der Pflichtversicherung befreit werden; nach dem Entwurf der Fraktion der CDU/CSU ist der Handwerker nach einer Entrichtung von Pflichtbeiträgen für 216 Kalendermonate (18 Jahre) nicht mehr versicherungspflichtig. Während bei den sonstigen Pflichtversicherten in der Rentenversicherung der Arbeiter mit einer Versicherungszeit bis zu 50 Jahren zu rechnen ist, kann nach einer Versicherungszeit von 15 bzw. 18 Jahren nach Auskunft eines Vertreters der Bundesregierung nur mit Versichertenrenten in Höhe von 80 bis etwa 100 DM monatlich gerechnet werden, sofern die Versicherung nach Ablauf der genannten Zeiten nicht fortgeführt wird. Da nach der Neuregelung der Rentenversicherung die Höhe der Rente weitgehend von der Dauer der Beitragsentrichtung und der Höhe der Beiträge abhängt, ist nach den Gesetzentwürfen für die nächsten Jahre ein Sinken der durchschnittlichen Rentenbeträge für Handwerker nicht ausgeschlossen, zumal in den Fällen der Vergleichsberechnung nicht mehr die festen Rententeile der Rentenversicherung der Angestellten, sondern die geringeren festen Rententeile der Rentenversicherung der Arbeiter gewährt werden. Die Antragsteller haben die Begrenzung der Zeit der Pflichtversicherung damit begründet, daß die Handwerker auch nachher sich freiwillig weiterversichern würden und daß sie im Alter nicht allein auf ein Renteneinkommen angewiesen seien. Es gehöre zum Risiko des selbständigen Handwerkers, die Höhe der Alterssicherung weitgehend selbst zu bestimmen, wobei er auch unter Umständen die Konsequenz auf sich nehmen müsse, nur eine niedrige Rente zu erhalten.

Der Ausschuß hat mit Mehrheit beschlossen, die Versicherungszeit für die Pflichtversicherung der Handwerker auf 18 Jahre festzulegen und es nicht bei einer Beitragszeit von 15 Jahren zu belassen. Während auf der einen Seite in jeder Begrenzung der Versicherungszeit schon ein Vorrecht der Selbständigen gegenüber den ebenfalls pflichtversicherten Arbeitern gesehen wurde, wurde andererseits eine Erhöhung der Pflichtversicherungszeit von 15 auf 18 Jahre deswegen für notwendig erachtet, damit der Handwerker, der sich im Durchschnitt nach 15 Jahren in abhängiger Arbeit selbständig machen dürfte, auch in den ersten Jahren seiner Selbständigkeit zur Beitragsentrichtung für seine Alterssicherung angeregt wird. Die Versicherungszeit für die 18jährige Tätigkeit bringt, wie im Ausschuß hervorgehoben wurde, außerdem die Vergünstigung mit sich, daß die Voraussetzung für die Gewährung der Zurechnungszeit im Falle vorzeitiger Berufs- oder Erwerbsunfähigkeit etwa bis einschließlich des 50. Lebensjahres erfüllt werde.

Zu 4.

Begrenzung der Höhe der Beitragsleistung für Handwerker

Im Ausschuß bestand Übereinstimmung, daß die gegenwärtige Beitragsbelastung des Handwerkers mit 14 v. H. seines Einkommens zu Härten führen kann, weil er den Anteil, den der Arbeitnehmer von seinem Arbeitgeber erhält, mit aufbringen muß. Während der Entwurf der Fraktion der FDP die Beitragsbemessung nach dem unter die beiden Ehegatten aufgeteilten Einkommen (Splitting) auch in die Sozialversicherung einführen wollte, sieht der Entwurf der Fraktion der CDU/CSU die Einführung von Durchschnittsbeiträgen vor. Die Einführung dieser Durchschnittsbeiträge wurde damit begründet, daß sie dem Handwerker eine Nachprüfung seiner Einkommensverhältnisse im Regelfalle erspart und die Beitragserhebung so erheblich vereinfacht. Nach der vom Ausschuß gebilligten Regelung, die den Vorschlägen der Drucksache 993 fast völlig entspricht, ist nunmehr für alle Handwerker eine Beitragshöhe vorgesehen, wie sie die Arbeitnehmer durchschnittlich zu entrichten haben; sie beträgt zur Zeit 56 DM monatlich. Alleinmeister und Handwerker, die nur mit einem Lehrling arbeiten, oder die weniger als 4 Jahre in die Handwerksrolle erstmalig eingetragen sind, haben diesen Durchschnittsbeitrag von 56 DM nur jeden zweiten Monat zu entrichten, so daß die monatliche Beitragsbelastung für sie 28 DM beträgt. Für diese zuletzt genannten Personenkreise ist außerdem die Möglichkeit gegeben, dann, wenn ihr Einkommen unter der Hälfte des Durchschnittseinkommens der Arbeiter und Angestellten, also derzeit unter 200 DM monatlich liegt, der Beitragsentrichtung ihr tatsächliches Einkommen zugrunde zu legen. Sie haben jedoch wenigstens in jedem zweiten Monat einen Beitrag von 28 DM zu entrichten. Für die Masse der Handwerker gibt es danach in Zukunft nur noch eine für sie in Betracht kommende Beitragsklasse, nämlich die zu 56 DM; diesen Beitrag entrichten etwa die Hälfte der Handwerker jeden, die andere Hälfte jeden zweiten Monat.

Der mitberatende Ausschuß für Mittelstandsfragen hat sich besonders mit der Beitragsbelastung der Handwerker beschäftigt. Er hat darauf hingewiesen, daß auch für die Handwerker eine Härte entstehen könne, die mehrere Lehrlinge oder einen Gesellen beschäftigen. Eine solche Härte könne beispielsweise insbesondere eintreten, wenn ein Betrieb ein oder mehrere Jahre mit Defizit arbeite, wenn ungünstige Pachtverträge zeitweise das Einkommen drückten, wenn in Krankheitsfällen eine zusätzliche Arbeitskraft eingestellt werden müsse oder bei Saisonbetrieben. Der federführende Ausschuß hat die Beitragsbelastung in diesen Fällen eingehend erörtert, jedoch keine Änderungen in dieser Hinsicht vorgenommen. Im Regelfall ist dem Handwerker, der einen Gesellen beschäftigt, zuzumuten, daß er für seine eigene Alterssicherung ebensoviel aufwendet wie für diejenige seines Gesellen. Für die Zeit längerer mit Arbeitsunfähigkeit verbundener Krankheit ist eine Beitragsbefreiung vorgesehen. Für die Zeit, in der die Ausgaben des Betriebes die Einnahmen übersteigen, bestand schon nach bisherigem Recht die Versicherungspflicht fort. Vor allem aber hat sich der Ausschuß davon leiten lassen, daß die Verpflichtung zu solcher Beitragsentrichtung zeitlich begrenzt ist und nach 18 Jahren endet. Mit Rücksicht hierauf schienen weitere Ausnahmen von der Verpflichtung zur Entrichtung des Durchschnittsbeitrages nicht angebracht.

Zu 5.

Die finanziellen Auswirkungen der Gesetzentwürfe

Der Ausschuß hat bei der Beurteilung der finanziellen Entwicklung der Handwerkerversorgung davon Kenntnis genommen, daß in den Jahren 1957 bis 1960 die Handwerkerversorgung in der Rentenversicherung der Angestellten einen Fehlbetrag gezeigt hat. Von seiten der Antragsteller wurde die Hoffnung geäußert, daß sich durch eine größere Bereitschaft der Handwerker, Beiträge zu entrichten, und durch einen intensiven verbesserten Beitragseinzug in Zukunft die Einnahmen der Handwerkerversorgung so erhöhen werden, daß sie zusammen mit den übrigen Einnahmen die Ausgaben decken. Im übrigen werde durch die besondere Einnahmen- und Ausgabenrechnung der Versicherung der Handwerker eine genaue Übersicht über die spätere finanzielle Entwicklung sichergestellt.

Um den Einwänden Rechnung zu tragen, daß die Handwerkerversicherung etwa deswegen einen Fehlbetrag aufweise, weil in ihr die Beiträge der freiwillig weiterversicherten Handwerker nicht enthalten seien, legte der Ausschuß besonderen Wert darauf, daß auch die Beiträge dieser Handwerker und deren Renten gesondert erfaßt werden und daß die Vorversicherungszeiten, welche die Handwerker während ihrer abhängigen Arbeit zurückgelegt haben, berücksichtigt werden. Falls sich, was die Antragsteller für unwahrscheinlich halten, ein Defizit ergeben sollte, müßte sich später der Gesetzgeber mit Maßnahmen zur Deckung eines Defizits befassen, um eine finanzielle Belastung der Rentenversicherung der Arbeiter zu vermeiden.

Da die Renten aus der Handwerkerversorgung in Zukunft auf die Rentenversicherung der Arbeiter übergehen, war es notwendig, auch den Zuschuß des Bundes, der auf die Handwerkerversorgung entfiel, von der Rentenversicherung der Angestellten auf die Rentenversicherung der Arbeiter zu verlagern. Es handelt sich — abgesehen von der Erstattung der Sonderzuschüsse — um einen Betrag von 48 Mio DM im Jahre 1960. Die Fraktion der SPD hat verlangt, daß der Bundeszuschuß für die Handwerkerversicherung in dem Umfange erhöht würde, wie er in der Rentenversicherung der Arbeiter im Verhältnis zu den Rentenausgaben gegeben werde. Die FDP hat eine Berechnung des Bundeszuschusses in einer Höhe verlangt, die eine Benachteiligung der Arbeiterrentenversicherung ausschließt. Die Fraktion der CDU/CSU hat beide Anträge mit der Begründung abgelehnt, daß durch die Überführung der Handwerkerversicherung von der Rentenversicherung der Angestellten auf die Rentenversicherung der Arbeiter insgesamt Mehrausgaben nicht entstehen. Daher sei eine Erhöhung des Bundeszuschusses auch nicht angebracht.

II. Bericht über die Einzelbeschlüsse

Der Ausschuß ist bei seinen Beratungen von dem in Drucksache 993 enthaltenen Entwurf der CDU/CSU ausgegangen und hat dabei den Entwurf der FDP — Drucksache 634 — herangezogen, jedoch letztere am Schlusse seiner Beratungen nach Annahme des Antrags der Drucksache 993 mit Änderungen als erledigt abgelehnt. Sämtliche angenommenen Änderungen wurden — mit Ausnahme derjenigen zu § 3 Abs. 2 — von der Fraktion der CDU/CSU beantragt.

In der Überschrift des Gesetzes wurde die Abkürzung „HVG“ in „HwVG“ umgeändert, um Verwechselungen mit dem Gesetz über die Altersversorgung für das Deutsche Handwerk vom 21. Dezember 1938 zu vermeiden.

Zu § 1

In § 1 ist die Überführung in die Rentenversicherung der Arbeiter vorgesehen und die Begrenzung der Versicherungspflicht von Handwerkern auf eine Pflichtversicherungszeit von 18 Jahren enthalten. Versichert werden danach alle männlichen und weiblichen Handwerker, die in die Handwerksrolle eingetragen sind, ohne daß es auf den Grund der Eintragung (Meisterprüfung oder Ausnahmegenehmigung) ankommt; für die Vergangenheit regelt § 8 Abs. 2 dazu einen Sonderfall entsprechend. Der Grund der Eintragung in die Handwerksrolle soll einer Nachprüfung nicht unterliegen.

In Absatz 5 ist ausgeführt, welche Vorschriften für die Handwerker gelten, die nach diesem Gesetz versichert sind. Da nach der Reichsversicherungsordnung einige kleinere Gruppen von Selbständigen (Hausgewerbetreibende, Küstenschiffer) pflichtversichert sind, lag es nahe, das für diese Personengruppen geltende Recht auch für die Versicherung nach diesem Gesetz anzuwenden; eine redaktionelle Änderung in Absatz 5 stellt diese Verweisung klar. Ebenso wie für diese Personengruppen ist eine freiwillige Weiterversicherung nach den allgemeinen Vorschriften zulässig.

Zu § 2

Für die Versicherungsfreiheit von Handwerkern gelten nach § 1 Abs. 5 die Vorschriften für die Rentenversicherung der Arbeiter. Darüber hinaus war es mit Rücksicht auf den Umstand, daß die Versicherungspflicht für die Handwerker an die Eintragung in die Handwerksrolle anschließt, notwendig, weitere Personengruppen für versicherungsfrei zu erklären; sie sind in § 2 Abs. 1 aufgeführt. Der Ausschuß hat sich dabei für eine engere Begrenzung der Versicherungsfreiheit von Witwen und Witwern ausgesprochen. Während nach der Fassung der Drucksache 993 alle Witwen und Witwer versicherungsfrei sein sollten, auch diejenigen, deren verstorbener Ehegatte nicht Handwerker war, besteht nunmehr eine Versicherungsfreiheit nur für solche Witwen und Witwer, die den Handwerksbetrieb ihres verstorbenen Ehegatten fortführen und nicht selbst vor dessen Tode nach diesem Gesetz pflichtversichert waren. Dem weitergehenden Antrag der Fraktion der SPD, nur Witwen mit vollendetem 50. Lebensjahr, die durch ihre Beitragsleistung eine eigene Rente nicht mehr erreichen können, für versicherungsfrei zu erklären, ist die Mehrheit des Ausschusses nicht gefolgt.

In Anlehnung an das bisherige Recht ist als § 2 Abs. 1 Nr. 6 eine Vorschrift über die Versicherungsfreiheit der Bezirksschornsteinfegermeister eingefügt worden. Deren Versorgung wird gegenwärtig von der Versorgungsanstalt der Deutschen Bezirksschornsteinfegermeister gewährleistet. Die eingefügte Vorschrift läßt die Pflichtmitgliedschaft zu dieser Versorgungsanstalt oder die Beitragspflicht dazu der Versicherung nach diesem Gesetz vorgehen.

Zu § 3

§ 3 regelt einige Besonderheiten des Leistungsrechts für die Versicherung der Handwerker für die Zeit, in der sie in die Handwerksrolle eingetragen sind. Im Ausschuß sind hierzu vielfach Bedenken vorgetragen worden, daß bei einer Pflichtversicherungszeit von 18 Jahren sich die allgemeinen Vorschriften der Rentenversicherung unverhältnismäßig günstig für Handwerker auswirken. Dabei ist z. B. auf die Regelung über die Zurechnungszeit hingewiesen worden, deren Voraussetzung (Halbdeckung aus Pflichtbeiträgen) der Handwerker im Regelfall bis zum 51. Lebensjahr erfüllen wird, ohne daß er nach dem 33. Lebensjahr Beiträge zu leisten braucht. Weiter wurde auf die Gefahren hingewiesen, die darin liegen könnten, daß eine Löschung in der Handwerksrolle erfolge und Arbeitslosigkeit etwa zur Erreichung des vorzeitigen Altersruhegeldes (§ 1248 Abs. 2 RVO) angenommen werde, obwohl der Handwerksbetrieb als solcher weitergeführt wird

(Verpachtung, Übergabe an den Sohn). Auch die Vorschrift, daß die Pflichtbeiträge der ersten 5 Kalenderjahre bei der Berechnung der Rentenhöhe außer acht gelassen werden können, wirkt sich besonders günstig aus, wenn die Pflichtversicherungszeit nur 18 Jahre beträgt. Der Ausschuß hat jedoch eine Berücksichtigung dieser Möglichkeiten im Gesetzentwurf für nicht angebracht gehalten, da auch freiwillig Weiterversicherte in ähnlicher Weise solche Begünstigungen in Anspruch nehmen können. Lediglich für den Fall der Arbeitsunfähigkeit, die bei Arbeitnehmern regelmäßig der Nachprüfung durch den vertrauensärztlichen Dienst der Kranken- und Rentenversicherung unterliegt, hielt er es für erforderlich, eine Vorschrift einzufügen, nach der bestimmt werden kann, wie die Nachweise über die Arbeitsunfähigkeit zu erbringen sind. Es ist hier etwa an amtsärztlichen Bescheinigungen oder an Bescheinigungen sonstiger öffentlich-rechtlicher Stellen gedacht worden.

Zu § 4

Zu dieser Vorschrift über die Höhe der Pflichtbeiträge hat der Ausschuß eingehend die zumutbare Beitragsbelastung der Handwerker erörtert, nachdem er vom Ausschuß für Mittelstandsfragen besonders darauf hingewiesen worden war (siehe den Allgemeinen Teil dieses Berichtes, zu 3.). Änderungen hat er jedoch nur in Zusammenhang mit den zu § 3 erörterten Problemen vorgenommen; er hat nämlich in Absatz 4 die Befreiung von der Beitragsentrichtung für Zeiten der Krankheit von einem Antrag abhängig gemacht, damit auch bei der Rentenberechnung Zeiten der Krankheit ohne weiteres nachzuweisen sind. Es ging dem Ausschuß darum, für die Beitragsentrichtung und die Rentengewährung einen Nachweis so frühzeitig aufzustellen, daß die Stellen, die zur Erteilung solcher Bescheinigungen berechtigt sind, Nachprüfungen anstellen können.

Zur gleichmäßigen Behandlung von Arbeitnehmern und von solchen Handwerkern, die zur Entrichtung von Beiträgen in jedem zweiten Monat berechtigt sind, hat der Ausschuß es für erforderlich gehalten, die Nachentrichtung von Beiträgen so zu begrenzen, daß die Beitragsdichte nicht mehr als 6 Beiträge im Jahr beträgt. Er hat dementsprechend an den Absatz 5 einen weiteren Satz angefügt.

Für die Handwerker, die zum Wehrdienst einberufen werden, werden die Beiträge vom Bund gezahlt (§ 1385 Abs. 4 Buchstabe d RVO in Verbindung mit § 1 Abs. 1 Nr. 2 HwVG).

Zu § 5

Die bisherige Regelung des § 5 über das Beitragsverfahren hat der Ausschuß auf die §§ 5 und 5a aufgeteilt und einen § 5b hinzugefügt. § 5 enthält nunmehr allein das Beitragsverfahren, das meist anzuwenden ist, nämlich die Beitragsentrichtung durch Beitragsmarken. Absatz 2 Satz 1 ist als Sondervorschrift für diejenigen Handwerker notwendig, die ihre Beiträge nur in jedem zweiten Monat zu entrichten haben; sein erster Satzteil dient lediglich der Klarstellung. Absatz 2 Satz 1 zweiter Satzteil legt dem pflichtversicherten Handwerker die Pflicht auf, seine Beitragsentrichtung jährlich nachzuweisen. Die Vorschrift wurde in Anlehnung an § 1426 Abs. 4 RVO abgefaßt. An Absatz 7 wurde eine Ermächtigung für den Bundesminister für Arbeit angefügt, Art und Umfang der Mitteilungen der Handwerkskammer über die Anmeldungen und Löschungen in der Handwerksrolle zu bestimmen; diese Ermächtigung soll nach Meinung des Ausschusses auch für die aus Anlaß des Inkrafttretens des Gesetzes notwendigen Mitteilungen gelten.

Zu § 5a

§ 5a regelt den Beitragseinzug von pflichtversicherten Handwerkern. Dieser ist für einzelne Bezirke von Landesversicherungsanstalten oder von Handwerkskammern möglich, wenn es der Bundesminister für Arbeit mit Zustimmung des Bundesrates bestimmt. Im Saarland besteht bereits ein solcher Beitragseinzug. Er hat sich dort durchaus bewährt. Durch § 9 Abs. 4 wird er aufrechterhalten. Der Träger der Rentenversicherung der Arbeiter kann die Beiträge pflichtversicherter Handwerker entweder unmittelbar einziehen oder aber mit Trägern der gesetzlichen Krankenversicherung vereinbaren, daß diese die Beiträge einziehen. Für diesen Fall schreibt Absatz 2 die anzuwendenden Vorschriften vor. Entgegen dem Entwurf Drucksache 993 können bei dem Beitragseinzug nicht nur die Innungskrankenkassen, sondern auch die anderen Träger der gesetzlichen Krankenversicherung beteiligt werden.

Aus dem bisherigen § 5 wurde der Absatz 4 nicht übernommen.

Zu § 5b

§ 5b wurde in das Gesetz als neue Vorschrift aufgenommen. Da das Sondervermögen für die Handwerkerversorgung durch die Aufhebung des Artikels 2 § 52 Abs. 5 und 6 AnVNG aufgehoben wird, soll eine besondere Einnahmen- und Ausgabenrechnung, wie sie bereits das Änderungsgesetz vom 27. August 1956 vorsah, beibehalten werden (siehe dazu den Allgemeinen Teil dieses Berichtes, zu 2.). § 5b übernimmt inhaltlich weitgehend die Vorschriften des Artikels 2 des Änderungsgesetzes von 1956, mildert sie jedoch teilweise ab. Insbesondere wollte es der Ausschuß vermieden wissen, daß die Beiträge von Handwerkern von den Versicherungsträgern dann, wenn sie nicht durch besondere Beitragsmarken entrichtet sind, zurückerstattet werden. Nunmehr findet auch für solche Beiträge die Regelung des § 1421 RVO Anwendung.

Von der gesonderten Einnahmen- und Ausgabenrechnung sind, soweit irgend möglich, alle Beitragszahlungen von Handwerkern zu erfassen, auch soweit sie freiwillig weiterversicherte Handwerker geleistet haben. Dem Ausschuß lag weiter daran, daß im Laufe der Zeit alle Renten, in denen Beiträge von Handwerkern enthalten sind, erfaßt werden und der Anteil festgestellt wird, der auf Beiträge entfällt, die Handwerker in der Zeit ihrer Beschäftigung in abhängiger Arbeit, also meist als Gesellen und Lehrlinge, entrichtet haben. Da ein Nachweis im Zeitpunkt des Inkrafttretens des Gesetzes noch nicht sofort erbracht werden kann, wurde der Bundesminister für Arbeit ermächtigt, nähere Vorschriften über den Nachweis zu erlassen; der Nachweis muß für alle Landesversicherungsanstalten in gleicher Weise vorgenommen werden.

Zu § 6

Der Zweite Abschnitt des Gesetzes enthält die Übergangsvorschriften. § 6 betrifft die Überleitung der Versicherungsfreiheit wegen des Abschlusses eines Lebensversicherungsvertrages. Die Voraussetzungen für diese Versicherungsfreiheit sind weitmöglichst vereinfacht worden. Diese Regelung war notwendig, weil die große Zahl der Befreiungsanträge nach dem Änderungsgesetz von 1956 noch heute bei der Bundesversicherungsanstalt für Angestellte nicht bearbeitet werden konnte und ihre Erledigung mit möglichst geringem Verwaltungsaufwand so schnell wie möglich erfolgen muß. Der Ausschuß hat die Versicherungsfreiheit auf alle solche Lebensversicherungsverträge ausgedehnt, die bis zum Inkrafttreten dieses Gesetzes abgeschlossen werden und dementsprechend die in den Absätzen 1 und 2 genannten Daten gestrichen.

Die Absätze 1 und 3 nehmen jeweils Bezug auf die Versicherungsfreiheit nach § 3 des Gesetzes über die Altersversorgung für das Deutsche Handwerk. In dieser Vorschrift ist lediglich bestimmt, daß ein Lebensversicherungsvertrag abgeschlossen sein muß. Die näheren Voraussetzungen regeln sich nach den Durchführungsverordnungen sowie nach ergänzenden gesetzlichen Vorschriften. Der Ausschuß ist davon ausgegangen, daß zur Beurteilung der Versicherungsfreiheit nach § 3 sämtliche jeweils geltenden Durchführungs- und Ergänzungsvorschriften heranzuziehen sind.

Zu § 7

§ 7 befaßt sich mit der Überleitung der Befreiungen von der Versicherungspflicht, und zwar sowohl mit denjenigen Befreiungen, die von der Bundesversicherungsanstalt für Angestellte ausgesprochen worden sind, wie auch mit denjenigen, die beantragt sind. Die bereits gestellten, aber noch nicht beschiedenen Anträge sind nach § 10a Abs. 4 von der Bundesversicherungsanstalt für Angestellte weiterzubearbeiten. Sie sind nach dem bis zum Inkrafttreten dieses Gesetzes geltenden Recht zu beurteilen („befreit werden"). Auch hier sind die Voraussetzungen für die Genehmigung dieser Anträge großzügig erweitert worden.

An den § 7 wurde eine Sonderbestimmung für das Saarland angefügt, die auf die dort geltenden Gesetze verweist.

Zu § 8

§ 8 Abs. 1 hat im Rahmen dieses Gesetzes eine erhebliche Bedeutung. Sein Satz 1 wandelt alle Beiträge nach dem Handwerkerversorgungsgesetz in jeder Hinsicht in Beiträge zur Rentenversicherung der Arbeiter um. Durch ihn werden also alle in der Vergangenheit auf Grund des Handwerkerversorgungsgesetzes entrichteten Beiträge so behandelt, als ob sie von vornherein zur Rentenversicherung der Arbeiter entrichtet worden seien. Der Ausschuß hat hinzugefügt, daß diese Regelung auch für solche Beiträge gilt, die bei der Berechnung von Renten berücksichtigt wurden, welche für die Zeit vor Inkrafttreten dieses Gesetzes gezahlt werden (Satz 1 zweiter Halbsatz). Da die Beiträge auf Grund des Handwerkerversorgungsgesetzes von vornherein als Beiträge zur Rentenversicherung der Arbeiter gelten, entfällt hinsichtlich dieser Beiträge auch die Anwendung der Vorschriften über die Wanderversicherung.

Absatz 1 Satz 2 zieht aus der Regelung des Satzes 1 die Konsequenzen für die Berechnung künftig festzustellender Handwerkerrenten. Diese hat — abgesehen von der Ermittlung der persönlichen Bemessungsgrundlage — nach den Vorschriften für die Rentenversicherung der Arbeiter zu erfolgen. Da das Recht der Rentenversicherung der Arbeiter und der Angestellten weitgehend übereinstimmt, treten hierdurch Nachteile für die Handwerker nur insofern ein, als das vor dem 1. Januar 1957 geltende Recht anzuwenden ist, wie es z. B. bei der Vergleichsberechnung der Renten (Artikel 2 § 42 ArVNG) der Fall ist.

Der Ausschuß hat die Absätze 2 und 4 umformuliert und in Absatz 4 eine Frist für den Umtausch der bisherigen Handwerkerversicherungskarten gesetzt.

Zu § 10

§ 10 regelt die Übernahme der bei der Bundesversicherungsanstalt für Angestellte aus der Handwerkerversorgung entstandenen Rentenlast. Die Träger der Rentenversicherung der Arbeiter erstatten der Bundesversicherungsanstalt für Angestellte davon lediglich die Ausgaben für Renten, nicht dagegen die Aufwendungen für die Krankenversicherung der Rentner und die sonstigen Ausgaben. Mit Rücksicht auf diese grobe Bemessung der Kostenteilung wurde auf der anderen Seite davon abgesehen, für diejenigen Beiträge, die in Handwerkerrenten als Beiträge von Angestellten berücksichtigt worden sind, einen Wanderversicherungsausgleich zuzulassen; der Ausschuß hat eine entsprechende Bestimmung in § 10 Abs. 3 eingefügt. Ein weiterer Ausgleich liegt darin, daß nach § 10 Abs. 1 bereits ein Beitrag genügt, um die gesamte Rente als Handwerkerrente erscheinen zu lassen. Der Ausschuß hat es für zweckmäßig gehalten, weitere Verwaltungsarbeit zu Feststellungen darüber, ob dieser Beitrag der letzte Beitrag im Sinne der Vorschriften über die Wanderversicherung sei, zu vermeiden.

Mit Rücksicht auf die Verschiebung des Inkrafttretens des Gesetzes um ein halbes Jahr war es weiter notwendig, eine besondere Erstattung in Höhe eines halben Bundeszuschusses einmalig für das Jahr 1960 vorzusehen. Während nämlich der Bundeszuschuß für Handwerkerrenten bereits mit dem 1. Januar 1960 auf die Rentenversicherung der Arbeiter übergeht, übernimmt diese die Rentenlast erst ein halbes Jahr später.

Der Ausschuß hat eine besondere Vorschrift über die Vermögensauseinandersetzung zwischen der Bundesversicherungsanstalt für Angestellte und den Trägern der Rentenversicherung der Arbeiter eingefügt. Der Vertreter der Bundesregierung hat darauf hingewiesen, daß unter Umständen diese Vorschrift sich als nicht durchführbar erweisen würde, da rechnerisch genaue Feststellungen für die Zeiten vor dem 1. Januar 1957 sich vermutlich nicht treffen lassen. Der Ausschuß ist aber der Auffassung, daß das Bundesversicherungsamt sich um diese Auseinandersetzung bemühen solle. Sie soll nur solches Vermögen betreffen, das sich bei der Bundesversicherungsanstalt für Angestellte angesammelt hat, nicht jedoch in umgekehrter Richtung vonstatten gehen.

Im Saarland werden die Handwerkerrenten zur Zeit von einer besonderen Abteilung der Landesversicherungsanstalt für das Saarland festgestellt. Hieran soll sich nichts ändern. Dem dient die Einfügung des Absatzes 5. Auch das bei der Landesversicherungsanstalt für das Saarland angesammelte Vermögen für die Handwerkerversorgung wird in die Vermögensauseinandersetzung nach Absatz 4 nicht einbezogen, vielmehr ist hierfür eine besondere Bestimmung in dem angekündigten Organisationsgesetz vorzusehen.

Zu § 10a

§ 10a wurde als Übergangsvorschrift neu eingefügt. Er regelt in Absatz 1 die Zuständigkeit für die Feststellung der Renten, in Absatz 2 diejenige für die sonstigen Versicherungsangelegenheiten, in Absatz 3 diejenige für die Rehabilitationsmaßnahmen und in Absatz 4 diejenige für die Anträge auf Befreiung von der Versicherungspflicht. Soweit danach Zuständigkeiten auf die Träger der Rentenversicherung der Arbeiter übergehen, ist von diesen derjenige Träger örtlich zuständig, in dessen Bezirk der Versicherte zur Zeit der Entrichtung des letzten Handwerkerbeitrages seinen Wohnsitz gehabt hat.

Zu § 11

§ 11 enthält Änderungen der Reichsversicherungsordnung, des Angestelltenversicherungsgesetzes und der Rentenversicherungs-Neuregelungsgesetze, die sich wegen der Überführung der Handwerkerversorgung in die Rentenversicherung der Arbeiter als notwendig erwiesen. Wie durch § 8 Abs. 1 ein Fall der unechten Wanderversicherung ausgeschlossen wird, so wird auch durch § 11 Abs. 1 Nr. 3 und Abs. 2 Nr. 2 ein weiterer Fall der unechten Wanderversicherung klargestellt.

Besonders umstritten war die Bemessung des Bundeszuschusses, dessen Regelung in Absatz 1 Nr. 4 und Absatz 2 Nr. 3 enthalten ist. Eine Änderung der im Entwurf der CDU enthaltenen Zahlen ergab sich daraus, daß das Inkrafttreten des Gesetzes verschoben wurde. Zu den übrigen Anträgen zum Bundeszuschuß siehe Näheres in dem Allgemeinen Teil dieses Berichtes unter zu 4. In dem von der Rentenversicherung der Angestellten auf die Rentenversicherung der Arbeiter verlagerten Teil des Bundeszuschusses konnte die Umwandlung des Landeszuschusses zur Rentenversicherung im Saarland in einen Bundeszuschuß nicht berücksichtigt werden; sie wird in dem angekündigten Organisationsgesetz für die saarländische Sozialversicherung zu erfolgen haben.

Zu § 12

Als Nr. 14 und 15 wurden die saarländischen Gesetze über die Handwerkerversorgung mit aufgeführt.

Zu § 14

Um den Trägern der Rentenversicherung der Arbeiter genügend Zeit für eine Vorbereitung auf ihre neuen Aufgaben in der Handwerkerversicherung zu geben, wurde das Inkrafttreten des Gesetzes um etwa ein halbes Jahr hinausgeschoben. Die Vorschriften über den Bundeszuschuß treten dagegen bereits mit dem 1. Januar 1960 in Kraft.

Bonn, den 29. Oktober 1959

Frau Korspeter

Berichterstatterin

B. Antrag des Ausschusses

Der Bundestag wolle beschließen:

1. **den Gesetzentwurf — Drucksache 993 — in der aus der nachstehenden Zusammenstellung ersichtlichen Fassung anzunehmen;**
2. **den von der Fraktion der FDP eingebrachten Entwurf über die Versicherung der Handwerker (Handwerkerversicherungsgesetz) — Drucksache 634 — als durch die Beschlußfassung zu Nr. 1 erledigt ablehnen.**

Bonn, den 29. Oktober 1959

Der Ausschuß für Sozialpolitik

Dr. Schellenberg	**Frau Korspeter**
Vorsitzender	Berichterstatterin

Zusammenstellung

des von der Fraktion der CDU/CSU eingebrachten Entwurfs eines Gesetzes über eine Rentenversicherung der Handwerker (Handwerkerversicherungsgesetz — HVG)

— Drucksache 993 —

mit den Beschlüssen des Ausschußes für Sozialpolitik (20. Ausschuß)

Entwurf	*Beschlüsse des 20. Ausschusses*
Entwurf eines Gesetzes über eine Rentenversicherung der Handwerker (Handwerkerversicherungsgesetz-HVG)	**Entwurf eines Gesetzes über eine Rentenversicherung der Handwerker (Handwerkerversicherungsgesetz — HVG)**
Der Bundestag hat das folgende Gesetz beschlossen:	Der Bundestag hat das folgende Gesetz beschlossen:
ERSTER ABSCHNITT **Allgemeine Vorschriften**	ERSTER ABSCHNITT **Allgemeine Vorschriften**
§ 1	§ 1
(1) Nach diesem Gesetz werden in der Rentenversicherung der Arbeiter versichert 1. Handwerker, die in die Handwerksrolle eingetragen sind, solange sie Beiträge für eine rentenversicherungspflichtige Beschäftigung oder Tätigkeit für weniger als zweihundertsechzehn Kalendermonate entrichtet haben, 2. Handwerker, die im Zeitpunkt der Einberufung zu einer Wehrdienstleistung im Sinne des § 4 Abs. 1 Nr. 1 bis 3 des Wehrpflichtgesetzes vom 21. Juli 1956 (Bundesgesetzbl. I S. 651) nach Nummer 1 pflichtversichert waren, für die Dauer der Wehrdienstleistung.	(1) unverändert
(2) Die Versicherungspflicht nach Absatz 1 Nr. 2 geht derjenigen nach Absatz 1 Nr. 1 vor.	(2) unverändert

(3) Die Versicherungspflicht beginnt mit dem Kalendermonat, der auf den Kalendermonat folgt, in dem die Voraussetzungen für die Versicherungspflicht erfüllt werden.	(3) unverändert
(4) Die Versicherungspflicht endet mit Ablauf des Kalendermonats, in dem die Voraussetzungen für die Versicherungspflicht entfallen.	(4) unverändert
(5) Für die Versicherung nach diesem Gesetz gelten die Vorschriften der Rentenversicherung der Arbeiter für versicherungspflichtige *Selbständige* einschließlich derjenigen, die das Recht der Rentenversicherung der Arbeiter ändern oder ergänzen, soweit nicht in diesem Gesetz Abweichendes bestimmt ist.	(5) Für die Versicherung nach diesem Gesetz gelten die Vorschriften der Rentenversicherung der Arbeiter für **die nach § 1227 Abs. 1 Nr. 3 und 4 der Reichsversicherungsordnung** versicherungspflichtigen **Personen** einschließlich derjenigen **Vorschriften**, die das Recht der Rentenversicherung der Arbeiter ändern oder ergänzen, soweit nicht in diesem Gesetz Abweichendes bestimmt ist.
§ 2	§ 2
(1) Versicherungsfrei *ist* über die Vorschriften, die für die Rentenversicherung der Arbeiter gelten, hinaus auch,	(1) Versicherungsfrei **sind** über die Vorschriften, die für die Rentenversicherung der Arbeiter, gelten hinaus auch,
1. wer als Inhaber eines handwerklichen Nebenbetriebes (§ 2 Nr. 2 und 3 und § 3 der Handwerksordnung vom 17. September 1953 [Bundesgesetzbl. I S. 1411], zuletzt geändert durch Gesetz vom 22. Dezember 1953 [Bundesgesetzbl. I S. 1567]) in die Handwerksrolle eingetragen ist,	1. unverändert
2. wer als Nachlaßverwalter, Nachlaßpfleger oder Testamentsvollstrecker einen Handwerksbetrieb führt,	2. unverändert
3. wer als Erbe oder in ungeteilter Erbengemeinschaft in die Handwerksrolle eingetragen und nicht in dem nachgelassenen Handwerksbetrieb tätig ist,	3. unverändert

4. Witwen und Witwer für die Zeit nach dem Tode ihres Ehegatten, es sei denn, daß sie im Zeitpunkt des Todes ihres Ehegatten nach § 1 versichert waren,

4. Witwen und Witwer für die Zeit nach dem Tode ihres Ehegatten, **wenn sie dessen Handwerksbetrieb fortführen,** es sei denn, daß sie im Zeitpunkt des Todes ihres Ehegatten nach § 1 versichert waren,

5. wer als Arbeitnehmer versicherungspflichtig ist.

5. unverändert

6. **wer als Bezirksschornsteinfegermeister auf Grund des § 28 Abs. 1 der Verordnung über das Schornsteinfegerwesen vom 28. Juli 1937 (Reichsgesetzbl. I S. 831, 1134) Pflichtmitglied der Versorgungsanstalt der deutschen Bezirksschornsteinfegermeister oder nach § 5 der Verordnung über die soziale Versorgung im Schornsteinfegerhandwerk vom 28. April 1942 (Reichsgesetzbl. I S. 257) zu dieser Versorgungsanstalt beitragspflichtig ist.**

(2) § 1 Abs. 2 und 3 gilt entsprechend für die Versicherungsfreiheit.

(2) § 1 Abs. **3** und **4** gilt entsprechend für die Versicherungsfreiheit.

(3) Für die Befreiung von der Versicherungspflicht tritt an die Stelle des Beginns des Beschäftigungsverhältnisses (§ 1230 der Reichsversicherungsordnung) und der Verleihung der Anwartschaft (§ 1231 der Reichsversicherungsordnung) der Beginn des Kalendermonats, in den die genannten Ereignisse fallen.

(3) unverändert

§ 3

(1) Arbeitslosigkeit im Sinne des § 1248 Abs. 2, des § 1251 Abs. 1 und des § 1259 Abs. 1 Nr. 3 der Reichsversicherungsordnung liegt nur vor, wenn und solange der Handwerker in der Handwerksrolle gelöscht ist.

(2) Zeiten der Krankheit im Sinne des § *1243* Abs. 1, der Arbeitsunfähigkeit im Sinne des § 1259 Abs. 1 Nr. 1 und der Schwangerschaft oder des

§ 3

(1) unverändert

(2) Zeiten der Krankheit im Sinne des **§ 1251** Abs. 1, der Arbeitsunfähigkeit im Sinne des § 1259 Abs. 1 Nr. 1 und der Schwangerschaft oder des

Wochenbetts im Sinne des § 1259 Abs. 1 Nr. 2 der Reichsversicherungsordnung werden bei Anwendung der genannten Vorschriften nur dann berücksichtigt, wenn der Handwerker während dieser Zeiten keine anderen als die in § 4 Abs. 5 Nr. 2 genannten Personen beschäftigt hat.	Wochenbetts im Sinne des § 1259 Abs. 1 Nr. 2 der Reichsversicherungsordnung werden bei Anwendung der genannten Vorschriften nur dann berücksichtigt, wenn der Handwerker während dieser Zeiten keine anderen als die in § 4 Abs. 5 Nr. 2 genannten Personen beschäftigt hat. **Der Bundesminister für Arbeit und Sozialordnung erläßt mit Zustimmung des Bundesrates Verwaltungsvorschriften darüber, wie die Arbeitsunfähigkeit nachzuweisen ist.**
(3) War ein Handwerker während einer Ersatzzeit des § 1251 der Reichsversicherungsordnung auf Grund seiner Eintragung in die Handwerksrolle versicherungspflichtig, so schließt diese Versicherungspflicht die Anrechnung der Ersatzzeit nicht aus, wenn für diese Zeit Beiträge nicht entrichtet sind.	(3) unverändert
§ 4	§ 4
(1) Für die Pflichtversicherung gelten die Beitragsklassen des § 1387 der Reichsversicherungsordnung von Beitragsklasse V an.	(1) unverändert
(2) Pflichtbeiträge sind ohne Rücksicht auf die Höhe des Arbeitseinkommens in der Beitragsklasse zu entrichten, die für ein Zwölftel des nach § 1256 Abs. 1 Buchstabe c der Reichsversicherungsordnung bestimmten durchschnittlichen Bruttoarbeitsentgelts anzuwenden ist. Die Beitragklasse wird in der in § 1256 Abs. 1 der Reichsversicherungsordnung vorgesehenen Rechtsverordnung bekanntgegeben.	(2) unverändert
(3) Pflichtversicherte können anstelle der Beitragsklasse nach Absatz 2 eine höhere Beitragsklasse wählen, jedoch nicht eine höhere, als einem Zwölftel ihrer Jahreseinkünfte (Absatz 6) entspricht.	(3) unverändert
(4) Für die in § 3 Abs. 2 aufgeführten Zeiten brauchen Beiträge nicht entrichtet zu werden.	(4) unverändert

(5) Pflichtversicherte brauchen Beiträge nur für jeden zweiten Monat zu entrichten

1. für die Dauer von drei Kalenderjahren nach dem Jahr der erstmaligen Eintragung in die Handwerksrolle,

2. für die Zeit, in der sie in ihrem Gewerbebetrieb mit Ausnahme eines Lehrlings keine Personen beschäftigen, die wegen dieser Beschäftigung rentenversicherungspflichtig sind.

(5) Pflichtversicherte brauchen Beiträge nur für jeden zweiten Monat zu entrichten

1. unverändert

2. unverändert

Hat der Handwerker von dem Recht des Satzes 1 im letzten Kalenderjahr vor dem Versicherungsfall Gebrauch gemacht, so dürfen nach dem Versicherungsfall Beiträge für Zeiten vorher auch nur für sechs Kalendermonate im Jahr entrichtet werden.

(6) Liegt der im letzten Einkommensteuerbescheid ausgewiesene Betrag der Jahreseinkünfte aus Gewerbebetrieb vor Abzug der Sonderausgaben und Freibeträge unter der Hälfte des Betrages des nach Absatz 2 bestimmten durchschnittlichen Bruttoarbeitsentgelts, so können die in Absatz 5 genannten Pflichtversicherten Beiträge in einer niedrigeren Beitragsklasse des Absatzes 1 entrichten.

(6) unverändert

§ 5

(1) *Die Beiträge Pflichtversicherter werden von den Einzugsstellen eingezogen oder durch Verwendung von Beitragsmarken entrichtet.*

(2) Die Beitragsentrichtung hat jeweils am Ende jedes Kalendermonats für diesen Monat, in den Fällen des § 4 Abs. 5 am Ende der Kalendermonate mit gerader Ordnungszahl zu erfolgen.

§ 5

(1) entfällt

(2) Die Beitragsentrichtung hat jeweils am Ende jedes Kalendermonats für diesen Monat, in den Fällen des § 4 Abs. 5 am Ende der Kalendermonate mit gerader Ordnungszahl zu erfolgen; **sie ist dem Träger der Rentenversicherung der Arbeiter jährlich am Schluß des Kalenderjahres nachzuweisen. Näheres bestimmt die Satzung.**

(3) *Beiträge werden von Pflichtversicherten, die Mitglieder einer Handwerksinnung sind und deren Innung Trägerinnung einer Innungskrankenkasse (§ 250 der Reichsversicherungsordnung) ist, von der Innungskrankenkasse (Einzugsstelle) eingezogen. Auf Vorschlag der Kreishandwerkerschaft können Innungskrankenkassen von dem Träger der Rentenversicherung mit dem Beitragseinzug von anderen pflichtversicherten Handwerkern beauftragt werden.*

(3) entfällt hier
siehe § 5a Abs. 1 und 2

(4) Geht bei der Einzugsstelle von einem Handwerker, der Beiträge zu mehr als einem Zweig der Sozialversicherung zu entrichten hat, ein Betrag ohne Angabe der Zweckbestimmung ein, so ist er, soweit Beiträge nach diesem Gesetz fällig sind, hierfür zu verwenden.

(4) entfällt

(5) Die Entrichtung der Beiträge an die Einzugsstelle ist von dieser unter Angabe des Zeitraumes, für den die Beiträge bestimmt sind, in die Versicherungskarte des Versicherten einzutragen.

(5) entfällt hier
siehe § 5a Abs. 3

(6) Ausgabestellen für die Ausgabe und den Umtausch der Versicherungskarten sind auch die Einzugsstellen, die Kreishandwerkerschaften und die Handwerkskammern.

(6) unverändert

(7) Die Handwerkskammern haben den Versicherungsträgern und den Einzugsstellen Einblick in die Handwerksrolle zu gewähren und ihnen die Anmeldungen und Löschungen mitzuteilen.

(7) Die Handwerkskammern haben den Versicherungsträgern und den Einzugsstellen Einblick in die Handwerksrolle zu gewähren und ihnen die Anmeldungen und Löschungen mitzuteilen. **Der Bundesminister für Arbeit und Sozialordnung bestimmt mit Zustimmung des Bundesrates Art und Umfang der Mitteilungen der Handwerkskammern.**

§ 5a

siehe § 5 Abs. 3

(1) Anstelle der Entrichtung der Beiträge durch die Verwendung von Beitragsmarken können die Beiträge pflichtversicherter Handwerker von einem

Träger der Rentenversicherung der Arbeiter eingezogen werden. Der Bundesminister für Arbeit und Sozialordnung bestimmt mit Zustimmung des Bundesrates durch allgemeine Verwaltungsvorschrift den Bezirk und den Beginn des Beitragseinzugs.

siehe § 5 Abs. 3

(2) Der Träger der Rentenversicherung der Arbeiter kann mit Trägern der gesetzlichen Krankenversicherung vereinbaren, daß diese als Einzugsstellen tätig werden; §§ 1399 Abs. 3 bis 5, 1400 Abs. 1 und 3, 1426 Abs. 1 und 2, 1433 bis 1437 der Reichsversicherungsordnung gelten entsprechend.

siehe § 5 Abs. 5

(3) Die Entrichtung der Beiträge an die Einzugsstelle ist von dieser unter Angabe des Zeitraumes, für den die Beiträge bestimmt sind, in die Versicherungskarte des Versicherten einzutragen.

§ 5b

(1) Beitragsmarken und Versicherungskarten für Handwerker haben ein zusätzliches Unterscheidungsmerkmal zu enthalten. Versicherungskarten haben eine eigene, für den Geltungsbereich dieses Gesetzes in gleicher Weise zusammengesetzte Versichertennummer; der Bundesminister für Arbeit und Sozialordnung erläßt mit Zustimmung des Bundesrates allgemeine Verwaltungsvorschriften über die Zusammensetzung der Versichertennummern.

(2) Renten, bei deren Berechnung Beiträge von Handwerkern berücksichtigt sind, erhalten ein besonderes Rentenzeichen.

(3) Versicherungsunterlagen und Befreiungsanträge von Handwerkern sowie alle sonstigen Vorgänge, die bei der Durchführung dieses Gesetzes entstehen, werden von den Trägern der Rentenversicherung der Arbeiter besonders geführt und kenntlich gemacht.

(4) Die Einnahmen und Ausgaben einschließlich der Verwaltungskosten sind gesondert nachzuweisen. Der Bundesminister für Arbeit und Sozialordnung erläßt mit Zustimmung des Bundesrates die zum einheitlichen Nachweis erforderlichen Verwaltungsvorschriften.

ZWEITER ABSCHNITT

Übergangsvorschriften

§ 6

(1) Handwerker, die für Januar und Februar 1957 die Voraussetzungen für die Versicherungsfreiheit nach § 3 des Gesetzes über die Altersversorgung für das Deutsche Handwerk vom 21. Dezember 1938 (Reichsgesetzbl. I S. 1900) erfüllten und in dieser Zeit versicherungsfrei waren, *sind vom 1. April 1959 an* versicherungsfrei.

(2) Handwerker, die für Januar und Februar 1957 die Voraussetzungen für die Befreiung von der halben Beitragsleistung nach § 5 des Gesetzes über die Altersversorgung für das Deutsche Handwerk erfüllten und in dieser Zeit von der halben Beitragsleistung befreit waren, entrichten vom *1. April 1959* an für die Dauer ihrer Versicherungspflicht Beiträge mindestens nach § 4 Abs. 5 Nr. 2 und Abs. 6.

(3) Handwerker, die vor dem Inkrafttreten dieses Gesetzes auf Grund eines Versicherungsvertrages die Versicherungsfreiheit nach § 3 des Gesetzes über die Altersversorgung für das Deutsche Handwerk geltend gemacht und bis zum Inkrafttreten dieses Gesetzes die Voraussetzungen für die Versicherungsfreiheit nach § 3 des Gesetzes über die Altersversorgung für das Deutsche Handwerk erfüllt haben, bleiben weiterhin versicherungsfrei.

(4) Handwerker, die vor dem Inkrafttreten dieses Gesetzes auf Grund eines Versicherungsvertrages die Be-

ZWEITER ABSCHNITT

Übergangsvorschriften

§ 6

(1) Handwerker, die für Januar und Februar 1957 die Voraussetzungen für die Versicherungsfreiheit nach § 3 des Gesetzes über die Altersversorgung für das Deutsche Handwerk vom 21. Dezember 1938 (Reichsgesetzbl. I S. 1900) erfüllten und in dieser Zeit versicherungsfrei waren, **bleiben** versicherungsfrei.

(2) Handwerker, die für Januar und Februar 1957 die Voraussetzungen für die Befreiung von der halben Beitragsleistung nach § 5 des Gesetzes über die Altersversorgung für das Deutsche Handwerk erfüllten und in dieser Zeit von der halben Beitragsleistung befreit waren, entrichten vom **Inkrafttreten des Gesetzes** an für die Dauer ihrer Versicherungspflicht Beiträge mindestens nach § 4 Abs. 5 Nr. 2 und Abs. 6.

(3) unverändert

(4) unverändert

freiung von der halben Beitragsleistung nach § 5 des Gesetzes über die Altersversorgung für das Deutsche Handwerk geltend gemacht haben, entrichten vom Inkrafttreten dieses Gesetzes an für die Dauer ihrer Versicherungspflicht Beiträge mindestens nach § 4 Abs. 5 Nr. 2 und Abs. 6.

(5) Die Versicherungsfreiheit endet bei Löschung der Eintragung des Handwerkers in der Handwerksrolle.

(5) unverändert

(6) Für Handwerker, die auf Grund eines Pensionsvertrages mit der Pensionskasse des Bäckerhandwerks Versicherungsverein auf Gegenseitigkeit, Sitz Berlin, die Versicherungsfreiheit oder die Befreiung von der halben Beitragsleistung geltend gemacht haben, gelten die Absätze 1 bis 5 entsprechend, und zwar auch dann, wenn die Versicherungsfreiheit auf Grund von zwei oder mehr Verträgen mit der Pensionskasse des Bäckerhandwerks und einem oder mehr als einem Lebensversicherungsunternehmen geltend gemacht wurde.

(6) unverändert

§ 7

(1) Handwerker, die nach Artikel 1 Abs. 2 Nr. 3 oder Abs. 4 Nr. 3 des Gesetzes zur vorläufigen Änderung des Gesetzes über eine Altersversorgung für das Deutsche Handwerk vom 27. August 1956 (Bundesgesetzbl. I S. 755) befreit sind oder werden, bleiben von der Versicherungspflicht befreit; § 1230 Abs. 4 und 5 der Reichsversicherungsordnung gilt. Die in Artikel 1 Abs. 2 Nr. 3 des angeführten Gesetzes geforderten Voraussetzungen gelten, soweit ein Antrag auf Befreiung gestellt, aber ein bindender Bescheid noch nicht ergangen ist, als erfüllt. Für die Berechnung der Wartezeit bei Anwendung des Artikels 1 Abs. 4 Nr. 3 des angeführten Gesetzes findet § 26 des Angestelltenversicherungsgesetzes in der Fassung vom 23. Februar 1957 (Bundesgesetzbl. I S. 88) Anwendung.

§ 7

(1) unverändert

(2) Befreiungen auf Grund des Artikels 2 § 52 Abs. 3 des Angestelltenversicherungs-Neuregelungsgesetzes vom 23. Februar 1957 (Bundesgesetzbl. I S. 88) gelten als Befreiungen auch für die Zeit nach Inkrafttreten dieses Gesetzes, auch wenn sie nachher erteilt sind; § 1230 Abs. 4 und 5 der Reichsversicherungsordnung gilt.

(3) Befreiungen nach § 33 der Verordnung zur Durchführung und Ergänzung des Gesetzes über die Altersversorgung für das Deutsche Handwerk vom 13. Juli 1939 (Reichsgesetzbl. I S. 1255) gelten als Befreiungen nach § 1230 der Reichsversicherungsordnung.

(2) unverändert

(3) unverändert

(4) Im Saarland tritt an die Stelle des in Absatz 1 genannten Gesetzes zur vorläufigen Änderung des Gesetzes über eine Altersversorgung für das Deutsche Handwerk vom 27. August 1956 (Bundesgesetzbl. I S. 755) das Gesetz Nr. 569 zur weiteren Änderung des Gesetzes über die Altersversorgung für das Deutsche Handwerk vom 22. Dezember 1956 (Amtsblatt des Saarlandes S. 1728); Absatz 1 Satz 1 gilt entsprechend für Befreiungen auf Grund des § 1 des Gesetzes zur Änderung des Gesetzes über die Altersversorgung für das Deutsche Handwerk vom 21. Dezember 1938 (Reichsgesetzbl. I S. 1900) vom 6. Juni 1952 (Amtsblatt des Saarlandes S. 661).

§ 8

(1) Beiträge, die auf Grund des Gesetzes über die Altersversorgung für das Deutsche Handwerk entrichtet sind, gelten als Beiträge zur Rentenversicherung der Arbeiter. Zur Ermittlung des Verhältnisses zwischen dem von dem Versicherten erzielten Arbeitseinkommen (§ 1255 Abs. 6 der Reichsversicherungsordnung) und dem durchschnittlichen Bruttoarbeitsentgelt aller Versicherten sind die Vorschriften der Ren-

§ 8

(1) Beiträge, die auf Grund des Gesetzes über die Altersversorgung für das Deutsche Handwerk entrichtet sind, gelten als Beiträge zur Rentenversicherung der Arbeiter; **dies gilt auch für Rentenbezugszeiten vor dem Inkrafttreten dieses Gesetzes.** Zur Ermittlung des Verhältnisses zwischen dem von dem Versicherten erzielten Arbeitseinkommen (§ 1255 Abs. 6 der Reichsversicherungsordnung) und dem durchschnittlichen

tenversicherung der Angestellten anzuwenden, im übrigen die Vorschriften, die in der Rentenversicherung der Arbeiter gelten oder zu dem maßgebenden Zeitpunkt gegolten haben. Für die Halbversicherung gilt, soweit das vor dem 1. Januar 1957 geltende Recht anzuwenden ist, § 6 Abs. 1 und 3 des genannten Gesetzes.

Bruttoarbeitsentgelt aller Versicherten sind die Vorschriften der Rentenversicherung der Angestellten anzuwenden, im übrigen gelten die Vorschriften, die in der Rentenversicherung der Arbeiter gelten oder zu dem maßgebenden Zeitpunkt gegolten haben. Für die Halbversicherung gilt, soweit das vor dem 1. Januar 1957 geltende Recht anzuwenden ist, § 6 Abs. 1 und 3 des **in Satz 1** genannten Gesetzes.

(2) Zeiten zwischen dem 9. Mai 1945 und dem 17. Dezember 1953, in denen ein *Handwerker* nicht in die Handwerksrolle eingetragen war, jedoch seinen Handwerksbetrieb gewerbepolizeilich angemeldet hatte, stehen Zeiten der Eintragung in die Handwerksrolle gleich.

(2) Zeiten zwischen dem 9. Mai 1945 und dem 17. Dezember 1953, in denen ein **Gewerbetreibender** nicht in die Handwerksrolle eingetragen war, jedoch seinen **Betrieb als** Handwerksbetrieb gewerbepolizeilich angemeldet hatte, stehen Zeiten der Eintragung in die Handwerksrolle gleich.

(3) Erfüllen Handwerker die Voraussetzungen für die freiwillige Weiterversicherung auch durch Beiträge nach Absatz 1, so können sie vom Inkrafttreten dieses Gesetzes an die Weiterversicherung nur in der Rentenversicherung der Arbeiter durchführen.

(3) unverändert

(4) Handwerker-Versicherungskarten gelten bis zu ihrem Umtausch als Versicherungskarten der Rentenversicherung der Arbeiter weiter.

(4) Handwerker-Versicherungskarten gelten als Versicherungskarten der Rentenversicherung der Arbeiter bis zu ihrem Umtausch weiter; **der Umtausch hat innerhalb eines Jahres nach dem Inkrafttreten des Gesetzes zu erfolgen.**

§ 9

(1) Sind für die Zeit vor Inkrafttreten dieses Gesetzes Pflichtbeiträge zu entrichten, so bestimmt sich ihre Höhe nach § 4, sofern *nicht der Handwerker nachweist*, daß er nach bisherigem Recht geringere Beiträge zu entrichten hatte.

§ 9

(1) unverändert

(2) Pflichtbeiträge und freiwillige Beiträge von Handwerkern für Zeiten vor Inkraftteten dieses Gesetzes sind zur Rentenversicherung der Arbeiter nachzuentrichten; dies gilt auch für die Weiterversicherung von Handwerkern, die nach § 3 des Gesetzes über die Alters-

(2) unverändert

versorgung für das Deutsche Handwerk versicherungsfrei waren.

(3) Bis zum Erlaß der in § 4 Abs. 2 vorgesehenen Rechtsverordnung gilt für die Beitragsentrichtung nach § 4 Abs. 2 die Beitragsklasse IX.

(3) unverändert

(4) *Der Bundesminister für Arbeit und Sozialordnung bestimmt den Zeitpunkt, in dem der Beitragseinzug (§ 5 Abs. 3) beginnt. Er kann ihn nach Einzugstellen unterschiedlich festsetzen.*

(4) entfällt

(5) Im Saarland beginnt der Beitragseinzug mit dem Inkrafttreten dieses Gesetzes; § 5a Abs. 3 gilt nicht.

§ 10

(1) Renten, die ganz oder zum Teil auf Grund von Beiträgen nach § 8 Abs. 1 durch die Bundesversicherungsanstalt für Angestellte festgestellt sind oder werden, werden weiterhin von dieser gewährt.

§ 10

(1) unverändert

(2) Renten, die ganz oder zum Teil auf Grund von Beiträgen nach § 8 Abs. 1 bei der Bundesversicherungsanstalt für Angestellte bis zum *31. Dezember 1959* beantragt oder von Renten nach Absatz 1 abgeleitet oder aus diesen umgewandelt werden, werden auch nach Inkrafttreten dieses Gesetzes von der Bundesversicherungsanstalt für Angestellte festgestellt, es sei denn, daß Beiträge auf Grund dieses Gesetzes entrichtet sind.

(2) Renten, die ganz oder zum Teil auf Grund von Beiträgen nach § 8 Abs. 1 bei der Bundesversicherungsanstalt für Angestellte bis zum **30. Juni 1960** beantragt oder von Renten nach Absatz 1 abgeleitet oder aus diesen umgewandelt werden, werden auch nach Inkrafttreten dieses Gesetzes von der Bundesversicherungsanstalt für Angestellte festgestellt, es sei denn, daß Beiträge auf Grund dieses Gesetzes entrichtet sind.

(3) Die Träger der Rentenversicherung der Arbeiter erstatten der Bundesversicherungsanstalt für Angestellte die Ausgaben für Renten nach den Absätzen 1 und 2; §§ 1390 bis 1393 der Reichsversicherungsordnung gelten.

(3) Die Träger der Rentenversicherung der Arbeiter erstatten der Bundesversicherungsanstalt für Angestellte die Ausgaben für Renten nach den Absätzen 1 und 2; §§ 1390 bis 1393 der Reichsversicherungsordnung gelten; **§ 1314 der Reichsversicherungsordnung und § 93 des Angestelltenversicherungsgesetzes gelten nicht. Die Erstattungssumme erhöht sich im Jahre 1960 um einen Betrag von 29 Millionen Deutsche Mark.**

(4) Zwischen den Trägern der Rentenversicherung der Arbeiter und der Bundesversicherungsanstalt für Angestellte findet eine Auseinandersetzung über vorhandenes Vermögen aus der Handwerkerversorgung zum 30. Juni 1960 statt. Die Durchführung obliegt dem Bundesversicherungsamt.

(5) Im Saarland werden die Renten weiterhin von der Landesversicherungsanstalt für das Saarland gewährt; Absätze 1 bis 4 gelten nicht.

§ 10a

(1) Sind zuletzt Beiträge nach § 8 Abs. 1 Satz 1 entrichtet worden, so ist für die Feststellung der Renten derjenige Träger der Rentenversicherung der Arbeiter zuständig, in dessen Bezirk der Versicherte zur Zeit der Entrichtung dieses Beitrages seinen Wohnsitz gehabt hat. § 1311 der Reichsversicherungsordnung gilt entsprechend.

(2) Absatz 1 gilt auch für die Zuständigkeit beim Umtausch von Versicherungskarten und bei sonstigen Angelegenheiten der Versicherung nach dem Gesetz.

(3) Maßnahmen zur Erhaltung, Besserung und Wiederherstellung der Erwerbsfähigkeit, die vor dem Inkrafttreten dieses Gesetzes bewilligt sind, werden von der Bundesversicherungsanstalt für Angestellte bis zu dem Zeitpunkt weitergewährt, zu dem sie ohne dieses Gesetz beendigt worden wären. Für Anträge auf solche Maßnahmen, die vor dem Inkrafttreten dieses Gesetzes gestellt sind, bleibt die Bundesversicherungsanstalt für Angestellte zuständig; Satz 1 gilt entsprechend.

(4) Die Bundesversicherungsanstalt für Angestellte bleibt für die Entscheidung zuständig, welche die Beitragspflicht von Handwerkern betreffen und vor dem Inkrafttreten dieses Gesetzes gestellt sind.

§ 11	§ 11
(1) Die Reichsversicherungsordnung wird wie folgt geändert:	(1) Die Reichsversicherungsordnung wird wie folgt geändert:
1. In § 1227 Abs. 1 werden die Worte „oder des Gesetzes über die Altersversorgung für das Deutsche Handwerk" gestrichen.	1. unverändert
2. In § 1228 Abs. 1 Nr. 4 werden eingefügt hinter „Arbeitgeber" die Worte „oder eine Nebentätigkeit" und angefügt die Worte „oder in der Nebentätigkeit".	2. unverändert
3. In § 1314 Abs. 2 wird folgender Satz 2 eingefügt: „Dabei gelten Beiträge für Zeiten vor dem 1. Januar 1923, in denen der Versicherte als Angestellter beschäftigt war, als Beiträge zur Rentenversicherung der Angestellten".	3. unverändert
4. In § 1389 treten an die Stelle der Zahl „1957" die Zahl „*1959*" und an die Stelle der Zahl „2728" die Zahl „*3110*".	4. In § 1389 treten an die Stelle der Zahl „1957" die Zahl **„1960"** und an die Stelle der Zahl „2728" die Zahl **„3280"**.
(2) Das Angestelltenversicherungsgesetz wird wie folgt geändert:	(2) Das Angestelltenversicherungsgesetz wird wie folgt geändert:
1. In § 4 Abs. 1 Nr. *4* werden eingefügt hinter „Arbeitgeber" die Worte „oder eine Nebentätigkeit" und angefügt die Worte „oder in der Nebentätigkeit".	1. In § 4 Abs. 1 Nr. **5** werden eingefügt hinter „Arbeitgeber" die Worte „oder eine Nebentätigkeit" und angefügt die Worte „oder in der Nebentätigkeit".
2. In § 93 Abs. 2 wird folgender Satz 2 eingefügt: „Dabei gelten Beiträge für Zeiten vor dem 1. Januar 1923, in denen der Versicherte als Angestellter beschäftigt war, als Beiträge zur Rentenversicherung der Angestellten".	2. unverändert
3. In § 116 treten an die Stelle der Zahl „1957" die Zahl „*1959*" und an die Stelle der Zahl „682" die Zahl „*723*".	3. In § 116 treten an die Stelle der Zahl „1957" die Zahl **„1960"** und an die Stelle der Zahl „682" die Zahl **„760"**.
(3) 1. *In* Artikel 2 § 36 Abs. 3 des Arbeiterrentenversicherungs-Neuregelungsgesetzes *treten an die Stelle der Zahl „1957" die*	(3) 1. Artikel 2 § 36 Abs. 3 des Arbeiterrentenversicherungs-Neuregelungsgesetzes **erhält folgende Fassung:**

Zahl „1959“, an die Stelle der Zahl „240“ die Zahl „219“ und an die Stelle der Zahl „16“ die Zahl „16,8“.

„(3) Von den Aufwendungen für den Sonderzuschuß erstattet der Bund den Trägern der Rentenversicherung der Arbeiter im Jahre 1960 den Betrag von 203 Millionen Deutsche Mark und in den folgenden elf Jahren einen Betrag, der jeweils um 16,8 Millionen Deutsche Mark geringer ist als im Vorjahr.“

2. *In* Artikel 2 § 35 Abs. 3 des Angestelltenversicherungs-Neuregelungsgesetzes *treten an die Stelle der Zahl „1957“ die Zahl „1959“, an die Stelle der Zahl „80“ die Zahl „58,4“ und der Zahl „5,3“ die Zahl „4,5“.*

2. Artikel 2 § 35 Abs. 3 des Angestelltenversicherungs-Neuregelungsgesetzes **erhält folgende Fassung:**

„(3) Von den Aufwendungen für den Sonderzuschuß erstattet der Bund der Bundesversicherungsanstalt für Angestellte im Jahre 1960 den Betrag von 53,1 Millionen Deutsche Mark und in den folgenden elf Jahren einen Betrag, der jeweils um 4,5 Millionen Deutsche Mark geringer ist als im Vorjahre.“

(4) Soweit in anderen Vorschriften auf Bestimmungen verwiesen wird oder Bezeichnungen verwendet werden, die durch dieses Gesetz geändert werden, treten an ihre Stelle die entsprechenden Bestimmungen und Bezeichnungen dieses Gesetzes.

(4) unverändert

DRITTER ABSCHNITT
Schlußvorschriften

§ 12

Mit dem Inkrafttreten dieses Gesetzes treten insbesondere außer Kraft

1. das Gesetz über die Altersversorgung für das Deutsche Handwerk vom 21. Dezember 1938 (Reichsgesetzbl. I S. 1900),
2. die Erste Verordnung zur Durchführung und Ergänzung des Ge-

DRITTER ABSCHNITT
Schlußvorschriften

§ 12

Mit dem Inkrafttreten dieses Gesetzes treten insbesondere außer Kraft

1. unverändert
2. unverändert

setzes über die Altersversorgung für das Deutsche Handwerk vom 13. Juli 1939 (Reichsgesetzbl. I S. 1255),	3. unverändert
3. § 3 Abs. 1 Satz 4 der Zweiten Durchführungs-Verordnung zur Notdienstverordnung vom 10. Oktober 1939 (Reichsgesetzbl. I S. 2018),	4. unverändert
4. die Zweite Verordnung zur Durchführung und Ergänzung des Gesetzes über die Altersversorgung für das Deutsche Handwerk vom 28. Oktober 1939 (Reichsgesetzbl. I S. 2113),	
5. die Dritte Verordnung zur Durchführung und Ergänzung des Gesetzes über die Altersversorgung für das Deutsche Handwerk vom 20. Dezember 1940 (Reichsgesetzbl. I S. 1671),	5. unverändert
6. Abschnitt IV des Gesetzes über weitere Maßnahmen in der Reichsversicherung aus Anlaß des Krieges vom 15. Januar 1941 (Reichsgesetzbl. I S. 34),	6. unverändert
7. die Vierte Verordnung zur Durchführung und Ergänzung des Gesetzes über die Altersversorgung für das Deutsche Handwerk vom 8. Dezember 1941 (Reichsgesetzbl. I S. 756),	7. unverändert
8. die Fünfte Verordnung zur Durchführung und Ergänzung des Gesetzes über die Altersversorgung für das Deutsche Handwerk vom 26. September 1942 (Reichsgesetzbl. I S. 565),	8. unverändert
9. die Sechste Verordnung zur Durchführung und Ergänzung des Gesetzes über die Altersversorgung für das Deutsche Handwerk vom 6. Dezember 1943 (Reichsgesetzbl. I S. 664),	9. unverändert
10. Artikel 21 der Ersten Verordnung zur Vereinfachung des Leistungs- und Beitragsrechts in der Sozial-	10. unverändert

versicherung vom 17. März 1945 (Reichsgesetzbl. I S. 41), soweit er selbständige Handwerker betrifft,

11. das Gesetz zur vorläufigen Änderung des Gesetzes über die Altersversorgung für das Deutsche Handwerk vom 27. August 1956 (Bundesgesetzbl. I S. 755),

11. unverändert

12. die Verordnung zur Durchführung des Gesetzes zur vorläufigen Änderung des Gesetzes über die Altersversorgung für das Deutsche Handwerk vom 21. Dezember 1956 (Bundesgesetzbl. I S. 950),

12. unverändert

13. Artikel 2 § 52 des Angestelltenversicherungs-Neuregelungsgesetzes vom 23. Februar 1957 (Bundesgesetzbl. I S. 88).

13. unverändert

14. das Gesetz zur Änderung des Gesetzes über die Altersversorgung für das Deutsche Handwerk vom 21. Dezember 1938 (RGBl. I S. 1900) vom 6. Juni 1952 (Amtsblatt des Saarlandes S. 661),

15. das Gesetz Nr. 569 zur weiteren Änderung des Gesetzes über die Altersversorgung für das Deutsche Handwerk vom 22. Dezember 1956 (Amtsblatt des Saarlandes S. 1728).

§ 13

Dieses Gesetz gilt nach § 13 Abs. 1 des Dritten Überleitungsgesetzes vom 4. Januar 1952 (Bundesgesetzbl. I S. 1) auch im Land Berlin.

§ 13

unverändert

§ 14

Dieses Gesetz tritt mit Wirkung vom *1. Juli 1959* in Kraft; *die §§ 6 bis 8 treten* am *1. April 1959* in Kraft.

§ 14

Dieses Gesetz tritt mit Wirkung vom 1. Juli **1960** in Kraft; **§ 11 Abs. 1 Nr. 4, Abs. 2 Nr. 3 und Abs. 3 tritt am 1. Januar 1960** in Kraft.

Änderungsanträge zur 2. Lesung des Gesetzes im Deutschen Bundestag

(Die nicht angenommenen Anträge sind kursiv gedruckt)

Anlagen zur Niederschrift über die 121. Sitzung des Deutschen Bundestages — 3. Wahlperiode — am 29. Juni 1960

Anlage 4 **Umdruck 674**

Änderungsantrag der Fraktionen der CDU/CSU, DP zur zweiten Beratung des von der Fraktion der CDU/CSU eingebrachten Entwurfs eines Gesetzes über eine Rentenversicherung der Handwerker (Handwerkerversicherungsgesetz — HVG) (Drucksachen 993, 1379).

Der Bundestag wolle beschließen:

1. § 4 Abs. 5 wird wie folgt geändert:
   a) In Nummer 1 werden die Worte „für die Dauer" ersetzt durch die Worte „bis zum Ablauf".
   b) In Nummer 2 werden hinter dem Wort „Lehrlings" eingefügt die Worte „oder eines Verwandten ersten Grades".
2. In § 5 werden die Absätze 2, 6 und 7 gestrichen.
3. § 5a wird wie folgt geändert und ergänzt:
   a) Absatz 1 erhält folgende Fassung:
      „(1) Die Beiträge pflichtversicherter Handwerker werden von dem Träger der Rentenversicherung der Arbeiter eingezogen".
   b) Folgende Absätze 4 und 5 werden angefügt:
      „(4) Die Beitragsentrichtung hat jeweils am Ende jedes Kalendermonats für diesen Monat, in den Fällen des § 4 Abs. 5 am Ende der Kalendermonate mit gerader Ordnungszahl zu erfolgen.
      (5) Die Handwerkskammern haben den Versicherungsträgern und den Einzugsstellen Einblick in die Handwerksrolle zu gewähren und ihnen die Anmeldungen und Löschungen mitzuteilen. Der Bundesminister für Arbeit und Sozialordnung bestimmt mit Zustimmung des Bundesrates Art und Umfang der Mitteilungen der Handwerkskammern".
4. § 5b wird gestrichen.
5. In § 7 wird folgender Absatz 3a eingefügt:
   „(3a) Witwen und Witwer, die nach dem Tode ihres Ehegatten dessen Handwerksbetrieb fortführen und nach § 33 Abs. 1 der Verordnung zur Durchführung und Ergänzung des Gesetzes über die Altersversorgung für das Deutsche Handwerk vom 13. Juli 1939 (Reichsgesetzbl. I S. 1255) versicherungspflichtig waren, jedoch auf Grund des § 2 Abs. 1 Nr. 4 dieses Gesetzes versicherungsfrei werden, können die Versicherung freiwillig fortsetzen. § 8 Abs. 3 dieses Gesetzes gilt".

6. § 8 Abs. 1 wird wie folgt geändert:
   a) In Satz 1 werden hinter dem Wort „gilt" eingefügt die Worte „bei Anwendung des § 1314 der Reichsversicherungsordnung und des § 93 des Angestelltenversicherungsgesetzes".
   b) In Satz 2 werden die Worte „oder zu dem maßgebenden Zeitpunkt gegolten haben" gestrichen.
7. § 9 Abs. 3 wird gestrichen.
8. § 10 wird wie folgt geändert:
   a) In Absatz 2 tritt an die Stelle des „30. Juni 1960" der „31. Dezember 1961" und werden die Worte „es sei denn, daß Beiträge auf Grund dieses Gesetzes entrichtet sind" gestrichen.
   b) Absatz 3 Satz 2 wird gestrichen.
   c) Absatz 4 wird gestrichen.
9. Dem § 10a wird folgender Absatz 5 angefügt:

   „(5) In den Fällen der Absätze 3 und 4 tritt im Saarland an die Stelle der Bundesversicherungsanstalt für Angestellte die Landesversicherungsanstalt für das Saarland".
10. Folgender § 10b wird eingefügt:

   „§ 10b.

   Der in § 1389 der Reichsversicherungsordnung in der Fassung des Gesetzes über Bundeszuschüsse und Gemeinlast vom 28. März 1960 (Bundesgesetzbl. I S. 199) festgesetzte Bundeszuschuß erhöht sich, der in § 116 des Angestelltenversicherungsgesetzes in der Fassung des Gesetzes über Bundeszuschüsse und Gemeinlast vom 28. März 1960 (Bundesgesetzbl. I S. 199) festgesetzte Bundeszuschuß ermäßigt sich um 7,9 vom Hundert des Bundeszuschusses der Rentenversicherung der Angestellten im Jahre 1961".
11. § 11 wird wie folgt geändert:
   a) Absatz 1 Nr. 4 und Absatz 2 Nr. 3 werden gestrichen.
   b) Absatz 3 erhält folgende Fassung:

   „(3) 1. Artikel 2 § 36 Abs. 3 des Arbeiterrentenversicherungs-Neuregelungsgesetzes in der Fassung des Gesetzes über Bundeszuschüsse und Gemeinlast vom 28. März 1960 (Bundesgesetzbl. I S. 199) erhält folgende Fassung:

   ‚(3) Von den Aufwendungen für den Sonderzuschuß erstattet der Bund den Trägern der Rentenversicherung der Arbeiter im Jahre 1962 den Betrag von 172 Millionen Deutsche Mark und in den folgenden neun Jahren einen Betrag, der jeweils um 17,2 Millionen Deutsche Mark geringer ist als im Vorjahr'.

   2. Artikel 2 § 35 Abs. 3 des Angestelltenversicherungs-Neuregelungsgesetzes in der Fassung des Gesetzes über Bundeszuschüsse und Gemeinlast vom 28. März 1960 (Bundesgesetzbl. I S. 199) erhält folgende Fassung:

   ‚(3) Von den Aufwendungen für den Sonderzuschuß erstattet der Bund der Bundesversicherungsanstalt für Angestellte im Jahre

1962 den Betrag von 45 Millionen Deutsche Mark und in den folgenden neun Jahren einen Betrag, der jeweils um 4,5 Millionen Deutsche Mark geringer ist als im Vorjahr'."

c) Als Absatz 3a wird eingefügt:

(3a) Das Reichsknappschaftsgesetz wird wie folgt ergänzt:

1. In § 30 Abs. 1 Nr. 4 werden eingefügt hinter „Arbeitgeber" die Worte „oder eine Nebentätigkeit" und angefügt die Worte „oder in der Nebentätigkeit".

2. In § 104 Abs. 2 wird folgender Satz 2 eingefügt:

„Dabei gelten Beiträge für Zeiten vor dem 1. Januar 1923, in denen der Versicherte als Angestellter beschäftigt war, als Beiträge zur Rentenversicherung der Angestellten".

12. § 14 erhält folgende Fassung:

„§ 14. Dieses Gesetz tritt mit Wirkung vom 1. Januar 1962 in Kraft".

Anlage 5 **Umdruck 675**

Änderungsantrag der Fraktion der DP zur zweiten Beratung des von der Fraktion der CDU/CSU eingebrachten Entwurfs eines Gesetzes über eine Rentenversicherung der Handwerker (Handwerkerversicherungsgesetz — HVG) (Drucksachen 993, 1379).

Der Bundestag wolle beschließen:

In § 2 Abs. 1 ist die Nr. 6 zu streichen.

Anlage 6 **Umdruck 676**

Änderungsantrag der Abgeordneten Lange (Essen), Frau Döhring, Geiger (Aalen), Killat (Unterbach), Frau Strobel und Genossen zur zweiten Beratung des von der Fraktion der CDU/CSU eingebrachten Entwurfs eines Gesetzes über eine Rentenversicherung der Handwerker (Drucksachen 993, 1379).

Der Bundestag wolle beschließen:

§ 2 Abs. 1 Nr. 6 wird gestrichen.

Anlage 8 **Umdruck 678**

Änderungsantrag der Fraktion der SPD zur zweiten Beratung des von der CDU/CSU-Fraktion eingebrachten Entwurfs eines Gesetzes über eine Rentenversicherung der Handwerker (Handwerkerversicherungsgesetz — HVG) (Drucksachen 993, 1379).

Der Bundestag wolle beschließen:

Hinter § 5 wird ein neuer § vor 5a mit folgender Fassung eingefügt:

„§ vor 5a.

Der Bund leistet zu den Ausgaben der Rentenversicherung der Handwerker einen Zuschuß. Der Zuschuß des Bundes wird für jedes Kalenderjahr in der Höhe festgesetzt, daß sein Anteil an den Rentenausgaben der Handwerker dem Anteil des Zuschusses des Bundes an den Rentenausgaben in der Rentenversicherung der Arbeiter entspricht".

Anlage 10 **Umdruck 687**

Änderungsantrag der Fraktion der FDP zur zweiten Beratung des von der Fraktion der CDU/CSU eingebrachten Entwurfs eines Gesetzes über eine Rentenversicherung der Handwerker (Handwerkerversicherungsgesetz — HVG) (Drucksachen 993, 1379).

Der Bundestag wolle beschließen:

1. *In § 1 Abs. 1 Nummer 1 wird das Wort „zweihundertsechzehn" durch das Wort „einhundertachtzig" ersetzt.*
2. § 5 Abs. 2 zweiter Halbsatz und Satz 2 werden gestrichen.
3. § 5b wird gestrichen.

ERLÄUTERUNGEN

Gesetz
über eine Rentenversicherung der Handwerker
(Handwerkerversicherungsgesetz — HwVG)

vom 8. September 1960
(BGBl. I S. 737)

unter Berücksichtigung der Änderungen durch das Gesetz zur Änderung sozialrechtlicher Vorschriften vom 25. April 1961 (BGBl. I S. 465) und des Gesetzes zur Änderung des Handwerkerversicherungsgesetzes vom 11. September 1962 (BGBl. I S. 610)

Der Bundestag hat mit Zustimmung des Bundesrates das folgende Gesetz beschlossen

ERSTER ABSCHNITT
Allgemeine Vorschriften

§ 1

(1) Nach diesem Gesetz werden Handwerker, die in die Handwerksrolle eingetragen sind, in der Rentenversicherung der Arbeiter versichert, solange sie Beiträge für eine rentenversicherungspflichtige Beschäftigung oder Tätigkeit für weniger als zweihundertsechzehn Kalendermonate entrichtet haben.

(2) Die Versicherungspflicht nach § 1227 Abs. 1 Nr. 6 der Reichsversicherungsordnung geht derjenigen nach Absatz 1 vor.

(3) Die Versicherungspflicht beginnt mit dem Kalendermonat, der auf den Kalendermonat folgt, in dem die Voraussetzungen für die Versicherungspflicht erfüllt werden.

(4) Die Versicherungspflicht endet mit Ablauf des Kalendermonats, in dem die Voraussetzungen für die Versicherungspflicht entfallen.

(5) Für die Versicherung nach diesem Gesetz gelten die Vorschriften der Rentenversicherung der Arbeiter für die nach § 1227 Abs. 1 Nr. 3 und 4 der Reichsversicherungsordnung versicherungspflichtigen Personen einschließlich derjenigen Vorschriften, die das Recht der Rentenversicherung der Arbeiter ändern oder ergänzen, soweit nicht in diesem Gesetz Abweichendes bestimmt ist.

Übersicht über die Erläuterungen

I. Allgemeines

1. Aufgaben der Rentenversicherung

1 Die wesentlichste Aufgabe der Rentenversicherung der Arbeiter ist die Gewährung von Renten beim Eintritt des Versicherungsfalles. Die Gewährung von Renten ist allerdings nicht die einzige Aufgabe der Träger der Rentenversicherung der Arbeiter, sondern daneben sind noch andere Leistungen zu gewähren, und zwar

a) Maßnahmen zur Erhaltung, Besserung und Wiederherstellung der Erwerbsfähigkeit,
b) Beitragserstattungen,
c) Beiträge für die Krankenversicherung der Rentner,
d) zusätzliche Leistungen.

Wenn auch die Ausgaben der Träger der Rentenversicherung der Arbeiter für die Renten größer sind als die Ausgaben für die sonstigen Leistungen und in der Bezeichnung „Rentenversicherung" nur auf die Rentenleistungen hingewiesen wird, so sind die anderen Leistungen nicht weniger wichtig. Hierbei sei insbesondere auf die Maßnahmen zur Erhaltung, Besserung und Wiederherstellung der Erwerbsfähigkeit, deren Bedeutung immer mehr ansteigt, verwiesen, da die Zielsetzung für die Rentenversicherung unter Berücksichtigung der Vorschriften des ArVNG nicht nur in der Gewährung von Renten bestehen darf, sondern vielmehr alle erforderlichen Maßnahmen zur Gesunderhaltung der Versicherten einzuleiten sind. Damit soll erreicht werden, daß die Gesundheit der Versicherten und damit auch ihre Erwerbsfähigkeit erhalten wird und sie nicht vor Erreichen der Altersgrenze wegen gesundheitlicher Schäden aus dem Erwerbsleben ausscheiden müssen.

2. Die Versicherungspflicht in der Rentenversicherung

2 Die gesetzlichen Rentenversicherungen sind Zwangsversicherungen. In den Versicherungszwang sind neben den Arbeitnehmern als ver-

sicherungspflichtige Selbständige auch die selbständigen Handwerker eingeschlossen.

Die Versicherungspflicht tritt bei Erfüllung der gesetzlichen Voraussetzungen kraft Gesetzes ein, selbst wenn der Handwerker einen entgegenstehenden Willen zum Ausdruck bringt. Es steht nicht in der Entscheidung des einzelnen, ob er der Versicherung angehören will, ebenso wie auch der Versicherungsträger nicht frei entscheiden kann, ob er von dem einzelnen Versicherten Beiträge entgegennehmen will. Die Zugehörigkeit zur gesetzlichen Rentenversicherung richtet sich ausschließlich nach den gesetzlichen Vorschriften.

In der Rentenversicherung stehen sich Versicherter und Versicherungsträger nicht als Partner eines privatrechtlichen Vertrages gegenüber, sondern die Rechte und Pflichten der Beteiligten haben ihre Grundlage in den gesetzlichen Vorschriften. Das RVA hat hierzu in seiner Entscheidung vom 29. 7. 1944 (AN 1944 S. 272) zum HVG ausgeführt, daß die Versicherungspflicht ein öffentlich-rechtliches Rechtsverhältnis zwischen dem Versicherungsträger und dem Handwerker als Versicherten begründet. Auf Grund dieses Rechtsverhältnisses entsteht für den Handwerker die Pflicht, Beiträge zu entrichten.

3 Das Bestehen der Versicherungspflicht, d. h. die Erfüllung der Voraussetzungen, reicht für sich allein noch nicht aus, damit beim Eintritt des Versicherungsfalles Leistungsansprüche geltend gemacht werden können, da nur durch die Beitragsleistung selbst ein Versicherungsverhältnis entstehen kann. Erst wenn Beiträge im erforderlichen Umfange entrichtet sind, können Leistungen gewährt werden. Andererseits kann ein wirksames Versicherungsverhältnis dann nicht entstehen, wenn, ohne daß tatsächlich Versicherungspflicht besteht, Pflichtbeiträge entrichtet sind. Werden z. B. von einer Person Pflichtbeiträge nach dem HwVG entrichtet, ohne daß sie als Handwerker in der Handwerksrolle eingetragen ist, so kann aus solchen zu Unrecht entrichteten Beiträgen kein Leistungsanspruch abgeleitet werden, es sei denn, daß durch besondere Schutzvorschriften der Versicherungsträger verpflichtet wird, zu Unrecht entrichtete Beiträge als wirksame Beiträge zu behandeln.

Zur Beurteilung, ob im Einzelfall Versicherungspflicht besteht, dürfen nur die gültigen Rechtsnormen herangezogen werden. Für sonstige Erwägungen ist kein Raum. Es ist nicht in das Ermessen des Versicherungsträgers gestellt, ob er die versicherungspflichtige Person auch zur Beitragsleistung heranzieht. Besteht zwischen Versicherungsträger und dem Handwerk Uneinigkeit darüber, ob im Einzelfall Versicherungspflicht besteht, so hat der Versicherungsträger das Recht, kraft seiner hoheitlichen Gewalt den Handwerker in den Kreis der Versicherten einzubeziehen. Der Handwerker muß sich dieser hoheitlichen Entscheidung unterwerfen, selbstverständlich abgesehen davon, daß er den Verwaltungsakt durch unabhängige Gerichte auf seine Rechtmäßigkeit hin überprüfen lassen kann.

3. Die Einbeziehung der selbständigen Handwerker in die Rentenversicherung der Arbeiter

Die Rentenversicherung der Handwerker war bis zum Ende des Jahres 1961 der Rentenversicherung der Angestellten angegliedert (§ 1 Abs. 1 Satz 2 HVG). Es handelte sich dabei zunächst um eine vollkommene Angliederung, da für die selbständigen Handwerker zwar nach dem HVG Sondervorschriften bestanden, im übrigen aber das Beitrags- und Leistungswesen sowie die Finanzierung einheitlich war. Erst mit Wirkung vom 1. 1. 1957 an wurde für die Rentenversicherung der Handwerker im Rahmen der Rentenversicherung der Angestellten ein Sondervermögen geschaffen. Nach Artikel 2 des Gesetzes zur vorläufigen Änderung des Gesetzes über die Altersversorgung für das Deutsche Handwerk vom 27. 8. 1956 (BGBl. I S. 755) waren alle Vorgänge, die sich bei der Durchführung des HVG bei der Bundesversicherungsanstalt für Angestellte ergaben, von dieser besonders zu führen und als solche kenntlich zu machen. Die Einnahmen und Ausgaben waren gesondert nachzuweisen. Zu diesem Zwecke wurden an Handwerker besondere Versicherungskarten ausgegeben und es waren besonders gekennzeichnete Beitragsmarken zu verwenden. In Ergänzung dazu wurde dann im Art. 2 § 52 Abs. 4 AnVNG bestimmt, daß bis zur Neuregelung der Altersversorgung für das Deutsche Handwerk diese durch ein nicht rechtsfähiges Sondervermögen der Bundesversicherungsanstalt für Angestellte mit eigener Wirtschafts- und Rechnungsführung weitergeführt wird. Das Sondervermögen war von dem übrigen Vermögen der Bundesversicherungsanstalt für Angestellte, seinen Rechten und Verbindlichkeiten, getrennt zu halten; die Haftung der Bundesversicherungsanstalt für Angestellte für Verbindlichkeiten der Altersversorgung für das Deutsche Handwerk beschränkte sich auf das Sondervermögen. 4

Damit blieb zwar die Angliederung der Rentenversicherung der Handwerker an die Rentenversicherung der Angestellten bestehen, jedoch war die finanzielle Verbindung zwischen der Handwerkerversicherung und der übrigen Angestelltenversicherung aufgelöst. Der Gesetzgeber hatte bis zur Neuregelung der Handwerkerversicherung die Frage offen gelassen, ob künftig für die Handwerkerversicherung ein völlig selbständiger Versicherungsträger errichtet werden oder ob es bei der Angliederung an einen bisher bereits bestehenden Zweig der gesetzlichen Rentenversicherung bleiben solle.

Mit dem Inkrafttreten des HwVG wird die Handwerkerversicherung der Rentenversicherung der Arbeiter angegliedert, wobei entgegen den Vorschlägen des Ausschusses für Sozialpolitik des Deutschen Bundestages vom Bundestag eine getrennte Einnahmen- und Ausgabenrechnung nicht für notwendig gehalten worden ist.

Eine völlige Eingliederung der Handwerkerversicherung in die Rentenversicherung der Arbeiter ist jedoch nicht vorgenommen worden, da die Regelungen der Handwerkerversicherung nicht in die allgemeinen Vorschriften der Rentenversicherung der Arbeiter aufgenommen worden, sondern vielmehr auch künftig in einem eigenen Gesetz enthalten sind. Es gelten für die Handwerker nicht unmittelbar die Vorschriften der Rentenversicherung der Arbeiter, sondern nur mittelbar auf Grund des § 1 Abs. 5 HwVG. Damit ist zum Ausdruck gebracht, daß auch künftig die Rentenversicherung der Handwerker nicht in der Rentenversicherung der Arbeiter völlig aufgehen, sondern es sich auch weiterhin um eine besondere Versicherung im Rahmen eines Versicherungszweiges handeln soll. Das bedeutet im Ergebnis, daß die nach dem HwVG entrichteten Beiträge zwar von den Trägern der Rentenversicherung der Arbeiter einzuziehen und von ihnen aus diesen Beiträgen Leistungen zu gewähren sind, daß solche Beiträge jedoch begrifflich keine Beiträge zur Rentenversicherung der Arbeiter sind, sondern ihnen lediglich gleichstehen.

II. Der eingetragene Handwerker

1. Der Handwerker

a) Selbständige Handwerker

5 Von der Versicherungspflicht nach dem HwVG werden die Handwerker erfaßt, die in der Handwerksrolle eingetragen sind. Während in dem Vorspruch zum HVG ausgeführt war, daß „das Gesetz beschlossen worden ist, um den selbständigen Handwerkern eine eigene Altersversorgung zu gewährleisten“, fehlt im HwVG ein solcher ausdrücklicher Hinweis, aus dem eindeutig zu entnehmen ist, daß das HwVG nur für selbständige Handwerker gelten soll. Trotzdem ist aus dem Inhalt des Gesetzes zu entnehmen, daß es sich nur auf die selbständigen Handwerker bezieht. Es wird hier deshalb von der Begriffsbestimmung des § 1 Abs. 1 HO auszugehen sein, wonach der selbständige Betrieb eines Handwerks als stehendes Gewerbe nur den in der Handwerksrolle eingetragenen natürlichen und juristischen Personen (selbständigen Handwerkern) gestattet ist. Nur diese vom § 1 Abs. 1 HO umschriebenen Personen werden von der Versicherungspflicht nach dem HwVG erfaßt werden können.

6 Maßgebendes Merkmal für den im § 1 Abs. 1 HwVG angeführten Personenkreis ist deshalb die Eigenschaft als selbständiger Handwerker und darüber hinaus auch noch die Eintragung in die Handwerksrolle. Die Vorschriften des HwVG gelten damit nicht für Personen, die zwar im allgemeinen Sprachgebrauch auch als „Handwerker“ angesehen

werden, die aber nicht selbständig sind, wie z. B. Gesellen. Das gilt auch für die Betriebsleiter von Handwerksbetrieben juristischer Personen oder von handwerklichen Nebenbetrieben bzw. von Witwen- oder Erbenbetrieben, deren Fortführung nach Ablauf eines Jahres nur gestattet ist, wenn sie von einem Handwerker geleitet werden, der die Voraussetzungen für die Eintragung in die Handwerksrolle erfüllt. Obwohl der Betriebsleiter auf der Karteikarte der Handwerksrolle (vgl. Anm. 24) mit Namen und Geburtsdatum angeführt sein muß, stellt die Angabe jedoch keine Eintragung in die Handwerksrolle dar, insbesondere ist der Betriebsleiter nicht selbständiger Handwerker, sondern vielmehr Arbeitnehmer eines in der Handwerksrolle eingetragenen selbständigen Handwerkers.

Geprüft werden muß zunächst, ob jemand selbständiger Handwerker 7
ist. Selbständiger Handwerker ist, wer das Gewerbe für eigene Rechnung und in eigener Verantwortung betreibt (Eyermann-Fröhler, Anm. II 3 zu § 1 HO). Ein Gewerbebetrieb ist dann Handwerksbetrieb, wenn er handwerksmäßig betrieben wird und zu einem Gewerbe gehört, das in der Anlage A zur HO aufgeführt ist (§ 1 Abs. 2 HO).

In Betracht kommen können für die Versicherungspflicht nach dem HwVG nur solche Personen, die ein in der Anlage A zur HO angeführtes Gewerbe betreiben. In diesem Verzeichnis ist allerdings nur angeführt, in welchen Fällen ein Gewerbebetrieb handwerklich betrieben werden kann, jedoch fehlt eine genaue Definition, wann im Einzelfall ein Gewerbe handwerklich betrieben wird. Die besondere Prüfung dieser Frage wird sich jedoch für die Beurteilung der Zugehörigkeit zum Personenkreis des § 1 HwVG erübrigen, da sie von der zuständigen Handwerkskammer bereits vor der Eintragung der in Betracht kommenden Personen in die Handwerksrolle zu prüfen ist und der Versicherungsträger an die Feststellungen der Handwerkskammer insoweit gebunden sein wird (vgl. Anm. 27).

Im Gegensatz zu der ursprünglich zum HVG vertretenen Auffassung 8
kann mindestens seit dem Inkrafttreten der HO nicht mehr zwischen den „in der Handwerksrolle eingetragenen Personen" und den „in der Handwerksrolle eingetragenen Handwerkern" unterschieden werden. Trotz der Übereinstimmung des Begriffs „Handwerker" im § 1 HVG und im § 1 HwVG ist der Bescheid des RVA vom 21. 9. 1939 — III A. V. 3000 d. 39 — 1006 (AN 1940 S. II 371) in seinem Ergebnis als überholt anzusehen. Der angeführte Bescheid hat folgenden Wortlaut:

„Nach § 1 Abs. 2 des Gesetzes über die Altersversorgung für das Deutsche Handwerk vom 21. 12. 1938 (Reichsgesetzbl. I S. 1900) sind unter Handwerkern nicht die in die Handwerksrolle eingetragenen ‚Personen', sondern die darin eingetragenen ‚Handwerker und Handwerkerinnen' zu verstehen. Der Auffassung, daß durch die Ausdrucksweise aus dem Kreise der eingetragenen Personen ein engerer Kreis herausgehoben wird, tritt auch das RVA bei. Es fragt sich jedoch, wie diese Grenze zu ziehen ist.

Nach § 2 der Dritten Verordnung über den vorläufigen Aufbau des Deutschen Handwerks vom 18. 1. 1935 (RGBl. I S. 15) sind in die Handwerksrolle alle Personen eingetragen, die im Bezirk der Handwerkskammer zulässigerweise selbständig ein Handwerk als stehendes Gewerbe betreiben. Danach verlautbart die Handwerksrolle alle Inhaber eines Handwerksbetriebes. Wenn nun unter den eingetragenen Personen (Inhaber eines Handwerksbetriebes) die ‚Handwerker' als besondere Gruppe herausgehoben werden, so kann das unterscheidende Merkmal keineswegs in dem Erfordernis einer besonderen fachlichen Ausbildung zu finden sein. Denn es wäre nicht einzusehen, weshalb die zahlreichen Personen, die ohne diese Ausbildung auf Grund einer Ausnahmebewilligung nach § 3 Abs. 2 der Dritten VO über den vorläufigen Aufbau des Deutschen Handwerks vom 18. 1. 1935 oder nach den Übergangsvorschriften in § 20 ebenda in der Handwerksrolle eingetragen sind, dem Schutze der Versicherung nicht unterstellt sein sollten. Auch die persönliche körperliche Mitarbeit im Betriebe kann nicht das gesuchte Unterscheidungsmerkmal sein. Dies ergibt sich schon aus § 5 der Verordnung zur Durchführung und Ergänzung des Gesetzes über die Altersversorgung für das Deutsche Handwerk vom 13. 7. 1939 (RGBl. I S. 1255). Es bleibt also nur ein Merkmal übrig, das die in die Handwerksrolle eingetragenen Inhaber eines Handwerksbetriebes in gewerberechtlicher Hinsicht in zwei Gruppen scheidet. Dieses Merkmal ist die Befugnis, nicht nur Inhaber eines Handwerksbetriebes zu sein, sondern das Handwerk auch selbst persönlich und unmittelbar — und nicht durch einen besonderen Betriebsleiter — ausüben zu dürfen. Die übergroße Mehrzahl der in die Handwerksrolle eingetragenen Personen besitzt diese Befugnis kraft der Eintragung (§§ 1, 3 der Dritten VO über den vorläufigen Aufbau des Deutschen Handwerks vom 18. Januar 1935). Die Befugnis steht aber nicht zu dem Inhaber eines handwerklichen Nebenbetriebes, der juristischen Person, der Witwe eines verstorbenen Handwerkers, seinen minderjährigen Erben, dem Nachlaßverwalter, Nachlaßpfleger und Testamentsvollstrecker (§§ 5, 6 der Dritten Handwerksverordnung i. d. F. der Verordnung zur Abänderung der Dritten Verordnung über den vorläufigen Aufbau des Deutschen Handwerks vom 22. Januar 1936 — RGBl. I S. 42). Diese Personen sind zwar in die Handwerksrolle eingetragen und damit berechtigt, Inhaber eines Handwerksbetriebes zu sein (vgl. auch Pfundtner-Neubert, Das neue Reichsrecht, Bd. IIIc, Nr. 14 S. 41/43, Anm. 1 zu § 3 und Anm. 8 zu § 6); sie sind aber nicht oder doch nur vorübergehend befugt, den Handwerksbetrieb selbst unmittelbar und persönlich zu leiten, müssen vielmehr die Leistung des

Handwerksbetriebes einem Betriebsleiter (in § 6 Abs. 3 der Dritten Handwerksverordnung ‚Handwerker' genannt) übertragen. Sie selbst sind also nicht ‚Handwerker' im Sinne des Gesetzes über die Altersversorgung für das Deutsche Handwerk vom 21. Dezember 1938."

Obwohl insbesondere den Ausführungen im ersten Teil des Bescheids zugestimmt werden kann, kann dem Ergebnis nicht beigetreten werden, zumal die meisten angeführten Personengruppen nunmehr nach § 2 Abs. 1 HwVG versicherungsfrei sind. Versicherungsfreiheit kann jedoch nur bedeuten, daß die versicherungsfreien Personen zwar grundsätzlich zu dem vom Versicherungszwang erfaßten Personenkreis gehören, jedoch aus besonderen Gründen nicht der Versicherungspflicht unterliegen sollen. Personen, die ohnehin nicht von der Versicherungspflicht erfaßt werden, brauchen nicht besonders für versicherungsfrei erklärt zu werden. Die Aufzählung der versicherungsfreien Personen im § 2 Abs. 1 Nr. 1 bis 4 HwVG deutet deshalb darauf hin, daß der Gesetzgeber bei der Neuregelung der Rentenversicherung der Handwerker nicht mehr der zu § 1 HVG vertretenen Auffassung folgen wollte. Dies ergibt sich auch daraus, daß z. B. nach § 34 der 1. DVOzHVG das HVG nicht für Inhaber einer Unternehmung des Handels, der Industrie, der Landwirtschaft oder einer sonstigen Gruppe der Wirtschaft, die einen handwerklichen Nebenbetrieb hat, galt. Nunmehr gilt das HwVG auch für diese Personen, wobei lediglich, wenn sie als Inhaber eines handwerklichen Nebenbetriebes in die Handwerksrolle eingetragen sind, nach § 2 Abs. 1 Nr. 1 HwVG Versicherungsfreiheit besteht. Weiterhin ist dem Ergebnis des Bescheids des RVA aber auch durch den Wortlaut des § 1 Abs. 1 HO die Grundlage entzogen. Während nach § 1 Abs. 1 der 3. VO über den vorläufigen Aufbau des Deutschen Handwerks die Ausübung eines Handwerks als stehendes Gewerbe nur den in der Handwerksrolle eingetragenen natürlichen und juristischen Personen gestattet war, ist nunmehr durch die Einfügung der Klammerdefinition „selbständiger Handwerker" hinter dem Wort „Personen" im § 1 Abs. 1 HO bei im übrigen gleichem Wortlaut klargestellt, daß sämtliche in der Handwerksrolle eingetragenen Personen selbständige Handwerker sind.

b) Verbindung von Handwerksbetrieb mit sonstigen Gewerbebetrieben

Vielfach tritt der Fall ein, daß eine Person Inhaber mehrerer Ge- 9
werbebetriebe ist, wovon allerdings nur einer ein „Handwerksbetrieb" ist. Als Beispiel sei hier auf die in ländlichen Gebieten häufig auftretende Verbindung von Gastwirtschaft und Metzgerei verwiesen. Häufig ist auch die Verbindung von Handelsgewerbebetrieben mit Handwerksbetrieben, so z. B. bei Radio- und Fernsehgeschäften, wenn mit dem

Handelsgewerbebetrieb eine Reparaturwerkstatt verbunden ist, in der über den reinen Kundendienst während der Garantiezeit für gekaufte Geräte hinaus ständig Instandsetzungsarbeiten an Radio- und Fernsehgeräten ausgeführt werden. Auszugehen ist bei der Beurteilung der Versicherungspflicht davon, daß der Inhaber der Betriebe überhaupt selbständiger Handwerker ist. Es ist unbeachtlich, ob der selbständige Handwerker daneben noch Inhaber anderer Gewerbebetriebe ist, es sei denn, daß es sich bei dem Handwerksbetrieb um einen handwerklichen Nebenbetrieb handelt (vgl. Anm. 4 zu § 2). Es kann dann nicht etwa auf das Verhältnis der Größe der einzelnen Betriebe oder Betriebsteile oder auf sonstige Unterscheidungsmerkmale ankommen. So unterliegt auch der Inhaber eines Radio- und Fernsehhandelsgeschäftes der Versicherungspflicht, wenn er als Radio- und Fernsehtechniker in der Handwerksrolle eingetragen ist, ohne daß es sich bei dem Handwerksbetrieb um einen handwerklichen Nebenbetrieb handelt und der durchschnittliche Umsatz des Handelsgeschäftes bzw. das aus dem Handel erzielte Einkommen den Umsatz bzw. das Einkommen aus dem Handwerksbetrieb übersteigt. Es erübrigt sich deshalb stets die Prüfung, ob ein Handwerker noch Inhaber weiterer Gewerbebetriebe ist und welchen Umfang das eine oder das andere Gewerbe hat, da dies für die Beurteilung der Versicherungspflicht nach dem HwVG keinen Einfluß haben kann. Diese Auffassung wird auch dadurch gestützt, daß sich nach § 4 Abs. 6 HwVG die Beitragshöhe nach dem im letzten Einkommensteuerbescheid ausgewiesenen Betrag der Jahreseinkünfte aus Gewerbebetrieb richten kann, also u. U. auch das Einkommen aus Gewerbebetrieben, die nicht Handwerksbetriebe sind, der Höhe der Beitragsleistung zu Grunde zu legen ist. Wenn für die Beitragshöhe die Gesamteinkünfte aus Gewerbebetrieb (ohne Unterscheidung, ob es sich um Handwerks- oder sonstige Gewerbebetriebe handelt) maßgeblich sind, so wird auch für die Beurteilung der Versicherungspflicht nach dem HwVG das Bestehen von sonstigen Gewerbebetrieben neben dem Handwerksbetrieb keine Bedeutung haben können.

10 Das Bestehen der Versicherungspflicht nach dem HwVG wird auch nicht dadurch ausgeschlossen, daß ein Handwerker in das Handelsregister eingetragen ist, da nach dem Gesetz über die Kaufmannseigenschaft von Handwerkern vom 31. 3. 1953 (BGBl. I S. 106) auch Handwerker in das Handelsregister eingetragen werden können. Die Abführung eines Teiles des Beitrages zur Handwerkskammer an die Industrie- und Handelskammer hat dabei nur die Bedeutung, daß eine doppelte Beitragsbelastung vermieden werden soll, kann aber auf die Handwerkereigenschaft selbst keinen Einfluß haben. Dies gilt auch dann, wenn ein Handwerker, ohne in das Handelsregister eingetragen zu sein, beitragspflichtig zur Industrie- und Handelskammer ist.

c) Juristische Personen

Nach § 1 HO können auch juristische Personen als selbständige Handwerker in die Handwerksrolle eingetragen werden. Voraussetzung dafür ist, daß der Betriebsleiter die notwendigen Voraussetzungen für die Eintragung in seiner Person erfüllt. Betriebsleiter ist diejenige Person, die mit der verantwortlichen Leitung, Führung und Beaufsichtigung des Betriebes oder eines Nebenbetriebes von dem Betriebsinhaber beauftragt ist. Der Betriebsleiter ist jedoch nicht selbständiger Handwerker, sondern Arbeitnehmer der juristischen Person. Inhaber des Handwerksbetriebs ist somit in jedem Falle die juristische Person selbst. Soweit es sich bei dem Handwerksbetrieb einer juristischen Person um einen handwerklichen Nebenbetrieb handelt, entfällt die Versicherungspflicht bereits nach § 2 Abs. 1 HwVG, da für die Inhaber handwerklicher Nebenbetriebe Versicherungsfreiheit besteht. 11

Handelt es sich jedoch bei dem auf den Namen der juristischen Person eingetragenen Handwerksbetrieb um den alleinigen Gegenstand des Unternehmens, wie z. B. bei einer Großbäckerei, so fehlt im HwVG eine ausdrückliche Regelung für die versicherungsrechtliche Behandlung. Grundsätzlich undenkbar ist es, daß die juristische Person selbst versicherungspflichtig wird. Dem Wesen der gesetzlichen Rentenversicherung entspricht es, daß nur natürliche Personen der Versicherungspflicht unterliegen können, da nur sie später Leistungsansprüche geltend machen können. Wenn im Einzelfall, wie z. B. bei der Versicherungspflicht für einen sehr alten Versicherten, die Erfüllung der Voraussetzungen für die Leistungsgewährung sehr unwahrscheinlich sein kann, so ist doch bei einer natürlichen Person die Leistungsgewährung niemals völlig ausgeschlossen. Bei einer juristischen Person kann jedoch der Versicherungsfall niemals eintreten. Es erscheint deshalb ausgeschlossen, die juristische Person selbst zu versichern.

Es erscheint auch unzulässig, von der juristischen Person einen dem Beitrag zur Rentenversicherung entsprechenden Betrag zu fordern, um eine ungleiche Behandlung von natürlichen und juristischen Personen zu vermeiden. Die Vorschrift des § 1386 RVO, wonach der Arbeitgeber bei der Beschäftigung von versicherungsfreien Altersruhegeldbeziehern oder von auf Antrag gemäß § 1230 RVO von der Versicherungspflicht befreiten Personen den Betrag zu zahlen hat, den er als Arbeitgeberanteil zu zahlen hätte, wenn die beschäftigte Person versicherungspflichtig wäre, kann hier nicht herangezogen werden. Der § 1386 RVO gilt seinem Wortlaut nach nur bei der Beschäftigung von bestimmten versicherungsfreien oder auf ihren Antrag von der Versicherungspflicht befreiten Personen und eine analoge Anwendung der Vorschrift in der Form, daß die juristische Person einen dem Beitrag nach dem HwVG entsprechenden Betrag zu zahlen hat, ohne daß es sich dabei um einen echten Beitrag handelt, erscheint ausgeschlossen. Auch § 1 Abs. 5 HwVG kann insoweit keine Grundlage für die entsprechende Anwendung des § 1386 RVO bieten.

12 Es wäre auch denkbar, anstelle der juristischen Person deren Organe in den Versicherungsschutz einzubeziehen. Stehen die Organmitglieder der juristischen Person in einem Beschäftigungsverhältnis zu dieser, so würden sie als Arbeitnehmer nach den allgemeinen sozialversicherungsrechtlichen Vorschriften ohnehin in den Versicherungsschutz einbezogen sein. In diesem Falle bestände jedoch nach § 2 Abs. 1 Nr. 5 HwVG Versicherungsfreiheit.

Fraglich könnte die Versicherungspflicht eines Geschäftsführers einer GmbH sein, der als Gesellschafter mehr als die Hälfte der Anteile dieser GmbH besitzt. Jedoch wird der Gesellschafter nicht als „selbständiger Handwerker" anzusehen sein, da er zwar als gesetzlicher Vertreter der juristischen Person in der Handwerksrolle angeführt, aber nicht als selbständiger Handwerker in der Handwerksrolle eingetragen ist. Das wird auch in den Fällen gelten müssen, in denen der Gesellschafter, der über mehr als die Hälfte der Gesellschaftsanteile verfügt, die Meisterprüfung abgelegt hat und Betriebsleiter des Handwerksbetriebes ist.

Darüber hinaus sind auch die sonstigen gesetzlichen Vertreter einer juristischen Person nicht in der Handwerksrolle eingetragen, sondern darin nur angeführt. Sie können somit nicht als in der Handwerksrolle eingetragene selbständige Handwerker angesehen werden.

Ist eine juristische Person in der Handwerksrolle eingetragen, so kann deshalb weder für sie noch für ihre Organe bzw. den Betriebsleiter Versicherungspflicht nach dem HwVG entstehen.

d) Nicht rechtsfähige Personengesellschaften

13 Bei nicht rechtsfähigen Personengesellschaften (Offene Handelsgesellschaften — OHG —, Kommanditgesellschaften — KG —, oder sonstige Gesellschaften des Bürgerlichen Rechts) werden nicht die Gesellschaften in die Handwerksrolle eingetragen, sondern die einzelnen Gesellschafter.

Handelt es sich bei dem Handwerksbetrieb der Gesellschaft nicht um einen handwerklichen Nebenbetrieb (vgl. Anm. 4 zu § 2), so ist davon auszugehen, daß die einzelnen Gesellschafter, wenn auch zusammen mit anderen Personen, das Handwerk betreiben. Dabei ist es unbeachtlich, welche Tätigkeiten die einzelnen Gesellschafter in dem Handwerksbetrieb ausüben.

Ebenso unterliegen auch sonstige Personen, die zusammen mit anderen Personen selbständig ein Handwerk betreiben, der Versicherungspflicht, wenn sie in der Handwerksrolle eingetragen sind. Das gilt z. B. bei einer

Erbengemeinschaft, wenn die Erben den Handwerksbetrieb fortführen, in der Handwerksrolle eingetragen und auch in dem nachgelassenen Betrieb tätig sind. Betreiben Ehegatten gemeinsam einen Handwerksbetrieb und ist jeder von ihnen in der Handwerksrolle eingetragen, so sind beide Ehegatten versicherungspflichtig.

Wird der Handwerksbetrieb jedoch von einer stillen Gesellschaft betrieben, so wird der stille Gesellschafter nicht von der Versicherungspflicht erfaßt, wenn er nicht in der Handwerksrolle eingetragen ist.

Jede natürliche Person, die in der Handwerksrolle eingetragen ist, gilt deshalb als „selbständiger Handwerker", auch wenn sie nicht allein, sondern in Verbindung mit anderen Personen das Handwerk ausübt.

2. Die sonstigen Begriffsmerkmale

a) Staatsangehörigkeit

Da es für die Eintragung in die Handwerksrolle nicht Voraussetzung 14
ist, daß der Handwerker die deutsche Staatsangehörigkeit besitzt, kann diese Frage für die Beurteilung der Versicherungspflicht nach dem HwVG keine Bedeutung haben. Der Versicherungspflicht unterliegen daher alle Ausländer, die im Bundesgebiet einschl. des Landes Berlin ein Handwerk als stehendes Gewerbe betreiben und in der Handwerksrolle eingetragen sind. Da in der gesamten Rentenversicherung kein Sonderrecht für die Versicherung von Ausländern besteht, muß dies auch für die Versicherung nach dem HwVG gelten.

b) Alter

Abgesehen von der Übergangsvorschrift des § 7 Abs. 6 HwVG, wo- 15
nach Handwerker, die am 31. 12. 1961 das 65. Lebensjahr vollendet haben, versicherungsfrei sind, bestehen keine Vorschriften, die die Versicherungspflicht beim Erreichen bestimmter Altersgrenzen ausschließen. Handwerker, die nach dem 31. 12. 1961 das 65. Lebensjahr vollenden, bleiben, sofern sie kein Altersruhegeld aus einer der gesetzlichen Rentenversicherungen beziehen, weiterhin versicherungspflichtig, bis die Versicherungspflicht aus anderen Gründen wegfällt. Wird z. B. ein am 2. 1. 1897 geborener Handwerker erstmals im Jahre 1962 in die Handwerkerrolle eingetragen, so bleibt er so lange versicherungspflichtig, bis er für mindestens 216 Kalendermonate Pflichtbeiträge entrichtet hat oder bis er Altersruhegeld aus den gesetzlichen Rentenversicherungen erhält.

c) Familienstand

Die Versicherungspflicht besteht ohne Rücksicht auf den Familien- 16
stand des Handwerkers. Es hat keinen Einfluß, ob der Handwerker ledig, verheiratet oder verwitwet ist und ob unterhaltsberechtigte Kinder vorhanden sind. Auch in der Beitragshöhe wirkt sich der Familienstand

nicht aus, so daß der alleinstehende Handwerker, aus dessen Versicherung niemals Hinterbliebenenrentenansprüche hergeleitet werden können, keine Vergünstigung gegenüber dem Handwerker hat, aus dessen Versicherung Ansprüche auf Witwen- und Waisenrente entstehen können.

d) Geschlecht

17 Sowohl männliche als auch weibliche Handwerker unterliegen der Versicherungspflicht. Sonderregelungen für weibliche Handwerker bestehen nicht.

e) Minderung der Erwerbsfähigkeit

18 Gemäß § 1 Abs. 5 HwVG gelten für die Handwerker in der Rentenversicherung der Arbeiter die Vorschriften für die versicherungspflichtigen Selbständigen. Nach diesen Vorschriften in der Fassung des ArVNG hat das Vorliegen von Berufs- oder Erwerbsunfähigkeit keinen Einfluß mehr auf die Versicherungspflicht, ebenso wie auch der Bezug einer Rente wegen Berufsunfähigkeit oder wegen Erwerbsunfähigkeit die Versicherungspflicht weder einschränkt noch beseitigt. Deshalb ist der Handwerker, der in der Handwerksrolle eingetragen ist, auch dann weiterhin nach dem HwVG versicherungspflichtig, wenn er bereits eine Rente wegen Berufsunfähigkeit oder wegen Erwerbsunfähigkeit bezieht. Lediglich der Bezug eines Altersruhegeldes hat Versicherungsfreiheit zur Folge (vgl. Anm. 24 zu § 2).

f) Größe des Handwerksbetriebs

19 Die Versicherungspflicht ist unabhängig von der Größe des Handwerksbetriebs. Wie bereits in der Rechtsprechung zum Begriff „Handwerksbetrieb" zum Ausdruck kommt, ist nicht die Größe des Betriebs oder sein Umsatz entscheidend für den handwerklichen Charakter eines Betriebes, sondern vielmehr die betriebliche Arbeitsweise. So sind auch in der Rechtsprechung anerkannte Handwerks-Großbetriebe vorhanden. Wenn der Inhaber eines Handwerksbetriebes in der Handwerksrolle eingetragen ist, so entfällt für den Versicherungsträger die Prüfung, wieviel Arbeitnehmer in dem Betrieb beschäftigt werden (lediglich die Inhaber von Alleinbetrieben können eine geringere Anzahl Beiträge jährlich entrichten — vgl. § 4 Abs. 5 HwVG). Die Inhaber selbst größter Handwerksbetriebe nehmen deshalb hinsichtlich der Versicherungspflicht keine Sonderstellung ein.

g) Art und Umfang der Mitarbeit im eigenen Betrieb

20 Ohne Bedeutung ist ebenfalls die Art und der Umfang der persönlichen Mitarbeit des Betriebsinhabers. In der Regel wird insbesondere bei kleineren Handwerksbetrieben der Betriebsinhaber weitgehend

persönlich handwerklich mitarbeiten, während bei größeren Handwerksbetrieben sich die Mitarbeit des Betriebsinhabers auf reine Aufsichtstätigkeit und die Auftrags-, Kapital- und Rohstoffbeschaffung beschränken wird. Maßgebendes Merkmal für die Versicherungspflicht kann deshalb nicht die Mitarbeit des Handwerkers in seinem eigenen Betrieb sein. Weder der Umfang der Tätigkeit kann entscheidend sein, d. h. ob der Handwerker in seinem Betrieb überhaupt mitarbeitet, noch die Art der Tätigkeit.

Versicherungspflicht zur Handwerkerversicherung im Rahmen der Rentenversicherung der Arbeiter besteht deshalb auch dann, wenn der Handwerker in seinem Betrieb nur Tätigkeiten verrichtet, die im allgemeinen nur von Angestellten i. S. des § 3 AVG ausgeübt werden. Bereits nach dem HVG und nunmehr auch nach dem HwVG richtet sich die Zugehörigkeit des Handwerkers zu einem Zweig der gesetzlichen Rentenversicherung nicht nach der Art der von ihm ausgeübten Tätigkeiten, vielmehr hat weder die bisherige Zugehörigkeit zur Rentenversicherung der Angestellten noch die jetzige Zugehörigkeit zur Rentenversicherung der Arbeiter die Ausübung bestimmter Tätigkeiten zur Voraussetzung.

Versicherungspflichtig ist deshalb z. B. auch ein Handwerker, der zusammen mit einem anderen Handwerker einen Handwerksbetrieb besitzt, wobei dieser die technische und jener die kaufmännische Leitung des Betriebes hat. Beide sind dann ohne Rücksicht auf ihre Tätigkeit im Betrieb versicherungspflichtig nach dem HwVG. Versicherungspflicht kann auch bestehen, wenn im Rahmen einer KG der Kommanditist und die Komplementäre in der Handwerksrolle eingetragen sind, wobei jene überhaupt nicht im Betrieb tätig sind.

h) Ruhen des Handwerksbetriebes

Versicherungspflicht besteht auch dann, wenn der Betrieb des Hand- 21
werkers völlig ruht, der Handwerker jedoch noch in der Handwerksrolle eingetragen ist, abgesehen von dem Fall, daß der Handwerksbetrieb völlig stillgelegt und deshalb, weil der Handwerker das Handwerk nicht mehr selbständig betreibt, die Eintragung in der Handwerksrolle zu löschen ist. Ist jedoch die Löschung nicht erfolgt, so kann sich der Handwerker nicht darauf berufen, daß er nicht mehr selbständiger Handwerker sei und somit nicht der Versicherungspflicht nach dem HwVG unterliege. Die Gründe für eine vorübergehende Stillegung des Betriebes müssen außer Betracht bleiben. Grundsätzlich wird es bei der Versicherungspflicht nicht darauf ankommen, ob der Handwerker seinen Betrieb fortführt oder ob der Betrieb ruht. Dies läßt sich daraus entnehmen, daß nach § 3 Abs. 1 und 2 HwVG Arbeitslosigkeit als Ausfallzeit nur angerechnet werden kann, wenn der Handwerker in der Hand-

werksrolle gelöscht ist, während Zeiten der Krankheit und der Schwangerschaft oder des Wochenbetts nur dann zu berücksichtigen sind, wenn der Handwerker keine oder nur die in § 4 Abs. 5 Nr. 2 HwVG genannten Personen beschäftigt. Ebenso läßt sich aus der Vorschrift des § 1 Abs. 2 HwVG entnehmen, daß auch während der Wehr- oder Ersatzdienstleistung eines Handwerkers die Versicherungspflicht grundsätzlich weiterbestehen soll und lediglich die Versicherungspflicht nach § 1227 Abs. 1 Nr. 6 RVO vorgeht. Es wird deshalb davon auszugehen sein, daß auch in der Zeit, während der der Handwerker das Handwerk nicht ausübt bzw. der Betrieb völlig ruht, weiterhin Versicherungspflicht nach dem HwVG besteht, solange keine Löschung der Eintragung in der Handwerksrolle vorgenommen wird.

Hieraus ergibt sich auch, daß es keinen Einfluß auf die Versicherungspflicht nach dem HwVG hat, wenn der Handwerker in der Handwerksrolle einer Handwerkskammer im Bundesgebiet einschl. des Landes Berlin eingetragen ist, seine Tätigkeit jedoch teilweise im Ausland ausübt. Abgesehen von der möglichen Sonderregelung durch zwischenstaatliche Abkommen oder die Verordnungen Nr. 3 und 4 der Europäischen Wirtschaftsgemeinschaft, wird der Handwerker auch in diesen Fällen Pflichtbeiträge zur deutschen Rentenversicherung zu entrichten haben.

3. Die Eintragung in der Handwerksrolle

a) Die Bedeutung der Eintragung

22 Neben der Eigenschaft als selbständiger Handwerker ist für die Zugehörigkeit zum Personenkreis des § 1 HwVG weiterhin die Eintragung in der Handwerksrolle Voraussetzung.

Die Handwerksrolle ist das von der Handwerkskammer zu führende Verzeichnis, in welches die selbständigen Handwerker ihres Bezirkes mit dem von ihnen betriebenen Handwerk oder bei Ausübung mehrerer Handwerke mit diesen Handwerken einzutragen sind (§ 6 Abs. 1 HO). Die Handwerksrolle ist ein öffentliches Register, dessen Eintragungen urkundliche Beweiskraft haben.

b) Die Führung der Handwerksrolle

23 Für die Führung der Handwerksrolle sind die näheren Bestimmungen in der VO über die Einrichtung der Handwerksrolle und den Wortlaut der Handwerkskarte vom 16. 3. 1954 (BGBl. I S. 38) enthalten. Nach § 1 Abs. 1 der VO vom 16. 3. 1954 hat die Handwerkskammer die Handwerksrolle in Form einer Kartei zu führen und daneben noch eine Zweitschrift der Kartei anzulegen, die von der Handwerksrolle getrennt in einer gegen die Gefahr der Beschädigung oder des Verlustes ausreichend gesicherten Weise aufzubewahren ist. Es wird davon auszugehen sein,

daß nur die eigentliche Handwerksrolle urkundliche Beweiskraft hat. Die zusätzliche Zweitschrift der Kartei wird nur hilfsweise Grundlage für den Beweis der Eintragung des Handwerkers in der Handwerksrolle sein können, und zwar nur dann, wenn die Handwerksrolle beschädigt oder vernichtet worden ist. Werden bei einer Handwerkskammer neben der Handwerksrolle und der Zweitschrift noch sonstige Verzeichnisse der eingetragenen Handwerker geführt, wie z. B. eine Beitragskarte für die Einziehung des Handwerkskammerbeitrages oder sonstige Hilfslisten, so kann die Anführung einer Person in einer solchen Hilfskartei oder -liste keinen Ersatz für die mangelnde Eintragung in der Handwerksrolle selbst bieten. Die Anführung in einer Hilfskartei oder in der Zweitschrift der Handwerksrolle kann für sich allein niemals rechtsgestaltend sein und ist deshalb ohne rechtliche Bedeutung. Ist z. B. eine Person in einer „Beitragskartei" einer Handwerkskammer erfaßt, unterblieb jedoch die Eintragung in der Handwerksrolle selbst, so kann keine Versicherungspflicht nach dem HwVG entstehen. Ebenso unbeachtlich ist die Mitgliedschaft bei einer Handwerksinnung, wenn der Handwerker zwar als Innungsmitglied erfaßt, jedoch nicht in der Handwerksrolle eingetragen ist. Wegen der konstitutiven Wirkung der Eintragung in der Handwerksrolle vgl. auch Anm. 67.

Nach § 3 Abs. 2 der VO vom 16. 3. 1954 ist bei natürlichen Personen 24
in die Karteikarte der Handwerksrolle einzutragen:

1. Der Name (Vor- und Zuname), das Geburtsdatum und die Staatsangehörigkeit des Betriebsinhabers, bei nicht voll geschäftsfähigen Personen außerdem die entsprechenden Angaben über die Person des gesetzlichen Vertreters;
2. die Firma, wenn der selbständige Handwerker eine Firma führt, die sich auf den Handwerksbetrieb bezieht;
3. Ort und Straße der gewerblichen Niederlassung;
4. das betriebene Handwerk oder, wenn mehrere Handwerke betrieben werden, diese Handwerke;
5. in welchem Handwerk der selbständige Handwerker die Meisterprüfung abgelegt hat und zum Anleiten von Lehrlingen befugt ist, sowie für welches Handwerk er die Ausnahmebewilligung zur Eintragung in die Handwerksrolle besitzt;
6. bei Erfüllung der gesetzlichen Voraussetzungen die Vermerke „wahlberechtigt" und „wählbar"; ist eine Person in der Ausübung des Wahlrechts behindert, so ist dies ohne Angabe der Gründe zu vermerken;
7. der Zeitpunkt der Eintragung in die Handwerksrolle sowie der Zeitpunkt der Rechtskraft einer nach § 11 HO ergangenen Entscheidung;

8. bei handwerklichen Nebenbetrieben (§ 2 Nr. 2 und 3 HO) der Gegenstand des Gesamtunternehmens, der Name (Vor- und Zuname) des Leiters des Nebenbetriebes, sein Geburtsdatum und die in Nummer 5 verlangten Angaben.

Ob im Einzelfall alle Angaben, die auf der Karteikarte einzutragen sind, auch tatsächlich vorhanden sind oder ob sie noch zutreffen, wird keine Bedeutung haben können. So wird z. B. auch Versicherungspflicht nach dem HwVG bestehen, wenn zwar ein Handwerker eingetragen ist, jedoch sein Geburtsdatum oder der Ort und die Straße seiner gewerblichen Niederlassung unrichtig auf der Karteikarte eingetragen sind oder wenn das betriebene Handwerk nicht angegeben ist. Es kann nicht angenommen werden, daß unrichtige oder fehlende Angaben in der Handwerksrolle zu einer Verneinung der Versicherungspflicht führen würden, wenn trotz der fehlenden oder unrichtigen Angaben eindeutig zu erkennen ist, daß es sich nur um den betreffenden Handwerker handeln kann. Wollte man dem § 3 Abs. 2 der VO vom 16. 3. 1954 die Bedeutung zuerkennen, daß die Eintragung unwirksam wäre, wenn eine der einzutragenden Angaben unrichtig ist oder fehlt, so könnte dies dazu führen, daß ein Handwerker nicht der Versicherungspflicht nach dem HwVG unterliegt, wenn die Angaben über seine Wahlberechtigung zu den Organen der Handwerkerschaft fehlen würden. Es muß deshalb als ausreichend angesehen werden, wenn trotz fehlender oder unrichtiger Angaben zu erkennen ist, daß es sich um diesen Handwerker handelt, der in der Handwerksrolle eingetragen ist. Die Handwerkskammer ist dann nur verpflichtet, die Angaben zu ergänzen bzw. zu berichtigen, jedoch stellt dies dann keine Neueintragung dar.

c) Mehrere Eintragungen

25 Ist ein Handwerker bei mehreren Handwerkskammern in der Handwerksrolle eingetragen, weil er in den Bezirken mehrerer Handwerkskammern ein Handwerk als stehendes Gewerbe betreibt, so kann trotz dieser mehrmaligen Eintragungen nur einmal für jeden Handwerker Versicherungspflicht nach dem HwVG bestehen. Wegen des Beitragseinzugs in solchen Fällen vgl. Anm. 15 zu § 5.

d) Voraussetzungen für die Eintragung

26 Ohne Bedeutung ist es, welche Voraussetzungen im einzelnen für die Eintragung in der Handwerksrolle erfüllt waren. Nach § 7 Abs. 1 HO wird in die Handwerksrolle eingetragen, wer in dem von ihm zu betreibenden Handwerk die Meisterprüfung bestanden hat, in Ausnahmefällen ferner, wer zwar in dem von ihm zu betreibenden Handwerk die Meisterprüfung nicht bestanden hat, jedoch die zur selbständigen Ausübung des von ihm zu betreibenden Handwerks als stehendes Gewerbe

notwendigen Kenntnisse und Fertigkeiten nachweist und hierüber eine Ausnahmebewilligung besitzt (§ 7 Abs. 2 HO). Für die Beurteilung der Versicherungspflicht ist es gleich, ob die Eintragung in die Handwerksrolle nach § 7 Abs. 1 oder § 7 Abs. 2 HO vorgenommen worden ist. Es kommt lediglich auf die Tatsache der Eintragung selbst an. Ist im Einzelfall die Eintragung in die Handwerksrolle auf Grund einer bedingt oder befristet erteilten Ausnahmebewilligung vorgenommen worden, so ist davon auszugehen, daß die Eintragung rechtswirksam besteht. Wenn die Ausnahmebewilligung z. B. mit der Auflage erteilt worden ist, daß innerhalb einer bestimmten Frist die Meisterprüfung abgelegt werden muß, so unterliegt der Handwerker ohne Einschränkung der Versicherungspflicht. Diese endet dann nicht bereits mit dem Ablauf der in der Ausnahmebewilligung vorgesehenen Frist, wenn die Meisterprüfung nicht abgelegt wird, da die Eintragung auch dann wirksam bleibt, wenn die Auflage nicht erfüllt wird. Es ist dann lediglich die Rechtsgrundlage für die Eintragung weggefallen und die Handwerkskammer kann von Amts wegen das Verfahren auf Löschung in der Handwerksrolle einleiten. Solange jedoch die Löschung in der Handwerksrolle selbst noch nicht vorgenommen ist, besteht auch die Versicherungspflicht nach dem HwVG weiter. Der Handwerker kann sich deshalb nicht mit Erfolg darauf berufen, daß die Eintragung in der Handwerksrolle nicht oder nicht mehr zu Recht besteht, solange nicht die Löschung selbst vorgenommen worden ist. Er hat lediglich die Möglichkeit, bei der Handwerkskammer die Löschung in der Handwerksrolle zu beantragen

Schwieriger ist die Beurteilung der Versicherungspflicht, wenn die Eintragung auf Grund einer Ausnahmebewilligung vorgenommen worden ist und diese später für nichtig erklärt wird, weil sich nachträglich herausstellt, daß sie der Antragsteller durch wissentlich falsche Angaben erschlichen hat. Wird in einem solchen Falle die Eintragung rückwirkend für ungültig erklärt, so entfällt damit auch rückwirkend der Rechtsgrund für die Inanspruchnahme der Versicherungspflicht und die in der Zwischenzeit entrichteten Beiträge werden unwirksam. Solche Beiträge können auf Antrag zurückgezahlt oder, sofern die Berechtigung zur freiwilligen Weiterversicherung im Zeitpunkt der Beitragsentrichtung bestand, in freiwillige Beiträge umgewandelt werden.

Ebenso hat es auf die Zugehörigkeit zu dem Personenkreis des § 1 HwVG keinen Einfluß, wenn die Eintragung in die Handwerksrolle nach § 112 HO vorgenommen worden ist. Nach dieser Vorschrift blieb die beim Inkrafttreten der HO vorhandene Berechtigung eines Gewerbetreibenden, ein Handwerk als stehendes Gewerbe selbständig zu betreiben, bestehen. Es handelt sich hierbei um eine besondere Ausnahmevorschrift für die Eintragung in die Handwerksrolle. Auch ein Gewerbetreibender, der auf Grund dieser Sondervorschrift in die Handwerksrolle eingetragen worden ist, kann nur als selbständiger Handwerker angesehen werden und er ist ebenso zu behandeln wie die Handwerker, die nach den allgemeinen Vorschriften in die Handwerksrolle eingetragen worden sind. Der § 112 HO enthält lediglich eine Regelung über die Voraussetzungen für die Eintragung in die Handwerksrolle. Es wird durch diese Vorschrift jedoch keine Klassifizierung der Handwerker vorgenommen. Die Rechtsgrundlage, die zur Eintragung geführt hat, ist deshalb unbeachtlich.

Ohne Bedeutung ist es auch, ob dem einzelnen Handwerker die Berechtigung zur Anleitung von Lehrlingen zusteht, da diese Frage keinen Einfluß auf die Ausübung des Handwerks selbst hat.

e) Bindungswirkung der Eintragung

27 Der Versicherungsträger ist bei der Durchführung des HwVG an die Eintragung des Handwerkers in der Handwerksrolle gebunden. Das gleiche muß auch für die Gerichte der Sozialgerichtsbarkeit gelten. Diese Bindungswirkung ergibt sich daraus, daß zu dem vom HwVG erfaßten Personenkreis die in der Handwerksrolle eingetragenen selbständigen Handwerker gehören. Daraus kann nur der Schluß gezogen werden, daß die Eintragung als Tatbestandsmerkmal des § 1 HwVG für die Durchführung des HwVG verbindlich sein soll, zumal auch die Handwerkskammern nach § 5 Abs. 5 HwVG den Versicherungsträgern Einblick in die Handwerksrolle zu gewähren und ihnen die Anmeldungen und Löschungen mitzuteilen haben. Es würde zu einer nicht zu vertretenden Rechtsunsicherheit führen, wenn die Versicherungsträger selbständig entscheiden könnten, ob eine Eintragung in die Handwerksrolle zu Recht oder zu Unrecht vorgenommen worden ist. Nach den Vorschriften der Handwerksordnung steht ein Anfechtungsrecht hinsichtlich der Eintragung in die Handwerksrolle nur dem Handwerker selbst und in bestimmten Fällen noch der Industrie- und Handelskammer zu (§§ 11ff. HO). Der Versicherungsträger kann die Eintragung nicht anfechten, sondern lediglich die Handwerkskammer unter Darlegung des Sachverhalts ersuchen, die Voraussetzungen für die Eintragung zu überprüfen. Kommt die Handwerkskammer nach der Überprüfung zu dem Ergebnis, daß die Eintragung in die Handwerksrolle zu Recht erfolgt ist, so hat der Versicherungsträger keine rechtliche Möglichkeit mehr, die Entscheidung überprüfen zu lassen bzw. anzufechten. (So auch das RVA in der Entscheidung vom 6. 3. 1941 — AN 1941 S. II 151.) Die Auffassung von Hartmann-Philipp (Anm. 5 zu § 6 HO), daß die Eintragung in der Handwerksrolle für andere Behörden nicht ohne weiteres bindend sei, kann bezüglich der Beurteilung der Versicherungspflicht nach § 1 HwVG nicht geteilt werden.

Trotz der den Handwerkskammern nach § 5 Abs. 5 HwVG obliegenden Verpflichtung, den Versicherungsträgern die Anmeldungen und Löschungen in die Handwerksrolle mitzuteilen, ist die Versicherungspflicht jedoch stets von der tatsächlichen Eintragung in die Handwerksrolle abhängig. Da die Eintragung in die Handwerksrolle auf Antrag oder von Amts wegen vorzunehmen ist, kann unter „Anmeldung" nicht die Einreichung des Antrages auf Eintragung angesehen werden (Vgl. Anm. 28 zu § 5).

III. Die Dauer der Versicherungspflicht

1. Sinn der Beschränkung der Versicherungspflicht

Selbständige Handwerker sollen nur solange der Versicherungspflicht 28
nach dem HwVG unterliegen, wie sie noch nicht für 216 Kalendermonate Beiträge für eine rentenversicherungspflichtige Beschäftigung oder Tätigkeit entrichtet haben. Im Gegensatz zu den Regelungen, die allgemein für versicherungspflichtige Personen gelten, besteht für Handwerker die Versicherungspflicht nur für eine gewisse, von der Anzahl der bisher entrichteten Beiträge abhängige Zeit, d. h. für die Beurteilung der Versicherungspflicht ist die bisherige Beitragsleistung von großer Bedeutung.

Die Beschränkung der Versicherungspflicht auf einen bestimmten Zeitraum entspricht den Vorstellungen der Handwerksorganisationen. Sinn dieser Regelung soll es sein, dem Handwerker nach Wegfall der Versicherungspflicht infolge Zurücklegung von 216 Kalendermonaten Pflichtversicherungszeit die Gestaltung seiner weiteren Altersversorgung selbst zu überlassen. Es steht dann im Ermessen des einzelnen Handwerkers, sich in der gesetzlichen Rentenversicherung freiwillig weiterzuversichern, sofern hierfür die allgemeinen Voraussetzungen erfüllt sind, oder einen Lebensversicherungsvertrag abzuschließen bzw. beide Möglichkeiten miteinander zu kombinieren, oder die weitere Vorsorge für sein Alter überhaupt einzustellen.

Umstritten war bei der Beratung des Gesetzentwurfs die Frage, ob die Versicherungspflicht für Handwerker 180 Kalendermonate (wie im Entwurf der FDP vorgesehen) oder 216 Kalendermonate (wie im Entwurf der CDU/CSU vorgesehen) bestehen soll. Im schriftlichen Bericht des Ausschusses für Sozialpolitik des Deutschen Bundestages (Bundestagsdrucks. Nr. 1379/3. Wahlperiode) wird zu dieser Frage ausgeführt:

„Der Ausschuß hat mit Mehrheit beschlossen, die Versicherungszeit für die Pflichtversicherung der Handwerker auf 18 Jahre festzulegen und es nicht bei einer Beitragszeit von 15 Jahren zu belassen. Während auf der einen Seite in jeder Begrenzung der Versicherungszeit schon ein Vorrecht der Selbständigen gegenüber den ebenfalls pflichtversicherten Arbeitern gesehen wurde, wurde andererseits eine Erhöhung der Pflichtversicherungszeit von 15 auf 18 Jahre deswegen für notwendig erachtet, damit der Handwerker, der sich im Durchschnitt nach 15 Jahren in abhängiger Arbeit selbständig machen dürfte, auch in den ersten Jahren seiner Selbständigkeit zur Beitragsentrichtung für seine Alterssicherung angeregt wird. Die Versicherungszeit für die achtzehnjährige Tätigkeit bringt, wie im Ausschuß hervorgehoben wurde, außerdem die Vergünstigung mit sich, daß die Voraussetzungen für die Gewährung der Zurechnungszeit im Falle vorzeitiger Berufs- oder Erwerbsunfähigkeit etwa bis einschließlich des 50. Lebensjahres erfüllt werde."

2. Der Wegfall der Versicherungspflicht kraft Gesetzes

a) Wegfall der Versicherungspflicht

29 Sind von einem Handwerker für 216 Kalendermonate Pflichtbeiträge nachgewiesen, so entfällt die Versicherungspflicht kraft Gesetzes. Es braucht dann nicht etwa von dem Handwerker ein Antrag auf Wegfall der Versicherungspflicht gestellt zu werden. Der Wegfall der Versicherungspflicht nach dem HwVG tritt automatisch ein, d. h. er braucht nicht durch einen Bescheid oder eine sonstige Mitteilung des Versicherungsträgers ausgesprochen zu werden. Wird trotzdem ein Bescheid über den Wegfall der Versicherungspflicht durch den zuständigen Versicherungsträger erteilt, so hat er lediglich deklaratorische Bedeutung, jedoch ist der Versicherungsträger an dessen Inhalt gebunden, solange der Bescheid nicht unter Beachtung der allgemeinen verwaltungsrechtlichen Grundsätze widerrufen wird.

Über die erforderlichen Pflichtbeiträge für 216 Kalendermonate hinaus kann der Handwerker keine Pflichtbeiträge nach dem HwVG mehr entrichten, er kann also keinesfalls auf den Wegfall der Versicherungspflicht verzichten. Unabhängig davon ist jedoch die Entrichtung weiterer Pflichtbeiträge, wenn noch andere Gründe für die Versicherungspflicht vorliegen, z. B. wenn der Handwerker eine Beschäftigung als Arbeitnehmer übernimmt oder wenn er noch Hausgewerbetreibender ist und als solcher der Versicherungspflicht in der gesetzlichen Rentenversicherung unterliegt.

b) Unwirksame Weiterentrichtung von Pflichtbeiträgen

30 Hat der Handwerker bereits für mehr als 216 Kalendermonate Beiträge auf Grund einer versicherungspflichtigen Beschäftigung oder Tätigkeit entrichtet und entrichtet er trotzdem weiterhin Pflichtbeiträge nach dem HwVG, so sind diese Beiträge als Pflichtbeiträge rechtsunwirksam, und zwar auch dann, wenn der Versicherungsträger sie zunächst unbeanstandet entgegengenommen hat. In diesen Fällen ist jedoch die Vorschrift des § 1423 Abs. 3 RVO zu beachten. Nach der genannten Vorschrift kann der Versicherte von dem Versicherungsträger

die Feststellung verlangen, daß während der in den Entgeltsbescheinigungen eingetragenen oder mit Beitragsmarken belegten Zeiten ein gültiges Versicherungsverhältnis bestanden hat. Hat der Versicherungsträger die Versicherungspflicht oder die Versicherungsberechtigung anerkannt, so kann der Rentenanspruch nicht mit der Begründung abgelehnt werden, daß Versicherungspflicht nicht bestanden hat oder die Beitragsmarken zu Unrecht verwendet sind. Wenn sich die Vorschrift ihrem Wortlaut nach auch nur auf die Beitragsentrichtung durch Abführung der Beiträge an die Einzugsstelle bzw. durch Verwendung von Beitragsmarken bezieht, so wird sie jedoch auch auf das besondere Beitragsentrichtungsverfahren für Handwerker anzuwenden sein. In einer Mitteilung des Versicherungsträgers über das Weiterbestehen der Versicherungspflicht wird somit ein Anerkenntnis des Versicherungsträgers über die Rechtsgültigkeit der Beiträge zu erblicken sein und die bis zum Widerruf dieser Mitteilung oder dieses Bescheids entrichteten Beiträge werden von dem Versicherungsträger nicht beanstandet werden können. Andererseits kann aber der Handwerker die Beiträge zurückfordern, jedoch nur innerhalb der Rückforderungsfrist des § 1424 RVO.

Zu Unrecht entrichtete Beiträge können innerhalb von zwei Jahren 31
nach dem Jahre der Beitragsentrichtung zurückgefordert werden (§ 1424 RVO). Darüber hinaus können sie auch von dem Versicherungsträger beanstandet werden, sofern dieser kein Anerkenntnis über die Rechtsgültigkeit der Beitragsentrichtung abgegeben hat. Die Beanstandung ist innerhalb von zehn Jahren seit dem Tage der Aufrechnung der Versicherungskarte, in der die Beiträge enthalten sind, zulässig. Diese Frist gilt auch, wenn ein pflichtversicherter Handwerker die Beiträge an den zuständigen Träger der Rentenversicherung abführt und dieser die Beitragsentrichtung in der Versicherungskarte des Handwerkers beurkundet. Die Beanstandungsfrist beginnt auch in diesen Fällen erst mit der Aufrechnung der Karte und nicht bereits mit der Entgegennahme der Beiträge durch den Versicherungsträger. Hat der Handwerker oder sein Vertreter oder ein zur Fürsorge für ihn Verpflichteter die Beitragsentrichtung in betrügerischer Absicht herbeigeführt, so kann die Beanstandung der Beiträge auch nach Ablauf der zehnjährigen Frist noch vorgenommen werden (§ 1423 Abs. 2 letzter Satz RVO).

Im übrigen gelten Beiträge, die in der irrtümlichen Annahme der Versicherungspflicht entrichtet und nicht zurückgefordert werden, als für die Weiterversicherung entrichtet, wenn das Recht dazu im Zeitpunkt der Beitragsentrichtung bestand (§ 1422 RVO). Der Versicherte hat in diesen Fällen das Wahlrecht, ob er den Wert der zu Unrecht entrichteten Beiträge zurückfordern will oder die Beiträge als für die freiwillige Weiterversicherung entrichtet gelten lassen will.

3. Die anrechenbaren Zeiten

a) Begriff der Pflichtbeiträge

32 Für die Feststellung der Anzahl der bisher zurückgelegten Beitragszeiten können nur die für eine rentenversicherungspflichtige Beschäftigung oder Tätigkeit entrichteten Beiträge berücksichtigt werden. In Betracht kommen dabei nicht nur die von dem Handwerker auf Grund der Vorschriften des HVG bzw. des HwVG, sondern auch die auf Grund anderer Rechtsvorschriften entrichteten Beiträge zur Rentenversicherung. Der Hinweis auf die „rentenversicherungspflichtige Beschäftigung oder Tätigkeit" bedeutet, daß es gleichgültig ist, ob die Beiträge während der Beschäftigung als Arbeitnehmer oder während der Tätigkeit als versicherungspflichtiger Selbständiger entrichtet sind.

Als Pflichtbeiträge sind auch die Beiträge anzusehen, die Handwerker während der sogenannten „beitragsfreien Zeiten" entrichtet haben (vgl. § 5 Abs. 3 der 1. DVOzHVG und §§ 4 Abs. 4 HwVG), wenn grundsätzlich die Versicherungspflicht weiterbestanden hat.

Das Bestehen eines rentenversicherungspflichtigen Beschäftigungsverhältnisses bzw. der Versicherungspflicht zur Rentenversicherung bei Selbständigen reicht für sich allein jedoch nicht für die Berücksichtigung dieser Zeiten bei der Feststellung der bisher zurückgelegten Pflichtversicherungszeiten aus, sondern es müssen für diese Zeiten auch Beiträge zur Rentenversicherung entrichtet sein oder als entrichtet gelten oder solche Zeiten müssen kraft gesetzlicher Vorschriften Beitragszeiten gleichstehen. War ein Handwerker z. B. in dem Betrieb seines Vaters beschäftigt und wurden für ihn als „Meistersohn" keine Pflichtbeiträge zur Rentenversicherung entrichtet, so kann diese Zeit auch bei der Ermittlung der bisherigen Pflichtversicherungszeit nicht berücksichtigt werden, selbst wenn die „Meistersöhne" nunmehr unter Beachtung der in dem Urteil des BSG vom 5. 4. 1956 (BSGE Bd. 3 S. 30) aufgestellten Grundsätze bei einer Beschäftigung in dem elterlichen Betrieb der Versicherungspflicht unterliegen würden.

b) Die Anrechenbarkeit der Beiträge

33 Im übrigen kommt es nicht auf die Anrechenbarkeit der entrichteten Pflichtbeiträge zur Erfüllung der Wartezeit an, da es sich bei der Vorschrift des § 1 Abs. 1 HwVG nicht um eine Wartezeitvorschrift handelt, wenn es auch dem Sinn der Vorschrift entspricht, daß nach Erfüllung der Wartezeit für das Altersruhegeld die Versicherungspflicht entfallen soll. Deshalb können auch Pflichtbeiträge berücksichtigt werden, die von einem Handwerker vor dem 1. 1. 1924 entrichtet sind, auch wenn diese Beiträge nicht zur Erfüllung der Wartezeit angerechnet werden können, weil in der Zeit zwischen dem 1. 1. 1924 und dem 30. 11. 1948 für diese Zeit kein rechtswirksamer Beitrag entrichtet ist (wegen der

Anrechnung der Zeiten zur Erfüllung der Wartezeit vgl. § 1249 RVO). Die gegenteilige Auffassung von Barke im Deutschen Handwerksblatt 1960 Heft 15/16 kann nicht geteilt werden, da sich § 1249 RVO nur auf die Erfüllung der Wartezeit bezieht und nicht auch auf die anderen Vorschriften, bei denen die Zurücklegung einer bestimmten Versicherungszeit gefordert wird, wie z. B. bei der Erfüllung der Voraussetzungen für das Recht zur freiwilligen Weiterversicherung (§ 1233 RVO), die Erfüllung der Voraussetzungen für die Anrechnung von Ausfallzeiten bzw. der Zurechnungszeit. Da sonstige einschränkende Vorschriften nicht bestehen, sind zur Ermittlung der erforderlichen Pflichtversicherungszeit alle Pflichtbeiträge anzurechnen, ohne Rücksicht darauf, ob diese Beiträge auch zur Erfüllung der Wartezeit anrechenbar sind.

c) Einzelne Beitragszeiten

Im einzelnen können folgende Zeiten berücksichtigt werden:

aa) Pflichtbeiträge

Zeiten, für die nach Bundesrecht oder früheren Vorschriften der reichs- **34**
gesetzlichen Invalidenversicherung, der reichsgesetzlichen Angestelltenversicherung oder der deutschen knappschaftlichen Rentenversicherung Pflichtbeiträge wirksam entrichtet sind oder als entrichtet gelten.

Anrechnungsfähig sind lediglich Beiträge, die auf Grund einer rentenversicherungspflichtigen Beschäftigung oder Tätigkeit entrichtet sind. Sind freiwillige Beiträge von einem Versicherten für eine Zeit entrichtet worden, in der zwar für ihn Versicherungspflicht bestand, jedoch keine Pflichtbeiträge abgeführt worden sind, so werden die freiwilligen Beiträge nicht als Pflichtbeiträge angerechnet werden können. Dies wird insbesondere dann in Betracht kommen, wenn ein Versicherter im elterlichen Betrieb als „Meistersohn" beschäftigt war und für ihn in der Annahme, daß Versicherungspflicht nicht vorliegt, keine Pflichtbeiträge entrichtet worden sind, sondern nur freiwillige Beiträge. Ist die Nachentrichtungsfrist (§§ 1418ff. RVO) abgelaufen und kann der Versicherungsträger auch wegen des Eintritts der Verjährung (§ 29 Abs. 2 RVO) die Beiträge nicht mehr anfordern, so muß es mit der Entrichtung der freiwilligen Beiträge sein Bewenden haben, eine Umwandlung solcher Beiträge in Pflichtbeiträge ist dann nicht zulässig.

Zu unterscheiden ist jedoch zwischen der Entrichtung freiwilliger Beiträge und der freiwilligen Nachentrichtung durch den Versicherten im Rahmen der gesetzlichen Nachentrichtungsfristen. Sind z. B. für einen Versicherten für eine Zeit, während der Versicherungspflicht bestand, keine Pflichtbeiträge entrichtet worden, und ist die zwangsweise Einziehung der Beiträge infolge Eintritts der Verjährung oder aus sonstigen Gründen nicht mehr möglich, entrichtet der Versicherte jedoch innerhalb der Nachentrichtungsfrist die Beiträge noch, so handelt es sich zwar um eine freiwillige Nachentrichtung von Beiträgen, diese Beiträge bleiben aber Pflichtbeiträge. Pflichtbeiträge sind deshalb solche Beiträge, die zur Befriedigung einer kraft Gesetzes auf Grund einer versicherungspflichtigen Beschäftigung oder Tätigkeit entstandenen Beitragsforderung entrichtet sind.

Andererseits können Beiträge nicht als Pflichtbeiträge angerechnet werden, wenn sie zwar als solche entrichtet sind, jedoch Versicherungspflicht nicht bestand. Solche Beiträge gelten gemäß § 1422 RVO als freiwillige Beiträge und dürfen bei der Ermittlung der Anzahl der bisher entrichteten Pflichtbeiträge nicht berücksichtigt werden. Dies wird jedoch nur dann in Betracht kommen können, wenn die Entrichtung der Pflichtbeiträge von dem Versicherungsträger beanstandet worden ist, da nach § 1423 Abs. 1 RVO dann, wenn auf der rechtzeitig umgetauschten Versicherungskarte (vgl. § 1412 Abs. 1 RVO) Beschäftigungszeiten, die nicht länger als ein Jahr vor dem Ausstellungstag der Karte liegen, ordnungsgemäß bescheinigt oder Beitragsmarken von Pflichtversicherten ordnungsgemäß verwendet sind, vermutet wird, daß während der genannten Zeiten ein die Versicherungspflicht begründendes Beschäftigungsverhältnis mit dem angegebenen Entgelt bestanden hat und die dafür zu entrichtenden Beiträge rechtzeitig geleistet sind bzw. während der mit Beitragsmarken belegten Zeiten ein gültiges Versicherungsverhältnis vorgelegen hat. Sind bereits zehn Jahre seit der Aufrechnung der Versicherungskarte vergangen, so kann der Versicherungsträger die Richtigkeit der Eintragung der Beschäftigungszeiten, der Arbeitsentgelte und der Beiträge und die Rechtsgültigkeit der Verwendung der in der Aufrechnung der Versicherungskarte bescheinigten Beitragsmarken nicht mehr anfechten, sofern nicht der Versicherte oder sein Vertreter oder ein zur Fürsorge für ihn Verpflichteter die Eintragung in die Entgeltsbescheinigung oder die Verwendung der Marken in betrügerischer Absicht herbeigeführt hat (§ 1423 Abs. 2 RVO). Liegen die zuletzt genannten Voraussetzungen nicht vor, so werden auch die irrtümlich entrichteten Pflichtbeiträge berücksichtigt werden müssen, d. h. sie können nicht als freiwillige Beiträge angerechnet werden.

Weiterhin sind als Pflichtbeiträge auch diejenigen Beiträge anzurechnen, die zwar irrtümlich entrichtet sind, da keine die Versicherungspflicht begründende Beschäftigung oder Tätigkeit ausgeübt worden ist, für die aber der Versicherungsträger ein Anerkenntnis über die Rechtsgültigkeit der entrichteten Pflichtbeiträge abgegeben hat, da dann die Regelung des § 1423 Abs. 3 RVO entsprechend anzuwenden sein wird. Der Versicherungsträger ist zwar dem Wortlaut der genannten Vorschrift nach nur insoweit daran gebunden, als er einen Rentenanspruch nicht mit einer seinem Anerkenntnis entgegenstehenden Begründung ablehnen kann, jedoch wird das auch für die Feststellung der Anzahl der bisher entrichteten Pflichtbeiträge nach § 1 Abs. 1 HwVG zu gelten haben.

Während für die Erfüllung der Voraussetzungen für die Gewährung des vorgezogenen Altersruhegeldes (§ 25 Abs. 3 AVG), der Anrechnung einer Ausfallzeit (§ 36 Abs. 3 AVG), sowie der Anrechnung der Zurechnungszeit (§ 37 Abs. 2 AVG) die von Versicherten, die nur wegen Überschreitens der Jahresarbeitsverdienstgrenze versicherungsfrei waren und die Versicherung freiwillig fortsetzten, nach Eintritt der Versicherungsfreiheit entrichteten freiwilligen Beiträge den Pflichtbeiträgen gleichstehen, fehlt es hier an einer entsprechenden Vorschrift. Solche Beiträge stehen zwar in den angeführten Fällen den Pflichtbeiträgen gleich, müssen jedoch für die Ermittlung der Anzahl der bisher entrichteten Pflichtbeiträge gemäß § 1 Abs. 1 HwVG außer Betracht bleiben. Die analoge Anwendung dieser Regelungen muß verneint werden, da es sich nicht um gleiche oder ähnliche Tatbestände handelt. 35

bb) Entrichtete und als entrichtet geltende Beiträge

Berücksichtigt werden können nur solche Beiträge, die entrichtet sind oder als entrichtet gelten. 36

Waren die Beiträge durch Verwendung von Beitragsmarken zu entrichten, so sind die Beiträge entrichtet, wenn die Beitragsmarken in die Versicherungskarte des Versicherten eingeklebt worden sind (§ 1409 Abs. 1 RVO). Lediglich in die Versicherungskarte eingelegte Beitragsmarken sind nicht entrichtet. Ebenso gelten solche Beitragsmarken nicht als entrichtet, die nicht in die Versicherungskarte, sondern auf Einlage- oder Aufklebezettel eingeklebt sind, selbst wenn diese mit der Versicherungskarte verbunden sind (vgl. dazu Hoernigk-Jorks Anm. 1 zu § 1409 RVO — § 131 AVG).

Die Beiträge, die nicht durch Verwendung von Beitragsmarken, sondern durch Abführung an die Einzugsstelle zu entrichten waren, sind dann entrichtet, wenn der Beitrag tatsächlich bei der Einzugsstelle eingegangen ist. Es reicht nicht aus, daß die Beschäftigungszeit in der Versicherungskarte eingetragen ist, da dies lediglich die widerlegbare Vermutung der Beitragsentrichtung begründet (§ 1423 Abs. 1 RVO). Ausreichend wird es jedoch sein, wenn die Beiträge, die durch Abführung an die Einzugsstelle zu entrichten waren, gemäß § 1397 Abs. 6 RVO als entrichtet gelten. Nach der angeführten Vorschrift gilt ein Betrag ohne Rücksicht auf die tatsächliche Abführung als entrichtet, wenn der Versicherte glaubhaft macht, daß ihm sein Anteil am Beitrag (Arbeitnehmeranteil) zur Rentenversicherung von seinem Lohn oder Gehalt vom Arbeitgeber einbehalten worden ist. Die Fiktion der Beitragsentrichtung gilt jedoch nur für die Zeit seit dem 30. 6. 1942 in der Rentenversicherung der Arbeiter bzw. vom 1. 7. 1942 in der Rentenversicherung der Angestellten, d. h. erst von der Einführung des sogenannten Lohnabzugsverfahrens anstelle des bis dahin allgemein geltenden Verfahrens der Beitragsentrichtung durch Verwendung von Beitragsmarken (vgl. Art. 2 § 48 ArVNG). Ausgeschlossen ist die Anwendung der Fiktion der Beitragsentrichtung, wenn durch Versicherte seinen Beitrag allein an die zuständige Einzugsstelle abzuführen hat, weil er z. B. Mitglied einer Ersatzkasse ist und der Arbeitgeber ihm den Arbeitgeber- und Versichertenanteil des Beitrages zur Rentenversicherung auszahlt oder die Beiträge durch den Arbeitnehmer oder den versicherungspflichtigen Selbständigen durch Verwendung von Beitragsmarken zu entrichten waren. Zweifelhaft kann es sein, ob die Fiktion der Beitragsentrichtung gilt, wenn der Arbeitgeber den Beitrag allein zu tragen hat, sei es wegen der vereinbarten Zahlung eines Nettolohnes, sei es, weil das Entgelt des Arbeitnehmers, insbesondere des Lehrlings, geringer ist als $^1/_{10}$ der für Monatsbezüge geltenden Beitragsbemessungsgrenze (§ 1385 Abs. 4 Buchst. a RVO). In den zuletzt genannten Fällen wird jedoch ebenfalls die Fiktion der Beitragsentrichtung gelten müssen, zumal der Versicherte keinen Einfluß auf die Beitragsabführung hat und diese nicht oder nur unter großen Schwierigkeiten nachprüfen kann.

Der Erlaß des RAM vom 20. 4. 1943 (AN 1943 S. 175) und vom 14. 7. 1943 (EuM Bd. 50 S. 393), durch den empfohlen worden ist, daß die Fiktion der Beitragsentrichtung auch für die Zeit vor Einführung des Lohnabzugsverfahrens gelten solle, findet im Gesetz keine Stütze und wird deshalb im Hinblick auf die Vorschrift des Art. 2 § 48 ArVNG als unwirksam anzusehen sein (a. A. Kommentar des Verbandes Deutscher Rentenversicherungsträger — 5. Auflage, Anm. 20 zu § 1397 RVO). Die Fiktion der Beitragsentrichtung, d. h. daß Beiträge als entrichtet gelten, wird deshalb nur auf die Beiträge anzuwenden sein, die nicht durch Verwendung von Beitragsmarken zu entrichten sind.

cc) Beiträge nach Bundes- oder Reichsrecht

37 Für die Beurteilung der Frage, ob Beiträge nach Bundesrecht oder früherem Reichsrecht entrichtet sind, ist maßgebend, welche Rechtsvorschriften der Entrichtung der Beiträge zugrunde gelegen haben. Nicht dazu gehören z. B. die Beiträge, die nach nichtdeutschen Rechtsvorschriften entrichtet sind, selbst wenn sie später von deutschen Trägern der Rentenversicherung zu übernehmen waren. Sind z. B. im Sudentenland Beiträge vor dem 1. 10. 1938 entrichtet worden, so richtete sich die Beitragsentrichtung nach tschechoslowakischem Recht und diese Beiträge werden nur unter Anwendung der Vorschriften des FRG angerechnet (vgl. unten Anm. 43). Ebenso sind Beiträge nicht nach Bundes- oder Reichsrecht entrichtet, die nach dem 30. 6. 1945 zu einem außerhalb des Bundesgebietes befindlichen deutschen Träger der gesetz-

lichen Rentenversicherung entrichtet sind (wegen der im Saarland und im Land Berlin nach dem dort geltenden Sonderrecht entrichteten Beiträgen vgl. Anm. 39).

Als nach Bundes- oder Reichsrecht sind Beiträge entrichtet, die zu einem Versicherungsträger im jetzigen Bundesgebiet entrichtet sind. Weiterhin gehören dazu die Beiträge, die bis zum 8. 5. 1945 zu einem deutschen Versicherungsträger in den jetzt unter fremder Verwaltung stehenden Ostgebieten (z. B. den Landesversicherungsanstalten Schlesien, Pommern, Ostpreußen) oder die bis zum 30. 6. 1945 zu einem Versicherungsträger in der jetzigen sowjetischen Besatzungszone entrichtet sind. Wurde während des Krieges von einem anderen Versicherungsträger in den damals eingegliederten Gebieten die Rentenversicherung nach Reichsrecht durchgeführt, so gelten die zu solchen Versicherungsträgern entrichteten Beiträge auch als nach Reichsrecht entrichtet. Dazu gehören die Beitragszeiten, die bei den Landesversicherungsanstalten Wartheland, Danzig, Sudetenland zurückgelegt sind.

dd) Wanderversicherung

Angerechnet werden können die zu sämtlichen Zweigen der gesetzlichen Rentenversicherung entrichteten Beiträge, also die Beiträge zur Rentenversicherung der Arbeiter, zur Rentenversicherung der Angestellten und zur knappschaftlichen Rentenversicherung. Allerdings kann jeder Kalendermonat nur einmal berücksichtigt werden, zumal hier nicht die Anzahl der entrichteten Beiträge, sondern vielmehr die Anzahl der mit Pflichtbeiträgen belegten Kalendermonate maßgebend ist. 38

ee) Zeiten, für die nach dem Sonderrecht des Landes Berlin und des Saarlandes Pflichtbeiträge entrichtet sind

Als Folge der Kriegsereignisse ist das Recht der Rentenversicherung in Berlin und im Saarland zum Teil abweichend von dem früher geltenden Reichsrecht bzw. dem Bundesrecht geregelt gewesen. Im Zusammenhang mit der Eingliederung in das Bundesgebiet sind die nach solchem Sonderrecht entrichteten Beiträge den im Bundesgebiet entrichteten Beiträgen gleichgestellt worden. 39

Nach Art. 2 § 56 ArVNG stehen Beiträge, die im Bundesgebiet entrichtet sind, und Beiträge, die zu

der einheitlichen Sozialversicherung der Versicherungsanstalt Berlin in der Zeit vom 1. Juli 1945 bis zum 31. Januar 1949,

der einheitlichen Sozialversicherung der Versicherungsanstalt Berlin (West) in der Zeit vom 1. Februar 1949 bis zum 31. Dezember 1950,

der einheitlichen Rentenversicherung der Versicherungsanstalt Berlin (West) in der Zeit vom 1. Januar 1951 bis zum 31. März 1952,

den Rentenversicherungen der Landesversicherungsanstalt Berlin
vom 1. April 1952 an
entrichtet sind, einander gleich.

Soweit hierbei Beiträge bis zum 31. Januar 1949 in Betracht kommen, ist es ohne Bedeutung, ob die Beiträge in den Westsektoren oder im Ostsektor der Stadt entrichtet sind. Erst für die Zeit ab 1. Februar 1949 können nur die in den Westsektoren entrichteten Beiträge berücksichtigt werden.

Die in der einheitlichen Sozialversicherung oder der einheitlichen Rentenversicherung zurückgelegten Beitragszeiten werden nach Art. 2 § 57 Abs. 1 ArVNG dem Zweig der gesetzlichen Rentenversicherung zugeordnet, dem der Versicherte nach der Art der ausgeübten Beschäftigung oder Tätigkeit angehört hätte, wenn die Beschäftigung oder Tätigkeit im Bundesgebiet verrichtet worden wäre. Würde die Beschäftigung oder Tätigkeit nach den im Bundesgebiet geltenden Vorschriften der Versicherungspflicht nicht unterlegen haben, so werden die Beitragszeiten bei einer Beschäftigung oder Tätigkeit überwiegend geistiger Art der Rentenversicherung der Angestellten zugeordnet. Beiträge von Personen, die nach dem Sonderrecht des Landes Berlin aus der Versicherungspflicht ausgeschieden sind, werden, soweit es sich um Handwerker handelt, der Handwerkerversorgung, und, soweit es sich um sonstige Selbständige handelt, der Rentenversicherung der Angestellten zugeordnet.

Nicht zur Ermittlung der bisher zurückgelegten Pflichtversicherungszeit angerechnet werden kann allerdings die Dauer einer von dem Versicherten seit dem 1. 1. 1939 ausgeübten Tätigkeit, für die mit Wirkung vom 1. Juli 1945 die Versicherungspflicht eingeführt worden ist, selbst wenn solche Zeiten bei einer noch gewährten Versichertenrente berücksichtigt sind. Nach Art. 2 § 60 ArVNG gilt in diesen Fällen nur die Wartezeit für die Hinterbliebenenrenten als erfüllt, wenn der Versicherte über den 31. 12. 1952 hinaus bis zu seinem Tode Rente bezogen hat, die Zeit kann jedoch nicht als Beitragszeit angerechnet werden.

40 Nach § 3 des Gesetzes über die gegenseitige Auswirkung des Rechts der gesetzlichen Rentenversicherung und der Krankenversicherung der Rentner im Saarland und im übrigen Bundesgebiet einschließlich des Landes Berlin (Auswirkungsgesetz) vom 26. 3. 1959 (BGBl. I S. 200) stehen Versicherungszeiten, die im Saarland und im übrigen Bundesgebiet einschließlich des Landes Berlin zurückgelegt sind, einander gleich. Sind von einem Handwerker Beiträge im Saarland auf Grund einer rentenversicherungspflichtigen Beschäftigung oder Tätigkeit entrichtet worden, so sind diese bei der Prüfung, ob bereits für 216 Kalendermonate Pflichtbeiträge entrichtet sind, zu berücksichtigen.

d) Beitragszeiten gleichstehende Zeiten (FRG)

aa) allgemeine Voraussetzungen

Neben den oben angeführten Beitragszeiten sind nach Maßgabe der Vorschriften des FRG i. d. F. des FANG auch sonstige zu deutschen oder nichtdeutschen Trägern der gesetzlichen Rentenversicherung entrichtete Pflichtbeiträge sowie die Beschäftigungszeiten im Sinne des § 16 FRG zur Ermittlung der bisher zurückgelegten Versicherungszeit anzurechnen. 41

Die gesetzliche Grundlage für die Anrechnung von Beitragszeiten, die bei einem nichtdeutschen oder nach dem 30. Juni 1945 bei einem außerhalb des Bundesgebietes und des Landes Berlin befindlichen deutschen Träger der gesetzlichen Rentenversicherung zurückgelegt sind, bzw. der Beschäftigungszeiten, ergibt sich aus den §§ 1, 2 Buchst. b, 3, 14, 15, 16, 17 FRG. Diese Vorschriften haben folgenden Wortlaut:

§ 1

Dieses Gesetz findet unbeschadet des § 5 Abs. 4 und des § 17 Anwendung auf

a) Vertriebene im Sinne des § 1 des Bundesvertriebenengesetzes, die als solche im Geltungsbereich dieses Gesetzes anerkannt sind,
b) Deutsche im Sinne des Artikels 116 Abs. 1 des Grundgesetzes und frühere deutsche Staatsangehörige im Sinne des Artikels 116 Abs. 2 Satz 1 des Grundgesetzes, wenn sie unabhängig von den Kriegsauswirkungen bis zum 31. Dezember 1952 ihren gewöhnlichen Aufenthalt im Geltungsbereich dieses Gesetzes genommen haben, jedoch infolge der Kriegsauswirkungen den früher für sie zuständigen Versicherungsträger eines auswärtigen Staates nicht mehr in Anspruch nehmen können,
c) Deutsche im Sinne des Artikels 116 Abs. 1 des Grundgesetzes und frühere deutsche Staatsangehörige im Sinne des Artikels 116 Abs. 2 Satz 1 des Grundgesetzes, die nach dem 8. Mai 1945 in ein ausländisches Staatsgebiet zur Arbeitsleistung verbracht wurden,
d) heimatlose Ausländer im Sinne des Gesetzes über die Rechtstellung heimatloser Ausländer im Bundesgebiet vom 25. April 1951 (Bundesgesetzbl. I S. 269), auch wenn sie die deutsche Staatsangehörigkeit erworben haben oder erwerben,
e) Hinterbliebene der in Buchstaben a bis d genannten Personen bezüglich der Gewährung von Leistungen an Hinterbliebene.

§ 2

Dieses Gesetz gilt nicht für

a) ....
b) Versicherungszeiten und Beschäftigungszeiten, die
nach einer von einer europäischen Gemeinschaft erlassenen Rechtsvorschrift, die in der Bundesrepublik Deutschland verbindlich ist und unmittelbar gilt,
nach einem für die Bundesrepublik Deutschland wirksamen zwischenstaatlichen Abkommen über Sozialversicherung oder nach innerstaatlichen Rechtsvorschriften eines Staates, für den ein auch für die Bundesrepublik Deutschland verbindliches allgemeines Abkommen über Sozialversicherung wirksam ist,

in einer Rentenversicherung des anderen Staates, ohne Rücksicht darauf, ob sie im Einzelfall der Berechnung der Leistungen zugrunde gelegt werden, anrechnungsfähig sind oder nur deshalb nicht anrechnungsfähig sind, weil es Beschäftigungszeiten sind.

§ 3

Als deutsche Versicherungsträger im Sinne dieses Gesetzes sind alle Versicherungsträger anzusehen, die ihren Sitz innerhalb des Deutschen Reichs nach dem Stand vom 31. Dezember 1937 haben oder hatten oder außerhalb dieses Gebiets die Sozialversicherung nach den Vorschriften der Reichsversicherungsgesetze durchgeführt haben, jedoch mit Ausnahme der Versicherungsträger, die in den unter fremder Verwaltung stehenden deutschen Ostgebieten nach Beginn dieser Verwaltung errichtet worden sind.

§ 14

Soweit sich aus den nachfolgenden Vorschriften nichts anderes ergibt, richten sich die Rechte und Pflichten der nach diesem Abschnitt Berechtigten nach den im Geltungsbereich dieses Gesetzes geltenden allgemeinen Vorschriften.

§ 15

(1) Beitragszeiten, die bei einem nichtdeutschen oder nach dem 30. Juni 1945 bei einem außerhalb des Geltungsbereichs dieses Gesetzes befindlichen deutschen Träger der gesetzlichen Rentenversicherungen zurückgelegt sind, stehen den nach Bundesrecht zurückgelegten Beitragszeiten gleich. Sind die Beiträge auf Grund einer abhängigen Beschäftigung oder einer selbständigen Tätigkeit entrichtet, so steht die ihnen zugrunde liegende Beschäftigung oder Tätigkeit einer rentenversicherungspflichtigen Beschäftigung oder Tätigkeit im Geltungsbereich dieses Gesetzes gleich.

(2) Als gesetzliche Rentenversicherung im Sinne des Absatzes 1 ist jedes System der sozialen Sicherheit anzusehen, in das in abhängiger Beschäftigung stehende Personen durch öffentlich-rechtlichen Zwang einbezogen sind, um sie und ihre Hinterbliebenen für den Fall der Minderung der Erwerbsfähigkeit, des Alters und des Todes oder für einen oder mehrere dieser Fälle durch die Gewährung regelmäßig wiederkehrender Geldleistungen (Renten) zu sichern. Wird durch die Zugehörigkeit zu einer Einrichtung dem Erfordernis, einem der in Satz 1 genannten Systeme anzugehören, Genüge geleistet, so ist auch die betreffende Einrichtung als gesetzliche Rentenversicherung anzusehen, und zwar auch für Zeiten bis zum 31. Dezember 1890 zurück, in denen es ein System der in Satz 1 genannten Art noch nicht gegeben hat. Als gesetzliche Rentenversicherung gelten nicht Systeme, die vorwiegend zur Sicherung der Beschäftigten im öffentlichen Dienst geschaffen sind.

(3) Die Bundesregierung kann durch Rechtsverordnung mit Zustimmung des Bundesrates auch Systeme oder Einrichtungen, die für andere Personenkreise als den in Absatz 2 genannten geschaffen sind, insoweit als gesetzliche Rentenversicherung anerkennen, als die Zugehörigkeit zu diesen Systemen oder Einrichtungen auf öffentlich-rechtlichem Zwang oder auf einer den Grundsätzen des Bundesrechts ganz oder zum Teil entsprechenden freiwilligen Versicherung beruht und der Gegenstand der Sicherung dem in Absatz 2 genannten entspricht.

§ 16

Eine nach vollendetem 16. Lebensjahr vor der Vertreibung in den in § 1 Abs. 2 Nr. 3 des Bundesvertriebenengesetzes genannten ausländischen Gebieten oder nach dem 8. Mai 1945 in den unter fremder Verwaltung stehenden deutschen Ostgebieten verrichtete Beschäftigung steht einer rentenversicherungspflichtigen Beschäftigung im Geltungsbereich dieses Gesetzes, für die Beiträge entrichtet sind, gleich, soweit sie nicht mit einer Beitragszeit zusammenfällt. Dies gilt nur, wenn die Beschäftigung nach dem am 1. März 1957 geltenden Bundesrecht Versicherungspflicht in den gesetzlichen Rentenversicherungen begründet hätte, wenn sie im Bundesgebiet verrichtet worden wäre; dabei sind Vorschriften über die Beschränkung der Versicherungspflicht nach der Stellung des Beschäftigten im knappschaftlichen Betrieb, nach der Höhe des Arbeitsverdienstes, wegen der Gewährleistung von Versorgungsanwartschaften oder wegen der Eigenschaft als Beamter oder Soldat nicht anzuwenden.

§ 17

(1) § 15 findet auch auf Personen Anwendung, die nicht zu dem Personenkreis des § 1 Buchstaben a bis d gehören, wenn die Beiträge entrichtet sind

a) an einen außerhalb des Geltungsbereichs dieses Gesetzes befindlichen deutschen Träger der gesetzlichen Rentenversicherungen oder

b) an einen nichtdeutschen Träger der gesetzlichen Rentenversicherung und ein deutscher Träger der gesetzlichen Rentenversicherungen sie bei Eintritt des Versicherungsfalles wie nach den Vorschriften der Reichsversicherungsgesetze entrichtete Beiträge zu behandeln hatte.

(2) § 16 gilt auch für die vor dem 9. Mai 1945 im Gebiet der sowjetischen Besatzungszone oder im sowjetischen Sektor vonBerlin oder in den unter fremder Verwaltung stehenden deutschen Ostgebieten verrichtete Beschäftigung eines Deutschen im Sinne des Artikels 116 Abs. 1 des Grundgesetzes oder eines früheren deutschen Staatsangehörigen im Sinne des Artikels 116 Abs. 2 Satz 1 des Grundgesetzes, jedoch nur für eine Beschäftigung außerhalb des öffentlichen Dienstes, die nach den reichsgesetzlichen Vorschriften wegen der Gewährleistung von Versorgungsanwartschaften versicherungsfrei gewesen ist. Auf die in § 1 Buchstaben b und d genannten Personen und deren Hinterbliebene findet § 16 keine Anwendung.

bb) Beiträge zu Versicherungsträgern der sowjetischen Besatzungszone bzw. im sowjetisch besetzten Sektor von Berlin

Die bis zum 30. 6. 1945 im Gebiet der sowjetischen Besatzungszone 42
und bis zum 31. 1. 1949 im sowjetischen Besatzungssektor von Berlin entrichteten Pflichtbeiträge werden wie die nach Reichsrecht bzw. dem Sonderrecht des Landes Berlin entrichteten Pflichtbeiträge behandelt (vgl. Anm. 37 und 39). Die Anrechnung der nach den genannten Stichtagen entrichteten Pflichtbeiträge richtet sich nach den §§ 15 und 17 Abs. 1 FRG. Ergänzt worden sind die genannten Vorschriften durch die Verordnung über die Anerkennung von Systemen und Einrichtungen der sozialen Sicherheit als gesetzliche Rentenversicherungen vom 11. 11. 1960 (BGBl. I S. 849), nach deren Vorschriften die in der sowjeti-

schen Besatzungszone Deutschlands und im Sowjetsektor von Berlin bestehenden Systeme der Sozialversicherung für den Fall der Invalidität und des Alters sowie zugunsten der Hinterbliebenen als gesetzliche Rentenversicherungen anerkannt werden, soweit die Zugehörigkeit zu diesen Systemen auf der Pflichtversicherung oder der freiwilligen Versicherung, mit der eine Pflichtversicherung oder eine bei der Sozialversicherung begonnene Selbstversicherung fortgesetzt wird, beruht und Träger der Versicherung die Deutsche Versicherungsanstalt (DVA) oder die Vereinigte Großberliner Versicherungsanstalt ist.

Angerechnet werden die Beiträge allen Personen, die sich im Bundesgebiet oder im Land Berlin aufhalten. Die Anrechnung kann dabei nicht von der Zugehörigkeit zu einem bestimmten Personenkreis (z. B. Eigenschaft als Sowjetzonenflüchtling), der deutschen Staats- oder Volkszugehörigkeit oder der Tatsache, daß sich der Versicherte „befugt", d. h. unter Beachtung der Vorschriften des Notaufnahmegesetzes vom 22. 8. 1950 (BGBl. I S. 367) in der durch Gesetz vom 27. 7. 1957 (BGBl. I S. 1207) geänderten Fassung bzw. des Berliner Notaufnahmegesetzes vom 21. 12. 1951 (GVBl. 1952 S. 1) im Bundesgebiet oder im Land Berlin aufhält, abhängig gemacht werden.

Als Pflichtbeiträge sind die Beiträge anzusehen, die wegen einer abhängigen Beschäftigung oder einer Tätigkeit auf Grund des Versicherungszwanges entrichtet worden sind. Es kommt nicht darauf an, daß die Beschäftigung oder Tätigkeit, wäre sie im Bundesgebiet verrichtet worden, auch Versicherungspflicht zur Folge gehabt hätte, sondern vielmehr, daß nach dem Recht der sowjetischen Besatzungszone bzw. des sowjetisch besetzten Sektors von Berlin Versicherungspflicht bestand. Zu berücksichtigen sind somit auch die Beiträge von Personen, die nach Bundesrecht nicht der Versicherungspflicht unterlegen hätten, jedoch in den genannten Gebieten versicherungspflichtig waren. Unbeachtlich ist ebenfalls, ob die Beiträge an die Sozialversicherungskasse (Geschäftsstelle der Sozialversicherung) oder an die DVA bzw. die Vereinigte Großberliner Versicherungsanstalt entrichtet sind.

cc) Beiträge zu nichtdeutschen Trägern der Rentenversicherung

43 Nach § 15 FRG sind Beitragszeiten, die bei einem nichtdeutschen Träger der Rentenversicherung zurückgelegt sind, den nach Bundesrecht zurückgelegten Beitragszeiten gleichzustellen. Wenn die Beiträge auf Grund einer abhängigen Beschäftigung oder einer selbständigen Tätigkeit entrichtet sind, so steht die ihnen zugrunde liegende Beschäftigung oder Tätigkeit einer rentenversicherungspflichtigen Beschäftigung oder Tätigkeit im Bundesgebiet oder im Land Berlin gleich. Sind die Beiträge zu dem nichtdeutschen Versicherungsträger als Pflichtbeiträge entrichtet worden, so kommt es nur darauf an, daß in dem Herkunftsland

für die ausgeübte Beschäftigung oder Tätigkeit Versicherungspflicht bestand. Ohne Bedeutung ist es, ob bei der Ausübung einer gleichartigen Beschäftigung oder Tätigkeit im Bundesgebiet Versicherungspflicht bestanden hätte. Für die Beurteilung der Frage, ob es sich um Pflichtbeiträge handelt, ist das Recht des Herkunftslandes maßgebend.

Es ist jedoch zu prüfen, ob bei dem nichtdeutschen Versicherungsträger, an den die Pflichtbeiträge entrichtet sind, auch Personen versichert waren, die in abhängiger Beschäftigung standen. Beiträge zu Versicherungsträgern, bei denen keine Arbeitnehmer, sondern nur versicherungspflichtige Selbständige und sonstige Personen versichert waren, können nur durch besondere Rechtsverordnungen nach Bundesrecht entrichteten Beiträgen gleichgestellt werden (§ 15 Abs. 2 und 3 FRG). Solche Rechtsverordnungen sind jedoch hinsichtlich der Gleichstellung der zu nichtdeutschen Versicherungsträgern entrichteten Beiträge noch nicht ergangen.

Die Beitragszeit bei dem nichtdeutschen Versicherungsträger wird in ihrem vollen Umfange angerechnet, und zwar auch dann, wenn sie sich bei einem Wechsel des Versicherungsträgers verringert hat (§ 19 Abs. 1 FRG).

Wegen des Umfangs der Anrechnung von nicht nachgewiesenen, sondern lediglich glaubhaft gemachten Beitragszeiten vgl. Anm. 55.

Sind Beiträge an einen nichtdeutschen Träger der gesetzlichen Rentenversicherung entrichtet und waren diese Beiträge von einem deutschen Träger der gesetzlichen Rentenversicherung bei Eintritt des Versicherungsfalles wie nach den Vorschriften der Reichsversicherungsgesetze entrichtete Beiträge zu behandeln, so sind die Beiträge zur Ermittlung der bisher zurückgelegten Pflichtversicherungszeit anzurechnen, ohne daß in der Person des Versicherten besondere Voraussetzungen erfüllt sein müssen. Es handelt sich hierbei um Beiträge zu Versicherungsträgern in den während der Zeit von 1938 bis 1945 „eingegliederten" Gebieten, die nach den sogenannten „Einführungsvorschriften" auf deutsche Versicherungsträger übergegangen sind, d. h. die von deutschen Versicherungsträgern wie nach Reichsrecht entrichtete Beiträge zu berücksichtigen waren. Folgende „Einführungsvorschriften" können in Betracht kommen:

Abkommen über die Auseinandersetzung auf dem Gebiete der Sozialversicherung aus Anlaß der Eingliederung von ehemaligen tschechoslowakischen Gebieten in das Deutsche Reich vom 14. 3. 1940 (RGBl. I S. 107, noch veröffentlicht AN 1940 S. 186) einschließlich der Zusatzvereinbarung vom 5. 11. 1940 (AN 1940 S. 394),

Verordnung über die Einführung der Reichsversicherung im Memelland vom 17. 8. 1939 (RGBl. I S. 1426, noch veröffentlicht AN 1939 S. 425),

Verordnung über die Einführung der Reichsverordnung in der bisherigen Freien Stadt Danzig vom 22. 1. 1940 (RGBl. I S. 260, noch veröffentlicht AN 1940 S. 56),

Verordnung über die Einführung der Reichsversicherung in den eingegliederten Ostgebieten vom 22. 12. 1941 (RGBl. I S. 777, noch veröffentlicht AN 1942 S. 2). Zu den eingegliederten Ostgebieten gehörten dabei Westpreußen ohne Danzig, Wartheland sowie die in den Provinzen Schlesien und Ostpreußen eingegliedert gewesenen Gebietsteile — ohne Olsagebiet — Zichenau und Suwalki.

Die übrigen Einführungsvorschriften haben wegen des Abschlusses von zwischenstaatlichen Abkommen mit den in Betracht kommenden Ländern keine Bedeutung mehr.

Soweit bei nichtdeutschen Trägern der Rentenversicherung zurückgelegte Beitragszeiten nicht auf deutsche Versicherungsträger übergegangen sind, können sie nur berücksichtigt werden, wenn der Versicherte zu dem im § 1 FRG umschriebenen Personenkreis gehört.

In Betracht kommen dabei insbesondere Pflichtversicherungszeiten, die in den sogenannten Protektorat Böhmen und Mähren, in Polen, Rumänien, Ungarn, Rußland, Bulgarien, Litauen, Lettland und Estland zurückgelegt sind (vgl. hierzu Munzinger „Die Sozialversicherung des Auslands" — Soz. Vers. 1958 S. 260).

dd) Beschäftigungszeiten ohne Beitragsleistung

44 Nach § 16 FRG stehen bestimmte, vor der Vertreibung in den Herkunftsgebieten zurückgelegte Beschäftigungszeiten Zeiten einer rentenversicherungspflichtigen Beschäftigung im Bundesgebiet und im Land Berlin gleich. Bei den Beschäftigungszeiten handelt es sich um solche Zeiten, während denen nach dem am 1. 3. 1957 geltenden Bundesrecht Versicherungspflicht in den gesetzlichen Rentenversicherungen bestanden hätte, für die im Herkunftsgebiet jedoch keine Beiträge entrichtet worden sind. Der Grund, warum keine Beiträge entrichtet worden sind, kann einmal darin liegen, daß überhaupt keine vergleichbare Rentenversicherung bestand oder daß, wie z. B. im Jahre 1945 in den unter fremder Verwaltung stehenden deutschen Ostgebieten, die Versicherung nicht ordnungsgemäß durchgeführt worden ist. War der Handwerker bereits im Herkunftsgebiet selbständig und bestand für ihn deshalb keine Versicherungspflicht, so können ihm Beschäftigungszeiten für die Zeit der Selbständigkeit nicht angerechnet werden, da nach § 16 FRG lediglich Zeiten der „Beschäftigung", nicht aber auch Zeiten einer „Tätigkeit", die Versicherungspflicht nach Bundesrecht bedingen würde, in Betracht kommen (wegen der Begriffe „Beschäftigung" und „Tätigkeit" vgl. Anm. 19 zu § 2). Die von dem zuständigen Träger der Renten-

versicherung als „Beschäftigungszeiten“ anerkannten Zeiten sind ebenso wie mit Pflichtbeiträgen belegte Zeiten zu behandeln und somit ebenfalls zu berücksichtigen. Wegen des Umfanges der Anrechnung vgl. Anm. 55.

e) Nachversicherung

Unter den Begriff „Nachversicherung“ ist die nachträgliche Entrichtung von Beiträgen zur Rentenversicherung durch den früheren Dienstherrn zu verstehen, wenn während der in Betracht kommenden Zeiten Versicherungsfreiheit insbesondere wegen der Gewährleistung einer Anwartschaft auf spätere Versorgung bestanden hat, jedoch dann die Gründe für die Versicherungsfreiheit weggefallen sind. 45

Bei der „Nachversicherung“ werden die Beiträge von dem Dienstherrn tatsächlich nachentrichtet, während bei der Fiktion der Nachversicherung („gilt als nachversichert“) die tatsächliche Beitragsnachentrichtung unterbleibt, wobei in gewissem Umfange die Leistungen, die auf Grund solcher Zeiten zu gewähren sind, dem Versicherungsträger ersetzt werden.

Ist eine Nachversicherung durchgeführt worden, so gelten die nachentrichteten Beiträge als rechtzeitig entrichtete Pflichtbeiträge (§1402 Abs. 4 RVO) und sind demgemäß auch so zu berücksichtigen. Nicht eindeutig geklärt ist es dabei, ob die Zeit, für die die Nachversicherung durchzuführen ist, auch bereits dann anrechenbar ist, wenn die Beiträge noch nicht an den Versicherungsträger überwiesen sind, weil die Nachentrichtung der Beiträge aus den besonderen, im § 1403 RVO angeführten Gründen aufgeschoben worden ist. Bis zur Klärung dieser Frage durch die Rechtsprechung erscheint es zweckmäßig, solche Zeiten noch nicht zu berücksichtigen, bis endgültig darüber entschieden ist, ob die Nachversicherung tatsächlich durchgeführt wird. Grundlage für die Anrechnung von Zeiten der Nachversicherung wird nur die Beurkundung der Zeiten und Entgelte der Nachversicherung durch den zuständigen Versicherungsträger bzw. die hierüber erteilte Aufrechnungsbescheinigung sein können.

Die fiktive Nachversicherung, d. h. daß die Nachversicherung als durchgeführt gilt, kommt nach verschiedenen Rechtsvorschriften in Betracht. Verwiesen sei hier auf § 72 G 131, § 99 AKG sowie Art. 6 §§ 18ff. FANG.

Die Zeiten, für die nach den genannten Rechtsvorschriften die Nachversicherung als durchgeführt gilt, werden ebenfalls als Zeiten, für die Beiträge für eine rentenversicherungspflichtige Beschäftigung entrichtet sind, zu berücksichtigen sein. Wenn dies in den entsprechenden Vorschriften ausdrücklich auch nur für die Erlangung des Rechts zur freiwilligen Weiterversicherung in den gesetzlichen Rentenversicherungen bestimmt ist (vgl. § 72 Abs. 5 G 131, § 99 Abs. 4 AKG, Art. 6 §§ 18 Abs. 4, 19 letzter Satz, 22 Abs. 3, 23 Abs. 4 FANG), so dürften jedoch keine Bedenken bestehen, diese Regelung entsprechend für die Feststellung der bisher zurückgelegten Pflichtbeitragszeiten nach § 1 Abs. 1 HwVG anzuwenden.

4. Nicht zu berücksichtigende Beiträge

a) Freiwillige Beiträge

46 Keinen Einfluß auf die Versicherungspflicht nach dem HwVG hat die Anzahl der bisher entrichteten freiwilligen Beiträge. Freiwillige Beiträge müssen deshalb bei der Prüfung der Frage, ob Versicherungspflicht nach dem HwVG vorliegt, außer Betracht bleiben. Unabhängig davon ist jedoch, daß die von selbständigen Handwerkern entrichteten freiwilligen Beiträge nach den allgemeinen Vorschriften zu berücksichtigen sind.

Freiwillige Beiträge sind einmal solche Beiträge, die zum Zwecke der Weiterversicherung bzw. der früher möglichen Selbstversicherung entrichtet sind. Maßgebend dafür, ob die Beiträge als freiwillige Beiträge entrichtet sind, ist in erster Linie der Wille des Versicherten im Zeitpunkt der Beitragsentrichtung. Auch die Beiträge werden als freiwillig anzusehen sein, die als solche entrichtet sind, obwohl tatsächlich Versicherungspflicht bestanden hat. Entrichtete z. B. ein Hausgewerbetreibender, der in der Rentenversicherung der Arbeiter versicherungspflichtig war, freiwillige Beiträge, so werden diese nicht wegen des Vorliegens der Versicherungspflicht zu Pflichtbeiträgen, insbesondere dann nicht, wenn der Versicherungsträger wegen Eintritts der Verjährung die Beiträge nicht mehr anfordern bzw. einziehen konnte. Das gleiche gilt auch, wenn ein sogenannter „Meistersohn“ in der Annahme, er würde nicht der Versicherungspflicht unterliegen, freiwillige Beiträge entrichtete. Solche Beiträge bleiben freiwillige Beiträge und können deshalb nicht als Pflichtbeiträge angerechnet werden.

Für die Zeit vom 1. 1. 1957 bzw. 1. 3. 1957, d. h. vom Zeitpunkt des Inkrafttretens der Rentenversicherungs-Neuregelungsgesetze an, unterscheiden sich die Beitragsmarken für die freiwillige Weiterversicherung dadurch von den Beitragsmarken für die Pflichtversicherung, daß bei diesen die Beitragsklassen mit römischen Zahlen (I—XX) und bei jenen mit Buchstaben (A—M) bezeichnet sind. Es ist dann einfach, zu erkennen, ob es sich bei den entrichteten Beiträgen um Pflicht- oder freiwillige Beiträge handelt. Obwohl die Beitragsmarken für die freiwillige Weiterversicherung noch zusätzlich mit dem Buchstaben „f“ entwertet werden sollten, hat es für die Rechtsgültigkeit der Beiträge keine Bedeutung, wenn diese Entwertung unterlassen worden ist, da es sich hierbei nur um Sollvorschriften handelt (§ 1409 Abs. 3 und 4 RVO).

Sind zum Zwecke der freiwilligen Weiterversicherung irrtümlich Beitragsmarken der Pflichtversicherung verwendet worden, so wird dies auf die Rechtsgültigkeit der Beitragsentrichtung keinen Einfluß haben. Die Beiträge werden jedoch nicht als Pflichtbeiträge angerechnet werden können, wenn tatsächlich Versicherungspflicht nicht bestanden hat.

Schwieriger ist die Unterscheidung der vor dem 1. 1. 1957 durch Verwendung von Beitragsmarken entrichteten Beiträge, da für die Pflicht- und die freiwillige Versicherung die gleichen Beitragsklassen bestanden und auch die Beitragsmarken keine Unterscheidungsmerkmale trugen. Obwohl die freiwilligen Beiträge durch den Buchstaben „f" entwertet werden sollten, kann nicht allgemein davon ausgegangen werden, daß nur die so entwerteten Beitragsmarken als freiwillige Beiträge anzusehen sind, zumal in der Praxis nur sehr selten die Entwertung in dieser Form vorgenommen wurde. Da anhand der Beitragsmarken nicht geprüft werden kann, ob es sich um Pflicht- oder freiwillige Beiträge handelt, müssen die sonstigen Umstände des Einzelfalles für die Beurteilung herangezogen werden. Maßgebend kann dabei einmal der Umstand sein, daß auf der Vorderseite der Versicherungskarte unter den Angaben zur Person des Versicherten als Berufsbezeichnung „freiwillige Weiterversicherung" angegeben ist oder die Berufsbezeichnung darauf hindeutet, daß Versicherungspflicht nicht bestanden haben kann. Weiterhin kann die Tatsache, daß nur die zur Erhaltung der Anwartschaft nach den jeweils geltenden Vorschriften erforderlichen Beiträge entrichtet sind, auf eine freiwillige Versicherung hindeuten, da die Fälle, in denen jeweils nur während solcher begrenzten Zeiträume Versicherungspflicht bestand, nur sehr selten vorkommen werden. Ein weiteres Unterscheidungsmerkmal kann es sein, daß die Beitragsmarken für die freiwillige Versicherung vielfach nicht, wie es gesetzlich vorgeschrieben war, mit der Angabe des letzten Tages des Zeitraumes entwertet worden sind, für den die Marke gelten sollte, sondern die Entwertung nur mit der Angabe des Jahres, für das der Beitrag gelten sollte, vorgenommen worden ist.

Kann die Unterscheidung nicht anhand der angeführten oder sonstiger Merkmale vorgenommen werden, so wird durch Befragung des Versicherten festgestellt werden müssen, ob es sich um Pflicht- oder freiwillige Beiträge handelt.

Unberücksichtigt bleiben müssen stets auch die zum Zwecke der freiwilligen Höherversicherung entrichteten Beiträge, zumal diese nur neben Pflicht- oder freiwilligen Beiträgen entrichtet werden konnten.

Freiwillige Beiträge sind auch solche Beiträge, die in der irrtümlichen 47
Annahme der Versicherungspflicht entrichtet und nicht zurückgefordert worden sind. Solche Beiträge werden in der Regel in der Versicherungskarte besonders gekennzeichnet sein, da die Beanstandung durch den zuständigen Versicherungsträger vorgenommen werden mußte.

48 Nach § 10 HVG konnten Handwerker für die Zeit vor dem 1. 1. 1939, in der sie selbständig waren, frühestens aber für die Zeit seit dem 1. 1. 1924, Beiträge zur Rentenversicherung der Angestellten nachentrichten. Hatten Handwerker von diesem Recht Gebrauch gemacht und Beiträge nachentrichtet, so galten diese nachentrichteten Beiträge nach § 9 Abs. 4 1. DVOzHVG für die Erfüllung der Wartezeit als Pflichtbeiträge. Ebenso galten die von einem Handwerker während der Selbständigkeit vor dem 1. 1. 1939 zur Rentenversicherung der Arbeiter oder der Angestellten entrichteten freiwilligen Beiträge nach § 10 Abs. 3 HVG für die Erfüllung der Wartezeit als Pflichtbeiträge.

Fraglich kann es sein, ob die nach der genannten Vorschrift nachentrichteten Beiträge oder die gleichstehenden Beiträge auch für die Beurteilung der Versicherungspflicht nach dem HwVG als Pflichtbeiträge berücksichtigt werden müssen. Die Anrechnung der nachentrichteten Beiträge als Beiträge der Pflichtversicherung wird jedoch zu verneinen sein, da nach dem Wortlaut des § 1 Abs. 1 HwVG nur die auf Grund einer rentenversicherungspflichtigen Beschäftigung oder Tätigkeit entrichteten Beiträge anrechenbar sind, während die nachentrichteten Beiträge zwar nach dem früheren Recht in bestimmtem Umfange Pflichtbeiträgen gleichstanden, die Beiträge jedoch nicht auf Grund einer versicherungspflichtigen Beschäftigung oder Tätigkeit entrichtet worden sind. Darüber hinaus standen die nachentrichteten Beiträge, wie bereits das RVA in seiner Entscheidung vom 8. 11. 1940 (AN 1940 S. II 451) ausgeführt hat, schon nach dem früheren Recht nur für die Erfüllung der Wartezeit Pflichtbeiträgen gleich und nicht auch in sonstigen Fällen, wie z. B. beim Wiederaufleben der Anwartschaft. Da es sich bei dem § 1 Abs. 1 HwVG nicht um eine Vorschrift handelt, welche die Erfüllung der Wartezeit betrifft, werden die nach § 10 HVG nachentrichteten bzw. die gleichstehenden Beiträge nicht als Pflichtbeiträge angesehen werden können.

49 Ebenfalls können die nach Art. 2 § 52 ArVNG bzw. Art. 2 § 50 AnVNG nachentrichteten Beiträge nicht als Pflichtbeiträge angerechnet werden. Nach der angeführten Vorschrift können Personen im Sinne der §§ 1 bis 4 des Bundesvertriebenengesetzes und des § 1 des Bundesevakuiertengesetzes, die vor der Vertreibung, der Flucht oder der Evakuierung als Selbständige erwerbstätig waren und binnen zwei Jahre nach der Vertreibung, der Flucht oder der Evakuierung oder nach Beendigung einer Ersatzzeit im Sinne des § 1251 Abs. 1 Nr. 6 RVO (bzw. § 28 Abs. 1 Nr. 6 AVG) eine versicherungspflichtige Beschäftigung oder Tätigkeit aufgenommen haben oder aufnehmen, sich nach Wegfall der Versicherungspflicht freiwillig weiterversichern, auch wenn die Voraussetzungen des § 1233 RVO (bzw. § 10 AVG) nicht vorliegen, und abweichend von der Regelung des § 1418 RVO (bzw. § 140 AVG) Beiträge für die Zeit

vor Vollendung des 65. Lebensjahres bis zum 1. 1. 1924 zurück in den Beitragsklassen des § 1388 RVO (bzw. § 115 AVG) nachentrichten, auch wenn eine Versicherung vor der Zeit, für die Beiträge nachentrichtet werden, nicht bestanden hat.

Wie bereits aus dem Hinweis auf die Beitragsklasse des § 1388 RVO zu entnehmen ist (in der genannten Vorschrift sind die Beitragsklassen für die freiwillige Weiterversicherung bestimmt), kann es sich bei den nachentrichteten Beiträgen nur um freiwillige Beiträge handeln. Sie werden auch dann nicht als Pflichtbeiträge anzusehen sein, wenn sie für eine Zeit nachentrichtet sind, während der nach Reichsrecht Versicherungspflicht bestanden haben würde, wäre die selbständige Tätigkeit nicht im Herkunftsland, sondern im Bundesgebiet ausgeübt worden.

Ebenfalls kann für die Feststellung der Anzahl der bisher entrichteten Pflichtbeiträge die Regelung des Art. 2 § 52 Abs. 2 ArVNG nicht angewendet werden. Nach dieser Vorschrift gelten bei einem Versicherten im Sinne des Art. 2 § 52 Abs. 1 ArVNG, der nach Vollendung des 50. Lebensjahres eine versicherungspflichtige Beschäftigung oder Tätigkeit aufgenommen hat, die Zeit von der Aufnahme der versicherungspflichtigen Beschäftigung oder Tätigkeit bis zur Vollendung des 65. Lebensjahres voll mit Versicherungs- und Ausfallzeiten belegt hat, wenn die Wartezeit für die Erfüllung der Voraussetzungen für das Altersruhegeld durch Versicherungszeiten seit der Aufnahme der versicherungspflichtigen Beschäftigung oder Tätigkeit nicht erfüllt ist, die fehlenden Monate als Versicherungszeiten im Sinne der §§ 1249 und 1258 RVO. Es handelt sich um eine Vorschrift für die Erfüllung der Wartezeit und die Ermittlung der anrechenbaren Versicherungsjahre für die Rentenberechnung. Eine analoge Anwendung dieser Vorschrift ist bereits deshalb ausgeschlossen, weil die danach anrechenbaren Zeiten nicht Zeiten einer rentenversicherungspflichtigen Beschäftigung gleichstehen.

b) Ersatz- und Ausfallzeiten

Nicht zu berücksichtigen sind andere für die Erfüllung der Wartezeit 50
oder die Ermittlung der anrechnungsfähigen Versicherungsjahre anrechenbare Zeiten, wie die Ersatz- und Ausfallzeiten (vgl. §§ 1251, 1259 RVO). Der Hinweis, daß eine bestimmte Anzahl von Beiträgen nachgewiesen sein muß, bedeutet eindeutig, daß nur „echte“ Beitragszeiten und nicht auch Ersatz- oder Ausfallzeiten zu berücksichtigen sind (so auch BSG-Urteil vom 23. 3. 1961 — BSGE Bd. 14 S. 133 — zum gleichartigen Tatbestand des § 1233 Abs. 1 RVO). Dies gilt selbst dann, wenn durch die Ersatzzeit eine versicherungspflichtige Beschäftigung oder Tätigkeit unterbrochen oder der Eintritt in eine solche Beschäftigung aufgeschoben worden ist, d. h. ohne das Vorliegen der Ersatztatsache während dieser Zeit Pflichtbeiträge entrichtet worden wären.

51 Nicht eindeutig zu beantworten ist jedoch die Frage, ob die Wortfassung des § 1 Abs. 1 HwVG auch die Berücksichtigung von Zeiten der Verfolgung aus politischen, rassischen oder religiösen Gründen während der Zeit vom 30. 1. 1933 bis zum 8. 5. 1945 grundsätzlich ausschließt. Das BSG (BSGE Bd. 13 S. 65) hat in seiner Entscheidung zu § 25 Abs. 3 Satz 1 AVG (die Vorschrift entspricht dem § 1248 Abs. 3 RVO und in ihr wird die Gewährung des Altersruhegeldes an weibliche Versicherte, die das 60. Lebensjahr vollendet haben, behandelt, wenn die Versicherte in den letzten zwanzig Jahren überwiegend eine rentenversicherungspflichtige Beschäftigung oder Tätigkeit ausgeübt hat) ausgeführt, daß die Verfolgten des Nationalsozialismus in der Rentenversicherung eine Rechtstellung eigener Art einnehmen. Aus dem erkennbaren Sinn und Zweck des Verfolgtengesetzes müsse gefolgert werden, daß der Gesetzgeber die Verfolgten in versicherungsrechtlicher Hinsicht denen gleichstellen wollte, die — anstatt eine Verfolgung zu erleiden — eine rentenversicherungspflichtige Beschäftigung oder Tätigkeit ausgeübt haben. Es müsse deshalb davon ausgegangen werden, daß die Verfolgtenzeiten den Zeiten einer rentenversicherungspflichtigen Beschäftigung oder Tätigkeit gleichständen. Haug (BArbBl. 1961 S. 234) ist insoweit zu folgen, daß der angeführten Entscheidung über den Einzelfall hinaus auch für andere Vorschriften eine wesentliche Bedeutung zukommt. Wenn auch im §25 Abs. 3 Satz 1 AVG nur das Vorliegen einer rentenversicherungspflichtigen Beschäftigung oder Tätigkeit gefordert wird, während nach § 1 Abs. 1 HwVG Beiträge für eine rentenversicherungspflichtige Beschäftigung oder Tätigkeit für mindestens 216 Kalendermonate entrichtet sein müssen, so kann dem unterschiedlichen Wortlaut allein keine entscheidende Bedeutung zukommen, da auf dem Gebiet der gesetzlichen Rentenversicherung ohnehin eine Versicherung nur durch die Beitragsleistung entstehen kann. Ebenso wird es keinen wesentlichen Einfluß haben können, daß § 25 Abs. 3 AVG eine begünstigende Vorschrift ist, was bei der Regelung des § 1 Abs. 1 HwVG nicht unbedingt der Fall ist. Es wird wohl davon auszugehen sein, daß die Handwerker, die an der Ausübung einer versicherungspflichtigen Beschäftigung oder Tätigkeit durch Verfolgungsmaßnahmen gehindert worden sind, ebenso gestellt werden müssen wie die Versicherten, die weiterhin Beiträge entrichten konnten. Voraussetzung wird nur sein müssen, daß zumindest glaubhaft gemacht wird, daß ohne die Verfolgungsmaßnahmen Beiträge auf Grund einer rentenversicherungspflichtigen Beschäftigung oder Tätigkeit entrichtet worden wären.

5. Berechnung der zurückgelegten Pflichtversicherungszeit

52 Die Berechnung der bisher nachgewiesenen mit Beiträgen belegten Zeit einer versicherungspflichtigen Beschäftigung oder Tätigkeit ist

grundsätzlich nach Monaten vorzunehmen. Dabei ergeben sich je nach der Art der Beitragsentrichtung folgende Besonderheiten:

a) Entrichtung der Beiträge durch Abführung an die Einzugsstelle

Seit dem 29. 6. 1942 (in der Rentenversicherung der Arbeiter) bzw. 53
dem 1. 7. 1942 (in der Rentenversicherung der Angestellten) werden die Beiträge für die pflichtversicherten Arbeitnehmer, von wenigen Ausnahmen abgesehen (unständig Beschäftigte, Beschäftigte bei exterritorialen Personen und Mehrfachbeschäftigte für die Nebenbeschäftigung) nicht mehr durch Verwendung von Beitragsmarken entrichtet, sondern der Arbeitgeber hat den Beitrag, gegebenenfalls zusammen mit den Beiträgen zur Kranken- und zur Arbeitslosenversicherung, in einem Betrag an die Einzugsstelle (Krankenkasse) abzuführen. In der Versicherungskarte bescheinigt der Arbeitgeber den Zeitraum der versicherungspflichtigen Beschäftigung, den erzielten (ab 1. 3. 1957 jedoch nur den beitragspflichtigen) Entgelt, sowie die Einzugsstelle, an welche die Beiträge abgeführt sind.

Grundlage für die Berechnung der Beitragszeit ist die Eintragung in der Versicherungskarte. Dabei sind auch die Kalendermonate, die als Versicherungszeit nur teilweise anrechnungsfähig wären, voll anzurechnen (§ 1250 Abs. 3 RVO). Wenn diese Regelung nach ihrer Stellung im Gesetz für die Erfüllung der Wartezeit gilt, so wird der in der genannten Vorschrift enthaltene Grundsatz auch für die Berechnung der Versicherungszeit auf Grund anderer Vorschriften Anwendung finden müssen. Es kann nicht davon ausgegangen werden, daß nur teilweise mit Beiträgen belegte Kalendermonate nur zu einem entsprechenden Bruchteil angerechnet werden können.

b) Beitragsmarken

Sind die Beiträge durch Verwendung von Beitragsmarken entrichtet 54
und handelt es sich um Monatsbeiträge, so ist eine Beitragsmarke als ein Monatsbeitrag anzurechnen, ohne Rücksicht darauf, ob auch während des gesamten Kalendermonats, für den der Beitrag entrichtet ist, Versicherungspflicht bestanden hat. Handelte es sich bei den Beitragsmarken um Wochenbeiträge (in der Rentenversicherung der Arbeiter bis zum 31. 12. 1956 bzw. 28. 2. 1957), so müssen die Wochen in Monate umgerechnet werden. Hierbei ist der Umrechnungsschlüssel des § 1250 Abs. 2 RVO anzuwenden. Wenn auch diese Vorschrift an sich nur für die Erfüllung der Wartezeit gilt, so ist darin doch ein allgemeiner Rechtsgrundsatz enthalten, der mangels anderer Umrechnungsvorschriften auch hier Anwendung finden muß.

Nach § 1250 Abs. 2 RVO sind für je dreizehn Wochenbeiträge drei Kalendermonate als Versicherungszeit anzurechnen, von einem verbleibenden Rest gelten je vier Wochenbeiträge als eine Versicherungszeit von einem Kalendermonat. Verbleibt danach ein Rest von weniger als vier Wochenbeiträgen, so gilt dieser als ein voller Kalendermonat. Wegen möglicher Rundungsdifferenzen darf nur die Gesamtsumme der Wochenbeiträge in Monate umgewandelt werden, es ist nicht zulässig, einzelne Zwischensummen von Wochen in Monate umzuwandeln.

c) Mehrere Beiträge für einen Kalendermonat

54 a Maßgebend ist nicht die Anzahl der bisher entrichteten Pflichtbeiträge, sondern vielmehr die Anzahl der mit Beiträgen für eine rentenversicherungspflichtige Beschäftigung oder Tätigkeit belegten Kalendermonate. Aus dieser Fassung des Gesetzes ist zu entnehmen, daß jeder Kalendermonat nur einmal anrechenbar ist, auch wenn für diesen Monat zwei Pflichtbeiträge entrichtet sind. Eine Zusammenrechnung der einzelnen mit Pflichtbeiträgen belegten Zeiten ist somit nur insoweit möglich, als diese Beiträge nicht auf dieselbe Zeit entfallen. Welcher von mehreren, für einen Kalendermonat entrichteten Pflichtbeiträgen zu berücksichtigen ist, hat hier keine Bedeutung, zumal stets ein voller Kalendermonat angerechnet wird.

Sind für einen Kalendermonat Pflichtbeiträge nach Wochen und Monaten anzurechnen, so dürfen die Wochenbeiträge nur insoweit berücksichtigt werden, als sie nicht bereits durch die Anrechnung des vollen Kalendermonats verbraucht sind.

Sind für einen Kalendermonat Beiträge zu mehreren Versicherungszweigen entrichtet, so z. B. im Falle der sogenannten Doppelversicherung in der Rentenversicherung der Arbeiter und der Rentenversicherung der Angestellten für dieselbe Beschäftigung (bis zum 31. 12. 1922), so kann der einzelne Kalendermonat nur einmal berücksichtigt werden. In entsprechender Anwendung des Art. 2 § 11 Abs. 2 ArVNG wird in diesen Fällen nur der Beitrag zur Rentenversicherung der Angestellten zu berücksichtigen sein. Dasselbe gilt auch für Fälle, in denen für dieselbe Beschäftigung sowohl Beiträge zur knappschaftlichen Rentenversicherung als auch zur Rentenversicherung der Arbeiter bzw. zur Rentenversicherung der Angestellten entrichtet sind.

Sind für einen Kalendermonat für verschiedene Beschäftigungen Beiträge zu mehreren Versicherungszweigen entrichtet (z. B. wenn eine Haupt- und eine Nebenbeschäftigung ausgeübt worden ist und die Beiträge für die Hauptbeschäftigung zur Rentenversicherung der Angestellten, für die Nebenbeschäftigung zur Rentenversicherung der Arbeiter zu entrichten waren), so kann dieser Kalendermonat ebenfalls nur einmal berücksichtigt werden, wobei im einzelnen allerdings keine Vorschriften vorhanden sind, welcher Beitrag dann anzurechnen ist. Da die Versicherungszeit auf jeden Fall anzurechnen ist, hat es für die Beurteilung der Frage, ob Versicherungspflicht nach § 1 Abs. 1 HwVG vorliegt, keine große Bedeutung, welcher Beitrag angerechnet wird. Sind die Beiträge zur Rentenversicherung der Angestellten nach Monaten anzurechnen, so werden aus Gründen der Zweckmäßigkeit die für volle Kalendermonate entrichteten Beiträge zur Rentenversicherung der Angestellten zuerst berücksichtigt und die Beiträge zur Rentenversicherung der Arbeiter nur insoweit, als die vollen Kalenderwochen nicht in die bereits angerechneten Kalendermonate fallen.

d) Umfang der Anrechnung glaubhaft gemachter Zeiten

Ist die Entrichtung von Pflichtbeiträgen nicht nachgewiesen, sondern 55
nur von dem zuständigen Versicherungsträger als glaubhaft gemacht anerkannt, so können solche Zeiten nicht in vollem Umfange angerechnet werden, sondern es sind nur für das einzelne Kalenderjahr $^5/_6$ der glaubhaft gemachten Zeit zu berücksichtigen. Das gilt auch für die Anrechnung der „Beschäftigungszeiten" im Sinne des § 16 FRG (vgl. § 3 Abs. 1 der VO über die Feststellung von Leistungen aus den gesetzlichen Rentenversicherungen bei verlorenen, zerstörten, unbrauchbar gewordenen oder nicht erreichbaren Versicherungsunterlagen vom 3. 3. 1960 — BGBl. I S. 137 — und § 19 Abs. 2 FRG).

In diesen Fällen darf für die Ermittlung der bisherigen Pflichtbeitragszeit ebenfalls nicht die gesamte glaubhaft gemachte Zeit, sondern nur der gesetzlich festgelegte Teil angerechnet werden.

IV. Die Versicherungspflicht während der Wehrdienstleistung und während der Ableistung des Ersatzdienstes

1. Allgemeines

Seit dem Inkrafttreten der Rentenversicherungs-Neuregelungsgesetze 56
unterliegen Wehrpflichtige im Sinne des §4 Abs. 1 Nr. 1 bis 3 WehrpflG bzw. Ersatzdienstpflichtige, die anstelle der Wehrdienstleistung zur Ableistung des Ersatzdienstes einberufen werden, bei Erfüllung bestimmter Voraussetzungen der Versicherungspflicht in den gesetzlichen Rentenversicherungen. Die Zeiten der Erfüllung der Wehrpflicht bzw. der Ersatzdienstpflicht gelten nicht, wie es früher bei der Wehrdienstleistung der Fall war, als Ersatzzeiten, sondern sie sind, wenn Versicherungspflicht besteht, bei der Leistungsfeststellung als „echte" mit Pflichtbeiträgen belegte Zeiten zu berücksichtigen. Diese Regelung hat den Vorteil, daß die während der Wehr- bzw. Ersatzdienstleistung entrichteten Beiträge neben ihrer Wirkung zur Erfüllung der Wartezeit und bei der Berechnung der Rentenhöhe auch noch für die Erlangung des Rechts zur freiwilligen Weiterversicherung (§ 1233 RVO) sowie die Erfüllung der Voraussetzungen für die Anrechnung von Ausfallzeiten (§ 1259 Abs. 3 RVO) und der

Zurechnungszeit (§ 1260 RVO) anzurechnen sind. Lediglich die Erstattung dieser Beiträge ist nicht zulässig (§ 1303 Abs. 8 RVO).

Nach der ursprünglichen Fassung des § 1 Abs. 1 Nr. 2 HwVG sollten Handwerker, die im Zeitpunkt der Einberufung zu einer Wehrdienstleistung im Sinne des § 4 Abs. 1 Nr. 1 bis 3 des WehrpflG als selbständige Handwerker nach dem HwVG pflichtversichert waren, auch für die Dauer der Wehrdienstleistung nach dem HwVG in der Rentenversicherung der Arbeiter versichert werden. Diese Regelung lehnte sich eng an die Vorschriften für die Versicherungspflicht der zu einer Wehrdienstleistung einberufenen übrigen Versicherten der Rentenversicherung der Arbeiter an.

Entsprechend der allgemeinen Neuregelung der Versicherungspflicht der Wehrpflichtigen in den gesetzlichen Rentenversicherungen hat durch Art. 1 Abschnitt IV Nr. 1 des Gesetzes zur Änderung sozialrechtlicher Vorschriften vom 25. 4. 1961 (BGBl. I S. 465) der § 1 Abs. 1 HwVG eine neue Fassung erhalten. Abgesehen von dem materiellen Inhalt der Neuregelung ist es für die Handwerker von Bedeutung, daß sich ihre Versicherungspflicht während der Wehrdienstleistung nicht mehr nach den Vorschriften des HwVG, sondern vielmehr nach den allgemeinen Vorschriften des 4. Buches der RVO richtet, d. h. der § 1227 Abs. 1 Nr. 6 RVO i. d. F. des Gesetzes zur Änderung sozialrechtlicher Vorschriften gilt auch für wehrdienstleistende selbständige Handwerker.

2. Die Vorschriften über die Versicherungspflicht

a) Die gesetzliche Grundlage

57 § 1227 Abs. 1 Nr. 6 RVO hat folgende Fassung:

§ 1227

(1) In der Rentenversicherung der Arbeiter werden versichert ....

6. Personen, die vor einer Wehrdienstleistung im Sinne des § 4 Abs. 1 Nr. 1 bis 3 des Wehrpflichtgesetzes zuletzt nach diesem Absatz oder nach § 1 Abs. 1 des Handwerkerversicherungsgesetzes versichert waren, für die Dauer der Wehrdienstleistung. Bei Beschäftigten im öffentlichen Dienst, denen nach § 1 Abs. 2, § 9 Abs. 1 und § 15a des Arbeitsplatzschutzgesetzes Bezüge weiterzugewähren sind, gilt das Beschäftigungsverhältnis als durch den Wehrdienst nicht unterbrochen.

b) Der Wehr- und Ersatzdienst

58 Nach § 4 Abs. 1 des Wehrpflichtgesetzes i. d. F. vom 14. 1. 1961 (BGBl. I S. 30) umfaßt der auf Grund der Wehrpflicht zu leistende Wehrdienst

1. den Grundwehrdienst
2. Wehrübungen
3. im Verteidigungsfalle den unbefristeten Wehrdienst.

Beim Grundwehrdienst kann es sich um den vollen (18 Monate), oder den verkürzten (mindestens 1 Monat, höchstens 12 Monate) handeln. (§ 5 des Wehrpflichtgesetzes).

Verpflichtet sich ein Wehrpflichtiger während der Ableistung des Grundwehrdienstes zu einer über 18 Monate hinausgehenden Dienstzeit, so endet der Grundwehrdienst mit dem Tage, der der Aushändigung der Ernennungsurkunde zum Soldaten auf Zeit vorangeht, es sei denn, daß in der Ernennungsurkunde oder in der Mitteilung über die Dauer des Dienstverhältnisses ein anderer Zeitpunkt für den Beginn der Rechtsstellung eines Soldaten auf Zeit angegeben ist.

Eine Wehrübung dauert mindestens einen Tag und höchstens drei Monate (§ 6 des WehrpflG). Wird der Wehrpflichtige während der Wehrübung Soldat auf Zeit, so gilt die im vorigen Absatz angeführte Regelung entsprechend.

Der unbefristete Wehrdienst im Verteidigungsfalle endet mit Ablauf des Jahres, in dem der Wehrpflichtige das 60. Lebensjahr vollendet (§ 3 Abs. 4 des WehrpflG).

Nach § 25 des WehrpflG hat derjenige, der sich aus Gewissensgründen der Beteiligung an jeder Waffenanwendung zwischen den Staaten widersetzt und deshalb den Kriegsdienst mit der Waffe verweigert, statt des Wehrdienstes einen zivilen Ersatzdienst außerhalb der Bundeswehr zu leisten. Nach § 12 des Gesetzes über den zivilen Ersatzdienst vom 13. 1. 1960 (BGBl. I S. 10) haben Ersatzdienstpflichtige ebenso lange Ersatzdienst zu leisten, wie sie als Soldaten des untersten Mannschaftsdienstgrades anderenfalls Wehrdienst zu leisten hätten. Das Ersatzdienstverhältnis beginnt mit dem Zeitpunkt, der für den Diensteintritt des Ersatzdienstpflichtigen festgesetzt ist; es endet mit Ablauf des Tages, an dem der Ersatzdienstpflichtige aus dem Ersatzdienst ausscheidet.

Nach § 41 Nr. 3 des Ersatzdienstgesetzes gelten für Ersatzdienstleistende die sozialversicherungsrechtlichen Vorschriften, die für Wehrpflichtige gelten, die zum Grundwehrdienst oder zu einer Wehrübung einberufen worden sind und die zu ihrer Änderung, Ergänzung oder Durchführung erlassenen Vorschriften. Damit sind die Ersatzdienstleistenden den Wehrdienstleistenden in sozialversicherungsrechtlicher Hinsicht völlig gleichgestellt und es gilt für sie somit auch die Regelung des § 1227 Abs. 1 Nr. 6 RVO.

Die §§ 1 Abs. 2, 9 Abs. 1 und 15a des Arbeitsplatzschutzgesetzes vom 30. 3. 1957 (BGBl. I S. 293) i. d. F. des Gesetzes zur Änderung des Unterhaltssicherungsgesetzes vom 21. 4. 1961 (BGBl. I S. 457) betreffen Arbeitnehmer im öffentlichen Dienst sowie Richter und Beamte, die Grundwehrdienst oder eine Wehrübung leisten. Sofern solche Personen auch noch selbständige Handwerker sind, wird Versicherungspflicht nach dem HwVG ohnehin nicht in Betracht kommen, da Versicherungsfreiheit nach § 2 Abs. 1 Nr. 5 HwVG bzw. nach den allgemeinen Vorschriften des 4. Buches der RVO besteht. Lediglich in dem seltenen Fall, daß ein selbständiger Handwerker gleichzeitig Angestellter im öffentlichen Dienst und wegen Überschreitens der Jahresarbeitsverdienstgrenze (§ 5 AVG) versicherungsfrei ist und deshalb Versicherungspflicht nach dem HwVG bestehen könnte, wird § 1 Abs. 2 des Arbeitsplatzschutzgesetzes Anwendung finden. Es werden dann auf Grund des nicht unterbrochenen Beschäftigungsverhältnisses keine Beiträge nach § 1227 Abs. 1 Nr. 6 RVO zu entrichten sein, da das Beschäftigungsverhältnis nicht als unterbrochen gilt.

c) Der Begriff „zuletzt" versicherungspflichtig

59 Maßgebend für das Entstehen der Versicherungspflicht während der Wehr- bzw. Ersatzdienstleistung ist es, daß zuletzt Versicherungspflicht nach § 1227 Abs. 1 RVO oder nach § 1 Abs. 1 HwVG bestanden hat. Es ist ohne Bedeutung, welcher Zeitraum zwischen der Entrichtung des letzten Pflichtbeitrages und dem Beginn der Wehr- bzw. Ersatzdienstleistung liegt. Auch wenn z. B. der selbständige Handwerker letztmals im Jahre 1962 einen Pflichtbeitrag nach dem HwVG entrichtet hat, dann wegen Zurücklegung von 216 Kalendermonaten Versicherungszeit auf Grund einer rentenversicherungspflichtigen Beschäftigung oder Tätigkeit nicht mehr versicherungspflichtig war und im Jahre 1969 zu einer Wehrdienstleistung (in Betracht kommen werden hier die Wehrübungen) oder zu einem Ersatzdienst einberufen wird, liegt Versicherungspflicht nach § 1227 Abs. 1 Nr. 6 RVO vor, es sei denn, daß in der Zwischenzeit freiwillige Beiträge zur Rentenversicherung entrichtet worden sind.

Im § 1227 Abs. 1 Nr. 6 RVO ist lediglich geregelt, daß die Versicherungspflicht während der Wehrdienstleistung besteht, wenn der Handwerker zuletzt nach § 1 Abs. 1 HwVG versichert war. Nicht ausdrücklich geregelt ist, wie die Fälle zu behandeln sind, in denen der Handwerker zuletzt Pflichtbeiträge nach dem HVG entrichtete. Es wird hier jedoch davon auszugehen sein, daß die Versicherungspflicht nach § 1 HVG vor dem 1. 1. 1962 der Versicherungspflicht nach § 1 Abs. 1 HwVG gleichsteht. Nach § 8 Abs. 1 Satz 1 HwVG gelten die Beiträge, die auf Grund des HVG entrichtet sind, als Beiträge zur Rentenversicherung der Arbeiter. Wenn diese Beiträge auch tatsächlich nach dem HVG entrichtet sind, so werden sie doch wegen des Übergangs auf den Träger der Rentenversicherung der Arbeiter Beiträgen gleichstehen müssen, die nach § 1 Abs. 1 HwVG entrichtet sind, da anderenfalls die Versicherungspflicht während der Wehrdienstleistung entfallen würde. Im übrigen deutet auch der Zeitpunkt des Inkrafttretens des § 1227 Abs. 1 Nr. 6 RVO in der nunmehr geltenden Fassung darauf hin, daß es sich bei der Nichterwähnung des HVG um einen redaktionellen Irrtum handelt. Die neue Fassung des § 1227 Abs. 1 Nr. 6 RVO ist am 1. 5. 1961 in Kraft getreten und es wird darin auf § 1 Abs. 1 HwVG verwiesen, eine Vorschrift, die erst am 1. 1. 1962 in Kraft tritt.

3. Höhe der Beiträge und Bescheinigung der Beitragsleistung

Für die Berechnung des Beitrages zur Rentenversicherung der Arbeiter ist bei den während einer Wehr- oder Ersatzdienstleistung versicherungspflichtigen Personen der auf den Zeitraum, für den Beiträge zu entrichten sind, berechnete durchschnittliche Bruttoarbeitsentgelt aller Versicherten der Rentenversicherungen der Arbeiter, der Angestellten und der knappschaftlichen Rentenversicherungen ohne Lehrlinge und Anlernlinge maßgebend (§ 1385 Abs. 3 Buchst. d RVO). Die Beitragsentrichtung richtet sich dabei ihrer Höhe nach nicht nach dem Durchschnittsarbeitsverdienst der Versicherten der Rentenversicherung der Arbeiter und der Angestellten, sondern nach dem Durchschnittsarbeitsverdienst der Versicherten aller drei Zweige der Rentenversicherung, der für die Berechnung der persönlichen Bemessungsgrundlage in der knappschaftlichen Rentenversicherung zugrunde zu legen ist. 60

Für die Personen, die nach § 1227 Abs. 1 Nr. 6 RVO versichert sind, entrichtet der Bund die Beiträge zusammen mit den Beiträgen zu den anderen Zweigen der gesetzlichen Rentenversicherungen in einem Gesamtbetrag. Der Wehr- oder Ersatzdienstpflichtige braucht keinen Anteil des Beitrages zu tragen, sondern der Bund hat die Beiträge in voller Höhe zu übernehmen (§ 1385 Abs. 4 Buchst. d und Abs. 5 RVO). Die volle Übernahme der Beiträge durch den Bund kommt auch dann in Betracht, wenn der Handwerksbetrieb des selbständigen Handwerkers während der Wehr- oder Ersatzdienstleistung nicht ruht, sondern weitergeführt wird und somit weiterhin Einkünfte aus dem Handwerksbetrieb erzielt werden.

Zum Nachweis der Beitragsentrichtung während des Wehr- oder Ersatzdienstes wird eine Bescheinigung über die Dauer des Wehrdienstes ausgestellt. Die Bescheinigung ist der Versicherungskarte beizufügen. Die Ausgabestelle der Versicherungskarten überträgt den Inhalt der Bescheinigung auf die Versicherungskarte und leitet die Bescheinigung mit der Versicherungskarte dem Versicherungsträger zu (§ 1412a RVO). Die Übertragung des Inhalts der Bescheinigung in die Versicherungskarte richtet sich nach § 3 der Verwaltungsvorschriften über die Eintragung von Ersatz- und Ausfallzeiten in die Versicherungskarte vom 12. 9. 1961 (Bundesanzeiger Nr. 182/1961). 61

4. Freiwillige Versicherung während des Wehrdienstes

62 Hat ein selbständiger Handwerker nach Wegfall der Versicherungspflicht freiwillige Beiträge zur gesetzlichen Rentenversicherung entrichtet, so war er zuletzt nicht pflicht-, sondern freiwillig versichert. Er unterliegt deshalb während der Wehr- oder Ersatzdienstzeit nicht der Versicherungspflicht nach § 1227 Abs. 1 Nr. 6 RVO, sondern erhält, wenn er das 25. Lebensjahr noch nicht vollendet hat und Grundwehrdienst oder eine in die ersten 12 Monate des zu leistenden Wehrdienstes fallende Wehrübung leistet, als Sonderleistung nach § 7 Abs. 2 Nr. 3 des Unterhaltssicherungsgesetzes i. d. F. vom 31. 5. 1961 (BGBl. I S. 661) die zu entrichtenden Beiträge nach Maßgabe der für Versicherungspflichtige geltenden Bestimmungen gewährt. Die Sonderleistung nach der angeführten Vorschrift wird jedoch nur auf Antrag gewährt, wobei das Antragsrecht einen Monat nach Beendigung des Wehr- oder Ersatzdienstes erlischt. Sofern gegen den Wehr- oder Ersatzdienstpflichtigen ein Verfahren auf Unterhaltsleistung anhängig ist, so erlischt das Antragsrecht erst mit Ablauf eines Monats nach Abschluß des Verfahrens oder nach Rechtskraft der Entscheidung.

5. Der Vorrang der Versicherungspflicht während der Wehrdienstleistung

63 Nach § 1 Abs. 2 HwVG i. d. F. des Gesetzes zur Änderung sozialrechtlicher Vorschriften vom 25. 4. 1961 (BGBl. I S. 465) geht die Versicherungspflicht nach § 1227 Abs. 1 Nr. 6 RVO derjenigen nach § 1 Abs. 1 HwVG vor. Der Sinn und Zweck dieser Vorschrift liegt darin, daß Doppelversicherungen vermieden werden sollen, wenn der Handwerker während der Ableistung des Wehrdienstes in der Handwerksrolle eingetragen bleibt und somit Versicherungspflicht sowohl auf Grund der Wehrdienstleistung als auch auf Grund der Tätigkeit als selbständiger Handwerker in der Rentenversicherung der Arbeiter bestehen würde.

Der Handwerker soll nicht verpflichtet sein, Beiträge nach dem HwVG zu entrichten, wenn er während einer Wehrdienstleistung nach den allgemeinen Vorschriften versicherungspflichtig ist und deshalb der Bund für ihn die Beiträge zu leisten hat. Diese Zielsetzung war aus der ursprünglichen Fassung des § 1 Abs. 1 HwVG (vgl. Anm. 56) eindeutig zu erkennen, da sich auch die Versicherungspflicht von selbständigen Handwerkern während der Wehrdienstleistung nach dem HwVG richten sollte, also die Bundeswehr auch für die Kalendermonate Beiträge nach dem HwVG zu entrichten hatte, wenn der Wehrdienst nicht den vollen Kalendermonat umfaßte. Nach der jetzt geltenden Fassung ist die Rechtslage jedoch nicht mehr so eindeutig zu beurteilen. Nachdem sich nunmehr die Versicherungspflicht von selbständigen Handwerkern während der Wehrdienstleistung nach den allgemeinen Vorschriften der

Rentenversicherung der Arbeiter richtet, kann der Begriff „geht vor" bedeuten, daß während der Versicherungspflicht auf Grund der Wehrdienstleistung nach § 1227 Abs. 1 Nr. 6 RVO der Handwerker versicherungsfrei nach dem HwVG ist. Sollte es sich jedoch bei der Vorschrift des § 1 Abs. 2 HwVG um eine Vorschrift über die Versicherungsfreiheit handeln, so hätte die Regelung in § 2 HwVG aufgenommen werden müssen. Die Tatsache, daß das Verhältnis von Versicherungspflicht nach § 1227 Abs. 1 Nr. 6 RVO zur Versicherungspflicht nach § 1 Abs. 1 HwVG behandelt wird, läßt nur den Schluß zu, daß nicht daran gedacht war, nach dem HwVG Versicherungsfreiheit eintreten zu lassen. Andererseits kann die Aufnahme dieser Vorschrift in den § 1 HwVG bedeuten, daß während der Wehrdienstleistung sowohl Versicherungspflicht nach § 1227 Abs. 1 Nr. 6 RVO als auch nach § 1 Abs. 1 HwVG bestehen soll, wobei die Beitragsentrichtung nach den allgemeinen Vorschriften der Rentenversicherung der Arbeiter nur den Vorrang haben solle, d. h. Beiträge nach dem HwVG nur insoweit zu entrichten sind, als durch die vom Bund zu entrichtenden Beiträge die Beitragsbemessungsgrenze noch nicht erreicht wird. Das würde bedeuten, daß zwischen der Versicherungspflicht nach beiden Vorschriften ein ähnliches Verhältnis bestehen würde wie zwischen der Beitragsentrichtung aus der Haupt- und aus der Nebenbeschäftigung bei Mehrfachbeschäftigten. Diese Auffassung würde aber im Gegensatz zu dem ursprünglichen Sinn des § 1 Abs. 2 HwVG stehen.

Es wird deshalb davon auszugehen sein, daß die Versicherungspflicht nach dem HwVG entfällt, wenn während einer Wehrdienstleistung Versicherungspflicht besteht. Dies bedeutet, daß für einen Kalendermonat nur nach einer Vorschrift Versicherungspflicht bestehen kann, die Versicherungspflicht nach der anderen Vorschrift „ruht". Das „Ruhen" der Versicherungspflicht nach dem HwVG wird dabei allerdings im Ergebnis mit der Versicherungsfreiheit gleichzusetzen sein, wobei lediglich die Vorschriften über den Beginn und das Ende der Versicherungsfreiheit nicht anzuwenden sind.

Die Frage, ob es sich um ein „Ruhen" der Versicherungspflicht nach dem HwVG oder um Versicherungsfreiheit handelt, erlangt besondere Bedeutung, wenn der Handwerker im Laufe eines Monats zu einer Wehrübung einberufen wird und diese Wehrübung auch während eines Kalendermonats endet, also z. B. vom 15. 3. bis 14. 6. dauert. Unterschiedliche Ergebnisse ergeben sich bei der Frage, wie die Beiträge für die Monate März und Juni zu entrichten sind. Sieht man die Vorschrift des § 1 Abs. 2 HwVG als eine Vorschrift über die Versicherungsfreiheit an, so wäre für den Monat März sowohl der volle Beitrag nach dem HwVG, da die Versicherungspflicht dann erst am 31. März endet, als auch für die Wehrdienstleistung der anteilige Beitrag (für 17 Kalendertage) zu entrichten. Für den

Monat Juni würde demgegenüber nur Versicherungspflicht nach § 1227 Abs. 1 Nr. 6 RVO bestehen, da die Versicherungsfreiheit erst mit Ablauf des Monats Juni enden würde (vgl. § 2 Abs. 3 HwVG). Wird davon ausgegangen, daß lediglich für den gleichen Zeitraum keine Beiträge nach beiden Vorschriften zu entrichten sind, so bestände die Versicherungspflicht nach dem HwVG formell nur bis zum 14. 3. und ab 15. 6., jedoch wären tatsächlich für beide Kalendermonate die vollen Beiträge zu entrichten, da das HwVG eine Entrichtung von „Teil"-Beiträgen nicht zuläßt. Als Arbeitseinkommen des Handwerkers dürfte dann höchstens der Differenzbetrag zwischen der Beitragsbemessungsgrenze und dem Betrag, der der Berechnung des während der Wehrdienstleistung zu entrichtenden Beitrages zugrunde gelegt wird, berücksichtigt werden.

Aus der Entwicklung des § 1 Abs. 2 HwVG heraus wird jedoch anzunehmen sein, daß für den Kalendermonat, in dem der Wehrdienst beginnt bzw. in dem der Wehrdienst endet, keine Beiträge nach dem HwVG zu entrichten sind, auch wenn die Wehrdienstleistung nicht während der vollen Kalendermonate geleistet worden ist.

64 Im § 1 Abs. 2 HwVG wird nur bestimmt, daß die Versicherungspflicht nach § 1227 Abs. 1 Nr. 6 RVO der Versicherungspflicht nach § 1 HwVG vorgehen soll, wobei eine entsprechende Bestimmung über das Verhältnis der Versicherungspflicht nach dem HwVG und nach § 2 Nr. 8 AVG fehlt. Wird ein selbständiger Handwerker zu einer Wehrdienstleistung einberufen, so kann er in Ausnahmefällen nach § 2 Nr. 8 AVG versicherungspflichtig sein, wenn er zuletzt vor der Wehrdienstleistung neben seiner Tätigkeit als selbständiger Handwerker noch als Angestellter versicherungspflichtig und deshalb versicherungsfrei nach dem HwVG war, oder wenn er noch keine Beiträge zur Rentenversicherung entrichtet hat und erst in dem Monat in die Handwerksrolle eingetragen wird, in dem die Wehrdienstleistung beginnt.

Der ausdrückliche Hinweis auf § 1227 Abs. 1 Nr. 6 RVO in § 1 Abs. 2 HwVG kann bedeuten, daß nicht allgemein die Versicherungspflicht während der Wehrdienstleistung vorgehen soll, sondern nur dann, wenn die Versicherungspflicht in der Rentenversicherung der Arbeiter besteht. Eine solche Auslegung wird jedoch dem Sinn der Vorschrift nicht gerecht, sondern es wird davon auszugehen sein, daß grundsätzlich das Bestehen der Versicherungspflicht während einer Wehr- oder Ersatzdienstleistung das Ruhen der Versicherungspflicht nach dem HwVG zur Folge hat.

V. Der Beginn und das Ende der Versicherungspflicht

1. Allgemeines

65 Für den Beginn und das Ende der Versicherungspflicht nach dem HwVG ist im Gegensatz zu den sonst im Recht der gesetzlichen Renten-

versicherungen geltenden Grundsätzen, wonach die Versicherungspflicht mit der Aufnahme der die Versicherungspflicht begründenden Beschäftigung oder Tätigkeit beginnt und mit der Aufgabe der Beschäftigung endet, eine Sonderregelung getroffen worden. Sinn dieser Sonderregelung ist es, zu verhindern, daß auch für Teile von Kalendermonaten Beiträge zu entrichten sind, zumal es nicht möglich ist, das auf den Teil eines Kalendermonats entfallende Einkommen festzustellen und somit auch dann, wenn nur für einige Tage während eines Kalendermonats Versicherungspflicht nach dem HwVG besteht, der volle Beitrag gezahlt werden müßte.

2. Der Beginn der Versicherungspflicht

Die Vorschrift über den Beginn der Versicherungspflicht ist nur für 66
die Handwerker anwendbar, die durch das HwVG versicherungspflichtig werden, also nur für die Fälle, in denen die Eintragung in die Handwerksrolle erst nach dem 31. 12. 1961 erfolgt. Bestand bisher bereits nach dem HVG Versicherungspflicht, so geht diese in die Versicherungspflicht nach § 1 HwVG über. Es kann keinesfalls davon ausgegangen werden, daß die Voraussetzungen für die Versicherungspflicht nach § 1 HwVG erst mit dem Inkrafttreten des Gesetzes am 1. 1. 1962 erfüllt werden und damit die Versicherungspflicht nach dem HwVG erst mit dem 1. 2. 1962 beginnt.

Voraussetzung für den Beginn der Versicherungspflicht kann nur die 67
Eintragung in die Handwerksrolle sein, da es sich bei den übrigen Fällen, in denen Handwerker wieder versicherungspflichtig werden, nur um den Wegfall der Versicherungsfreiheit oder um den Widerruf bzw. den Verzicht auf die Befreiung von der Versicherungspflicht handeln kann und dann der Zeitpunkt, von dem ab wieder Pflichtbeiträge nach dem HwVG zu entrichten sind, sich nach den besonderen Vorschriften hierüber richtet (vgl. § 2 Abs. 3 HwVG, § 1230 Abs. 4 und 5 RVO).

Die Versicherungspflicht beginnt mit dem Anfang des Kalendermonats, der auf den Kalendermonat folgt, in dem die Voraussetzungen für die Versicherungspflicht erfüllt werden, d. h. in dem die Eintragung in die Handwerksrolle vorgenommen worden ist. Von Bedeutung ist hierbei nur der Zeitpunkt der tatsächlichen Eintragung, da nur diese die Versicherungspflicht zur Folge haben kann. Wird die Eintragung in die Handwerksrolle vorgenommen und hierbei die Wirksamkeit auf einen zurückliegenden Zeitpunkt festgelegt, so hat dies nicht zur Folge, daß auch rückwirkend Versicherungspflicht nach dem HwVG eintritt, da nur die Eintragung selbst der konstitutive Akt für das Entstehen der Versicherungspflicht sein kann.

Es ist unerheblich, ob die Eintragung in die Handwerksrolle auf 68
Antrag des Handwerkers oder von Amts wegen vorgenommen wird.

Erfolgt z. B. eine Eintragung in die Handwerksrolle von Amts wegen, weil die Handwerkskammer davon Kenntnis erhalten hat, daß ein Handwerker ein Handwerk als stehendes Gewerbe betreibt und es unterlassen hat, die Eintragung zu beantragen, so ist auch in einem solchen Fall nur der Zeitpunkt der Eintragung für den Beginn der Versicherungspflicht maßgebend. Für die Zeit, in der der Handwerker, ohne eingetragen zu sein, das Handwerk als stehendes Gewerbe ausgeübt hat, tritt auch nach der Eintragung nicht rückwirkend Versicherungspflicht ein. Dies gilt auch, wenn der Handwerker erst, nachdem er einige Zeit das Handwerk selbständig ausgeübt hat, einen Antrag auf Eintragung in die Handwerksrolle stellt und auf Grund dessen dann auch eingetragen wird.

Bei den Eintragungen in die Handwerksrolle auf Antrag des Handwerkers ist der Zeitpunkt der Antragstellung unbeachtlich. Wenn auch die Handwerkskammern nach § 5 Abs. 5 HwVG verpflichtet sind, den Versicherungsträgern die Anmeldungen, also nicht nur die Eintragungen und Löschungen mitzuteilen, so kann daraus nicht entnommen werden, daß bereits durch den Antrag auf Eintragung die Versicherungspflicht entsteht (vgl. Anm. 28 zu § 5). Wenn auch in der Regel die Eintragung unmittelbar nach der Antragstellung vorgenommen werden wird, so können sich jedoch auch Fälle ergeben, in denen ein längerer Zeitraum zwischen der Antragstellung und der Eintragung liegt, weil z. B. noch für die Eintragung notwendige Unterlagen fehlen und erst beschafft werden müssen. Der Antrag auf Eintragung kann in solchen Ausnahmefällen auch nicht für vorübergehende Zeit die Eintragung selbst ersetzen.

Hat eine Person die Absicht, ein Handwerk als stehendes Gewerbe auszuüben, muß zunächst aber die Ausnahmebewilligung für die Eintragung in die Handwerksrolle erteilt werden, so kann ebenfalls nicht bereits mit dem Zeitpunkt, zu dem der Antrag auf Erteilung der Ausnahmebewilligung gestellt wird, die Versicherungspflicht nach dem HwVG beginnen. Auch in diesen Fällen ist erst der Zeitpunkt der tatsächlichen Eintragung maßgebend.

Ist die Eintragung in die Handwerksrolle vorgenommen, so ist es für den Beginn der Versicherungspflicht ohne Bedeutung, ob auch bereits zu diesem Zeitpunkt der Handwerksbetrieb eröffnet ist oder ob die Betriebseröffnung erst zu einem späteren Zeitpunkt erfolgt.

69 Unabhängig von dem Beginn der Versicherungspflicht ist der Beginn der Beitragspflicht. Wenn ein Handwerker erstmalig (vgl. Anm. 13 zu § 4) im April 1962 in die Handwerksrolle eingetragen wird, so beginnt die Versicherungspflicht am 1. 5. 1962. Da der Handwerker aber nur für jeden zweiten Monat einen Beitrag zu entrichten braucht, ist er verpflichtet, erstmals am 30. 6. 1962 einen Beitrag zu entrichten. Die

Entrichtung des ersten Beitrages muß auch dann am 30. 6. vorgenommen werden, wenn die erstmalige Eintragung erst im Mai erfolgt ist. An welchem Tage des Monats die Eintragung vorgenommen wird, hat auf den Beginn der Versicherungspflicht keinen Einfluß.

3. Das Ende der Versicherungspflicht

Die Versicherungspflicht endet mit Ablauf des Kalendermonats, in 70
dem die Voraussetzungen für die Versicherungspflicht entfallen. Gründe, durch die die Voraussetzungen für die Versicherungspflicht nach dem HwVG entfallen, sind die Löschung in der Handwerksrolle, das Erreichen von Beiträgen für eine rentenversicherungspflichtige Beschäftigung oder Tätigkeit für 216 Kalendermonate oder der Tod des Handwerkers (wegen des Beginns der Versicherungsfreiheit vgl. § 2 Abs. 3 HwVG und wegen des Wirksamwerdens der Befreiung von der Versicherungspflicht vgl. Anm. 36 und 39 zu § 2).

Bei der Löschung in der Handwerksrolle ist es ohne Bedeutung, ob 71
diese auf Antrag oder von Amts wegen durch die Handwerkskammer vorgenommen wird. Das maßgebende Ereignis für das Ende der Versicherungspflicht ist stets nur die tatsächliche Löschung, ohne Rücksicht darauf, wann die Löschung von dem Handwerker beantragt worden ist oder wann der Handwerker den Betrieb tatsächlich eingestellt hat. Ebenso wie die Eintragung in die Handwerksrolle hat auch die Löschung rechtsgestaltende Bedeutung und kann nicht durch andere Handlungen ersetzt werden. Eine rückwirkende Löschung der Eintragung hat nicht zur Folge, daß damit auch rückwirkend die Versicherungspflicht nach dem HwVG entfällt, sondern der Handwerker ist bis einschließlich des Monats versicherungspflichtig, in dem die Löschung tatsächlich vorgenommen wird.

Bei einer Löschung in der Handwerksrolle bleibt bis dahin die Versicherungspflicht auch weiter bestehen, wenn der Handwerksbetrieb bereits früher stillgelegt worden ist (vgl. Anm. 21).

Beim Nachweis von Pflichtbeiträgen für mehr als 216 Kalender- 72
monate endet die Versicherungspflicht mit Ablauf des Monats, für den der 216. Pflichtbeitrag entrichtet wird. Voraussetzung ist allerdings, daß dieser Beitrag dann auch tatsächlich entrichtet wird und der Handwerker ihn nicht schuldig bleibt. Hat z. B. ein Handwerker mit dem Beitrag für den Monat April die erforderliche Pflichtversicherungszeit erfüllt, so endet mit Ablauf des Monats April die Versicherungspflicht, wenn der Handwerker diesen Beitrag entrichtet. Unterläßt der Handwerker die Entrichtung dieses Beitrages, so bleibt die Versicherungspflicht weiter bestehen, bis der Handwerker diesen Beitrag tatsächlich entrichtet. Es können dann aber für die Folgemonate keine weiteren Pflichtbeiträge mehr entrichtet werden. Die Versicherungspflicht entfällt dann nicht

erst mit Ablauf des Monats der Beitragszahlung, sondern bereits mit Ablauf des Monats, für den der Beitrag entrichtet wird.

73 Im Falle des Todes des Handwerkers endet die Versicherungspflicht auch erst mit dem Ablauf des Monats, in dem der Handwerker verstorben ist. Für den Sterbemonat ist der Beitrag von den Erben noch zu entrichten.

74 Ebenso wie beim Beginn der Versicherungspflicht ist das Ende derselben unabhängig von dem Ende der Beitragspflicht. Wird z. B. ein Handwerker, der von dem Recht zur verminderten Beitragsleistung Gebrauch macht (vgl. § 4 Abs. 5 HwVG), im März in der Handwerksrolle gelöscht, so hatte er den für den Monat Februar fälligen Beitrag als letzten Beitrag zu entrichten. Obwohl dann für den Monat März noch grundsätzlich Versicherungspflicht besteht, entfällt die Zahlung des Beitrages für diesen Monat (vgl. § 5 Abs. 4 HwVG).

VI. Die Anwendung der allgemeinen Vorschriften der Rentenversicherung der Arbeiter

1. Die Angliederung der Handwerkerversicherung an die Rentenversicherung der Arbeiter

75 Bei der vorparlamentarischen Beratung über die Neuregelung der Handwerkerversicherung ist auch die Frage eingehend diskutiert worden, ob für diese Versicherung ein eigener Versicherungsträger errichtet oder sie an einen bestehenden Zweig der Rentenversicherung angeschlossen werden sollte. Die dem Bundestag vorgelegten Initiativ-Gesetzentwürfe (siehe S. 9) sahen dann jedoch übereinstimmend vor, daß die Handwerkerversicherung in die Rentenversicherung der Arbeiter überführt werden soll, es also weder bei dem Anschluß an die Rentenversicherung der Angestellten verbleiben noch ein eigener Versicherungsträger errichtet werden sollte. Zur Begründung für die Überführung in die Rentenversicherung der Arbeiter wurde von den Antragstellern betont, daß die selbständigen Handwerker mit Ausnahme der sogenannten Meistersöhne als Lehrlinge und Gesellen der Rentenversicherung der Arbeiter angehören und daher auch in Zeiten der Selbständigkeit hier verbleiben sollen, um eine Wanderversicherung zu vermeiden.

Durch die Neuregelung der Handwerkerversicherung werden die Handwerker als neue Gruppe dem Kreis der in der Rentenversicherung der Arbeiter versicherten Personen angeschlossen. Die Handwerkerversicherung wird damit Bestandteil der Rentenversicherung der Arbeiter, ohne allerdings wegen ihrer Besonderheiten in ihr vollständig aufzugehen. Die besondere Stellung der Handwerker im Kreise der sonstigen Versicherten der Rentenversicherung der Arbeiter ergibt sich einmal daraus, daß die Handwerker keine Arbeitnehmer sind, wie die überwiegende Mehrzahl der übrigen Versicherten, sondern ihre gewerberechtliche Selbständigkeit durch die Versicherungspflicht nicht berührt wird, zum anderen aber auch, weil wegen der besonderen Lage der Handwerker ihnen Sonderrechte zugebilligt worden sind, wie z. B. die Begrenzung der Dauer der Versicherungspflicht usw. Weiterhin ist bei Handwerkern nur die formelle Eintragung in die Handwerksrolle Voraussetzung für die Versicherungspflicht, während bei dem sonstigen versicherungspflichtigen Personen nur dann Versicherungspflicht eintritt, wenn sie eine die Versicherungspflicht begründende Beschäftigung oder Tätigkeit tatsächlich ausüben.

2. Die Anwendung der allgemeinen Vorschriften der Rentenversicherung der Arbeiter

Für die Versicherung nach dem HwVG gelten die Vorschriften der 76
Rentenversicherung der Arbeiter für die versicherungspflichtigen Selbständigen einschließlich derjenigen Vorschriften, die das Recht der Rentenversicherung der Arbeiter ändern oder ergänzen, soweit im HwVG nichts Abweichendes bestimmt ist. Die Vorschrift des § 1 Abs. 5 HwVG stellt eine Generalklausel für die Anwendung des Rechts der Rentenversicherung der Arbeiter einschließlich aller künftigen Änderungen und Ergänzungen für die selbständigen Handwerker dar, ohne daß es bei künftigen Änderungen oder Ergänzungen der allgemeinen Vorschriften eines besonderen Hinweises auf deren Gültigkeit für die Handwerkerversicherung bedarf. Somit ist in erster Linie das HwVG für die Versicherung der Handwerker und, sofern in diesem Gesetz keine Sonderregelung enthalten ist, das sonstige Recht der Rentenversicherung der Arbeiter anzuwenden. Da das HwVG im wesentlichen nur Vorschriften über den Umfang der Versicherungspflicht und die Beitragspflicht enthält, sind für das Leistungsrecht, das Recht zur freiwilligen Weiterversicherung und das Beitragsverfahren die allgemeinen Vorschriften maßgebend. Dabei kann es zu einem Nebeneinander bei der Anwendung von Rechtsvorschriften kommen, wie z. B. bei der Versicherungsfreiheit, da für Handwerker hier einmal die Sonderregelungen des HwVG, daneben aber auch noch die allgemeinen Vorschriften über die Versicherungsfreiheit gelten. Im Gegensatz dazu sind bei der Anrechnung der Ausfallzeiten die allgemeinen Vorschriften nur unter Berücksichtigung der sich aus § 3 HwVG ergebenden Einschränkungen anwendbar; das HwVG schränkt dann die Anwendbarkeit der allgemeinen Vorschriften ein.

Die allgemeinen Vorschriften der Rentenversicherung der Arbeiter sind allerdings nur „entsprechend" anwendbar, weil sie in erster Linie auf die Versicherung von abhängigen Arbeitnehmern abgestellt sind und auch für die sonstigen versicherungspflichtigen Selbständigen die Rechtslage vielfach anders ist als für die selbständigen Handwerker.

Es muß deshalb die Anwendbarkeit jeder einzelnen Vorschrift geprüft werden.

§ 2

(1) Versicherungsfrei sind über die Vorschriften, die für die Rentenversicherung der Arbeiter gelten, hinaus auch,

1. **wer als Inhaber eines handwerklichen Nebenbetriebes (§ 2 Nr. 2 und 3 und § 3 der Handwerksordnung vom 17. September 1953 [Bundesgesetzbl. I S. 1411], zuletzt geändert durch Gesetz vom 26. Dezember 1957 [Bundesgesetzbl. I S. 1883]) in die Handwerksrolle eingetragen ist,**
2. **wer als Nachlaßverwalter, Nachlaßpfleger oder Testamentsvollstrecker einen Handwerksbetrieb führt,**
3. **wer als Erbe oder in ungeteilter Erbengemeinschaft in die Handwerksrolle eingetragen und nicht in dem nachgelassenen Handwerksbetrieb tätig ist,**
4. **Witwen und Witwer für die Zeit nach dem Tode ihres Ehegatten, wenn sie dessen Handwerksbetrieb fortführen, es sei denn, daß sie im Zeitpunkt des Todes ihres Ehegatten nach § 1 versichert waren,**
5. **wer als Arbeitnehmer versicherungspflichtig ist.**

(2) Auf ihren Antrag werden Bezirksschornsteinfegermeister von der Versicherungspflicht befreit.

(3) § 1 Abs. 3 und 4 gilt entsprechend für die Versicherungsfreiheit.

(4) Für die Befreiung von der Versicherungspflicht tritt an die Stelle des Beginns des Beschäftigungsverhältnisses (§ 1230 der Reichsversicherungsordnung) und der Verleihung der Anwartschaft (§ 1231 der Reichsversicherungsordnung) der Beginn des Kalendermonats, in den die genannten Ereignisse fallen.

Übersicht über die Erläuterungen

I. Allgemeines

1. Die Begriffe „Versicherungsfreiheit" und „Befreiung von der Versicherungspflicht"

Versicherungsfreiheit bedeutet, daß die in Betracht kommenden Personen, obwohl sie an sich zu dem von dem Versicherungszwang erfaßten Personenkreis gehören, auf Grund besonderer Vorschriften nicht der Versicherungspflicht unterliegen. Die Versicherungsfreiheit tritt dabei kraft Gesetzes ein, also ohne Mitwirkung des Versicherten, und sie ist von Amts wegen zu beachten. Auf die Versicherungsfreiheit kann der Versicherte nicht verzichten, d. h. selbst wenn er versicherungspflichtig sein will, ist dies unbeachtlich und er darf keine Pflichtbeiträge entrichten. 1

Bei der Befreiung von der Versicherungspflicht auf Antrag tritt nicht ohne weiteres die Versicherungsfreiheit ein, sondern es bedarf hier der Mitwirkung des Versicherten in der Form, daß er einen entsprechenden Antrag stellt. In bestimmten Fällen kann auch der Arbeitgeber den Antrag auf Befreiung des Arbeitnehmers von der Versicherungspflicht stellen. Wird ein Antrag auf Befreiung von der Versicherungspflicht nicht gestellt, so unterliegt der Berechtigte weiterhin der Versicherungspflicht, wie auch eine auf ihren Antrag von der Versicherungspflicht befreite Person durch eine besondere Erklärung auf die Befreiung verzichten kann und dann wiederum versicherungspflichtig wird.

2. Inhalt der Vorschrift

Im § 2 HwVG werden die Fälle angeführt, in denen Versicherungspflicht nach dem HwVG nicht eintritt, obwohl die bezeichneten Personen ein Handwerk als stehendes Gewerbe betreiben und in der Handwerksrolle eingetragen sind. 2

Neben der Vorschrift des § 2 HwVG ist im § 6 Abs. 1 und 3 HwVG eine Regelung über die Versicherungsfreiheit der Handwerker enthalten, die nach dem HwVG wegen Abschlusses eines Lebensversicherungsvertrages die Versicherungsfreiheit im Januar und Februar 1957 bzw. im Dezember 1961 geltend gemacht haben, während im § 7 HwVG die Weitergeltung von Befreiungen von der Versicherungspflicht, die nach dem bisher geltenden Recht ausgesprochen worden sind oder noch ausgesprochen werden, behandelt wird.

Die Vorschrift des § 2 HwVG stellt eine Sondervorschrift für die Versicherungsfreiheit von selbständigen Handwerkern nach dem HwVG dar. Daneben sind noch zusätzlich die allgemeinen Vorschriften über die Versicherungsfreiheit in der Rentenversicherung der Arbeiter anzuwenden, die für die versicherungspflichtigen Selbständigen gelten (§ 1 Abs. 5 HwVG).

§ 2 HwVG enthält darüber hinaus auch noch eine Sonderregelung für das Wirksamwerden der Befreiung von der Versicherungspflicht auf Antrag, soweit hierdurch auch die Versicherungspflicht nach dem HwVG entfällt, d. h., durch § 2 Abs. 4 HwVG werden die Regelungen der §§ 1230, 1231 RVO insoweit ergänzt, als sie das Ende der Versicherungspflicht des selbständigen Handwerkers nach dem HwVG betreffen.

2a. Bezirksschornsteinfegermeister

Während nach der ursprünglichen Fassung des HwVG für Bezirksschornsteinfegermeister keine Sonderregelung bestand, ist durch das Änderungsgesetz zum HwVG die Vorschrift des § 2 Abs. 2 eingefügt worden. Bei dem Befreiungsantrag handelt es sich um eine empfangsbedürftige Willenserklärung, d. h. der Antrag muß dem Versicherungsträger zugehen (vgl. Anm. 36). Wird der Antrag bis zum 31. 12. 1962 gestellt, so wirkt er vom 1. 1. 1962 an (§ 13a HwVG), d. h. die Versicherungspflicht entfällt rückwirkend. Sonst wird gemäß § 1230 Abs. 2 RVO i. Vbg. mit § 2 Abs. 3 HwVG die Befreiung vom Beginn der Versicherungspflicht nach dem HwVG wirken, wenn sie innerhalb von 2 Monaten danach beantragt wird, sonst vom Eingang des Antrages an. Die Vorschriften des § 1230 Abs. 4 und 5 RVO über den Widerruf und den Verzicht auf die Befreiung (vgl. Anm. 4 und 5 zu § 7 HwVG) werden auch für die Befreiungen nach § 2 Abs. 2 HwVG gelten.

3. Bedeutung der Vorschrift

3 Die Vorschrift des § 2 HwVG bewirkt ebenso wie § 6 Abs. 1 und 3 HwVG nur die Versicherungsfreiheit für die Tätigkeit als selbständiger Handwerker, befreit die umschriebenen Personen also nur von der Versicherungspflicht nach dem HwVG. Demgegenüber hat § 2 HwVG keine Bedeutung, wenn ein selbständiger Handwerker nach den allgemeinen Vorschriften der gesetzlichen Rentenversicherungen der Versicherungspflicht unterliegt. Führt z. B. die Witwe eines Handwerkers nach dem Tode ihres Ehegatten dessen Handwerksbetrieb fort und ist sie deshalb nach § 2 Abs. 1 Nr. 4 HwVG versicherungsfrei, so kann dennoch für sie Versicherungspflicht nach § 1227 Abs. 1 Nr. 3 RVO vorliegen, wenn sie gleichzeitig Hausgewerbetreibende ist.

Die angeführte Auffassung findet darin ihre Stütze, daß nach § 2 Abs. 1 Nr. 5 HwVG versicherungsfrei ist, wer als Arbeitnehmer der

Versicherungspflicht unterliegt. Wollte man dem § 2 HwVG die Bedeutung zusprechen, daß die Vorschrift auch für die Versicherungspflicht nach den allgemeinen Vorschriften der Rentenversicherungsgesetze gelten solle, so könnte niemals Versicherungspflicht während der Beschäftigung als Arbeitnehmer bestehen.

II. Einzelne Vorschriften über die Versicherungsfreiheit kraft Gesetzes

A. Sondervorschriften des HwVG

1. Inhaber handwerklicher Nebenbetriebe 4

Die Vorschriften der HO, welche die handwerklichen Nebenbetriebe betreffen, haben folgenden Wortlaut:

„§ 2

Die Vorschriften dieses Gesetzes für selbständige Handwerker gelten auch

1. für gewerbliche Betriebe des Bundes, der Länder, der Gemeinden und der sonstigen juristischen Personen des öffentlichen Rechts, in denen Waren zum Absatz an Dritte handwerksmäßig hergestellt oder Leistungen für Dritte handwerksmäßig bewirkt werden,
2. für handwerkliche Nebenbetriebe, die mit einem Versorgungs- oder sonstigen Betrieb der in Nummer 1 bezeichneten öffentlich-rechtlichen Stellen verbunden sind,
3. für handwerkliche Nebenbetriebe, die mit einem Unternehmen der Industrie, des Handels, der Landwirtschaft oder sonstiger Wirtschafts- und Berufszweige verbunden sind.

§ 3

(1) Ein handwerklicher Nebenbetrieb im Sinne des § 2 Nr. 2 und 3 liegt vor, wenn in ihm Waren zum Absatz an Dritte handwerksmäßig hergestellt oder Leistungen für Dritte handwerksmäßig bewirkt werden, es sei denn, daß eine solche Tätigkeit nur in unerheblichem Umfange ausgeübt wird oder daß es sich um einen Hilfsbetrieb handelt.

(2) Eine Tätigkeit im Sinne des Absatzes 1 ist unerheblich, wenn sie den durchschnittlichen Umsatz und die durchschnittliche Arbeitszeit eines ohne Hilfskräfte arbeitenden Betriebes des betreffenden Handwerkszweiges nicht übersteigt.

(3) Hilfsbetriebe im Sinne des Absatzes 1 sind unselbständige, der wirtschaftlichen Zweckbestimmung des Hauptbetriebes dienende Handwerksbetriebe, wenn sie

1. Arbeiten für den Hauptbetrieb oder für andere dem Inhaber des Hauptbetriebes ganz oder überwiegend gehörende Betriebe ausführen oder
2. Leistungen an Dritte bewirken, die
   a) als handwerkliche Arbeiten untergeordneter Art zur gebrauchsfertigen Überlassung üblich sind oder
   b) in unentgeltlichen Pflege-, Instandhaltungs- oder Instandsetzungsarbeiten bestehen oder

c) in entgeltlichen Pflege-, Instandhaltungs- oder Instandsetzungsarbeiten an solchen Gegenständen bestehen, die in dem Hauptbetrieb selbst erzeugt worden sind, sofern die Übernahme dieser Arbeiten bei der Lieferung vereinbart worden ist, oder

d) auf einer vertraglichen oder gesetzlichen Gewährleistungspflicht beruhen."

Für die Versicherungsfreiheit können nur die Inhaber von handwerklichen Nebenbetrieben, die natürliche Personen sind, in Betracht kommen, da für juristische Personen ohnehin keine Versicherungspflicht nach dem HwVG bestehen kann (vgl. Anm. 11 und 12 zu § 1). Das gilt insbesondere auch für die in § 2 Nr. 2 HO angeführten Betriebe.

Der handwerkliche Nebenbetrieb muß in einem technischen und wirtschaftlichen Zusammenhang mit dem Hauptbetrieb stehen und mit diesem eine organisatorische Einheit bilden. Ob es sich im einzelnen um einen handwerklichen Nebenbetrieb handelt, wird von den Umständen des Einzelfalles abhängen. Maßgebend muß hier die Eintragung in der Handwerksrolle sein. Eine selbständige Beurteilung, ob es sich um einen handwerklichen Nebenbetrieb handelt, ist für den Träger der Rentenversicherung nicht zulässig, sondern er ist daran gebunden, daß der einzelne Handwerksbetrieb als handwerklicher Nebenbetrieb in der Handwerksrolle gekennzeichnet ist (vgl. Anm. 27 zu § 1). Fraglich wird es sein, von welchem Zeitpunkt ab die Versicherungsfreiheit eintritt, wenn ein Handwerksbetrieb zunächst nicht als solcher in der Handwerksrolle gekennzeichnet ist, sondern diese Angabe erst später auf der Karteikarte der Handwerksrolle nachgetragen wird. Im Gegensatz zu der Eintragung in die Handwerksrolle selbst, die konstitutive Bedeutung hat (vgl. Anm. 67 zu § 1), wird die Bezeichnung als handwerklicher Nebenbetrieb auf der Karteikarte der Handwerksrolle nicht rechtsbegründend sein können. Allerdings kann eine verbindliche Wirkung für den Träger der Rentenversicherung nur dann eintreten, wenn die entsprechende Bezeichnung tatsächlich vorgenommen ist. Ist z. B. ein Handwerksbetrieb tatsächlich handwerklicher Nebenbetrieb, fehlt jedoch die entsprechende Kennzeichnung in der Handwerksrolle, so wird der Inhaber zunächst nicht als versicherungsfrei angesehen werden können. Wird die Bezeichnung als handwerklicher Nebenbetrieb später nachgeholt, so ist der Inhaber dieses Betriebes nicht erst von dem Zeitpunkt der Berichtigung der Handwerksrolle an versicherungsfrei, sondern bereits mit Ablauf des Monats, in dem der Handwerksbetrieb tatsächlich zum handwerklichen Nebenbetrieb geworden ist. Die in der Zwischenzeit entrichteten Beiträge werden damit rückwirkend unwirksam.

Vom handwerklichen Nebenbetrieb zu unterscheiden ist der handwerkliche Hilfsbetrieb, dessen Inhaber nicht in die Handwerksrolle eingetragen und deshalb überhaupt nicht von den Vorschriften des

HwVG erfaßt wird. Das gilt auch für Inhaber derjenigen Handwerksbetriebe, die handwerkliche Tätigkeiten nur in einem unerheblichen Umfange ausführen und deshalb auch nicht in die Handwerksrolle eingetragen werden.

2. Nachlaßverwalter, Nachlaßpfleger und Testamentsvollstrecker

Nach § 4 Abs. 2 und 3 HO können Nachlaßverwalter, Nachlaßpfleger oder Testamentsvollstrecker während einer Nachlaßverwaltung, Nachlaßpflegschaft oder Testamentsvollstreckung nach dem Tode eines selbständigen Handwerkers den Betrieb fortführen. Nach Ablauf eines Jahres nach dem Tode des selbständigen Handwerkers ist die Fortführung des Betriebes nur gestattet, wenn er von einer Person geleitet wird, die die Voraussetzungen für die Eintragung in die Handwerksrolle erfüllt. Wenn ein solcher Betriebsleiter in der HO auch als „Handwerker" bezeichnet wird, so tritt für ihn jedoch Versicherungspflicht nach dem HwVG nicht ein, da er nicht „selbständiger Handwerker" ist (vgl. Anm. 6 zu § 1). 5

Es kann dahingestellt bleiben, ob die Nachlaßverwalter usw., die den Handwerksbetrieb des verstorbenen Handwerkers fortführen, überhaupt in die Handwerksrolle einzutragen sind, da sie den Gewerbebetrieb nicht für eigene, sondern für fremde Rechnung betreiben und damit eine Voraussetzung für die Eintragung in die Handwerksrolle entfällt (vgl. jedoch § 15 Abs. 2 HO). Sind sie jedoch im Einzelfall in die Handwerksrolle eingetragen, so sind sie hinsichtlich der Fortführung des nachgelassenen Handwerksbetriebs nicht versicherungspflichtig nach dem HwVG. Unabhängig davon ist jedoch die Versicherungspflicht zu beurteilen, wenn solche Personen selbst als Inhaber eines Handwerksbetriebes in der Handwerksrolle eingetragen sind. In einem solchen Falle wird die Versicherungspflicht wegen der Handwerkereigenschaft durch die Übernahme der Nachlaßverwaltung eines fremden Betriebes und der daraus resultierenden Versicherungsfreiheit nicht berührt.

Übernimmt der Nachlaßverwalter usw. den nachgelassenen Handwerksbetrieb als eigenen Betrieb, so endet die Versicherungsfreiheit damit, daß der bisherige Nachlaßverwalter als Inhaber des Handwerksbetriebes in die Handwerksrolle eingetragen wird.

3. Erben

Nach § 4 Abs. 2 und 3 HO sind minderjährige Erben während der Minderjährigkeit berechtigt, nach dem Tode eines selbständigen Handwerkers dessen Betrieb fortzuführen. Nach Ablauf eines Jahres seit dem Tode des selbständigen Handwerkers ist die Fortführung des Betriebes nur zulässig, wenn er von einer Person („Handwerker") geleitet wird, 6 die die Voraussetzungen für die Eintragung in der Handwerksrolle erfüllt (vgl. Anm. 26 zu § 1). Der Betriebsleiter, der bestellt werden muß, damit der Handwerksbetrieb fortgeführt werden darf, ist kein selbständiger Handwerker, er unterliegt deshalb nicht den Vorschriften des HwVG (vgl. Anm. 6 zu § 1).

Während im § 4 Abs. 2 HO nur die minderjährigen Erben eines Handwerkers angeführt sind, bezieht sich § 2 Abs. 1 Nr. 3 HwVG nach seinem Wortlaut auf alle Personen, die als Erben oder in ungeteilter Erbengemeinschaft in der Handwerksrolle eingetragen sind. Bei dieser unterschiedlichen Formulierung könnte angenommen werden, daß nicht nur der im § 4 Abs. 2 HO genannte Personenkreis versicherungsfrei sein sollte, sondern darüber hinaus auch die sonstigen Erben. Eine solche Unterscheidung kann aber nicht gemacht werden, da Voraussetzung für die Versicherungsfreiheit nach § 2 Abs. 1 Nr. 3 HwVG die Eintragung in die Handwerksrolle als Erbe ist. Volljährige oder für volljährig erklärte Erben können nicht nach der Sondervorschrift des § 4 Abs. 2 HO in der Handwerksrolle eingetragen sein, sondern nur dann, wenn sie die Meisterprüfung abgelegt haben oder ihnen die Ausnahmebewilligung für die Führung des Handwerksbetriebes erteilt ist bzw. sie nach der Übergangsvorschrift des § 112 HO zur Führung eines Handwerksbetriebes berechtigt sind. Sie werden dann nach den allgemeinen Vorschriften in die Handwerksrolle eingetragen und nicht als Erben. Die Versicherungspflicht solcher Personen ist somit nicht davon abhängig, daß sie in dem nachgelassenen Handwerksbetrieb tätig sind (vgl. Anm. 20 zu § 1). Als Erben können jedoch nur die minderjährigen Erben eingetragen werden. Der Personenkreis des § 2 Abs. 1 Nr. 3 HwVG und des § 4 Abs. 2 HO wird deshalb identisch sein. Versicherungsfreiheit nach dieser Vorschrift besteht somit nur für minderjährige Erben. Endet die Minderjährigkeit, d. h. wird das 21. Lebensjahr vollendet (vgl. § 2 BGB) oder wird der Minderjährige, der das 18. Lebensjahr vollendet hat, durch das Vormundschaftsgericht für volljährig erklärt (vgl. § 3 BGB), so endet die Versicherungsfreiheit, da dann die Eintragung in der Handwerksrolle nicht mehr auf § 4 Abs. 2 HO beruhen kann. Dies gilt aber nicht, wenn eine minderjährige Witwe als Erbe des Handwerkers den nachgelassenen Betrieb übernimmt, da in einem solchen Falle die Versicherungsfreiheit nach § 2 Abs. 1 Nr. 4 HwVG besteht.

7 Versicherungsfreiheit liegt bei den als Erben oder in ungeteilter Erbengemeinschaft in der Handwerksrolle eingetragenen Personen nur vor, wenn sie nicht in dem nachgelassenen Handwerksbetrieb tätig sind. Welche Arbeiten die Erben in dem nachgelassenen Handwerksbetrieb verrichten, wird für die Beurteilung der Versicherungspflicht ohne Bedeutung sein, sondern es wird vielmehr nur darauf ankommen, daß sie in irgendeiner Form in dem nachgelassenen Betrieb tätig sind. Verrichten

sie lediglich Arbeiten, die sonst von Arbeitnehmern ausgeübt werden und haben sie keinen Einfluß auf die Leitung des Betriebes, so liegt trotzdem eine Tätigkeit im eigenen Betrieb vor. Die Tätigkeit in dem nachgelassenen Handwerksbetrieb braucht nicht handwerklich, sondern kann auch kaufmännisch sein. Eine Tätigkeit im eigenen Betrieb wird auch dann vorliegen, wenn der Erbe bisher beim Erblasser in einem Lehrverhältnis stand und die Lehre im eigenen Betrieb fortgesetzt wird, weil ein Anleitungsberechtigter bestellt ist.

Zwischen den Begriffen ,,Tätigkeit" und ,,Beschäftigung" zu unterscheiden (vgl. Anm. 19) ist hier nicht möglich, da eine Beschäftigung als Arbeitnehmer im eigenen Betrieb ausgeschlossen ist.

Schwieriger ist die Abgrenzung, was als Tätigkeit im nachgelassenen Betrieb anzusehen ist. Unbeachtlich ist stets eine Mitarbeit im eigenen Betrieb, wenn der minderjährige Erbe in einem anderen Betrieb als Arbeitnehmer beschäftigt ist und auf Grund dieses Beschäftigungsverhältnisses Versicherungspflicht besteht, da er dann ohnehin nach § 2 Abs. 1 Nr. 5 HwVG versicherungsfrei ist. Ohne rechtliche Bedeutung wird auch eine Mitarbeit im Betrieb sein, wenn der Erbe noch Schüler ist, da dann die Schulausbildung im Vordergrund steht und die Mitarbeit im Betrieb nur ganz geringfügig sein kann. Unbeachtlich werden auch gelegentliche oder auch regelmäßige Besuche in dem nachgelassenen Handwerksbetrieb sein müssen, wenn die Erben keinen Einfluß auf die Leitung des Betriebes nehmen und weder handwerkliche noch kaufmännische Arbeiten mit einer gewissen Regelmäßigkeit ausüben. Abgesehen von den erwähnten Fällen wird im übrigen jede Mitarbeit in dem nachgelassenen Handwerksbetrieb die Versicherungspflicht zur Folge haben. Dabei wird es nicht auf den Umfang der Tätigkeit ankommen können. In der Praxis würde es auch zu großen Schwierigkeiten führen, wenn der Umfang der Tätigkeiten festgestellt werden müßte, da weder die Höhe der aus dem Handwerksbetrieb bezogenen Einkünfte noch die für die Tätigkeit aufgewendete Zeit entscheidend sein können, da diese kaum feststellbar sein wird und bei jenen auch der sogenannte Unternehmergewinn mit enthalten ist.

4. Witwen und Witwer

Nach § 4 Abs. 1 HO darf nach dem Tode eines selbständigen Handwerkers der Ehegatte den Betrieb fortführen. Nach Ablauf eines Jahres nach dem Tode des selbständigen Handwerkers ist jedoch die Fortführung des Betriebes nur gestattet, wenn er von einer Person geleitet wird, die die Voraussetzungen für die Eintragung in die Handwerksrolle erfüllt (vgl. dazu auch Anm. 5). 8

Nach dem bisher geltenden Recht (§ 33 der 1. DVOzHVG) war die Witwe des Handwerkers, die den Betrieb nach dem Tode des Handwerkers fortführte, grundsätzlich nach dem HVG versicherungspflichtig. Sie konnte sich lediglich bei Erfüllung bestimmter Voraussetzungen auf eigenen Antrag von der Versicherungspflicht befreien lassen. Ist die Witwe nach § 33 der 1. DVOzHVG von der Versicherungspflicht befreit worden, so gilt diese Befreiung gemäß § 7 Abs. 3 HwVG nach dem 1. 1. 1962 als Befreiung nach § 1230 RVO (vgl. Anm. 12 und 13 zu § 7). Wegen der freiwilligen Weiterversicherung von Witwen und Witwern, die nach dem bis zum 31. 12. 1961 geltenden Recht versicherungspflichtig nach dem HVG waren und ab 1. 1. 1962 nach § 2 Abs. 1 Nr. 4 HwVG versicherungsfrei werden vgl. § 7 Abs. 4 HwVG.

9 Voraussetzung für die Versicherungsfreiheit ist einmal die Witwen- bzw. Witwereigenschaft. Die Ehe mit dem verstorbenen Handwerker bzw. der Handwerkerin muß im Zeitpunkt des Todes noch rechtsgültig bestanden haben. War die Ehe bereits im Zeitpunkt des Todes des Handwerkers rechtskräftig geschieden, aufgehoben oder für nichtig erklärt, so ist die frühere Ehefrau nicht als Witwe bzw. der frühere Ehemann nicht als Witwer anzusehen und die Versicherungsfreiheit dieser Personen kann sich nicht auf § 2 Abs. 1 Nr. 4 HwVG stützen. Zu beachten ist jedoch, daß die Ehe erst mit Eintritt der Rechtskraft des Scheidungs-, Aufhebungs- oder Nichtigkeitsurteils aufgelöst wird und deshalb z. B. die Frau als Witwe anzusehen ist, deren Ehe mit dem Handwerker zwar geschieden werden sollte, wenn das Scheidungsurteil im Zeitpunkt des Todes des Handwerkers zwar verkündet, aber noch nicht rechtskräftig geworden ist.

Zweifelhaft kann es sein, ob die Versicherungsfreiheit endet, wenn die Witwe bzw. der Witwer wieder heiratet. Es könnte die Auffassung vertreten werden, daß mit der Wiederverheiratung die Witwen- bzw. die Witwereigenschaft entfällt und damit die Voraussetzungen für die Versicherungsfreiheit nicht mehr erfüllt werden. Dieser Auffassung steht jedoch entgegen, daß in den Rentenversicherungsgesetzen nunmehr der Begriff „Witwe" bzw. „Witwer" auch dann verwendet wird, wenn die in Betracht kommenden Personen wieder geheiratet haben (vgl. § 1291 Abs. 2 RVO). Maßgebend wird deshalb hier sein müssen, ob durch die Wiederverheiratung die bisherige Eintragung in der Handwerksrolle geändert wird oder in der bisherigen Form bestehen bleibt, d. h. ob die auf § 4 Abs. 1 HO gestützte Eintragung gelöscht und die Eintragung nach den allgemeinen Vorschriften der HO vorgenommen wird.

10 Weiterhin ist notwendig, daß die Witwe bzw. der Witwer den Betrieb des verstorbenen Ehemannes fortführt, d. h., daß sie Inhaber des nachgelassenen Handwerksbetriebes geworden sind. Unerheblich muß es dabei sein, ob ihnen der Betrieb kraft Erbfolge unmittelbar zugefallen ist oder erst durch Rechtsgeschäft von den Erben erworben wurde. Ist der Handwerksbetrieb der Witwe bzw. dem Witwer nicht unmittelbar zugefallen, sondern erst durch Erbteilung, so muß der Erwerb von den

Erben unverzüglich erfolgen, da es sich sonst nicht mehr um den Betrieb des verstorbenen Handwerkers handelt. Wird die Witwe bzw. der Witwer nicht unverzüglich nach dem Tode des Handwerkers Inhaber des nachgelassenen Betriebes, sondern geht der Betrieb zunächst auf den Sohn über, d. h. wird dieser zunächst alleiniger Inhaber des nachgelassenen Handwerksbetriebes und wird die Witwe erst infolge des Todes des Sohnes Inhaberin des Handwerksbetriebes, so führt sie nicht den Betrieb ihres verstorbenen Ehemannes fort, sondern den Betrieb ihres Sohnes. In einem solchen Falle tritt Versicherungsfreiheit nach § 2 Abs. 1 Nr. 4 HwVG nicht ein.

Ohne Bedeutung ist es, ob die Witwe bzw. der Witwer nach dem Tode des Handwerkers allein oder gemeinsam mit anderen Erben Inhaber des nachgelassenen Betriebes geworden ist.

Unerheblich ist es, ob die Witwe bzw. der Witwer auf Grund der 11
Vorschrift des § 4 Abs. 1 HO in die Handwerksrolle eingetragen wird, oder nach den allgemeinen Vorschriften, da nach § 2 Abs. 1 Nr. 4 HwVG nicht nur die Personen versicherungsfrei sind, die als Witwen oder Witwer in der Handwerksrolle eingetragen sind. Versicherungsfrei ist deshalb auch eine Witwe, welche die Meisterprüfung in dem entsprechenden Handwerk abgelegt hat oder der eine Ausnahmebewilligung für die Eintragung in die Handwerksrolle erteilt wird und die deshalb nicht als Witwe eines Handwerkers gemäß § 4 Abs. 1 HO, sondern nach den allgemeinen Vorschriften der HO zur Fortführung des nachgelassenen Handwerksbetriebes berechtigt ist. Es muß sich jedoch dann auch um die Fortführung des nachgelassenen Betriebes handeln.

Wird der Betrieb eingestellt und die Löschung in der Handwerksrolle vorgenommen, so kann bei erneuter Eröffnung des Betriebes Versicherungsfreiheit gemäß § 2 Abs. 1 Nr. 4 HwVG nicht mehr vorliegen. Ebenso tritt Versicherungspflicht für die Witwe oder den Witwer ein, wenn der nachgelassene Betrieb fortgeführt wird, daneben jedoch wegen der Errichtung eines weiteren Handwerksbetriebes, der nicht in einem technischen oder fachlichen Zusammenhang mit dem bisherigen Betrieb steht, eine weitere Eintragung in die Handwerksrolle vorgenommen wird. Wegen der Führung des weiteren, nicht nachgelassenen Handwerksbetriebes wird die Witwe oder der Witwer dann versicherungspflichtig nach § 1 HwVG, es sei denn, daß sonstige Gründe für die Versicherungsfreiheit vorliegen.

Versicherungspflichtig bleiben Witwen und Witwer, die im Zeitpunkt
des Todes ihres Ehegatten nach § 1 HwVG versichert waren. Die Ver- 12
sicherungspflicht nach dem HwVG kann dabei deshalb bestanden haben, weil die Ehefrau oder der Ehemann gemeinsam mit dem anderen Ehegatten das Handwerk betrieben hat und somit für beide Versicherungspflicht bestand (vgl. Anm. 13 zu § 1) oder daß vor dem Tode des Ehegatten von der Witwe oder dem Witwer ein anderes Handwerk betrieben worden

ist, das mit dem nachgelassenen Handwerksbetrieb in keinem Zusammenhang stand und deshalb eine gesonderte Eintragung in der Handwerksrolle bestand. Auch dann, wenn nach dem Tode des Ehegatten nur noch der nachgelassene Handwerksbetrieb fortgeführt wird, bleibt die Versicherungspflicht bestehen und es tritt nicht Versicherungsfreiheit ein. Maßgebend ist lediglich die Tatsache, daß im Zeitpunkt des Todes des Ehegatten Versicherungspflicht nach § 1 HwVG bestanden hat, wobei der Grund dafür unerheblich ist.

Nicht gleichzustellen mit der Versicherungspflicht nach § 1 HwVG ist jedoch die Versicherungspflicht in den gesetzlichen Rentenversicherungen aus anderen Gründen. War z. B. die Witwe oder der Witwer im Zeitpunkt des Todes des Handwerkers in abhängiger Stellung als Arbeitnehmer beschäftigt und deshalb versicherungspflichtig nach den allgemeinen Vorschriften der Rentenversicherungsgesetze, so besteht trotzdem Versicherungsfreiheit nach § 2 Abs. 1 Nr. 4 HwVG, wenn danach nur noch der Handwerksbetrieb fortgeführt wird.

Fraglich ist es, ob der Hinweis auf die „Versicherungspflicht nach § 1 HwVG" bedeutet, daß bei der Fortführung des nachgelassenen Handwerksbetriebs dann auch Versicherungspflicht bestehen soll, wenn die Witwe zwar im Zeitpunkt des Todes ihres Ehemannes zu dem Personenkreis des § 1 HwVG gehörte, jedoch weil sie daneben noch als Arbeitnehmer versicherungspflichtig war, nach § 2 Abs. 1 Nr. 5 HwVG wegen der Handwerkstätigkeit versicherungsfrei war. Die Fassung „nach § 1 versichert" im § 2 Abs. 1 Nr. 4 HwVG anstelle der Worte „nach diesem Gesetz versichert", wie im § 1 Abs. 5 HwVG deutet darauf hin, daß nur die Zugehörigkeit zum Personenkreis des § 1 HwVG bedeutsam sein sollte und die Gründe für die Versicherungsfreiheit nach § 2 HwVG im Zeitpunkt des Todes des Ehegatten außer Betracht zu bleiben haben. Als Versicherung nach § 1 HwVG wird auch eine solche nach dem HVG anzusehen sein, wenn der Handwerker vor dem 1. 1. 1962 verstorben ist.

5. Versicherungspflichtige Arbeitnehmer

13 Nach dem bis zum 31. 12. 1961 geltenden Recht umfaßte die Versicherung nach dem HVG die gesamte Tätigkeit, die der Handwerker ausübte. Daneben wurden einzelne Tätigkeiten weder in der Rentenversicherung der Angestellten noch in der Rentenversicherung der Arbeiter gesondert versichert; der Handwerker hatte aber, soweit er neben selbständiger Tätigkeit auch in einem Beschäftigungsverhältnis bei einem Unternehmer stand, gegen diesen einen Anspruch auf die Unternehmerhälfte des ersparten Pflichtbeitrags, und zwar auch dann, wenn er auf Grund eines Lebensversicherungsvertrages Versicherungsfreiheit oder Halbversicherung geltend machte (§ 1 der 1. DVOzHVG). Die Ver-

sicherung nach dem HVG hatte somit den Vorrang vor der Rentenversicherung nach anderen Vorschriften; es war deshalb nicht zulässig, daß ein selbständiger Handwerker neben den Pflichtbeiträgen nach dem HVG noch Pflichtbeiträge zu einem Zweig der gesetzlichen Rentenversicherungen entrichtete.

Nunmehr geht die Versicherungspflicht nach den allgemeinen Vorschriften wegen der Beschäftigung als Arbeitnehmer der Versicherungspflicht als selbständiger Handwerker vor. Ab 1. 1. 1962 gilt somit ein der bisherigen Regelung entgegengesetztes Verfahren.

Der selbständige Handwerker, der noch als Arbeitnehmer versiche- 14
rungspflichtig ist, unterliegt nicht der Versicherungspflicht nach dem HwVG, er ist insoweit versicherungsfrei. Unter dem Begriff der „Versicherungspflicht" als Arbeitnehmer ist offenbar nur die Versicherungspflicht in einem Zweig der gesetzlichen Rentenversicherung gemeint. Die Versicherungspflicht in anderen Zweigen der gesetzlichen Sozialversicherung (Krankenversicherung, Arbeitslosenversicherung) wird für sich allein keinen Einfluß auf die Versicherungspflicht nach dem HwVG haben. Wenn auch Zweifel an dieser Auffassung bestehen können, weil nicht ausdrücklich auf die Rentenversicherungspflicht hingewiesen worden ist, so wird es jedoch nicht in der Absicht des Gesetzgebers gelegen haben, durch eine Versicherung in der gesetzlichen Krankenversicherung die Versicherung in der Rentenversicherung auszuschließen.

In welchem Zweig der gesetzlichen Rentenversicherung die Versicherungspflicht wegen der Beschäftigung als Arbeitnehmer besteht, d. h., ob zur Rentenversicherung der Arbeiter, zur Rentenversicherung der Angestellten oder zur knappschaftlichen Rentenversicherung, ist ohne Bedeutung. Es kommt nur darauf an, daß in einem Zweig der gesetzlichen Rentenversicherung Versicherungspflicht tatsächlich besteht. Ist der Handwerker zwar als Arbeitnehmer beschäftigt, jedoch versicherungsfrei, weil es sich z. B. um eine versicherungsfreie Nebenbeschäftigung handelt (§ 1228 Abs. 1 Nr. 4 und Abs. 2 RVO), so wird die Versicherungspflicht nach dem HwVG hierdurch nicht berührt. Auf die Art der Beitragsentrichtung kann es nicht ankommen, d. h., es ist gleichgültig, ob der Handwerker die Beiträge durch Verwendung von Beitragsmarken zu entrichten hat, weil er z. B. von einer Person beschäftigt wird, die nicht der inländischen Gerichtsbarkeit untersteht, oder ob für ihn die Beiträge von dem Arbeitgeber durch Abführung an die Einzugsstelle entrichtet werden. Ebenso ist die Höhe des Entgelts aus der Beschäftigung, das der Beitragsentrichtung zu Grunde gelegt wird, ohne Bedeutung. Die Versicherungspflicht nach dem HwVG entfällt auch dann, wenn die Einkünfte aus Gewerbebetrieb z. B. 500,— DM monatlich betragen, während das aus Beschäftigung als Arbeitnehmer erzielte Entgelt lediglich 250,— DM monatlich beträgt. Da, abgesehen von den

Fällen, in denen die Pflichtbeiträge zur Rentenversicherung der Arbeiter bzw. zur Rentenversicherung der Angestellten durch Verwendung von Beitragsmarken zu entrichten sind, die Einzugsstelle (Träger der gesetzlichen Krankenversicherung) über die Versicherungspflicht zur gesetzlichen Rentenversicherung auf Grund eines Beschäftigungsverhältnisses entscheidet, kann sich der Handwerker gegenüber dem Träger der Rentenversicherung nicht darauf berufen, er sei auf Grund seines Beschäftigungsverhältnisses nicht versicherungspflichtig, wenn die Einzugsstelle bindend entschieden hat, daß Versicherungspflicht vorliegt (vgl. § 1399 Abs. 3 RVO).

15 Versicherungsfreiheit nach § 2 Abs. 1 Nr. 5 HwVG besteht nur, wenn der Handwerker als Arbeitnehmer versicherungspflichtig ist. Dagegen tritt keine Versicherungsfreiheit nach dem HwVG ein, wenn der Handwerker neben der Handwerkstätigkeit noch eine weitere selbständige Tätigkeit ausübt und deshalb versicherungspflichtig in einem Zweig der gesetzlichen Rentenversicherung ist. Nach § 1227 Abs. 1 Nr. 3 und 4 RVO und § 2 Nr. 3 bis 6 AVG unterliegen neben den Arbeitnehmern auch Selbständige der Versicherungspflicht. Aus der Fassung „wer als Arbeitnehmer versicherungspflichtig ist" ist eindeutig zu erkennen, daß die Versicherungspflicht als Selbständiger nicht Versicherungsfreiheit nach § 2 Abs. 1 Nr. 5 HwVG zur Folge haben soll. Es kann auch nicht davon ausgegangen werden, daß die Versicherungspflicht nach einer allgemeinen Vorschrift der Rentenversicherungsgesetze stets die Versicherungspflicht nach dem HwVG ausschließen soll, da dann die Vorschrift des § 1 Abs. 2 HwVG keine Bedeutung haben würde.

Das Nebeneinanderbestehen von Versicherungspflicht wegen zwei verschiedener Tätigkeiten wird insbesondere dann in Betracht kommen, wenn der Handwerker noch als Hausgewerbetreibender tätig ist. Beide Tätigkeiten können nebeneinander ausgeübt werden, da der Betrieb eines Handwerks voraussetzt, daß der Handwerker für eigene Rechnung arbeitet (vgl. Anm. 6 zu § 1). Demgegenüber ist es ein Merkmal für den Hausgewerbetreibenden, daß dieser für fremde Rechnung arbeitet.

Mit der Frage der Versicherungspflicht eines Handwerkers als Hausgewerbetreibender hat sich das RVA bereits in der Entscheidung vom 21. 10. 1936 (AN 1937 S. IV 25) befaßt und damals den Grundsatz aufgestellt, daß die Eintragung eines Hausgewerbetreibenden als selbständiger Handwerker in die Handwerksrolle nicht ausschließe, daß der Gewerbetreibende als Hausgewerbetreibender nach § 1226 Abs. 1 Nr. 2 RVO a. F. und § 162 RVO der Invalidenversicherungspflicht unterliege. Wenn das RVA in der GE Nr. 5420 vom 6. 3. 1941 (AN 1941 S. II 151) dann zu der Auffassung kam, daß Hausgewerbetreibende, die in der Handwerksrolle eingetragen sind, vom 1. 1. 1939 ab nur noch nach dem HVG versicherungspflichtig seien und daneben keine Versicherungspflicht in der Invalidenversicherung bestehe, so stützte sich diese Entscheidung auf § 1 der 1. DVOzHVG. Nachdem nun nicht mehr die Versicherungspflicht als selbständiger Handwerker die Versicherungspflicht nach anderen Vorschriften grundsätzlich ausschließt, hat die Entscheidung vom 6. 3. 1941 keine Bedeutung mehr.

Versicherungsfreiheit nach dem HwVG besteht deshalb nur, wenn der Handwerker wegen einer Beschäftigung als Arbeitnehmer versicherungspflichtig in der Rentenversicherung ist. Als Arbeitnehmer werden dabei auch die in einem Lehr- oder sonstigen Ausbildungsverhältnis stehenden Personen angesehen werden müssen. Ist der Handwerker noch nach den allgemeinen Vorschriften der Rentenversicherungsgesetze als Selbständiger versicherungspflichtig, so stehen Versicherungspflicht nach § 1 HwVG und § 1227 Abs. 1 Nr. 3 und 4 RVO bzw. § 2 Abs. 1 Nr. 3 bis 6 AVG nebeneinander, d. h. der Handwerker ist nach beiden Vorschriften versicherungspflichtig. Wegen der Beitragsentrichtung in diesen Fällen vgl. Anm. 18 zu § 5. 16

B. Allgemeine Vorschriften der Rentenversicherung der Arbeiter, die für Handwerker gelten

1. Nebentätigkeit

Versicherungsfrei sind in der Rentenversicherung der Arbeiter die „Nebentätigkeiten“. Die gesetzliche Regelung hierüber enthält der § 1228 Abs. 1 Nr. 4 und 5, Abs. 2 RVO. Die Vorschrift hat folgenden Wortlaut: 17

„§ 1228

(1) Versicherungsfrei ist

1. ....
2. ....
3. ....
4. wer neben einer regelmäßigen, die Versicherungspflicht begründenden Beschäftigung eine Nebenbeschäftigung bei einem anderen Arbeitgeber oder eine Nebentätigkeit ausübt, in der Nebenbeschäftigung oder in der Nebentätigkeit,
5. wer berufsmäßig eine die Versicherungspflicht begründende Beschäftigung oder Tätigkeit nicht ausübt, eine solche aber als Nebenbeschäftigung oder Nebentätigkeit übernimmt.

(2) Nebenbeschäftigung und Nebentätigkeit im Sinne des Absatzes 1 Nr. 4 und 5 liegen vor, wenn die Beschäftigung oder Tätigkeit ausgeübt wird

a) nur gelegentlich, insbesondere zur Aushilfe, für eine Zeitdauer, die im Laufe eines Jahres seit ihrem Beginn auf nicht mehr als zwei Monate oder insgesamt fünfzig Arbeitstage nach der Natur der Sache beschränkt zu sein pflegt oder im voraus durch Vertrag beschränkt ist, oder
b) zwar laufend oder in regelmäßiger Wiederkehr, aber nur gegen einen Entgelt oder ein Arbeitseinkommen, das durchschnittlich im Monat ein Achtel der für

Monatsbezüge geltenden Beitragsbemessungsgrenze (§ 1385 Abs. 2) oder bei höherem Entgelt oder Arbeitseinkommen ein Fünftel des Gesamteinkommens nicht überschreitet.

(3) Wird bei einer Nebenbeschäftigung oder Nebentätigkeit die in Absatz 2 Buchstabe a angegebene Zeitdauer überschritten, so tritt von der Überschreitung an Versicherungspflicht ein."

Maßgebend für die Beurteilung, ob es sich bei einer Tätigkeit um eine versicherungsfreie Nebentätigkeit handelt, sind zwei Alternativen, und zwar einmal die zeitliche Begrenzung der Tätigkeit, zum anderen die Geringfügigkeit des aus der Tätigkeit erzielten Arbeitseinkommens. Zu prüfen ist jedoch stets, ob die Tätigkeit überhaupt als Nebentätigkeit anzusehen ist.

18 Nach dem bisher geltenden Recht waren die Vorschriften über die Versicherungsfreiheit vorübergehender Dienstleistungen (bzw. nunmehr die Vorschriften über die Versicherungsfreiheit von Nebentätigkeiten) auf die nach dem HVG versicherungspflichtigen Handwerker nicht anzuwenden (§ 3 Nr. 1 der 1. DVOzHVG). Dementsprechend war auch im § 2 der 1. DVOzHVG bestimmt, daß der Handwerker auch in den Zeiten versicherungspflichtig blieb, in denen die Einnahmen seines Betriebes die Ausgaben nicht überstiegen.

Im HwVG ist eine entsprechende Vorschrift nicht enthalten. Daraus könnte der Schluß gezogen werden, daß solche Handwerker, bei denen die Handwerkstätigkeit nur als versicherungsfreie „Nebentätigkeit" anzusehen ist, nach den allgemeinen Vorschriften über die Versicherungsfreiheit von „Nebentätigkeiten" versicherungsfrei sind.

19 Die Regelung des § 1228 Abs. 1 Nr. 4 RVO kann für die Versicherungspflicht nach dem HwVG keine Bedeutung haben. Im 4. Buch der RVO wird allgemein der Begriff „Beschäftigung" dann verwendet, wenn ein Arbeitsverhältnis in abhängiger Stellung gemeint ist, also persönliche und wirtschaftliche Abhängigkeit des Arbeitnehmers von dem Arbeitgeber besteht, während der Begriff „Tätigkeit" die sonstigen Umstände, die zur Versicherungspflicht führen können, umschreibt. Von einer Tätigkeit wird insbesondere dann gesprochen, wenn die Versicherungspflicht von Selbständigen behandelt wird (vgl. dazu § 1385 Abs. 3 Buchst. a und b RVO). Es muß deshalb davon ausgegangen werden, daß in den Fällen, in denen nur der Begriff „Beschäftigung" angeführt ist, nicht auch eine versicherungspflichtige Tätigkeit als Selbständiger gemeint ist und eine solche Unterscheidung dann auch gewollt war (so auch Koch-Hartmann-Altrock-Fürst — Anm. F I zu § 4 AVG n. F.). Dies läßt sich auch aus der Ergänzung des § 1228 Abs. 1 Nr. 4 RVO durch § 13 Abs. 1 Nr. 2 HwVG erkennen.

20 Nach § 1228 Abs. 1 Nr. 4 RVO kann jedoch eine Nebentätigkeit nur dann Versicherungsfreiheit zur Folge haben, wenn sie neben einer regel-

mäßigen, die Versicherungspflicht begründenden Beschäftigung ausgeübt wird. Besteht jedoch bereits für die Beschäftigung als Arbeitnehmer Versicherungspflicht, so ist der selbständige Handwerker bereits nach § 2 Abs. 1 Nr. 5 HwVG versicherungsfrei bezüglich seiner Tätigkeit als selbständiger Handwerker und die Prüfung, ob es sich dabei um eine „Nebentätigkeit" handelt, kann deshalb entfallen.

Ist somit ein selbständiger Musiker, der in seinem Betrieb keine Angestellten beschäftigt, nach § 2 Abs. 1 Nr. 3 AVG versicherungspflichtig, so kann eine etwa daneben ausgeübte Tätigkeit als selbständiger Handwerker (z. B. als Orgelbauer) niemals zur versicherungsfreien Nebentätigkeit werden, da diese nur neben „Beschäftigungen", nicht aber neben „Tätigkeiten" vorliegen können.

Nicht auszuschließen ist jedoch die Möglichkeit, daß die Tätigkeit 21
als selbständiger Handwerker eine Nebentätigkeit darstellt, wenn sonst berufsmäßig eine die Versicherungspflicht begründende Beschäftigung oder Tätigkeit nicht ausgeübt wird. Dieser Fall könnte dann vorliegen, wenn z. B. ein Landwirt, der nicht der Versicherungspflicht zu den gesetzlichen Rentenversicherungen unterliegt, noch nebenbei Inhaber eines Handwerksbetriebs ist oder wenn eine Ehefrau, die normalerweise als Hausfrau tätig ist, als Schneiderin in der Handwerksrolle eingetragen ist, jedoch die Handwerkstätigkeit nur gelegentlich ausübt.

Zur Frage, wann eine Nebenbeschäftigung vorliegt, hat das BSG in seinen Urteilen vom 16. 2. 1961 (BSGE Bd. 14 S. 29 und 38) Stellung genommen. Nach den in den Entscheidungsgründen angeführten Grundsätzen ist das Vorliegen einer Nebenbeschäftigung dann anzunehmen, wenn der Aufwand an Zeit noch Gelegenheit läßt, eine sonstige Beschäftigung oder Tätigkeit auszuüben, im wesentlichen immer dann, wenn bei der derzeitigen allgemeinen Arbeitszeitregelung weniger als 20 Stunden in der Woche für die Beschäftigung aufgewendet werden. Dieser Grundsatz läßt sich jedoch nicht ohne weiteres auf die versicherungspflichtigen Selbständigen übertragen, da bei diesen der Aufwand an Zeit für die selbständige Tätigkeit nicht oder nur sehr unvollkommen festgestellt werden kann. Aus der Höhe des erzielten Arbeitseinkommens auf die aufgewendete Zeit zu schließen, wobei u. U. als Vergleichsmaßstab Gesellenlöhne herangezogen werden könnten, wird nicht möglich sein, da Handwerker wirtschaftlich selbständig sind, also das Unternehmerrisiko und der Unternehmergewinn mit im Vordergrund stehen.

Ausgangspunkt wird deshalb hinsichtlich des Begriffs der „Nebentätigkeit" bei selbständigen Handwerkern die Legaldefinition des Nebenbetriebs der §§ 2 Nr. 2 und 3 und § 3 HO sein müssen. Vermieden werden könnte dabei eine unterschiedliche Beurteilung, ob es sich um einen handwerklichen Nebenbetrieb im Sinne der Vorschriften der HO oder um eine handwerkliche „Nebentätigkeit" im Sinne der sozialversicherungsrechtlichen Vorschriften handelt.

Wird jedoch davon ausgegangen, daß auch der selbständige Betrieb eines Handwerks als stehendes Gewerbe eine Nebentätigkeit darstellen kann, so müßte mangels anderer möglicher Anhaltspunkte die Beurteilung nach der Legaldefinition des § 1228 Abs. 2 RVO vorgenommen werden, daß also die Regelung, in welchen Fällen eine Nebentätigkeit Versicherungsfreiheit bedingt, auch gleichzeitig als Definition des Begriffs der Nebentätigkeit angesehen wird.

22 Versicherungsfreiheit bei selbständigen Handwerkern wird niemals wegen der zeitlichen Begrenzung im Sinne des § 1228 Abs. 2 Buchst. a RVO eintreten können, da ein stehendes Gewerbe stets auf Dauer gerichtet sein wird und weder der Natur der Sache nach, noch im voraus durch Vertrag in seiner zeitlichen Ausübung begrenzt sein kann. Wenn es auch nicht zum Begriff des Gewerbebetriebes gehört, daß der Betrieb auf die Dauer berechnet oder dazu geeignet oder bestimmt ist, den gesamten Lebensunterhalt des Betriebsinhabers zu decken, so sind doch andererseits Tätigkeiten, die nur einmal ohne die Absicht einer Wiederholung ausgeübt werden, nicht gewerblich (Hartmann-Philipp Anm. 5 zu § 1 HO). Bei der Eintragung des Handwerkers in die Handwerksrolle ist deshalb allgemein davon auszugehen, daß der Betrieb nicht nur für zwei Monate errichtet ist, es sei denn, daß die Eintragung ausdrücklich auf diese Zeit begrenzt ist. Eine Eintragung für eine so begrenzte Zeit in die Handwerksrolle wird jedoch nach der HO nicht zulässig sein und deshalb in der Praxis nicht vorgenommen werden.

23 Versicherungsfreiheit könnte jedoch wegen der Geringfügigkeit des aus der handwerklichen Tätigkeit erzielten Arbeitseinkommens vorliegen. Geringfügig ist dabei einmal ein Arbeitseinkommen, das durchschnittlich im Monat ein Achtel der für Monatsbezüge geltenden Beitragsbemessungsgrenze nicht überschreitet. Bei Handwerkern werden jedoch allgemein nur Jahreseinkünfte festgestellt werden können, deshalb müßte in entsprechender Anwendung des § 4 Abs. 3 HwVG ein Zwölftel der Jahreseinkünfte als Monatseinkommen angesehen werden. Wäre das so ermittelte durchschnittliche Arbeitseinkommen aus dem Handwerksbetrieb geringer als der maßgebende Wert (im Jahre 1961 112,50 DM; im Jahre 1962 118,75 DM), so würde Versicherungsfreiheit anzunehmen sein (wegen des Begriffs Einkommen vgl. Anm. 35ff. zu § 4 HwVG). Fraglich könnte es in diesen Fällen sein, ob hierbei nur das Einkommen aus dem Handwerksbetrieb oder aus dem gesamten Gewerbebetrieb (also auch aus nichthandwerklichen Gewerbebetrieben) zu berücksichtigen ist. Da für die Beitragshöhe nach dem HwVG allgemein immer nur die Einkünfte aus Gewerbebetrieb ohne Unterscheidung, ob diese aus dem Handwerksbetrieb oder sonstigen Gewerbe-

betrieben erzielt werden, heranzuziehen sind, wird ebenfalls hier auch das im Einkommensteuerbescheid ausgewiesene Einkommen aus Gewerbebetrieb maßgebend sein müssen. Eine andere Grundlage wird sich in der Praxis nicht ergeben, da im allgemeinen bei mehreren Gewerben, von denen eines ein Handwerk ist, weder aus dem Einkommensteuerbescheid noch aus sonstigen amtlichen Unterlagen zu erkennen sein wird, welche Einkünfte aus dem Handwerksbetrieb und welche aus den sonstigen Gewerben erzielt werden.

Versicherungsfreiheit könnte deshalb, weil die handwerkliche Tätigkeit eine „Nebentätigkeit" im Sinne des § 1228 Abs. 1 Nr. 5 und Abs. 2 Buchst. b RVO darstellt, nur dann eintreten, wenn die Einkünfte aus Gewerbebetrieb im Durchschnitt geringer sind als $^1/_8$ der für Monatsbezüge geltenden Beitragsbemessungsgrenze.

Insgesamt wird aber der Auslegung der Vorzug zu geben sein, daß eine handwerkliche „Nebentätigkeit" nur dann vorliegt, wenn der Handwerksbetrieb als „handwerklicher Nebenbetrieb" in der Handwerksrolle gekennzeichnet ist.

2. Bezug von Altersruhegeld

Während der Bezug einer sonstigen Rente aus den gesetzlichen Ren- 24
tenversicherungen (Renten wegen Berufs- oder Erwerbsunfähigkeit sowie die Hinterbliebenenrenten) keinen Einfluß auf die Versicherungspflicht hat, besteht für die Bezieher von Altersruhegeld Versicherungsfreiheit. Die entsprechende Vorschrift hat folgenden Wortlaut:

„§ 1229 RVO

(1) Versicherungsfrei sind

1. Personen, die ein Altersruhegeld aus der Rentenversicherung der Arbeiter, der Rentenversicherung der Angestellten oder der knappschaftlichen Rentenversicherung beziehen, vom Rentenbeginn an,
2. . . . ."

Maßgebend für die Versicherungsfreiheit ist, daß das Altersruhegeld bereits bezogen wird. Hat ein Versicherter das 65. Lebensjahr vollendet und auch die Wartezeit für das Altersruhegeld erfüllt, so bewirkt das für sich allein jedoch solange noch nicht die Versicherungsfreiheit, als das Altersruhegeld tatsächlich von dem zuständigen Versicherungsträger noch nicht festgestellt worden ist, d. h. dem Berechtigten noch kein Feststellungsbescheid über die Gewährung des Altersruhegeldes erteilt worden ist (wegen der Handwerker, die am 31. 12. 1961 bereits das 65. Lebensjahr vollendet haben — vgl. § 7 Abs. 6 HwVG).

Der Bezug eines wegen Vollendung des 60. Lebensjahres gewährten Altersruhegeldes aus den gesetzlichen Rentenversicherungen kann jedoch im Rahmen der Handwerkerversicherung keine Versicherungsfreiheit zur Folge haben. Solche Altersruhegelder fallen mit Ablauf des Monats weg, in dem der Berechtigte in eine rentenversicherungspflichtige Beschäftigung oder Tätigkeit eintritt (§ 1248 Abs. 2 Satz 2 RVO). Da jedoch mit der Eintragung eines Handwerkers in die Handwerksrolle die Versicherungspflicht zur Rentenversicherung der Arbeiter beginnt, so fällt damit auch das vorzeitig gewährte Altersruhegeld weg, der Handwerker ist somit nicht mehr Altersruhegeldbezieher. Die Tatsache, daß das Altersruhegeld dann erst mit Ablauf des Monats wegfällt, in dem die Eintragung in die Handwerksrolle vorgenommen wird, ist ohne Bedeutung, da ohnehin erst von Beginn des nächsten Monats an Versicherungspflicht besteht (vgl. § 1 Abs. 3 HwVG).

Unbeachtlich ist, wenn das wegen Vollendung des 60. Lebensjahres gewährte Altersruhegeld auch nach Eintragung des Berechtigten in die Handwerksrolle tatsächlich weitergezahlt wird, da Wegfall bedeutet, daß das Altersruhegeld nach Aufnahme einer versicherungspflichtigen Tätigkeit nicht mehr zu zahlen ist, ohne daß es eines formellen Wegfallbescheides bedarf, und weiterhin gezahlte Rentenbeträge zu Unrecht in Empfang genommen werden (vgl. Hoernigk/Jorks, Anm. 6 zu § 1248 RVO).

Neben den Altersruhegeldern, die wegen Vollendung des 65. Lebensjahres gemäß § 1248 Abs. 1 RVO gewährt werden, sind auch die Renten als Altersruhegelder anzusehen, die auf Versicherungsfällen vor dem 1. 1. 1957 beruhen und die nach den Vorschriften der Rentenversicherungs-Neuregelungsgesetze umgestellt worden sind, wenn der Berechtigte das 65. Lebensjahr vollendet und seine Rente um $^{2}/_{13}$ erhöht bzw. neu berechnet wird. Solche Renten gelten dann als Altersruhegelder (vgl. Art. 2 § 38 Abs. 3 ArVNG bzw. Art. 2 § 37 Abs. 3 AnVNG) und haben damit auch Versicherungsfreiheit zur Folge, selbst wenn der Berechtigte die Wartezeit für die Gewährung des Altersruhegeldes von 180 Kalendermonaten Versicherungszeit nicht erfüllt hat.

25 Die Handwerker, die wegen des Bezugs des Altersruhegeldes versicherungsfrei sind, brauchen auch nicht die Hälfte des Beitrages zu zahlen, wie es nach § 1386 RVO für die in einem Beschäftigungsverhältnis stehenden Versicherten vorgeschrieben ist.

Die Regelung des § 1386 RVO, wonach für Versicherte, die ein Altersruhegeld beziehen und deshalb versicherungsfrei sind, der Arbeitgeber den Beitragsanteil zu entrichten hat, den er entrichten müßte, wenn der Versicherte versicherungspflichtig wäre, gilt für selbständige Handwerker, die in keinem Beschäftigungsverhältnis stehen, nicht. Die Vorschrift bezieht sich nur auf die Entrichtung des Arbeitgeberanteils des Beitrages und bei selbständigen Handwerkern ist in dem Beitrag kein Arbeitgeberanteil enthalten.

3. Beamte

Die Versicherungsfreiheit von Beamten oder Personen mit einer ähnlichen Rechtsstellung ist im § 1229 Abs. 1 Nr. 2 bis 5, Abs. 2 RVO geregelt. Die Vorschrift hat folgenden Wortlaut: 26

„§ 1229 RVO

(1) Versicherungsfrei sind

1. ....
2. Beamte des Bundes, der Länder, der Gemeindeverbände, der Gemeinden, der Träger der Sozialversicherung, der Bundesanstalt für Arbeitsvermittlung und Arbeitslosenversicherung, der Deutschen Bundesbank und der als öffentlichrechtlichen Körperschaften anerkannten Religionsgesellschaften, solange sie lediglich für ihren Beruf ausgebildet werden.
3. Beamte und sonstige Beschäftigte der in Nummer 2 genannten Körperschaften, wenn ihnen Anwartschaft auf lebenslängliche Versorgung und auf Hinterbliebenenversorgung nach beamtenrechtlichen Vorschriften oder Grundsätzen gewährleistet ist,
4. Polizeivollzugsbeamte auf Widerruf,
5. Soldaten auf Zeit und Berufssoldaten der Bundeswehr.

(2) Ob und seit wann Anwartschaft auf lebenslängliche Versorgung und Hinterbliebenenversorgung im Sinne des Absatzes 1 Nr. 3 gewährleistet ist, entscheidet für die beim Bund oder bei einer der Aufsicht des Bundes unterstehenden Körperschaft Beschäftigten der zuständige Bundesminister, für die bei sonstigen Körperschaften Beschäftigten die oberste Verwaltungsbehörde des Landes, in dessen Betrieben oder Dienst die Beschäftigung stattfindet oder in dessen Gebiet die Körperschaft ihren Sitz hat."

Die Versicherungsfreiheit dieser Personen besteht dabei nicht nur für die Beschäftigung bei dem Dienstherrn, sondern allgemein, d. h. auch dann, wenn der Beamte noch nebenher als selbständiger Handwerker in der Handwerksrolle eingetragen ist. Koch-Hartmann-Altrock-Fürst (Anm. II 4d zu § 6 AVG) vertreten dazu die Auffassung, daß die Versicherungsfreiheit auch Zeiten der zeitweiligen Beurlaubung in den privaten Dienst und Nebentätigkeiten nach Maßgabe des Schwerpunktprinzips umfasse. Der Schwerpunkt würde noch im Beamtenverhältnis liegen, wenn der Beamte während eines Disziplinarverfahrens vorläufig unter Zahlung der halben Bezüge dienstenthoben und anderweit im privaten Dienst beschäftigt wird.

Demgegenüber erscheint die Auffassung von Compter („Die Beiträge" 1961 S. 145) wonach sich die Regelung der Versicherungsfreiheit von Beamten nur auf die Beschäftigung beim Dienstherrn beschränkt, nicht zutreffend. Wie sich aus § 2 Abs. 4 HwVG ergibt, soll sich die Befreiung von der Versicherungspflicht nach dem HwVG beziehen. Wenn schon die Befreiung auf Antrag wegen der Gewährleistung von Anwartschaft auf Versorgung ebenfalls das Erlöschen der Versicherungspflicht nach dem HwVG zur Folge hat, so muß das erst recht für die Versicherungsfreiheit kraft Gesetzes bei einer ähnlichen Sachlage gelten.

C. Allgemeine Vorschriften der Rentenversicherung der Arbeiter, die für Handwerker nicht gelten

1. Beschäftigung von Ehegatten

27 Nach § 1228 Abs. 1 Nr. 1 RVO ist versicherungsfrei, wer bei seinem Ehegatten in Beschäftigung steht. Diese Vorschrift kann für das HwVG keine Bedeutung haben, da von dem HwVG nur die selbständigen Handwerker erfaßt werden und eine Ehefrau, die bei ihrem Ehemann in einem Beschäftigungsverhältnis steht, insoweit nicht selbständige Handwerkerin sein kann. Übt die Ehefrau mit ihrem Ehemann gemeinsam ein Handwerk aus, so ist keiner der Ehegatten bei dem anderen beschäftigt und beide unterliegen daher der Versicherungspflicht nach dem HwVG, wenn sie beide in der Handwerksrolle eingetragen sind (vgl. Anm. 13 zu § 1).

2. Beschäftigung gegen freien Unterhalt

28 Nach § 1228 Abs. 1 Nr. 2 RVO ist versicherungsfrei, wer als Entgelt für eine Beschäftigung, die nicht zur Berufsausbildung ausgeübt wird, nur freien Unterhalt erhält. Diese Vorschrift bezieht sich nur auf „Beschäftigungen" und nicht auch auf „Tätigkeiten" (vgl. Anm. 19) und ist deshalb auf selbständige Handwerker nicht anzuwenden.

3. Beschäftigung während des Studiums

29 Nach § 1228 Abs. 1 Nr. 3 RVO ist versicherungsfrei, wer während der Dauer seines Studiums als ordentlicher Studierender einer Hochschule oder einer sonstigen der wissenschaftlichen Ausbildung dienenden Schule gegen Entgelt beschäftigt ist. Da sich auch diese Vorschrift nur auf „Beschäftigungen" während des Studiums bezieht, kann die Versicherungsfreiheit nicht eintreten, wenn ein in der Handwerksrolle eingetragener selbständiger Handwerker bei einer Hochschule immatrikuliert ist. Eine während des Studiums ausgeübte Tätigkeit kann nicht versicherungsfrei sein.

III. Beginn und Ende der Versicherungsfreiheit

1. Beginn

30 Die Vorschriften über den Beginn und das Ende der Versicherungspflicht gelten entsprechend für Beginn und Ende der Versicherungsfreiheit. Diese Regelung soll ebenfalls dazu dienen, daß Beiträge nur für einen vollen Kalendermonat zu entrichten sind und nicht auch für Teil-

monate, wenn die Voraussetzungen für die Versicherungsfreiheit während eines Kalendermonats eintreten. Aus diesem Grunde wird davon auszugehen sein, daß die Sonderregelung über den Beginn der Versicherungsfreiheit nicht nur für die Versicherungsfreiheit auf Grund der Sondervorschriften des HwVG, sondern auch dann gilt, wenn die Versicherungsfreiheit nach den allgemeinen Vorschriften der Rentenversicherung der Arbeiter eintritt (wegen der Versicherungsfreiheit infolge des Bezuges eines Altersruhegeldes vgl. Anm. 24).

Da die Vorschriften über den Beginn und das Ende der Versicherungs- 31
pflicht für Beginn und Ende der Versicherungsfreiheit entsprechend gelten, wird anzunehmen sein, daß die Versicherungsfreiheit beginnt, wenn die Versicherungspflicht wegen des Eintritts der Versicherungsfreiheit endet und umgekehrt. Geht man von dieser Auslegung aus, so hätte es allerdings der Sondervorschrift des § 2 Abs. 3 HwVG nicht bedurft. Eine andere Auslegung, nach der die Versicherungsfreiheit mit dem Anfang des Monats beginnt, in dem die Voraussetzungen dafür erfüllt werden, läßt sich mit dem Wortlaut der Vorschrift nicht in Einklang bringen, da das Wort „entsprechend" es nicht zuläßt, eine entgegengesetzte Regelung zu finden, als sie in der für entsprechend anwendbar erklärten Vorschrift enthalten ist. Die Versicherungsfreiheit wird deshalb mit dem Kalendermonat beginnen, der auf den Kalendermonat folgt, in dem die Voraussetzungen für die Versicherungsfreiheit erfüllt werden. Nimmt z. B. ein selbständiger Handwerker eine Beschäftigung als Arbeitnehmer, wegen der er versicherungspflichtig wird, am 15. Januar auf, so beginnt die Versicherungsfreiheit nach § 2 Abs. 1 Nr. 5 HwVG mit dem 1. Februar, für den Monat Januar ist noch der Beitrag zur Handwerkerversicherung zu entrichten. Außer Betracht bleiben muß dabei, daß in diesem Beispiel die Versicherungspflicht wegen der Beschäftigung als Arbeitnehmer nach den allgemeinen Vorschriften der Rentenversicherung bereits am 15. Januar beginnt und somit für Januar sowohl der Beitrag nach dem HwVG als auch der Beitrag nach den allgemeinen Vorschriften zu entrichten ist, also eine Doppelversicherung in diesem Monat besteht. Dies kann in der Praxis zu Schwierigkeiten führen, insbesondere wenn das Entgelt aus der Beschäftigung nahe der Beitragsbemessungsgrenze liegt. Beträgt z. B. die Beitragsbemessungsgrenze für Monatsbezüge 950,— DM, das Entgelt aus der versicherungspflichtigen Beschäftigung monatlich 1000,— DM und das Arbeitseinkommen aus Gewerbebetrieb 500,— DM monatlich (6000,— DM jährlich), so müßte im obigen Beispiel der Handwerker den allgemeinen Beitrag (vgl. § 4 Abs. 2 HwVG) zur Handwerkerversicherung entrichten, dem der durchschnittliche Bruttojahresarbeitsentgelt aller Versicherten zu Grunde liegt. Würde daneben noch das Entgelt aus der Beschäftigung als Arbeitnehmer im vollen Umfange der Beitragsberechnung zu Grunde gelegt,

so überschreitet der Gesamtbetrag an Arbeitseinkommen und Arbeitsentgelt die Beitragsbemessungsgrenze, bis zu der lediglich Beiträge entrichtet werden dürfen. In solchen Fällen wird deshalb der volle Beitrag nach dem HwVG zu entrichten sein und von dem Arbeitsentgelt nur der Beitrag, der dem Differenzbetrag zwischen dem Mittelbetrag von den der maßgebenden Beitragsklasse zugeordneten Beträgen und der Beitragsbemessungsgrenze entspricht. Wird der allgemein für Versicherungspflichtige Handwerker festgesetzte Beitrag (vgl. § 4 Abs. 2 HwVG) entrichtet, so käme die Differenz zwischen Beitragsbemessungsgrenze und ein Zwölftel des durchschnittlichen Bruttojahresarbeitsentgelts aller Versicherten der Rentenversicherung der Arbeiter und der Angestellten in Betracht. Unter Berücksichtigung der Werte für 1962 ergäbe sich dann folgende Berechnung:

Durchschnittlicher Bruttojahresarbeitsentgelt aller Versicherten 6101,— DM, $^1/_{12}$ davon = 508,42 DM
Monatliche Beitragsbemessungsgrenze 950,— DM
Differenz = 441,58 DM.

Ist das tatsächliche Arbeitsentgelt höher, so darf es nur in Höhe des errechneten Differenzbetrages zur Beitragsberechnung herangezogen werden.

Eine andere Art der Beitragsberechnung in der Form, daß das Arbeitsentgelt in voller Höhe der Beitragberechnung zu Grunde gelegt wird und daneben das Arbeitseinkommen aus Gewerbebetrieb nur in Höhe des Differenzbetrages zwischen Arbeitsentgelt und Beitragsbemessungsgrenze, scheitert an den zwingenden Vorschriften über die Höhe der Beiträge nach dem HwVG (vgl. § 4 HwVG), obwohl an sich die Versicherungspflicht auf Grund einer Beschäftigung als Arbeitnehmer den Vorrang haben sollte, wie sich aus § 2 Abs. 1 Nr. 5 HwVG ergibt.

32 Eine Sonderregelung hinsichtlich des Beginns der Versicherungsfreiheit ergibt sich aus § 1229 Abs. 1 Nr. 1 RVO (vgl. Anm. 24). Da in dieser Vorschrift bestimmt ist, daß Versicherungsfreiheit beim Bezug von Altersruhegeld bereits vom Rentenbeginn an besteht, wird sie als lex specialis gegenüber § 2 Abs. 3 RVO anzusehen sein und bereits vom Rentenbeginn und nicht erst vom folgenden Monat an Versicherungsfreiheit bewirken.

33 Im übrigen ist für den Monat, in dem die Voraussetzungen für die Versicherungsfreiheit erfüllt werden, noch der Beitrag nach dem HwVG zu entrichten. Das gilt auch in den Fällen, in denen die Voraussetzungen am 1. eines Kalendermonats erfüllt werden. Wird z. B. ein Handwerksbetrieb am 1. Juli zum handwerklichen Nebenbetrieb (vgl. Anm. 4), so ist für den Monat Juli noch der Beitrag zu entrichten, d. h. die Ver-

sicherungspflicht endet am 31. Juli und die Versicherungsfreiheit beginnt am 1. August.

2. Ende

Die Versicherungsfreiheit endet mit Ablauf des Monats, in dem die Voraussetzungen für die Versicherungsfreiheit entfallen. Ist z. B. ein selbständiger Handwerker als Arbeitnehmer versicherungspflichtig und endet das Beschäftigungsverhältnis am 10. eines Kalendermonats, so sind die Beiträge nach dem HwVG erst wieder vom folgenden Kalendermonat an zu entrichten. Das gilt auch dann, wenn das Beschäftigungsverhältnis bis zum 1. eines Kalendermonats (einschließlich) bestanden hat. Im Gegensatz zu der Regelung beim Beginn der Versicherungsfreiheit kann also bei der Aufgabe des Beschäftigungsverhältnisses und dem damit verbundenen Ende der Versicherungsfreiheit nach dem HwVG keine Doppelversicherung für einen Kalendermonat eintreten. 34

IV. Befreiung von der Versicherungspflicht auf Antrag

1. Bezug von beamtenrechtlicher Versorgung

Die Regelung über die Befreiung von Empfängern von Versorgungsbezügen nach beamtenrechtlichen Vorschriften oder Grundsätzen ist im § 1230 RVO enthalten. Die Vorschrift hat folgenden Wortlaut: 35

„§ 1230 RVO

(1) Auf ihren Antrag werden von der Versicherungspflicht befreit Personen, denen vom Bund, einem Land, einem Gemeindeverband, einer Gemeinde, einem Träger der Sozialversicherung, der Bundesanstalt für Arbeitsvermittlung und Arbeitslosenversicherung, der Deutschen Bundesbank und den als öffentlich-rechtliche Körperschaften anerkannten Religionsgesellschaften oder einem nach § 1231 gleichgestellten Arbeitgeber nach beamtenrechtlichen Vorschriften oder Grundsätzen eine lebenslängliche Versorgung bewilligt und Hinterbliebenenversorgung gewährleistet ist.

(2) Die Befreiung wirkt vom Beginn des Beschäftigungsverhältnisses an, wenn sie innerhalb von zwei Monaten danach beantragt wird, sonst vom Eingang des Antrages an.

(3) Über den Antrag entscheidet der für den Wohnsitz des Antragstellers zuständige Träger der Rentenversicherung.

(4) Der zuständige Träger der Rentenversicherung widerruft die Befreiung, wenn ihre Voraussetzungen weggefallen sind.

(5) Wer nach Absatz 1 von der Versicherungspflicht befreit ist, kann durch schriftliche Erklärung gegenüber dem zuständigen Träger der Rentenversicherung auf die Befreiung mit Wirkung vom Beginn des nächsten Monats an verzichten."

Voraussetzung ist, daß dem Berechtigten bereits eine lebenslängliche Versorgung von seinem Dienstherrn bewilligt und auch die Hinterbliebenenversorgung gewährleistet ist. Das bedeutet, daß nur die in den Ruhestand versetzten Beamten von der Versicherungspflicht befreit werden können und nicht auch die Bezieher von Hinterbliebenenversorgung (vgl. BSGE Bd. 14 S. 185).

36 Der Antrag, der von dem Berechtigten oder seinem gesetzlichen Vertreter zu stellen ist, bedarf keiner besonderen Form. Von besonderer Bedeutung für den Beginn der Befreiung von der Versicherungspflicht ist jedoch der Eingang des Antrages bei dem Versicherungsträger. Im Gegensatz zu der Regelung des § 1230 Abs. 2 RVO wirkt die Befreiung bei selbständigen Handwerkern vom Beginn der Versicherungspflicht nach dem HwVG an, wenn der Antrag innerhalb von zwei Monaten nach Beginn des Kalendermonats, in den die genannten Ereignisse fallen, gestellt wird (§ 2 Abs. 4 HwVG). Das könnte bedeuten, daß ein Handwerker, der am 12. Juni in die Handwerksrolle eingetragen wird und bereits Ruhegehalt nach beamtenrechtlichen Vorschriften bezieht, dann ab 1. Juli von der Versicherungspflicht zu befreien ist, wenn der Befreiungsantrag bis zum 31. Juli gestellt wird. Es könnte auch davon ausgegangen werden, daß als Ereignis im Sinne vom § 2 Abs. 4 HwVG auch der Beginn der Versicherungspflicht zu verstehen ist und es im obigen Beispiel für die Befreiung ab 1. Juli auch ausreichen würde, wenn der Antrag bis zum 31. August gestellt wird. Der letzteren Auslegung wird der Vorzug zu geben sein, obwohl die Versicherungspflicht an sich kein „Ereignis" ist, sondern höchstens der Beginn der Versicherungspflicht. Andererseits hat jedoch der Gesetzgeber im § 2 Abs. 4 HwVG die Pluralform von Ereignis verwendet und außer der Verleihung der Anwartschaft kein weiteres Ereignis angeführt, das für die Befreiung Bedeutung haben kann, es sei denn, daß man den Beginn der Tätigkeit auch als Beginn der Beschäftigung ansieht. Im übrigen wird man auch nicht als Ereignis die Zuerkennung von Ruhegehalt ansehen können, da in der Regel die Eintragung in die Handwerksrolle erst später vorgenommen werden wird, also der Ruhestandsbeamte sich in die Handwerksrolle eintragen läßt und es unbillig wäre, wenn die Befreiung bereits zu einem Zeitpunkt beantragt werden müßte, zu dem eine Eintragung in der Handwerksrolle überhaupt noch nicht vorliegt. Auch wird die Bewilligung eines Ruhegehaltes immer für die Zukunft vorgenommen, u. U. bereits Monate vor dem Eintritt in den Ruhestand. Sinnvoll ist es deshalb, wenn die Frist von zwei Monaten erst vom Beginn der Versicherungspflicht nach dem HwVG (vgl. § 1 Abs. 3 HwVG) an gerechnet wird, zumal bei Arbeitnehmern der Beginn der Beschäftigung mit dem Beginn der Versicherungspflicht zusammenfällt und damit der Antrag innerhalb von zwei Monaten (nicht Kalendermonaten) zu stellen ist. Arbeitnehmer und selbständige Handwerker würden dann gleichgestellt.

2. Beamte zur Wiederverwendung und gleichgestellte Personen

Die gesetzliche Regelung über die Befreiung von Beamten zur Wiederverwendung und ihnen gleichgestellten Personen von der Versicherungspflicht zur gesetzlichen Rentenversicherung auf Antrag ist in dem Gesetz zur Regelung der Rechtsverhältnisse der unter Art. 131 des Grundgesetzes fallenden Personen i. d. F. vom 21. 8. 1961 enthalten. Wenn in der maßgebenden Vorschrift des § 73 G 131 auch nur der Begriff „Beschäftigung" angeführt ist, so dürften doch keine Bedenken bestehen, auch die Befreiung von der Versicherungspflicht bei Ausübung einer selbständigen Tätigkeit für zulässig anzusehen. Da in dem HwVG keine Sonderregelung enthalten ist, werden die Vorschriften für die Rentenversicherung der Arbeiter zu gelten haben, d. h. es wird kein besonderer Befreiungsantrag für die Versicherungspflicht nach dem HwVG erforderlich sein, sondern die Befreiung von der Versicherungspflicht zur Rentenversicherung der Arbeiter muß auch für die Versicherungspflicht nach dem HwVG gelten. 37

Die Vorschrift des § 73 G 131 hat folgenden Wortlaut:

„§ 73

(1) Übt ein Beamter zur Wiederverwendung eine nach sozialversicherungsrechtlichen Vorschriften versicherungspflichtige Beschäftigung außerhalb des öffentlichen Dienstes nach Inkrafttreten dieses Gesetzes aus, so wird er auf seinen Antrag von der Versicherungspflicht befreit; das Verfahren richtet sich auch für Zeiten vor dem 1. März 1957 nach den von diesem Zeitpunkt an für die einzelnen Versicherungszweige maßgebenden Vorschriften. Der Antrag gilt als am 1. April 1951 oder zum Beginn der versicherungspflichtigen Beschäftigung gestellt, wenn er bis zum 30. September 1958 gestellt wird, sofern der Antragsteller diese Rückwirkung nicht ausschließt oder beschränkt. Wird die Rechtsstellung als Beamter zur Wiederverwendung erst nach dem 30. September 1957 festgestellt, so kann der Antrag mit der in Satz 2 bezeichneten Wirkung innerhalb eines Jahres nach Ablauf des Monats gestellt werden, in dem die Feststellung getroffen worden ist. Beiträge einschließlich freiwilliger Beiträge, die für Zeiträume seit dem Zeitpunkt entrichtet worden sind, von dem ab die Befreiung von der Versicherungspflicht wirkt, können zurückgefordert werden; § 72a Abs. 1 Satz 6 gilt entsprechend. Beiträge zur Krankenversicherung werden nicht zurückgezahlt.

(2) Soweit der Beamte nicht nach Absatz 1 von der Versicherungspflicht befreit worden ist, sind bei Eintritt der Voraussetzungen des § 35 Abs. 1 oder bei Gewährung eines lebenslänglichen Unterhaltsbeitrages in Höhe des Ruhegehaltes oder der nach § 71m zustehenden Versorgungsbezüge die Arbeitnehmeranteile der seit dem 1. April 1951 zu den Rentenversicherungen geleisteten Pflichtbeiträge von den Versicherungsträgern an den Bund oder sonstigen Träger der Versorgungslast (§§ 61, 62, 63) zu erstatten. Die Zeit der rentenversicherungspflichtigen Beschäftigung seit dem 1. April 1951, für die Beiträge erstattet werden, wird bei der Berechnung des Ruhegehalts zur Hälfte als ruhegehaltsfähige Dienstzeit berücksichtigt; Leistungen

aus den gesetzlichen Rentenversicherungen werden insoweit nicht gewährt. Die Anwartschaft aus den bis zum 1. April 1951 entrichteten Beiträgen bleibt bis zum Zeitpunkt der Erstattung nach Satz 1, längstens bis zum 31. Dezember 1956, erhalten.

(3) Absatz 2 findet keine Anwendung, sofern der Beamte zur Wiederverwendung erklärt, daß er die Leistungen aus der Rentenversicherung beziehen wolle. Ist der Beamte zur Wiederverwendung verstorben, ohne eine solche Erklärung abgegeben zu haben, so kann sie von den versorgungsberechtigten Hinterbliebenen innerhalb einer Frist von sechs Monaten nach Ablauf des Monats, in dem er verstorben ist, abgegeben werden.

(4) Übt ein Beamter zur Wiederverwendung nach Inkrafttreten dieses Gesetzes eine Tätigkeit im öffentlichen Dienst als Angestellter oder Arbeiter aus und wird seine Rechtsstellung als Beamter zur Wiederverwendung erst nachträglich festgestellt, so findet auf die Rückforderung der Beiträge Absatz 1 entsprechend Anwendung.

(5) Die Absätze 1 bis 4 gelten entsprechend für sonstige Personen, die Anwartschaft auf Alters- und Hinterbliebenenversorgung nach diesem Gesetz haben, und für Ruhestandsbeamte. Sie gelten auch für frühere Beamte auf Widerruf, und ehemalige Berufssoldaten oder berufsmäßige Angehörige des Reichsarbeitsdienstes, die nach diesem Gesetz keine Anwartschaft oder keinen Anspruch auf Alters- und Hinterbliebenenversorgung haben, falls sie eine solche Anwartschaft aus einem neuen Dienstverhältnis erwerben; die Befreiung von der Versicherungspflicht und die Rückforderung der Beiträge können mit der sich aus Absatz 1 ergebenden Wirkung bis zum 30. September 1958 oder, wenn das neue Dienstverhältnis erst nach dem 30. September 1957 begründet wird, innerhalb eines Jahres nach Ablauf des Monats geltend gemacht werden, in dem es begründet worden ist. Personen, die nach § 71m eine Anwartschaft auf Alters- und Hinterbliebenenversorgung haben, stehen für die Befreiung von der Versicherungspflicht den Ruhestandsbeamten gleich."

Die hierzu erlassenen Verwaltungsvorschriften i. d. F. vom 5. 1. 1961 (Beilage zum Bundesanzeiger Nr. 9/1961) haben folgenden Wortlaut:

„Zu § 73

Allgemeines

Nr. 1

Zum Personenkreis gehören insbesondere:

1. Beamte zur Wiederverwendung (§ 5 Abs. 2),
2. frühere Beamte auf Widerruf, wenn die Voraussetzungen des § 37a vorliegen,
3. die in § 52 Abs. 1 bezeichneten Angestellten, wenn sie wie Beamte zur Wiederverwendung zu behandeln sind, sowie die wie diese zu behandelnden Berufssoldaten (§ 54b) und berufsmäßigen Angehörigen des früheren Reichsarbeitsdienstes (§§ 55, 54b),
4. die in § 52 Abs. 2 bezeichneten Angestellten und Arbeiter, wenn sie gemäß § 52 Abs. 3 Satz 1 wie Beamte zur Wiederverwendung zu behandeln sind, sowie die wie diese zu behandelnden Berufssoldaten (§ 54b) und berufsmäßigen Angehörigen des früheren Reichsarbeitsdienstes (§§ 55, 54b),

5. Berufsoffiziere und -unteroffiziere der früheren Wehrmacht, die die Voraussetzungen des § 53 Abs. 1 Satz 1 erfüllen und gemäß § 53 Abs. 1 Satz 2 Nr. 1 wie Beamte zur Wiederverwendung zu behandeln sind, sowie die ihnen gleichzubehandelnden berufsmäßigen Angehörigen des früheren Reichsarbeitsdienstes (§ 55),
6. Berufsunteroffiziere der früheren Wehrmacht, die die Voraussetzungen des § 54 Abs. 3 erfüllen, sowie die ihnen gleichzubehandelnden berufsmäßigen Angehörigen des früheren Reichsarbeitsdienstes (§ 55),
7. Militäranwärter (§ 54a) und die ihnen gleichstehenden Anwärter des früheren Reichsarbeitsdienstes (§§ 55, 54a),
8. Personen, die gemäß § 24a mit Anwartschaft auf Alters- und Hinterbliebenenversorgung entlassen sind,
9. Ruhestandsbeamte (§ 1 Abs. 1 Nr. 2, § 5 Abs. 1 Nr. 1, § 6 Abs. 2, § 35 Abs. 1),
10. Berufssoldaten der früheren Wehrmacht, die die Voraussetzungen des § 53 Abs. 1 Satz 1 nicht erfüllen, aber nach Maßgabe des § 53 Abs. 2 Satz 1 einen Anspruch auf Versorgung haben, sowie die ihnen gleichzubehandelnden berufsmäßigen Angehörigen des früheren Reichsarbeitsdienstes (§ 55),
11. sonstige frühere Angehörige des öffentlichen Dienstes, die nach dem G 131 einen Anspruch auf Ruhegehalt oder auf einen Unterhaltsbeitrag auf Lebenszeit haben oder denen auf Grund einer Soll- oder Kannvorschrift ein Unterhaltsbeitrag auf Lebenszeit bewilligt ist,
12. frühere Beamte auf Widerruf und ihnen gleichzubehandelnde Personen, die nach dem G 131 keine Anwartschaft oder keinen Anspruch auf Alters- und Hinterbliebenenversorgung haben, jedoch aus einem neuen Dienstverhältnis nach dem für dieses geltenden Recht eine Anwartschaft auf Alters- und Hinterbliebenenversorgung erworben haben,
13. Umsiedler (§ 51), soweit sie den unter Ziffer 1 bis 12 aufgeführten Personen gleichzubehandeln sind.

Nr. 2

Nicht zum Personenkreis gehören insbesondere:

1. versorgungsberechtigte Hinterbliebene der in Nr. 1 genannten Personen (vgl. jedoch Nr. 7 Abs. 3 Ziff. 4),
2. frühere Beamte auf Widerruf und ihnen gleichzubehandelnde Personen, die bei Eintritt des Versorgungsfalles keinen gesetzlichen Anspruch auf einen Unterhaltsbeitrag auf Lebenszeit haben, es sei denn, daß sie eine Anwartschaft auf Alters- und Hinterbliebenenversorgung aus einem neuen Dienstverhältnis erworben haben (Nr. 1 Ziff. 12),
3. Berufssoldaten der früheren Wehrmacht, die weder die Voraussetzungen des § 53 Abs. 1 Satz 1 noch die des § 53 Abs. 2 Satz 1 oder des § 54b in Verbindung mit § 52 Abs. 1, 2, 3 Satz 1 erfüllen, sowie die ihnen gleichzubehandelnden berufsmäßigen Angehörigen des früheren Reichsarbeitsdienstes (§ 55), und zwar auch, wenn sie eine Anwartschaft oder einen Anspruch auf Alters- und Hinterbliebenenversorgung aus einem neuen Dienstverhältnis erworben haben oder erwerben; in letzterem Fall richtet sich die Erstattung von Beiträgen zu den gesetzlichen Rentenversicherungen nach § 72a Abs. 2 G 131 oder § 78 des Soldatenversorgungsgesetzes,

4. Personen, die auf Grund einer Soll- oder Kannvorschrift einen Unterhaltsbeitrag auf Zeit erhalten,
5. Personen, die gemäß §§ 3, 4 keine Rechte nach Kapitel I G 131 haben oder geltend machen können, hinsichtlich § 3 Satz 1 Nr. 4 jedoch nur, wenn sie auch nach § 67 keine Rechte haben, oder denen gemäß § 81 Abs. 4 keine Rechte nach dem Gesetz zustehen.

Befreiung von der Versicherungspflicht

Nr. 3

(1) Die Befreiung von der Versicherungspflicht nach § 73 Abs. 1 setzt einen Antrag des Beschäftigten voraus. Aus dem Antrag soll hervorgehen, in welchem Versicherungszweig und von welchem Zeitpunkt ab (Nr. 5 Abs. 3) die Befreiung begehrt wird. Wird die Befreiung von der Versicherungspflicht in mehreren Versicherungszweigen begehrt, so ist für jeden Versicherungszweig ein besonderer Antrag zu stellen. Wegen einer Befreiung von der Versicherung in der Arbeitslosenversicherung ist Nr. 5 Abs. 2 zu beachten.

(2) Antragsberechtigt sind
1. Beamte zur Wiederverwendung (§ 73 Abs. 1) und die ihnen nach § 73 Abs. 5 Satz 1 gleichzubehandelnden Personen mit Anwartschaft auf Alters- und Hinterbliebenenversorgung nach dem G 131 (Nr. 1 Ziff. 2 bis 7, 13) und
2. die in Nr. 1 Ziffer 12 genannten Personen unter den in § 73 Abs. 5 Satz 2 bezeichneten Voraussetzungen,

wenn sie nach dem 31. März — in Berlin nach dem 30. September — 1951 eine versicherungspflichtige Beschäftigung außerhalb des öffentlichen Dienstes ausgeübt haben.

(3) Der Antrag auf Befreiung von der Versicherungspflicht ist
1. in der Krankenversicherung
   an den Träger der gesetzlichen Krankenversicherung, dem der Antragsteller angehört,
2. in den Rentenversicherungen
   an den in Nr. 9 Buchstabe a bis c zu § 72a bezeichneten Träger der gesetzlichen Rentenversicherung

zu richten und bei der für den Antragsteller nach dem G 131 zuständigen Versorgungsdienststelle oder, wenn der Antragsteller zu den in § 73 Abs. 5 Satz 2 bezeichneten Personen (Absatz 2 Ziff. 2) gehört, bei der Beschäftigungsstelle einzureichen. Durch den rechtzeitigen Eingang des Antrages bei der Versorgungs- oder Beschäftigungsdienststelle wird die Antragsfrist gewahrt.

Nr. 4

Die Versorgungs- oder Beschäftigungsdienststelle (Nr. 3 Abs. 3) bestätigt den Eingang des Antrags und stellt fest, ob der Antragsteller zu den antragsberechtigten Personen (Nr. 3 Abs. 2) gehört und zu welchem Zeitpunkt seine Rechtstellung nach dem G 131 festgestellt oder die Anwartschaft auf Alters- und Hinterbliebenenversorgung erworben worden ist. Alsdann leitet sie den Antrag mit dem Ergebnis der Feststellungen an den Träger der Versicherung (Nr. 3 Abs. 3) mit dem Formblatt Anlage 15 weiter, der über den Antrag auf Befreiung von der Versicherungspflicht entscheidet; sind mehrere Anträge eingereicht (Nr. 3 Abs. 1 Satz 3), so ist für jeden nach vorstehendem Halbsatz zu verfahren.

Nr. 5

(1) Die Befreiung von der Versicherungspflicht erstreckt sich nicht auf die Unfallversicherung.

(2) Die Befreiung von der Versicherungspflicht in der gesetzlichen Krankenversicherung bewirkt zugleich Befreiung von der Versicherungspflicht in der Arbeitslosenversicherung. Gleiches bewirkt die Befreiung von der Versicherungspflicht in der Rentenversicherung der Angestellten, wenn wegen Überschreitens der Jahresarbeitsverdienstgrenze eine Versicherungspflicht in der gesetzlichen Krankenversicherung nicht besteht. Eine Befreiung von der Versicherungspflicht allein in der Arbeitslosenversicherung ist nicht zulässig.

(3) Ist der Antrag auf Befreiung von der Versicherungspflicht bis zum 30. September 1958 gestellt worden oder wird er innerhalb der in § 73 Abs. 1 Satz 3 oder Abs. 5 Satz 2 Halbsatz 2 bezeichneten Frist gestellt, so wirkt die Befreiung rückwirkend ab 1. April — in Berlin 1. Oktober — 1951 oder bei späterer Aufnahme der versicherungspflichtigen Beschäftigung von deren Beginn ab, sofern der Antragsteller diese Rückwirkung nicht ausschließt oder beschränkt.

(4) Die Befreiung von der Versicherungspflicht bleibt auch bei einem Wechsel des Beschäftigungsverhältnisses bestehen.

(5) Nach der Befreiung von der Versicherungspflicht kann der Befreite durch schriftliche Erklärung gegenüber dem zuständigen Versicherungsträger auf die Befreiung mit Wirkung vom Beginn des nächsten Monats an verzichten.

(6) Die Befreiung von der Versicherungspflicht nach § 73 ist nicht einer Befreiung nach § 1230 Abs. 1 RVO, § 7 Abs. 1 AVG und § 32 Abs. 1 RKG gleichzusetzen. Arbeitgeberanteile nach § 1386 RVO, § 113 AVG, § 130 Abs. 7 RKG sind daher nicht zu entrichten.

(7) Ruhestandsbeamte und die ihnen gleichzubehandelnden Personen (§ 73 Abs. 5 Satz 1; Nr. 1 Ziff. 8 bis 11, 13) unterliegen, vorbehaltlich einer Befreiung nach § 173 Abs. 1, § 1230 Abs. 1 RVO, § 7 Abs. 1 AVG, § 32 Abs. 1 RKG, der Versicherungspflicht in der gesetzlichen Krankenversicherung und den gesetzlichen Rentenversicherungen.

Nr. 6

(1) Über die Befreiung von der Versicherungspflicht erteilt der Versicherungsträger dem Antragsteller einen Bescheid in doppelter Ausfertigung nach dem Formblatt Anlage 16.

(2) Eine Ausfertigung des Bescheides (Absatz 1) übersendet der Versicherungsträger der Versorgungs- oder Beschäftigungsdienststelle (Nr. 3 Abs. 3), die ihm den Antrag zugeleitet hat."

3. Beamtenähnliche Rechtsverhältnisse

Die Regelung über die Befreiung von der Versicherungspflicht auf 38
Antrag des Arbeitgebers enthält § 1231 RVO. Die Vorschrift hat folgenden Wortlaut:

„§ 1231 RVO

(1) Auf Antrag des Arbeitgebers werden von der Versicherungspflicht befreit Personen, die in Betrieben oder im Dienst anderer als der in § 1229 Abs. 1 Nr. 2

genannten öffentlich-rechtlichen Körperschaften oder anderer öffentlich-rechtlicher Verbände oder der Verbände von Trägern der Sozialversicherung beschäftigt sind, wenn ihnen Anwartschaft auf lebenslängliche Versorgung und auf Hinterbliebenenversorgung nach beamtenrechtlichen Vorschriften oder Grundsätzen gewährleistet ist. Die Befreiung darf nur erfolgen, wenn die Erfüllung der Gewährleistung gesichert ist; sie kann an Auflagen gebunden werden. Die Befreiung kann für alle derzeitigen und zukünftigen Beschäftigten oder für Gruppen von ihnen oder für bestimmte Personen ausgesprochen werden. Die Befreiung wirkt von der Verleihung der Anwartschaft an, wenn sie innerhalb von zwei Monaten danach beantragt wird, sonst vom Eingang des Antrages an. Über den Antrag entscheiden die nach § 1229 Abs. 2 zuständigen Stellen.

(2) Auf Antrag des Reeders sind von der Versicherungspflicht zu befreien ausländische und staatenlose Besatzungsmitglieder deutscher Seefahrzeuge, die keinen Wohnsitz im Inland haben, soweit nicht zwischenstaatliche Sozialversicherungsabkommen oder internationale Übereinkommen auf dem Gebiet der Sozialversicherung entgegenstehen. Über den Antrag entscheidet die Seekasse.

(3) Auf Antrag ihrer Gemeinschaft werden die in § 1227 Abs. 1 Nr. 5 genannten Personen von der Versicherungspflicht befreit, wenn ihnen die in der Gemeinschaft übliche lebenslängliche Versorgung gewährleistet ist. Abs. 1 Satz 2 bis 5 gilt entsprechend."

Durch die Anführung des § 1231 RVO im § 2 Abs. 4 HwVG wird klargestellt, daß sich die Befreiung von der Versicherungspflicht nicht nur auf das Beschäftigungsverhältnis bei dem privilegierten Arbeitgeber, sondern daneben auch auf die Tätigkeit als selbständiger Handwerker bezieht.

39 Die Befreiung von der Versicherungspflicht nach dem HwVG tritt gemäß § 2 Abs. 4 HwVG bereits vom Beginn des Kalendermonats an ein, in dem die Anwartschaft verliehen worden ist, wenn der Antrag innerhalb von zwei Monaten gestellt wird. Wird die Anwartschaft im Monat April verliehen, so wirkt die Befreiung bereits vom 1. April an, wenn der Antrag bis zum 31. Mai gestellt wird. Ist dem Handwerker bereits die Anwartschaft auf Versorgung verliehen worden und ist er auf Grund eines Antrages des Arbeitgebers versicherungsfrei, so tritt überhaupt keine Versicherungspflicht nach dem HwVG ein, wenn die Eintragung in die Handwerksrolle erst später vorgenommen wird, da sich dann die bereits ausgesprochene Befreiung von der Versicherungspflicht auch auf die Tätigkeit als selbständiger Handwerker erstreckt. Ein erneuter Befreiungsantrag muß daher in solchen Fällen nicht gestellt werden.

§ 3

(1) Arbeitslosigkeit im Sinne des § 1248 Abs. 2, des § 1251 Abs. 1 und des § 1259 Abs. 1 Nr. 3 der Reichsversicherungsordnung liegt nur vor, wenn und solange der Handwerker in der Handwerksrolle gelöscht ist.

(2) Zeiten der Krankheit im Sinne des § 1251 Abs. 1, der Arbeitsunfähigkeit im Sinne des § 1259 Abs. 1 Nr. 1 und der Schwangerschaft oder des Wochenbetts im Sinne des § 1259 Abs. 1 Nr. 2 der Reichsversicherungsordnung werden bei der Anwendung der genannten Vorschriften nur dann berücksichtigt, wenn der Handwerker während dieser Zeiten keine anderen als die in § 4 Abs. 5 Nr. 2 genannten Personen beschäftigt hat. Der Bundesminister für Arbeit und Sozialordnung erläßt mit Zustimmung des Bundesrates Verwaltungsvorschriften darüber, wie die Arbeitsunfähigkeit nachzuweisen ist.

(3) War ein Handwerker während einer Ersatzzeit des § 1251 der Reichsversicherungsordnung auf Grund seiner Eintragung in die Handwerksrolle versicherungspflichtig, so schließt diese Versicherungspflicht die Anrechnung der Ersatzzeit nicht aus, wenn für diese Zeit Beiträge nicht entrichtet sind.

Übersicht über die Erläuterungen

I. Inhalt und Anwendungsbereich der Vorschrift

Die Vorschrift enthält Sonderregelungen für selbständige Handwerker, 1
die das Leistungsrecht der Rentenversicherung der Arbeiter betreffen. Die Notwendigkeit für solche Sonderregelungen ergab sich aus der besonderen Stellung der Handwerker als selbständige Gewerbetreibende.

Die Regelung des § 3 HwVG gilt für alle Versicherungsfälle, die nach dem Inkrafttreten des HwVG eintreten, auch wenn es sich um die Anrechnung von Zeiten vor dem 1. 1. 1962 handelt. Die Anwendung der Vorschrift auf bereits festgestellte Leistungen ist ausgeschlossen, da diese ausschließlich nach dem bisher geltenden Recht festzustellen waren. Ist bereits eine Leistung von der Bundesversicherungsanstalt für Angestellte unter Anwendung der Vorschriften des HVG bzw. des AVG bindend festgestellt worden, so ist bei einer Umwandlung dieser Leistung (z. B. Umwandlung der Rente wegen Berufsunfähigkeit in ein Altersruhegeld) oder bei Ableitung einer anderen Leistung aus der bereits festgestellten Leistung die Vorschrift des § 3 HwVG zu beachten, d. h. es sind dann die nach dem HwVG anrechenbaren Zeiten zu berücksichtigen, sofern eine Neuberechnung der Leistung überhaupt vorzunehmen ist.

Fraglich kann es sein, ob die einschränkenden Vorschriften des 2
§ 3 HwVG nur für die pflichtversicherten Handwerker oder für alle

selbständigen Handwerker gelten. Da im § 3 HwVG nur der Begriff „Handwerker" verwendet ist, wird davon auszugehen sein, daß die Vorschrift für alle selbständigen Handwerker gilt. Das bedeutet, daß z. B. auch einem Handwerker, der bereits für mehr als 216 Kalendermonate Pflichtbeiträge entrichtet hat und der deshalb nicht mehr der Versicherungspflicht nach dem HwVG unterliegt, der aber als Arbeitnehmer versicherungspflichtig ist, Zeiten der Arbeitslosigkeit nur unter den einschränkenden Bedingungen des § 3 HwVG angerechnet werden können. Das ergibt sich auch daraus, daß Arbeitslosigkeit nach der Begriffsbestimmung des AVAVG nur vorliegen kann, wenn ein selbständig Erwerbstätiger unselbständig beschäftigt war und auch künftig in der Hauptsache als Arbeitnehmer tätig sein will (vgl. Anm. 4).

Das muß auch für die Handwerker gelten, die nach § 2 HwVG oder nach den allgemeinen Vorschriften der Rentenversicherung der Arbeiter versicherungsfrei sind. Führt z. B. eine Witwe den Betrieb ihres verstorbenen Ehemannes fort und ist sie deshalb nach § 2 Abs. 1 Nr. 4 HwVG versicherungsfrei, besteht jedoch Versicherungspflicht nach den allgemeinen Vorschriften der RVO bzw. des AVG, so kann ihr, da sie als „Handwerkerin" im Sinne des Handwerksrechts anzusehen ist, die Zeit einer durch Krankheit bedingten Arbeitsunfähigkeit nur angerechnet werden, wenn sie nur ein geringes Arbeitseinkommen aus dem Handwerksbetrieb erzielt.

II. Die angeführten allgemeinen Vorschriften der RVO

3 Die im § 3 HwVG angeführten Vorschriften der RVO haben folgenden Wortlaut:

„§ 1248 RVO

(1) . . . .

(2) Altersruhegeld erhält auf Antrag auch der Versicherte, der das 60. Lebensjahr vollendet, die Wartezeit erfüllt hat und seit mindestens einem Jahr ununterbrochen arbeitslos ist, für die weitere Dauer der Arbeitslosigkeit. Das Altersruhegeld fällt mit Ablauf des Monats weg, in dem der Berechtigte in eine rentenversicherungspflichtige Beschäftigung oder Tätigkeit eintritt. Endet diese Beschäftigung oder Tätigkeit wieder, so wird das Altersruhegeld auf Antrag bereits mit dem Ersten des auf das Ende der Beschäftigung folgenden Kalendermonats wiedergewährt. Eine Beschäftigung oder Tätigkeit, die über eine gelegentliche Aushilfe nicht hinausgeht, bleibt außer Betracht.

(3) . . . .

§ 1251 RVO

(1) Für die Erfüllung der Wartezeit werden als Ersatzzeiten angerechnet

1. Zeiten des militärischen oder militärähnlichen Dienstes im Sinne der §§ 2 und 3 des Bundesversorgungsgesetzes, der auf Grund gesetzlicher Dienst- oder Wehrpflicht oder während eines Krieges geleistet worden ist, sowie Zeiten der Kriegs-

gefangenschaft und einer anschließenden Krankheit oder unverschuldeten Arbeitslosigkeit,

2. Zeiten der Internierung oder der Verschleppung sowie Zeiten einer anschließenden Krankheit oder unverschuldeten Arbeitslosigkeit, wenn der Versicherte Heimkehrer im Sinne des § 1 des Heimkehrergesetzes ist,
3. Zeiten, in denen der Versicherte während eines Krieges, ohne Kriegsteilnehmer zu sein, durch feindliche Maßnahmen an der Rückkehr aus dem Ausland verhindert gewesen ist,
4. Zeiten der Freiheitsentziehung im Sinne des § 43 des Bundesentschädigungsgesetzes, Zeiten einer anschließenden Krankheit oder unverschuldeten Arbeitslosigkeit sowie Zeiten der durch Verfolgungsmaßnahmen im Sinne des genannten Gesetzes hervorgerufenen Arbeitslosigkeit oder eines Auslandsaufenthaltes bis zum 31. Dezember 1949, wenn der Versicherte Verfolgter im Sinne des § 1 des Bundesentschädigungsgesetzes ist,
5. Zeiten des Gewahrsams und einer anschließenden Krankheit oder unverschuldeten Arbeitslosigkeit bei Personen im Sinne des § 1 des Häftlingshilfegesetzes,
6. die Zeit vom 1. Januar 1945 bis 31. Dezember 1946 sowie außerhalb dieses Zeitraumes liegende Zeiten der Vertreibung oder Flucht und einer anschließenden Krankheit oder unverschuldeten Arbeitslosigkeit bei Personen im Sinne der §§ 1 bis 4 des Bundesvertriebenengesetzes.

§ 1259 RVO

(1) Ausfallzeiten im Sinne des § 1258 sind

1. Zeiten, in denen eine versicherungspflichtige Beschäftigung oder Tätigkeit durch eine infolge Krankheit oder Unfall bedingte, länger als sechs Wochen andauernde Arbeitsunfähigkeit unterbrochen worden ist, wenn sie in den Versicherungskarten oder sonstigen Nachweisen bescheinigt sind,
2. Zeiten, in denen eine versicherungspflichtige Beschäftigung oder Tätigkeit durch Schwangerschaft oder Wochenbett unterbrochen worden ist, wenn sie in den Versicherungskarten oder sonstigen Nachweisen bescheinigt sind,
3. Zeiten, in denen eine versicherungspflichtige Beschäftigung oder Tätigkeit durch eine länger als sechs Wochen andauernde Arbeitslosigkeit unterbrochen worden ist, vom Ablauf der sechsten Woche an, wenn der bei einem deutschen Arbeitsamt als Arbeitsuchender gemeldete Arbeitslose
   a) versicherungsmäßiges Arbeitslosengeld (Arbeitslosenunterstützung) oder
   b) Arbeitslosenhilfe (Krisenunterstützung, Arbeitslosenfürsorge) oder
   c) Unterstützung aus der öffentlichen Fürsorge oder
   d) Familienunterstützung

   bezogen hat oder eine dieser Leistungen wegen Zusammentreffens mit anderen Bezügen, wegen eines Einkommens oder wegen der Berücksichtigung von Vermögen nicht gewährt worden ist,
4. ....“

III. Die Anrechnung der einzelnen Zeiten

1. Zeiten der Arbeitslosigkeit

Die Regelung, daß Arbeitslosigkeit nur dann anerkannt werden kann, 4
wenn und solange der Handwerker in der Handwerksrolle gelöscht ist,

entspricht dem bisher geltenden Recht (vgl. § 6 der 1. DVOzHVG). Der Gesetzgeber ist davon ausgegangen, daß selbständige Handwerker, die in der Handwerksrolle eingetragen sind, nicht „arbeitslos" sein können. Dies entspricht auch dem § 75 Abs. 3 Satz 1 AVAVG, wonach Selbständige ohne Rücksicht auf ihr Einkommen nicht als arbeitslos gelten. Der Handwerker erhält in der Rentenversicherung der Arbeiter die Zeit der Arbeitslosigkeit auch dann nicht angerechnet, wenn er nach § 75 Abs. 3 Satz 2 AVAVG als arbeitslos gilt, weil er schon vor dem Verlust der unselbständigen Beschäftigung nebenher selbständig war und aus seiner Tätigkeit in dem selbständigen Beruf kein über die Geringfügigkeitsgrenze des § 66 Abs. 2 AVAVG hinausgehendes Einkommen erzielt hat, der Umfang seiner Tätigkeit 18 Stunden wöchentlich nicht überschreitet und nach den Gesamtumständen angenommen werden kann, daß er auch künftig berufsmäßig in der Hauptsache als Arbeitnehmer tätig sein will.

5 Im einzelnen bedeutet die Vorschrift, daß ein Handwerker erst dann Altersruhegeld erhält, wenn seit seiner Löschung in der Handwerksrolle mindestens ein Jahr vergangen ist und er in dieser Zeit arbeitslos war. Wird der Bezieher eines Altersruhegeldes nach § 1248 Abs. 2 RVO in die Handwerksrolle eingetragen, so fällt das Altersruhegeld weg, da keine Arbeitslosigkeit mehr vorliegt. Unbeachtlich wird es sein, ob der Handwerker noch der Versicherungspflicht nach § 1 HwVG unterliegt oder ob er z. B., weil er bereits für mehr als 216 Kalendermonate Pflichtbeiträge entrichtet hat, nicht mehr versicherungspflichtig nach dem HwVG ist. Ebenso bedeutungslos für den Wegfall des Altersruhegeldes ist das erzielte Arbeitseinkommen, d. h. das Altersruhegeld fällt auch dann weg, wenn das Einkommen aus dem Gewerbebetrieb geringer ist als die bisher bezogene Rente.

6 Soweit die Zeit der unverschuldeten Arbeitslosigkeit nach § 1251 Abs. 1 RVO als Ersatzzeit anzurechnen ist, geht die Sondervorschrift des § 3 Abs. 1 HwVG der Vorschrift des § 3 Abs. 3 HwVG vor. Die Zeit der Arbeitslosigkeit kann als Ersatzzeit nur dann angerechnet werden, wenn der Handwerker in der Handwerksrolle gelöscht war. Dabei werden aber nur solche Eintragungen in der Handwerksrolle Bedeutung haben können, die noch zur Ausübung des Handwerks als stehendes Gewerbe berechtigten. War z. B. ein Handwerker in der Handwerksrolle der Handwerkskammer Breslau eingetragen, so ist die an den Kriegsdienst anschließende Zeit der unverschuldeten Arbeitslosigkeit anzurechnen, wenn er in dieser Zeit im Bundesgebiet seinen Wohnsitz hatte und nicht in die Handwerksrolle eingetragen worden ist. Andererseits wird aber die Arbeitslosigkeit als Ersatzzeit anzurechnen sein, wenn ein Verfolgter des Nationalsozialismus seinen Gewerbebetrieb wegen der Verfolgungsmaßnahmen tatsächlich stillegen mußte, während

die Eintragung in der Handwerksrolle zunächst bestehen blieb. In einem solchen Falle müßte die wegen der erzwungenen Aufgabe der selbständigen Tätigkeit eingetretene Arbeitslosigkeit unter Berücksichtigung der im Urteil des BSG vom 16.9.1960 niedergelegten Grundsätze (BSGE Bd. 13 S. 65) als Ersatzzeit angerechnet werden, weil das Entschädigungsrecht den allgemeinen Regelungen der Sozialversicherung vorgeht.

Da Arbeitslosigkeit bei einem Handwerker nur vorliegen kann, wenn er in der Handwerksrolle gelöscht ist, so ist die Ausfallzeit gemäß § 1259 Abs. 1 Nr. 3 RVO auch erst nach Ablauf der sechsten Woche nach Löschung in der Handwerksrolle anrechenbar. Nicht maßgebend ist dann, von welchem Zeitpunkt ab tatsächlich Arbeitslosigkeit vorliegt, sondern die Frist von sechs Wochen beginnt erst mit der Löschung in der Handwerksrolle. 7

2. Zeiten der Krankheit und der Arbeitsunfähigkeit

Nach dem früher geltenden Recht konnten Krankheitszeiten als Ersatzzeiten nur angerechnet werden, wenn der Handwerker sich nicht nur auf die Leitung seines Betriebes beschränkte, sondern auch körperlich mitarbeitete und an der Fortsetzung dieser Mitarbeit durch die Krankheit verhindert war (§ 5 Abs. 2 1. DVOzHVG). In der Vergangenheit war es in der Praxis sehr schwierig zu beurteilen, in welchen Fällen die Krankheitszeit anzurechnen war, da Grundlage für die Entscheidung meist nur die eigenen Angaben des Handwerkers sein konnten. Nach dem HwVG ist ein allgemein bestimmbarer Sachverhalt Voraussetzung für die Anrechnung von Krankheitszeiten. Im Gegensatz zur Arbeitslosigkeit sind Krankheits- und Arbeitsunfähigkeitszeiten auch dann anrechenbar, wenn der Handwerker während der genannten Zeiten weiterhin in der Handwerksrolle eingetragen bleibt. Es ist nicht zu prüfen, ob er vor der Arbeitsunfähigkeit körperlich in seinem Betrieb mitgearbeitet hat. 8

Voraussetzung für die Anrechnung der Zeiten ist, daß der Handwerker während der in Betracht kommenden Zeiten in seinem Gewerbebetrieb außer einem Lehrling oder einem Verwandten ersten Grades keine Personen beschäftigt, die wegen dieser Beschäftigung rentenversicherungspflichtig sind (vgl. Anm. 16ff. zu § 4).

Im einzelnen kann es sich um folgende Zeiten handeln:

Zeiten der Krankheit

Solche Zeiten sind als Ersatzzeiten anrechenbar, wenn sie an die eigentlichen Ersatzzeiten im Sinne des § 1251 Abs. 1 RVO anschließen. 9

Der Nachweis der Krankheit wird für sich allein nicht ausreichen, damit die Zeit als Ersatzzeit angerechnet wird, sondern es muß auch hier der Nachweis gefordert werden, daß der Handwerker infolge der Krankheit nicht in der Lage war, eine Erwerbstätigkeit auszuüben, er also arbeitsunfähig war (vgl. Hoernigk/Jorks Anm. 6 zu § 1251 RVO). Zeiten der Arbeitsunfähigkeit

10 Die Zeit der Arbeitsunfähigkeit, durch die eine versicherungspflichtige Beschäftigung oder Tätigkeit unterbrochen worden ist, ist als Ausfallzeit anzurechnen, wenn sie durch Krankheit oder Unfall bedingt war und länger als sechs Wochen gedauert hat.

Arbeitsunfähigkeit bedeutet den Verlust der Fähigkeit, den bisherigen Beruf auszuüben. Soweit ein Unfall Ursache der Arbeitsunfähigkeit ist, braucht es sich dabei nicht um einen Arbeitsunfall im Sinne der gesetzlichen Unfallversicherung zu handeln.

Der Bundesminister für Arbeit und Sozialordnung erläßt noch Verwaltungsvorschriften darüber, wie die Arbeitsunfähigkeit nachzuweisen ist.

3. Zeiten der Schwangerschaft und des Wochenbetts

11 Die Zeiten, in denen eine versicherungspflichtige Beschäftigung oder Tätigkeit durch Schwangerschaft oder Wochenbett unterbrochen worden ist, werden als Ausfallzeiten angerechnet.

Welche Zeiten hierbei im einzelnen in Betracht kommen, ist im Gesetz nicht näher umschrieben. Anrechenbar werden die Zeiten sein, während denen bei Frauen, die in einem Arbeitsverhältnis stehen, nach dem Mutterschutzgesetz vom 24. 1. 1952 (BGBl. I S. 69) ein Beschäftigungsverbot besteht. Wenn das Mutterschutzgesetz auch nicht für selbständige Handwerkerinnen gilt, so dürften doch keine Bedenken bestehen, daß die als Ausfallzeiten anrechenbaren Zeiten nach den Vorschriften dieses Gesetzes bestimmt werden.

Als Zeit der Schwangerschaft wird die Zeit anzurechnen sein, in der die Handwerkerin bei einer weiteren Ausübung ihrer Tätigkeit Leben oder Gesundheit von Mutter und Kind gefährden würde. Dieser Sachverhalt muß durch ärztliches Zeugnis nachgewiesen werden. Es handelt sich hierbei insbesondere um die letzten sechs Wochen vor der Niederkunft, sofern die Handwerkerin glaubhaft macht, daß sie in dieser Zeit ihre Erwerbstätigkeit nicht ausgeübt hat. Grundlage für die Berechnung der Frist von sechs Wochen ist einmal die Geburtsurkunde oder das vor der Geburt ausgestellte Zeugnis eines Arztes oder einer Hebamme, in dem der mutmaßliche Tag der Niederkunft angegeben ist. Hat sich der Arzt oder die Hebamme über den Zeitpunkt der Niederkunft geirrt, so verkürzt oder verlängert sich die Frist entsprechend.

Als Zeit des Wochenbetts wird die Zeit bis zum Ablauf von sechs Wochen nach der Niederkunft anzurechnen sein. Für stillende Mütter verlängert sich diese Frist auf acht Wochen, für stillende Mütter nach Frühgeburten auf zwölf Wochen. Eine längere Zeit kann als Zeit des

Wochenbetts angerechnet werden, wenn die Handwerkerin nach ärztlichem Zeugnis arbeitsunfähig war, wobei die Arbeitsunfähigkeit ihre Ursache in der Niederkunft haben muß. Dabei wird die Handwerkerin ebenfalls glaubhaft machen müssen, daß sie während dieser Zeiten nicht in ihrem Gewerbebetrieb tätig war.

IV. Die Anrechenbarkeit von Ersatzzeiten

Die Notwendigkeit der Regelung des § 3 Abs. 3 HwVG ergibt sich 12
daraus, daß nach § 1251 Abs. 2 RVO mit Ersatztatsachen belegte Zeiten nur dann als Ersatzzeiten angerechnet werden können, wenn während dieser Zeiten Versicherungspflicht nicht bestanden hat. Bei Handwerkern, die während der als Ersatzzeiten anrechenbaren Zeiten in der Handwerksrolle eingetragen waren, bestand jedoch Versicherungspflicht weiter und ihnen könnten ohne die ausdrückliche Regelung des § 3 Abs. 3 HwVG die Ersatzzeiten nicht angerechnet werden. Eine entsprechende Regelung war bereits in dem bisher geltenden Recht enthalten (§ 5 Abs. 1 und 3 der 1. DVOzHVG).

Für die Anrechnung der Ersatzzeiten, sofern der Handwerker während dieser Zeit in der Handwerksrolle eingetragen war, kommt es darauf an, daß für diese Zeit keine Beiträge zur Rentenversicherung entrichtet sind. Fraglich kann es dabei erscheinen, ob nur die Entrichtung von Pflichtbeiträgen auf Grund des HVG die Anrechnung dieser Zeiten als Ersatzzeiten ausschließt, oder ob die gleiche Wirkung auch bei der Entrichtung von freiwilligen Beiträgen eintritt. Da es sich bei den als Ersatzzeiten anrechenbaren Zeiten im wesentlichen um Zeiten handelt, die durch die besonderen Kriegs- und Nachkriegsverhältnisse bedingt sind, ist es denkbar, daß ein Handwerker in dieser Zeit keine Pflichtbeiträge zur Rentenversicherung der Angestellten entrichtete, sondern vielmehr irrtümlich freiwillige Beiträge zur Rentenversicherung der Arbeiter. Nach der allgemeinen Regelung des Art. 2 § 15 Abs. 2 ArVNG würden solche während der Ersatzzeit entrichteten freiwilligen Beiträge als Beiträge der Höherversicherung anzurechnen sein. Aus der Fassung der Vorschrift, wonach die Versicherungspflicht die Anrechnung der Ersatzzeit nicht ausschließt, wenn für diese Zeit Beiträge nicht entrichtet sind, wird wohl anzunehmen sein, daß hier nur Pflichtbeiträge gemeint sind, obwohl es dann verständlicher gewesen wäre, wenn anstelle des Wortes „Beiträge“ das Wort „Pflichtbeiträge“ verwendet worden wäre.

Die Anrechnung ist auch ausgeschlossen, wenn der Handwerker während der genannten Zeiten zwar keine Pflichtbeiträge nach dem HVG, sondern irrtümlich Pflichtbeiträge nach den allgemeinen Vorschriften der Rentenversicherung wegen einer versicherungspflichtigen Beschäftigung entrichtet hat.

13 Im übrigen ist die Anrechnung der Ersatzzeiten, soweit es sich dabei um Zeiten der an die eigentlichen Ersatztatsachen anschließenden Zeiten der Krankheit oder unverschuldeten Arbeitslosigkeit handelt, nur unter Berücksichtigung der Vorschriften des § 3 Abs. 1 und 2 HwVG möglich. Wenn es sich dabei auch um echte Ersatzzeiten handelt, so müssen doch die Sondervorschriften für selbständige Handwerker beachtet werden. Diese Zeiten sind nur dann zu berücksichtigen, wenn der Handwerker in dieser Zeit in seinem Gewerbebetrieb mit Ausnahme eines Lehrlings oder eines Verwandten ersten Grades keine Personen beschäftigte, die wegen dieser Beschäftigung rentenversicherungspflichtig waren (vgl. Anm. 16ff. zu § 4) bzw. hinsichtlich der Zeit der unverschuldeten Arbeitslosigkeit, daß die Eintragung des Handwerkers in der Handwerksrolle gelöscht war (vgl. Anm. 6).

14 Soweit die Vorschriften des bisher geltenden Rechts günstiger waren, richtet sich die Anrechnung der Ersatzzeit nach dem 31. 12. 1961 ausschließlich nach § 3 HwVG. Es ist bei der Berechnung der Rente dann nicht die gesamte eingetragene Ersatzzeit anrechenbar, sondern es ist vielmehr zu prüfen, welche Zeiten dem Handwerker nunmehr noch angerechnet werden können.

§ 4

(1) Für die Pflichtversicherung gelten die Beitragsklassen des § 1387 der Reichsversicherungsordnung von Beitragsklasse V an.

(2) Pflichtbeiträge sind ohne Rücksicht auf die Höhe des Arbeitseinkommens in der Beitragsklasse zu entrichten, die für ein Zwölftel des nach § 1256 Abs. 1 Buchstabe c der Reichsversicherungsordnung bestimmten durchschnittlichen Bruttoarbeitsentgelts anzuwenden ist. Die Beitragsklasse wird in der in § 1256 Abs. 1 der Reichsversicherungsordnung vorgesehenen Rechtsverordnung bekanntgegeben.

(3) Pflichtversicherte können anstelle der Beitragsklasse nach Absatz 2 eine höhere Beitragsklasse wählen, jedoch nicht eine höhere, als einem Zwölftel ihrer Jahreseinkünfte (Absatz 6) entspricht.

(4) Für die in § 3 Abs. 2 aufgeführten Zeiten brauchen Beiträge auf Antrag nicht entrichtet zu werden.

(5) Pflichtversicherte brauchen Beiträge nur für jeden zweiten Monat zu entrichten

1. **bis zum Ablauf von drei Kalenderjahren nach dem Jahr der erstmaligen Eintragung in die Handwerksrolle,**
2. **für die Zeit, in der sie in ihrem Gewerbebetrieb mit Ausnahme eines Lehrlings oder eines Verwandten ersten Grades keine Personen beschäftigen, die wegen dieser Beschäftigung rentenversicherungspflichtig sind.**

Hat der Handwerker von dem Recht des Satzes 1 im letzten Kalenderjahr vor dem Versicherungsfall Gebrauch gemacht, so dürfen nach dem Versicherungsfall Beiträge für Zeiten vorher auch nur für sechs Kalendermonate im Jahr entrichtet werden.

(6) Liegt der im letzten Einkommensteuerbescheid ausgewiesene Betrag der Jahreseinkünfte aus Gewerbebetrieb vor Abzug der Sonderausgaben und Freibeträge unter der Hälfte des Betrages des nach Absatz 2 bestimmten durchschnittlichen Bruttoarbeitsentgelts, so können die in Absatz 5 genannten Pflichtversicherten Beiträge in einer niedrigeren Beitragsklasse des Absatzes 1 entrichten.

Übersicht über die Erläuterungen

I. Allgemeines

1. Grundzüge der Regelung

1 Neben der Begrenzung der Dauer der Versicherungspflicht der selbständigen Handwerker sind die Begrenzung der Höhe der Beitragsleistung

für Handwerker sowie die Berechtigung, bei Erfüllung bestimmter Voraussetzungen nur jeden zweiten Monat einen Beitrag entrichten zu müssen, wesentliche Grundzüge der Neuregelung der Handwerkerversicherung. Bei der Beratung des Gesetzentwurfes bestand im Ausschuß für Sozialpolitik des Deutschen Bundestages darüber Übereinstimmung, daß die Beitragsbelastung des Handwerkers mit 14% seines Arbeitseinkommens zu Härten führen könne, weil der Handwerker den gesamten Beitrag allein aufbringen muß (vgl. dazu im einzelnen die Ausführungen in dem schriftlichen Bericht des Ausschusses für Sozialpolitik — Bundestagsdrucks. Nr. 1379 — abgedruckt S. 27).

Während nach dem bisher geltenden Recht die Versicherung das gesamte Jahreseinkommen des einzelnen Handwerkers umfaßte und dieses dementsprechend die Höhe der Beiträge zu Rentenversicherung der Angestellten bestimmte, ist nunmehr vorgesehen, daß die Handwerker ohne Rücksicht auf die Höhe ihres Arbeitseinkommens Durchschnittsbeiträge zu entrichten haben, die entsprechend des zuletzt ermittelten durchschnittlichen Bruttojahresarbeitsentgelts aller Versicherten der Rentenversicherungen der Arbeiter und der Angestellten in einer Rechtsverordnung festgesetzt werden. Damit entfällt im Regelfall die Prüfung, ob die entrichteten Beiträge der Höhe des Einkommens entsprechen. Um jedoch durch die Entrichtung des Beitrages in der allgemein für Handwerker festgesetzten Beitragsklasse keine zu große finanzielle Belastung für den Handwerker entstehen zu lassen, haben Handwerker, die nur geringe Einkünfte aus dem Gewerbebetrieb erzielen, das Recht, niedrigere Beiträge zu entrichten. Andererseits soll aber den Handwerkern mit höheren Einkommen die Möglichkeit gegeben werden, höhere Beiträge zu leisten, um damit beim Eintritt des Versicherungsfalles höhere Leistungen erhalten zu können. Wenn die gesetzlichen Voraussetzungen erfüllt sind, ist die Entrichtung von Beiträgen in einer höheren oder niedrigeren als der allgemein festgesetzten Beitragsklasse in das Ermessen des Handwerkers gestellt, d. h. er kann höhere oder niedrigere Beiträge entrichten und damit die grundsätzliche Verpflichtung zur Entrichtung des Beitrages in der allgemein festgesetzten Beitragsklasse ablösen.

Darüber hinaus haben bestimmte Gruppen von Handwerkern das Recht, nur jeden zweiten Monat einen Beitrag zu entrichten und damit die ihnen entstehende Beitragsbelastung auf die Hälfte zu senken. Macht ein Handwerker von dieser Möglichkeit Gebrauch, so hat er allerdings eine längere Zeit hindurch die Pflichtbeiträge zu entrichten, da die Dauer der Versicherungspflicht von der Anzahl der entrichteten Pflichtbeiträge abhängt und die Versicherungspflicht bei einer Beitragsentrichtung nur für jeden zweiten Monat dann nicht während achtzehn Jahren, sondern bis zu sechsunddreißig Jahren bestehen kann.

Ebenso wie sich der Handwerker künftig nicht mehr durch den Abschluß eines Lebensversicherungsvertrages von der Versicherungspflicht befreien kann, ist es auch nicht mehr möglich, auf Grund des Abschlusses eines Lebensversicherungsvertrages die „Halbversicherung" zu beantragen. Während bei der bisherigen Halbversicherung der Handwerker nur verpflichtet war, die Hälfte des Beitrages zur Rentenversicherung der Angestellten zu zahlen, den er bei der Vollversicherung zu zahlen hätte, kann er nunmehr bei Erfüllung bestimmter Voraussetzungen für jeden zweiten Kalendermonat einen Beitrag entrichten.

Die Begrenzung der Höhe der zu entrichtenden Beiträge hat neben der Vermeidung zu großer finanzieller Belastungen für den Handwerker aber auch den Sinn, die Beitragserhebung zu vereinfachen. Künftig kann eine Überprüfung der Einkommensverhältnisse des Handwerkers nur in Betracht kommen, wenn der Handwerker nicht den Beitrag in der allgemein für Handwerker festgesetzten, sondern in einer anderen Beitragsklasse entrichten will, also nur in den von der Regel abweichenden Fällen. Bisher mußte, da die Beitragshöhe von der Höhe des Gesamteinkommens des Handwerkers abhängig war, stets die Einkommenshöhe überprüft werden, was in der Praxis wegen der Vielzahl der zu überprüfenden Fälle zu Schwierigkeiten führte.

Die Vorschriften des § 4 HwVG über die Höhe und die Anzahl der 2
zu entrichtenden Beiträge gilt nur für die Beitragsleistung von pflichtversicherten Handwerkern. Ist der nicht nach dem HwVG pflichtversicherte Handwerker zur freiwilligen Weiterversicherung berechtigt, so kann er, wie sämtliche in den gesetzlichen Rentenversicherungen freiwillig versicherten Personen, die Anzahl und die Höhe der zu entrichtenden Beiträge frei bestimmen. Er ist dann nicht verpflichtet, Beiträge in einer bestimmten Höhe zu leisten, insbesondere muß er nicht die freiwilligen Beiträge in der allgemein für pflichtversicherte Handwerker festgesetzten Beitragsklasse entrichten, zumal auch für die freiwillige Weiterversicherung andere Beitragsklassen gelten als für die Pflichtversicherung.

2. Inhalt der Vorschrift

Im § 4 HwVG sind zwei voneinander unabhängige Tatbestände be- 3
handelt, wenn diese auch zum Teil wegen des berechtigten Personenkreises miteinander in Verbindung stehen.

So enthält Absatz 5 eine Regelung über die Anzahl der zu entrichtenden Beiträge, wobei die Einzelheiten über die Entrichtung selbst im § 5 Abs. 4 HwVG behandelt werden, während in den Absätzen 1, 2, 3, 4 und 6 die Höhe der von den pflichtversicherten Handwerkern zu entrichtenden Beiträge bestimmt wird.

4 Im Einzelfall ist die Frage, ob der Handwerker jeden Monat einen Beitrag zu entrichten hat, und die Frage, in welcher Höhe der Beitrag zu zahlen ist, getrennt zu beurteilen. So braucht z. B. ein Handwerker, der im Jahre 1959 erstmals in die Handwerksrolle eingetragen ist, im Jahre 1962 nur für jeden zweiten Kalendermonat einen Beitrag an den zuständigen Versicherungsträger abzuführen, kann aber, wenn er hohe Einkünfte aus seinem Gewerbebetrieb erzielt, durchaus Beiträge in einer höheren, als der allgemein für pflichtversicherte Handwerker festgesetzten Beitragsklasse entrichten. Lediglich für die Berechtigung zur Beitragsleistung in einer niedrigeren Beitragsklasse muß der Handwerker neben seinem geringen Einkommen aus Gewerbebetrieb auch das Recht zur verminderten Beitragsleistung nach § 4 Abs. 5 HwVG haben. Ob er dann allerdings gleichzeitig von den beiden ihm zustehenden Rechten Gebrauch macht, ist unerheblich, d. h. auch wenn er von dem Recht zur verminderten Beitragsleistung keinen Gebrauch macht, kann er Beiträge in einer niedrigeren Beitragsklasse zahlen oder umgekehrt die Beiträge in der allgemein festgesetzten Beitragsklasse, aber nur weniger als zwölf (jedoch mindestens sechs) Beiträge leisten.

II. Die Anzahl der zu entrichtenden Beiträge

1. Beitragsentrichtung für jeden Monat

5 Grundsätzlich ist der Handwerker verpflichtet, für jeden Kalendermonat, während dem Versicherungspflicht nach dem HwVG besteht, einen Pflichtbeitrag zu entrichten. Lediglich in den im Gesetz abschließend angeführten Sonderfällen hat der Handwerker das Recht, nur für jeden zweiten Kalendermonat einen Beitrag zu entrichten. Macht der Handwerker von dem Recht zur verminderten Beitragsleistung keinen Gebrauch oder steht ihm dieses Recht nicht zu, so richtet sich die Beitragsleistung nach den allgemeinen Vorschriften (vgl. § 5 Abs. 4 HwVG).

2. Beitragsentrichtung für jeden zweiten Monat

a) Allgemeines

6 Erfüllt der pflichtversicherte Handwerker eine der im § 4 Abs. 5 HwVG angeführten Voraussetzungen, so braucht er nur für jeden zweiten Kalendermonat einen Beitrag zu entrichten. Die Verwendung des Wortes „braucht" bedeutet dabei, daß es im Ermessen des einzelnen berechtigten Handwerkers steht, ob er von dem ihm zustehenden Recht auch Gebrauch machen will. Nicht eindeutig ist in der Vorschrift zum Ausdruck gebracht, in welcher Form der Handwerker von seinem Recht zur verminderten Beitragsleistung Gebrauch machen kann. Denkbar wäre es, daß der Handwerker ohne weiteres nur für jeden zweiten Kalendermonat einen Beitrag entrichtet. Da die Beiträge jedoch an

den zuständigen Träger der Rentenversicherung oder an den von diesem beauftragten Träger der Krankenversicherung abzuführen sind, müßte dann von diesem geprüft werden, ob das Recht zur verminderten Beitragsleistung tatsächlich besteht. Aus praktischen Erwägungen erscheint es deshalb zweckmäßiger, wenn der Handwerker, bevor er von dem Recht zur verminderten Beitragsleistung Gebrauch macht, sich an den zuständigen Versicherungsträger unter Vorlage der entsprechenden Nachweise wendet und ihm Kenntnis davon gibt, daß er nur jeden zweiten Monat einen Beitrag entrichten will. Das Recht zur verminderten Beitragsleistung kann allerdings nicht davon abhängig gemacht werden, daß der Handwerker einen entsprechenden Antrag bei dem zuständigen Versicherungsträger stellt, sondern es besteht auch dann, wenn der zuständige Versicherungsträger dieses Recht nicht formell festgestellt hat. Ein Verwaltungsakt des Versicherungsträgers, durch den dem einzelnen Handwerker das Recht zur verminderten Beitragsleistung zuerkannt wird, könnte nur deklaratorische Bedeutung haben, keinesfalls wird durch einen solchen Verwaltungsakt erst das Recht begründet. Ebenso wird der Handwerker nicht berechtigt sein, von dem zuständigen Versicherungsträger die formelle Feststellung des Rechts zur verminderten Beitragsleistung zu verlangen, vielmehr ist es dem Versicherungsträger freigestellt, ob er einen solchen Verwaltungsakt erteilt. Hat ein Versicherungsträger durch Verwaltungsakt das Recht zur verminderten Beitragsleistung einem Handwerker zugestanden, so kann ein solcher Verwaltungsakt unter Berücksichtigung allgemeiner verwaltungsrechtlicher Grundsätze (vgl. BSG Bd. 14 S. 10) widerrufen, abgeändert oder aufgehoben werden, insbesondere wenn er auf Grund unrichtiger Angaben des Handwerkers erlassen worden ist.

b) Entrichtung von mehr als sechs Beiträgen für das Kalenderjahr

Der Handwerker ist berechtigt, auch nur zeitweise von dem ihm 7
zustehenden Recht zur verminderten Beitragsleistung Gebrauch zu machen. Er ist zwar grundsätzlich verpflichtet, jeden Monat einen Pflichtbeitrag nach dem HwVG zu entrichten, braucht aber, wenn er hierzu berechtigt ist, nur jeden zweiten Monat einen Beitrag zu entrichten. Es wird davon auszugehen sein, daß in diesen Fällen der Handwerker mindestens für jeden zweiten Monat einen Pflichtbeitrag an den Träger der Rentenversicherung abführen muß, daß er aber auch mehr, höchstens jedoch zwölf Monatsbeiträge, entrichten kann. Der Handwerker hat also die Wahl, ob er nur in den Monaten mit gerader Ordnungszahl (vgl. § 5 Abs. 4 HwVG) einen Beitrag abführt oder darüber hinaus auch für einzelne dazwischen liegende Kalendermonate. Es können deshalb für das einzelne Kalenderjahr zwischen sechs und zwölf Monatsbeiträge entrichtet werden. Die von dem Handwerker

über die sechs Beiträge hinaus entrichteten Beiträge sind ebenfalls Pflicht- und keine freiwilligen Beiträge, da in einem solchen Falle davon auszugehen ist, daß der Handwerker nur teilweise von dem ihm zustehenden Recht zur verminderten Beitragsleistung Gebrauch gemacht, im übrigen aber die Beiträge nach den allgemeinen Vorschriften entrichtet hat. Der gegenteiligen Auffassung von Schlageter (Anm. 6 b zu § 4 HwVG) kann nicht gefolgt werden, da in einem nur zeitweisen Gebrauchmachen von dem Recht auf die verminderte Beitragsleistung nicht ein grundsätzlicher Verzicht auf dieses Recht erblickt werden kann.

c) Nachentrichtung von Beiträgen

8 Hat ein Handwerker, dem das Recht zur verminderten Beitragsleistung zusteht, in einem Kalenderjahr für mehr als sechs Kalendermonate Beiträge entrichtet, so kann er sich nicht rückwirkend auf das Recht zur verminderten Beitragsleistung berufen und die für die Monate mit ungerader Ordnungszahl (vgl. § 5 Abs. 4 HwVG) entrichteten Beiträge zurückfordern. Solche Beiträge sind rechtswirksam entrichtet, so daß eine Rückforderung ausgeschlossen ist. Umgekehrt ist es jedoch dem Handwerker unbenommen, im Rahmen der Nachentrichtungsfristen (in Betracht kommen kann hier nur die Nachentrichtungsfrist des § 1418 Abs. 1 RVO) noch Beiträge für die nicht belegten Monate nachzuentrichten. Die Nachentrichtung ist jedoch nach Eintritt des Versicherungsfalles nicht mehr zulässig, wenn der Handwerker im vorangegangenen letzten Kalenderjahr von dem Recht zur verminderten Beitragsleistung Gebrauch gemacht hat (vgl. § 4 Abs. 5 Satz 2 HwVG).

Maßgebend ist, daß ein Versicherungsfall (Berufsunfähigkeit, Erwerbsunfähigkeit, Versicherungsfall des Alters, Tod) eingetreten ist. Das Verbot der Nachentrichtung gilt dabei auch für die Fälle, in denen z. B. der Versicherungsfall der Berufsunfähigkeit eingetreten ist, der Handwerker aber weiterhin noch versicherungspflichtig bleibt. Es dürfen dann auch nicht mehr nur für den Versicherungsfall der Erwerbsunfähigkeit, des Alters bzw. des Todes anrechenbare Beiträge nachentrichtet werden. Der Handwerker hat lediglich die Möglichkeit, für die Zukunft jeden Monat einen Beitrag zu leisten. Ausschlaggebend ist, ob der Handwerker im letzten Kalenderjahr von dem Recht zur verminderten Beitragsleistung Gebrauch gemacht hat. Dieser Tatbestand ist schon dann erfüllt, wenn in diesem Kalenderjahr für weniger als zwölf Kalendermonate Beiträge entrichtet sind, oder, falls der Handwerker erst in diesem Jahr in die Handwerksrolle eingetragen ist, wenn für einen Monat mit ungerader Ordnungszahl kein Beitrag entrichtet ist. Unerheblich ist es, ob der Handwerker in diesem Jahr nur sechs oder bis zu elf Beiträge entrichtet hat, da auch bei der Entrichtung von elf Beiträgen in einem Kalenderjahr für einen Monat von dem Recht zur verminderten Beitragsleistung Gebrauch gemacht worden ist. Es kommt dann nicht darauf an, in welchem Umfange, sondern daß überhaupt, wenn auch nur teilweise, von dem zustehenden Recht Gebrauch gemacht worden ist. Dem Sinn der Vorschrift entspricht es, daß es dem Handwerker in erster Linie verwehrt sein soll, nach Eintritt des Versicherungsfalles noch Beiträge für die nicht belegten Kalendermonate nachzuentrichten und damit die Rente auf Grund des bereits eingetretenen Versicherungsfalles zu erhöhen. Das Verbot der Nachentrichtung wird aber auch dann zu beachten sein, wenn ein Handwerker das Recht zur verminderten Beitragsleistung geltend machen kann, jedoch im letzten Kalenderjahr vor Eintritt des Versicherungsfalles überhaupt keine Beiträge entrichtete. Obwohl dann der Handwerker nicht von dem Recht zur verminderten Beitragsleistung Gebrauch gemacht hat, sondern vielmehr seine Beitragspflicht überhaupt nicht erfüllte, wird auch dann nur die Nachentrichtung von sechs Beiträgen zulässig sein. Für diese Auslegung spricht die Begründung zu dieser Vorschrift (Bundestagsdrucks. Nr. 1379/3. Wahlperiode — abgedruckt S. 31), wonach zur gleichmäßigen Behandlung von Arbeitnehmern und von solchen Handwerkern, die zur Entrichtung von Beiträgen in jedem zweiten Monat berechtigt sind, der Ausschuß für Sozialpolitik des Deutschen Bundestages es für erforderlich gehalten hat, die Nachentrichtung von Beiträgen so zu begrenzen, daß die Beitragsdichte nicht mehr als sechs Beiträge im Jahr beträgt. Unter dem Begriff „Gebrauch machen" wird deshalb sowohl die Entrichtung von weniger als für zwölf Kalendermonate Beiträge im Jahr, als auch die Unterlassung der Beitragsentrichtung überhaupt zu verstehen sein.

Das Verbot der Nachentrichtung erstreckt sich auf den gesamten 9
Nachentrichtungszeitraum (§ 1418 RVO) und nicht nur auf das letzte Kalenderjahr vor Eintritt des Versicherungsfalles. Nachentrichtet werden können nur soviel Beiträge, daß für nicht mehr als sechs Kalendermonate Beiträge entrichtet sind. Die Nachentrichtung für die bisher mit Beiträgen nicht belegten Kalendermonate wird aber als zulässig angesehen werden müssen, wenn ein Handwerker nicht das Recht zur verminderten Beitragsleistung hatte, aber trotzdem nur sechs Beiträge für ein Kalenderjahr entrichtete. Da in einem solchen Falle die Beiträge von dem Versicherungsträger noch eingezogen werden können, was beim Bestehen des Rechts zur verminderten Beitragsleistung nicht möglich ist, wird insoweit auch die Nachentrichtung von mehr als sechs Beiträgen für ein Kalenderjahr zulässig sein.

Die nachentrichteten Beiträge gelten ebenfalls als Pflichtbeiträge 10
nach dem HwVG. Werden Beiträge jedoch trotz des Verbotes der Nachentrichtung noch nachgebracht, so können sie von dem zuständigen Versicherungsträger, weil sie rechtsunwirksam sind, beanstandet werden,

es sei denn, der Versicherungsträger hat die Nachentrichtung ausdrücklich zugelassen.

11 Aus dem Wortlaut des Gesetzes ist nicht eindeutig zu entnehmen, ob im Falle der Nachentrichtung von weniger als zwölf Beiträgen für ein Kalenderjahr das Recht zur verminderten Beitragsleistung noch im Zeitpunkt der Nachentrichtung bestehen muß oder ob es ausreicht, daß in dem Zeitraum, für den die Beiträge nachentrichtet werden, dieses Recht bestanden hat. Nach § 4 Abs. 5 HwVG steht das Recht zur verminderten Beitragsleistung dem Handwerker bis zum Ablauf von drei Kalenderjahren nach dem Jahr der erstmaligen Eintragung in die Handwerksrolle sowie für die Zeit, in der er in seinem Gewerbebetrieb mit Ausnahme eines Lehrlings oder eines Verwandten ersten Grades keine Personen beschäftigt, die wegen dieser Beschäftigung rentenversicherungspflichtig sind, zu. Die unterschiedliche Fassung kann dabei zu der Annahme führen, daß bei dem im § 4 Abs. 5 Nr. 1 HwVG genannten Fall die dreijährige Frist im Zeitpunkt der Nachentrichtung noch nicht abgelaufen sein darf, nach Ablauf der Frist also auch für Zeiten vorher für jeden Kalendermonat ein Beitrag nachentrichtet werden muß, da das Recht zur verminderten Beitragsleistung nicht für die Zeit, sondern nur während der dreijährigen Frist besteht. Demgegenüber gibt § 4 Abs. 5 Nr. 2 HwVG dem Handwerker das Recht, auch weniger als zwölf Beiträge für ein Kalenderjahr nachzuentrichten, wenn in dieser Zeit die gesetzlichen Voraussetzungen erfüllt waren, diese jedoch im Zeitpunkt der Nachentrichtung nicht mehr erfüllt sind. Einer solchen unterschiedlichen Auslegung kann nicht gefolgt werden, sondern es wird allgemein ausreichend sein müssen, wenn im Falle der Nachentrichtung während der Zeit, für die Beiträge nachentrichtet werden, das Recht zur verminderten Beitragsleistung entweder nach § 4 Abs. 5 Nr. 1 oder Nr. 2 HwVG bestanden hat.

3. Die Voraussetzungen für das Recht zur verminderten Beitragsleistung

Im Einzelfall besteht das Recht zur verminderten Beitragsleistung in den nachstehend behandelten Fällen.

a) Junghandwerker

12 Bis zum Ablauf von drei Kalenderjahren nach dem Jahr der erstmaligen Eintragung in der Handwerksrolle hat der Handwerker das Recht, nur für jeden zweiten Kalendermonat einen Beitrag entrichten zu müssen. Durch diese Vorschrift sollte den Handwerkern, die ihren Betrieb gerade erst eröffnet haben, die durch die Beitragsentrichtung entstehende finanzielle Belastung erleichtert werden.

aa) Der Begriff „erstmalige Eintragung"

Der Begriff „erstmalige Eintragung" bedeutet, daß vorher überhaupt noch keine Eintragung in der Handwerksrolle bestanden haben darf. Dabei kommt es nicht nur darauf an, daß der Handwerker noch nicht bei der Handwerkskammer, bei der jetzt die Eintragung besteht, eingetragen war, sondern daß er bisher überhaupt noch nicht in der Handwerksrolle einer deutschen Handwerkskammer eingetragen war. Die Handwerksrolle als Verzeichnis aller Gewerbetreibenden, die im Bezirk der Handwerkskammer selbständig ein Handwerk als stehendes Gewerbe ausüben, ist durch das Gesetz zur Änderung der GewO vom 11. 2. 1929 (RGBl. I S. 21) eingeführt worden — vgl. dazu auch die VO über die Einrichtung und Anlegung der Handwerksrolle vom 25. 4. 1929 (RGBl. I S. 87). Später waren die Vorschriften über die Handwerksrolle bis zum Inkrafttreten der HO in der 3. VO über den vorläufigen Aufbau des deutschen Handwerks vom 18. 1. 1935 (RGBl. I S. 15) i. d. F. der VO vom 22. 1. 1936 (RGBl. I S. 42) enthalten. 13

Für die Beurteilung, welche Eintragungen als „erstmalige Eintragungen" anzusehen sind, kommen sämtliche Eintragungen in der Handwerksrolle bei einer Handwerkskammer im Bundesgebiet oder im Land Berlin, sowie außerhalb dieser Gebiete in Betracht, wie z. B. die Eintragung bei der Handwerkskammer Breslau. War ein Handwerker bereits von 1937 an in der Handwerksrolle der Handwerkskammer Breslau eingetragen und wird er nunmehr bei einer Handwerkskammer im Bundesgebiet erneut in die Handwerksrolle eingetragen, so steht ihm das Recht zur verminderten Beitragsleistung nach § 4 Abs. 5 Nr. 1 HwVG nicht zu, da dann die im Jahre 1937 vorgenommene Eintragung „erstmalige Eintragung" ist. Ebenso werden die im Gebiet der sowjetischen Besatzungszone vorgenommenen Eintragungen in die Handwerksrolle zu berücksichtigen sein.

Die Ausübung eines Handwerks im Ausland wird jedoch keinen Einfluß auf den Beginn der dreijährigen Frist haben, selbst wenn dort das Handwerk nur auf Grund einer besonderen Anmeldung ausgeübt werden durfte.

Wegen der Frage, welcher Zeitpunkt als Eintragung in die Handwerksrolle maßgebend ist, vgl. Anm. 67 und 68 zu § 1 HwVG.

Im übrigen darf nicht nur eine Eintragung nach dem 1. 1. 1962, dem Zeitpunkt des Inkrafttretens des HwVG berücksichtigt werden, sondern auch eine solche, die vor diesem Zeitpunkt vorgenommen worden ist.

Fraglich kann es sein, ob die Vorschrift des § 8 Abs. 2 HwVG ebenfalls anzuwenden ist. Nach dieser Vorschrift stehen Zeiten zwischen dem 9. Mai 1945 und dem 17. Dezember 1953, in denen ein Gewerbetreibender nicht in der Handwerksrolle eingetragen war, jedoch seinen Betrieb 14 als Handwerksbetrieb gewerbepolizeilich angemeldet hatte, Zeiten der Eintragung in der Handwerksrolle gleich. Wenn diese Vorschrift auch in erster Linie die Übernahme der zur Rentenversicherung der Angestellten entrichteten Beiträge durch die Träger der Rentenversicherung der Arbeiter betrifft, so würde es jedoch eine ungleiche Behandlung der Versicherten bedeuten, wenn man sie nur für die Übernahme der Beiträge anwenden wollte und nicht auch für das Recht zur verminderten Beitragsleistung. Da im Zuge der nach Kriegsende in der amerikanischen Besatzungszone eingeführten Gewerbefreiheit die Eintragung in der Handwerksrolle nicht mehr Voraussetzung für die Ausübung eines Handwerks als selbständiges Gewerbe war, dürfen die Handwerker, die sich trotzdem in die Handwerksrolle eintragen ließen, nicht schlechter gestellt werden als die Handwerker, die ihren Betrieb lediglich gewerbepolizeilich angemeldet hatten. Es ist deshalb davon auszugehen, daß die Vorschrift des § 8 Abs. 2 HwVG auch bei Anwendung des § 4 Abs. 5 Nr. 1 HwVG gilt. In solchen Fällen wird der Zeitpunkt der gewerbepolizeilichen Anmeldung des Handwerksbetriebs dem Zeitpunkt der Eintragung in die Handwerksrolle gleichzusetzen sein.

bb) Die Frist von drei Jahren

15 Die Frist beginnt mit der erstmaligen Eintragung in die Handwerksrolle und endet mit Ablauf des dritten Kalenderjahres nach dem Jahr der erstmaligen Eintragung. Unerheblich ist es, ob die Eintragung in die Handwerksrolle im Januar oder erst im Dezember eines Jahres vorgenommen wird. Der Lauf der Frist ist unabhängig von einer zwischenzeitlichen Löschung und späterer Neueintragung, d. h. der Ablauf der Frist wird nicht durch eine Löschung gehemmt. Ist z. B. ein Handwerker erstmals am 15. März 1961 in die Handwerksrolle eingetragen worden, so endet das Recht zur verminderten Beitragsleistung nach § 4 Abs. 5 Nr. 1 HwVG mit dem 31. 12. 1964. In dem angeführten Beispiel würde das Recht zur verminderten Beitragsleistung auch am 31. 12. 1964 enden, wenn der Handwerker im Jahre 1962 seine Eintragung in der Handwerksrolle hat löschen lassen und eine erneute Eintragung erst im Laufe des Jahres 1964 vorgenommen wird. Es beginnt dann mit der erneuten Eintragung keine neue Frist zu laufen.

b) Alleinhandwerker

16 Das Recht zur verminderten Beitragsleistung steht dem pflichtversicherten Handwerker auch für die Zeit zu, in der er in seinem Gewerbebetrieb mit Ausnahme eines Lehrlings oder eines Verwandten ersten Grades keine Personen beschäftigt, die wegen dieser Beschäftigung rentenversicherungspflichtig sind.

aa) Rentenversicherungspflichtige Arbeitnehmer

Berücksichtigt werden dürfen nur die im Gewerbebetrieb des Handwerkers beschäftigten Personen. 17 Wieviel Personen der Handwerker außerhalb seines Gewerbebetriebes beschäftigt, hat keinen Einfluß auf das Recht zur verminderten Beitragsleistung. Außerhalb des Gewerbebetriebes sind insbesondere die im Haushalt oder in der Landwirtschaft des Handwerkers beschäftigten Personen anzusehen, wie z. B. Hausgehilfin oder Landwirtschaftshelfer. Bei einer gemischten Beschäftigung solcher Personen, z. B. wenn die im Haushalt beschäftigte Hausgehilfin auch gelegentlich im Handwerksbetrieb mithilft, wird von dem Umfang der Beschäftigung im Gewerbebetrieb auszugehen sein. Erstreckt sich die Beschäftigung im Gewerbebetrieb auf mehr als die Hälfte der Gesamtarbeitszeit (allgemein wird man hier von einer Gesamtarbeitszeit von 40—45 Stunden in der Woche auszugehen haben), so wird eine Beschäftigung im Gewerbebetrieb anzunehmen sein. Zur Beschäftigung im Gewerbebetrieb wird dabei auch das Reinigen der Gewerberäume gehören. Da eine Abgrenzung in der Praxis vielfach sehr schwierig sein wird, müssen allgemeine Maßstäbe berücksichtigt werden und die Größe der Wohn- und Betriebsräume, die Zahl der Familienangehörigen usw. sind dann als Grundlage für die Entscheidung heranzuziehen.

Im übrigen kommt es nicht nur auf die Beschäftigten in dem Handwerksbetrieb, sondern vielmehr in dem Gewerbebetrieb an. Ist der Handwerker noch Inhaber anderer, nichthandwerklicher Gewerbebetriebe, so ist die Gesamtzahl und nicht nur die Zahl der im Handwerksbetrieb Beschäftigten maßgebend. Bei einem als Radio- und Fernsehtechniker in der Handwerksrolle eingetragenen Handwerker sind deshalb nicht nur die in der Reparaturwerkstatt, sondern auch die ausschließlich mit dem Verkauf von Radio- oder Fernsehgeräten beschäftigten Personen zu berücksichtigen. Unerheblich ist es, in welchem Zweig der gesetzlichen Rentenversicherung die Beschäftigten des Handwerkers versichert sind. Auch die Beschäftigung eines nur mit kaufmännischen Arbeiten beschäftigten Angestellten, der in der Rentenversicherung der Angestellten versichert ist, schließt das Recht zur verminderten Beitragsleistung für den Handwerker aus.

Bei der Feststellung der Anzahl der im Gewerbebetrieb des Handwerkers beschäftigten Personen werden grundsätzlich im Betrieb beschäftigte Personen, die hinsichtlich dieser Beschäftigung in den Rentenversicherungen versicherungsfrei sind, außer Betracht bleiben müssen. Bei Mehrfachbeschäftigten ist zu prüfen, ob sie wegen der Beschäftigung im Gewerbebetrieb des Handwerkers versicherungspflichtig sind. Handelt es sich bei dieser Beschäftigung um eine versicherungsfreie Nebenbeschäftigung, so hat das keinen Einfluß auf das Recht zur verminderten

Beitragsleistung, selbst wenn der Arbeitnehmer wegen der Beschäftigung bei einem anderen Arbeitgeber rentenversicherungspflichtig ist. Unerheblich ist somit die Zahl der insgesamt in dem Gewerbebetrieb beschäftigten Personen, bedeutsam ist nur die Zahl der Personen, die wegen dieser Beschäftigung rentenversicherungspflichtig sind.

Sowohl die Beschäftigung eines Lehrlings als auch die Beschäftigung eines Verwandten ersten Grades beeinträchtigen nicht das Recht zur verminderten Beitragsleistung. Wird jedoch in einem Betrieb neben dem Sohn des Handwerkers noch ein Lehrling beschäftigt, so sind die Voraussetzungen des § 4 Abs. 5 Nr. 1 HwVG nicht mehr erfüllt.

Für die Beurteilung, ob wegen der Beschäftigung im Gewerbebetrieb des Handwerkers für die dort beschäftigten Personen Versicherungspflicht zur Rentenversicherung besteht, sind die Träger der gesetzlichen Krankenversicherung als Einzugsstellen zuständig (§ 1399 Abs. 3 RVO). Der Handwerker kann sich deshalb nicht mit Erfolg gegenüber dem Träger der Rentenversicherung darauf berufen, daß für einzelne Beschäftigte tatsächlich Versicherungspflicht nicht bestehe, wenn die Einzugsstelle bereits eine andere Entscheidung getroffen hat.

bb) Lehrlinge

18 Unerheblich ist die Beschäftigung eines Lehrlings in dem Gewerbebetrieb des Handwerkers. Ausschlaggebend ist, daß es sich um ein Ausbildungs- und Erziehungsverhältnis handelt. Es muß gefordert werden, daß die Vorschriften der HO über das Lehrverhältnis (§§ 21 ff. HO) beachtet sind. Danach hat der Lehrherr mit dem Lehrling binnen vier Wochen nach Beginn der Lehre einen Lehrvertrag schriftlich abzuschließen. Der Lehrvertrag ist von dem Lehrherrn binnen zwei Wochen nach Abschluß des Vertrages der Handwerkskammer zur Eintragung in die Lehrlingsrolle einzureichen. Bei Lehrverhältnissen zwischen Eltern und Kindern reicht es jedoch aus, wenn das Bestehen des Lehrverhältnisses, der Tag seines Beginns, das Handwerk, in welchem die Ausbildung erfolgen soll, und die Dauer der Lehrzeit schriftlich der Handwerkskammer angezeigt werden. Es wird stets gefordert werden müssen, daß es sich um ein ordnungsmäßiges Lehrverhältnis handelt und die Formvorschriften beachtet sind. Werden die Formvorschriften nicht beachtet, so handelt es sich jedoch nur um eine Ordnungswidrigkeit, die mit einer Geldbuße geahndet wird. Solche Ordnungswidrigkeiten werden das Bestehen eines Lehrverhältnisses nicht ausschließen, allerdings wird dann zunächst davon ausgegangen werden können, daß ein ordnungsmäßiges Lehrverhältnis nicht vorliege, wobei bei Beseitigung der Ordnungswidrigkeit das Lehrverhältnis rückwirkend anzuerkennen ist.

19 Die Beschäftigung sonstiger Personen zur Ausbildung in dem Gewerbebetrieb schließt das Recht zur verminderten Beitragsleistung aus,

wenn die Auszubildenden wegen dieses Ausbildungsverhältnisses versicherungspflichtig in der Rentenversicherung sind. Das gilt einmal bei sogenannten Anlernverhältnissen, aber auch bei den Umschulungs-, Volontär- und Praktikantenverhältnissen. Zwar handelt es sich auch hier um Ausbildungsverhältnisse, jedoch können die Auszubildenden nicht als Lehrlinge angesehen werden. Ihre Beschäftigung in dem Gewerbebetrieb muß bei Anwendung des § 4 Abs. 5 Nr. 1 HwVG wie die Beschäftigung eines Arbeitnehmers behandelt werden. Hätte die Beschäftigung zur Berufsausbildung allgemein mit einbezogen werden sollen, so wäre dies, wie z. B. im § 1227 Abs. 1 Nr. 1 RVO, besonders anzuführen gewesen.

cc) Verwandte ersten Grades

Die Beurteilung, welche Personen als Verwandte ersten Grades anzusehen sind, richtet sich nach den Vorschriften des bürgerlichen Rechts. Nach § 1589 Abs. 1 Satz 2 BGB bestimmt sich der Grad der Verwandtschaft nach der Zahl der sie vermittelnden Geburten, wobei nach § 1589 Abs. 2 BGB ein uneheliches Kind und dessen Vater nicht als verwandt gelten. In Betracht kommen als Verwandte ersten Grades 20

die Eltern von ehelichen Kindern,
die Adoptiveltern — § 1757 BGB —,
die Mutter eines unehelichen Kindes,
der Vater eines für ehelich erklärten Kindes — § 1736 BGB —,
die ehelichen Kinder,
die für ehelich erklärten Kinder,
die an Kindes Statt angenommenen Kinder,
die unehelichen Kinder einer Handwerkerin.

Nicht Verwandte ersten Grades sind die Kinder, die oben nicht angeführt sind, selbst wenn sie beim Tode des Handwerkers Anspruch auf Hinterbliebenenrente haben.

21 Die Beschäftigung von sonstigen Verwandten in dem Gewerbebetrieb, die wegen dieser Beschäftigung rentenversicherungspflichtig sind, hat keinen Einfluß auf die Versicherungspflicht, d. h. das Recht zur verminderten Beitragsleistung kann dann nicht bestehen. Zu den sonstigen Verwandten gehören dabei u. a. die Großeltern, Geschwister, Enkelkinder. Betreiben mehrere Handwerker gemeinsam einen Gewerbebetrieb und ist deshalb jeder von ihnen in der Handwerksrolle eingetragen, so muß jeweils geprüft werden, ob die Voraussetzungen für den einzelnen Handwerker erfüllt sind. Sind Ehegatten gemeinsam Inhaber eines Handwerksbetriebes und ist in diesem Betrieb nur noch ein Sohn beschäftigt, so besteht für beide das Recht zur verminderten Beitragsleistung. Betreiben zwei nicht miteinander verwandte Hand-

werker gemeinsam einen Handwerksbetrieb und ist in diesem Betrieb der Sohn des einen Handwerkers beschäftigt und wegen dieser Beschäftigung versicherungspflichtig, so besteht für den Handwerker, dessen Sohn in dem Handwerksbetrieb beschäftigt ist, das Recht zur verminderten Beitragsleistung, nicht jedoch für den anderen Handwerker.

c) Die Halbversicherung nach dem HVG

22 Das Recht zur verminderten Beitragsleistung steht auch den Handwerkern zu, die für die Monate Januar und Februar 1957 bzw. vor dem 1. 1. 1962 auf Grund eines Lebensversicherungsvertrages von der halben Beitragsleistung zur Rentenversicherung der Angestellten nach dem HVG befreit waren (vgl. § 6 Abs. 2 und 4 HwVG).

Wegen der Einzelheiten vgl. Anm. 59 zu § 6 HwVG.

III. Die Höhe der zu entrichtenden Beiträge

1. Die Beitragsklassen

23 Die Höhe der von dem Handwerker zu entrichtenden Beiträge ist, abgesehen von den besonderen Fällen, in denen Beiträge in höheren oder niedrigeren als der allgemein festgesetzten Beitragsklasse entrichtet werden können, unabhängig von der Höhe des Einkommens des Handwerkers aus dem Gewerbebetrieb. Der Beitragssatz für die Handwerker beträgt wie auch für die übrigen Versicherten der Rentenversicherungen der Arbeiter und der Angestellten 14 v. H. des maßgebenden Einkommens, bei Versicherten, die den allgemein festgesetzten Beitrag entrichten also 14 v. H. vom durchschnittlichen Bruttojahresarbeitsentgelt aller Versicherten der Rentenversicherungen der Arbeiter und der Angestellten. Die Beiträge hat der Handwerker allein zu tragen (§ 1385 Abs. 4 Buchst. b RVO).

24 Für die pflichtversicherten Handwerker gelten die Beitragsklassen des § 1387 RVO von Beitragsklasse V an. Mindestens müssen also von dem Handwerker die Beiträge in dieser Beitragsklasse entrichtet werden. Die Entrichtung von Pflichtbeiträgen nach dem HwVG in einer niedrigeren Beitragsklasse ist nicht zulässig.

Steigt das durchschnittliche Bruttojahresarbeitsentgelt aller Versicherten der Rentenversicherungen der Arbeiter und der Angestellten und ist dadurch die Beitragsbemessungsgrenze heraufzusetzen, so errichtet der Bundesminister für Arbeit und Sozialordnung neue Beitragsklassen.

Die folgenden Beitragsklassen entsprechen dem Stand vom 1. 1. 1962. Es ist zu erwarten, daß vom 1. 1. 1963 an die Beitragsklasse XXI infolge Heraufsetzung der Beitragsbemessungsgrenze auf 12000 DM jährlich geschaffen wird.

Für die Beitragsentrichtung kommen folgende Beitragsklassen in Betracht:

Beitragsklasse	Bruttoarbeitseinkommen im Monat ($^1/_{12}$ der Jahreseinkünfte)	Entspricht rechnerisch einem Bruttoarbeitseinkommen im Jahr	Monatsbeitrag
V	bis 225 DM	bis 2700,05 DM	28,— DM
VI	von mehr als 225 DM bis 275 DM	von 2700,06 DM bis 3300,05 DM	35,— DM
VII	von mehr als 275 DM bis 325 DM	von 3300,06 DM bis 3900,05 DM	42,— DM
VIII	von mehr als 325 DM bis 375 DM	von 3900,06 DM bis 4500,05 DM	49,— DM
IX	von mehr als 375 DM bis 425 DM	von 4500,06 DM bis 5100,05 DM	56,— DM
X	von mehr als 425 DM bis 475 DM	von 5100,06 DM bis 5700,05 DM	63,— DM
XI	von mehr als 475 DM bis 525 DM	von 5700,06 DM bis 6300,05 DM	70,— DM
XII	von mehr als 525 DM bis 575 DM	von 6300,06 DM bis 6900,05 DM	77,— DM
XIII	von mehr als 575 DM bis 625 DM	von 6900,06 DM bis 7500,05 DM	84,— DM
XIV	von mehr als 625 DM bis 675 DM	von 7500,06 DM bis 8100,05 DM	91,— DM
XV	von mehr als 675 DM bis 725 DM	von 8100,06 DM bis 8700,05 DM	98,— DM
XVI	von mehr als 725 DM bis 775 DM	von 8700,06 DM bis 9300,05 DM	105,— DM
XVII	von mehr als 775 DM bis 825 DM	von 9300,06 DM bis 9900,05 DM	112,— DM
XVIII	von mehr als 825 DM bis 875 DM	von 9900,06 DM bis 10500,05 DM	119,— DM
XIX	von mehr als 875 DM bis 925 DM	von 10500,06 DM bis 11100,05 DM	126,— DM
XX	von mehr als 925 DM	von mehr als 11100,05	133.— DM

Die Beitragsklasse XX würde dann einem Bruttoarbeitseinkommen im Monat von mehr als 925 DM bis 975 DM (bzw. einem Bruttoarbeitseinkommen im Jahr von 11100,06 DM bis 11700,05 DM) entsprechen, während die Beitragsklasse XXI zu 140,— DM einem Bruttoarbeitseinkommen im Monat von mehr als 975,— DM (bzw. einem Bruttoarbeitseinkommen im Jahr von mehr als 11700,05 DM) entspricht.

Die in der Zusammenstellung der Beitragsklassen angegebenenArbeitseinkommen haben nur dann Bedeutung, wenn der Handwerker Beiträge in einer höheren als der für Handwerker allgemein festgesetzten Beitragsklasse entrichten will. Im übrigen haben die den Beitragsklassen zugeordneten Arbeitseinkommen nur für die Berechnung der Rente Bedeutung, da hierbei als das der Beitragsklasse entsprechende Einkommen der Mittelwert der dieser Beitragsklasse zugeordneten Entgeltbeträge angerechnet wird.

2. Der allgemein festgesetzte Beitrag

Der Handwerker ist grundsätzlich verpflichtet, den Pflichtbeitrag 25
nach dem HwVG in der allgemein für pflichtversicherte Handwerker festgesetzten Beitragsklasse zu entrichten. Er hat lediglich das Recht, Beiträge bei Erfüllung bestimmter Voraussetzungen (vgl. Anm. 27ff.) in einer anderen Beitragsklasse zu entrichten.

Der allgemeine Beitrag für Handwerker wird jedes Jahr in der Verordnung über Änderungen der Bezugsgrößen für die Berechnung von Renten in den Rentenversicherungen der Arbeiter und der Angestellten sowie in der knappschaftlichen Rentenversicherung festgesetzt. Maßgebend für die Festsetzung der Beitragsklasse ist das durchschnittliche Bruttojahresarbeitsentgelt aller Versicherten der Rentenversicherungen der Arbeiter und der Angestellten ohne Lehrlinge und Anlernlinge in dem Jahr, das der Verkündung der entsprechenden Verordnung vorangegangen ist (§ 1256 Abs. 1 Buchst. c RVO), d. h. da die Bezugsgrößen für das Jahr 1962 bis zum 31. 12. 1961 bekanntzugeben sind, ist für die Beitragshöhe im Jahre 1962 das durchschnittliche Bruttojahresarbeitsentgelt aller Versicherten im Jahre 1960 zugrunde zu legen. Der von den pflichtversicherten Handwerkern zu entrichtende Beitrag entspricht deshalb nicht dem durchschnittlichen Bruttojahresarbeitsentgelt in dem Jahre, in dem die Beiträge fällig werden, sondern vielmehr demjenigen vor zwei Jahren.

Als Beitragsklasse für den allgemeinen Beitrag ist durch § 8 der 5. VO über Änderungen der Bezugsgrößen für die Berechnung von Renten in den Rentenversicherungen der Arbeiter und der Angestellten sowie in der knappschaftlichen Rentenversicherung vom 23. November 1961 (BGBl. I S. 1929) die Beitragsklasse XI mit einem Monatsbeitrag von 70,— DM bekanntgegeben worden, da das durchschnittliche Bruttoarbeitsentgelt für das Kalenderjahr 1960 mit 6101 DM ($^1/_{12}$ davon = 508,42 DM) bestimmt worden ist.

26 Der für das einzelne Kalenderjahr festgesetzte allgemeine Beitrag für pflichtversicherte Handwerker ist auch dann maßgebend, wenn die Beiträge für dieses Jahr zu einem Zeitpunkt nachentrichtet werden, in dem bereits das durchschnittliche Bruttojahresarbeitsentgelt für das Jahr, in dem die Beiträge fällig waren, bekannt gegeben ist. Auch im Falle der Nachentrichtung gilt stets der allgemeine Beitrag des Fälligkeitsjahres und nicht der allgemeine Beitrag des Jahres, in dem die Beiträge entrichtet werden.

Da grundsätzlich von den Handwerkern der Beitrag in der allgemein festgesetzten Beitragsklasse zu entrichten ist, muß der Handwerker, wenn er Beiträge in einer anderen Beitragsklasse entrichten will, den Nachweis führen, daß er hierzu berechtigt ist. Bleibt der Handwerker die Beiträge schuldig, so kann der Versicherungsträger im Zwangsbeitreibungsverfahren auch nur den allgemeinen Beitrag einziehen, es sei denn, der Handwerker weist nach, daß er Beiträge in einer niedrigeren Beitragsklasse entrichten kann, und erklärt, daß er von diesem Recht auch Gebrauch machen will.

3. Die Entrichtung höherer Beiträge

27 Anstelle des Beitrages in der allgemein festgesetzten Beitragsklasse können Handwerker Beiträge in einer höheren Beitragsklasse entrichten, jedoch höchstens in der Beitragsklasse, deren zugeordneter Entgelt-

betrag einem Zwölftel der Jahreseinkünfte des Handwerkers aus dem Gewerbebetrieb entspricht.

Zur Entrichtung höherer Beiträge sind nur die pflichtversicherten Handwerker berechtigt, deren im letzten Einkommensteuerbescheid ausgewiesenen Jahreseinkünfte aus Gewerbebetrieb höher sind, als das zuletzt bekanntgegebene durchschnittliche Bruttojahresarbeitsentgelt aller Versicherten der Rentenversicherungen der Arbeiter und der Angestellten. Hat z. B. ein Handwerker im letzten ihm zugegangenen Einkommensteuerbescheid Jahreseinkünfte aus Gewerbebetrieb (vgl. Anm. 35ff.) in Höhe von 9600 DM ausgewiesen, so ist er berechtigt, entweder Beiträge in der allgemein festgesetzten oder in einer höheren Beitragsklasse zu entrichten, jedoch höchstens in der Beitragsklasse XVII, da ein Zwölftel der Jahreseinkünfte (800 DM) im Rahmen der dieser Beitragsklasse zugeordneten Entgeltsbeträge liegt (vgl. Anm. 24). Wenn, wie im Jahre 1962, als allgemeine Beitragsklasse die Klasse XI festgesetzt ist, so steht es dem Handwerker frei, zu wählen, ob er die Beiträge in Klasse XI oder in Klasse XVII oder in einer dazwischen liegenden Beitragsklasse entrichten will. Er ist dann nicht verpflichtet, die Beiträge in der Beitragsklasse zu entrichten, die einem Zwölftel seiner Jahreseinkünfte entspricht, sondern kann auch eine niedrigere Beitragsklasse wählen. Es muß jedoch mindestens den Beitrag in der allgemein festgesetzten Beitragsklasse entrichten. Die Zahlung höherer Beiträge steht im Ermessen des Handwerkers und ist damit seiner freien Entscheidung überlassen. Es ist in dem oben angeführten Beispiel lediglich nicht zulässig, niedrigere Beiträge als solche in der Beitragsklasse XI oder höhere als solche in der Beitragsklasse XVII zu entrichten.

Übersteigt das Jahreseinkommen aus Gewerbebetrieb die jeweilige Beitragsbemessungsgrenze, so ist der Handwerker in der Beitragsentrichtung nach oben nicht begrenzt, er kann Beiträge bis zur höchsten Beitragsklasse entrichten.

Obwohl der Handwerker nicht verpflichtet ist, höhere Beiträge als 28
in der allgemein festgesetzten Beitragsklasse zu entrichten, also solche höhere Beiträge freiwillig leistet, so bleiben diese doch Pflichtbeiträge, da sie anstelle des allgemeinen Beitrages entrichtet werden. Im übrigen ist der pflichtversicherte Handwerker nicht verpflichtet, die Beiträge immer in der einmal gewählten Beitragsklasse zu entrichten, sondern er kann jeden Monat, für den ein Beitrag fällig wird, erneut von seinem Wahlrecht Gebrauch machen. Hat er einen höheren Beitrag entrichtet, so kann er allerdings nicht später seine Entscheidung abändern und verlangen, daß ihm der Differenzbetrag zwischen dem Beitrag in der allgemein festgesetzten und der von ihm gewählten Beitragsklasse zurückgezahlt wird. Andererseits wird es auch nicht zulässig sein, bereits entrichtete Beiträge „aufzustocken", d. h. durch Nachzahlung des

Differenzbetrages die bereits entrichteten Beiträge in solche einer höheren Beitragsklasse umwandeln zu lassen. Die für den einzelnen Kalendermonat getroffene Entscheidung über die Höhe des Beitrages muß verbindlich bleiben, d. h. rückwirkende Änderungen dieser Entscheidung sind nicht möglich, da die einmal entrichteten Beiträge rechtswirksam sind.

Hat ein Handwerker Beiträge in einer höheren Beitragsklasse entrichtet, als es nach § 4 Abs. 3 HwVG zulässig ist, so muß unterstellt werden, daß er Beiträge in der höchsten für ihn zulässigen Beitragsklasse entrichten wollte und der Differenzbetrag zwischen der seinen Einkünften aus Gewerbebetrieb entsprechenden Beitragsklasse und derjenigen, in der die Beiträge entrichtet sind, ist auf Antrag zurückzuzahlen.

Im Wege der Zwangsbeitreibung wird von dem einzelnen Handwerker nur der Beitrag in der allgemein festgesetzten Beitragsklasse eingezogen werden können, selbst wenn der Handwerker vor Entstehen der Beitragsschuld stets Beiträge in einer höheren Beitragsklasse entrichtet hat.

29 Unerheblich ist es für die Beitragsleistung in einer höheren Beitragsklasse, ob der pflichtversicherte Handwerker für jeden Kalendermonat einen Beitrag zu leisten hat oder ob ihm das Recht zur verminderten Beitragsleistung gemäß § 4 Abs. 5 HwVG zusteht. Auch der Handwerker, der von dem Recht zur verminderten Beitragsleistung Gebrauch macht, kann Beiträge in einer höheren Beitragsklasse entrichten, sofern sein Einkommen höher ist als das zuletzt festgestellte durchschnittliche Bruttojahresarbeitsentgelt aller Versicherten.

4. Die Entrichtung niedrigerer Beiträge

30 Die Handwerker, denen nach § 4 Abs. 5 HwVG das Recht zur verminderten Beitragsleistung zusteht, können anstelle des Beitrags in der allgemein festgesetzten Beitragsklasse Beiträge in einer niedrigeren Beitragsklasse entrichten. Voraussetzung hierfür ist, daß der im letzten Einkommensteuerbescheid ausgewiesene Betrag der Jahreseinkünfte aus Gewerbebetrieb vor Abzug der Sonderausgaben und Freibeträge (vgl. Anm. 35ff.) unter der Hälfte des durchschnittlichen Bruttojahresarbeitsentgelts aller Versicherten der Rentenversicherungen der Arbeiter und der Angestellten liegt. Sonstige Einkünfte haben keinen Einfluß auf das Recht zur Beitragsleistung in einer niedrigeren Beitragsklasse. Im Einzelfall müssen beide Voraussetzungen erfüllt sein, d. h. der Handwerker muß zu dem Personenkreis des § 4 Abs. 5 HwVG gehören und darf kein höheres als das im § 4 Abs. 6 HwVG bezeichnete Einkommen aus Gewerbebetrieb haben. Wegen der bis zum 31. 12. 1961 halbversicherten Handwerker vgl. Anm. 60 zu § 6.

Unter Berücksichtigung der im Jahre 1962 geltenden Werte ergibt sich eine Einkommenshöchstgrenze von 3050,50 DM jährlich, da der im

Jahre 1962 maßgebende durchschnittliche Bruttojahresarbeitsentgelt aller Versicherten für das Jahr 1960 6101 DM betragen hat.

Werden die angeführten Voraussetzungen erfüllt, so kann der pflichtversicherte Handwerker wählen, in welcher Beitragsklasse er die Beiträge entrichten will. Mindestens sind dann Beiträge in der Beitragsklasse V zu entrichten, höchstens jedoch in der allgemein für pflichtversicherte Handwerker festgesetzten Beitragsklasse. Ist z. B. als allgemeine Beitragsklasse die Klasse XI bestimmt, so sind die Beiträge in einer der Beitragsklassen V bis XI zu leisten. Die Höhe der Beitragszahlung ist nicht von der Höhe der Jahreseinkünfte aus Gewerbebetrieb abhängig, sondern der Handwerker kann selbst frei die Beitragsklasse, in der er seine Beiträge entrichten will, wählen. Unabhängig davon ist das in diesen Fällen stets bestehende Recht zur verminderten Beitragsleistung Ein Handwerker, der die angeführten Voraussetzungen erfüllt, kann somit entscheiden, wieviel Beiträge er entrichten will, er muß nur mindestens sechs und darf höchstens zwölf Beiträge für das Kalenderjahr entrichten, und darüber hinaus auch noch, in welcher Beitragsklasse die Beiträge entrichtet werden. Mindestens müssen für ein Kalenderjahr sechs Beiträge in der Klasse V zu 28,— DM, höchstens dürfen zwölf Beiträge in der allgemein festgesetzten Beitragsklasse geleistet werden. Zwischen diesen Grenzwerten kann das Wahlrecht ausgeübt werden.

Ebenso wie bei der Entrichtung höherer Beiträge wird es auch hier 31 nicht zulässig sein, die einmal für den einzelnen Monat getroffene Entscheidung später abzuändern. Sind für ein Kalenderjahr z. B. zwölf Beiträge in der allgemein festgesetzten Beitragsklasse entrichtet, so kann der Handwerker nicht später beantragen, daß ihm nur sechs Beiträge in der Klasse V angerechnet und der darüber hinaus gezahlte Betrag ihm zurückgezahlt wird. Die Ausübung des Wahlrechts ist nur für die Zukunft möglich, nicht aber auch nach bereits vorgenommener Beitragszahlung für die Vergangenheit. Eine Ausnahme wird hier nur dann zulässig sein, wenn im Zeitpunkt der Beitragsentrichtung die Voraussetzung für die Zahlung niedrigerer Beiträge nicht erfüllt ist, aber später z. B. infolge Berichtigung des Einkommensteuerbescheides erfüllt wird.

Ebenso ist es nicht zulässig, nach der Beitragsentrichtung noch die Aufstockung der Beiträge zu fordern und den hierzu erforderlichen Differenzbetrag nachzuzahlen.

Die Entrichtung von Beiträgen in einer niedrigeren als der allgemein 32 festgesetzten Beitragsklasse bedarf keines Antrages bei dem zuständigen Versicherungsträger. Da der Versicherungsträger jedoch, wenn keine andere Willenserklärung des Handwerkers ihm zugegangen ist, die Beiträge in der allgemein festgesetzten Beitragsklasse anfordern muß, ist es zweckmäßig, wenn der Handwerker dem Versicherungsträger Kenntnis von seiner Absicht gibt, Beiträge in einer niedrigeren Beitragsklasse zu entrichten und gleichzeitig den Nachweis führt, daß er hierzu berechtigt ist.

Für die Zukunft braucht sich der Handwerker nicht auf die Beitragsentrichtung in einer bestimmten Beitragsklasse festzulegen, sondern er kann jeden Monat oder bei der verminderten Beitragsleistung jeden zweiten Monat entscheiden, in welcher Beitragsklasse er den fälligen Beitrag entrichten will. Hat der Handwerker dem Versicherungsträger gegenüber erklärt, er wolle künftig die Beiträge z. B. in der Beitragsklasse VI entrichten, so kann er diese Erklärung jederzeit abändern, d. h. in einer solchen Erklärung kann kein Verzicht auf das dem Handwerker zustehende Wahlrecht erblickt werden.

5. Beiträge der Höherversicherung

33 Das HwVG enthält lediglich die Regelung über die Anzahl und die Höhe der zu entrichteten Pflichtbeiträge. Neben diesen Pflichtbeiträgen können jedoch die Handwerker noch zusätzlich nach den allgemeinen Vorschriften der Rentenversicherung der Arbeiter Beiträge zur Höherversicherung leisten (§ 1234 RVO). Voraussetzung für die Entrichtung von Beiträgen zur Höherversicherung ist, daß für den entsprechenden Kalendermonat bereits ein Pflichtbeitrag wirksam entrichtet ist (§ 1408 Abs. 2 RVO). Die Entrichtung von Höherversicherungsbeiträgen allein ist nicht zulässig. Macht ein Handwerker von dem Recht zur verminderten Beitragsleistung nach § 4 Abs. 5 HwVG Gebrauch und entrichtet im Kalenderjahr nur sechs Pflichtbeiträge, so kann er auch nur sechs Beiträge zur Höherversicherung entrichten.

Die Wahl der Beitragsklasse, in der der Beitrag zur Höherversicherung entrichtet werden soll, steht dem Handwerker frei. Eine Begrenzung der Höhe der Beiträge zur Höherversicherung kommt nur dann in Betracht, wenn diese Beiträge neben freiwilligen Beiträgen entrichtet werden. Da es sich bei den Beiträgen nach dem HwVG um Pflichtbeiträge handelt, kann diese einschränkende Vorschrift keine Anwendung finden. Es können deshalb z. B. neben Pflichtbeiträgen in der Beitragsklasse V noch Beiträge zur Höherversicherung in der Beitragsklasse M zu 133,— DM entrichtet werden.

34 Für die Beitragsleistung zur Höherversicherung gelten folgende Beitragsklassen (§ 1388 RVO):

Beitragsklasse	Monatsbeitrag
A	14,— DM
B	28,— DM
C	42,— DM

Beitragsklasse	Monatsbeitrag
D	56,— DM
E	70,— DM
F	84,— DM
G	98,— DM
H	105,— DM
J	112,— DM
K	119,— DM
L	126,— DM
M	133,— DM

Vom 1. 1. 1963 an wird voraussichtlich noch die Beitragsklasse N mit einem Monatsbeitrag von 140,— DM errichtet.

Wegen des Einzuges der Beiträge zur Höherversicherung vgl. Anm. 19 zu § 5 HwVG.

6. Das zu berücksichtigende Einkommen

a) Einkünfte aus Gewerbebetrieb

Durch das HwVG sind für die pflichtversicherten Handwerker Durch- 35
schnittsbeiträge eingeführt worden, die ohne Rücksicht auf die Höhe des Einkommens zu entrichten sind, sofern der Handwerker nicht das Recht hat, höhere oder niedrigere Beiträge zu entrichten. Lediglich in den Fällen, in denen höhere oder niedrigere als der allgemein festgesetzte Beitrag entrichtet werden sollen, ist die Höhe des Einkommens von Bedeutung.

Als Einkommen gilt der im letzten Einkommensteuerbescheid ausgewiesene Betrag der Jahreseinkünfte aus Gewerbebetrieb vor Abzug der Sonderausgaben und Freibeträge (§ 4 Abs. 6 HwVG). Während nach dem bisher geltenden Recht die Versicherung das gesamte Jahreseinkommen des einzelnen Handwerkers vor Abzug der Sonderausgaben umfaßte, sind nunmehr nur noch die Einkünfte aus Gewerbebetrieb von Bedeutung.

Die Beurteilung der Frage, was unter den Einkünften aus Gewerbebetrieb zu verstehen ist, richtet sich nach den Vorschriften des Einkommensteuergesetzes in der jeweils geltenden Fassung. Das ergibt sich aus dem entsprechenden Hinweis auf den Einkommensteuerbescheid in § 4 Abs. 6 HwVG. Es ist nicht zulässig, für die Handwerkerversicherung andere Beurteilungsmaßstäbe anzuwenden, als sie das Finanzamt für den Einkommensteuerbescheid anwendet. Lediglich die Sonderausgaben und die Freibeträge, die nach dem Einkommensteuergesetz nicht zu den zu versteuernden Einkommen gehören, müssen für die Beitragshöhe nach dem HwVG berücksichtigt werden.

36 Was im einzelnen zu den Einkünften aus Gewerbebetrieb gehört, ist in den §§ 15ff. EStG näher bestimmt. Die Vorschriften haben in der Fassung des EStG 1960 folgenden Wortlaut:

„§ 15

Einkünfte aus Gewerbebetrieb

Einkünfte aus Gewerbebetrieb sind

1. Einkünfte aus gewerblichen Unternehmen. Dazu gehören auch Einkünfte aus gewerblicher Bodenbewirtschaftung, z. B. aus Bergbauunternehmen und aus Betrieben zur Gewinnung von Torf, Steinen und Erden, soweit sie nicht land- oder forstwirtschaftliche Nebenbetriebe sind;
2. die Gewinnanteile der Gesellschafter einer offenen Handelsgesellschaft, einer Kommanditgesellschaft und einer anderen Gesellschaft, bei der der Gesellschafter als Unternehmer (Mitunternehmer) anzusehen ist, und die Vergütungen, die der Gesellschafter von der Gesellschaft für seine Tätigkeit im Dienst der Gesellschaft oder für die Hingabe von Darlehen oder für die Überlassung von Wirtschaftsgütern bezogen hat;
3. die Gewinnanteile der persönlich haftenden Gesellschafter einer Kommanditgesellschaft auf Aktien, soweit sie nicht auf Anteile am Grundkapital entfallen, und die Vergütungen, die der persönlich haftende Gesellschafter von der Gesellschaft für seine Tätigkeit im Dienst der Gesellschaft oder für die Hingabe von Darlehen oder für die Überlassung von Wirtschaftsgütern bezogen hat.

§ 16

Veräußerung des Betriebes

(1) Zu den Einkünften aus Gewerbebetrieb gehören auch Gewinne, die erzielt werden bei der Veräußerung

1. des ganzen Gewerbebetriebes oder eines Teilbetriebes;
2. des Anteils eines Gesellschafters, der als Unternehmer (Mitunternehmer) des Betriebes anzusehen ist (§ 15 Ziff. 2);
3. des Anteils eines persönlich haftenden Gesellschafters einer Kommanditgesellschaft auf Aktien (§ 15 Ziff. 3).

(2) Veräußerungsgewinn im Sinn des Absatzes 1 ist der Betrag, um den der Veräußerungspreis nach Abzug der Veräußerungskosten den Wert des Betriebsvermögens (Abs. 1 Ziff. 1) oder den Wert des Anteils am Betriebsvermögen (Abs. 1 Ziff. 2 und 3) übersteigt. Der Wert des Betriebsvermögens oder des Anteils ist für den Zeitpunkt der Veräußerung nach § 4 Abs. 1 oder nach § 5 zu ermitteln.

(3) Als Veräußerung gilt auch die Aufgabe des Gewerbebetriebes. Werden die einzelnen dem Betrieb gewidmeten Wirtschaftsgüter im Rahmen der Aufgabe des Betriebes veräußert, so sind die Veräußerungspreise anzusetzen. Werden die Wirtschaftsgüter nicht veräußert, so ist der gemeine Wert im Zeitpunkt der Aufgabe anzusetzen. Bei Aufgabe eines Gewerbebetriebes, an dem mehrere Personen beteiligt waren, ist für jeden einzelnen Beteiligten der gemeine Wert der Wirtschaftsgüter anzusetzen, die er bei der Auseinandersetzung erhalten hat.

(4) Die Steuerpflicht tritt nur ein, wenn der Veräußerungsgewinn bei der Veräußerung des ganzen Gewerbebetriebes (Absatz 1 Ziff. 1) den Betrag von 10000 Deutsche Mark und bei der Veräußerung eines Teilbetriebes oder eines Anteils am

Betriebsvermögen (Absatz 1 Ziff. 1 bis 3) den entsprechenden Teil von 10000 Deutsche Mark übersteigt.

(5) Die Einkommensteuer vom Veräußerungsgewinn wird auf Antrag ermäßigt oder erlassen, wenn der Steuerpflichtige den veräußerten Betrieb oder Teilbetrieb oder den veräußerten Anteil am Betriebsvermögen innerhalb der letzten drei Jahre vor der Veräußerung erworben und infolge des Erwerbs Erbschaftsteuer entrichtet hat.

§ 17

Veräußerung wesentlicher Beteiligungen

(1) Zu den Einkünften aus Gewerbebetrieb gehört auch der Gewinn aus der Veräußerung eines Anteils an einer Kapitalgesellschaft, wenn der Veräußerer am Kapital der Gesellschaft wesentlich beteiligt war und der veräußerte Anteil eins vom Hundert des Grund- oder Stammkapitals der Gesellschaft übersteigt. Eine wesentliche Beteiligung ist gegeben, wenn der Veräußerer allein oder mit seinen Angehörigen an der Kapitalgesellschaft zu mehr als einem Viertel unmittelbar oder mittelbar, z. B. durch Treuhänder oder durch eine Kapitalgesellschaft, innerhalb der letzten fünf Jahre beteiligt war.

(2) Veräußerungsgewinn im Sinn des Absatzes 1 ist der Betrag, um den der Veräußerungspreis nach Abzug der Veräußerungskosten die Anschaffungskosten übersteigt.

(3) Die Steuerpflicht tritt nur ein, wenn der Veräußerungsgewinn den dem veräußerten Anteil an der Kapitalgesellschaft entsprechenden Teil von 10000 Deutsche Mark übersteigt.

(4) Die Einkommensteuer vom Veräußerungsgewinn wird auf Antrag ermäßigt oder erlassen, wenn der Steuerpflichtige den veräußerten Anteil an der Kapitalgesellschaft innerhalb der letzten drei Jahre vor der Veräußerung erworben und infolge des Erwerbs Erbschaftssteuer entrichtet hat.

(5) Verluste, die bei der Veräußerung von Anteilen an einer Kapitalgesellschaft entstanden sind, dürfen bei Ermittlung des Einkommens nicht ausgeglichen werden (§ 2 Abs. 2).“

Der Hinweis auf die Einkünfte aus Gewerbebetrieb kann nur bedeuten, daß nicht nur die Einkünfte aus dem Handwerksbetrieb, sondern aus sämtlichen Gewerbebetrieben mit zu berücksichtigen sind. Eine Aufteilung der Gesamteinkünfte in solche aus dem Handwerksbetrieb und aus den sonstigen Gewerbebetrieben ist nicht zulässig. Ist der Handwerker noch Inhaber anderer Gewerbebetriebe, wozu auch Handelsbetriebe gehören, so sind auch die aus diesen Betrieben erzielten Einkünfte für die Beitragsentrichtung maßgebend.

Nicht zu berücksichtigen sind dagegen die im letzten Einkommensteuerbescheid ausgewiesenen Einkünfte

aus Land- und Forstwirtschaft	(§§ 13f EStG 1960)
aus selbständiger Arbeit	(§ 18 EStG 1960)
aus nichtselbständiger Arbeit	(§ 19 EStG 1960)
aus Kapitalvermögen	(§ 20 EStG 1960)
aus Vermietung und Verpachtung	(§ 21 EStG 1960)

und die sonstigen Einkünfte im Sinne des § 22 EStG 1960.

Unberücksichtigt bleiben müssen auch die Sonderausgaben und Freibeträge, die für die Berechnung des zu zahlenden Steuerbetrages vom Gesamtbetrag der Einkünfte abgezogen werden. Bei den Sonderausgaben handelt es sich um die in den §§ 10ff. EStG 1960 bezeichneten Ausgaben, die vom Gesamtbetrag der Einkünfte abgezogen werden. Bei den Freibeträgen wird es sich um die Beträge handeln, die in dem EStG als solche gekennzeichnet sind, insbesondere um die Kinderfreibeträge und die besonderen Freibeträge, um die der zu versteuernde Einkommensbetrag vermindert wird. Werbungskosten werden demgegenüber von dem Gesamtbetrag der Einkünfte absetzbar sein, soweit sie auf den Gewerbebetrieb entfallen, da es sich hierbei weder um Sonderausgaben noch um Freibeträge im Sinne der tariflichen Vorschriften des EStG handelt (so auch zum bisher geltenden Recht Haaß-Glanzmann Anm. 14 zu § 2 HVG).

b) Einkommensteuerbescheid

37 Maßgebend ist der im letzten Einkommensteuerbescheid ausgewiesene Betrag der Jahreseinkünfte aus Gewerbebetrieb. Es kann bei schwankenden Einkünften nicht nur das in den einzelnen Monaten erzielte Arbeitseinkommen berücksichtigt werden, sondern es muß immer vom Jahresbetrag, d. h. vom durchschnittlichen Einkommen während des Veranlagungszeitraumes, ausgegangen werden.

Die Feststellungen in dem Einkommensteuerbescheid sind für den Versicherungsträger bindend, der Versicherungsträger hat somit nicht das Recht zu prüfen, ob der Bescheid richtig ist, ebenso wie auch der Handwerker sich nicht mit Erfolg darauf berufen kann, daß der Bescheid nicht richtig sei, solange der Bescheid tatsächlich nicht von den zuständigen Stellen abgeändert wird.

Grundlage kann nur der Einkommensteuerbescheid sein. Unberücksichtigt bleiben Bescheide über die Zahlung anderer Steuern, wie z. B. Umsatz- oder Gewerbesteuerbescheide, zumal aus solchen Bescheiden regelmäßig auch das Einkommen des einzelnen Handwerkers aus dem Gewerbebetrieb nicht zu erkennen sein wird.

38 Während sonst in der Rentenversicherung das jeweilige Arbeitseinkommen bei versicherungspflichtigen Selbständigen bzw. das Arbeitsentgelt bei den versicherungspflichtigen Arbeitnehmern Grundlage für die Berechnung der Beiträge ist, kommt es für die Beitragshöhe bei den pflichtversicherten Handwerkern, sofern nicht der Beitrag in der allgemein festgesetzten Beitragsklasse entrichtet wird, auf den letzten Einkommensteuerbescheid an. Die Einkommensteuer wird jedoch erst nach Ablauf des Kalenderjahres (Veranlagungszeitraum) nach dem Einkommen veranlagt (§ 25 Abs. 2 EStG 1960), darüber hinaus wird der Einkommensteuerbescheid regelmäßig erst erhebliche Zeit nach Ablauf

des Veranlagungszeitraumes erteilt. Der für die Vergangenheit erteilte Einkommensteuerbescheid hat bezüglich der Beitragsentrichtung nach dem HwVG nur Wirkung für die Zukunft. Es kommt somit nicht darauf an, welches Einkommen der Handwerker in dem Zeitraum hatte, für den die Beiträge entrichtet werden, sondern vielmehr auf das Einkommen in dem Zeitraum, für den der letzte Einkommensteuerbescheid erteilt worden ist. Es kann somit der Fall eintreten, daß ein Handwerker in einem Kalenderjahr infolge schlechter Geschäftsentwicklung nur noch ein geringes Einkommen hat, trotzdem ist er wegen des höheren Einkommens in dem Kalenderjahr, für das der letzte Einkommensteuerbescheid erteilt ist, nicht berechtigt, niedrigere Beiträge zu entrichten.

Der Begriff „letzter Einkommensteuerbescheid" bedeutet, daß der Bescheid Grundlage für die Beitragshöhe ist, der dem Handwerker zuletzt zugegangen ist. Unbeachtlich ist es hierbei, ob der Bescheid auch für alle Beteiligten bindend geworden ist oder ob der Steuerpflichtige gegen den Bescheid Einspruch erhoben hat oder noch ein Verfahren bei einem Finanzgericht oder dem Bundesfinanzhof anhängig ist. Diese Auffassung wird dadurch gestützt, daß im § 4 Abs. 6 HwVG nicht von rechtskräftigen Steuerbescheiden, wie z. B. im § 16 der 1. DVOzHVG, gesprochen wird, sondern allgemein von Steuerbescheiden. Wird der zuletzt zugegangene Einkommensteuerbescheid jedoch im Einspruchsverfahren durch das Finanzamt oder im Rechtsmittelverfahren geändert, so wird sich diese Änderung auch bezüglich der Beitragshöhe rückwirkend auswirken. Hat z. B. ein Handwerker Beiträge in einer höheren als der allgemein festgesetzten Beitragsklasse entrichtet, weil er auf Grund des ihm zuletzt zugegangenen Einkommensteuerbescheides hierzu berechtigt war, so werden diese Beiträge unwirksam, wenn im Rechtsmittelverfahren die Einkünfte aus Gewerbebetrieb auf einen Betrag festgesetzt werden, der den Handwerker nicht mehr berechtigt, die Beiträge in dieser Klasse zu entrichten. Die Beitragshöhe ist dann zu berichtigen, d. h. die in einer höheren Beitragsklasse entrichteten Beiträge sind in solche einer niedrigeren umzuwandeln und dem Handwerker ist auf Antrag der Differenzbetrag auszuzahlen.

Umgekehrt wird der Handwerker auch das Recht haben müssen, die Umwandlung der von ihm entrichteten Beiträge in solche einer niedrigeren Beitragsklasse zu verlangen, wenn er nach dem im letzten Einkommensteuerbescheid ausgewiesenen Betrag der Jahreseinkünfte aus Gewerbebetrieb nicht berechtigt war, Beiträge in einer niedrigeren als der allgemein festgesetzten Beitragsklasse zu entrichten und später infolge einer Berichtigung des Einkommensteuerbescheides die Berechtigung hierzu entsteht. Auch in einem solchen Falle sind die Beiträge umzuwandeln und der Differenzbetrag ist dem Handwerker auszuzahlen.

c) Gemeinsame Veranlagung zur Einkommensteuer

39 Schwierig ist die Frage der Einkommenshöhe des Handwerkers, wenn er mit anderen Personen gemeinsam zur Einkommensteuer veranlagt worden ist. Eine solche gemeinsame Veranlagung ist möglich bei Ehegatten, die beide unbeschränkt steuerpflichtig sind und nicht dauernd getrennt leben und bei denen diese Voraussetzungen im Veranlagungszeitraum mindestens vier Monate bestanden haben, es sei denn, daß einer der Ehegatten die getrennte Veranlagung wählt (§ 26 EStG 1960). Ebenso wird der Steuerpflichtige und seine Kinder, für die ihm Kinderfreibeträge zustehen, zusammen veranlagt, solange er und die Kinder unbeschränkt steuerpflichtig sind (§ 27 Abs. 1 EStG 1960). Aus der Fassung des § 4 Abs. 6 HwVG könnte entnommen werden, daß auch dann, wenn der Handwerker zusammen mit anderen Personen gemeinsam zur Einkommensteuer veranlagt wird, der im Einkommensteuerbescheid ausgewiesene Betrag der Jahreseinkünfte aus Gewerbebetrieb für die Beitragshöhe maßgebend sein sollte, zumal in der Vorschrift nicht nur das Einkommen des Handwerkers angeführt wird. Dieser Auffassung kann aber nicht gefolgt werden, weil dann u. U. ein gemeinsamer Einkommensbetrag für zwei Personen jeweils in voller Höhe berücksichtigt werden müßte. Ist z. B. bei Ehegatten jeder von ihnen Inhaber eines Handwerksbetriebs, wobei beide Betriebe voneinander völlig unabhängig sind, so müßte für die Beitragsentrichtung sowohl des Ehemannes als auch der Ehefrau jeweils der Gesamtbetrag der Einkünfte aus Gewerbebetrieb der Beitragsentrichtung zu Grunde gelegt werden. Das könnte dann zu Härten führen, wenn die Ehefrau nur geringe Einkünfte aus ihrem Handwerksbetrieb erzielt, jedoch dann wegen der Höhe der Einkünfte aus dem Gewerbebetrieb des Ehemannes nicht zur Entrichtung von Beiträgen in einer niedrigeren als der allgemein festgesetzten Beitragsklasse berechtigt wäre. Es wird davon auszugehen sein, daß die gemeinsame Veranlagung mehrerer Personen zur Einkommensteuer nur steuerrechtliche Bedeutung hat und keinen Einfluß auf das Sozialversicherungsrecht ausübt. Während bei einer gemeinsamen Veranlagung zur Steuer jedes Einkommen nur einmal, wenn auch zusammen mit dem Einkommen einer anderen Person, berücksichtigt wird, würde in der Sozialversicherung dasselbe Einkommen zweimal Grundlage für die Beitragshöhe sein können.

Eine Aufteilung der in einem für mehrere Personen gemeinsam erteilten Einkommensteuerbescheid ausgewiesenen Einkünfte aus Gewerbebetrieb wird jedoch nur vorzunehmen sein, wenn der Handwerker dies beantragt. In Betracht kommen kann eine solche Aufteilung ohnehin nur, wenn auch die anderen Personen Einkünfte aus Gewerbebetrieb haben. Der Handwerker hat dann den Nachweis zu führen, daß die andere mit ihm gemeinsam zur Einkommensteuer veranlagte Person ebenfalls Einkünfte aus Gewerbebetrieb hat und wie sich der Gesamtbetrag der Einkünfte auf die einzelnen Personen aufteilt. Sind Ehegatten gemeinsam Inhaber eines Handwerksbetriebes, so dürften keine Bedenken bestehen, wenn jedem Ehegatten die Hälfte der Gesamteinkünfte aus Gewerbebetrieb zugerechnet wird, es sei denn, daß besondere Gründe einer solchen Halbierung des Einkommens entgegenstehen, weil z. B. der Ehemann zusätzlich noch allein Inhaber eines anderen Gewerbebetriebes ist.

Ist bei gemeinsam zur Einkommensteuer veranlagten Personen nur eine Inhaber eines Gewerbebetriebes, so müssen ihr die Gesamteinkünfte aus dem Gewerbebetrieb zugerechnet werden, eine Aufteilung entfällt dann.

d) Nichtvorliegen eines Einkommensteuerbescheides

Nicht im Gesetz geregelt ist, wie zu verfahren ist, wenn der Hand- 40
werker überhaupt noch keinen Einkommensteuerbescheid hat. Das kann einmal der Fall sein, weil der Einkommensteuerbescheid für das Jahr, in dem der Handwerksbetrieb eröffnet worden ist, dem Handwerker noch nicht erteilt ist, oder weil das Einkommen so gering ist, daß ein Einkommensteuerbescheid überhaupt nicht erteilt wird, weil Steuerfreiheit besteht. Für diese Fälle war für die Beitragsentrichtung nach dem bisher geltenden Recht vorgesehen, daß der Betrag maßgebend ist, den der Handwerker im letzten Kalenderjahr für sich und seine Familie dem Betrieb entnommen hat (Privatentnahme). Hierbei war eine nur für einzelne Monate feststellbare Privatentnahme auf das volle Kalenderjahr umzurechnen. Hatte der Betrieb erst im laufenden Kalenderjahr begonnen, so war für jeden einzelnen Monat die durchschnittliche Privatentnahme der vergangenen Monate maßgebend (§ 4 Abs. 2 der 1. DVOzHVG). Da eine entsprechende Vorschrift nicht in das HwVG aufgenommen worden ist, muß angenommen werden, daß künftig nur die im Einkommensteuerbescheid ausgewiesenen Einkünfte aus Gewerbebetrieb Grundlage für das Recht zur Entrichtung höherer oder niedrigerer Beiträge sein können.

Unterschieden werden muß zwischen den Fällen, in denen ein Ein- 41
kommensteuerbescheid nicht erteilt worden ist, weil ein steuerpflichtiges Einkommen nicht vorlag, und den Fällen, in denen der Gewerbebetrieb erst im laufenden Kalenderjahr eröffnet worden ist. Ist ein Einkommensteuerbescheid nicht erteilt worden, weil kein steuerpflichtiges Einkommen vorhanden war, so wird der Handwerker, wenn er Beiträge in einer niedrigeren als der allgemein festgesetzten Beitragsklasse entrichten will, durch Vorlage einer Bescheinigung des Finanzamtes nachweisen müssen, daß er wegen Fehlens bzw. der Geringfügigkeit von Einkünften aus Gewerbebetrieb nicht zur Einkommensteuer veranlagt worden ist. Eine solche Bescheinigung wird dann einem Einkommensteuerbe-

scheid gleichstehen, wobei unterstellt werden kann, daß die Berechtigung zur Entrichtung niedrigerer Beiträge besteht, sofern auch die übrigen Voraussetzungen hierfür erfüllt sind (vgl. Anm. 30).

42 Diese Lösungsmöglichkeit ergibt sich aber nicht für die Handwerker, die noch keinen Einkommensteuerbescheid erhalten haben, weil ein solcher für das Kalenderjahr, in dem der Betrieb eröffnet worden ist, noch nicht erteilt ist. Da nicht mehr die Privatentnahme berücksichtigt werden darf, muß davon ausgegangen werden, daß in solchen Fällen stets der Beitrag in der allgemein festgesetzten Beitragsklasse (vgl. Anm. 25) zu entrichten ist. Das wird gerade für die Handwerker, die ihren Betrieb erst eröffnet haben und allein arbeiten, zu Härten führen können, jedoch ergibt sich aus dem Gesetz kein anderer Lösungsweg. Es kann auch nicht davon ausgegangen werden, daß dann, wenn ein Einkommensteuerbescheid noch nicht erteilt worden ist, stets anzunehmen ist, daß kein Einkommen vorhanden war bzw. das Einkommen unter der Hälfte des durchschnittlichen Bruttojahresarbeitsentgelts aller Versicherten der Rentenversicherungen der Arbeiter und der Angestellten lag, da eine solche Fiktion im Gesetz hätte legalisiert sein müssen.

Denkbar wäre es aber auch, daß der Versicherungsträger in solchen Fällen bis zur Erteilung eines Einkommensteuerbescheides die Beitragsentrichtung in einer anderen als der allgemein festgesetzten Beitragsklasse unter Vorbehalt zuläßt, wenn der Handwerker glaubhaft macht, daß er entsprechend seinen Einkünften dazu berechtigt ist. Nach Erteilung des Einkommensteuerbescheides wäre dann die Höhe der Beitragsleistung zu überprüfen und notwendigen Berichtigungen vorzunehmen.

IV. Die Beitragsfreiheit

1. Allgemeines

43 Auf Antrag brauchen pflichtversicherte Handwerker für die in § 3 Abs. 2 HwVG aufgeführten Zeiten keine Beiträge zu entrichten, da solche Zeiten nach den allgemeinen Vorschriften der Rentenversicherung der Arbeiter als Ersatz- bzw. Ausfallzeiten angerechnet werden. Die Regelung entspricht dem bisher geltenden Recht, wonach für die bei Handwerkern zu berücksichtigenden Ersatzzeiten keine Beiträge entrichtet zu werden brauchten (§ 5 Abs. 3 der 1. DVOzHVG).

Ersatz- und Ausfallzeiten sind grundsätzlich nicht anrechenbar, wenn während solcher Zeiten Versicherungspflicht in der Rentenversicherung besteht. Lediglich dann, wenn ein Arbeitnehmer arbeitsunfähig erkrankt ist und kein Entgelt aus seinem Beschäftigungsverhältnis mehr bezieht, ruht auch die Beitragspflicht. Für pflichtversicherte Handwerker wäre eine solche allgemeine Regelung nicht anwendbar, da bei ihnen die Versicherungspflicht von der Eintragung in der

Handwerksrolle abhängt und nur dann wegfällt, wenn der Handwerker in der Handwerksrolle gelöscht wird. Es besteht deshalb auch während eines 'durch Arbeitsunfähigkeit infolge Krankheit bedingten Unvermögens zur Ausübung der Berufstätigkeit grundsätzlich die Versicherungspflicht weiter. Darüber hinaus ist es nicht feststellbar, ob und in welchem Umfange ein Handwerker durch Krankheit einen Verdienstausfall erlitten hat, da Grundlage für die Feststellung des Arbeitseinkommens der Einkommensteuerbescheid ist, der das Einkommen für ein Kalenderjahr zusammenfaßt und aus dem Verdienstminderungen während einzelner Kalendermonate nicht zu erkennen sind.

Für die Anrechnung der Zeiten der Arbeitsunfähigkeit bei pflichtversicherten Handwerkern mußten deshalb andere Lösungen gesucht werden. Solche Zeiten sollen nur bei den Handwerkern berücksichtigt werden, die in ihrem Gewerbebetrieb mit Ausnahme eines Lehrlings oder eines Verwandten ersten Grades keine Personen beschäftigen, die wegen dieser Beschäftigung rentenversicherungspflichtig sind (wegen der Erfüllung dieser Voraussetzungen vgl. Anm. 16ff.). Bei diesen Handwerkern, die im wesentlichen allein in ihrem Gewerbebetrieb arbeiten, wird unterstellt, daß durch Arbeitsunfähigkeit regelmäßig ein Verdienstausfall eintritt. Sie sollen deshalb diese Zeiten als Ausfallzeiten angerechnet erhalten und während dieser Zeiten sich von der Verpflichtung, Beiträge leisten zu müssen, befreien können. Unerheblich ist es, ob die Zeiten, für die der Handwerker von der Verpflichtung zur Beitragsleistung befreit ist, später auch als Ausfallzeiten bei der Feststellung der Rentenhöhe tatsächlich angerechnet werden. Die Beitragsfreiheit kann deshalb auch dann eintreten, wenn bereits zu erkennen ist, daß die Voraussetzungen für die Anrechnung der Ausfallzeiten (§ 1259 Abs. 3 RVO) nicht erfüllt werden.

2. Die einzelnen Zeiten

a) Zeiten der Krankheit im Sinne des § 1251 RVO

Wegen der Frage, um welche Zeiten es sich hierbei handeln kann vgl. Anm. 3 und 9 zu § 3 HwVG). 44

Voraussetzung für die Beitragsfreiheit ist, daß die an die eigentliche Ersatztatsache anschließende Zeit der Krankheit noch über den 31. 12. 1961 hinaus andauert. Unerheblich ist es hierbei, ob die Eintragung in die Handwerksrolle bereits vor der Ersatzzeit oder erst während der als Ersatzzeit anzurechnenden Zeit vorgenommen worden ist.

b) Zeiten der Arbeitsunfähigkeit im Sinne des § 1259 Abs. 1 Nr. 1 RVO

Vgl. dazu Anm. 3 und 10 zu *§* 3 HwVG. 45

Die Zeit der Arbeitsunfähigkeit als Ausfallzeit ist nur dann anrechenbar, wenn sie länger als sechs Wochen gedauert hat, dann muß jedoch die Anrechnung vom ersten Tage an erfolgen. Fraglich erscheint es hierbei, von welchem Zeitpunkt an die Beitragsfreiheit bestehen kann. Hat im Einzelfall eine durch Krankheit oder Unfall bedingte Arbeitsunfähigkeit länger als sechs Wochen gedauert, so könnte die Auffassung vertreten werden, daß auch die Beitragsfreiheit vom ersten Tage der Arbeitsunfähigkeit an beantragt werden kann. Folgt man dieser Auffassung, so wären zunächst für die ersten sechs Wochen die Beiträge zu entrichten und es würde dann rückwirkend die Beitragsfreiheit in Anspruch genommen werden, wodurch die bereits für diese Zeit entrichteten Beiträge unwirksam würden. Ein solcher rückwirkender Wegfall der Beitragspflicht führt zu einer Rechtsunsicherheit, zumal auch ein Antrag auf Befreiung von der Beitragspflicht regelmäßig erst dann gestellt werden kann, wenn die Arbeitsunfähigkeit länger als sechs Wochen gedauert hat, da in den meisten Fällen die Dauer der Arbeitsunfähigkeit nicht vorauszusehen sein wird. Die Beitragsfreiheit wird deshalb erst nach Ablauf der sechsten Woche der Arbeitsunfähigkeit beantragt werden und dementsprechend auch erst vom Beginn der siebenten Woche nach Beginn der Arbeitsunfähigkeit an eintreten können.

Nach § 1259 Abs. 2 RVO werden Ausfallzeiten längstens bis zum Eintritt des Versicherungsfalles angerechnet. Es muß deshalb regelmäßig geprüft werden, wenn der Handwerker berufsunfähig wird, von welchem Zeitpunkt an Berufsunfähigkeit vorliegt, da mit diesem Zeitpunkt die Zeit der Arbeitsunfähigkeit nicht mehr als Ausfallzeit angerechnet werden kann und damit auch die Beitragsfreiheit endet. Zweifelhaft erscheint es dann allerdings, ob die danach liegende Zeit der Arbeitsunfähigkeit für die später eintretenden Versicherungsfälle (Erwerbsunfähigkeit, Alter oder Tod) noch Ausfallzeit ist und demgemäß erneut Beitragsfreiheit zur Folge haben könnte. Da die Versicherungspflicht nicht mit dem Versicherungsfall der Berufsunfähigkeit endet, wenn der Handwerker weiterhin in der Handwerksrolle eingetragen bleibt, wird die weitere Inanspruchnahme des Rechts der Beitragsfreiheit zulässig sein, da die Verhältnisse sich nicht geändert haben und die Gründe, die vor Eintritt des Versicherungsfalles der Berufsunfähigkeit vorlagen, auch weiterhin vorliegen und somit eine weitere Beitragsfreiheit rechtfertigen.

c) Zeiten der Schwangerschaft und des Wochenbetts im Sinne des § 1259 Abs. 1 Nr. 2 RVO

46 Wegen der in Betracht kommenden Zeiten vgl. Anm. 3 und 11 zu § 3 HwVG. Es handelt sich hier um abgrenzbare Zeiten, wobei für den Beginn der Beitragsfreiheit in entsprechender Anwendung des § 5 Abs. 2 des Mutterschutzgesetzes für die Berechnung der Zeit vor der Niederkunft das Zeugnis eines Arztes oder einer Hebamme, in dem

der mutmaßliche Tag der Niederkunft angegeben ist, maßgebend sein wird.

3. Die Antragstellung

Voraussetzung dafür, daß während der genannten Zeiten keine Beiträge entrichtet zu werden brauchen, ist die Einreichung eines entsprechenden Antrages. 47

Zuständig für die Entgegennahme solcher Anträge ist die Stelle, die die Beiträge nach dem HwVG einzieht, also der Träger der Rentenversicherung oder der von diesem mit dem Einzug der Beiträge beauftragte Träger der gesetzlichen Krankenversicherung.

Eine Frist, innerhalb der der Antrag auf Befreiung von der Beitragsleistung zu stellen ist, ist im Gesetz nicht angeführt. Es wird gefordert werden müssen, daß der Antrag unverzüglich nach Eintritt des die Befreiung von der Beitragsleistung begründenden Ereignisses zu stellen ist. Es wird allerdings ausreichen, wenn der Antrag vor der Fälligkeit des ersten Beitrages, von dessen Entrichtung der Handwerker befreit werden will, gestellt wird. Haben der rechtzeitigen Antragstellung zwingende Hinderungsgründe entgegengestanden, die es dem Handwerker unmöglich machten, rechtzeitig Antrag zu stellen, so wird er den Antrag unverzüglich nach Wegfall dieser Gründe stellen müssen. Abgesehen von solchen Sonderfällen muß davon ausgegangen werden, daß in den übrigen Fällen der Antrag nur für die Zukunft eine Befreiung von der Beitragsleistung herbeiführen kann. Da es in dem Ermessen des Handwerkers liegt, ob er trotz seiner Befreiung von der Beitragsleistung noch Beiträge zur Rentenversicherung während dieser Zeit entrichtet, ist anzunehmen, daß der Handwerker bei einem Unterlassen der Antragstellung und mit der weiteren Beitragsentrichtung von dem ihm zustehenden Recht keinen Gebrauch machen will.

Eine besondere Form ist für den Antrag nicht vorgeschrieben. Der Antrag kann deshalb mündlich oder schriftlich gestellt werden. Es muß nur eindeutig zu erkennen sein, daß der Handwerker von der weiteren Beitragsleistung befreit werden will.

Über den Antrag entscheidet die Stelle, die die Beiträge nach dem HwVG einzieht. Ob dem Handwerker über die Entscheidung stets ein schriftlicher Bescheid zu erteilen ist, erscheint zweifelhaft, jedoch wird dies zweckmäßig sein. Bei Ablehnung des Antrages wird aber regelmäßig ein schriftlicher Bescheid erteilt werden müssen, da der Handwerker gegen ablehnende Bescheide Widerspruch erheben kann.

4. Die Wirkung der Beitragsfreiheit

Hat der Versicherungsträger dem Handwerker gegenüber durch einen Bescheid Beitragsfreiheit festgestellt, so gilt dieser Bescheid, 48 solange die der Bescheiderteilung zugrundeliegenden Verhältnisse sich nicht ändern. Die Beitragsfreiheit endet z. B. bei Wegfall der Arbeitsunfähigkeit automatisch, ohne daß hierüber nochmals ein besonderer Bescheid erteilt werden müßte. Vom Wegfall der Arbeitsunfähigkeit an hat deshalb der Handwerker wieder die Beiträge nach den allgemeinen Vorschriften des HwVG zu entrichten.

Fraglich ist es, auf welche Zeiten sich die Befreiung von der Beitragsleistung bezieht. Zu dem bisher geltenden Recht (§ 5 der 1. DVOzHVG) hatte die Reichsversicherungsanstalt für Angestellte in einem Bescheid vom 18. 12. 1939 die Auffassung vertreten, daß die besonderen Ersatzzeiten die Beitragsfreiheit für den ganzen Kalendermonat gewährleisten, auch wenn sie sich nur über einen Teil des Monats erstrecken. Dieser Auffassung kann bezüglich der Beitragsfreiheit nach § 4 Abs. 4 HwVG nicht gefolgt werden. Es wird hier vielmehr die Regelung über den Beginn und das Ende der Versicherungsfreiheit (§ 2 Abs. 3 HwVG) entsprechend anzuwenden sein. Danach würde die Beitragsfreiheit mit Ablauf des Monats beginnen, in dem ihre Voraussetzungen eingetreten sind und mit Ablauf des Monats enden, in dem die Voraussetzungen weggefallen sind. Die analoge Anwendung der Vorschrift des § 2 Abs. 3 HwVG erscheint unbedenklich, da Versicherungsfreiheit und Beitragsfreiheit für den Handwerker, abgesehen vom Recht zur freiwilligen Weiterversicherung, die gleichen Auswirkungen haben, wenn auch beide in rechtlicher Hinsicht völlig unabhängig voneinander sind.

Erreicht wird damit, daß sich die Beitragsfreiheit nur auf die vollen Kalendermonate bezieht.

Bei den Handwerkern, denen das Recht zur verminderten Beitragsleistung zusteht (§ 4 Abs. 5 HwVG), wird sich die Befreiung von der Beitragspflicht auf die Beiträge für die Monate erstrecken, in denen die Befreiung bestand. Steht einem Handwerker das Recht zur verminderten Beitragsleistung zu und war er vom 15. Februar (Beginn der siebenten Woche) bis zum 18. September infolge einer Krankheit arbeitsunfähig und hat er rechtzeitig den Antrag auf Befreiung von der Beitragsleistung gestellt, so würde die Beitragsfreiheit für die Zeit vom 1. 3. bis 30. 9. bestehen. Er braucht dann für April, Juni und August keine Beiträge zu zahlen. Es wird dann nicht gefordert werden können, daß in diesen Fällen nur dann Beitragsfreiheit besteht, wenn die Voraussetzungen während zweier voller Kalendermonate hindurch bestanden hat.

49 Während der Zeit, für die der Handwerker von der Verpflichtung zur Beitragsleistung befreit ist, braucht er keine Beiträge zu entrichten. Durch das Wort „braucht“ wird klargestellt, daß es in das Ermessen des Handwerkers gestellt sein soll, ob er die Beitragsleistung unterläßt oder ob er trotzdem weiterhin Beiträge entrichtet.

Entrichtet ein Handwerker trotz Befreiung von der Beitragsleistung Beiträge, so sind dies Pflichtbeiträge und nicht etwa freiwillige Beiträge. Da solche Beiträge rechtswirksam entrichtet sind, hat der Handwerker nicht das Recht, diese später mit der Begründung zurückzufordern, daß er in dieser Zeit beitragsfrei war. Umgekehrt aber wird auch die Nachentrichtung von Beiträgen für die beitragsfreie Zeit nicht zulässig sein. Hat ein Handwerker unter Berufung auf die für ihn bestehende Beitragsfreiheit für einzelne Kalendermonate keine Beiträge entrichtet, so kann er später für diese Zeit die Beiträge nicht mehr nachentrichten; dies muß insbesondere dann gelten, wenn der Versicherungsfall bereits eingetreten ist. Der Handwerker muß sich deshalb bereits während der beitragsfreien Zeit bei Fälligkeit der einzelnen Beiträge entschließen, ob er von der Beitragsfreiheit Gebrauch machen will. Eine spätere Änderung des einmal zum Ausdruck gebrachten Willens wird nicht zulässig sein. Es besteht allerdings die Möglichkeit, daß sich der Handwerker bei Fälligkeit des Beitrags die Forderung stunden läßt, d. h. sich grundsätzlich zur Entrichtung des Beitrages bereit erklärt. In einem solchen Falle muß die Nachentrichtung auch für die beitragsfreie Zeit zugelassen werden.

§ 5

(1) Die Beiträge pflichtversicherter Handwerker werden von dem Träger der Rentenversicherung der Arbeiter eingezogen.

(2) Der Träger der Rentenversicherung der Arbeiter kann mit Trägern der gesetzlichen Krankenversicherung vereinbaren, daß diese als Einzugsstellen tätig werden; § 1399 Abs. 3 bis 5, § 1400 Abs. 1 und 3, § 1426 Abs. 1 und 2, §§ 1433 bis 1437 der Reichsversicherungsordnung gelten entsprechend.

(3) Die Entrichtung der Beiträge an die Einzugsstelle ist von dieser unter Angabe des Zeitraumes, für den die Beiträge bestimmt sind, in die Versicherungskarte des Versicherten einzutragen.

(4) Die Beitragsentrichtung hat jeweils am Ende jedes Kalendermonats für diesen Monat, in den Fällen des § 4 Abs. 5 am Ende der Kalendermonate mit gerader Ordnungszahl zu erfolgen.

(5) Die Handwerkskammern haben den Versicherungsträgern und den Einzugsstellen Einblick in die Handwerksrolle zu gewähren und ihnen die Anmeldungen und Löschungen mitzuteilen. Der Bundesminister für Arbeit und Sozialordnung bestimmt mit Zustimmung des Bundesrates Art und Umfang der Mitteilungen der Handwerkskammern.

Übersicht über die Erläuterungen

I. Allgemeines

1. Das bisherige Beitragsentrichtungsverfahren

1 Die Pflichtbeiträge nach dem HVG waren, wie auch die Beiträge der sonstigen versicherungspflichtigen Selbständigen in den Rentenversicherungen der Arbeiter und der Angestellten, durch Verwendung von Beitragsmarken zu entrichten. Bedingt durch die Errichtung eines Sondervermögens für die Handwerkerversorgung wurden für die Beitragsentrichtung nach dem HVG besondere Beitragsmarken im Rahmen der in der Rentenversicherung der Angestellten bestehenden Beitragsklassen geschaffen. Der Handwerker mußte sich zum jeweiligen Fälligkeitstermin die Beitragsmarken bei den Postämtern kaufen und in die Versicherungskarte einkleben, wobei der Beitrag erst dann als entrichtet galt, wenn die Beitragsmarke in der Versicherungskarte des Handwerkers eingeklebt war. Das Beitragsmarkenverfahren führte in der Praxis zu Schwierigkeiten, weil die Beitragsmarken oft nicht rechtzeitig bei Fälligkeit des Beitrages gekauft worden sind, sondern erst später, vielfach sogar erst kurz vor Ablauf der Nachentrichtungsfrist. Eine Überprüfung, ob die Beitragsmarken rechtzeitig gekauft und in die Versicherungskarte eingeklebt worden sind, war zwar theoretisch möglich, führte aber, da sie nur bei dem Handwerker selbst möglich war, in der Praxis zu Schwierigkeiten, da den Versicherungsträgern nicht genügend Personal zur Verfügung stand.

Bei der Beratung der Neuregelung der Handwerkerversicherung wurde deshalb vorgesehen, daß zwar grundsätzlich das Beitragsmarkenverfahren beibehalten werden sollte, jedoch auch die Beiträge direkt eingezogen werden können. Um die bei der Beitragsentrichtung durch Verwendung von Beitragsmarken in der Vergangenheit aufgetretenen Unzulänglichkeiten zu vermeiden, sollte der Handwerker die Beitragsentrichtung dem Träger der Rentenversicherung der Arbeiter jährlich am Schluß des Kalenderjahres nachweisen. In der zweiten Lesung des Gesetzes im Deutschen Bundestag wurden aber die Vorschriften über die Verwendung von Beitragsmarken gestrichen. Im Gesetz ist nunmehr nur noch der Bareinzug der Beiträge der pflichtversicherten Handwerker vorgesehen.

2. Das Bareinzugsverfahren

Durch das Bareinzugsverfahren soll sichergestellt werden, daß die Beiträge der pflichtversicherten Handwerker in Zukunft rechtzeitig und in voller Höhe eingehen. Darüber hinaus soll der Versicherungsträger jederzeit einen Überblick über den Stand der Beitragseingänge haben können. 2

Der einzelne Handwerker muß den Wert der von ihm zu entrichtenden Beiträge unmittelbar an den Versicherungsträger (vgl. Anm. 22) überweisen. Die Entrichtung von Beiträgen durch Verwendung von Beitragsmarken ist künftig für die pflichtversicherten Handwerker nicht zulässig.

Das Bareinzugsverfahren für die Beiträge der pflichtversicherten Handwerker ist für die Träger der Rentenversicherung, abgesehen von der Landesversicherungsanstalt für das Saarland, ein neues Verfahren. Bisher waren die Beiträge zur Rentenversicherung entweder durch Verwendung von Beitragsmarken oder bei den versicherungspflichtigen Arbeitnehmern, abgesehen von einem kleinen Personenkreis (§ 1405 RVO), durch Abführung an den Träger der gesetzlichen Krankenversicherung zu entrichten. Die Beiträge zur Rentenversicherung sind bei dem zuletzt genannten Verfahren gemeinsam mit den Beiträgen zur gesetzlichen Krankenversicherung und zur Arbeitslosenversicherung in einem Betrag abzuführen und der Träger der Krankenversicherung teilt dann die eingegangenen Beträge auf die einzelnen Versicherungszweige auf. Nunmehr muß der Träger der Rentenversicherung, wenn er nicht durch Abschluß einer Vereinbarung mit den Trägern der Krankenversicherung diesen den Beitragseinzug überträgt, die Beiträge in bar unmittelbar von den einzelnen Handwerkern entgegennehmen. Das Bareinzugsverfahren für die Beiträge zur Handwerkerversicherung bestand bisher bereits auf Grund des Art. 2 Abs. 1 des Gesetzes Nr. 569 zur weiteren Änderung des Gesetzes über die Altersversorgung für das Deutsche Handwerk vom 22. Dezember 1956 (vgl. Anhang S. 322) im Saarland und hat sich dort außerordentlich bewährt.

3. Die Finanzierung der Handwerkerversicherung

Für die Rentenversicherung der Handwerker bestand seit dem 1. 1. 1957 im Rahmen der Rentenversicherung der Angestellten ein 3

Sondervermögen. Dieses Sondervermögen war von dem übrigen Vermögen der Bundesversicherungsanstalt für Angestellte, seinen Rechten und Verbindlichkeiten getrennt zu halten. Bei der Beratung des Handwerkerversicherungsgesetzes in den gesetzgebenden Körperschaften war die Frage heftig umstritten, ob auch nach dem 31. 12. 1961 bei jedem Träger der Rentenversicherung der Arbeiter ein Sondervermögen für die Handwerkerversicherung bestehen solle, um deren finanzielle Entwicklung übersehen zu können. Die Vorschläge des Ausschusses für Sozialpolitik des Deutschen Bundestages über die Errichtung von Sondervermögen sind jedoch nicht in das Gesetz aufgenommen worden. Die Finanzierung der Handwerkerversicherung ist somit nicht mehr besonders geregelt. Zu einer besonderen Erfassung der Einnahmen und der Ausgaben der Handwerkerversicherung ist der Träger der Rentenversicherung der Arbeiter nicht verpflichtet. Unbenommen dürfte es ihm aber sein, zu statistischen Zwecken die Aufteilung seiner Ein- und Ausgaben vorzunehmen.

II. Die Einzugsstelle

4 Die Beiträge der pflichtversicherten Handwerker werden von dem Träger der Rentenversicherung der Arbeiter eingezogen. Dieser kann mit Trägern der gesetzlichen Krankenversicherung vereinbaren, daß diese als Einzugsstellen tätig werden.

1. Vereinbarungen mit den Trägern der Krankenversicherung

5 Die Übertragung der Aufgaben des Einzugs der Beiträge der pflichtversicherten Handwerker auf die Träger der gesetzlichen Krankenversicherung ist nur auf Grund einer besonderen Vereinbarung möglich. Ein Zwang zum Abschluß einer solchen Vereinbarung besteht weder für die Träger der Rentenversicherung der Arbeiter noch für die Träger der gesetzlichen Krankenversicherung, eine Vereinbarung kann somit nur auf freiwilliger Basis zustande kommen. Voraussetzung ist deshalb, daß der Träger der Rentenversicherung die Aufgaben des Beitragseinzugs übertragen und der Träger der gesetzlichen Krankenversicherung diese Aufgabe übernehmen will. Eine Mitwirkung sonstiger Stellen, wie z. B. der Aufsichtsbehörden oder von Organisationen des Handwerks ist beim Abschluß einer Vereinbarung vom Gesetz nicht vorgesehen. Ein solches Recht kann für die Handwerkskammern auch nicht aus § 84 HO hergeleitet werden.

6 Nach dem Wortlaut des Gesetzes ist die Übertragung der Aufgaben des Beitragseinzugs auf alle Träger der gesetzlichen Krankenversicherung möglich. Der Einzug der Beiträge der pflichtversicherten Handwerker könnte deshalb auch auf eine Krankenkasse übertragen werden,

bei der der Handwerker weder bisher versichert war, noch die in seinem Betrieb beschäftigten Arbeitnehmer zu versichern hat. Wenn auch die Landkrankenkassen, die Betriebskrankenkassen, die Seekrankenkasse, die Knappschaften und die Ersatzkassen Träger der Krankenversicherung sind, so werden diese doch wegen ihrer besonderen Stellung bzw. des festumgrenzten Mitgliederkreises nicht herangezogen werden. In Betracht kommen für den Beitragseinzug nur die Allgemeinen Ortskrankenkassen und die Innungskrankenkassen. Nicht zulässig wird es sein, den Beitragseinzug einer Allgemeinen Ortskrankenkasse oder einer Innungskrankenkasse über deren allgemeine örtliche und sachliche Zuständigkeit hinaus zu übertragen. So kann eine Innungskrankenkasse nicht mit dem Einzug der Beiträge von solchen Handwerkern beauftragt werden, die Mitglieder einer nicht an der Innungskrankenkasse beteiligten Innung sind.

Wie der Hinweis im § 5 Abs. 2 HwVG auf einzelne Vorschriften der 7
RVO zeigt, kann Gegenstand einer Vereinbarung lediglich die Übertragung des gesamten Beitragseinzugs sein. Nicht zulässig ist es, daß ein Träger der Rentenversicherung nur Teilaufgaben des Beitragseinzuges überträgt, z. B. die tatsächliche Einziehung der Beiträge, sich aber andere Aufgaben, wie z. B. die Entscheidung über die Versicherungspflicht, die Versicherungsfreiheit, die Beitragspflicht usw. selbst vorbehält. Der Träger der Rentenversicherung kann auch nicht einzelne Aufgaben, wie z. B. die Feststellung der bisherigen Pflichtversicherungszeit, verbindlich für den Träger der Krankenversicherung erledigen, da es sich hierbei um eine Aufgabe handelt, die mit der Entscheidung über die Versicherungspflicht eng verknüpft ist. Unbenommen wird es dem Träger der Rentenversicherung sein, sich auf Wunsch der Krankenkasse gutachtlich über Einzelfragen zu äußern, die von der Krankenkasse entschieden werden müssen, wobei allerdings eine Verpflichtung hierzu für ihn nicht besteht.

Ist der Beitragseinzug durch Vereinbarung dem Träger der gesetz- 8
lichen Krankenversicherung übertragen worden, so gelten die im § 5 Abs. 2 HwVG angeführten Vorschriften über den Beitragseinzug kraft Gesetzes, ohne daß dies erst in der Vereinbarung besonders erwähnt sein muß.

Im einzelnen handelt es sich bei den anwendbaren Vorschriften um folgende Regelungen:

„§ 1399 Abs. 3 RVO

Die Einzugsstelle entscheidet über die Versicherungspflicht, die Beitragspflicht und die Beitragshöhe; sie erläßt unbeschadet des Absatzes 4 den erforderlichen Verwaltungsakt und den Widerspruchsbescheid; in Verfahren vor den Sozialgerichten ist sie Partei, soweit ihr Verwaltungsakt angefochten wird."

Damit ist der Krankenkasse auch die Entscheidung über die Befreiung von der Beitragsleistung gemäß § 4 Abs. 4 HwVG übertragen.

In den Verfahren vor den Sozialgerichten kann der Träger der Rentenversicherung nur beigeladen werden (§ 75 SGG), da er an dem streitigen Rechtsverhältnis beteiligt ist und die Entscheidung zur Vermeidung späterer Beanstandungen auch ihm gegenüber nur einheitlich ergehen kann.

„§ 1399 Abs. 4 RVO

Die Einzugsstelle ist an Erklärungen des Trägers der Rentenversicherung zu Rechtsfragen von grundsätzlicher Bedeutung gebunden.

§ 1399 Abs. 5 RVO

Der Bundesminister für Arbeit regelt durch Rechtsverordnung mit Zustimmung des Bundesrates, wie der Arbeitgeber für die in § 1227 Abs. 1 Nr. 2 genannten Beschäftigten Beiträge zu entrichten hat.“

Die Anführung dieser Vorschrift im § 5 Abs. 2 HwVG beruht vermutlich auf einem redaktionellen Versehen. Bei den im § 1227 Abs. 1 Nr. 2 RVO genannten Personen handelt es sich um die Deutschen im Sinne des Art. 116 GG, die im Ausland bei einer amtlichen Vertretung des Bundes oder bei deren Leitern, deutschen Mitgliedern oder Bediensteten als Arbeitnehmer gegen Entgelt oder die als Lehrling oder sonst zu ihrer Berufsausbildung beschäftigt sind. Diese Personen sind ohnehin nach § 2 Abs. 1 Nr. 5 HwVG versicherungsfrei.

„§ 1400 Abs. 1 RVO

9 **Für die An-, Um- und Abmeldung, für die Fälligkeit und die Zahlung der Beiträge, ihren Einzug und die Erhebung von Säumniszuschlägen gelten die Vorschriften der gesetzlichen Krankenversicherung mit Ausnahme des § 397 entsprechend. Die Vorschriften über die Fälligkeit der Beiträge gelten mit der Maßgabe, daß die Beiträge zur Rentenversicherung der Arbeiter spätestens am 15. des Monats fällig werden, der dem Monat der Lohnzahlung folgt, auch wenn die Satzung der Krankenkasse für die Fälligkeit der Beiträge zur gesetzlichen Krankenversicherung einen späteren Zeitpunkt bestimmt.“**

Der Handwerker ist verpflichtet, die erforderlichen Meldungen der Krankenkasse gegenüber abzugeben.

Zweifelhaft kann es sein, ob die Vorschriften der Krankenkasse über die Fälligkeit der Beiträge anzuwenden sind, da hierüber bereits im § 5 Abs. 4 HwVG eine besondere Regelung enthalten ist. Trotz des Hinweises auf § 1400 RVO wird wohl davon auszugehen sein, daß die Beiträge der pflichtversicherten Handwerker stets zu den im § 5 Abs. 4 HwVG angeführten Terminen fällig werden, selbst wenn die Satzung der Krankenkasse etwas anderes bestimmt, zumal bei Handwerkern eine „Lohnzahlung“ nicht in Betracht kommen kann.

„§ 1400 Abs. 3 RVO

Von Arbeitgebern, die mit der Zahlung der Beiträge länger als eine Woche von der Zahlungsaufforderung an in Verzug sind, können ein einmaliger Säumniszuschlag in Höhe von 2 vom Hundert der rückständigen Beiträge und bei Zahlungsverzug von länger als drei Monaten nach Zahlungsaufforderung Zinsen in Höhe des jeweiligen Diskontsatzes der Deutschen Bundesbank erhoben werden. Für die Berechnung und die Einziehung des Säumniszuschlages und der Zinsen gilt § 397 a."

Die dem Arbeitgeber obliegende Verpflichtung zur Zahlung von Säumniszuschlägen bzw. von Verzugszinsen trifft bei Zahlungsverzug auch den Handwerker hinsichtlich der von ihm nach dem HwVG zu entrichteten Pflichtbeiträge, obwohl er nicht sein Arbeitgeber ist.

„§ 1426 Abs. 1 und 2 RVO 10

(1) Die Träger der Rentenversicherung der Arbeiter und die Träger der gesetzlichen Krankenversicherung überwachen die rechtzeitige und vollständige Entrichtung der nach § 1396 Abs. 1, §§ 1399 und 1404 zu entrichtenden Beiträge. Dabei prüfen sie insbesondere auch die Richtigkeit der Entgeltsbescheinigungen der Arbeitgeber.

(2) Die Träger der Rentenversicherung der Arbeiter haben mit den Trägern der gesetzlichen Krankenversicherung Näheres über die Zusammenarbeit bei der Beitragsüberwachung zu vereinbaren. Kommt eine solche Vereinbarung nicht zustande, so trifft die für den betreffenden Träger der Rentenversicherung der Arbeiter zuständige Aufsichtsbehörde die erforderlichen Regelungen."

Im Falle der Übertragung des Beitragseinzugs auf eine Krankenkasse hat sowohl diese als auch der Träger der Rentenversicherung das Recht, die Überwachung der Beitragsentrichtung vorzunehmen. Die zwischen dem Träger der Rentenversicherung und dem Träger der Krankenversicherung abgeschlossene allgemeine Vereinbarung über die Zusammenarbeit bei der Beitragsüberwachung wird dabei auch für die Überwachung der Beitragsentrichtung von pflichtversicherten Handwerkern gelten. Allerdings können in der Vereinbarung auch Sonderregelungen bezüglich der Überwachung der Beitragsentrichtung dieser Personen aufgenommen werden. Aus welchem Grund die Vorschrift des § 1427 RVO nicht ausdrücklich für entsprechend anwendbar erklärt wird, ist nicht erkennbar. In der genannten Vorschrift sind die Einzelheiten über die Beitragsüberwachung geregelt, insbesondere ist darin die Verpflichtung des Versicherten bzw. des Arbeitgebers zur Vorlage der zur Prüfung des Versicherungsverhältnisses erforderlichen Unterlagen behandelt. Es wird aber davon auszugehen sein, daß die Vorschrift des § 1427 RVO auch ohne ausdrückliche Anführung im § 5 Abs. 2 HwVG gilt und der Träger der Krankenversicherung die notwendigen Auskünfte einholen und in die zur Prüfung erforderlichen Unterlagen Einsicht nehmen kann, ein Recht, daß dem Träger der Rentenversicherung bereits in Verbindung mit § 1 Abs. 5 HwVG zusteht.

11 „§ 1433 RVO

Die Einzugsstellen führen die eingezogenen Beiträge zur Rentenversicherung der Arbeiter unverzüglich, mindestens zweimal in der Woche, an den Träger der Rentenversicherung, in dessen Bezirk sie ihren Sitz haben, die Betriebskrankenkassen und Ersatzkassen an den Träger der Rentenversicherung, in dessen Bezirk sich ihre Einzugsstellen befinden, ab. Beiträge für Versicherte, für die eine Sonderanstalt zuständig ist (§ 1360), sind an die Sonderanstalt abzuführen.

§ 1434 RVO

Die Einzugsstellen erhalten zur Abgeltung der Kosten, die ihnen durch die Einziehung und Abführung der Beiträge zur Rentenversicherung der Arbeiter entstehen, eine Vergütung. Der Bundesminister für Arbeit bestimmt durch Rechtsverordnung nach Anhören der Bundesverbände der gesetzlichen Krankenkassen und der Träger der Rentenversicherung die Höhe der Vergütung.

§ 1435 RVO

Über die Einziehung und Abführung der Beiträge sowie über deren Verwaltung und Abrechnung durch die Einzugsstellen erläßt der Bundesminister für Arbeit allgemeine Verwaltungsvorschriften nach Anhören der Bundesverbände der gesetzlichen Krankenkassen und der Rentenversicherungsträger.

§ 1436 RVO

(1) Verletzt eine Einzugsstelle schuldhaft eine der Verpflichtungen, die ihr hinsichtlich des Einzugs der Beiträge zur Rentenversicherung der Arbeiter obliegen, so ist sie dem zuständigen Träger der Rentenversicherung schadensersatzpflichtig. Die Vorschriften des Bürgerlichen Gesetzbuchs über die Haftung von Vertragsverletzungen finden entsprechende Anwendung. Das gilt insbesondere, wenn eine Einzugsstelle die Beiträge schuldhaft verspätet einzieht.

(2) Verzögert eine Einzugsstelle schuldhaft die Abführung eingezogener Beiträge zur Rentenversicherung der Arbeiter, so hat sie dem zuständigen Träger der Rentenversicherung Verzugszinsen in Höhe des Diskontsatzes der Deutschen Bundesbank zu zahlen.

§ 1437 RVO

Die Träger der Rentenversicherung sind berechtigt und verpflichtet, die Einziehung und Abführung der Beiträge zur Rentenversicherung der Arbeiter bei den Einzugsstellen zu überprüfen."

Die angeführten Vorschriften betreffen das Verhältnis zwischen dem Träger der Rentenversicherung und der Krankenkasse.

Hinsichtlich der Vergütung für den Beitragseinzug sind die in der VO über die Höhe der an die Einzugsstelle zu leistenden Vergütung für den Einzug der Beiträge zu den Rentenversicherungen der Arbeiter und der Angestellten vom 29. 6. 1957 (BGBl. I S. 1274) angegebenen Sätze auch für den Einzug der Beiträge von pflichtversicherten Handwerkern maßgebend. Sofern nicht durch eine Änderung der Verordnung ein anderer Vergütungssatz festgesetzt wird, darf in einer abzuschließenden Vereinbarung nicht die Zahlung einer anderen Vergütung festgelegt werden.

2. Beitragseinzug durch den Träger der Rentenversicherung

Wird eine Vereinbarung über die Übertragung des Beitragseinzugs 12
auf die Träger der gesetzlichen Krankenversicherung nicht abgeschlossen, sei es, weil der Träger der Rentenversicherung von sich aus davon Abstand nimmt oder mit den Trägern der gesetzlichen Krankenversicherung keine Einigung erzielt werden kann oder diese die Übernahme des Beitragseinzugs ablehnen, so hat der Träger der Rentenversicherung die Beiträge der pflichtversicherten Handwerker selbst einzuziehen.

Sachlich zuständig sind nur die Landesversicherungsanstalten, da die 13
Zuständigkeit der sonstigen Träger der Rentenversicherung der Arbeiter (Bundesbahnversicherungsanstalt, Seekasse) nur für bestimmte Personenkreise gegeben ist und die selbständigen Handwerker nicht dazu gehören.

Eine besondere Regelung für die örtliche Zuständigkeit der Landes- 14
versicherungsanstalten für den Beitragseinzug ist im HwVG nicht enthalten. Die im § 11 Abs. 2 HwVG enthaltene Regelung wird für den laufenden Einzug der Beiträge nicht herangezogen werden können, da diese Vorschrift in dem zweiten Abschnitt (Übergangsvorschriften) des HwVG aufgenommen worden ist, woraus nur der Schluß gezogen werden kann, daß sie sich nicht auch auf die laufenden Angelegenheiten der Versicherung erstrecken soll.

Örtlich zuständig für den Einzug der Beiträge der pflichtversicherten Handwerker wird die Landesversicherungsanstalt sein, in deren Bezirk der Handwerker das Handwerk als stehendes Gewerbe betreibt. Für den Sitz des Gewerbebetriebes als Grundlage für die örtliche Zuständigkeit des Versicherungsträgers spricht, daß die Eintragungen in der Handwerksrolle der Handwerkskammer besteht, in deren Bezirk sich die gewerbliche Niederlassung des Handwerkers befindet. Der Versicherungsträger kann somit alle Handwerker, die in seinem Bezirk in der Handwerksrolle eingetragen sind, erfassen. Aus der Handwerksrolle ist nicht ersichtlich, wo der Handwerker seinen Wohnsitz hat und es bedürfte deshalb in allen Fällen weiterer Ermittlungen, um die örtliche Zuständigkeit des Versicherungsträgers festzustellen, wenn sie sich nach dem Wohnsitz richten sollte. Im übrigen ist für die Versicherungspflicht nach dem HwVG die Eintragung in der Handwerksrolle entscheidend und nur danach kann sich die Zuständigkeit richten, ebenso wie sich bei den versicherungspflichtigen Arbeitnehmern die örtliche Zuständigkeit der Einzugsstelle nach dem Beschäftigungsort bestimmt (§ 234 Abs. 1 RVO). Bei Handwerkern wird in entsprechender Anwendung des § 154 Abs. 2 RVO der fiktive Beschäftigungsort der Ort sein, an dem sie ihre eigene Betriebsstätte haben.

15 Hat ein Handwerker in dem Bezirk einer Handwerkskammer mehrere Betriebe, so richtet sich die Zuständigkeit für den Beitragseinzug nach dem Ort, an dem der Handwerker seinen Hauptbetrieb hat. Schwierigkeiten werden sich hierbei nicht ergeben, wenn der Bezirk der Handwerkskammer zu dem Bezirk eines Versicherungsträgers gehört, da dann dessen örtliche Zuständigkeit ohnehin gegeben ist.

Ist ein Handwerker bei mehreren Handwerkskammern in der Handwerksrolle eingetragen, weil er in den Bezirken mehrerer Handwerkskammern ein Handwerk als stehendes Gewerbe betreibt, so besteht für ihn nur einmal Versicherungspflicht nach dem HwVG (vgl. Anm. 25 zu § 1). Handelt es sich um Haupt- und Zweigebetrieb, so ist die Zuständigkeit des Versicherungsträgers für den Beitragseinzug gegeben, in dessen Bezirk der Sitz des Hauptbetriebes ist. Ist eine Unterteilung in Haupt- und Nebenbetrieb nicht möglich, so müßten sich die beteiligten Versicherungsträger über die Zuständigkeit für den Beitragseinzug einigen. Eine solche Einigung könnte für den Einzelfall herbeigeführt werden, jedoch wäre einer über den Einzelfall hinausgehenden allgemeinen Regelung der Vorzug zu geben. Denkbar wäre es in solchen Ausnahmefällen, daß dann der Versicherungsträger die Beiträge einzieht, in dessen Bezirk der Handwerker seinen Wohnsitz hat, es sei denn, daß sich aus der Sachlage ergibt, daß der Handwerker die Handwerksbetriebe von einem Ort aus überwiegend leitet und dieser Ort dann fiktiv als Sitz des Hauptbetriebes anzusehen wäre.

III. Der Beitragseinzug

1. Die einzuziehenden Beiträge

16 Einzuziehen sind die Beiträge der pflichtversicherten Handwerker (§ 5 Abs. 1 HwVG). Die pflichtversicherten Handwerker dürfen deshalb ihre Beiträge nicht durch Verwendung von Beitragsmarken entrichten, sondern müssen den Wert der Beiträge in bar an den Träger der Rentenversicherung überweisen oder bei ihm einzahlen.

Im einzelnen handelt es sich um folgende Beiträge:

a) Pflichtbeiträge

17 Hierbei handelt es sich um Beiträge, die der Handwerker zur Erfüllung der nach § 1 HwVG bestehenden Versicherungspflicht zu zahlen hat. Unbeachtlich ist es dabei, ob der Handwerker die Beiträge für jeden Monat entrichtet oder von dem Recht zur verminderten Beitragsleistung (§ 4 Abs. 5 HwVG) Gebrauch macht. Macht ein Handwerker nur teilweise von dem Recht zur verminderten Beitragsleistung Gebrauch, so sind auch die Beiträge für die Monate mit ungerader Ord-

nungszahl Pflichtbeiträge (vgl. Anm. 7 zu § 4) und deshalb in bar an den Versicherungsträger abzuführen.

Nicht an den Versicherungsträger abzuführen sind die Beiträge von Handwerkern, die nicht nach dem HwVG, sondern nach den allgemeinen Vorschriften der Rentenversicherungsgesetze als Arbeitnehmer der Versicherungspflicht unterliegen. Die Beiträge von solchen Handwerkern sind keine Beiträge nach dem HwVG und entweder durch Abführung an die Einzugsstellen (Träger der gesetzlichen Krankenversicherung) oder durch Verwendung von Beitragsmarken zu entrichten.

Unterliegt ein selbständiger Handwerker der Versicherungspflicht in 18
der Rentenversicherung der Arbeiter sowohl nach dem HwVG als auch nach den allgemeinen Vorschriften wegen einer sonstigen selbständigen Tätigkeit (vgl. Anm. 15 zu § 2), so muß er die Beiträge nach dem HwVG in bar an den Träger der Rentenversicherung abführen, während die Beiträge nach den anderen Rechtsvorschriften durch Verwendung von Beitragsmarken zu entrichten wären (§ 1405 RVO). Bei dieser verschiedenen Art der Beitragsentrichtung durch eine Person ergeben sich Schwierigkeiten dadurch, daß, insbesondere bei Hausgewerbetreibenden, das im Einkommensteuerbescheid ausgewiesene Einkommen aus dem Gewerbebetrieb sowohl die Einkünfte aus dem Handwerksbetrieb als auch die aus dem Hausgewerbe umfassen, also nach dem Einkommensteuerbescheid nicht unterschieden werden kann, welche Einkünfte auf diese und auf jene Tätigkeit entfallen, und auch anhand der Geschäftsbücher des Handwerkers wegen der gemeinsamen Betriebsausgaben eine Unterteilung nur schwer möglich ist. In solchen Fällen könnte davon ausgegangen werden, daß die Beiträge dann insgesamt an den Träger der Rentenversicherung in bar abzuführen sind. Die Beitragshöhe muß sich nach dem Gesamtbetrag der Einkünfte aus Gewerbebetrieb richten, also der Handwerker darf nur dann den Beitrag in der allgemein für pflichtversicherte Handwerker festgesetzten Beitragsklasse entrichten, wenn sein Einkommen niedriger ist als das zuletzt festgestellte durchschnittliche Bruttoarbeitsentgelt aller Versicherten der Rentenversicherungen der Arbeiter und der Angestellten. Übersteigt das Gesamteinkommen aus Gewerbebetrieb diesen Betrag, so müßten die Beiträge in der Beitragsklasse entrichtet werden, deren zugeordnete Entgeltbeträge der Einkommenshöhe entsprechen. Denkbar wäre es aber auch, daß der Handwerker zunächst allgemein den Beitrag nach dem HwVG direkt an den Träger der Rentenversicherung abführt und den Beitrag auf Grund der Tätigkeit als Hausgewerbetreibender durch Verwendung von Beitragsmarken entrichtet, und zwar nach den Einkünften aus dieser Tätigkeit, soweit diese erkennbar sind, bzw. nach dem Differenzbetrag zwischen dem der Beitragsentrichtung nach dem HwVG zu Grunde liegenden Einkommen und der Gesamthöhe des Einkommens

aus dem Gewerbebetrieb. Die zuletzt ausgeführte Möglichkeit bringt für den Handwerker eine Erschwerung der Beitragsentrichtung mit sich, so daß der zuerst aufgezeigten Lösung aus Gründen der Vereinfachung der Vorzug zu geben wäre, zumal die Beiträge ohnehin in vollem Umfange demselben Versicherungsträger zufließen.

Besteht Versicherungspflicht wegen mehrerer selbständiger Tätigkeiten in verschiedenen Zweigen der Rentenversicherung, so müssen die Pflichtbeiträge nach dem HwVG in bar an die Landesversicherungsanstalt abgeführt und die Pflichtbeiträge wegen der anderen selbständigen Tätigkeit durch Verwendung von Beitragsmarken entrichtet werden.

b) Beiträge der Höherversicherung

19 Zweifelhaft kann es sein, ob als Beiträge pflichtversicherter Handwerker auch die Beiträge zur Höherversicherung anzusehen sind. Die bejahende Auffassung kann darauf gestützt werden, daß im § 5 Abs. 1 HwVG der Begriff „Beiträge" und nicht wie im § 4 Abs. 2 HwVG der Begriff „Pflichtbeiträge" verwendet wird. Beiträge der Höherversicherung (vgl. Anm. 33 zu § 4) sind zweifellos „Beiträge". Entgegen steht dem, daß nach den allgemeinen Vorschriften der Rentenversicherung der Arbeiter die Beiträge der Höherversicherung durch Verwendung besonderer Beitragsmarken entrichtet werden müssen (vgl. § 1408 Abs. 1 RVO). Fraglich wird deshalb sein, ob die besondere Formulierung des HwVG als Sonderregelung anzusehen ist, die die Anwendung der allgemeinen Vorschriften der RVO ausschließt. Der Auffassung, daß § 5 Abs. 1 HwVG als Sonderregelung anzusehen ist, wird der Vorzug zu geben sein. Die Verwaltungsvorschriften des Bundesministers für Arbeit und Sozialordnung sehen allerdings vor, daß für die Entrichtung von Beiträgen der Höherversicherung dem Handwerker eine besondere Versicherungskarte auszugeben ist, in die der Handwerker die Beitragsmarken der Höherversicherung einzukleben hat. Eine Überprüfung, ob die Beiträge zur Höherversicherung wirksam entrichtet sind, wird dadurch besonders schwierig, wenn der Handwerker von dem Recht zur verminderten Beitragsleistung Gebrauch macht, da dann regelmäßig an Hand verschiedener Versicherungskarten geprüft werden muß, ob nicht mehr Beiträge der Höherversicherung als Beiträge der Pflichtversicherung entrichtet sind.

c) Freiwillige Beiträge

20 Ist ein Handwerker nicht nach dem HwVG pflichtversichert, will er aber freiwillige Beiträge zur Rentenversicherung der Arbeiter entrichten und ist er hierzu berechtigt (vgl. § 1233 RVO), so muß er Beitragsmarken der freiwilligen Weiterversicherung verwenden. Ein regelmäßiger Bareinzug der freiwilligen Beiträge durch den Träger der Rentenversiche-

rung ist nicht zulässig. Zum Zwecke der Entrichtung freiwilliger Beiträge muß der Handwerker die allgemeinen Beitragsmarken der Rentenversicherung der Arbeiter verwenden, da besondere Beitragsmarken für die freiwillige Versicherung von Handwerkern nicht bestehen. Der Handwerker erhält eine Versicherungskarte zum Zwecke der freiwilligen Weiterversicherung nach dem allgemeinen Muster und nicht eine solche nach dem Muster für die pflichtversicherten Handwerker.

2. Die Fälligkeit der Pflichtbeiträge

Die Entrichtung der Pflichtbeiträge nach dem HwVG hat jeweils 21
am Ende des Kalendermonats für diesen Monat, oder wenn der Handwerker von dem ihm zustehenden Recht zur verminderten Beitragsleistung Gebrauch macht, am Ende der Kalendermonate mit gerader Ordnungszahl (Februar, April, Juni, August, Oktober und Dezember), zu erfolgen. Zu diesen Zeitpunkten werden die Beiträge fällig, d. h. es entsteht die Beitragsschuld, zu deren Tilgung der Beitrag zu zahlen ist. Kommt der Handwerker seiner Zahlungsverpflichtung nicht nach, so werden die Rückstände wie Gemeindeabgaben beigetrieben. Soweit es nicht bereits landesrechtlich vorgeschrieben ist, kann die Satzung des Versicherungsträgers bestimmen, daß dem Beitreibungsverfahren ein Mahnverfahren vorangeht und daß dafür eine Mahngebühr erhoben wird, wobei die Festsetzung ihres Betrages der Genehmigung der Aufsichtsbehörde des Versicherungsträgers bedarf. Die Mahngebühr wird wie die Rückstände beigetrieben. Die Rückstände haben im übrigen das Vorzugsrecht des § 61 Nr. 1 der Konkursordnung (§ 28 RVO).

Wegen der Fälligkeit der Beiträge bei Übertragung des Beitragseinzugs auf einen Träger der gesetzlichen Krankenversicherung vgl. Anm. 9.

Fraglich kann es sein, ob der Hinweis im § 5 Abs. 4 HwVG, daß in den Fällen des § 4 Abs. 5 HwVG die Beitragsentrichtung am Ende der Kalendermonate mit gerader Ordnungszahl zu erfolgen hat, bedeutet, daß der Versicherungsträger in diesen Fällen nur die Beiträge für jeden zweiten Monat beitreiben kann, wenn der Handwerker seiner Zahlungsverpflichtung nicht nachkommt, oder nur dann, wenn der Handwerker erklärt hat, daß er von dem Recht zur verminderten Beitragsleistung Gebrauch machen will. Da das Recht zur verminderten Beitragsleistung nicht davon abhängig ist, daß der Handwerker einen entsprechenden Antrag stellt, sondern das „Gebrauch machen" auch in konkludenten Handlungen, wie der Unterlassung der Beitragsentrichtung, bestehen kann (vgl. Anm. 6 zu § 4), wird davon auszugehen sein, daß der Versicherungsträger auch nur für jeden zweiten Monat einen Beitrag beitreiben kann, wenn einem Handwerker das Recht zur verminderten Beitragsleistung zusteht. Allerdings wird es nicht zu vermeiden sein, daß Zwangsbeitreibungsmaßnahmen eingeleitet werden, wenn dem Versicherungsträger nicht bekannt ist, daß dem Handwerker das Recht zur verminderten Beitragsleistung zusteht, weil dieser gegenüber dem Versicherungsträger nicht nachgewiesen hat, daß die gesetzlichen Voraussetzungen von ihm erfüllt werden.

22 Die Form, wie die Pflichtbeiträge von dem Handwerker zu zahlen sind, ist im HwVG nicht festgelegt. Es gelten daher die allgemeinen Vorschriften der Rentenversicherung der Arbeiter.

Die Beiträge können sowohl bar bei der Kasse des Versicherungsträgers oder bei dessen Beauftragten oder auf den sonst üblichen Zahlungswegen eingezahlt werden. In Betracht kommt insbesondere die Überweisung auf ein Konto des Versicherungsträgers (Bank, Postscheckkonto). Die Kosten für die Überweisung des Beitrags hat der Handwerker zu tragen, da es sich bei den Beiträgen um sogenannte „Bringschulden" handelt, d. h., daß der Beitragsschuldner den fälligen Betrag auf seine Gefahr und auf seine Kosten dem Versicherungsträger an dessen Sitz zu übermitteln hat. Zulässig ist es, daß der Handwerker dem zuständigen Versicherungsträger die Ermächtigung erteilt, die fälligen Beiträge von seinem Bank- oder Postscheckkonto abzubuchen (sogenanntes Abbuchungsverfahren) und damit die rechtzeitige Einziehung der Beiträge sicherstellt. Hierdurch etwa entstehende Kosten hat der Handwerker als Beitragsschuldner zu tragen.

22a Von Handwerkern, die mit der Entrichtung der Pflichtbeiträge nach dem HwVG in Verzug sind, werden auch Säumniszuschläge und Verzugszinsen erhoben werden können. Gesetzliche Grundlage hierfür ist der § 1400 Abs. 3 RVO. Diese Vorschrift gilt zwar entsprechend ihrer Eingliederung in das Gesetz nur für die Beitragsentrichtung durch den Arbeitgeber, wenn die Beiträge durch Abführung an die Einzugsstelle entrichtet werden, im § 5 Abs. 2 HwVG ist jedoch ausdrücklich die Anwendbarkeit dieser Vorschrift für den Fall bestimmt, daß die Beiträge auf Grund einer Vereinbarung an den Träger der Krankenversicherung abzuführen sind. Es ist dabei nicht verständlich, daß von dem pflichtversicherten Handwerker Säumniszuschläge und Verzugszinsen nur erhoben werden können, wenn eine Krankenkasse, und nicht auch dann, wenn der Träger der Rentenversicherung selbst die Pflichtbeiträge nach dem HwVG einzieht. Eine unterschiedliche Behandlung der pflichtversicherten Handwerker je nachdem, welche Stelle die Pflichtbeiträge einzieht, erscheint nicht gerechtfertigt. Es wird deshalb auch dem Träger der Rentenversicherung das Recht zustehen, nach § 1400 Abs. 3 RVO bei Zahlungsverzug einen einmaligen Säumniszuschlag bzw. bei längerem Zahlungsverzug Verzugszinsen zu erheben. Gibt der Träger der Rentenversicherung keine Zahlungsaufforderung bei Fälligkeit der Beiträge heraus, so wird eine Mahnung zur Zahlung der rückständigen

Beiträge als Zahlungsaufforderung im Sinne von § 1400 Abs. 3 RVO anzusehen sein.

3. Verjährung und Nachentrichtung rückständiger Pflichtbeiträge

Verjährung von Beitragsforderungen bedeutet, daß nach Ablauf der 23
Verjährungsfrist der Träger der Rentenversicherung die rückständigen Beiträge nicht mehr zwangsweise einziehen kann. Unabhängig davon ist die Nachentrichtungsfrist, wenn der Handwerker freiwillig die rückständigen Beiträge noch nachbringen will. Wenn auch die Verjährungs- und die Nachentrichtungsfrist übereinstimmen, so kann es doch in Einzelfällen vorkommen, daß zwar die Verjährung eingetreten und von dem Versicherungsträger von Amts wegen zu beachten ist, der Handwerker jedoch noch berechtigt ist, die rückständigen Beiträge freiwillig nachzubringen.

Die maßgebenden Rechtsvorschriften haben folgenden Wortlaut:

„§ 29 Abs. 1 RVO

Der Anspruch auf Rückstände verjährt, soweit sie nicht absichtlich hinterzogen worden sind, in zwei Jahren nach Ablauf des Kalenderjahres der Fälligkeit.

§ 1418 RVO

(1) Pflichtbeiträge und freiwillige Beiträge sind unwirksam, wenn sie nach Ablauf von zwei Jahren nach Schluß des Kalenderjahres, für das sie gelten sollen, entrichtet werden.

(2) Über diese Zeit hinaus hat der Versicherungsträger die Nachentrichtung von Pflichtbeiträgen binnen zwei weiteren Jahren zuzulassen, wenn sie ohne Verschulden des Versicherten nicht rechtzeitig entrichtet worden sind. Ein Verschulden liegt insbesondere dann nicht vor, wenn der Arbeitgeber die Versicherungskarte aufbewahrt und sie nicht zur richtigen Zeit ordnungsgemäß umgetauscht hat.

(3) In Fällen besonderer Härte kann der Träger der Rentenversicherung der Arbeiter die Nachentrichtung von Pflichtbeiträgen auch nach Ablauf der in Absatz 2 bezeichneten Frist zulassen und hierfür eine Frist bestimmen, wenn der Versicherte trotz Beobachtung jeder nach den Umständen des Falles gebotenen Sorgfalt das Unterlassen der Beitragsentrichtung nicht verhindern konnte.

§ 1419 RVO

(1) Freiwillige Beiträge und Beiträge der Höherversicherung dürfen nach Eintritt der Berufsunfähigkeit, der Erwerbsunfähigkeit oder des Todes für Zeiten vorher nicht mehr entrichtet werden.

(2) Absatz 1 gilt nicht, wenn sich der Versicherte vorher gegenüber einer zuständigen Stelle zur Entrichtung von Beiträgen für diese Zeiten bereit erklärt hat und die Beiträge in einer angemessenen Frist geleistet werden.

§ 1420 RVO

(1) Der Entrichtung der Beiträge im Sinne des § 1418 steht gleich

1. die von einer zuständigen Stelle an den Arbeitgeber gerichtete Mahnung,

2. die Bereiterklärung des Arbeitgebers oder des Versicherten zur Nachentrichtung gegenüber einer solchen Stelle,

wenn die Beiträge binnen angemessener Frist entrichtet werden.

(2) Zeiträume, in denen eine Beitragsstreitigkeit im Vorverfahren gemäß § 80 Nr. 2 des Sozialgerichtsgesetzes oder im Verfahren vor den Sozialgerichten oder in denen ein Verfahren über einen Rentenanspruch schwebt, werden in die Nachentrichtungsfristen des § 1418 und die Erstattungsfristen der §§ 1303 und 1304 nicht eingerechnet.

(3) Diese Tatsachen (Absätze 1 und 2) unterbrechen auch die Verjährung des Anspruchs auf Zahlung rückständiger Beiträge und des Anspruchs auf Rückzahlung von zu Unrecht entrichteten Beiträgen (§§ 29 und 1424)."

Die Fristen beginnen mit Ablauf des Kalenderjahres der Fälligkeit, sie enden also, wenn es sich um Beiträge handelt, die im Jahre 1962 fällig geworden sind, am 31. 12. 1964.

24 Bei der Nachentrichtung von Pflichtbeiträgen durch den Handwerker wird im allgemeinen nur die Frist des § 1418 RVO in Betracht kommen, weil der Handwerker seine Beitragspflicht selbst zu erfüllen hat und eine Unterlassung der Beitragsentrichtung stets von ihm verschuldet sein wird. Nur dann, wenn der Handwerker durch eine unrichtige Auskunft des Versicherungsträgers veranlaßt worden ist, die Beitragsentrichtung zu unterlassen, wird er auch innerhalb der längeren Nachentrichtungsfrist des § 1418 Abs. 2 RVO noch Beiträge nachentrichten können. Allerdings muß die Unterlassung der rechtzeitigen Beitragsentrichtung durch eine Auskunft oder durch einen Bescheid des Versicherungsträgers im Einzelfall verursacht worden sein, eine allgemeine Auskunft wird hierbei nicht als ausreichend angesehen werden können.

Durch das HwVG ist die Nachentrichtung von Beiträgen in den Fällen eingeschränkt, in denen der Handwerker von dem Recht zur verminderten Beitragsleistung Gebrauch gemacht hat. Nach Eintritt des Versicherungsfalles dürfen dann Beiträge für Zeiten vorher auch nur für sechs Kalendermonate im Jahr nachentrichtet werden (vgl. § 4 Abs. 5 letzter Satz HwVG und Anm. 8 zu § 4).

Wegen der Aufstockung bzw. Aufspaltung bereits entrichteter Beiträge, wenn der Handwerker berechtigt war, Beiträge in einer höheren oder niedrigeren als der allgemein für pflichtversicherte Handwerker festgesetzten Beitragsklasse zu entrichten vgl. Anm. 28 und 31 zu § 4.

IV. Der Nachweis der Beitragsentrichtung

1. Die Versicherungskarte

25 Zum Nachweis der Beitragsentrichtung dient in der Rentenversicherung der Arbeiter die Versicherungskarte (§ 1411 Abs. 1 RVO), wobei die Muster der Versicherungskarte von dem Bundesminister für

Arbeit und Sozialordnung bestimmt werden (vgl. Verwaltungsvorschriften über das Muster der Versicherungskarten vom 12. 9. 1961 — BAnz 1961 Nr. 182).

Wegen der Besonderheiten des Bareinzuges der Beiträge von pflichtversicherten Handwerkern sind die allgemein bestimmten Muster für die Versicherungskarten für die Beurkundung der Beitragsentrichtung nach dem HwVG nur zum Teil geeignet, da sie für die Verwendung von Beitragsmarken und für die Bescheinigung von Beitragszeiten und erzielten Entgelten, nicht aber auch für die Eintragung von in bar nach Beitragsklassen eingezogenen Beiträgen vorgesehen sind. Der Bundesminister für Arbeit und Sozialordnung hat deshalb mit Zustimmung des Bundesrates die Allgemeinen Verwaltungsvorschriften über den Nachweis der Beitragsentrichtung durch versicherungspflichtige Handwerker in der Rentenversicherung der Arbeiter vom 13. 6. 1962 (abgedruckt S. 397) erlassen. In diesen Verwaltungsvorschriften wird bestimmt, in welcher Form der Nachweis über die eingezogenen Beiträge eines pflichtversicherten Handwerkers innerhalb der Verwaltung der Landesversicherungsanstalten zu führen ist und welche Angaben die Aufrechnungsbescheinigung, die der Handwerker erhält, enthalten muß. Eine besondere Versicherungskarte wird für die pflichtversicherten Handwerker, sofern die Beiträge durch die Landesversicherungsanstalt eingezogen werden, nicht ausgestellt. Für den Handwerker hätte die Versicherungskarte auch keinen Wert, weil er keine Marken darin verwenden kann und auch sonst von ihm keine Eintragungen vorzunehmen sind. Nach Ablauf eines Kalenderjahres ist für dieses Jahr eine Aufrechnungsbescheinigung zu erteilen, sofern die für das abgelaufene Kalenderjahr fälligen Pflichtbeiträge entrichtet sind. Endet die Versicherungspflicht eines Handwerkers im Laufe eines Kalenderjahres, so erhält er die Aufrechnungsbescheinigung nach Wegfall der Versicherungspflicht. Für eine eventuelle freiwillige Versicherung muß er sich dann eine Versicherungskarte nach dem allgemeinen Muster ausstellen lassen, da die Beiträge für die freiwillige Weiterversicherung durch Verwendung von Beitragsmarken zu entrichten sind. In der Aufrechnungsbescheinigung sind die Anzahl und die Höhe der entrichteten Beiträge bescheinigt; daneben sind in der Aufrechnungsbescheinigung auch die Ersatz- und Ausfallzeiten eingetragen, wobei auch Ersatz- und Ausfallzeiten früherer Jahre noch nachträglich eingetragen werden können. Die Ersatz- und Ausfallzeiten sind deshalb dem zuständigen Versicherungsträger gegenüber nachzuweisen.

Die Allgemeinen Verwaltungsvorschriften beziehen sich nur auf die Fälle, in denen die Landesversicherungsanstalten selbst die Beiträge einziehen. Da, wie in der Begründung zum Regierungsentwurf der allgemeinen Verwaltungsvorschriften (Bundesrats-Drucksache 92/62) angeführt wird, sämtliche Landesversicherungsanstalten beabsichtigen, die Beiträge selbst einzuziehen, erübrigte sich eine Regelung über den Nachweis der Beitragsentrichtung für den Fall des Beitragseinzugs durch eine mit dieser Aufgabe betraute Krankenkasse.

2. Die Beurkundung der Beitragsentrichtung

26 Die Entrichtung der Beiträge an die Einzugsstelle ist von dieser unter Angabe des Zeitraums, für den die Beiträge bestimmt sind, in die Versicherungskarte einzutragen.

Nicht eindeutig ist aus dem Gesetzeswortlaut zu erkennen, ob nur die mit dem Beitragseinzug beauftragten Träger der Krankenversicherung, oder auch die Träger der Rentenversicherung, wenn diese den Beitragseinzug selbst vornehmen, zu der Beurkundung der Beitragsentrichtung verpflichtet sind. Im § 5 Abs. 3 HwVG ist der Begriff „Einzugsstelle" verwendet worden, ein Begriff, der wie der Wortlaut des § 5 Abs. 5 HwVG zeigt, als Bezeichnung für die mit dem Beitragseinzug beauftragten Träger der Krankenversicherung dient. Trotz der nicht eindeutigen Bedeutung des Wortes „Einzugsstelle" wird stets die Stelle, die die Beiträge einzieht, auch die Beurkundung der Beitragsentrichtung vorzunehmen haben, ohne Rücksicht darauf, ob es sich dabei um den Träger der Rentenversicherung oder den von diesem mit dem Beitragseinzug beauftragten Träger der gesetzlichen Krankenversicherung handelt.

Die Beurkundung der Beitragsentrichtung ist Grundlage für die Leistungsfeststellung und die sonstigen Angelegenheiten, bei denen es auf den Nachweis der Beitragsentrichtung ankommt. Für die eingezogenen Beiträge brauchen deshalb von der einziehenden Stelle keine Beitragsmarken verwendet zu werden.

V. Die Mitteilungspflicht der Handwerkskammern

27 Die Handwerkskammern haben den Trägern der Rentenversicherung und den mit dem Beitragseinzug beauftragten Trägern der Krankenversicherung Einblick in die Handwerksrolle zu gewähren und ihnen Anmeldungen und Löschungen mitzuteilen.

Das Recht, Einsicht in die Handwerksrolle zu nehmen, besteht bereits nach § 6 Abs. 2 HO, da die mit der Durchführung des HwVG betrauten Stellen stets ein berechtigtes Interesse daran nachweisen können. Durch die Anführung im § 5 HwVG sollte dieses Recht nochmals besonders hervorgehoben und auch festgestellt werden, daß stets ein besonderes Interesse an der Einsichtnahme besteht, also nicht in jedem Einzelfall das berechtigte Interesse nachgeprüft werden muß.

Der Versicherungsträger kann anhand der Kartei nachprüfen, ob ein Handwerker in der Handwerksrolle eingetragen ist und ob sonstige

Umstände vorliegen, die Einfluß auf die Versicherungspflicht nach dem HwVG haben, wie z. B. die Eintragung als handwerklicher Nebenbetrieb, ob es sich um einen sogenannten Witwenbetrieb handelt usw. Das Recht, Einblick in die Handwerksrolle zu nehmen, erstreckt sich dabei auf die gesamten Karteiblätter der Handwerksrolle und nicht nur auf einzelne Teile.

Ob dieses Recht auch das Recht beinhaltet, Einblick in das Doppel der Handwerksrolle oder in sonstige Neben- oder Hilfskarteien der Handwerkskammer zu nehmen, ist aus dem Wortlaut der Vorschrift nicht zu entnehmen. Mit Zustimmung der Handwerkskammer wird aber auch das jederzeit möglich sein, wobei allerdings darauf hinzuweisen ist, daß solche Neben- oder Hilfskarteien keine Bedeutung für die Versicherungspflicht nach dem HwVG haben können, weil Eintragungen in solchen Karteien nicht mit der Eintragung in der Handwerksrolle gleichzusetzen sind (vgl. Anm. 23 zu § 1).

Im übrigen bedeutet „Einblick gewähren", daß dies nur am Sitz der Handwerkskammer geschehen kann, die Handwerkskammer also nicht verpflichtet ist, das gesamte Karteimaterial der Handwerksrolle oder Teile davon den Versicherungsträgern zu überlassen. Ebenso kann darin keine Verpflichtung der Handwerkskammer zur Fertigung von Abschriften der Handwerksrolle liegen.

Daneben sind die Handwerkskammern noch verpflichtet, den Versicherungsträgern und den mit dem Beitragseinzug beauftragten Trägern der gesetzlichen Krankenversicherung die Anmeldungen und die Löschungen in der Handwerksrolle mitzuteilen. Unter Anmeldung werden dabei im wesentlichen die Eintragung in die Handwerksrolle, darüber hinaus aber auch die sonstigen, für die Beurteilung der Versicherungspflicht rechtserheblichen Tatsachen zu verstehen sein, wie z. B. die Kennzeichnung eines Handwerksbetriebs als handwerklicher Nebenbetrieb. Da als Anmeldung keinesfalls der Antrag auf Eintragung zu verstehen ist (vgl. Anm. 27 zu § 1), kommt diesem Begriff die angeführte Bedeutung zu. Wäre als Anmeldung nur die Eintragung in die Handwerksrolle zu verstehen, so wäre zweifellos im Gesetz dieser Begriff verwendet worden. 28

Die Allgemeine Verwaltungsvorschrift über die Mitteilungen der Handwerkskammern aus der Handwerksrolle an die Landesversicherungsanstalten vom 3. April 1962 ist auf S. 395 abgedruckt.

Die Mitteilungspflicht der Handwerkskammer besteht nicht nur, wenn der Handwerker versicherungspflichtig ist oder wird, sondern in sämtlichen Fällen, also auch dann, wenn für die Handwerkskammer bereits zu erkennen ist, daß für den einzelnen Handwerker Versicherungspflicht nicht bestehen wird, oder im Falle der Löschung, daß der Handwerker bereits vorher nicht mehr versicherungspflichtig war, es sei denn, daß sich die Einschränkung aus § 1 Abs. 2 und 3 der Allgemeinen Verwaltungsvorschrift vom 3. 4. 1962 ergibt.

Das Recht, Einblick in die Handwerksrolle zu nehmen, steht stets dem zuständigen Träger der Rentenversicherung zu und daneben auch noch dem Träger der Krankenversicherung, wenn diesem der Einzug der Beiträge übertragen ist. Auch im Falle des Einzugs der Beiträge durch eine Krankenkasse kann der Träger der Rentenversicherung Einblick in die Handwerksrolle nehmen und muß auch die Mitteilung über die Anmeldungen und Löschungen in der Handwerksrolle erhalten, sofern er nicht ausdrücklich darauf verzichtet.

ZWEITER ABSCHNITT

Übergangsvorschriften

§ 6

(1) Handwerker, die für Januar und Februar 1957 die Voraussetzungen für die Versicherungsfreiheit nach § 3 des Gesetzes über die Altersversorgung für das Deutsche Handwerk vom 21. Dezember 1938 (Reichsgesetzbl. I S. 1900) erfüllten und in dieser Zeit versicherungsfrei waren, bleiben versicherungsfrei.

(2) Handwerker, die für Januar und Februar 1957 die Voraussetzungen für die Befreiung von der halben Beitragsleistung nach § 5 des Gesetzes über die Altersversorgung für das Deutsche Handwerk erfüllten und in dieser Zeit von der halben Beitragsleistung befreit waren, entrichten vom Inkrafttreten des Gesetzes an für die Dauer ihrer Versicherungspflicht Beiträge mindestens nach § 4 Abs. 5 Nr. 2 und Abs. 6.

(3) Handwerker, die vor dem Inkrafttreten dieses Gesetzes auf Grund eines Versicherungsvertrages die Versicherungsfreiheit nach § 3 des Gesetzes über die Altersversorgung für das Deutsche Handwerk geltend gemacht und bis zum Inkrafttreten dieses Gesetzes die Voraussetzungen für die Versicherungsfreiheit nach § 3 des Gesetzes über die Altersversorgung für das Deutsche Handwerk erfüllt haben, bleiben weiterhin versicherungsfrei.

(4) Handwerker, die vor dem Inkrafttreten dieses Gesetzes auf Grund eines Versicherungsvertrages die Befreiung von der halben Beitragsleistung nach § 5 des Gesetzes über die Altersversorgung für das Deutsche Handwerk geltend gemacht haben, entrichten vom Inkrafttreten dieses Gesetzes an für die Dauer ihrer Versicherungspflicht Beiträge mindestens nach § 4 Abs. 5 Nr. 2 und Abs. 6.

(5) Die Versicherungsfreiheit endet bei Löschung der Eintragung des Handwerkers in der Handwerksrolle.

(6) Für Handwerker, die auf Grund eines Pensionsvertrages mit der Pensionskasse des Bäckerhandwerks Versicherungsverein auf Gegenseitigkeit, Sitz Berlin, die Versicherungsfreiheit oder die Befreiung von der halben Beitragsleistung geltend gemacht haben, gelten die Absätze 1 bis 5 entsprechend, und zwar auch dann, wenn die Versicherungsfreiheit auf Grund von zwei oder mehr Verträgen mit der Pensionskasse des Bäckerhandwerks und einem oder mehr als einem Lebensversicherungsunternehmen geltend gemacht wurde.

Übersicht über die Erläuterungen

I. Allgemeines

1. Gesetzliche Rentenversicherung oder Lebensversicherung

1 Nach dem HVG war es dem einzelnen Handwerker freigestellt, ob er seine Altersversorgung durch die Beitragsleistung zur Rentenversicherung der Angestellten, durch Abschluß eines Lebensversicherungsvertrages oder durch die Kombination beider Möglichkeiten sicherstellen wollte. Grundsätzlich war zwar der Handwerker versicherungspflichtig in der Rentenversicherung der Angestellten, doch konnte er sich durch den Abschluß und die Aufrechterhaltung eines Lebensversicherungsvertrages von dieser Versicherungspflicht überhaupt oder von der halben Beitragsleistung befreien lassen. Im Vordergrund stand der Grundsatz, daß der Handwerker für sein Alter Vorsorge treffen mußte; die Art der Vorsorge blieb in weitem Umfange seinem eigenen Ermessen überlassen.

Diese Wahlmöglichkeit des Handwerkers zwischen der Pflichtversicherung in der Rentenversicherung der Angestellten und dem Abschluß und der Aufrechterhaltung eines Lebensversicherungsvertrages ist von dem HwVG nicht übernommen worden, sondern der Handwerker muß künftig, wenn auch nur für eine begrenzte Zeit, der gesetzlichen Rentenversicherung angehören und kann sich nicht mehr von der Versicherungspflicht oder von der halben Beitragsleistung zur gesetzlichen Rentenversicherung durch Abschluß eines Lebensversicherungsvertrages befreien. Nach Ablauf der zeitlich begrenzten Versicherungspflicht steht es ihm allerdings in vollem Umfange frei, völlig selbständig und ohne gesetzlichen Zwang seine weitere Altersversorgung zu gestalten.

Lediglich in den Fällen, in denen der Handwerker bereits vor Inkrafttreten des HwVG sich von der Versicherungspflicht in der gesetzlichen Rentenversicherung oder von der halben Beitragsleistung zur Handwerkerversorgung befreit hatte, sollte die Versicherungsfreiheit oder die Halbversicherung, wenn auch diese in einer anderen Art und Weise, bestehen bleiben. Der Gesetzgeber wollte durch die Übergangsregelung des § 6 HwVG vermeiden, in bisher abgeschlossene Lebensversicherungsverträge einzugreifen und den Handwerker durch die Beitragsleistung zur gesetzlichen Rentenversicherung und die Prämienzahlung für seine Lebensversicherung doppelt zu belasten bzw. den Handwerker zu veranlassen, seine bisherige Lebensversicherung aufzugeben und damit bereits erworbener Rechte verlustig zu gehen.

2. Der Lebensversicherungsvertrag nach dem 31. 12. 1961

2 Maßgebend für die Beurteilung der Versicherungsfreiheit des einzelnen Handwerkers ab 1. 1. 1962 ist nur, ob der Lebensversicherungsvertrag im Januar und Februar 1957 bzw. vor dem Inkrafttreten des HwVG (1. 1. 1962) den gesetzlichen Anforderungen entsprach. Vom Inkraft-

treten des HwVG an bestehen für die Lebensversicherungsverträge, welche die Versicherungsfreiheit ab 1. 1. 1962 weiter begründen, keine besonderen Vorschriften mehr, d. h. die Versicherungsfreiheit bleibt auch dann weiter bestehen, wenn der Lebensversicherungsvertrag nicht mehr den Anforderungen entspricht, die bis zum 31. 12. 1961 durch die Vorschriften des HVG gefordert worden sind. Darüber hinaus bleibt die Versicherungsfreiheit auch weiterhin bestehen, wenn sie sich auf einen ausreichenden Lebensversicherungsvertrag gründete und dieser Vertrag nach dem 1. 1. 1962 nicht mehr aufrechterhalten wird, d. h. die Versicherungsfreiheit nach § 6 HwVG bleibt auch dann bestehen, wenn der Handwerker seine Lebensversicherung nicht mehr weiterführt. Wegen der Beendigung der Versicherungsfreiheit nach § 6 HwVG vgl. § 6 Abs. 5 HwVG (vgl. Anm. 61). Für den Versicherungsträger entfällt somit die ständige Prüfung, ob die Lebensversicherungsverträge auch weiterhin noch Versicherungsfreiheit begründen würden. Eine solche weitere Prüfung würde auch daran scheitern, daß die Vorschriften des HVG bzw. der dazu erlassenen Durchführungs- und Ergänzungsverordnungen mit Wirkung vom 31. 12. 1961 außer Kraft treten und gesetzliche Grundlagen dafür, daß die Lebensversicherungsverträge bestimmten Anforderungen entsprechen müssen, nicht mehr bestehen. Andererseits entfallen aber auch die bisher bestehenden Schutzvorschriften für den Lebensversicherungsvertrag, wie z. B. der Pfändungsschutz (vgl. dazu auch Anm. 25).

Der Handwerker, der ab 1. 1. 1962 wegen eines ausreichenden Lebens- 3
versicherungsvertrages im Januar oder Februar 1957 bzw. vor dem Inkrafttreten des HwVG gemäß § 6 Abs. 1 und 3 HwVG versicherungsfrei ist, kann von dem genannten Zeitpunkt ab nicht mehr auf seine Versicherungsfreiheit, wie es bisher nach dem HVG möglich war, verzichten und Pflichtbeiträge zur gesetzlichen Rentenversicherung entrichten. Damit wirkt die einmal getroffene Entscheidung zugunsten einer Lebensversicherung für die gesamte weitere Zeit fort und bleibt für den Versicherungsträger und den Handwerker verbindlich, abgesehen davon, daß es dem Handwerker unbenommen ist, freiwillige Beiträge zur Rentenversicherung zu entrichten, wenn er hierzu nach den allgemeinen Vorschriften der Rentenversicherung der Arbeiter berechtigt ist.

3. Die Auswirkung der Versicherungsfreiheit

Die Versicherungsfreiheit nach § 6 Abs. 1 und 3 HwVG gilt nur für 4
die Versicherung nach dem HwVG. Während bisher nach § 1 der 1. DVOzHVG die Versicherung nach dem HVG die gesamte Tätigkeit umfaßte, die der Handwerker ausübte, und daneben einzelne Tätigkeiten weder in der Rentenversicherung der Angestellten noch in der Renten-

versicherung der Arbeiter gesondert versichert wurden, ist ab 1. 1. 1962, d. h. vom Inkrafttreten des HwVG an, die Versicherungspflicht für die Tätigkeit als selbständiger Handwerker und für die Beschäftigung als Arbeitnehmer völlig getrennt zu beurteilen (vgl. dazu § 2 Abs. 1 Nr. 5 HwVG). Übt ein selbständiger Handwerker, der nach § 6 Abs. 1 oder 3 HwVG versicherungsfrei ist, eine Beschäftigung als Arbeitnehmer aus, so ist er ab 1. 1. 1962 wegen dieser Beschäftigung nach den allgemeinen Vorschriften der Rentenversicherungsgesetze versicherungspflichtig. Es ist davon auszugehen, daß sich die Versicherungsfreiheit wegen des Abschlusses eines Lebensversicherungsvertrages nur auf die Versicherungspflicht nach dem HwVG erstreckt und die Vorschrift des § 1 der 1. DVOzHVG, die sich auf das Verhältnis zu der Versicherung nach anderen Vorschriften bezogen hat, ab 1. 1. 1962 nicht mehr gilt. Für die Versicherung der Handwerker nach dem HwVG gelten zwar die Vorschriften des Vierten Buches der RVO, die für versicherungspflichtige Selbständige maßgebend sind, umgekehrt sind jedoch die Vorschriften des HwVG nicht Bestandteil des Vierten Buches der RVO geworden, so daß die Versicherungsfreiheit nach dem HwVG sich nur auf die Tätigkeit als Handwerker bezieht und nicht auch auf sonstige Beschäftigungen oder Tätigkeiten die Versicherungspflicht in der gesetzlichen Rentenversicherung zur Folge haben.

Ist z. B. ein Handwerker gleichzeitig Hausgewerbetreibender und als Handwerker nach § 6 Abs. 1 oder 3 HwVG versicherungsfrei, so hat er für seine Tätigkeit als Hausgewerbetreibender trotzdem Pflichtbeiträge zu entrichten (vgl. dazu Anm. 15 zu § 2 HwVG).

II. Der notwendige Inhalt der Lebensversicherungsverträge

A. Gemeinsame Vorschriften

1. Der Versicherungsvertrag

5 Das Bestehen eines Lebensversicherungsvertrages bedeutet, daß der Versicherer verpflichtet ist, nach dem Eintritt des Versicherungsfalles den vereinbarten Betrag an Kapital oder Rente zu zahlen oder die sonst vereinbarten Leistungen zu bewirken, daß also ein Rechtsanspruch auf die Leistung besteht, wenn die vereinbarten Bedingungen erfüllt werden. Der Versicherungsnehmer hat die vereinbarte Prämie zu entrichten, wobei als Prämien auch die bei Versicherungsunternehmungen auf Gegenseitigkeit zu entrichtenden Beiträge gelten (§ 1 VVG).

Für die Lebensversicherungsverträge, auf die sich die Versicherungsfreiheit oder die Befreiung von der halben Beitragsleistung stützte, galten allgemein die zwingenden als auch die abdingbaren Normen des VVG, wobei jene durch die allgemeinen Versicherungsbedingungen oder durch Einzelvereinbarungen nicht abgeändert werden konnten. Durch das HVG wurde in das Verhältnis zwischen Versicherer und Handwerker, von ganz wenigen Ausnahmen abgesehen (z. B. Verpfändungs- und Verfügungsbeschränkungen usw.) nicht eingegriffen. Andererseits wurden jedoch durch die Vorschriften des HVG und die dazu erlassenen Durchführungsverordnungen Voraussetzungen gefordert, die ein Lebensversicherungsvertrag erfüllen mußte, damit auf ihn die Versicherungsfreiheit bzw. die Befreiung von der halben Beitragsleistung gestützt werden konnte. Der Handwerker konnte also einen beliebigen Lebensversicherungsvertrag mit einem Lebensversicherungsunternehmen abschließen, jedoch war nicht jeder Lebensversicherungsvertrag geeignet, das Recht zur Versicherungsfreiheit bzw. Befreiung von der halben Beitragsleistung zu begründen.

Voraussetzung für die Versicherungsfreiheit und die Halbversicherung war der Abschluß eines Lebensversicherungsvertrages. Ein Lebensversicherungsvertrag war rechtswirksam abgeschlossen, wenn der Versicherer den an ihn gerichteten Versicherungsvertrag angenommen hatte und die Annahmeerklärung dem Versicherungsnehmer zugegangen war. Nahm die Lebensversicherungsunternehmung den Versicherungsvertrag nur unter Abänderungen usw. an, so galt dies als Ablehnung des ursprünglichen Versicherungsvertrages und der Vertrag kam erst dann rechtswirksam zustande, wenn der Versicherungsnehmer seine Einverständniserklärung dazu abgab (§ 150 Abs. 2 BGB). 6

Die Versicherungsfreiheit bzw. die Halbversicherung konnte erst vom Beginn des Monats auf einen Lebensversicherungsvertrag gestützt werden, in dem der Lebensversicherungsvertrag abgeschlossen worden ist. Unerheblich war eine etwaige Rückdatierung der Versicherung unter Nachzahlung der Prämien für einen in der Vergangenheit liegenden Zeitraum. Der tatsächliche Abschluß wurde dabei nicht zurückverlegt, sondern nur der Beginn der Versicherung. Auch in diesen Fällen war deshalb für den Beginn der Versicherungsfreiheit bzw. der Halbversicherung der Abschluß des Lebensversicherungsvertrages maßgebend.

Daneben mußte noch die Versicherung begonnen haben. Wurde in einem Lebensversicherungsvertrag vereinbart, daß die Versicherung erst zu einem späteren Zeitpunkt beginnen sollte, so war für den Beginn der Versicherungsfreiheit nicht der Zeitpunkt des Abschlusses des Lebensversicherungsvertrages, sondern der spätere Beginn der Versicherung maßgebend (vgl. § 18 der 1. DVOzHVG). 7

2. Arten des Lebensversicherungsvertrages

Die Lebensversicherung konnte als Kapital- oder Rentenversicherung abgeschlossen sein (§§ 4 und 5 HVG). Während die Rentenversicherung in ihren Grundzügen der gesetzlichen Rentenversicherung ähnelt, d. h. 8

beim Eintritt des Versicherungsfalles (Erreichen eines bestimmten Lebensalters, Invalidität bzw. Berufsunfähigkeit oder Tod) eine Rente an den bzw. die Bezugsberechtigten zu zahlen ist, wird bei der Kapitalversicherung bei Eintritt des Versicherungsfalles ein bestimmtes Kapital an den bzw. die Bezugsberechtigten ausgezahlt. Die Kapitalversicherung weicht somit grundlegend von den Grundzügen der gesetzlichen Rentenversicherung ab. Die Lebensversicherung brauchte nicht entweder als reine Kapital- oder als reine Rentenversicherung abgeschlossen zu werden, sondern es waren auch Mischformen zwischen beiden Versicherungsarten zulässig, d. h. kombinierte Kapital- und Rentenversicherungsverträge. Für die Versicherungsfreiheit bzw. für die Befreiung von der halben Beitragsleistung nach dem HVG waren sowohl Kapital- als auch Rentenversicherungen sowie ebenfalls die gemischten Kapital- und Rentenversicherungen geeignet.

3. Versicherer (Lebensversicherungsunternehmung)

9 Versicherer ist derjenige, der das Versicherungswagnis trägt. Nach dem HVG mußte der Versicherer eine öffentliche oder private Lebensversicherungsunternehmung sein, d. h. der Lebensversicherungsvertrag mußte zwischen einem solchen Unternehmen und dem Handwerker abgeschlossen sein. Als öffentliche Lebensversicherungsunternehmen waren solche anzusehen, die unter der Verwaltung oder Leitung staatlicher oder kommunaler Behörden standen. Haaß-Glanzmann vertreten darüber hinaus auch die Auffassung, daß für Handwerker auch Unterstützungskassen in Betracht kommen konnten, die von Innungsverbänden nach § 104i der Gewerbeordnung (jetzt Unterstützungskassen der Innungen nach § 49 Abs. 3 Nr. 2 HO) errichtet waren, sofern sie nach Art einer Lebensversicherungsunternehmung betrieben wurden und insbesondere ihren Mitgliedern bei Eintritt des Versicherungsfalles einen Rechtsanspruch auf die satzungsmäßigen Leistungen gewährten (Haaß-Glanzmann Anm. 23 zu § 3 HVG).

Allgemein sind als öffentliche Lebensversicherungsunternehmungen nur inländische Unternehmungen zu verstehen.

Private Lebensversicherungsunternehmungen kamen ohne Rücksicht auf die Rechtsform, in der sie betrieben wurden (Aktiengesellschaft, Versicherungsverein auf Gegenseitigkeit), in Betracht, wobei allerdings Voraussetzung war, daß die Aufsichtsbehörde die Unternehmung zum Geschäftsbetrieb im Bundesgebiet oder im Land Berlin zugelassen hatte (vgl. § 1 VAG).

4. Die Versicherungsfälle

10 Welche Versicherungsfälle von dem Lebensversicherungsvertrag erfaßt werden mußten, war für die Kapitalversicherung und die Rentenversicherung zum Teil unterschiedlich.

Unter Versicherungsfall ist das Ereignis zu verstehen, das die dem Vertrag innewohnende Ungewißheit beseitigt, ganz gleich, worin diese im gegebenen Falle besteht.

a) Allgemein

Als Versicherungsfälle kamen bei den Lebensversicherungsverträgen der Handwerker das Erreichen eines bestimmten Lebensalters, der Tod oder die Berufsunfähigkeit des Handwerkers in Betracht. Bei einem Lebensversicherungsvertrag, der das Recht zur Versicherungsfreiheit bzw. zur Befreiung von der halben Beitragsleistung begründen sollte, mußte es sich stets um eine sogenannte Erlebens- und Todesfallversicherung handeln, d. h. die Versicherungsleistung mußte bei der Kapitalversicherung beim Tode des Handwerkers, spätestens jedoch wenn der Handwerker ein bestimmtes Lebensalter erreichte, fällig werden. 11

b) Rentenversicherung

Im Lebensversicherungsvertrag mußte vereinbart sein, daß der Handwerker spätestens vom 65. Lebensjahre ab die Rente zu erhalten hatte, wobei allerdings die Zahlung der Rente auch schon von einem früheren Zeitpunkt — einem niedrigeren Lebensjahr — an vereinbart werden konnte. 12

Ohne Bedeutung war es allerdings, wenn die Rente auf Grund des Lebensversicherungsvertrages nicht alsbald bei Vollendung des 65. Lebensjahres, sondern spätestens sechs Monate danach fällig wurde (§ 17 der 1. DVOzHVG). Ein Mindestalter, von dem ab die Rente frühestens gewährt werden durfte, war für die Rentenversicherung im Gegensatz zu der Regelung bei der Kapitalversicherung nicht vorgesehen. Von welchem Lebensalter ab oder ob die Rente bei Eintritt der Berufsunfähigkeit oder Invalidität vor dem 65. Lebensjahr zu zahlen war, hatte für die sozialversicherungsrechtliche Beurteilung keine Bedeutung.

Bei der Rentenversicherung mußte der Lebensversicherungsvertrag auch Leistungen an die Hinterbliebenen (vgl. Anm. 19) im Falle des Todes des Handwerkers vorsehen, wobei die Höhe der an die berechtigten Hinterbliebenen zu zahlenden Renten bestimmte Prozentsätze der Rente des Handwerkers erreichen mußte (vgl. Anm. 21). Es reichte nicht aus, wenn durch den Lebensversicherungsvertrag nur eine Rentenleistung an den Handwerker selbst vorgesehen war und nicht auch die Hinterbliebenen als leistungsberechtigt angeführt worden sind. Eine Rentenversicherung mußte deshalb immer zugunsten des Handwerkers und seiner Hinterbliebenen im Falle des Todes des Handwerkers abgeschlossen sein. Die Zahlung der Renten an die Hinterbliebenen durfte auch nicht für den Fall ausgeschlossen sein, daß der Handwerker bereits vor seinem Tode selbst Rente auf Grund des Lebensversicherungsvertrages bezogen hat.

13 Außer Betracht bleiben mußten allerdings die halbzwingende, d. h. nur zugunsten des Versicherungsnehmers abänderbare Einschränkung der Leistungsverpflichtung des Versicherers im Falle eines Selbstmordes des Handwerkers durch § 169 VVG. Nach § 169 VVG ist bei einer Versicherung für den Todesfall der Versicherer von der Verpflichtung zur Leistung frei, wenn derjenige, auf dessen Person die Versicherung genommen ist, Selbstmord begangen hat. Die Verpflichtung des Versicherers bleibt bestehen, wenn die Tat in einem die freie Willensbestimmung ausschließenden Zustande krankhafter Störung der Geistestätigkeit begangen worden ist. Wurde im Lebensversicherungsvertrag vorgesehen, daß auch bei Selbstmord der Versicherer zu leisten hatte, gegebenenfalls nach Zurücklegung einer bestimmten Wartezeit, so stellte dies eine Vergünstigung für die Hinterbliebenen des Handwerkers dar. Entsprechende Einschränkungen in dem Lebensversicherungsvertrag konnten deshalb keinen Einfluß auf die Versicherungsfreiheit oder die Befreiung von der halben Beitragsleistung nach dem HVG haben.

c) Kapitalversicherung

14 Ebenso wie bei der Rentenversicherung mußte bei der Kapitalversicherung in dem Lebensversicherungsvertrag vereinbart sein, daß das Kapital spätestens bei dem Erreichen des 65. Lebensjahres des Handwerkers fällig wurde, wobei es ohne Bedeutung war, wenn das Kapital nicht alsbald bei Erreichen des 65. Lebensjahres, sondern spätestens sechs Monate danach fällig wurde (§ 17 der 1. DVOzHVG).

Im Falle der Kapitalversicherung konnte die Versicherungsfreiheit oder die Halbversicherung nur auf den Lebensversicherungsvertrag gestützt werden, wenn das Kapital — außer beim Tode oder beim Eintritt der Berufsunfähigkeit — frühestens bei Vollendung des 60. Lebensjahres (§ 21 Abs. 1 Satz 1 der 1. DVOzHVG) bzw. höchstens sechs Monate vor Vollendung des 60. Lebensjahres fällig wurde (§ 5 der 2. DVOzHVG).

15 War in dem Lebensversicherungsvertrag auch das Wagnis der Berufsunfähigkeit mitversichert, so war er auch ausreichend, wenn das Kapital bereits vor Vollendung des 60. Lebensjahres bei Eintritt der Berufsunfähigkeit fällig wurde oder wenn der Lebensversicherungsvertrag so abgeschlossen war, daß beim Eintritt der Berufsunfähigkeit unter Wegfall der Prämienzahlung bis zum Tode des Handwerkers oder bis zur Fälligkeit der Versicherungssumme eine Rente zu zahlen war, die mindestens 10 v. H. der Versicherungssumme betragen mußte (§ 21 Abs. 1 Satz 2 der 1. DVOzHVG). In den angeführten Vorschriften war nicht näher bezeichnet, was unter dem Begriff der Berufsunfähigkeit zu verstehen war. Es wird deshalb davon auszugehen sein, daß der

Begriff der Berufsunfähigkeit demjenigen des AVG entsprechen mußte. Nach § 23 Abs. 2 AVG nF ist berufsunfähig der Versicherte, dessen Erwerbsfähigkeit infolge von Krankheit oder anderen Gebrechen oder Schwäche seiner körperlichen oder geistigen Kräfte auf weniger als die Hälfte derjenigen eines körperlich und geistig gesunden Versicherten mit ähnlicher Ausbildung und gleichwertigen Kenntnissen und Fähigkeiten herabgesunken ist. Die Bezeichnung „Berufsunfähigkeit" war im Lebensversicherungsvertrag nicht unbedingt erforderlich, es wird ausgereicht haben, wenn z. B. die Bezeichnung „Invalidität" verwendet worden ist, jedoch mußte darunter dasselbe wie unter dem Begriff „Berufsunfähigkeit" im Sinne der Rentenversicherung der Angestellten zu verstehen sein.

In dem Kapitalversicherungvertrag mußte weiterhin vorgesehen sein, 16
daß das Kapital im Falle des Todes des Handwerkers fällig wurde, wenn der Handwerker vor Erreichen des für die Fälligkeit vertraglich vorgesehenen Lebensalters verstirbt. Das Kapital mußte dann sofort fällig werden, es reichte nicht aus, wenn es erst eine gewisse Zeit nach dem Tode des Handwerkers, insbesondere erst mit dem Zeitpunkt fällig wurde, zu dem der Handwerker das vertraglich festgelegte Lebensalter erreicht haben würde. Es war allerdings nicht notwendig, daß dann, wenn das Kapital bereits zu Lebzeiten des Handwerkers fällig geworden ist, bei seinem Tode erneut eine Leistung des Versicherers zugunsten der Hinterbliebenen zu zahlen war. Es reichte aus, wenn die Leistung des Versicherers bei Erreichen eines bestimmten Lebensalters oder beim früheren Tode des Handwerkers zu bewirken war.

Bezüglich einschränkender Bestimmungen im Lebensversicherungsvertrag für den Fall des Selbstmordes vgl. Anm. 13.

5. Bezugsberechtigung

a) Versicherter und Versicherungsnehmer

Bei den Lebensversicherungsverträgen, auf welche sich die Versiche- 17
rungsfreiheit oder die Halbversicherung stützte, mußte der Handwerker selbst Versicherter und Versicherungsnehmer sein. Versicherter ist in der Terminologie der Lebensversicherung diejenige Person, auf deren Leben die Versicherung abgeschlossen ist. Nach § 11 der 1. DVOzHVG konnten Versicherungsfreiheit und Halbversicherung auf einen Lebensversicherungsvertrag nur dann gestützt werden, wenn er auf das Leben des Handwerkers allein abgeschlossen war. Lebensversicherungsverträge, durch die z. B. sowohl der Handwerker selbst, als auch sein Ehegatte versichert waren, konnten somit nicht Grundlage für die Geltendmachung der Versicherungsfreiheit oder der Halbversicherung sein.

Versicherungsnehmer ist demgegenüber die Person, die den Lebensversicherungsvertrag mit dem Versicherer (Lebensversicherungsunternehmung) abgeschlossen hat und verpflichtet ist, die laufenden Prämien zu zahlen (vgl. § 35 VVG). Nach § 3 HVG konnten nur solche Lebensversicherungsverträge die Versicherungsfreiheit bzw. die Halbversicherung rechtfertigen, die der Handwerker mit einem Versicherer geschlossen hatte. Der Handwerker mußte deshalb auch Versicherungsnehmer sein. Es reichte nicht aus, daß als Versicherungsnehmer z. B. die Ehefrau des Handwerkers auftrat, es sich also um eine sogenannte Versicherung für fremde Rechnung (§§ 74ff. VVG) handelte. Nicht berücksichtigt werden konnten die sogenannten Gruppenversicherungsverträge, das sind Verträge, die von einer Stelle (Vereinigung usw.) zugunsten des einzelnen Handwerkers abgeschlossen waren und bei denen der Handwerker zwar Versicherter, aber nicht Versicherungsnehmer war.

b) Die Bezugsberechtigten

18 Bezugsberechtigter ist derjenige, der beim Eintritt des Versicherungsfalles das Recht auf Leistung erwirbt, zu dessen Gunsten also die Versicherung abgeschlossen ist.

Lebensversicherungsverträge, auf die die Versicherungsfreiheit oder die Halbversicherung gestützt werden sollten, mußten sogenannte Erlebens- und Todesfallversicherungen sein d. h. bei der Kapitalversicherung mußte der Handwerker bezugsberechtigt sein, wenn er das vertraglich festgelegte Lebensalter erreichte bzw. bei seinem früheren Tode seine Hinterbliebenen. Bei der Rentenversicherung mußte der Handwerker bezugsberechtigt sein und bei seinem Tode die Hinterbliebenen ohne Rücksicht darauf, ob der Handwerker bereits die Rente bezogen hat.

19 Welche Personen als Hinterbliebene anzusehen waren und somit als bezugsberechtigt bezeichnet werden müßten, kann aus § 12 der 1. DVOzHVG entnommen werden. Danach waren als Hinterbliebene die Ehefrau des Handwerkers und seine Kinder anzusehen. Bei Handwerkerinnen war anstelle der Ehefrau der Ehemann als bezugsberechtigt zu bezeichnen, und zwar ohne Rücksicht auf die Berechtigung zum Bezug der Witwerrente nach dem AVG (§ 4 Abs. 2 der 2. DVOzHVG). Wegen des Begriffs Kinder verwies § 12 der 1. DVOzHVG auf § 1258 Abs. 2 RVO aF. Nach dieser Vorschrift galten als Kinder

die ehelichen Kinder,
die für ehelich erklärten Kinder,
die an Kindes Statt angenommenen Kinder,
die unehelichen Kinder eines männlichen Versicherten, wenn seine Vaterschaft festgestellt ist,
die unehelichen Kinder einer Versicherten.

Dabei kamen allerdings nur die Kinder in Betracht, die beim Tode des Handwerkers das 18. Lebensjahr noch nicht vollendet hatten. Obwohl nach dem AnVNG (§ 39 Abs. 2 AVG nF) weitere Kinder waisenrentenberechtigt sein können (Pflegekinder, Stiefkinder) und darüber hinaus auch die Waisenrente aus der gesetzlichen Rentenversicherung über das 18. Lebensjahr hinaus längstens bis zur Vollendung des 25. Lebensjahres für unverheiratete Kinder zu gewähren ist, die sich in Schul- oder Berufsausbildung befinden oder bei Vollendung des 18. Lebensjahres infolge körperlicher oder geistiger Gebrechen außerstande sind, sich selbst zu unterhalten, solange dieser Zustand dauert (§ 44 AVG), wird für die Bezugsberechtigung bei den Lebensversicherungsverträgen die Anführung des bis zum 31. 12. 1956 maßgebenden Kinderbegriffs ausreichend gewesen sein, da aus Art. 2 § 52 Abs. 1 AnVNG zu entnehmen war, daß die Vorschriften der Neuregelungsgesetze nur insoweit auf die Handwerkerversicherung anzuwenden waren, als es sich um die Berechnung der Renten aus Beiträgen nach dem HVG handelte. Wenn darüber hinaus auch noch andere Vorschriften der Rentenversicherungs-Neuregelungsgesetze für die Handwerkerversicherung galten (z. B. die ab 1. 3. 1957 maßgebenden Beitragsklassen), so werden für die Lebensversicherungsverträge jedoch nicht allgemein die in den Durchführungsverordnungen und im HVG angeführten Vorschriften des AVG aF durch die neuen Vorschriften ersetzt worden sein. Insoweit wird eine Einschränkung der Vorschrift des Art. 3 § 1 AnVNG vorgelegen haben.

Ausreichend war es, wenn die berechtigten Hinterbliebenen (Ehe- 20
mann oder nach dem AVG witwenrentenberechtigte Ehefrauen und die Kinder, die beim Tode des Handwerkers des 18. Lebensjahr noch nicht vollendet hatten) allgemein als bezugsberechtigt bezeichnet worden sind (§ 4 Abs. 1 der 2. DVOzHVG), jedoch wurde die Versicherungsfreiheit oder Halbversicherung dadurch nicht ausgeschlossen, daß die Bezugsberechtigten namentlich bezeichnet worden sind. Eine namentliche Benennung reichte allerdings nur aus, wenn sämtliche berechtigten Hinterbliebenen angegeben waren, eine namentliche Bezeichnung nur eines Teiles der berechtigten Hinterbliebenen war nicht ausreichend. Kam bei einer namentlichen Bezeichnung der Bezugsberechtigten ein weiterer Bezugsberechtigter hinzu (Geburt eines weiteren Kindes) und wurde dieser nicht in dem Lebensversicherungsvertrag ebenfalls als bezugsberechtigt angeführt, so endete die Versicherungsfreiheit oder die Halbversicherung drei Monate nach Ablauf des Kalendermonats, in dem die Änderung eingetreten war, wenn die Lebensversicherung bis dahin nicht der Sachlage angepaßt war. Bei den Lebensversicherungsverträgen, die im Januar und Februar 1957 die Versicherungsfreiheit bzw. die Halbversicherung begründet haben, mußte bei Änderung des Kreises der berechtigten Hinterbliebenen die Ergänzung des namentlichen Ver-

zeichnisses der Bezugsberechtigten für diejenigen vorgenommen gewesen sein, die bis November 1956 zu den bisherigen Berechtigten hinzugekommen sind. Bei Lebensversicherungsverträgen, die für Dezember 1961 das Recht zur Versicherungsfreiheit begründet haben, mußten auch die Berechtigten namentlich bezeichnet sein, die bis einschließlich September 1961 hinzugekommen sind.

War ein Handwerker unverheiratet und kinderlos und waren deshalb keine berechtigten Hinterbliebenen im Falle seines Todes vorhanden, so konnten auch andere Personen als bezugsberechtigt bezeichnet werden. Allerdings mußte dann der Vorbehalt in dem Lebensversicherungsvertrag aufgenommen sein, daß die Bezeichnung der Bezugsberechtigten davon abhing, daß zur Zeit des Todes des Handwerkers weder eine Ehefrau (Ehemann) noch berechtigte Kinder vorhanden waren.

21 Bei Lebensversicherungsverträgen, die auf Zahlung einer Rente gerichtet waren, konnten Versicherungsfreiheit oder Halbversicherung nur auf sie gestützt werden, wenn für die Witwe mindestens fünf Zehntel und für jede Waise mindestens vier Zehntel der dem Handwerker selbst zustehenden Rente und die Gewährung der Waisenrente bis zur Vollendung des 18. Lebensjahres zugesichert waren. Die Renten der Hinterbliebenen brauchten allerdings zusammen die Rente des Handwerkers nicht zu übersteigen, wenn neben einer Witwe mehr als eine Waise vorhanden war (§ 19 Abs. 1 der 1. DVOzHVG). Eine Mindesthöhe für die Rente war im HVG bzw. in den Durchführungsverordnungen nicht vorgeschrieben, so daß die Höhe der zu gewährenden Renten bei der Beurteilung der Versicherungsfreiheit oder der Halbversicherung außer Betracht zu bleiben hatte.

Auf Lebensversicherungsverträgen, die auf die Zahlung eines Kapitals gerichtet waren, konnte die Versicherungsfreiheit oder die Halbversicherung nur gestützt werden, wenn die Anteile der bezugsberechtigten Hinterbliebenen gleich waren. Waren keine Kinder vorhanden, so mußte der Ehefrau (dem Ehemann) das gesamte Kapital zugedacht sein (§ 4 Abs. 4 der 2. DVOzHVG). Neben den berechtigten Hinterbliebenen durften somit keine weiteren Bezugsberechtigten angeführt sein.

22 Unbeachtlich wird hierbei die Einschränkung der Leistungspflicht des Versicherers gemäß § 170 Abs. 2 VVG gewesen sein. Nach dieser Vorschrift galt die Bezeichnung als Bezugsberechtigter als nicht erfolgt, wenn dieser vorsätzlich durch eine widerrechtliche Handlung den Tod des Versicherten herbeigeführt hat. Diese Regelung entspricht der Vorschrift des § 54 Abs. 2 AVG nF (§ 29 AVG aF in Verbindung mit § 1261 Abs. 1 Satz 2, Abs. 3 RVO nF) und konnte deshalb keinen Einfluß auf die Versicherungsfreiheit oder die Befreiung von der halben Beitragsleistung haben.

Ohne Bedeutung war es ferner, ob die Anführung der Bezugsberechtigten in dem Lebensversicherungsvertrag widerruflich oder unwiderruflich war. Nach § 166 VVG ist die Widerruflichkeit der Bezugsberechtigung der Normalfall, die Unwiderruflichkeit der Bezugsberechtigung muß besonders vereinbart sein. 23

Bei der Widerruflichkeit der Bezugsberechtigung endete die Versicherungsfreiheit, wenn berechtigte Personen vorhanden waren und der Handwerker deren Bezugsberechtigung widerrufen hat. Andererseits mußte der Handwerker die Bezugsberechtigung widerrufen, wenn eine Person aus dem Kreis der bezugsberechtigten Personen ausschied. Bei der unwiderruflichen Bezugsberechtigung mußte darauf geachtet werden, daß stets nur die berechtigten Personen angeführt sein durften.

6. Die Mehrheit von Verträgen

Versicherungsfreiheit oder Halbversicherung konnten auf Grund mehrerer mit derselben oder mit verschiedenen Lebensversicherungsunternehmungen abgeschlossener Verträge geltend gemacht bzw. beantragt werden, wenn die einzelnen Verträge den allgemeinen Voraussetzungen für die Versicherungsfreiheit bzw. die Halbversicherung entsprachen und sie zusammen die erforderliche Höhe der Prämien und bei der Kapitalversicherung auch des Kapitals ergaben (§ 10 Abs. 1 der 1. DVOzHVG). War von mehreren Lebensversicherungsverträgen der eine auf die Zahlung einer Rente und der andere auf die Zahlung eines Kapitals gerichtet, so ermäßigten sich die für die Kapitalversicherung notwendigen Mindestsummen (Versicherungssumme von 5000 DM bzw. 2500 DM) um das Zehnfache der für den Handwerker selbst vereinbarten Jahresrente (§ 10 Abs. 2 der 1. DVOzHVG). 24

Umgekehrt war es möglich, daß der Handwerker einen Lebensversicherungsvertrag abschloß, der bei der Kapitalversicherung eine höhere Versicherungssumme zum Gegenstand hatte oder für den höhere Prämien, als für die Versicherungsfreiheit oder die Halbversicherung erforderlich, zu zahlen waren. In solchen Fällen mußte der gesamte Vertrag den Anforderungen entsprechen. Es bestanden nur Sondervorschriften für die Pfändungsfreigrenze und die Verwendung der Gewinnanteile (vgl. Anm. 42). Eine Aufteilung des Vertrages in einen Teil, der zur Versicherungsfreiheit bzw. Halbversicherung ausreichte, und in einen anderen freien Teil war nicht möglich, z. B. daß bis zum Mindestbetrag der Versicherungssumme der vom HVG begünstigte Personenkreis als bezugsberechtigt angeführt worden ist und der darüber hinausgehende Kapitalvertrag anderen Personen zugute kommen sollte. Der Handwerker konnte dann lediglich den einen Vertrag durch mehrere Verträge ablösen, wovon dann einer im Dezember 1961 den Voraussetzungen für die Versicherungsfreiheit oder die Halbversicherung entsprechen mußte.

7. Pfändung und sonstige Verfügungen

a) Pfändung

25 Nach § 22 Abs. 1 der 1. DVOzHVG waren der Anspruch auf Zahlung einer Rente in dem gleichen Umfange wie Ansprüche auf Arbeitsvergütung und der Anspruch auf Zahlung eines Kapitals bis zum Höchstbetrage von 10000 DM der Pfändung entzogen, wenn auf einen Lebensversicherungsvertrag die Versicherungsfreiheit oder die Halbversicherung gestützt worden ist. Ansprüche auf die Leistung aus dem Versicherungsvertrag konnten somit insoweit, als sie zur Geltendmachung der Versicherungsfreiheit oder der Halbversicherung dienten, nicht gepfändet werden. Haaß-Glanzmann (Anm. 62 zu § 3 HVG) vertreten dazu die Auffassung, daß auch dann, wenn der Anspruch auf den 10000 DM übersteigenden Teil des Kapitals gepfändet war und die Prämienanteile für den unbelastet verbliebenen Teil des Kapitals nicht mehr die erforderliche Höhe erreichten, die Versicherungsfreiheit bzw. die Halbversicherung weiter bestehen blieb.

b) Sonstige Verfügungen

26 Als sonstige Verfügungen des Handwerkers konnten die Abtretung, die Verpfändung oder die Bestellung eines Nießbrauchs in Betracht kommen. Soweit der Anspruch auf die Leistung aus dem Lebensversicherungsvertrag der Pfändung nicht entzogen war (vgl. Anm. 25), so waren doch solche Verfügungen ohne weiteres möglich und hatten keinen Einfluß auf das Fortbestehen der Versicherungsfreiheit bzw. der Halbversicherung auf Grund des Lebensversicherungsvertrages.

Über den ganzen oder einen Teil des Anspruchs durfte nicht verfügt werden, soweit er der Pfändung entzogen war. Lediglich in Ausnahmefällen war mit Genehmigung des Versicherungsamtes eine solche Verfügung zulässig (§ 22 Abs. 2 der 1. DVOzHVG). Wurde das Recht auf die künftigen Leistungen des Lebensversicherungsvertrages verpfändet oder zur Sicherung abgetreten, so endeten Versicherungsfreiheit oder Halbversicherung mit dem Ablauf von sechs Kalendermonaten seit der Verpfändung oder Abtretung, wenn sich das Pfandrecht oder die Abtretung nicht bis dahin erledigten (§ 22 Abs. 2 der 1. DVOzHVG). Erledigen konnte sich nur eine Verpfändung oder Abtretung zur Sicherheit für eine begrenzte Zeit. Nur in diesen Fällen galt also die Behebungsfrist von sechs Monaten. War dagegen der Leistungsanspruch aus dem Lebensversicherungsvertrag endgültig abgetreten, so konnte eine Behebung überhaupt nicht mehr erfolgen. Haaß-Glanzmann (Anm. 71 zu § 3) vertreten dazu die Auffassung, daß dann die Versicherung überhaupt nicht mehr bestand oder wenigstens nicht mehr in der genügenden Höhe und der Handwerker somit die Versicherungsfreiheit bzw. die Halbversicherung nicht mehr auf den Lebensversicherungsvertrag stützen konnte. Die endgültige Abtretung — auch an die Ehefrau des Handwerkers — bewirkte den alsbaldigen Verlust von Versicherungsfreiheit und Halbversicherung, sofern nicht — bei der Teilabtretung — die Versicherung dem Handwerker zu einem Betrage verblieb, der nach Kapital und Prämien allein zur Begründung der Befreiung ausreichte. Bei den Lebensversicherungsverträgen, bei denen der pfändungsfreie Teil verpfändet oder abgetreten war, darf die Verpfändung oder die Abtretung im August 1956 erfolgt sein, wenn sich die Versicherungsfreiheit im Januar und Februar 1957 darauf stützen sollte, bzw. im Juni 1961, wenn der Lebensversicherungsvertrag für den Monat Dezember 1961 die Versicherungsfreiheit oder die Halbversicherung begründen sollte. Hatte das Versicherungsamt die Genehmigung für die Verpfändung oder die Abtretung erteilt, so war nicht mehr zu prüfen, ob es sich tatsächlich um einen Ausnahmefall gehandelt hat.

c) Darlehn oder Beleihung durch das Versicherungsunternehmen

Gewährte die Versicherungsunternehmung, mit der der Handwerker 27
den Lebensversicherungsvertrag abgeschlossen hatte, dem Handwerker ein Darlehn oder eine Vorauszahlung, so endeten Versicherungsfreiheit oder Halbversicherung dann nicht, wenn die Lebensversicherung in der durch die §§ 4 und 5 HVG erforderlichen Höhe unberührt blieb (§ 22 Abs. 3 der 1. DVOzHVG). Dabei wird davon auszugehen sein, daß neben dem unbelastet verbliebenen Teil des Kapitals auch die Prämienhöhe für das unbelastet verbliebene Kapital den gesetzlichen Anforderungen entsprechen mußte. Zu beachten ist, daß durch die Vorauszahlung oder die Gewährung eines Darlehns durch die Versicherungsunternehmung eine Verfügung über den Lebensversicherungsvertrag durch den Handwerker getroffen worden ist, zumal dadurch eine Belastung des Lebensversicherungsvertrages erfolgte und somit ebenfalls die Genehmigung des Versicherungsamtes erforderlich war, wenn es sich um eine Vorauszahlung oder um ein Darlehn handelte, daß den 10000 DM unterschreitenden Teil der Versicherungssumme betraf. Es galt dann lediglich nicht die Frist von sechs Monaten, innerhalb der die Verfügung wegfallen mußte, sondern die Vorauszahlung oder das Darlehn konnten erst nach dieser Frist ausgeglichen werden, oder erst beim Eintritt des Versicherungsfalles, ohne daß die Versicherungsfreiheit oder die Halbversicherung hiervon berührt wurden.

8. Nicht geeignete Verträge

Nicht geeignet für die Geltendmachung der Versicherungsfreiheit oder der Halbversicherung waren folgende Versicherungsverträge:

a) Sparversicherung

28 Diese reichte nicht zur Begründung der Versicherungsfreiheit oder der Halbversicherung aus. Bei solchen Sparversicherungen handelt es sich nicht um Versicherungen im eigentlichen Sinne, da hier beim Erreichen des vereinbarten Lebensalters oder beim Tode nicht eine bestimmte Versicherungssumme fällig wird, sondern dem Berechtigten lediglich die eingezahlten Beträge nebst Zinsen ausgezahlt werden. Das wird auch in den Fällen gelten müssen, in denen die Sparversicherung mit einer sogenannten Risikoversicherung verbunden war.

b) Unfallversicherung

29 Ebenso ungeeignet für die Versicherungsfreiheit oder die Halbversicherung waren reine Unfallversicherungsverträge, die lediglich eine Auszahlung der Versicherungssumme bei Unfall vorsahen, während beim Erreichen eines bestimmten Lebensalters oder beim Tode jedoch nur die Prämien zurückzuzahlen waren, da dann in diesen Fällen u. U. nur eine geringere Summe fällig wurde als gesetzlich vorgeschrieben war.

c) Sterbegeldversicherung

30 Außer Betracht bleiben mußten auch die Sterbegeldversicherungen, da bei diesen nur die Hinterbliebenen bezugsberechtigt sind, nicht aber auch der Handwerker selbst, wenn er das 65. Lebensjahr erreichte.

d) Gruppenversicherung

31 Nicht ausreichend für die Versicherungsfreiheit oder die Halbversicherung waren die sogenannten „Gruppenversicherungsverträge", d. s. Verträge, die von einer größeren Anzahl von Personen gemeinsam abgeschlossen worden sind. Bei der Gruppenversicherung ist nicht der einzelne Handwerker Versicherungsnehmer, sondern nur Versicherter und solche Verträge waren deshalb ungeeignet. Dies geht aus § 10 Abs. 1 letzter Satz der 1. DVOzHVG hervor, wonach Prämie und Leistungen einer Gruppenversicherung bei der Prüfung, ob durch mehrere Verträge die Voraussetzungen für die Versicherungsfreiheit oder die Halbversicherung erfüllt werden, nicht zu berücksichtigen waren.

e) Sonstige Versicherungen

32 Auszuschließen waren auch sonstige Versicherungen, bei denen im Falle des Todes des Handwerkers nicht sofort die Versicherungssumme fällig wurde, sondern lediglich die Prämienzahlung endete, während die Versicherungssumme erst zum vertraglich festgesetzten Zeitpunkt zur Auszahlung gelangte (§ 11 der 1. DVOzHVG).

9. Die Prämien

a) Begriff

Prämie ist das Entgelt, daß der Versicherungsnehmer dem Versicherer 33
dafür zu zahlen hat, daß dieser das Risiko aus dem Versicherungsverhältnis übernimmt. Für die Verträge, auf welche die Versicherungsfreiheit bzw. die Halbversicherung gestützt worden ist, war eine Mindesthöhe für die Prämie vorgesehen. Nach § 4 Abs. 1 HVG war der Handwerker nur dann versicherungsfrei, wenn und solange er für seine Lebensversicherung mindestens ebensoviel aufwendete, wie er zur Rentenversicherung der Angestellten zu zahlen hatte. Für die Halbversicherung war erforderlich, daß der Handwerker für die Lebensversicherung mindestens halb so viel aufwendete, wie er zur Rentenversicherung der Angestellten zu zahlen hatte (§ 5 Abs. 1 HVG). Da die Beiträge zur Rentenversicherung entsprechend der Höhe des Einkommens zu entrichten sind, mußte dementsprechend auch das Einkommen für die Höhe der Prämien für die Lebensversicherung zu Grunde gelegt werden, wobei dann allerdings die Beitragsklassen der Rentenversicherung Grundlage für die Prämienhöhe waren. Im Gegensatz zu der Regelung der Rentenversicherung der Angestellten, wonach nur Beiträge in der Höhe gezahlt werden dürfen, als es der dem Einkommen entsprechenden Beitragsklasse entspricht, also Beiträge nicht in einer niedrigeren oder höheren Beitragsklasse entrichtet werden dürfen — neben den normalen Beiträgen können nur besondere Beiträge der Höherversicherung entrichtet werden —, mußten die Prämien für die Lebensversicherung nur einen Mindestbetrag erreichen. Unbenommen war es dem Handwerker, höhere Prämien für seine Lebensversicherung zu zahlen, um sich damit gegebenenfalls eine höhere Versicherungsleistung zu sichern.

b) Die Aufwendungen

Als Prämien galten die Aufwendungen für die Lebensversicherung, 34
die als Grundlage für die Versicherungsfreiheit bzw. die Halbversicherung dienten, es sei denn, es handelte sich um besondere — unten aufgeführte — Ausnahmen.

Die Prämien für die Lebensversicherung sind in der Regel Jahresbeträge, da nach § 9 VVG Versicherungsperiode der Zeitraum eines Jahres ist, es sei denn, daß die Prämie für einen kürzeren Zeitraum bemessen wird, was besonders vereinbart werden muß.

Obwohl die Prämien allgemein als Jahresbeträge festgesetzt sind, so wurden doch vielfach von den einzelnen Handwerkern die Prämien für kürzere Zeiträume (Vierteljahr, Monat) gezahlt. Bei der Zahlung für einen kürzeren Zeitabschnitt als ein Jahr wird meistens ein Zuschlag zu der Prämie zum Ausgleich des Zinsverlustes erhoben. Es kann zwar zweifelhaft sein, ob die Zuschläge für den Ausgleich der Zinsverluste zu dem Betrag gehören, der als Prämie zu berücksichtigen war, jedoch wird zur Prüfung der Frage, ob die Prämie ausreichend war, der genannte Zuschlag nicht abzusetzen sein, da die Bundesversicherungsanstalt für Angestellte in ihrem Merkblatt 6 (2/61 — 10. Aufl. — N. a.) in Abschnitt III 3 diese Auffassung vertreten hatte und die Handwerker sich bei den Lebensversicherungsverträgen, auf die die Versicherungsfreiheit bzw. die Halbversicherung gestützt worden ist, auf diese Auslegung verlassen konnten. Das gleiche wird für die Versicherungssteuer, die neben der Prämie zu zahlen ist, zu gelten haben, da in dem obengenannten Merkblatt der Bundesversicherungsanstalt für Angestellte auch angeführt ist, daß auf die Prämie ebenfalls die Versicherungssteuer anzurechnen sei.

35 Nicht zu den Prämienaufwendungen gehörten jedoch die Aufwendungen für Mahngebühren und ähnliche Zahlungen, die nur wegen eines Versäumnisses der rechtzeitigen Prämienzahlung zu leisten waren und keinesfalls der Prämie zugerechnet werden konnten. Ebenso außer Betracht bleiben mußten, also nicht als Prämien galten, die Zuschläge für die Abgeltung eines erhöhten Gesundheitswagnisses, wenn der Handwerker wegen Krankheit usw. ein schlechteres Wagnis für den Versicherer bildete als durchschnittlich die Personen, die in dem entsprechenden Alter in die Versicherung aufgenommen werden.

Hatte der Handwerker zusammen mit dem Lebensversicherungsvertrag auch eine Zusatzversicherung für den Fall der Berufsunfähigkeit abgeschlossen (vgl. Anm. 15), so standen die Zuschläge für das Wagnis der Berufsunfähigkeit den Prämien gleich, waren also bei der Feststellung der Höhe der Prämie mit zu berücksichtigen (vgl. § 15 Abs. 2 der 1. DVOzHVG).

War mit der Lebensversicherung eine Unfallversicherung derart verbunden, daß die beim Tode des Versicherten infolge eines Unfalles zu gewährende Versicherungsleistung erhöht wurde (Unfallzusatzversicherung), so blieben bei der Prüfung, ob die Prämien die für die Versicherungsfreiheit oder Halbversicherung erforderliche Höhe erreichten, die zusätzlichen Prämien außer Betracht (§ 15 Abs. 1 der 1. DVOzHVG). Die für die zusätzliche Unfallversicherung, die keine Lebensversicherung im engeren Sinne darstellte, zu zahlenden Prämien durften deshalb für die Prüfung, ob die Prämien die Mindesthöhe erreichten, nicht berücksichtigt werden.

36 Während der Handwerker allgemein regelmäßig Prämien für seine Lebensversicherung zahlen mußte, um sich die Versicherungsfreiheit oder die Halbversicherung zu erhalten, wurde die Versicherungsfreiheit oder die Halbversicherung dadurch nicht ausgeschlossen, daß die Prämie durch eine einmalige Zahlung von entsprechender Höhe abgelöst worden ist. Voraussetzung war, daß die einmalige Zahlung zur Versicherung eines

Kapitals oder einer Rente ausreichte, die sich bei laufender Zahlung der Prämie entsprechend der Höhe des jeweiligen Einkommens ergeben würde, und daß bei einer Kapitalversicherung außerdem der Mindestbetrag von 5 000,— DM bzw. 2 500,— DM als Versicherungsleistung beim Eintritt des Versicherungsfalles erreicht wurde (§ 14 Abs. 1 der 1. DVOzHVG). Die einmalige Prämienzahlung mußte deshalb ebenso hoch sein, wie es die laufenden Zahlungen bis zur Fälligkeit der Versicherungsleistung sein würden. Erhöhte sich das Einkommen des Handwerkers und entsprach dadurch die einmalige Zahlung nicht mehr diesen Erfordernissen, so mußte innerhalb des Aufstockungszeitraumes von drei Monaten eine zusätzliche Zahlung geleistet werden, damit die bisher bestehende Versicherungsfreiheit oder Halbversicherung nicht wegfiel. Das gleiche galt bei der Errichtung neuer Beitragsklassen. Es ist daher bei den Lebensversicherungsverträgen, auf die die Versicherungsfreiheit im Dezember 1961 gestützt worden ist, Voraussetzung, daß die einmalige Zahlung unter Berücksichtigung der am 1. 12. 1961 geltenden Beitragsklassen berechnet ist. Die einmalige Zahlung war ihrer Höhe nach bis zur Fälligkeit der Versicherungssumme zu berechnen, ohne Rücksicht darauf, daß ab 1. 1. 1962 keine besondere Vorschriften für die Lebensversicherungsverträge der Handwerker mehr bestehen. Es geht nicht an, die einmalige Zahlung nur unter Berücksichtigung der Prämien, die bis zum 31. 12. 1961 zu zahlen waren, zu berechnen. Außer Betracht bleiben mußte nur die Erhöhung des Einkommens unter Berücksichtigung von Einkommensteuerbescheiden, die im September 1961 rechtskräftig geworden sind, wenn sich die Versicherungsfreiheit ab 1. 1. 1962 auf § 6 Abs. 3 HwVG stützt bzw. die im November 1956 rechtskräftig geworden sind, wenn sich die Versicherungsfreiheit auf § 6 Abs. 1 HwVG stützt.

Die oben angeführten Grundsätze galten auch für die Umwandlung 37
einer Lebensversicherung in eine prämienfreie Lebensversicherung. Die Umwandlung berührte eine bestehende Versicherungsfreiheit bzw. Halbversicherung dann nicht, wenn die sich aus der Umwandlung ergebende Versicherungssumme oder Rente den Grundsätzen entsprach, die für eine Leistung bei Zahlung einer einmaligen Prämie galten (§ 14 Abs. 2 der 1. DVOzHVG). Der Lebensversicherungsvertrag konnte nur dann weiterhin die Versicherungsfreiheit oder Halbversicherung begründen, wenn die bisher gezahlten Prämien ebenso hoch gewesen sind, wie es eine einmalige Prämie hätte sein müssen. Auch mußte die Versicherungsleistung dann so hoch sein, wie sie bei laufender weiterer Prämienzahlung erreicht würde.

c) Das maßgebende Einkommen

Die Versicherung der Handwerker nach dem HVG erfaßte das ge- 38
samte Jahreseinkommen des einzelnen Handwerkers, wobei die Ver-

sicherungsgrenze (Jahresarbeitsverdienstgrenze) von 7 200 DM (bzw. 9 000 DM und 15 000 DM) für Handwerker nicht galt (§ 2 HVG). Da die Prämienhöhe für die Lebensversicherung, sofern die Versicherungsfreiheit darauf gestützt wurde, mindestens ebenso hoch sein mußte, wie Beiträge zur Angestelltenversicherung zu zahlen gewesen wären, sofern nicht wegen des Lebensversicherungsvertrages Versicherungsfreiheit bestanden hätte — bei der Halbversicherung mußten die Beiträge mindestens halb so hoch sein, wie Beiträge zur Angestelltenversicherung zu zahlen gewesen wären —, richtete sich die Prämienhöhe nach den entsprechenden Beitragsklassen der Angestelltenversicherung, die wiederum von der Höhe des Einkommens abhängig waren (wegen der Beitragsklassen vgl. Anm. 45 und 50).

Maßgebend war das gesamte Einkommen des Handwerkers, also nicht nur das Einkommen aus dem Handwerksbetrieb. Zu dem Gesamtbetrag der Einkünfte gehörten der Gewinn aus Gewerbebetreib (auch wenn es sich dabei um ein neben dem Handwerk noch ausgeübtes Gewerbe handelte, so z. B. der Gewinn aus einer Gastwirtschaft, die neben einem Metzgereibetrieb von einem Handwerker betrieben worden ist), der Gewinn aus Land- und Forstwirtschaft und aus selbständiger Arbeit, sowie der Überschuß der Einnahmen über die Werbungskosten bei den sonstigen Einkünften. Berücksichtigt werden mußten auch die Einkünfte aus unselbständiger Erwerbstätigkeit, die der Handwerker neben seiner Tätigkeit in seinem Handwerksbetrieb noch ausübte.

Unberücksichtigt blieben allerdings die steuerfreien Einkünfte des Handwerkers, also die Einkünfte, die überhaupt nicht als Einkommen gelten. Von der Gesamtsumme des Einkommens, welches im Einkommensteuerbescheid ausgewiesen wird, durften die Sonderausgaben nicht abgesetzt werden.

39 Nach § 4 Abs. 1 der 1. DVOzHVG war der Beitragsberechnung der im letzten Einkommensteuerbescheid ausgewiesene Gesamtbetrag der Einkünfte vor Abzug der Sonderausgaben zu Grunde zu legen, bis ein neuer Steuerbescheid erging. Ein Zwölftel dieses Betrages galt als Monatseinkommen. Für die Höhe der Prämienaufwendungen für die Lebensversicherung waren nur die in einem rechtskräftigen Steuerbescheid ausgewiesenen Einkünfte zu berücksichtigen. Erhöhte sich das Einkommen des Handwerkers so, daß die Prämien nicht mehr die erforderliche Höhe erreichten, so endeten Versicherungsfreiheit oder Halbversicherung erst drei Monate nach Ablauf des Kalendermonats, in dem der neue Steuerbescheid rechtskräftig geworden ist, wenn die Lebensversicherung nicht bis dahin an die neue Sachlage angepaßt war (§ 16 der 1. DVOzHVG). Bei den Lebensversicherungsverträgen, auf die im Januar und Februar 1957 die Versicherungsfreiheit oder die Befreiung von der halben Beitragsleistung gestützt worden ist, sind Einkommens-

erhöhungen, die sich aus Steuerbescheiden ergaben, die im November 1956 rechtskräftig geworden sind, unerheblich; bei Lebensversicherungsverträgen, auf die die Versicherungsfreiheit oder die Befreiung von der halben Beitragsleistung im Dezember 1961 gestützt worden ist, gilt dies, wenn der Steuerbescheid im September 1961 rechtskräftig geworden ist. Ohne Bedeutung ist es hierbei, zu welchem Zeitpunkt der Steuerbescheid ergangen ist, da nur die in rechtskräftigen Steuerbescheiden ausgewiesenen Einkünfte für die Höhe der Prämien maßgebend waren.

War der Handwerker mit anderen Personen gemeinsam zur Ein- 40
kommensteuer veranlagt, so mußte eine Aufteilung des auf die einzelnen beteiligten Personen entfallenden Einkommens vorgenommen werden, da die Höhe des Beitrages zur Rentenversicherung der Angestellten und damit auch die Höhe der zu leistenden Prämie sich nur nach dem „Jahreseinkommen des Handwerkers" richten konnte und das Einkommen anderer Personen nicht mit berücksichtigt werden durfte. Eine gemeinsame Veranlagung kommt in Betracht bei Ehegatten, die beide unbeschränkt steuerpflichtig sind und nicht dauernd getrennt leben und bei denen diese Voraussetzungen im Veranlagungszeitraum mindestens vier Monate bestanden haben, es sei denn, daß einer der Ehegatten die getrennte Veranlagung wählt. Ebenso wird der Steuerpflichtige mit seinen Kindern, für die ihm Kinderfreibeträge zustehen, zusammen veranlagt, solange er und die Kinder unbeschränkt steuerpflichtig sind; lediglich die Einkünfte der Kinder aus nichtselbständiger Arbeit scheiden bei der Zusammenveranlagung aus. Hatten die zusammen mit dem Handwerker veranlagten Personen kein eigenes Einkommen, so ist das in einem für mehrere Personen erteilten Steuerbescheid ausgewiesene Gesamteinkommen als Einkommen des Handwerkers anzusehen. Im übrigen muß der Handwerker nachweisen, wie sich das Einkommen auf die mit ihm zusammen zur Einkommensteuer veranlagten Personen verteilte.

War der Handwerker für ein Jahr nicht zur Einkommensteuer ver- 41
anlagt worden, so war neben den sonstigen feststellbaren Einkünften der Betrag maßgebend, den er im letzten Kalenderjahr für sich und seine Familie dem Betrieb entnommen hatte (Privatentnahme). Hierbei war eine für einzelne Monate nur feststellbare Privatentnahme auf ein volles Jahr umzurechnen. Hatte der Betrieb erst im laufenden Kalenderjahr begonnen, so war für jeden Monat die durchschnittliche Privatentnahme der vergangenen Monate maßgebend (§ 4 Abs. 2 der 1. DVOzHVG). Die Entnahme konnte dabei sowohl Geld als auch Waren umfassen. Für die Ermittlung der Privatentnahme bestanden keine besonderen Vorschriften. Sofern dies nicht aus den Büchern des Handwerkers festgestellt werden konnte, mußte sie geschätzt werden. Bei der Schätzung der Privatentnahme konnten gegebenenfalls auch Erfahrungswerte, die auf Feststellungen bei gleichartigen Betrieben beruhten, berücksichtigt werden.

Fehlte auch eine Privatentnahme, so mußten die Prämien für den Lebensversicherungsvertrag den Beiträgen in der niedrigsten Beitragsklasse der Rentenversicherung der Angestellten entsprechen.

d) Gewinnanteile

42 Bei Kapitalversicherungsverträgen mußte vereinbart sein, daß etwaige Gewinnanteile nicht früher ausgezahlt werden durften als die Versicherungsleistung. Es genügte, daß die Gewinnanteile bei der Versicherungsunternehmung verzinslich anzusammeln waren, sie brauchten nicht als Prämie für eine besondere Versicherungsleistung verwendet werden. Belief sich die Versicherungssumme auf mindestens 10 000 DM, so brauchten etwaige Gewinnanteile nicht zur Erhöhung der Versicherungsleistung verwendet werden (§ 20 der 1. DVOzHVG).

Unzulässig war die Verrechnung der Gewinnanteile mit fällig werdenden Prämien, da es sich dann nicht um eine Ansammlung der Gewinnanteile handelte. Zulässig war es jedoch, daß die Gewinnanteile als Prämie für eine zusätzliche Versicherung im Rahmen des bestehenden Versicherungsvertrages verwendet wurden.

10. Die Versicherungsfreiheit bei Leistungen

43 Ist die Leistung auf Grund des Versicherungsvertrages gewährt worden, wird also bei der Rentenversicherung eine Rente gezahlt oder ist bei der Kapitalversicherung die Versicherungssumme fällig geworden bzw. wird wegen Eintritt der Berufsunfähigkeit bis zum Tode oder bis zur Fälligkeit des Kapitals eine Rente gezahlt, so blieb die Versicherungsfreiheit oder die Halbversicherung weiter bestehen (§§ 19 Abs. 2, 21 Abs. 2 der 1. DVOzHVG). Voraussetzung war allerdings, daß der Lebensversicherungsvertrag bis zum Versicherungsfall den allgemeinen Anforderungen für die Versicherungsfreiheit oder die Befreiung von der halben Beitragsleistung entsprochen hatte. Die Gewährung einer Leistung aus einem Lebensversicherungsvertrag, auf den die Versicherungsfreiheit oder die Halbversicherung zu Unrecht gestützt worden sind, schloß die Versicherungspflicht nicht aus, sondern der Handwerker hatte dann Pflichtbeiträge zur Rentenversicherung zu entrichten.

Es war deshalb zu prüfen, ob der Lebensversicherungsvertrag bis zum Beginn der Rente bzw. bis zur Fälligkeit der Versicherungssumme die Versicherungsfreiheit oder die Halbversicherung gerechtfertigt hatte.

Im Falle der Halbversicherung wurde der Handwerker nicht durch die Gewährung der Leistung aus dem Versicherungsvertrag von der Beitragsleistung zur Rentenversicherung der Angestellten befreit, sondern diese Beiträge waren weiterhin zu entrichten Das gilt auch für die Handwerker, die bereits eine andere Rente als ein Altersruhegeld aus den gesetzlichen Rentenversicherungen bezogen haben oder noch beziehen.

B. Die Versicherungsfreiheit

1. Die besonderen Voraussetzungen

Voraussetzung für die Geltendmachung der Versicherungsfreiheit war der Abschluß eines Lebensversicherungsvertrages, der den gestellten Anforderungen entsprach. 44

Bei Rentenversicherungen war eine Mindestsumme für die Rente nicht vorgeschrieben, sondern der Handwerker mußte für die Lebensversicherung mindestens ebensoviel aufwenden, wie er zur Rentenversicherung der Angestellten zu zahlen gehabt hätte, wäre es versicherungspflichtig gewesen.

Bei der Kapitalversicherung mußte die Versicherungssumme mindestens 5 000 DM betragen, daneben mußte der Handwerker für die Lebensversicherung mindestens ebensoviel aufwenden, wie er zur Rentenversicherung der Angestellten zu zahlen gehabt hätte, wäre er versicherungspflichtig gewesen. Etwaige Gewinnanteile mußten zur Erhöhung der Versicherungsleistung verwendet werden.

2. Die Höhe der Prämien

Für die Lebensversicherung mußte ebensoviel aufgewendet werden wie für die Rentenversicherung der Angestellten bei Bestehen von Versicherungspflicht. 45

Die Prämien mußten folgende Höhe erreichen:

Gesamteinkommen monatlich		Gesamteinkommen jährlich		Januar und Februar 1957		Dezember 1961	
von mehr als DM	bis zu DM	von mehr als DM	bis zu DM	Beitr. Kl.	Monatsbeitrag	Beitr. Kl.	Monatsbeitrag
	25		300	I	2,50	I	1,75
25	50	300	600	II	5,—	II	7,—
50	75	600	900	III	7,—	II	7,—
75	100	900	1200	IV	10,—	III	14,—
100	125	1200	1500	V	14,50	III	14,—
125	150	1500	1800	V	14,50	IV	21,—
150	175	1800	2100	VI	19,50	IV	21,—
175	200	2100	2400	VI	19,50	V	28,—
200	225	2400	2700	VII	27,—	V	28,—
225	275	2700	3300	VII	27,—	VI	35,—
275	300	3300	3600	VII	27,—	VII	42,—
300	325	3600	3900	VIII	38,—	VII	42,—
325	375	3900	4500	VIII	38,—	VIII	49,—
375	400	4500	4800	VIII	38,—	IX	56,—

Gesamteinkommen monatlich		Gesamteinkommen jährlich		Januar und Februar 1957		Dezember 1961	
von mehr als DM	bis zu DM	von mehr DM	bis zu DM	Beitr. Kl.	Monatsbeitrag	Beitr. Kl.	Monatsbeitrag
400	425	4800	5100	IX	49,—	IX	56,—
425	475	5100	5700	IX	49,—	X	63,—
475	500	5700	6000	IX	49,—	XI	70,—
500	525	6000	6300	X	60,—	XI	70,—
525	575	6300	6900	X	60,—	XII	77,—
575	625	6900	7500	X	60,—	XIII	84,—
625	675	7500	8100	XI	77,—	XIV	91,—
675	725	8100	8700	XI	77,—	XV	98,—
725	775	8700	9300	XI	77,—	XVI	105,—
775	825	9300	9900	XI	77,—	XVII	112,—
825	875	9900	10500	XI	77,—	XVIII	119,—
875		10500		XI	77,—	XIX	126,—

Die Prämienhöhe für Januar und Februar 1957 war maßgebend, wenn die weitere Versicherungsfreiheit auf einen Lebensversicherungsvertrag beruht, auf Grund dessen im Januar und Februar 1957 die Versicherungsfreiheit geltend gemacht worden ist; die Prämienhöhe für Dezember 1961 kommt in Betracht, wenn auf Grund eines Lebensversicherungsvertrages für Dezember 1961 die Versicherungsfreiheit geltend gemacht worden ist.

3. Die Geltendmachung der Versicherungsfreiheit

46 Durch den Abschluß eines Lebensversicherungsvertrages, der den allgemein geforderten Voraussetzungen für die Geltendmachung der Versicherungsfreiheit entsprach, entstand nicht kraft Gesetzes die Versicherungsfreiheit. Der Handwerker mußte vielmehr die Versicherungsfreiheit „geltend machen", es stand also in der freien Entscheidung des Handwerkers, ob er auf Grund des abgeschlossenen Lebensversicherungsvertrages versicherungsfrei sein oder trotz des Abschlusses eines solchen Vertrages weiterhin Beiträge zur Rentenversicherung entrichten wollte. Das bezog sich nicht nur auf die Geltendmachung der Versicherungsfreiheit überhaupt, sondern auch auf den Zeitpunkt, von dem ab der Handwerker versicherungsfrei sein wollte. Der Handwerker konnte deshalb trotz des Abschlusses eines Lebensversicherungsvertrages zunächst die Beiträge zur Rentenversicherung entrichten und erst von einem späteren Zeitpunkt ab zur Versicherungsfreiheit übergehen, d. h. dann auf Grund des bereits früher abgeschlossenen Lebensversicherungsvertrages die Versicherungsfreiheit geltend machen.

Die Versicherungsfreiheit begann frühestens mit dem Kalendermonat, in dem der Lebensversicherungsvertrag abgeschlossen worden ist (vgl. Anm. 6), jedoch frühestens vom Beginn der Versicherung an (§ 4 Abs. 3 HVG, § 18 der 1. DVOzHVG).

Das Geltendmachen der Versicherungsfreiheit bestand darin, daß der Handwerker die Beitragsentrichtung zur gesetzlichen Rentenversicherung unterließ. Eine Mitteilung hierüber an die zuständigen Stellen brauchte er nicht zu geben.

47 Ebenso konnte der Handwerker, der auf Grund eines Lebensversicherungsvertrages die Versicherungsfreiheit geltend gemacht hat, auf die Versicherungsfreiheit verzichten. Hierbei war es nicht erforderlich, eine ausdrückliche Verzichterklärung abzugeben, sondern der Verzicht kam darin zum Ausdruck, daß der Handwerker die Versicherungsfreiheit nicht mehr geltend machte und wieder Pflichtbeiträge zur Rentenversicherung der Angestellten entrichtete. Der Verzicht war allerdings nur für die Zukunft möglich (§ 8 Abs. 2 HVG) und nicht auch für die Vergangenheit. Im Falle des Verzichts auf die Geltendmachung der Versicherungsfreiheit konnte der Handwerker nur künftig weitere Beiträge entrichten, nicht jedoch auch für eine zurückliegende Zeit, während der er die Versicherungsfreiheit geltend gemacht, d. h. die Beitragsleistung unterlassen hat. Eine Nachentrichtung der Beiträge für zurückliegende Zeiten war unwirksam.

Der Verzicht auf die Geltendmachung der Versicherungsfreiheit war unwiderruflich. Hatte ein Handwerker auf Grund eines Lebensversicherungsvertrages zunächst die Versicherungsfreiheit geltend gemacht und war er infolge Verzichts auf die Versicherungsfreiheit zur Halbversicherung oder zur Vollversicherung übergegangen, so konnte er Versicherungsfreiheit oder Halbversicherung nur auf Grund eines neuen Lebensversicherungsvertrages geltend machen (§ 25 der 1. DVOzHVG). Der ursprüngliche Versicherungsvertrag war dann für die Zukunft zur erneuten Geltendmachung der Versicherungsfreiheit ungeeignet.

4. Das Ende der Versicherungsfreiheit

48 Die Versicherungsfreiheit endete mit Ablauf des Kalendermonats, in dem für die Lebensversicherung nicht mehr der erforderliche Betrag aufgewendet worden ist oder im Falle der Kapitalversicherung die Versicherungssumme unter die erforderliche Mindesthöhe sank (§ 8 Abs. 1 HVG). Daneben war der Wegfall des Lebensversicherungsvertrages ein wesentlicher Grund für die Beendigung der Versicherungsfreiheit. Das konnte eintreten, wenn der Vertrag durch Vereinbarung der Parteien aufgehoben oder von einer Partei wirksam angefochten worden ist, wenn eine Partei vom Vertrag zurücktrat oder den Vertrag kündigte. Durch den Wegfall des Vertrages entfiel auch der Grund für die Geltendmachung

der Versicherungsfreiheit und es trat dann erneut Versicherungspflicht ein. Wegen der Beendigung des Versicherungsverhältnisses infolge der Gewährung der vereinbarten Leistung vgl. Anm. 43.

Daneben konnte durch eine Änderung des Lebensversicherungsvertrages die Versicherungsfreiheit entfallen, wenn dadurch die an den Lebensversicherungsvertrag zu stellenden Anforderungen nicht mehr erfüllt waren, so z. B. bei Hinausschieben der Fälligkeit der Leistung, bei Änderung in der Bezugsberechtigung usw.

C. Die Halbversicherung

1. Die besonderen Voraussetzungen

49 Allgemeine Voraussetzung für die Befreiung von der halben Beitragsleistung war der Abschluß eines Lebensversicherungsvertrages, der den gestellten Anforderungen entsprach.

Bei Rentenversicherungen war eine Mindestsumme für die Rente nicht vorgeschrieben, sondern der Handwerker mußte für die Lebensversicherung nur mindestens halb soviel aufwenden, wie er an Beiträgen zur Rentenversicherung der Angestellten zu zahlen gehabt hätte, wäre er voll versicherungspflichtig gewesen.

Bei der Kapitalversicherung mußte die Versicherungssumme mindestens 2 500 DM betragen, daneben mußte der Handwerker für die Lebensversicherung mindestens halb soviel aufwenden, wie er zur Rentenversicherung der Angestellten zu zahlen gehabt hätte und etwaige Gewinnanteile mußten zur Erhöhung der Versicherungsleistung verwendet werden.

2. Die Höhe der Prämien

50 Der Handwerker hatte für die Lebensversicherung mindestens die Hälfte des Beitrages zu zahlen, den er zu zahlen gehabt hätte, wäre er vollversichert gewesen. Entsprach die Hälfte des Beitrages, der bei der Vollversicherung zu zahlen war, nicht einem der bestehenden Klassenbeiträge, so brauchte auch die Prämie nur dem nächstniedrigeren Beitrag zu entsprechen (§ 28 der 1. DVOzHVG).

Die Prämienhöhe für Januar und Februar 1957 war maßgebend, wenn der Handwerker in diesen Monaten von der halben Beitragsleistung befreit war, während die Prämienhöhe für Dezember 1961 in Betracht kam, wenn der Handwerker vor dem 1. 1. 1962 von der halben Beitragsleistung befreit war.

Welche Aufwendungen als Prämien anzusehen waren und innerhalb welchen Zeitraums die Anpassung bei gestiegenem Einkommen vorgenommen werden mußte vgl. Anm. 34 und 39.

Die Prämien mußten deshalb folgende Höhe erreichen:

Gesamteinkommen monatlich		Gesamteinkommen jährlich		Januar und Februar 1957		Dezember 1961	
von mehr als DM	bis zu DM	von mehr als DM	bis zu DM	Beitr. Kl.	Monatsbeitrag	Beitr. Kl.	Monatsbeitrag
	75		900	I	2,50	I	1,75
75	100	900	1200	II	5,—	II	7,—
100	125	1200	1500	II	5,—	II	7,—
125	150	1500	1800	III	7,—	II	7,—
150	175	1800	2100	III	7,—	II	7,—
175	200	2100	2400	III	7,—	III	14,—
200	225	2400	2700	IV	10,—	III	14,—
225	275	2700	3300	IV	10,—	III	14,—
275	300	3300	3600	IV	10,—	IV	21,—
300	325	3600	3900	V	14,50	IV	21,—
325	375	3900	4500	V	14,50	IV	21,—
375	400	4500	4800	V	14,50	V	28,—
400	425	4800	5100	VI	19,50	V	28,—
425	475	5100	5700	VI	19,50	V	28,—
475	500	5700	6000	VI	19,50	VI	35,—
500	525	6000	6300	VII	27,—	VI	35,—
525	575	6300	6900	VII	27,—	VI	35,—
575	625	6900	7500	VII	27,—	VII	42,—
625	675	7500	8100	VIII	38,—	VII	42,—
675	725	8100	8700	VIII	38,—	VIII	49,—
725	775	8700	9300	VIII	38,—	VIII	49,—
775	825	9300	9900	VIII	38,—	IX	56,—
825	875	9900	10500	VIII	38,—	IX	56,—
875		10500		VIII	38,—	X	63,—

Im übrigen mußte die Prämienaufwendung während der gesamten Zeit, in der der Handwerker von der halben Beitragsleistung befreit war, den angeführten Beträgen entsprechen.

3. Der Antrag auf Befreiung

Der Handwerker mußte die Befreiung von der halben Beitragsleistung 51
beantragen. Der Antrag war an die Ausgabestelle für die Versicherungskarten, also an die Kreishandwerkerschaft zu richten. Bis zum Ergehen des Erlasses vom 22. Mai 1939 (AN 1939 S. IV 272) und in einigen Bundesländern nach dem Zusammenbruch im Jahre 1945 bis zum 31. 12. 1956 konnten auch andere Ausgabestellen die Befreiung von der halben Beitragsleistung aussprechen.

Eine Frist für die Antragstellung war nicht vorgesehen, der Handwerker konnte also jederzeit einen solchen Antrag stellen, sofern er einen Lebensversicherungsvertrag abgeschlossen und die Versicherung begonnen hatte. Das galt auch, wenn der Handwerker zunächst auf Grund eines ausreichenden Lebensversicherungsvertrages die Versicherungsfreiheit geltend gemacht hatte und sich dann nur noch von der halben Beitragsleistung befreien lassen wollte. Hatte ein Handwerker jedoch auf die geltend gemachte Versicherungsfreiheit oder auf die Befreiung von der halben Beitragsleistung verzichtet, so konnte nur dann erneut ein Antrag auf Halbversicherung gestellt werden, wenn ein neuer Lebensversicherungsvertrag abgeschlossen worden ist, durch den die Voraussetzungen erfüllt waren. Auf den ursprünglichen Versicherungsvertrag konnte der Antrag auf Halbversicherung nicht gestützt werden.

Über den Befreiungsantrag hatte die Kreishandwerkerschaft zu entscheiden. Gab diese dem Antrag statt, so hatte sie auf der Versicherungskarte zu vermerken, daß der Handwerker halbversichert war (§ 5 Abs. 4 HVG). Bei Ablehnung des Antrags entfiel ein Vermerk auf der Versicherungskarte.

Die Halbversicherung begann mit dem Monat, in dem der Antrag auf die Befreiung von der halben Beitragsleistung gestellt worden ist, sofern sie erst nach Ablauf dieses Monats ausgesprochen worden ist, sonst mit dem Kalendermonat, in dem sie auf der Versicherungskarte vermerkt worden ist (§ 5 Abs. 5 HVG, § 29 der 1. DVOzHVG).

Hat die Kreishandwerkerschaft die Befreiung von der halben Beitragsleistung zu Unrecht ausgesprochen, so waren die Versicherungsträger daran nicht gebunden (vgl. Haaß-Glanzmann Anm. 20 und 21 zu § 5 HVG).

4. Das Ende der Halbversicherung

52 Die Halbversicherung endete, wenn der Lebensversicherungsvertrag durch Vereinbarung der Parteien aufgehoben oder von einer Partei wirksam angefochten worden ist oder eine der Parteien vom Vertrag zurücktrat, oder den Vertrag kündigte. Wegen der Umwandlung der Versicherung in eine prämienfreie vgl. Anm. 37, wegen der Beendigung des Versicherungsverhältnisses infolge Zahlung der Leistung vgl. Anm. 43.

Die Halbversicherung endete auch, wenn für die Lebensversicherung nicht mehr der erforderliche Betrag aufgewendet worden ist (wegen der Anpassung der Prämienhöhe an das gestiegene Einkommen vgl. Anm. 39). Das Ende der Halbversicherung trat in diesen Fällen kraft Gesetzes ein, auch wenn der Vermerk über die Halbversicherung in der Versicherungskarte nicht gelöscht worden ist.

Wollte der Handwerker auf die Befreiung von der halben Beitragsleistung verzichten, so mußte er die Versicherungskarte der Bundesversicherungsanstalt für Angestellte zur Löschung des Vermerks über die Halbversicherung vorlegen und hatte dann für die Zukunft die vollen Beiträge zu entrichten. Ein Widerruf des Verzichts war nicht möglich, ein erneuter Antrag auf Befreiung von der halben Beitragsleistung konnte dann nur auf einen neuen Lebensversicherungsvertrag gestützt werden.

III. Die Voraussetzungen für die Versicherungsfreiheit und die Halbversicherung ab 1. 1. 1962

1. Die Versicherungsfreiheit

Handwerker, die für Januar und Februar 1957 die Voraussetzungen 53
für die Versicherungsfreiheit nach § 3 HVG erfüllten und in dieser Zeit versicherungsfrei waren, bleiben versicherungsfrei (§ 6 Abs. 1 HwVG). Das gleiche gilt für die Handwerker, die vor dem 1. 1. 1962 auf Grund eines Versicherungsvertrages die Versicherungsfreiheit nach § 3 HVG geltend gemacht und bis zu diesem Zeitpunkt die Voraussetzungen für die Versicherungsfreiheit nach § 3 HVG erfüllt hatten (§ 6 Abs. 3 HwVG).

Die Versicherungsfreiheit nach § 6 Abs. 1 HwVG kann nur dann nach dem 31. 12. 1961 weiterbestehen, wenn der Lebensversicherungsvertrag in den Monaten Januar und Februar 1957 den gesetzlichen Voraussetzungen für die Geltendmachung der Versicherungsfreiheit entsprach und der Handwerker in beiden Monaten die Versicherungsfreiheit geltend gemacht hatte. Es reicht nicht aus, daß die Versicherungsfreiheit nur in einem der beiden Monate geltend gemacht worden ist bzw. die gesetzlichen Voraussetzungen für die Geltendmachung der Versicherungsfreiheit nur während eines der beiden Monate erfüllt waren.

So kann Versicherungsfreiheit nach § 6 Abs. 1 HwVG ab 1. 1. 1962 nicht bestehen, wenn der Handwerker erst im Februar 1957 in die Handwerksrolle eingetragen worden ist, da dann die Versicherungspflicht erst in diesem Monat begonnen hat und die Versicherungsfreiheit nicht bereits von einem früheren Zeitpunkt ab bestanden haben kann. Bei den Handwerkern, die im Januar 1957 in die Handwerksrolle eingetragen worden sind, begann die Versicherungspflicht mit dem Tage der Eintragung. Hatten sie bereits zu diesem Zeitpunkt einen ausreichenden Lebensversicherungsvertrag abgeschlossen und vom Beginn der Versicherungspflicht nach dem HVG an die Versicherungsfreiheit geltend gemacht, so bestand die Versicherungsfreiheit bereits im Januar und Februar, wenn im ersten Monat auch nur teilweise, und die Voraussetzungen für die weitere Versicherungsfreiheit sind damit erfüllt.

Handwerker, die bereits vor dem 1. 1. 1957 in der Handwerksrolle eingetragen waren, müssen die Versicherungsfreiheit mindestens ab 1. 1. 1957 geltend gemacht und für die Monate Januar und Februar 1957 keine Pflichtbeiträge nach dem HVG entrichtet haben. Der Lebensversicherungsvertrag muß also spätestens im Januar 1957 abgeschlossen worden sein (vgl. Anm. 6) und auch in diesem Monat begonnen haben. Nicht erfüllt sind die Voraussetzungen, wenn der Lebensversicherungsvertrag erst im Februar 1957 abgeschlossen worden ist, selbst bei einer Nachzahlung der Prämie für den Monat Januar.

54 Die Versicherungsfreiheit ab 1. 1. 1962 tritt auch ein, wenn der Handwerker in den beiden Monaten die Versicherungsfreiheit auf Grund eines ausreichenden Lebensversicherungsvertrages geltend gemacht hat, danach jedoch wieder versicherungspflichtig nach dem HVG geworden ist, sei es, weil er auf die Versicherungsfreiheit verzichtete oder weil der Lebensversicherungsvertrag nicht mehr den gesetzlichen Anforderungen entsprach und der Handwerker den Versicherungsvertrag nicht innerhalb der Behebungsfrist angepaßt hat. Es kann hier nicht davon ausgegangen werden, daß die im Januar und Februar 1957 geltend gemachte Versicherungsfreiheit auch von März 1957 bis Dezember 1961 bestanden haben muß. Die Worte „bleiben versicherungsfrei“ können nur die Bedeutung haben, daß ausschließlich der Rechtsstand im Januar und Februar 1957 maßgebend sein soll und die zwischenzeitlich eingetretenen Veränderungen unerheblich sind. Hätte der Gesetzgeber eine andere Regelung gewollt, so wäre im Hinblick auf Art. 2 § 52 Abs. 2 AnVNG die Vorschrift des § 6 Abs. 1 HwVG nicht erforderlich.

Gefordert werden muß lediglich, daß der Handwerker nicht zwischenzeitlich in der Handwerksrolle gelöscht und dann wieder eingetragen worden ist, weil dann die ursprüngliche Versicherungsfreiheit weggefallen ist und die Versicherung des Handwerkers erst von der erneuten Eintragung an maßgebend sein kann.

55 Versicherungsfrei bleiben auch die Handwerker, die mindestens im Dezember 1961, also im letzten Monat vor dem Inkrafttreten des HwVG, auf Grund eines ausreichenden Lebensversicherungsvertrages die Versicherungsfreiheit geltend gemacht haben. Der Lebensversicherungsvertrag mußte dann spätestens im Dezember 1961 abgeschlossen, d. h. rechtswirksam zustande gekommen sein und die Versicherung mußte in diesem Monat begonnen haben (vgl. § 4 Abs. 3 HVG, § 18 der 1. DVOz-HVG). Der Handwerker darf dann im Dezember keinen Beitrag zur Rentenversicherung der Angestellten entrichtet haben. Fraglich kann es dabei jedoch sein, ob in jedem Unterlassen der Beitragsentrichtung bereits ein Geltendmachen der Versicherungsfreiheit zu sehen ist. Ob der Handwerker die Versicherungsfreiheit geltend machen wollte oder nur den Beitrag für Dezember 1961 nicht rechtzeitig entrichtet hat, wird von den Umständen des Einzelfalles abhängen. Hat z. B. ein Handwerker trotz Bestehens eines ausreichenden Lebensversicherungsvertrages bisher regelmäßig Beiträge zur Rentenversicherung der Angestellten entrichtet, so wird anzunehmen sein, daß er den Beitrag für

Dezember nur nicht rechtzeitig entrichtete, wenn er die Beitragsentrichtung unverzüglich nachgeholt hat. Anders wird der Sachverhalt zu beurteilen sein, wenn der Handwerker erst im Dezember 1961 einen Lebensversicherungsvertrag abgeschlossen und sich nicht unverzüglich im Januar 1962 zur Nachentrichtung des Beitrages zur Rentenversicherung bereit erklärt hat.

Die Versicherungsfreiheit nach § 6 Abs. 1 und 3 HwVG tritt ab 1. 1. 1962 kraft Gesetzes ein. Der Handwerker kann dann nicht mehr auf die Versicherungsfreiheit verzichten, sondern er bleibt versicherungsfrei, auch wenn dann der Lebensversicherungsvertrag aufgehoben, gekündigt usw. wird (vgl. Anm. 2).

2. Die bisherige Halbversicherung

Handwerker, die für Januar und Februar 1957 die Voraussetzungen für die Befreiung von der halben Beitragsleistung nach § 5 HVG erfüllten und in dieser Zeit von der halben Beitragsleistung befreit waren, entrichten vom 1. 1. 1962 an für die Dauer der Versicherungspflicht Beiträge mindestens nach § 4 Abs. 5 Nr. 2 und Abs. 6 HwVG (§ 6 Abs. 2 HwVG). Das gleiche gilt für die Handwerker, die vor dem 1. 1. 1962 die Befreiung von der halben Beitragsleistung nach § 5 HVG geltend gemacht haben (§ 6 Abs. 4 HwVG). 56

Das Recht zur Halbversicherung muß im erstgenannten Fall in den beiden Monaten bestanden haben. Neben dem Vorliegen eines ausreichenden Lebensversicherungsvertrages in beiden Monaten ist dazu erforderlich, daß der Handwerker mindestens im Monat Januar 1957 einen Antrag auf Befreiung von der halben Beitragsleistung bei der Kreishandwerkerschaft gestellt und diese auf der Versicherungskarte vermerkt hat, daß der Handwerker halbversichert ist (§ 5 Abs. 5 HVG, § 29 der 1. DVOzHVG). War die Befreiung von der halben Beitragsleistung bereits früher auf der Versicherungskarte vermerkt, so darf die Karte nicht bis Ende Februar 1957 der Bundesversicherungsanstalt für Angestellte zur Löschung des Vermerks vorgelegt worden sein.

Handwerker, die erst im Februar 1957 in die Handwerksrolle eingetragen worden sind, können nicht in beiden Monaten von der halben Beitragsleistung befreit gewesen sein, da die Befreiung von der halben Beitragsleistung nicht für Zeiten zulässig war, in denen Versicherungspflicht noch nicht vorgelegen hat.

Die Voraussetzungen des § 6 Abs. 2 HwVG müssen auch bei den Handwerkern als erfüllt angesehen werden, die im Monat Januar 1957 die Versicherungsfreiheit auf Grund eines ausreichenden Lebensversicherungsvertrages geltend gemacht haben, im Februar 1957 jedoch zur Halbversicherung übergegangen sind. Wenn auch dann nicht in beiden Monaten die Befreiung von der halben Beitragsleistung bestanden hat, so muß doch die Versicherungsfreiheit, die im Monat Januar 1957 bestand, der Befreiung von der halben Beitragsleistung gleichgestellt werden.

Wegen zu Unrecht ausgesprochener Befreiungen vgl. Anm. 51. Solche Befreiungen werden nach dem 1. 1. 1962 nicht das Recht zur verminderten Beitragsleistung oder der Beitragsleistung in einer niedrigeren als der allgemein festgesetzten Beitragsklasse rechtfertigen, zumal im § 6 Abs. 2 HwVG bestimmt ist, daß die Voraussetzungen für die Befreiung von der halben Beitragsleistung erfüllt sein mußten.

57 Ohne Bedeutung ist es, ob der Handwerker nach dem 28. 2. 1957 die Löschung des Vermerks über die Halbversicherung beantragt oder der Lebensversicherungsvertrag danach nicht mehr den gesetzlichen Anforderungen entsprochen hat, da nur der Rechtsstatus in den beiden Monaten Bedeutung hat.

58 Die Vorschrift des § 6 Abs. 4 HwVG findet dann Anwendung, wenn der Antrag auf Befreiung von der halben Beitragsleistung spätestens im Dezember 1961 bei der Kreishandwerkerschaft gestellt worden ist und die Voraussetzungen für die Halbversicherung mindestens in diesem Monat erfüllt waren. Unerheblich wird es dabei sein, wenn der Vermerk über die Befreiung von der halben Beitragsleistung bis zum 31. 12. 1961 noch nicht auf der Versicherungskarte angebracht war. Dies ist daraus zu entnehmen, daß im § 6 Abs. 4 HwVG nicht gefordert wird, daß die Handwerker von der halben Beitragsleistung befreit waren, sondern daß die Halbversicherung nur geltend gemacht sein muß. Geltend gemacht ist die Halbversicherung aber schon dann, wenn der Antrag gestellt worden ist.

59 Die in § 6 Abs. 2 und 4 HwVG bezeichneten Handwerker haben vom 1. 1. 1962 an für die Dauer ihrer Versicherungspflicht mindestens Beiträge nach § 4 Abs. 5 Nr. 2 und Abs. 6 HwVG zu entrichten. Das kann nur bedeuten, daß die bisher halbversicherten Handwerker ebenso zu behandeln sind wie die in § 4 Abs. 5 Nr. 2 HwVG genannten Handwerker. Die Handwerker, die im Januar und Februar 1957 bzw. im Dezember 1961 von der halben Beitragsleistung befreit waren, haben deshalb das Recht zur verminderten Beitragsleistung und brauchen nur für jeden zweiten Monat einen Beitrag zu entrichten. Unbenommen ist es ihnen allerdings, auch mehr als sechs Beiträge für ein Kalenderjahr zu leisten, höchstens jedoch zwölf Beiträge (vgl. Anm. 7 zu § 4 HwVG).

60 Das Recht, Beiträge in einer niedrigeren als der allgemein für Handwerker festgesetzten Beitragsklasse zu entrichten, wird ihnen auch zustehen, wenn sie die im § 4 Abs. 6 HwVG genannten Voraussetzungen nicht erfüllen. Der Hinweis, daß die Beiträge mindestens nach § 4 Abs. 6 HwVG zu entrichten sind, kann nicht die Bedeutung haben, daß auch den früher halbversicherten Handwerkern die Möglichkeit, Beiträge in

einer niedrigeren Beitragsklasse zu entrichten, nur eingeräumt wird, wenn sie die dort angeführten Voraussetzungen erfüllen.

Da im § 4 Abs. 6 HwVG nur die Entrichtung von Beiträgen in einer niedrigeren als der allgemein festgesetzten Beitragsklasse behandelt wird, kann der Hinweis, daß Beiträge mindestens nach der Vorschrift zu entrichten sind, nur bedeuten, daß ihnen ohne Rücksicht auf die Höhe ihres Einkommens das Recht eingeräumt ist, Beiträge auch in einer niedrigeren als der allgemein festgesetzten Beitragsklasse zu entrichten.

Der Hinweis, daß mindestens Beiträge nach den genannten Vorschriften zu entrichten sind, stellt klar, daß den Handwerkern auch das Recht zusteht, Beiträge in einer höheren als der allgemein festgesetzten Beitragsklasse zu entrichten, wobei dann allerdings die Vorschrift des § 4 Abs. 3 HwVG anzuwenden ist, wonach keine höhere Beitragsklasse gewählt werden darf, als einem Zwölftel der Jahreseinkünfte des Handwerkers entspricht. Zu berücksichtigen ist das gesamte Einkommen aus Gewerbebetrieb und nicht nur die Hälfte dieses Einkommens.

IV. Das Ende der Versicherungsfreiheit und des Rechts zur verminderten Beitragsleistung

Die Versicherungsfreiheit endet bei Löschung der Eintragung in der 61
Handwerksrolle (§ 6 Abs. 5 HwVG). Obwohl nur das Ende der Versicherungsfreiheit angeführt ist, wird die Vorschrift auch für das Ende des Rechts, Beiträge nach § 4 Abs. 5 Nr. 2 und Abs. 6 HwVG zu entrichten, bei den früher halbversicherten Handwerkern gelten. Die Löschung der Eintragung beendet den bisherigen Rechtsstatus. Wird der Handwerker später erneut in die Handwerksrolle eingetragen, so kann er nicht mehr die Vergünstigungen des § 6 HwVG in Anspruch nehmen.

Als Löschung in der Handwerksrolle wird nur die endgültige Löschung angesehen werden können. Die Verlegung des Betriebs in den Bezirk einer anderen Handwerkskammer, verbunden mit der Löschung der Eintragung bei der bisher zuständigen und der Eintragung bei der nunmehr zuständigen Handwerkskammer ist nicht als endgültige Löschung anzusehen und der Handwerker kann trotz der Neueintragung weiterhin die Vergünstigungen des § 6 HwVG in Anspruch nehmen. Die Eintragung in die Handwerksrolle einer anderen Handwerkskammer muß jedoch unverzüglich erfolgen, da sonst anzunehmen ist, daß der bisherige Betrieb aufgegeben und später ein neuer Betrieb eröffnet worden ist.

Eine Löschung im Sinne dieser Vorschrift wird auch dann nicht vorliegen, wenn der Betrieb des Handwerkers zum handwerklichen Nebenbetrieb wird und deshalb Versicherungsfreiheit nach § 2 Abs. 1 Nr. 1

HwVG besteht, wenn später diese Angabe auf dem Karteiblatt der Handwerksrolle gelöscht wird und der Handwerker damit wieder versicherungspflichtig würde. Es gilt dann für den Handwerker auch weiterhin § 6 HwVG.

V. Die Pensionskasse des Bäckerhandwerks

62 Für die Mitglieder der Pensionskasse des Bäckerhandwerks Versicherungsverein auf Gegenseitigkeit bestand schon nach bisherigem Recht eine Sonderregelung. Nach § 10 Abs. 3 der 1. DVOzHVG konnten diese Handwerker nach ihrer Wahl die Versicherungsfreiheit oder die Halbversicherung geltend machen, wenn die zur Pensionskasse zu entrichtenden Beiträge die nach §§ 4 und 5 HVG erforderliche Höhe erreichten. Die sonstigen Anforderungen, die an die übrigen Lebensversicherungsverträge gestellt worden sind, brauchten nicht erfüllt zu sein. Im § 6 Abs. 6 HwVG wird diese Regelung übernommen.

§ 7

(1) Handwerker, die nach Artikel 1 Abs. 2 Nr. 3 oder Abs. 4 Nr. 3 des Gesetzes zur vorläufigen Änderung des Gesetzes über die Altersversorgung für das Deutsche Handwerk vom 27. August 1956 (Bundesgesetzbl. I S. 755) befreit sind oder werden, bleiben von der Versicherungspflicht befreit; § 1230 Abs. 4 und 5 der Reichsversicherungsordnung gilt. Die in Artikel 1 Abs. 2 Nr. 3 des angeführten Gesetzes geforderten Voraussetzungen gelten, soweit ein Antrag auf Befreiung gestellt, aber ein bindender Bescheid noch nicht ergangen ist, als erfüllt. Für die Berechnung der Wartezeit bei Anwendung des Artikels 1 Abs. 4 Nr. 3 des angeführten Gesetzes findet § 26 des Angestelltenversicherungsgesetzes in der Fassung vom 23. Februar 1957 (Bundesgesetzbl. I S. 88) Anwendung.

(2) Befreiungen auf Grund des Artikels 2 § 52 Abs. 3 des Angestelltenversicherungs-Neuregelungsgesetzes vom 23. Februar 1957 gelten als Befreiungen auch für die Zeit nach Inkrafttreten dieses Gesetzes, auch wenn sie nachher erteilt sind; § 1230 Abs. 4 und 5 der Reichsversicherungsordnung gilt.

(3) Befreiungen nach § 33 der Verordnung zur Durchführung und Ergänzung des Gesetzes über die Altersversorgung für das Deutsche Handwerk vom 13. Juli 1939 (Reichsgesetzbl. I S. 1255) gelten als Befreiungen nach § 1230 der Reichsversicherungsordnung.

(4) Witwen und Witwer, die nach dem Tode ihres Ehegatten dessen Handwerksbetrieb fortführen und nach § 33 Abs. 1 der Verordnung zur Durchführung und Ergänzung des Gesetzes über die Altersversorgung für das Deutsche Handwerk vom 13. Juli 1939 versicherungspflichtig waren, jedoch auf Grund des § 2 Abs. 1 Nr. 4 dieses Gesetzes versicherungsfrei

werden, können die Versicherung freiwillig fortsetzen. § 8 Abs. 3 dieses Gesetzes gilt.

(5) Im Saarland tritt an die Stelle des in Absatz 1 genannten Gesetzes zur vorläufigen Änderung des Gesetzes über eine Altersversorgung für das Deutsche Handwerk vom 27. August 1956 das Gesetz Nr. 569 zur weiteren Änderung des Gesetzes über die Altersversorgung für das Deutsche Handwerk vom 22. Dezember 1956 (Amtsblatt des Saarlandes S. 1728); Absatz 1 Satz 1 gilt entsprechend für Befreiungen auf Grund des § 1 des Gesetzes vom 6. Juni 1952 (Amtsblatt des Saarlandes S. 661) zur Änderung des Gesetzes über die Altersversorgung für das Deutsche Handwerk vom 21. Dezember 1938 (Reichsgesetzbl. I S. 1900).

(6) Versicherungsfrei sind Handwerker, die am 31. Dezember 1961 das 65. Lebensjahr vollendet haben.

Übersicht über die Erläuterungen

I. Allgemeines

1 Im § 7 HwVG wird in den Absätzen 1 bis 3 und in Absatz 5 die Weitergeltung der nach dem bisherigen Recht ausgesprochenen oder noch auszusprechenden Befreiungen von der Versicherungspflicht behandelt. Handwerker, die sich nach dem bisher geltenden Recht von der Versicherungspflicht haben befreien lassen, sollen auch künftig nicht der Versicherungspflicht unterliegen, ihr bisheriger Rechtsstand bleibt ihnen erhalten.

§ 7 Abs. 4 HwVG enthält eine Sonderregelung für die Witwen und Witwer, die den Handwerksbetrieb ihres verstorbenen Ehegatten weiterführen und der Versicherungspflicht nach dem HVG unterlagen. Diese Personen werden nunmehr nach § 2 Abs. 1 Nr. 4 HwVG kraft Gesetzes versicherungsfrei. Da sie sich aber in der Vergangenheit bereits für die Beitragsleistung zur Rentenversicherung entschieden und von der ihnen zustehenden Befreiungsmöglichkeit keinen Gebrauch gemacht haben, sollen sie künftig das Recht haben, sich freiwillig in der Rentenversicherung der Arbeiter zu versichern, auch wenn ihnen nach den allgemeinen Vorschriften dieses Recht nicht zusteht.

Im § 7 Abs. 6 HwVG, der durch Art. 1 Abschnitt IV Nr. 2 des Gesetzes zur Änderung sozialrechtlicher Vorschriften vom 25. 4. 1961 (BGBl. I S. 465) angefügt worden ist, ist eine Sonderregelung über die Versicherungsfreiheit von Handwerkern enthalten, die am 1. 1. 1962 bereits das 65. Lebensjahr vollendet hatten. Diese Handwerker sollen von dem Versicherungszwang nach dem HwVG ausgenommen sein.

II. Die Befreiungen nach dem bisher geltenden Recht

1. Die Wirkung der Befreiung

a) Der Wirkungsbereich

2 Handwerker, die bereits bisher auf Grund ihres Antrages von der Versicherungspflicht nach dem HVG befreit waren, sollen auch künftig von der Entrichtung von Pflichtbeiträgen nach dem HwVG befreit und nicht wegen der Neuregelung der Handwerkerversicherung verpflichtet sein, Pflichtbeiträge nach dem HwVG zu entrichten.

Da die Versicherung nach dem HwVG nicht die gesamte Tätigkeit des Handwerkers umfaßt, wie es bisher nach dem HVG der Fall war (vgl. § 1 der 1. DVOzHVG), sondern die Versicherungspflicht wegen anderer Beschäftigungen und Tätigkeiten nach den allgemeinen Vorschriften der Rentenversicherungsgesetze zu beurteilen ist, haben die Befreiungen nur noch Bedeutung für die Versicherung nach dem HwVG. Übt ein Handwerker, der nach dem früheren Recht von der Versicherungspflicht befreit worden ist, eine rentenversicherungspflichtige Beschäftigung als Arbeitnehmer aus oder unterliegt er z. B. als Hausgewerbetreibender der Versicherungspflicht in der Rentenversicherung der Arbeiter, so müssen für diese Beschäftigung oder Tätigkeit Pflichtbeiträge entrichtet werden.

b) Noch nicht entschiedene Anträge

3 Unerheblich ist es, ob im Zeitpunkt des Inkrafttretens des HwVG am 1. 1. 1962 bereits über den Befreiungsantrag bindend entschieden war oder noch nach diesem Zeitpunkt darüber entschieden wird. Wird einem Befreiungsantrag nach dem früheren Recht noch nach dem 1. 1. 1962 stattgegeben, so wirkt die Befreiung auf den genannten Zeitpunkt zurück. Hat der Handwerker in der Zwischenzeit Pflichtbeiträge nach dem HwVG entrichtet, so werden diese rückwirkend unwirksam und sind auf Antrag zurückzuzahlen, es sei denn, daß der Handwerker sie als für die freiwillige Weiterversicherung entrichtet gelten lassen will, sofern er dazu berechtigt ist.

Über die Anträge auf Befreiung von der Versicherungspflicht, die bis zum 31. 12. 1961 gestellt worden sind, muß noch die Bundesversicherungsanstalt für Angestellte entscheiden (§ 11 Abs. 4 HwVG), im Saarland jedoch die Landesversicherungsanstalt für das Saarland (§ 11 Abs. 5 HwVG). Nach dem 31. 12. 1961 können Anträge auf Befreiung von der Versicherungspflicht nach den bis dahin geltenden Vorschriften nicht mehr gestellt werden, da diese mit dem Inkrafttreten des HwVG außer Kraft treten.

c) Der Widerruf der Befreiung

Die Befreiungen von der Versicherungspflicht können nach dem 31. 12. 1961 widerrufen werden oder der Handwerker kann auf diese Befreiungen verzichten, da § 1230 Abs. 4 und 5 RVO gilt bzw. die nach § 33 der 1. DVOzHVG ausgesprochenen Befreiungen als Befreiungen nach § 1230 RVO gelten. 4

Nach § 1230 Abs. 4 RVO hat der zuständige Träger der Rentenversicherung die Befreiung zu widerrufen, wenn ihre Voraussetzungen entfallen sind. Der Widerruf ist nicht zulässig, wenn die Befreiung irrtümlich ausgesprochen worden ist. Der die Befreiung aussprechende Verwaltungsakt kann dann nur nach den allgemeinen verwaltungsrechtlichen Grundsätzen abgeändert werden (vgl. Urteil BSG vom 21. 11. 1961).

Ein Wegfall der Voraussetzungen, die zur Befreiung von der Versicherungspflicht geführt haben, wird bei den in § 7 Abs. 1 und 2 HwVG angeführten Fällen nicht in Betracht kommen können, zumal dabei nur in der Vergangenheit liegende Umstände zu berücksichtigen waren und künftige Änderungen nicht denkbar sind. Denkbar ist nur ein Widerruf der Befreiung von der Versicherungspflicht, wenn diese nach § 33 der 1. DVOzHVG (§ 7 Abs. 3 HwVG) ausgesprochen worden ist.

Den Widerruf der Befreiung von der Versicherungspflicht muß der zuständige Träger der Rentenversicherung der Arbeiter aussprechen, das ist die Landesversicherungsanstalt, in deren Bezirk der Berechtigte das Handwerk als stehendes Gewerbe ausübt, da dieser Versicherungsträger auch für den Einzug der Beiträge zuständig wird. Der Widerruf der Befreiung hat die Wirkung, daß vom Zeitpunkt der Wirksamkeit des Widerrufsbescheides an wieder Pflichtbeiträge nach dem HwVG zu entrichten sind, es sei denn, daß aus anderen Gründen Versicherungsfreiheit besteht.

d) Der Verzicht auf die Befreiung

Auf ihren Antrag von der Versicherungspflicht befreite Personen 5
können durch schriftliche Erklärung gegenüber dem zuständigen Träger der Rentenversicherung auf die Befreiung mit Wirkung vom Beginn des

nächsten Monats an verzichten (§ 1230 Abs. 5 RVO). Der Verzicht ist jederzeit möglich und von der Erfüllung besonderer Voraussetzungen unabhängig. Ob ein Handwerker auf die Befreiung verzichten will, steht in seinem freien Ermessen, er muß also selbst entscheiden, ob er künftig wieder Pflichtbeiträge entrichten will.

Der Verzicht auf die Befreiung bedarf der Schriftform, kann also nicht mündlich erklärt werden, und muß dem zuständigen Träger der Rentenversicherung gegenüber abgegeben werden. Zuständig ist die Landesversicherungsanstalt, welche beim Vorliegen von Versicherungspflicht nach dem HwVG die Beiträge einzuziehen hat, d. h. der Versicherungsträger, in dessen Bezirk der Handwerker das Handwerk als stehendes Gewerbe ausübt (vgl. Anm. 14 zu § 5). Die Zuständigkeitsregelung des § 11 Abs. 2 HwVG kann hier keine Anwendung finden, da es sich hierbei um eine Übergangsvorschrift handelt und durch sie nur die Zuständigkeit für die Fälle bestimmt wird, die beim Inkrafttreten des HwVG anhängig waren.

Bei einem wirksamen Verzicht auf die Befreiung von der Versicherungspflicht sind wieder Pflichtbeiträge nach dem HwVG zu entrichten, sofern überhaupt Versicherungspflicht nach dem HwVG besteht. So kann ein von der Versicherungspflicht befreiter Handwerker, der bereits für mehr als 216 Kalendermonate Beiträge für eine rentenversicherungspflichtige Beschäftigung oder Tätigkeit zurückgelegt hat, zwar formell auf die Befreiung verzichten, er darf aber trotzdem keine Pflichtbeiträge entrichten, weil er nach dem HwVG nicht mehr versicherungspflichtig ist. Der Verzicht auf die Befreiung von der Versicherungspflicht hat dann keine praktischen Auswirkungen.

Für die Wirksamkeit des Verzichts ist der Zugang der schriftlichen Erklärung beim zuständigen Versicherungsträger maßgebend, da es sich um eine empfangsbedürftige Willenserklärung handelt. Die Befreiung endet mit Ablauf des Monats, in dem die Erklärung dem Versicherungsträger zugegangen ist. Vom Beginn des nächsten Monats ab besteht wieder Versicherungspflicht, sofern der Handwerker nicht versicherungsfrei ist. Unabhängig davon ist der Beginn der Beitragspflicht. Verzichtet z. B. ein Handwerker, der in seinem Betrieb außer einem Lehrling keine Personen beschäftigt, die wegen dieser Beschäftigung versicherungspflichtig sind, im April auf die Befreiung, so besteht dann zwar ab 1. Mai Versicherungspflicht nach dem HwVG, der Handwerker ist jedoch erst verpflichtet, den Beitrag für den Monat Juni zu entrichten, da ihm das Recht zur verminderten Beitragsleistung zusteht.

2. Die einzelnen Befreiungsgründe

In folgenden Fällen gilt die bisher ausgesprochene Befreiung von der Versicherungspflicht weiter:

a) Art. 1 Abs. 2 Nr. 3 HVÄG

Die maßgebenden Vorschriften haben folgenden Wortlaut:

„Art. 1 Abs. 1 HVÄG

(1) Handwerker, die die Voraussetzungen für die Versicherungsfreiheit oder die Halbversicherung in der Rentenversicherung der Angestellten nach § 3 des Gesetzes über die Altersversorgung für das Deutsche Handwerk vom 21. Dezember 1938 (Reichsgesetzbl. I S. 1900) bis zur Währungsumstellung am 21. Juni 1948 — in Berlin am 25. Juni 1948 — erfüllt hatten, danach jedoch infolge der Abwertung des Lebensversicherungsanspruchs oder infolge der Erhöhung der Beiträge der Rentenversicherung der Angestellten nach dem Sozialversicherungs-Anpassungsgesetz in der Fassung des Gesetzes über die Änderung des Dritten Gesetzes zur Änderung des Sozialversicherungs-Anpassungsgesetzes vom 21. Januar 1956 (Bundesgesetzbl. I S. 16) und dem Renten-Mehrbetrags-Gesetz vom 23. November 1954 (Bundesgesetzbl. I S. 345) nicht mehr erfüllten, blieben von der vollen oder halben Versicherungspflicht nach dem Gesetz über die Altersversorgung für das Deutsche Handwerk bis zum 31. Dezember 1956 frei. § 21 Abs. 2 der Verordnung zur Durchführung und Ergänzung des Gesetzes über die Altersversorgung für das Deutsche Handwerk vom 13. Juli 1939 (Reichsgesetzbl. I S. 1255) ist auch in diesen Fällen anzuwenden.

Art. 1 Abs. 2 HVÄG

(2) Für Handwerker der in Absatz 1 bezeichneten Art gilt im übrigen folgendes

1. . . .

2. . . .

3. Handwerker, die beim Inkrafttreten dieses Gesetzes das fünfzigste Lebensjahr vollendet haben, werden auf Antrag durch die Bundesversicherungsanstalt für Angestellte von der Versicherungspflicht nach dem Gesetz über die Altersversorgung für das Deutsche Handwerk auch für die Zeit nach dem 31. Dezember 1956 befreit, wenn der Antrag bis zu diesem Zeitpunkt gestellt wird.“

Die entsprechende Vorschrift des Saarlandes (Art. 1 Abs. 1 bzw. Abs. 2 des Gesetzes Nr. 569 — abgedruckt S. 322) stimmte, abgesehen von folgenden Abweichungen, wörtlich überein:

Anstelle des Inkrafttretens des Gesetzes ist als Stichtag der 1. 9. 1956 angegeben. Das bedeutet keine sachliche Änderung, da das HVÄG im Bundesgebiet an demselben Tage in Kraft getreten ist.

Als Zeitpunkt der Währungsumstellung ist der 20. November 1947 maßgebend.

An die Stelle der Abwertung des Lebensversicherungsanspruchs tritt die Umstellung des Lebensversicherungsanspruchs in französische Franken.

Die einzelnen Vorschriften für die Erhöhung der Beiträge sind nicht angegeben.

Die Antragsfrist endete nicht am 31. 12. 1956, sondern am 30. 4. 1957.

Für die Befreiung war die Landesversicherungsanstalt für das Saarland zuständig.

7 Für die Bearbeitung der Befreiungsanträge nach dieser Vorschrift hatte der Bundesminister für Arbeit und Sozialordnung in den Allgemeinen Verwaltungsvorschriften vom 4. 1. 1961 (BArbBl. S. 79) folgendes bestimmt:

„1. Zum Nachweis der in Artikel 1 Abs. 1 genannten Voraussetzungen genügen Angaben des Handwerkers nach Nummer 2 dieser Verwaltungsvorschrift, daß am 20. Juni 1948 ein Lebensversicherungsvertrag mit einer Versicherungssumme von mindestens 5000 Reichsmark, bei Halbversicherung von mindestens 2500 Reichsmark bestand.

2. Der Nachprüfung sind die Angaben des Handwerkers zugrunde zu legen, soweit sie nicht in Widerspruch zu den von der Bundesversicherungsanstalt für Angestellte geführten Unterlagen stehen und nicht aus sonstigen besonderen Gründen unglaubwürdig sind.

3. Für Handwerker mit dem Wohnsitz im Lande Berlin genügt die Angabe, daß der Handwerker im Jahre 1956 einen Lebensversicherungsvertrag mit einer in Nummer 1 dieser Verwaltungsvorschrift genannten Versicherungssumme abgeschlossen hatte und Prämien hierfür entrichtet hat."

Nunmehr wird im § 7 Abs. 1 Satz 2 HwVG bestimmt, daß die in der angeführten Vorschrift geforderten Voraussetzungen als erfüllt gelten, soweit ein Antrag auf Befreiung gestellt, aber ein bindender Bescheid noch nicht ergangen ist.

In Art. 1 Abs. 2 Nr. 3 HVÄG sind als Voraussetzungen für die Befreiung nur die Vollendung des 50. Lebensjahres am 30. 9. 1956 und die Antragstellung bis zum 31. 12. 1956 angeführt. Es erscheint zweifelhaft, daß diese Voraussetzungen als erfüllt angesehen werden sollen. Es wird vielmehr davon auszugehen sein, daß der Gesetzgeber eine Regelung treffen wollte, wie sie in den Verwaltungsvorschriften enthalten ist, um dadurch Nachforschungen über das Vorliegen eines ausreichenden Lebensversicherungsvertrages bis zur Währungsumstellung zu vermeiden. Darauf deuten auch die Ausführungen zu § 7 im schriftlichen Bericht des Ausschusses für Sozialpolitik des Deutschen Bundestages (abgedruckt S. 33) hin, wonach die Voraussetzungen für die Genehmigung dieser Anträge großzügig erweitert werden sollten. Eine andere Auslegung würde den Sinn der Befreiungsvorschrift in sein Gegenteil verkehren, da auch den im Hinblick auf das Lebensalter offensichtlich unbegründeten Anträgen entsprochen werden müßte, selbst dann, wenn die Antragsfrist nicht eingehalten worden ist.

8 Die Vergünstigung, daß die Voraussetzungen als erfüllt gelten, kommt nur dann zur Auswirkung, wenn am 1. 1. 1962, also beim Inkrafttreten des HwVG, ein bindender Bescheid noch nicht ergangen ist. Bescheide werden nach § 77 SGG bindend, wenn gegen sie der gegebene Rechts-

behelf nicht oder erfolglos eingelegt worden ist. Ist der Antrag auf Befreiung abschlägig beschieden worden und hat der Handwerker wegen der Ablehnung des Antrags Widerspruch eingelegt oder ist noch ein Verfahren bei einem Gericht der Sozialgerichtsbarkeit anhängig, so muß die Angelegenheit nochmals unter Berücksichtigung der Regelung des § 7 Abs. 1 Satz 2 HwVG überprüft werden. Die Nichtanwendung der Vorschrift wird auch Revisionsgrund sein, selbst wenn das Berufungsurteil bereits vor dem 1. 1. 1962 ergangen ist.

b) Art. 1 Abs. 4 Nr. 3 HVÄG

Die maßgebenden Vorschriften haben folgenden Wortlaut: 9

„Art. 1 Abs. 3 HVÄG

(3) Haben Handwerker, die vor dem Inkrafttreten dieses Gesetzes nach dem Gesetz über die Altersversorgung für das Deutsche Handwerk nicht von der vollen oder halben Versicherungspflicht befreit waren und auch nicht durch die Vorschriften des Absatzes 1 befreit worden sind, Beiträge zur Rentenversicherung der Angestellten nicht, nicht ausreichend oder nicht regelmäßig entrichtet, so behält es für die Zeit bis zum 31. Dezember 1953 dabei sein Bewenden. Das gleiche gilt für halbversicherte Handwerker.

Art. 1 Abs. 4 HVÄG

(4) Für Handwerker der in Absatz 3 bezeichneten Art gilt im übrigen folgendes:

1. . . . .

2. . . . .

3. Handwerker, die beim Inkrafttreten dieses Gesetzes das sechzigste Lebensjahr vollendet haben und bis zur Vollendung des fünfundsechzigsten Lebensjahres die Wartezeit für das Altersruhegeld nicht mehr erfüllen können, werden auf Antrag durch die Bundesversicherungsanstalt für Angestellte von der Versicherungspflicht nach dem Gesetz über die Altersversorgung für das Deutsche Handwerk für die Zeit nach dem 31. Dezember 1953 befreit, wenn der Antrag bis zum 31. Dezember 1956 gestellt wird."

Die entsprechende Vorschrift des Saarlandes (Art. 1 Abs. 3 bzw. Art. 1 Abs. 4 Nr. 2 des Gesetzes Nr. 569 — abgedruckt S. 322) stimmte, abgesehen von folgenden Abweichungen, wörtlich überein:

Anstelle des Inkrafttretens des Gesetzes ist als Stichtag der 1. 9. 1956 angegeben. Das bedeutet keine sachliche Änderung, da das HVÄG im Bundesgebiet an demselben Tage in Kraft getreten ist.

Anstelle des Stichtages vom 31. 12. 1953 galt der Stichtag vom 31. 12. 1955.

Die Antragsfrist endete nicht am 31. 12. 1956 sondern am 30. 4. 1957.

Für die Befreiung war die Landesversicherungsanstalt für das Saarland zuständig.

Die vom Bundesminister für Arbeit und Sozialordnung zu Art. 1 10
Abs. 4 Nr. 3 HVÄG erlassenen Allgemeinen Verwaltungsvorschriften

vom 4. 1. 1961 (BArbBl. S. 79) enthielten in Nr. 4 die gleiche Regelung wie sie jetzt in § 7 Abs. 1 Satz 3 HwVG enthalten ist.

Durch diese Regelung sollten die Zweifel beseitigt werden, nach welchen Rechtsvorschriften die Wartezeit zu berechnen ist.

Bedeutung für die Versicherungspflicht nach dem HwVG hat die Befreiung nach der angeführten Vorschrift nicht mehr, da die Handwerker, die am 1. 9. 1956 das 60. Lebensjahr vollendet hatten, vor dem 1. 9. 1896 geboren und daher ab 1. 1. 1962 nach § 7 Abs. 6 HwVG versicherungsfrei sind, weil sie bereits vor diesem Zeitpunkt das 65. Lebensjahr vollendet haben.

Sofern die Befreiung von der Versicherungspflicht nach dieser Vorschrift ausgesprochen wird, kann sie nach dem 31. 12. 1961 zwar widerrufen oder es kann darauf verzichtet werden, praktische Auswirkungen hat das allerdings nicht, weil auch bei einem Widerruf oder einem Verzicht keine Pflichtbeiträge mehr entrichtet werden können, da die Handwerker kraft Gesetzes versicherungsfrei sind.

c) Art. 2 § 52 Abs. 2 AnVNG

11 Die Vorschrift hatte folgenden Wortlaut:

„Art. 2 § 52 Abs. 3 AnVNG

(3) Handwerker werden auf Antrag von der Versicherungspflicht nach dem Gesetz über die Altersversorgung für das Deutsche Handwerk befreit, wenn sie Beiträge für eine versicherungspflichtige Beschäftigung oder Tätigkeit während mindestens einhundertachtzig Kalendermonaten entrichtet haben; sie sind zur freiwilligen Weiterversicherung in der Altersversorgung für das Deutsche Handwerk berechtigt. Die Befreiung wirkt vom Beginn des Monats an, der auf den Monat folgt, in dem der Antrag gestellt ist. Über den Antrag entscheidet die Bundesversicherungsanstalt für Angestellte."

Die Befreiungen nach dieser Vorschrift gelten auch nach dem 31. 12. 1961 bezüglich der Versicherungspflicht nach dem HwVG weiter.

Der Antrag auf Befreiung konnte noch bis zum 31. 12. 1961 bei der Bundesversicherungsanstalt für Angestellte (im Saarland bei der Landesversicherungsanstalt für das Saarland) gestellt werden. Diese Stellen bleiben auch nach dem genannten Zeitpunkt für die Entscheidung über die bei ihnen gestellten Anträge zuständig. Nach dem 31. 12. 1961 können keine Anträge mehr gestellt werden, weil die Vorschrift mit diesem Zeitpunkt außer Kraft tritt (vgl. § 14 Nr. 13 HwVG).

Ein Widerruf der ausgesprochenen Befreiungen wird nicht möglich sein, da die Voraussetzungen nicht entfallen können.

Der Handwerker kann aber auf die ausgesprochene Befreiung verzichten, wenn er zwar für mindestens 180, jedoch für weniger als 216 Kalendermonate Beiträge auf Grund einer rentenversicherungspflichtigen

Beschäftigung oder Tätigkeit entrichtet hat (vgl. Anm. 5). Hat der Handwerker bereits für 216 Kalendermonate Pflichtbeiträge nachgewiesen, so kann er auch bei einem etwaigen Verzicht auf die Befreiung nicht wieder nach dem HwVG versicherungspflichtig werden (vgl. § 1 Abs. 1 HwVG).

Sofern der Handwerker nicht nach den allgemeinen Vorschriften der Rentenversicherung der Arbeiter zur freiwilligen Weiterversicherung berechtigt ist (vgl. § 1233 RVO, Art. 2 § 4 ArVNG), so kann er ab 1. 1. 1962 das Recht zur freiwilligen Weiterversicherung nicht mehr auf Art. 2 § 52 Abs. 3 AnVNG stützen, da diese Vorschrift mit dem 31. 12. 1961 außer Kraft tritt.

d) § 33 der 1. DVOzHVG

Die Vorschrift hatte folgenden Wortlaut: 12

„§ 33

(1) Das Gesetz gilt auch für die Witwe des Handwerkers, die den Betrieb nach dem Tode ihres Ehemannes fortführt. Sie wird auf Antrag von der Versicherungspflicht befreit,

1. wenn sie eine Witwenrente aus der Rentenversicherung der Arbeiter oder der Angestellten bezieht, oder
2. wenn aus der Lebensversicherung ihres Ehemannes nach den §§ 3ff. des Gesetzes eine Versicherungsleistung gewährt ist, oder
3. wenn sie den Betrieb binnen einem Jahre nach dem Tode ihres Ehemannes aufgibt.

(2) Der Antrag kann nur binnen zwei Jahren nach dem Tode des Handwerkers gestellt werden. Über ihn entscheidet die Reichsversicherungsanstalt und auf Beschwerde das Oberversicherungsamt endgültig. Die Befreiung wirkt auf den Zeitpunkt des Todes zurück."

Seit dem Inkrafttreten des Gleichheitsgrundsatzes galt die Vorschrift nicht mehr nur für die Witwen, sondern auch für die Witwer, die den Betrieb ihrer Ehefrau nach deren Tode fortführten (Art. 3 Abs. 2 GG). Aus diesem Grunde ist in § 7 Abs. 3 neben der Witwe auch der Witwer mit angeführt. Im übrigen sind anstelle der Reichsversicherungsanstalt die Bundesversicherungsanstalt für Angestellte und an die Stelle des Oberversicherungsamts die Gerichte der Sozialgerichtsbarkeit getreten.

13 Die Witwen und die Witwer, die den Betrieb des Handwerkers nach dem Tode ihres Ehegatten fortführen, sind nunmehr nach § 2 Abs. 1 Nr. 4 HwVG kraft Gesetzes versicherungsfrei. Die Weitergeltung der Befreiungen nach § 33 der 1. DVOzHVG kann sich deshalb nur auf die Fälle beziehen, in denen zwar die formelle Befreiung von der Versicherungspflicht fortbestand, die Voraussetzungen hierfür jedoch entfallen waren. Der Befreiungsbescheid soll in diesen Fällen weiterhin Geltung haben, bis der nunmehr zuständige Träger der Rentenversicherung ihn

widerruft oder auf die Befreiung verzichtet wird. Es kann nicht davon ausgegangen werden, daß bei einem etwaigen Verzicht auf die Befreiung trotz der Vorschrift des § 2 Abs. 1 Nr. 4 HwVG Versicherungspflicht eintritt, auch wenn die Witwe oder der Witwer nach der letztgenannten Vorschrift versicherungsfrei wäre (a. A. Schlageter Anm. 4b zu § 7 HwVG).

Tritt eine Veränderung ein, durch die die Voraussetzungen, die zur Befreiung von der Versicherungspflicht führten, entfallen sind, so ist sie zu widerrufen. Es kann aber auch dann auf die Befreiung verzichtet werden und es tritt Versicherungspflicht ein, wenn die Vorschrift des § 2 Abs. 2 Nr. 4 HwVG keine Anwendung findet.

e) § 1 des saarländischen Änderungsgesetzes vom 6. 6. 52

14 § 1 des Gesetzes vom 6. 6. 1952 (Amtsblatt des Saarlandes S. 661) zur Änderung des Gesetzes über die Altersversorgung für das Deutsche Handwerk vom 21. 12. 1938 (RGBl. I S. 1900) hatte folgenden Wortlaut:

„§ 1

Nach dem § 4 wird folgender § 4a eingefügt:

„§ 4a

(1) Handwerker, bei denen die bisherige Versicherungssumme der Lebensversicherung infolge Umstellung in französische Franken auf Grund des Gesetzes Nr. 47—2158 vom 15. November 1947 (ABl. S. 585) für die Geltendmachung der Versicherungsfreiheit nicht mehr ausreicht, können Versicherungsfreiheit beantragen, sofern sie am 31. Dezember 1950 das 50. Lebensjahr vollendet hatten.

(2) Der Antrag muß bis zum 31. Dezember 1952 gestellt sein. Die Befreiung beginnt mit dem 1. Dezember 1947 und ist endgültig."

Für diese Befreiungen ist § 7 Abs. 1 Satz 1 HwVG entsprechend anzuwenden. Handwerker, die nach der angeführten Vorschrift von der Versicherungspflicht befreit waren, bleiben weiterhin von der Versicherungspflicht befreit. Da aber § 7 Abs. 1 Satz 1 HwVG in vollem Umfange für entsprechend anwendbar erklärt worden ist, muß davon ausgegangen werden, daß auch der zweite Halbsatz gilt und die Handwerker nunmehr auch auf die Befreiung verzichten können, obwohl sie nach dem Wortlaut der Vorschrift endgültig sein sollte.

III. Die freiwillige Weiterversicherung von Witwen und Witwer

15 Witwen und Witwer, die nach dem Tode ihres Ehegatten dessen Handwerksbetrieb fortführen und nach § 33 der 1. DVOzHVG versicherungspflichtig waren, jedoch auf Grund des § 2 Abs. 1 Nr. 4 HwVG versicherungsfrei werden, können die Versicherung freiwillig fortsetzen.

Wegen des Wortlautes des § 33 1. DVOzHVG vgl. Anm. 12.

Durch § 7 Abs. 4 HwVG wird dem begünstigten Personenkreis das Recht zur freiwilligen Weiterversicherung zugestanden, wenn er nicht ohnehin nach den allgemeinen Vorschriften der Rentenversicherung der Arbeiter hierzu berechtigt ist (vgl. § 1233 RVO, Art. 2 § 4 ArVNG).

Begünstigt sind die Personen, die nach dem Tode des Handwerkers dessen Handwerksbetrieb fortführen, wenn in ihren Verhältnissen keine Änderung eingetreten ist. Tritt am 1. 1. 1962 Versicherungspflicht ein, weil die Voraussetzungen für die Versicherungsfreiheit nicht erfüllt sind (vgl. Anm. 9ff. zu § 2), so kann die Vergünstigung keine Anwendung finden, sondern das Recht zur Weiterversicherung richtet sich beim Wegfall der Versicherungspflicht nach den allgemeinen Vorschriften.

Die Versicherungspflicht nach dem HVG muß ihre Grundlage in § 33 der 1. DVOzHVG gehabt haben, es darf also wegen der Führung eines eigenen Handwerksbetriebs nicht Versicherungspflicht nach § 1 HVG bestanden haben.

Weiterhin ist erforderlich, daß bis zum 31. 12. 1961 tatsächlich Versicherungspflicht bestanden hat. Hat sich z. B. eine Witwe, die den Betrieb ihres Ehemannes fortführte, nicht von der Versicherungspflicht befreien lassen, jedoch dann die Versicherungsfreiheit nach § 3ff. HVG auf Grund eines Lebensversicherungsvertrages geltend gemacht, so war sie nicht versicherungspflichtig und die Berechtigung zur Weiterversicherung richtet sich dann ebenfalls nach den allgemeinen Vorschriften. Das gilt auch, wenn die Witwe oder der Witwer im Dezember 1961 aus anderen Gründen versicherungsfrei waren. Darüber hinaus muß ab 1. 1. 1962 Versicherungsfreiheit nach § 2 Abs. 1 Nr. 4 HwVG bestehen.

Abgesehen von der Erfüllung der Voraussetzungen richtet sich die 16
freiwillige Weiterversicherung nach den allgemeinen Vorschriften der Rentenversicherung der Arbeiter. Dem Berechtigten ist es freigestellt, die Beitragsklasse, in der die Beiträge entrichtet werden sollen, frei zu wählen und ebenfalls selbst zu bestimmen, wieviel Beiträge für jedes Kalenderjahr entrichtet werden sollen. Die Beiträge sind durch Verwendung von Beitragsmarken zu entrichten und die Berechtigten müssen sich daher bei der Ausgabestelle eine Versicherungskarte ausstellen lassen. Die Vorschriften über den Bareinzug der Beiträge finden keine Anwendung, da es sich nicht um die Entrichtung von Pflichtbeiträgen handelt (vgl. Anm. 20 zu § 5).

Da die Berechtigten bisher Pflichtbeiträge nach dem HVG zu entrichten hatten, die nach § 8 Abs. 1 HwVG auf den Träger der Rentenversicherung der Arbeiter übergegangen sind, ist gemäß § 8 Abs. 3 HwVG auch nur die Berechtigung zur freiwilligen Weiterversicherung in diesem Versicherungszweig gegeben. Das wird auch dann gelten müssen, wenn auf Grund einer früheren Beitragsleistung das Recht zur Entrichtung freiwilliger Beiträge nur in der Rentenversicherung der Angestellten bestehen würde.

IV. Die Versicherungsfreiheit wegen Erreichens der Altersgrenze

17 Versicherungsfrei sind Handwerker, die am 31. 12. 1961 das 65. Lebensjahr vollendet haben (§ 7 Abs. 6 HwVG).

Es werden somit alle Handwerker versicherungsfrei nach dem HwVG, die vor dem 1. 1. 1897 geboren sind, während sonst die Vollendung des 65. Lebensjahres keinen Einfluß auf die Versicherungspflicht hat, solange noch nicht ein Altersruhegeld aus den gesetzlichen Rentenversicherungen bezogen wird. Sinn der Regelung, die durch das Gesetz zur Änderung sozialrechtlicher Vorschriften vom 25. 4. 1961 (BGBl. I S. 465) eingefügt worden ist, sollte es sein, daß die Handwerker, die bereits beim Inkrafttreten des HwVG die Altersgrenze für die Gewährung des Altersruhegeldes erreicht haben, nicht mehr zu einer Beitragsleistung herangezogen werden sollen.

Die Versicherungsfreiheit tritt ohne Rücksicht auf die bisherige Beitragsleistung ein. Auch Handwerker, die bis zum 31. 12. 1961 nach dem HVG versicherungspflichtig waren und weil sie die Wartezeit für das Altersruhegeld noch nicht erfüllt hatten, weiterhin Beiträge entrichteten, werden versicherungsfrei.

Die Versicherungsfreiheit besteht kraft Gesetzes. Ein Verzicht ist deshalb nicht möglich.

Die Handwerker können lediglich noch freiwillige Beiträge entrichten, wenn sie hierzu nach den allgemeinen Vorschriften der Rentenversicherung der Arbeiter berechtigt sind (vgl. § 1233 RVO, Art. 2 § 4 ArVNG).

§ 8

(1) Beiträge, die auf Grund des Gesetzes über die Altersversorgung für das Deutsche Handwerk entrichtet sind, gelten als Beiträge zur Rentenversicherung der Arbeiter; dies gilt bei Anwendung des § 1314 der Reichsversicherungsordnung und des § 93 des Angestelltenversicherungsgesetzes auch für Rentenbezugszeiten vor dem Inkrafttreten dieses Gesetzes. Zur Ermittlung des Verhältnisses zwischen dem von dem Versicherten erzielten Arbeitseinkommen (§ 1255 Abs. 6 der Reichsversicherungsordnung) und dem durchschnittlichen Bruttoarbeitsentgelt aller Versicherten sind die Vorschriften der Rentenversicherung der Angestellten anzuwenden, im übrigen gelten die Vorschriften, die in der Rentenversicherung der Arbeiter gelten. Für die Halbversicherung gilt, soweit das vor dem 1. Januar 1957 geltende Recht anzuwenden ist, § 6 Abs. 1 und 3 des in Satz 1 genannten Gesetzes.

(2) Zeiten zwischen dem 9. Mai 1945 und dem 17. Dezember 1953, in denen ein Gewerbetreibender nicht in die Handwerksrolle eingetragen war, jedoch seinen Betrieb als Handwerksbetrieb gewerbepolizeilich angemeldet hatte, stehen Zeiten der Eintragung in die Handwerksrolle gleich.

(3) Erfüllen Handwerker die Voraussetzungen für die freiwillige Weiterversicherung auch durch Beiträge nach Absatz 1, so können sie vom Inkrafttreten dieses Gesetzes an die Weiterversicherung nur in der Rentenversicherung der Arbeiter durchführen.

(4) Handwerker-Versicherungskarten gelten als Versicherungskarten der Rentenversicherung der Arbeiter bis zu ihrem Umtausch weiter; der Umtausch hat innerhalb eines Jahres nach dem Inkrafttreten des Gesetzes zu erfolgen.

Übersicht über die Erläuterungen

I. Übergang der nach dem HVG entrichteten Beiträge auf die Träger der Rentenversicherung der Arbeiter

1. Allgemeines

1 Die Vorschrift des § 8 Abs. 1 Satz 1 HwVG, die den Übergang der auf Grund des HVG entrichteten Beiträge auf die Träger der Rentenversicherung der Arbeiter behandelt, hat insbesondere für die Finanzierung der aus diesen Beiträgen zu gewährenden Leistungen Bedeutung, d. h. insbesondere für den zwischen den Trägern der Rentenversicherung vorzunehmenden Wanderversicherungsausgleich. Daneben wirkt sich diese Vorschrift nur in sehr begrenztem Umfange auf das Leistungsrecht aus.

2. Finanzierung der Ausgaben

2 Für die Finanzierung der Ausgaben der Rentenversicherung ist im § 1382 RVO bzw. § 109 AVG der Grundsatz aufgestellt, daß die Mittel für die Ausgaben der Versicherung durch die Beiträge der Versicherten und der Arbeitgeber sowie durch einen Zuschuß des Bundes aufgebracht werden. Dabei gilt das sogenannte Abschnittsdeckungsverfahren, d. h. es soll ein Beitragssatz festgelegt werden, der so zu bemessen ist, daß jeweils für einen zehnjährigen Deckungsabschnitt der Wert aller in diesem Deckungsabschnitt eingehenden Beiträge und sonstigen Einnahmen samt dem Vermögen mit Zins und Zinseszins den Betrag deckt, der erforderlich ist, damit alle in dem betreffenden Deckungsabschnitt zu leistenden Aufwendungen bestritten werden können und außerdem am Ende des Deckungsabschnittes eine Rücklage verbleibt, die den Aufwendungen zu Lasten der Versicherungsträger im letzten Jahr des Deckungsabschnitts gleichkommt (§ 1383 RVO bzw. § 110 AVG). Im wesentlichen werden somit, abgesehen von dem Bundeszuschuß, die Leistungen durch die laufenden Beitragseinnahmen finanziert. Da nunmehr die Beiträge der selbständigen Handwerker an die Träger der Rentenversicherung der Arbeiter zu entrichten sind, müssen auch die Leistungen aus den nach dem HVG von selbständigen Handwerkern entrichteten Beiträgen aus den nunmehr von diesem Personenkreis eingehenden Beiträgen gedeckt werden. Wären die Aufwendungen für Leistungen auf Grund der nach dem HVG entrichteten Beiträge weiterhin von der Bundesversicherungsanstalt für Angestellte zu tragen, so müßten hierfür ausschließlich die von dem nunmehr der Rentenversicherung der Angestellten zugewiesenen Personenkreis entrichteten Beiträge verwendet werden.

3. Wanderversicherungs-Ausgleich

3 Da die Leistungen im Einzelfall unter Berücksichtigung der zu allen Zweigen der gesetzlichen Rentenversicherung entrichteten Beiträge als Gesamtleistungen festgestellt werden, d. h. der Versicherte nur eine

Leistung von einem Versicherungsträger erhält, in der dann die zu allen Zweigen der Rentenversicherung entrichteten Beiträge berücksichtigt sind, findet zwischen den Trägern der Rentenversicherung ein finanzieller Ausgleich statt. Dabei haben die Träger der anderen Versicherungszweige dem feststellenden Versicherungsträger die auf sie entfallenden, in der Gesamtleistung enthaltenen Leistungsanteile zu erstatten (§ 1314 RVO — § 93 AVG). Da nunmehr die auf Grund des HVG entrichteten Beiträge von den Trägern der Rentenversicherung der Arbeiter zu übernehmen sind, haben diese auch die auf solchen Beiträgen beruhenden Aufwendungen für Leistungsanteile, soweit sie in einer von dem Träger eines anderen Versicherungszweiges festgestellten Leistung enthalten sind, zu erstatten, da die Träger der Rentenversicherung der Arbeiter künftig auch die Beiträge der Rentenversicherung der Handwerker erhalten. Diese Regelung gilt vom Inkrafttreten des HwVG, d. h. vom 1. 1. 1962 an. Zur Klarstellung hat der Ausschuß für Sozialpolitik des Deutschen Bundestages in § 8 Abs. 1 Satz 1 HwVG eingefügt, daß diese Regelung auch für solche Beiträge gilt, die bei der Berechnung von Renten berücksichtigt wurden, welche für die Zeit vor Inkrafttreten des HwVG gezahlt werden (vgl. Bundestagsdrucks. 1379/ 3. Wahlperiode — S. 6). Die Übernahme der Aufwendungen für Leistungsanteile aus Beiträgen zur Handwerkerversorgung für Zeiten vor dem 1. 1. 1962 kann sich dabei aber nur auf Leistungen beziehen, die erst nach dem genannten Zeitpunkt, dann aber auch für eine zurückliegende Zeit, festgestellt werden. Keinesfalls kann darunter auch die Übernahme sämtlicher in der Vergangenheit von der Bundesversicherungsanstalt für Angestellte gezahlten Leistungen auf Grund von Beiträgen nach dem HVG verstanden werden, da eine solche Regelung dann den Grundsatz der Finanzierung der Leistungen in sein Gegenteil umkehren würde. Es können nicht die in der Vergangenheit gewährten Leistungen aus den genannten Beiträgen von den Trägern der Rentenversicherung der Arbeiter übernommen werden, zumal der Bundesversicherungsanstalt für Angestellte in der Zeit der Leistungsgewährung die laufenden Beitragseinnahmen zugeflossen sind und nunmehr rückwirkend noch Erstattungsansprüche geltend gemacht werden könnten. Daß eine solch weitgehende Verpflichtung der Träger der Rentenversicherung der Arbeiter nicht beabsichtigt gewesen sein kann, läßt sich auch daraus entnehmen, daß der Ausschuß für Sozialpolitik des Deutschen Bundestages nicht dem Vorschlag in dem Entwurf der Fraktion der FDP zu einem Gesetz über die Versicherung der Handwerker (Bundestagsdrucks. 634 / 3. Wahlperiode) gefolgt ist, wonach die Träger der Rentenversicherung der Arbeiter die Aktiva und Passiva des Sondervermögens der Handwerkerversorgung übernehmen sollten (vgl. dazu auch § 10 Abs. 3 des Entwurf des Ausschusses — nicht übernommen).

4 Der § 8 Abs. 1 2. Halbsatz HwVG kann nur so verstanden werden, daß die nach dem 1. 1. 1962 für Zeiten vorher noch zu gewährenden Leistungen aus den Beiträgen nach dem HVG von den Trägern der Rentenversicherung der Arbeiter zu tragen sind, also alle nach dem 31. 12. 1961 für die Bundesversicherungsanstalt für Angestellte entstehenden Verpflichtungen für Rentenleistungen, auch wenn sie vorher liegende Zeiträume betreffen. Darunter werden einmal die nach dem 31. 12. 1961 festzustellenden Leistungen auch für Zeiten vorher fallen, darüber hinaus kann es sich aber auch um Leistungen handeln, die zunächst nicht in richtiger Höhe festgestellt waren, wenn die Höhe der Leistung nach dem 31. 12. 1961 für Zeiten vorher zugunsten des Rentenberechtigten berichtigt wird, allerdings dann nur in Höhe des nach dem genannten Zeitpunkt nachzuzahlenden Differenzbetrages. Andererseits wird die Bundesversicherungsanstalt für Angestellte auch die nach dem 31. 12. 1961 eingehenden Rückzahlungsbeträge für vor dem 1. 1. 1962 zu Unrecht gewährte Rentenzahlungen zugunsten der Träger der Rentenversicherung der Arbeiter von ihrer Ersatzforderung abzuziehen haben, d. h. solche nach dem 31. 12. 1961 eingehenden Rückzahlungsbeträge fließen den Trägern der Rentenversicherung der Arbeiter zu.

II. Die Übernahme der Beiträge im einzelnen

1. Pflichtbeiträge nach dem HVG

5 Auf Grund des HVG sind die Pflichtbeiträge von selbständigen Handwerkern entrichtet; solche Beiträge gehen auf die Träger der Rentenversicherung der Arbeiter über. Es muß dabei unbeachtet bleiben, ob es sich um Beiträge der sogenannten Vollversicherung oder um Beiträge der Halbversicherung handelt. Im Leistungsrecht wirkt sich der Unterschied zwischen der vollen und der halben Beitragsleistung nur hinsichtlich der Leistungshöhe aus.

Zu den nach dem HVG entrichteten Pflichtbeiträgen gehören auch die zunächst zu einem unzuständigen Versicherungszweig entrichteten Beiträge, die dann zur Erfüllung der Beitragspflicht des selbständigen Handwerkers nach dem HVG an die Bundesversicherungsanstalt für Angestellte überwiesen worden sind. Gleichgültig ist es, ob die Beiträge zu dem unzuständigen Versicherungszweig als Pflicht- oder freiwillige Beiträge entrichtet worden sind, da lediglich die Rechtsnatur der Beiträge bei dem zuständigen Versicherungsträger Bedeutung haben kann (vgl. dazu auch Erl. des RVA vom 30. 11. 1940 AN 1940 S. 44). Es kommt nicht darauf an, ob die Beiträge rechtswirksam entrichtet sind oder nicht. Stellt sich nunmehr heraus, daß solche Beiträge nicht hätten entrichtet werden dürfen und ist die Frist für die Zulässigkeit der Beanstandung solcher zu Unrecht entrichteter Beiträge noch nicht abgelaufen, d. h. sind noch nicht zehn Jahre seit dem Zeitpunkt der Aufrechnung der Karte, in der die Beiträge enthalten sind, vergangen (vgl. § 1423 Abs. 2 RVO), so steht vom 1. 1. 1962 an dem Träger der Rentenversicherung der Arbeiter das Recht zur Beanstandung der Beitragsentrichtung zu. Werden die Beiträge nicht beanstandet, so gelten sie als wirksame Beiträge und sind zu berücksichtigen.

2. Während der nach dem HVÄG beitragsfreien Zeit entrichtete Pflichtbeiträge

Beiträge, die während der Zeit entrichtet sind, für die nach Art. 1 Abs. 1 des HVÄG rückwirkend die Befreiung von der Versicherungspflicht eingetreten ist, weil der Handwerker die Voraussetzungen für die Versicherungsfreiheit oder die Halbversicherung in der Rentenversicherung der Angestellten nach § 3 HVG bis zur Währungsumstellung erfüllt hatte, danach jedoch infolge Abwertung des Lebensversicherungsanspruchs oder infolge der Erhöhung der Beiträge zur Rentenversicherung der Angestellten nach dem SVAG und dem RMG nicht mehr erfüllte. Solche Beiträge sind vor Verkündung des HVÄG in der Annahme der Versicherungspflicht entrichtet worden und gelten gemäß Art. 1 Abs. 2 Nr. 1 HVÄG als wirksame Beiträge. Sie sind nach dem HVG entrichtet und gehen deshalb nunmehr auch auf die Träger der Rentenversicherung der Arbeiter über. 6

Nicht als Beiträge auf Grund des HVG werden Pflichtbeiträge, die zur Rentenversicherung der Angestellten auf Grund eines Beschäftigungsverhältnisses entrichtet sind, anzusehen sein, wenn Beiträge nach dem HVG hätten entrichtet werden müssen. Dies trifft insbesondere dann zu, wenn diese Beiträge zur Rentenversicherung der Angestellten durch Abführung an die Einzugsstelle entrichtet sind und deshalb eindeutig erkennbar keine Beiträge nach dem HVG darstellen, die durch Verwendung von Beitragsmarken entrichtet werden mußten, der Versicherungsträger die Umwandlung der Beiträge nicht vorgenommen hat und die Beanstandungsfrist für diese Beiträge abgelaufen ist. Sie bleiben Beiträge der Rentenversicherung der Angestellten und gehen nicht auf die Rentenversicherung der Arbeiter über.

3. Nach § 10 HVG nachentrichtete Beiträge

Beiträge sind auch dann auf Grund des HVG entrichtet worden, wenn sie nach § 10 HVG für Zeiten vor dem 1. 1. 1939 nachentrichtet worden sind. Nach dieser Vorschrift konnten Handwerker für die Zeit, in der sie selbständig waren, frühestens aber für die Zeit seit dem 1. 1. 1924, Beiträge zur Rentenversicherung der Angestellten nachentrichten. Das Recht zur Nachentrichtung nach der genannten Vorschrift beruhte dabei ausschließlich auf dem HVG und solche nachentrichteten Beiträge 7 werden deshalb ebenfalls auf den Träger der Rentenversicherung der Arbeiter übergehen. In Betracht kommen hierbei einmal die eindeutig auf Grund dieser Vorschrift nachentrichteten Beiträge. Die Beiträge waren durch Barzahlung oder Überweisung zu leisten und von der Reichsversicherungsanstalt für Angestellte so zu verbuchen, wie es für den Handwerker am günstigsten war. Zweifelhaft kann es dabei sein, ob Beiträge, die nach § 10 HVG durch Verwendung von Beitragsmarken (Einkleben in die Versicherungskarte) nachentrichtet sind, ebenfalls auf den Träger der Rentenversicherung der Arbeiter übergehen. Die Auffassung von Haaß-Glanzmann (Anm. 37 zu § 10 HVG), daß es sich bei der Vorschrift über die besondere Form der Beitragsnachentrichtung nur um eine Ordnungsvorschrift handelt, kann nicht geteilt werden. Die durch Verwendung von Beitragsmarken nachentrichteten Beiträge werden deshalb weiterhin der Rentenversicherung der Angestellten zuzuordnen sein.

8 Bestand für den Handwerker das Recht zur Nachentrichtung von Beiträgen nach § 10 HVG und hat der Handwerker nach § 123 Abs. 2 des Gesetzes über den Ausbau der Rentenversicherung vom 21. 12. 1937 (RGBl. I S. 1393, 1406) für die Kalenderjahre 1932 bis 1937 oder für einen Teil dieser Zeit an einen anderen Versicherungsträger Beiträge nachentrichtet, so waren diese Beiträge auf Antrag an die Reichsversicherungsanstalt für Angestellte zu überweisen (§ 9 Abs. 5 der 1. DVO zHVG). Solche auf Antrag des Handwerkers an die Reichsversicherungsanstalt für Angestellte überwiesenen und von dieser verbuchten Beiträge gelten als nach § 10 HVG nachentrichtet und gehen deshalb nunmehr auf die Träger der Rentenversicherung der Arbeiter über. Sind von einem Handwerker jedoch für Zeiten der Selbständigkeit vor dem 1. 1. 1939 nicht nach § 10 HVG, sondern nach sonstigen Vorschriften Beiträge zur Rentenversicherung der Angestellten nachentrichtet worden, so galten solche freiwilligen Beiträge zwar nach § 10 Abs. 3 HVG als Pflichtbeiträge, blieben aber weiterhin Beiträge der Rentenversicherung der Angestellten, zumal damals eine so strenge Trennung zwischen der Handwerkerversorgung und der Rentenversicherung der Angestellten nicht bestand. Es wird deshalb davon auszugehen sein, daß solche Beiträge nicht übergehen, da sie nicht nach dem HVG entrichtet sind. Eine analoge Anwendung der für Beiträge zur Rentenversicherung der Arbeiter geltenden Regelung würde zwar u. U. theoretisch nicht ohne weiteres ausgeschlossen werden können, in der Praxis aber nicht durchführbar sein, da es jetzt sehr schwierig sein wird, zu prüfen, ob die Voraussetzungen für die Nachentrichtung nach § 10 HVG bestanden haben und darüber hinaus auch in keinem Falle ein Antrag des Handwerkers für die Anrechnung dieser Beiträge nach dem HVG vorliegt. Solche Beiträge werden deshalb auch weiterhin der Rentenversicherung

der Angestellten zuzurechnen sein, ebenso, wie auch die zur Rentenversicherung der Arbeiter für Zeiten, für die das Nachentrichtungsrecht nach § 10 HVG bestand, entrichteten freiwilligen Beiträge bei der Rentenversicherung der Arbeiter verblieben sind, wenn der Handwerker einen Antrag auf Überweisung der Beiträge nicht gestellt hat, obwohl solche Beiträge dann nach § 10 Abs. 3 HVG zur Erfüllung der Wartezeit nach dem damals geltenden Recht als Pflichtbeiträge zu gelten hatten.

Hat der Handwerker Beiträge nach § 10 HVG nachentrichtet und später die Versicherungsfreiheit nach dem HVG auf Grund einer Lebensversicherung geltend gemacht, so verloren die nachentrichteten Beiträge ihre Wirksamkeit (§ 26 Abs. 1 Nr. 2 und Abs. 3 der 1. DVOzHVG). Solche unwirksamen Beiträge können nicht nach § 8 Abs. 1 Satz 1 HVG auf die Träger der Rentenversicherung der Arbeiter übergehen, auch dann nicht, wenn die Rückzahlung des Beitragswertes nicht beantragt worden ist. 9

4. Freiwillige Beiträge

Nach dem HVG war das Recht zur freiwilligen Versicherung von Handwerkern, abgesehen von dem Ausschluß von der freiwilligen Versicherung in der Rentenversicherung der Angestellten bei Geltendmachung der Versicherungsfreiheit auf Grund eines Lebensversicherungsvertrages, nicht besonders geregelt. Es wird deshalb darauf ankommen, auf Grund welcher Beitragszeiten die freiwillige Versicherung in der Rentenversicherung der Angestellten aufgenommen worden ist. 10

a) Während der Versicherungsfreiheit nach § 3 HVG

Nach § 26 Abs. 1 Nr. 1 und Abs. 2 der 1. DVOzHVG konnte ein Handwerker, der auf Grund einer Lebensversicherung die Versicherungsfreiheit geltend gemacht hat, sich nicht in der Rentenversicherung der Angestellten freiwillig weiterversichern oder diesem Versicherungszweig freiwillig beitreten. Dies galt jedoch nicht, wenn die Weiterversicherung oder die Selbstversicherung bereits vor dem 1. 1. 1939 — im Memelland vor dem 1. 5. 1939 — begonnen worden ist. Hatte ein Handwerker bereits vor dem genannten Zeitpunkt die Weiterversicherung oder die Selbstversicherung begonnen, so sind die von ihm entrichteten freiwilligen Beiträge solche zur Rentenversicherung der Angestellten und gehen nicht auf die Träger der Rentenversicherung der Arbeiter über. 11

b) Nach Löschung in der Handwerksrolle

Hatte ein Handwerker zunächst Pflichtbeiträge nach dem HVG entrichtet und sich nach der Löschung in der Handwerksrolle in der Rentenversicherung der Angestellten freiwillig weiterversichert, wobei die Be- 12 rechtigung zur freiwilligen Weiterversicherung entweder ganz oder zum Teil auf den Beiträgen nach dem HVG beruhten, so werden die freiwilligen Beiträge ebenfalls als Beiträge nach dem HVG anzusehen sein. Das Recht zur freiwilligen Weiterversicherung nach Löschung in der Handwerksrolle und damit verbunden mit dem Ausscheiden aus dem Kreis der vom HVG erfaßten Personen, war nicht im HVG geregelt, sondern richtete sich nach den allgemeinen Vorschriften des AVG a. F. Auf Grund dieser Rechtslage vertritt Schlageter (Anm. 2b zu § 8 HwVG) die Auffassung, daß solche freiwilligen Beiträge nicht auf Grund des HVG entrichtet sind und deshalb nicht auf die Träger der Rentenversicherung der Arbeiter übergehen. Gegen diese Auffassung spricht jedoch, daß in vielen Fällen das Recht zur freiwilligen Weiterversicherung ohne die auf Grund des HVG entrichteten Beiträge in der Rentenversicherung der Angestellten nicht bestanden hätte und es nur schwer verständlich ist, daß die Pflichtbeiträge zu übernehmen sind, die ausschließlich auf Grund dieser Pflichtbeiträge entrichteten freiwilligen Beiträge jedoch in der Rentenversicherung der Angestellten verbleiben müssen, obwohl bei Nichtberücksichtigung der Pflichtbeiträge das Recht zur Weiterversicherung in diesem Versicherungszweig überhaupt nicht bestanden hätte. Weiterhin verkennt Schlageter, daß zwar in der 1. DVOzHVG das Recht zur freiwilligen Weiterversicherung nicht besonders behandelt war, jedoch einzelne Vorschriften hierauf Bezug nahmen. So war nach § 32 Abs. 2 der 1. DVOzHVG die freiwillige Weiterversicherung in der dem halben Einkommen entsprechenden Beitragsklasse zulässig, wenn der Handwerker in der Handwerksrolle gelöscht wurde. Die Halbversicherung nach dem HVG wirkte deshalb auch bei der freiwilligen Weiterversicherung nach Löschung in der Handwerksrolle weiter, eine Sonderregelung, die unbestritten nur auf dem HVG bzw. der DVOzHVG beruhte.

Es wird deshalb davon auszugehen sein, daß dann, wenn der Handwerker nach Löschung in der Handwerksrolle die freiwillige Weiterversicherung begonnen hat und das Recht zur freiwilligen Weiterversicherung in der Rentenversicherung der Angestellten ausschließlich auf Beiträgen nach dem HVG beruhte, die Beiträge auf die Träger der Rentenversicherung der Arbeiter übergehen. Lediglich dann, wenn der Handwerker nach der Löschung in der Handwerksrolle die Selbstversicherung in der Rentenversicherung der Angestellten aufgenommen hat, können die Beiträge nicht auf die Träger der Rentenversicherung der Arbeiter übergehen. Dies wird insbesondere dann der Fall sein, wenn der Wille zum Eintritt in die Selbstversicherung eindeutig zum Ausdruck kommt oder die Berechtigung zur freiwilligen Weiterversicherung nicht bestand, weil nicht für mindestens sechs Kalendermonate Pflichtbeiträge entrichtet worden sind.

c) Nach der Befreiung von der Versicherungspflicht nach Art. 2 § 52 Abs. 3 AnVNG

Hat sich ein Handwerker nach Art. 2 § 52 Abs. 3 AnVNG von der Versicherungspflicht nach dem HVG befreien lassen, weil für ihn während mindestens 180 Kalendermonaten Pflichtbeiträge zu den gesetzlichen Rentenversicherungen entrichtet sind, so konnte er sich freiwillig in der Altersversorgung für das Deutsche Handwerk versichern (wegen des Weiterbestehens der Berechtigung zur Weiterversicherung auf Grund dieser Vorschrift vgl. Anm. 11 zu § 7). Die Weiterversicherung dieses Personenkreises beruhte zwar nicht auf dem HVG, trotzdem werden solche zur Altersversorgung für das Deutsche Handwerk entrichteten freiwilligen Beiträge auch von den Trägern der Rentenversicherung der Arbeiter zu übernehmen sein, da die Weiterversicherung hier auf einer Vorschrift beruht, die das HVG ergänzt und zum anderen es dem Sinn des Gesetzes entsprechen wird, wenn die Beiträge, die dem Sondervermögen der Handwerkerversicherung zugeflossen sind, nunmehr allgemein auf die Träger der Rentenversicherung der Arbeiter übergehen. Der Träger der Rentenversicherung der Angestellten hätte sonst weiterhin auch noch für Beiträge einzutreten, die nicht ihm, sondern dem bei ihm bestehenden, nunmehr aufgelösten Sondervermögen zugeflossen sind. 13

d) Nach Art. 2 § 50 Abs. 1 AnVNG nachentrichtete Beiträge

Sind von einem Handwerker Beiträge nach Art. 2 § 50 Abs. 1 AnVNG (Art. 2 § 52 Abs. 1 ArVNG) nachentrichtet worden, so wird es für die Zuordnung dieser Beiträge nach dem 1. 1. 1962 darauf ankommen, ob diese Beiträge bei der Bundesversicherungsanstalt für Angestellte zugunsten des Sondervermögens der Handwerkerversorgung verbucht worden sind. Nach der angeführten Vorschrift können sich Personen im Sinne der §§ 1 bis 4 des Bundesvertriebenengesetzes und des § 1 des Bundesevakuiertengesetzes, die vor der Vertreibung, der Flucht oder der Evakuierung als Selbständige erwerbstätig waren und binnen zwei Jahren nach der Vertreibung, der Flucht oder der Evakuierung oder nach Beendigung der besonderen Ersatzzeit für Vertriebene und Sowjetzonenflüchtlinge (§ 1251 Abs. 1 Nr. 6 RVO — § 28 Abs. 1 Nr. 6 AVG) eine versicherungspflichtige Beschäftigung oder Tätigkeit aufgenommen haben oder aufnehmen, nach Wegfall der Versicherungspflicht weiterversichern und darüber hinaus Beiträge für die Zeit vor Vollendung des 65. Lebensjahres bis zum 1. 1. 1924 zurück nachentrichten. Sind Beiträge auf Grund dieser Vorschrift nachentrichtet worden und von der Bundesversicherungsanstalt für Angestellte zugunsten des Sondervermögens der Handwerkerversorgung verbucht worden, weil der Berechtigte die Voraussetzungen der angeführten Vorschrift durch die Aufnahme der Tätigkeit als selbständiger Handwerker und damit den Eintritt 14 in die Versicherungspflicht nach dem HVG erfüllte, so werden diese Beiträge künftig auch in der Rentenversicherung der Arbeiter anzurechnen sein.

5. Beiträge zur einheitlichen Sozial- bzw. Rentenversicherung in Berlin

15 Als Beiträge der Handwerkerversicherung sind vom 1. 1. 1962 an durch die Träger der Rentenversicherung der Arbeiter auch die zur einheitlichen Sozialversicherung bzw. einheitlichen Rentenversicherung in Berlin vom 1. 7. 1945 bis 31. 1. 1949 bzw. in Berlin-West vom 1. 2. 1949 bis 31. 12. 1950 entrichteten Beiträge anzusehen, soweit es sich um Beiträge von selbständigen Handwerkern handelt bzw. um Beiträge von Personen, die mit dem 31. 12. 1950 aus der Versicherungspflicht nach dem Berliner Sonderrecht ausgeschieden sind, wenn es sich bei diesen Personen um Handwerker handelte (Art. 2 § 57 Abs. 1 ArVNG). Bei dem zuletzt genannten Personenkreis wird es, sofern sie nicht in der Handwerksrolle eingetragen waren, ausreichen, wenn sie ihren Betrieb gewerbepolizeilich angemeldet hatten (vgl. Hoernigk/Jorks Anm. 3 zu Art. 2 § 57 ArVNG — Art. 2 § 56 AnVNG).

6. Nach dem FRG anrechenbare Zeiten

16 Nach § 20 Abs. 3 Satz 2 FRG sind die nach dem FRG anrechenbaren Beitragszeiten pflichtversicherter Handwerker der Handwerkerversicherung zuzuordnen und damit ab 1. 1. 1962 in der Rentenversicherung der Arbeiter anzurechnen.

III. Bewertung der übergegangenen Beiträge bei der Rentenfeststellung

1. Berechnung der persönlichen Bemessungsgrundlage

17 Bis zum Inkrafttreten der Rentenversicherungs-Neuregelungsgesetze bestanden in der Rentenversicherung der Angestellten und der Rentenversicherung der Arbeiter unterschiedliche Beitragsklassen und bis zum 31. 5. 1949 auch verschiedene Beitragsbemessungsgrenzen. Da die Beiträge der Handwerkerversorgung zu der Rentenversicherung der Angestellten nach deren Beitragsklassen entrichtet sind, müssen auch bei der Berechnung der persönlichen Bemessungsgrundlage die Vervielfältigungswerte der Beiträge der Rentenversicherung der Angestellten zugrunde gelegt werden, da die Vervielfältigungswerte für die Beitragsklassen der Rentenversicherung der Arbeiter nicht bzw. nur bedingt anwendbar wären. Die Vorschrift soll sicherstellen, daß bei der Feststellung der persönlichen Bemessungsgrundlage die Bewertung der Beiträge in ihrer ursprünglichen Höhe erhalten bleibt.

2. Die Zuordnung von FRG-Leistungsgruppen

18 Weder im FRG noch in der VO zu § 1256 Abs. 3 RVO ist eine Regelung enthalten, wie die Beiträge von Handwerkern, die der Handwerkerversicherung zuzuordnen sind, zu bewerten sind. Denkbar ist einmal die Möglichkeit, daß solche Zeiten entsprechend den für die Rentenversicherung der Angestellten festgesetzten Werten zu berücksichtigen sind, da die Handwerker im Bundesgebiet bis zum 31. 12. 1961 allgemein der Versicherungspflicht zur Rentenversicherung der Angestellten unterlagen. Es könnte aber auch davon ausgegangen werden, daß die Beiträge nunmehr allgemein als Beiträge der Rentenversicherung der Arbeiter gelten und in entsprechender Anwendung des § 8 Abs. 1 Satz 2 2. Halbsatz HwVG unter Berücksichtigung der für die Rentenversicherung der Arbeiter festgesetzten Werte anzurechnen sind. Da weder in der VO zu § 1256 Abs. 3 RVO noch im FRG noch im HwVG eine diesbezügliche Regelung getroffen worden ist und nach der oa. Vorschrift des HwVG allgemein auf Beiträge von Handwerkern nach dem HVG die Vorschriften der Rentenversicherung der Arbeiter gelten, werden wohl auch die Tabellenwerte dieses Versicherungszweiges für die nach der VO bzw. dem FRG anrechenbaren Zeiten maßgebend sein müssen, obwohl dadurch u. U. der Grundsatz der Gleichbehandlung der pflichtversicherten Handwerker für die Zeit vor dem Inkrafttreten des HwVG durchbrochen wird. Soweit solche Zeiten bereits durch die Bundesversicherungsanstalt für Angestellte als glaubhaft gemacht anerkannt worden sind und die Leistungsgruppe der Rentenversicherung der Angestellten für die Beitragszeit als selbständiger Handwerker zugeordnet worden ist, wird es hierbei auch für die Zukunft sein Bewenden haben müssen. Trotz des Übergangs der Handwerkerversicherung auf die Träger der Rentenversicherung der Arbeiter verlieren die von der Bundesversicherungsanstalt für Angestellte erlassenen Verwaltungsakte nicht ihre Wirksamkeit, es sei denn, daß das HwVG dies bestimmt, was hier jedoch nicht der Fall ist.

3. Die Erfüllung sonstiger Voraussetzungen

19 Abgesehen von der Ermittlung der persönlichen Bemessungsgrundlage sind für die Erfüllung der Leistungsvoraussetzungen und zur Feststellung der anrechnungsfähigen Versicherungsjahre die auf Grund des HVG entrichteten Beiträge wie Beiträge der Rentenversicherung der Arbeiter zu bewerten. Da jedoch nunmehr das Recht beider Versicherungszweige in der Fassung der Rentenversicherungs-Neuregelungsgesetze übereinstimmt, ergibt sich hierdurch keine Änderung tatsächlicher Art.

Die Anwendung der Vorschriften der Rentenversicherung der Arbeiter kann sich beziehen auf:

Das Recht zur freiwilligen Weiterversicherung,
die Erfüllung der Voraussetzungen für die Gewährung des vorgezogenen Altersruhegeldes für weibliche Versicherte (§ 1248 Abs. 3 RVO),
die Erfüllung der Wartezeit,
die Feststellung der Anzahl der anrechnungsfähigen Versicherungsjahre einschließlich der Erfüllung der Voraussetzungen für die Anrechnung einer Ausfallzeit bzw. einer Zurechnungszeit,
die Beitragserstattung (hier werden jedoch für die Ermittlung des Erstattungsbetrages auch nach dem 1. 1. 1962 die tatsächlichen Beitragswerte, d. h. die Höhe der zur Rentenversicherung der Angestellten entrichteten Beiträge maßgebend sein müssen),
die Wanderversicherung
die Beanstandung und Rückzahlung von Beiträgen.

4. Berechnung der Renten nach dem am 31. 12. 1956 geltenden Recht

20 Die Vorschrift des § 8 Abs. 1 letzter Satz HwVG, wonach für die Halbversicherung bei Anwendung des vor dem 1. 1. 1957 geltenden Rechts § 6 Abs. 1 und 3 HVG anzuwenden ist, hat nur Bedeutung, wenn die Berechnung der Rente sowohl nach dem seit dem 1. 1. 1957 als auch nach dem bis zu diesem Zeitpunkt geltenden Vorschriften vorzunehmen ist (Vergleichsberechnung) und der Berechtigte von den beiden berechneten Renten die betragsmäßig für ihn günstigere als laufende Leistung erhält.

Die gesetzliche Grundlage für die Vergleichsberechnung ist in Art. 2 § 42 ArVNG enthalten. Die Vorschrift hat folgenden Wortlaut:

„Art. 2 § 42 ArVNG

Bei Versicherungsfällen, die in der Zeit vom 1. Januar 1957 bis zum 31. Dezember 1961 eintreten, ist die Rente nach den vor dem 1. Januar 1957 geltenden Vorschriften über die Zusammensetzung und die Berechnung der Renten einschließlich des Sonderzuschusses des § 36 Abs. 1 dieses Artikels aus den bis zum 31. Dezember 1956 zurückgelegten Versicherungszeiten zu berechnen, wenn dies für den Berechtigten gegenüber der Berechnung der Rente nach den ab 1. Januar 1957 geltenden Vorschriften günstiger ist. Dies gilt nur, wenn aus den von dem 1. Januar 1957 entrichteten Beiträgen die Anwartschaft zu diesem Zeitpunkt nach den bis dahin geltenden Vorschriften erhalten war und ab 1. Januar 1957 für jedes Kalenderjahr vor dem Kalenderjahr des Versicherungsfalles für mindestens neun Monate Beiträge entrichtet sind. §§ 31 bis 35 dieses Artikels gelten nicht.“

Dazu wird im Art. 6 § 13 Abs. 1 FANG bestimmt:

„Art. 6 § 13 Abs. 1 FANG

(1) Bei Personen, die nach dem Fremdrentengesetz gleichstehende Zeiten zurückgelegt haben, sind Artikel 2 § 42 des Arbeiterrentenversicherungs-Neuregelungs-

gesetzes, Artikel 2 § 41 des Angestelltenversicherungs-Neuregelungsgesetzes und Artikel 2 § 11 des Knappschaftsrentenversicherungs-Neuregelungsgesetzes mit folgender Maßgabe anzuwenden:

a) Die genannten Vorschriften finden auf Versicherungsfälle Anwendung, die in der Zeit vom 1. Januar 1959 bis zum 31. Dezember 1963 eintreten.

b) Der Entrichtung von neun Monatsbeiträgen bedarf es für die Zeit vom 1. Januar 1957 bis zum 31. Dezember 1959 nicht; wird der ständige Aufenthalt im Geltungsbereich dieses Gesetzes nach dem 31. Dezember 1959 genommen, so tritt an die Stelle dieses Zeitpunkts das Ende des Jahres, in dem der ständige Aufenthalt im Geltungsbereich dieses Gesetzes genommen ist."

Die Vergleichsberechnung kann somit nur dann in Betracht kommen, wenn der Versicherungsfall bis zum 31. 12. 1961 eingetreten ist oder in den im Artikel 6 § 13 Abs. 1 FANG aufgeführten Ausnahmefällen, wenn der Versicherungsfall bis zum 31. 12. 1963 eintritt, ohne Rücksicht darauf, ob die Rente noch von der Bundesversicherungsanstalt für Angestellte oder bereits von den Trägern der Rentenversicherung der Arbeiter festzustellen ist.

Zweifelhaft kann sein, ob in den Fällen, in denen eine Vergleichsberechnung der Rente noch durchzuführen ist, hierbei das vor dem 1. 1. 1957 geltende Recht der Rentenversicherung der Arbeiter oder der Rentenversicherung der Angestellten anzuwenden ist. Für die Anwendung des Rechts der Rentenversicherung der Angestellten spricht, daß nach der Vorschrift des Art. 2 § 42 ArVNG (Art. 2 § 41 AnVNG) dem Versicherten der Rechtsstand erhalten bleiben soll, den er am 31. 12. 1956 hatte. Am 31. 12. 1956 galten die Beiträge, die nach dem HVG entrichtet sind, als Beiträge der Rentenversicherung der Angestellten, und demgemäß wäre auch die Berechnung nach diesem Recht durchzuführen. Andererseits kann aus der Fassung des § 8 Abs. 1 HwVG der Schluß gezogen werden, daß für die Berechnung der Renten, abgesehen von der Ermittlung der persönlichen Bemessungsgrundlage, die Vorschriften anzuwenden sind, die in der Rentenversicherung der Arbeiter gelten. Diese Auffassung findet ihre Stütze in dem schriftlichen Bericht des Ausschusses für Sozialpolitik des Deutschen Bundestages (I. Allgemeiner Bericht zu 3. und II. Bericht über die Einzelbeschlüsse — zu § 8). Wäre eine Berechnung nach dem vor dem 1. 1. 1957 geltenden Recht der Rentenversicherung der Angestellten vorgesehen gewesen, so hätte sich die Regelung des § 8 Abs. 1 letzter Satz HwVG erübrigt, da die Vorschrift des § 6 Abs. 1 und 3 HVG am 31. 12. 1956 ohnehin anzuwenden war und deshalb nunmehr auch bei der Vergleichsberechnung zu berücksichtigen wäre. Aus der Fassung des Gesetzes in Verbindung mit den Ausführungen in dem schriftlichen Bericht des Ausschusses für Sozialpolitik des Deutschen Bundestages ist zu entnehmen, daß die Vergleichsberechnung nach dem am 31. 12. 1956 geltenden Recht der Rentenversicherung der Arbeiter vorgenommen werden sollten.

Schwierigkeiten treten hierbei jedoch dadurch auf, daß für die nach dem HVG entrichteten Beiträge keine Steigerungsbeträge in der RVO bzw. im HwVG oder HVG festgesetzt sind. Da es sich bei den Steigerungsbeträgen für die vor dem 1. 1. 1957 nach den Vorschriften des HVG entrichteten Beiträge um gesetzlich festgelegte Werte handelt, ist eine fiktive Ermittlung dieser Werte nur schwer möglich, zumal eine solche Regelung im HwVG keine ausdrückliche Stütze findet. Es könnten hierbei nur die Steigerungsbeträge, die für Beiträge der Rentenversicherung der Angestellten maßgebend waren, herangezogen werden, und zwar in analoger Anwendung der Regelung des § 8 Abs. 1 Satz 2 HwVG. Eine Berücksichtigung der Steigerungsbeträge der Rentenversicherung der Angestellten bringt aber für Handwerker den Nachteil mit sich, daß sie einmal den niedrigeren Grundbetrag der Rentenversicherung der Arbeiter und zum anderen die unter Berücksichtigung eines geringeren Prozentsatzes vom Beitragswert errechneten Steigerungsbeträge der Rentenversicherung der Angestellten erhalten.

Insgesamt wird der Auffassung, daß das am 31. 12. 1956 geltende Recht der Rentenversicherung der Angestellten anzuwenden ist, der Vorzug zu geben sein.

Anzuwenden sind nicht nur § 6 Abs. 1 und 3 HVG, sondern auch § 23 Abs. 2 und § 30 der 1. DVOzHVG, da diese Vorschriften die Regelung des § 6 HVG ergänzen.

Darüber hinaus muß aber auch § 23 Abs. 1 der 1. DVOzHVG beachtet werden, selbst wenn ein entsprechender ausdrücklicher Hinweis im HwVG fehlt, wenn ein Handwerker, der die Versicherungsfreiheit auf Grund eines Lebensversicherungsvertrages geltend gemacht hat, nach Vollendung des 50. Lebensjahres zur Vollversicherung bzw. zur Halbversicherung übergegangen ist. In einem solchen Falle ist bei der Berechnung der Rente nach dem am 31. 12. 1956 geltenden Recht ein Grundbetrag überhaupt nicht zu berücksichtigen.

IV. Die Handwerkereigenschaft während der Gewerbefreiheit

1. Die Rechtsentwicklung nach dem Zusammenbruch

21 Während das Recht des Handwerks bis zum Zusammenbruch im Jahre 1945 für das gesamte Reichsgebiet einheitlich war, ging diese Einheitlichkeit anschließend verloren. In den Ländern der britischen und der französischen Besatzungszone war weiterhin die Eintragung in die Handwerksrolle Voraussetzung für den selbständigen Betrieb eines Handwerks als stehendes Gewerbe. Demgegenüber reichte in den Ländern der amerikanischen Besatzungszone für die selbständige Ausübung eines

Handwerks die Gewerbeanmeldung nach § 14 GewO aus. Um der Einführung der Gewerbefreiheit und dem damit verbundenen Wegfall der Eintragungspflicht in die Handwerksrolle Rechnung zu tragen, ist durch Erlaß des Bundesministers für Arbeit vom 16. 12. 1949 (BArbBl. 1950 S. 42) den Trägern der Rentenversicherung im Hinblick auf eine zu erwartende entsprechende gesetzliche Regelung empfohlen worden, als Grundlage für die Versicherungspflicht nach dem HVG nicht mehr die Eintragung in die Handwerksrolle zu fordern, sondern die Anmeldung des Gewerbebetriebes nach § 14 GewO als ausreichend anzusehen. Die durch Erlaß ausgesprochene Empfehlung konnte jedoch eine gesetzliche Regelung nicht ersetzen, zumal die angekündigte Regelung tatsächlich nicht eingeführt worden ist, sondern nach Inkrafttreten der HO wieder die Eintragung in die Handwerksrolle Voraussetzung für die selbständige Ausübung eines Handwerks als stehendes Gewerbe war. Es erschien zweifelhaft, ob die durch Erlaß ausgesprochene Empfehlung nicht durch die HO rückwirkend gegenstandslos geworden ist. In der Praxis ist deshalb auch in verschiedenen Fällen die Entrichtung von Pflichtbeiträgen beanstandet worden, wenn der Handwerker nicht in der Handwerksrolle eingetragen war, sondern seinen Betrieb nur nach § 14 GewO angemeldet hatte. Der dadurch eingetretenen Rechtsunsicherheit sollte durch die Vorschrift des § 8 Abs. 2 HwVG ein Ende bereitet werden.

2. Handwerkern gleichzustellende Personen

Der durch die Vorschrift begünstigte Personenkreis ist im Gesetz 22
nicht eindeutig umschrieben. Unzweifelhaft dürften jedoch die Personen erfaßt werden, die ein selbständiges Handwerk als stehendes Gewerbe betrieben haben, ihr Gewerbe nach § 14 GewO angemeldet hatten und nach Inkrafttreten der HO in die Handwerksrolle eingetragen worden sind, gleichgültig, ob die Eintragung von Amts wegen oder auf Antrag vorgenommen wurde. Daneben werden auch alle diejenigen Personen von der Vorschrift erfaßt, die ein Handwerk als stehendes Gewerbe selbständig ausgeübt haben, jedoch deshalb nicht nach Inkrafttreten der HO in die Handwerksrolle eingetragen worden sind, weil zu diesem Zeitpunkt der Betrieb bereits eingestellt war.

Nicht mit einbezogen werden können die Personen, die ihren Betrieb nicht als „Handwerksbetrieb" gewerbepolizeilich angemeldet hatten. Als Handwerk sind die Gewerbe anzusehen, die in der Anlage A zur HO aufgeführt sind. Es wird also davon auszugehen sein, daß die Aufführung des Handwerks in der HO insoweit bereits für die Zeit vor der Verkündung der HO maßgebend ist.

Zwingende Voraussetzung ist jedoch stets, daß der Betrieb gewerbepolizeilich angemeldet war. Den Nachweis hierüber hat der Versicherte zu erbringen. Unbeachtlich muß bleiben, ob der Versicherte in der Zeit zwischen dem 9. 5. 1945 und dem 17. 12. 1953 die Voraussetzungen für die Eintragung in die Handwerksrolle erfüllt hatte (z. B. die Meisterprüfung abgelegt hat), sondern es kommt vielmehr auf die tatsächliche Ausübung des Handwerks an.

3. Beitragszeiten nach dem HVG gleichstehende Zeiten

23 Zweck der Vorschrift ist es, daß die von den angeführten Personen nach dem HVG entrichteten Beiträge ebenfalls nach § 8 Abs. 1 HwVG auf die Träger der Rentenversicherung der Arbeiter übergehen. Im einzelnen können hierbei folgende Beiträge in Betracht kommen:

a) Unbeanstandete Beiträge

24 Beiträge, die nach dem HVG entrichtet und nicht von der Bundesversicherungsanstalt für Angestellte beanstandet worden sind, werden nunmehr als Beiträge der Rentenversicherung der Arbeiter anzusehen sein.

b) Beanstandete Beiträge

25 Sind zwar Beiträge nach dem HVG entrichtet worden, hat aber die Bundesversicherungsanstalt für Angestellte die Beiträge beanstandet, weil Versicherungspflicht mangels Eintragung in die Handwerksrolle nach dem HVG nicht bestand, so bleiben die Beiträge unwirksam, da eine bindend gewordene Beanstandung der Beiträge nicht rückwirkend beseitigt werden kann. Die Beanstandung kann nicht mit der Begründung aufgehoben werden, daß sie zu Unrecht ausgesprochen ist, da die Vorschrift des § 8 Abs. 2 HwVG erst mit dem 1. 1. 1962 in Kraft getreten ist und bis zu diesem Zeitpunkt ausgesprochene Beanstandungen rechtens waren. Ist vor dem 1. 1. 1962 eine Beanstandung solcher Beiträge ausgesprochen, jedoch der entsprechende Bescheid noch nicht bindend geworden, so wird ab 1. 1. 1962 der § 8 Abs. 2 HwVG zu beachten sein, d. h. die Beanstandung ist dann aufzuheben, weil nunmehr die gewerbepolizeiliche Anmeldung des selbständigen Handwerksbetriebs der Eintragung in die Handwerksrolle gleichsteht. Ist z. B. ein solcher Beanstandungsbescheid von der Bundesversicherungsanstalt für Angestellte erlassen worden und ist am 1. 1. 1962 noch bei einem Gericht der Sozialgerichtsbarkeit ein Streit wegen dieses Bescheides anhängig, so ist zwar die Bundesversicherungsanstalt für Angestellte weiterhin die Beklagte (vgl. § 11 Abs. 4 HwVG), jedoch muß von dieser das HwVG beachtet werden, durch das der Beanstandungsgrund entfallen ist.

Ist eine Beanstandung der Beiträge nach dem HVG bindend geworden, so ist eine Nachentrichtung der Beiträge für die Zeit bis zum Inkrafttreten der HO ausgeschlossen. Die Vorschrift des § 8 Abs. 2 HwVG kann sich somit nur auf die Fälle beziehen, in denen die Beiträge rechtzeitig entrichtet und nicht beanstandet worden sind.

c) Freiwillige Beiträge

Hat eine berechtigte Person während des genannten Zeitraumes freiwillige Beiträge zur Rentenversicherung der Arbeiter oder zur Rentenversicherung der Angestellten entrichtet, so werden solche Beiträge nunmehr nicht rückwirkend Pflichtbeiträge nach dem HVG. Durch die freiwillige Beitragsleistung hat der Versicherte eindeutig zum Ausdruck gebracht, daß er keine Pflichtbeiträge nach dem HVG entrichten will und diese Beiträge können deshalb nicht jetzt als Pflichtbeiträge angesehen werden, sondern bleiben freiwillige Beiträge. 26

d) Pflichtbeiträge nach den allgemeinen Vorschriften

Hat ein Gewerbetreibender, der ohne Eintragung in die Handwerksrolle ein Handwerk als stehendes Gewerbe betrieben hat, in der genannten Zeit Pflichtbeiträge zur Rentenversicherung der Arbeiter oder zur Rentenversicherung der Angestellten nach den allgemeinen Vorschriften dieser Versicherungszweige entrichtet, so kann ebenfalls keine Umwandlung dieser Beiträge in solche nach dem HVG erfolgen. In Betracht kommen kann hierbei z. B. die Beitragsleistung von einem Gewerbetreibenden, der nach Inkrafttreten der HO in die Handwerksrolle eingetragen worden ist, jedoch vorher als Hausgewerbetreibender Pflichtbeiträge zur Rentenversicherung der Arbeiter entrichtete. Es muß hier mit der Entrichtung der Pflichtbeiträge nach den allgemeinen sozialversicherungsrechtlichen Vorschriften sein Bewenden haben. Das wird auch für die Fälle gelten, in denen ursprünglich Pflichtbeiträge nach dem HVG entrichtet sind, diese jedoch beanstandet und der Beitragswert an den Träger der Arbeiterrentenversicherung überwiesen wurde, weil Versicherungspflicht wegen der Eigenschaft als Hausgewerbetreibender bestand. 27

e) Beiträge nach dem Berliner Recht

Der Grundsatz des § 8 Abs. 2 HwVG wird auch auf die Zuordnung der zur einheitlichen Sozialversicherung oder der einheitlichen Rentenversicherung der Versicherungsanstalt Berlin entrichteten Beiträge Anwendung finden müssen. Nach Art. 2 § 57 ArVNG — Art. 2 § 56 AnVNG sind die Beiträge von Gewerbetreibenden und sonstigen Selbständigen, wenn die Tätigkeit ihren Hauptberuf bildete und sie in ihrem Gewerbe regelmäßig keine oder höchstens fünf versicherungspflichtige Personen beschäftigten, der Handwerkerversorgung zuzuordnen, soweit es sich bei den Versicherten um Handwerker handelt. Da auch in Berlin die Gewerbefreiheit bestand, wird davon auszugehen sein, daß es auch hier 28 für die Zuordnung der Beiträge zur Handwerkerversicherung ausreicht, wenn es sich bei dem Gewerbebetrieb um einen Handwerksbetrieb handelte und der Gewerbetreibende nicht in die Handwerksrolle eingetragen war, sondern seinen Betrieb nur gewerbepolizeilich angemeldet hatte (vgl. Hoernigk/Jorks Anm. 3 zu Art. 2 § 57 ArVNG — Art. 2 § 56 AnVNG).

4. Der zeitliche Anwendungsbereich

29 Nicht zu erkennen ist, aus welchem Grunde der Gesetzgeber als Endtermin für die Fiktion der Eintragung in der Handwerksrolle den 17. Dezember 1953 gesetzt hat. Diejenigen Handwerker, die im Zuge der Gewerbefreiheit in der amerikanischen Besatzungszone ihren Handwerksbetrieb nur gewerbepolizeilich angemeldet hatten, wurden nach § 112 Abs. 2 HO auf Antrag oder von Amts wegen binnen drei Monaten nach Inkrafttreten der HO in die Handwerksrolle eingetragen. Da die Handwerksordnung nach ihrem § 125 am 24. 9. 1953 in Kraft getreten ist, endete die Frist zur Eintragung erst am 24. 12. 1953 und nicht bereits am 17. 12. 1953. Möglicherweise ist hier der Gesetzgeber davon ausgegangen, daß die HO das Datum vom 17. 9. 1953 trägt und deshalb die Dreimonatsfrist von diesem Zeitpunkt an zu laufen begann. Praktische Bedeutung hat die Frage allerdings nicht, da, gleichgültig, ob der 17. oder 24. 12. 1953 Endtermin ist, der für Dezember 1953 entrichtete Beitrag noch als Beitrag nach dem HVG anzusehen ist.

V. Die Zuständigkeit für die freiwillige Weiterversicherung

30 Erfüllen Handwerker die Voraussetzungen für die freiwillige Weiterversicherung auch durch Beiträge, die auf Grund des HVG entrichtet und die nach § 8 Abs. 1 HwVG auf die Träger der Rentenversicherung der Arbeiter übergegangen sind, so können sie vom 1. 1. 1962 an die Weiterversicherung nur in diesem Versicherungszweig durchführen (§ 8 Abs. 3 HwVG).

Durch diese Sonderregelung wird in Abweichung von der allgemeinen Regelung des § 1233 Abs. 3 RVO bzw. § 10 Abs. 3 AVG eine besondere Zuständigkeit für die freiwillige Weiterversicherung von Handwerkern begründet. Nach § 1233 Abs. 3 RVO bzw. § 10 Abs. 3 AVG kann der Versicherte, der die Voraussetzungen für die freiwillige Weiterversicherung sowohl in der Rentenversicherung der Arbeiter als auch in der Rentenversicherung der Angestellten erfüllt, die Weiterversicherung nur in dem Versicherungszweig durchführen, in dem er zuletzt versicherungspflichtig war. Demgegenüber sollen sich Handwerker im allgemeinen künftig nur in der Rentenversicherung der Arbeiter freiwillig versichern können.

31 Die Zuständigkeitsvorschrift des § 8 Abs. 3 HwVG gilt ihrem Wortlaut nach nur für „Handwerker“, worunter die selbständigen Handwerker,

die in der Handwerksrolle eingetragen sind, zu verstehen sein werden (vgl. Anm. 5 und 6 zu § 1 HwVG). Zweifelhaft kann es sein, ob sich die Zuständigkeit für die freiwillige Weiterversicherung ändert, wenn die Eintragung des Handwerkers, der die Voraussetzungen für die freiwillige Weiterversicherung auch durch Beiträge erfüllt, die auf Grund der Vorschriften des HVG entrichtet sind, für den jedoch der letzte Pflichtbeitrag zur Rentenversicherung der Angestellten geleistet worden ist, in der Handwerksrolle gelöscht wird. Der Berechtigte wäre in einem solchen Falle vom Zeitpunkt der Löschung der Eintragung in der Handwerksrolle an nicht mehr „Handwerker“ und es müßte dann für ihn die allgemeine Zuständigkeitsregelung gelten. Die Löschung in der Handwerksrolle wäre dann Ursache für die Änderung der Zuständigkeit für die Weiterversicherung. Es wird aber wohl davon auszugehen sein, daß auch durch Löschung der Eintragung in der Handwerksrolle die bisherige Zuständigkeit sich solange nicht ändert, bis erneut Versicherungspflicht in der Rentenversicherung der Angestellten eintritt und dadurch beim Ausscheiden aus dieser Versicherungspflicht eine andere sozialversicherungsrechtliche Beurteilung gerechtfertigt wird. Umgekehrt müßte es dann auch bei der weiteren Zuständigkeit der Rentenversicherung der Angestellten verbleiben, wenn ein Handwerker, der früher Beiträge auf Grund des HVG entrichtete, dann jedoch in der Handwerksrolle gelöscht worden ist und, weil er danach Pflichtbeiträge zur Rentenversicherung der Angestellten entrichtete, nach dem Wegfall der Versicherungspflicht sich in diesem Versicherungszweig freiwillig weiterversichert hat, erneut in die Handwerksrolle eingetragen, jedoch nicht versicherungspflichtig nach dem HwVG wird.

Für die Prüfung, ob die Voraussetzungen für die freiwillige Weiter- 32
versicherung erfüllt sind, werden sowohl die auf Grund des HVG als auch die nach den allgemeinen Vorschriften der Rentenversicherung entrichteten Beiträge zusammengerechnet, soweit sie nicht auf dieselbe Zeit entfallen (§ 1309 Abs. 2 RVO — § 88 Abs. 2 AVG). Erfüllt ein Handwerker ausschließlich die Voraussetzungen für die Weiterversicherung durch Beiträge zur Rentenversicherung der Angestellten, die nicht auf den Träger der Rentenversicherung der Arbeiter übergegangen sind, so kann die Zuständigkeitsvorschrift des § 8 Abs. 3 HwVG keine Anwendung finden, weil dann die Voraussetzungen nicht auch durch Beiträge nach dem HVG erfüllt werden. Das kann vorkommen, wenn ein Handwerker, der z. B. von 1930 bis 1945 Beiträge nach den allgemeinen Vorschriften zur Rentenversicherung der Angestellten entrichtete, im Jahre 1960 in die Handwerksrolle eingetragen wird, aber nur bis 1963 versicherungspflichtig nach dem HwVG bleibt, da er dann für 216 Kalendermonate Beiträge auf Grund einer rentenversicherungspflichtigen Beschäftigung oder Tätigkeit nachweist. Ein solcher Hand-

werker hat innerhalb von zehn Jahren für 60 Kalendermonate Beiträge zur Rentenversicherung der Angestellten entrichtet und nur durch diese Beiträge das Recht zur freiwilligen Weiterversicherung erworben.

Die Vorschrift des § 8 Abs. 3 HwVG kann nicht so ausgelegt werden, daß Handwerker, denen das Recht zur freiwilligen Weiterversicherung in einem Versicherungszweig zusteht, sich grundsätzlich nur in der Rentenversicherung der Arbeiter weiterversichern können, ohne Rücksicht darauf, ob überhaupt Beiträge zur Rentenversicherung der Arbeiter oder Beiträge auf Grund des HVG entrichtet sind. Eine solche Auslegung könnte zwar aus der Vorschrift des § 9 Abs. 2 letzter Halbsatz HwVG, wonach Handwerker, die die Versicherungsfreiheit nach § 3 HVG geltend gemacht haben, nur Beiträge zur Rentenversicherung der Arbeiter freiwillig nachentrichten können, hergeleitet werden, doch steht ihr der eindeutige Wortlaut des § 8 Abs. 3 HwVG entgegen.

Handwerker können sich deshalb nur in der Rentenversicherung der Arbeiter weiterversichern, wenn die Voraussetzungen hierfür auch durch Beiträge erfüllt werden, die auf Grund des HVG entrichtet sind, selbst wenn die Voraussetzungen auch durch Beiträge zu anderen Versicherungszweigen mit erfüllt werden und der letzte Pflichtbeitrag zur Rentenversicherung der Angestellten entrichtet ist. Das gilt auch in den Fällen, in denen ein Handwerker, der Pflichtbeiträge auf Grund des HVG entrichtet hat, jedoch nach dem HwVG nicht mehr versicherungspflichtig ist, wegen einer Beschäftigung als Arbeitnehmer zuletzt Pflichtbeiträge zur Rentenversicherung der Angestellten entrichtete.

Im übrigen reicht es aus, wenn durch einen auf Grund des HVG entrichteten Pflichtbeitrag zusammen mit anderen Beiträgen die Voraussetzung für die freiwillige Weiterversicherung erfüllt wird, wobei es unerheblich ist, ob daneben auch durch andere Beiträge allein das Recht zur freiwilligen Weiterversicherung in der Rentenversicherung der Angestellten begründet würde.

33 Bei der Zuständigkeitsregelung für die freiwillige Weiterversicherung handelt es sich um eine Übergangsregelung. § 8 Abs. 3 HwVG gilt nur, wenn auch durch Beiträge, die auf Grund des HVG entrichtet sind, die Voraussetzungen für die freiwillige Weiterversicherung erfüllt werden. Sind von einem Handwerker keine Pflichtbeiträge auf Grund des HVG, sondern nur Pflichtbeiträge auf Grund des HwVG entrichtet, so richtet sich nach dem Ausscheiden aus der Versicherungspflicht die Zuständigkeit für die Weiterversicherung nach den allgemeinen Vorschriften der Rentenversicherungsgesetze.

Wegen der Zuständigkeit für die Weiterversicherung von Handwerkern, die bisher die Versicherungsfreiheit nach § 3 HVG geltend gemacht haben, vgl. Anm. 3 und 12 zu § 9.

VI. Die bisherigen Versicherungskarten

Die Handwerker-Versicherungskarten gelten bis zu ihrem Umtausch als Versicherungskarten der Rentenversicherung der Arbeiter weiter. Es handelt sich dabei um die besonderen für Handwerker ausgegebenen dreiteiligen roten Versicherungskarten, die von den Kreishandwerkerschaften auszustellen waren. 34

In diese Versicherungskarten können nunmehr Beitragsmarken der Rentenversicherung der Arbeiter eingeklebt werden. Das kann allerdings nur für die Handwerker in Betracht kommen, die sich freiwillig in der Rentenversicherung der Arbeiter versichern, da für die pflichtversicherten Handwerker die Beiträge nicht durch Verwendung von Beitragsmarken entrichtet werden können. Für die Beurkundung der Beitragsentrichtung der pflichtversicherten Handwerker durch die Einzugsstellen sind die Karten ungeeignet, da sie nur für die Verwendung von Beitragsmarken vorgesehen sind.

Die Karten können nur weiter für die Beitragsentrichtung verwendet werden, wenn der Handwerker bisher Beiträge zur Handwerkerversorgung entrichtete und ab 1. 1. 1962 sich nur noch in der Rentenversicherung der Arbeiter freiwillig weiterversichern kann.

Der Umtausch der Karten hat innerhalb eines Jahres nach dem Inkrafttreten des HwVG, also bis zum 31. 12. 1962, zu erfolgen. Wegen der Zuständigkeit für den Umtausch vgl. § 11 Abs. 2 HwVG und Anm. 3 zu § 11. Der nicht rechtzeitige Umtausch der Karte wird nicht dazu führen können, daß die in der Karte verwendeten Beitragsmarken als rechtsunwirksam entrichtet anzusehen sind. Versäumt der Handwerker aber den Umtausch der Karte innerhalb der vorgesehenen Umtauschfrist, so muß er die daraus entstehenden Rechtsnachteile in Kauf nehmen. Solche Rechtsnachteile können einmal dadurch entstehen, daß die Rechtswirksamkeit der Beitragsentrichtung innerhalb von zehn Jahren nach Umtausch der Karte, in der die Beiträge enthalten sind, noch beanstandet werden kann und bei einem späteren Umtausch der Karte die Frist erst dann beginnt. Daneben wird beim Verlust der Karte eine Erneuerung (§ 1413 RVO) ausgeschlossen sein, wenn die Karte erst nach Ablauf der Umtauschfrist verloren gegangen ist. 35

Beim Umtausch der Karte erhält der Handwerker eine Versicherungskarte der Rentenversicherung der Arbeiter nach den allgemeinen Mustern.

§ 9

(1) Sind für die Zeit vor Inkrafttreten dieses Gesetzes Pflichtbeiträge zu entrichten, so bestimmt sich ihre Höhe nach § 4, sofern nicht der Handwerker nachweist, daß er nach bisherigem Recht geringere Beiträge zu entrichten hatte.

(2) Pflichtbeiträge und freiwillige Beiträge von Handwerkern für Zeiten vor Inkrafttreten dieses Gesetzes sind zur Rentenversicherung der Arbeiter nachzuentrichten; dies gilt auch für die Weiterversicherung von Handwerkern, die nach § 3 des Gesetzes über die Altersversorgung für das Deutsche Handwerk versicherungsfrei waren.

(3) Im Saarland beginnt der Beitragseinzug mit dem Inkrafttreten dieses Gesetzes; § 5 Abs. 3 gilt nicht.

Übersicht über die Erläuterungen

I. Allgemeines

1 Im § 9 Abs. 1 und 2 HwVG wird die Nachentrichtung von Beiträgen für die Zeit vor dem Inkrafttreten des HwVG behandelt. Ausgeschlossen werden sollten damit Unklarheiten darüber, in welcher Höhe Beiträge für die Zeit vor dem 1. 1. 1962 entrichtet werden können und welcher Versicherungsträger für die Entgegennahme und den Einzug der Beiträge zuständig ist.

Bedingt durch den Übergang der Handwerkerversicherung von der Bundesversicherungsanstalt für Angestellte auf die Träger der Rentenversicherung der Arbeiter haben diese ab 1. 1. 1962 die Leistungen zu tragen, die auf den Beiträgen nach dem HVG beruhen, auch wenn die Leistungen selbst noch von der Bundesversicherungsanstalt für Angestellte weiter gewährt werden. Da die Leistungen der Rentenversicherung, abgesehen von dem Bundeszuschuß, im wesentlichen aus den laufenden Beitragseinnahmen gedeckt werden, sollen ab 1. 1. 1962 sämtliche Beiträge von Handwerkern auch den Trägern der Rentenversicherung der Arbeiter zufließen.

Daneben wird noch bestimmt, in welcher Höhe die Pflichtbeiträge von Handwerkern für die Zeit vor dem 1. 1. 1962 zu entrichten sind. Es sollen dabei bereits die ab 1. 1. 1962 geltenden Vorschriften über die Beitragshöhe berücksichtigt werden, um dem Träger der Rentenversicherung der Arbeiter eingehende Ermittlungen über die Einkommensverhältnisse des Handwerkers zu ersparen. Lediglich dann, wenn der

Handwerker nach dem bisher geltenden Recht niedrigere Beiträge entrichten konnte, als es nunmehr nach dem HwVG vorgeschrieben ist, sollte er diese niedrigeren Beiträge nachentrichten können um damit eine rückwirkende Erhöhung der Beiträge zu vermeiden.

Im § 9 Abs. 3 HwVG ist eine Sonderregelung für den Beginn des Beitragseinzugs im Saarland enthalten, die offensichtlich in der zweiten bzw. dritten Beratung des Gesetzentwurfs im Bundestag irrtümlich nicht gestrichen worden ist. Praktische Bedeutung hat die Vorschrift nicht.

II. Die Nachentrichtung von Beiträgen

1. Das Recht zur Nachentrichtung

Die Fristen, innerhalb der die Beiträge zur Rentenversicherung der Arbeiter wirksam nachentrichtet werden können, sind in den §§ 1418ff RVO bestimmt. Die maßgebenden Vorschriften sind in Anm. 23 zu § 5 abgedruckt. 2

Für Handwerker wird allgemein nur die Nachentrichtungsfrist des § 1418 Abs. 1 RVO in Betracht kommen, da sie die Beiträge durch Verwendung von Beitragsmarken zu entrichten hatten, also für die rechtzeitige Beitragsentrichtung selbst verantwortlich waren und deshalb eine nicht rechtzeitige Entrichtung der Beiträge stets von ihnen verschuldet sein wird. Lediglich in den Fällen, in denen der Handwerker eine Anfrage an die Bundesversicherungsanstalt für Angestellte wegen seiner Beitragsleistung gerichtet und sich dabei rechtzeitig zur Beitragsentrichtung bereit erklärt hat oder wenn dadurch, daß er seine Versicherungskarte mit eingereicht hatte, eine rechtzeitige Beitragsentrichtung nicht möglich war, kann auch über die zweijährige Nachentrichtungsfrist des § 1418 Abs. 1 RVO hinaus eine Nachentrichtung für davor liegende Zeiträume zulässig sein. Das gleiche muß gelten, wenn der Handwerker einen Antrag auf Befreiung von der Versicherungspflicht gestellt hat, dieser Antrag aber abgelehnt wird.

Durch § 9 Abs. 2 zweiter Halbsatz HwVG wird klargestellt, daß sich künftig auch die Handwerker freiwillig weiterversichern können, die nach dem HVG nicht versicherungspflichtig waren, weil sie auf Grund eines ausreichenden Lebensversicherungsvertrages die Versicherungsfreiheit geltend gemacht haben. Bisher war in diesen Fällen die freiwillige Weiterversicherung nicht zulässig, wenn sie nach § 1233 Abs. 3 RVO bzw. § 10 Abs. 3 AVG nur in der Rentenversicherung der Angestellten durchgeführt werden konnte, es sei denn, daß die Weiter- oder Selbstversicherung bereits vor dem 1. 1. 1939 begonnen worden ist (§ 26 der 1. DVOzHVG). Das Verbot zur freiwilligen Weiterversicherung entfällt mit dem 1. 1. 1962, da die 1. DVOzHVG nach § 14 Nr. 2 HwVG mit dem Inkrafttreten des HwVG außer Kraft tritt. Aus der Vorschrift des § 9 3

Abs. 2 HwVG kann nur der Schluß gezogen werden, daß nicht erst ab 1. 1. 1962 freiwillige Beiträge entrichtet, sondern daß solche Beiträge auch innerhalb der Nachentrichtungsfrist für zurückliegende Zeiten nachentrichtet werden können, das Verbot zur Entrichtung freiwilliger Beiträge damit auch für die Vergangenheit entfällt. Aber auch in diesen Fällen wird eine Nachentrichtung nur für zwei Jahre, also frühestens für das Jahr 1960, zulässig sein und nicht auch für Zeiten vorher. War der Handwerker, der auf Grund eines Lebensversicherungsvertrages die Versicherungsfreiheit geltend gemacht hat, bisher bereits zur freiwilligen Weiterversicherung in der Rentenversicherung der Arbeiter berechtigt, so galt für ihn das Verbot zur Entrichtung freiwilliger Beiträge nicht.

4 Der zuständige Träger der Rentenversicherung der Arbeiter ist nach dem 1. 1. 1962 nicht nur berechtigt, Beiträge für Zeiten vorher entgegenzunehmen, sondern er kann auch rückständige Pflichtbeiträge einziehen. Der Vorschrift des § 9 Abs. 2 HwVG kann nicht die Bedeutung zuerkannt werden, daß nur die freiwillige Nachentrichtung von Beiträgen für die Zeit vor dem 1. 1. 1962 zulässig ist, sondern es muß auch die Zuständigkeit für die zwangsweise Beitreibung rückständiger Beiträge daraus hergeleitet werden. Anderenfalls würde in der Neuregelung der Handwerkerversicherung eine sogenannte „Beitragsamnestie" für zurückliegende Zeiten liegen, was von dem Gesetzgeber keinesfalls beabsichtigt war.

Soweit der Handwerker seine Pflichtbeiträge für die Zeit vor dem 1. 1. 1962 nicht entrichtet hat oder wegen eines Lebensversicherungsvertrages, der aber nicht ausreichend war, glaubte, versicherungsfrei zu sein, kann der zuständige Träger der Rentenversicherung der Arbeiter noch die Beitragsforderung feststellen und die rückständigen Beiträge zwangsweise einziehen. Der Träger der Rentenversicherung der Arbeiter kann auch noch die Differenzbeträge zwischen den Beiträgen, die entrichtet sind, und denen, die zu entrichten waren, einziehen, wenn der Handwerker die Beitragsentrichtung in einer Beitragsklasse vorgenommen hat, die nicht der Höhe seines Gesamteinkommens entsprach. Dies gilt auch dann, wenn der Handwerker ab 1. 1. 1962 nicht mehr versicherungspflichtig ist, da für die Entrichtung der Pflichtbeiträge für die zurückliegende Zeit das bisher geltende Recht zu beachten ist.

2. Die Höhe der nachzuentrichtenden Beiträge

a) Pflichtbeiträge

5 Die Höhe der für Zeiten vor dem 1. 1. 1962 nachzuentrichtenden Pflichtbeiträge richtet sich nach § 4 HwVG, sofern nicht der Handwerker nachweist, daß er nach bisherigem Recht geringere Beiträge zu entrichten hatte.

Nach dem bisher geltenden Recht bestimmte sich die Höhe der zu entrichtenden Beiträge zur Rentenversicherung der Arbeiter nach dem gesamten Jahreseinkommen des einzelnen Handwerkers (§ 2 Abs. 1 HVG). Der Beitragsberechnung war der im letzten Einkommensteuerbescheid nachgewiesene Gesamtbetrag der Einkünfte vor Abzug der Sonderausgaben solange zu Grunde zu legen, bis ein neuer Steuerbescheid erging. Ein Zwölftel dieses Betrages galt als Monatseinkommen (§ 4 Abs. 1 der 1. DVOzHVG). Maßgebend war dabei der letzte ergangene Steuerbescheid, auf die Rechtskraft dieses Bescheides kam es im Gegensatz zu der Regelung der Höhe der Prämien für die Lebensversicherung (vgl. Anm. 39 zu § 6 HwVG) nicht an. War der Handwerker für ein Kalenderjahr nicht zur Einkommensteuer veranlagt worden, so war der Betrag maßgebend, den er im letzten Kalenderjahr für sich und seine Familie dem Betrieb entnommen hat (Privatentnahme). Hierbei war eine nur für einzelne Monate feststellbare Privatentnahme auf ein volles Jahr umzurechnen. Hatte der Betrieb erst im laufenden Kalenderjahr begonnen, so war für jeden einzelnen Monat die durchschnittliche Privatentnahme der vergangenen Monate maßgebend (§ 4 Abs. 2 der 1. DVOzHVG).

Im Gegensatz zur bisherigen Regelung hat der Handwerker ab 1. 1. 1962 die Beiträge in einer allgemein für die pflichtversicherten Handwerker festgesetzten Beitragsklasse zu entrichten (§ 4 Abs. 2 HwVG), es sei denn, er ist berechtigt, Beiträge in einer niedrigeren (§ 4 Abs. 6 HwVG) oder in einer höheren (§ 4 Abs. 3 HwVG) Beitragsklasse zu entrichten.

Die ab 1. 1. 1962 geltende Regelung über die Höhe der von den Handwerkern zu entrichtenden Pflichtbeiträge gilt auch im Falle der Nachentrichtung von Beiträgen für die Zeit vorher. Dabei ist es unerheblich, ob der Handwerker ab 1. 1. 1962 oder im Zeitpunkt der Nachentrichtung der Beiträge noch nach dem HwVG versicherungspflichtig ist, sondern es kommt nur darauf an, daß in dem Zeitraum, für den die Beiträge nachentrichtet werden sollen, Versicherungspflicht nach dem HVG bestanden hat. Hatte der Handwerker in dem Zeitraum, für den er die Beiträge nachentrichten will, die Versicherungsfreiheit auf Grund eines ausreichenden Lebensversicherungsvertrages geltend gemacht, so kann er nicht rückwirkend darauf verzichten, es ist ihm somit auch versagt, nunmehr noch Beiträge für diese Zeit wirksam nachzuentrichten.

Im einzelnen ist die Beitragsnachentrichtung für Zeiten vor dem 1. 1. 1962 in folgender Höhe zulässig:

aa) Beitrag in der allgemein festgesetzten Beitragsklasse

Wegen der Einzelheiten vgl. Anm. 25 zu § 4. 6

Nicht eindeutig erkennbar ist, ob für die einzelnen Kalenderjahre vor dem Inkrafttreten des HwVG ein fiktiver allgemeiner Beitrag zu ermitteln ist oder ob der für die Beitragsentrichtung im Jahre 1962 festgesetzte Beitrag maßgebend sein soll.

Da für die Jahre 1960 und 1961 ein allgemeiner Beitrag für die pflichtversicherten Handwerker nicht bekanntgegeben ist, könnte dieser aus den durchschnittlichen Bruttoarbeitsentgelten aller Versicherten der Rentenversicherung der Arbeiter und der Angestellten, die in den jeweiligen Jahren maßgebend waren, errechnet werden. Für die Beitragsentrichtung für das Jahr 1960 wäre das durchschnittliche Bruttojahresarbeitsentgelt der Versicherten im Jahre 1958 zu Grunde zu legen, also der Betrag von 5330,— DM. Daraus ergäbe sich ein fiktiver allgemeiner Monatsbeitrag für das Jahr 1960 in der Beitragsklasse IX in Höhe von 63,—DM. Für die Beitragsentrichtung für das Jahr 1961 gälte das durchschnittliche Bruttojahresarbeitsentgelt für das Jahr 1959 in Höhe von 5602,— DM. Der allgemeine Beitrag wäre damit für dieses Jahr ebenfalls in der Beitragsklasse IX in Höhe von 63,— DM zu entrichten.

Trotz der theoretischen Möglichkeit, auch für die Vergangenheit die allgemeine Beitragsklasse für pflichtversicherte Handwerker fiktiv zu bestimmen, ist davon auszugehen, daß auch im Falle der Nachentrichtung für Zeiten vor dem 1. 1. 1962 der Beitrag in der für die Beitragsentrichtung für das Jahr 1962 festgesetzten allgemeinen Beitragsklasse zu leisten ist.

bb) Beitrag in einer höheren Beitragsklasse

7 Der Handwerker kann für die Vergangenheit auch Beiträge in einer höheren als der allgemein festgesetzten Beitragsklasse nachentrichten. Maßgebend für die Höhe der Beiträge ist dann der § 4 Abs. 3 HwVG, wonach der Handwerker keine höhere Beitragsklasse wählen darf, als es einem Zwölftel seiner Jahreseinkünfte entspricht (vgl. Anm. 27 zu § 4). Auch in diesen Fällen wird der im letzten vor dem 1. 1. 1962 ergangenen Einkommensteuerbescheid ausgewiesene Betrag der Jahreseinkünfte aus Gewerbebetrieb vor Abzug der Sonderausgaben und Freibeträge zu berücksichtigen sein, d. h. auch hier sind die Beiträge in der für das Jahr 1962 maßgeblichen Höhe zu entrichten.

8 Unerheblich ist es, ob der Handwerker nach dem bisher geltenden Recht berechtigt war, auch noch Beiträge in einer höheren Beitragsklasse zu entrichten. Dies kann dann der Fall sein, wenn der Handwerker neben den Einkünften aus Gewerbebetrieb noch andere Einnahmen hatte, die zwar für die Höhe der Beiträge nach dem HVG bestimmend waren, die aber auf die Beitragshöhe nach dem HwVG keinen Einfluß haben. Lediglich geringere Beiträge als in § 4 HwVG vorgesehen, können nachentrichtet werden, nicht aber auch höhere Beiträge.

cc) Niedrigere Beiträge

9 Erfüllt der Handwerker die Voraussetzungen des § 4 Abs. 5 und Abs. 6 HwVG oder des § 6 Abs. 2 oder Abs. 4 HwVG, so ist er auch für die

Vergangenheit berechtigt, Beiträge in einer niedrigeren Beitragsklasse nachzuentrichten. Wegen der Einzelheiten vgl. Anm. 30 zu § 4.

Maßgebend für die Höhe des Einkommens wird es auch hier sein, daß die Voraussetzungen für die Entrichtung niedrigerer Beiträge im Jahre 1962 erfüllt sind. Erfüllt der Handwerker wegen der Höhe seines Einkommens im Jahre 1962 nicht mehr die Voraussetzungen des § 4 Abs. 6 HwVG, so wird er auch für die zurückliegende Zeit keine niedrigeren Beiträge entrichten können, selbst wenn er in dem letzten vor dem Zeitraum, für den die Beiträge nachentrichtet werden sollen, ergangenen Einkommensteuerbescheid ein geringeres Einkommen nachgewiesen hatte. Lediglich die Tatsache, daß der Handwerker noch nicht drei Jahre in der Handwerksrolle eingetragen war (vgl. Anm. 12 zu § 4) oder in dem in Betracht kommenden Zeitraum in seinem Gewerbebetrieb mit Ausnahme eines Lehrlings oder eines Verwandten ersten Grades keine Personen beschäftigte, die wegen dieser Beschäftigung rentenversicherungspflichtig waren (vgl. Anm. 16ff. zu § 4), wird nach den früheren Verhältnissen zu beurteilen sein.

Erfüllt der Handwerker die Voraussetzungen des § 4 Abs. 5 und Abs. 6 HwVG oder des § 6 Abs. 2 oder Abs. 4 HwVG, so ist ihm die Wahl freigestellt, in welcher Beitragsklasse er die Beiträge nachentrichten will. Die Beiträge müssen nur mindestens in der Beitragsklasse V und dürfen höchstens in der allgemein für pflichtversicherte Handwerker für das Jahr 1962 festgesetzten Beitragsklasse entrichtet werden.

Theoretisch ist es durchaus möglich, auch für die zurückliegenden Kalenderjahre die Höchstgrenze für das Einkommen nach § 4 Abs. 6 HwVG zu ermitteln. So wäre für das Jahr 1960 als Höchstgrenze der Betrag von 2665 DM (durchschnittliches Bruttojahresarbeitsentgelt für 1958 = 5330 DM:2) und für 1961 der Betrag von 2801 DM (durchschnittliches Bruttojahresarbeitsentgelt für 1959 = 5602:2) anzusehen. Der Auslegung, daß auch im Falle der Beitragsnachentrichtung die für das Jahr 1962 maßgebenden Werte zu berücksichtigen sind, ist jedoch der Vorzug zu geben zumal der § 4 HwVG erst ab 1. 1. 1962 geltendes Recht ist und die Bestimmung der Beitragshöhe nach dieser Vorschrift für zurückliegende Zeiträume dann erst nach den im Zeitpunkt des Inkrafttretens maßgebenden Werten vorgenommen werden kann.

dd) Geringere Beiträge nach dem bisher geltenden Recht

Weist der Handwerker nach, daß er nach dem bisher geltenden Recht 10
geringere Beiträge zu entrichten hatte, so kann er diese für die zurückliegende Zeit entrichten. Voraussetzung ist, daß der Handwerker den Nachweis dem zuständigen Versicherungsträger gegenüber erbringt. Da die Beitragshöhe sich nur nach der Höhe des Einkommens richtete, wird der Nachweis durch die Vorlage des letzten vor dem Zeitraum, für den

die Beiträge nachentrichtet werden sollen, ergangenen Einkommensteuerbescheids geführt werden müssen. Ist kein Steuerbescheid ergangen, weil der erste Veranlagungszeitraum noch nicht abgelaufen war oder der Handwerker nur ein geringfügiges Einkommen hatte, so muß der Handwerker die Privatentnahme (vgl. Anm. 41 zu § 6) nachweisen.

Zu beachten ist, daß für die Beitragsentrichtung nach dem bisher geltenden Recht der Gesamtbetrag der Einkünfte zu berücksichtigen war und nicht nur der Jahresbetrag der Einkünfte aus Gewerbebetrieb.

Die Beitragsentrichtung muß in der dem jeweiligen Einkommen entsprechenden Beitragsklasse vorgenommen werden. Da die Beitragsklassen der Rentenversicherung der Arbeiter und der Rentenversicherung der Angestellten seit dem Inkrafttreten der Rentenversicherungs-Neuregelungsgesetze übereinstimmen, ist es ohne Bedeutung, ob die Beitragshöhe nach den Beitragsklassen der Rentenversicherung der Angestellten oder der Arbeiter bestimmt wird. In den Ausnahmefällen, in denen auch Beiträge für die Zeit vor dem 1. 3. 1957 nachentrichtet werden können, müssen aber für die Beitragshöhe die Beitragsklassen der Rentenversicherung der Angestellten zu Grunde gelegt werden, da sich nach dem bisher geltenden Recht nur danach die Beitragshöhe bestimmte. Auch wenn nunmehr die Beitragsnachentrichtung zu den Trägern der Rentenversicherung der Arbeiter zu erfolgen hat, so kann dies nicht bedeuten, daß auch die Beitragsklassen der Rentenversicherung der Arbeiter für alle zurückliegenden Zeiten maßgebend sind.

Mindestens müssen die Beiträge in der Beitragsklasse I entrichtet werden, wenn das Einkommen des Handwerkers unter der Höchstgrenze des dieser Beitragsklasse zugeordneten Entgelts liegt, oder der Handwerker überhaupt kein Einkommen, und zwar auch kein außerbetriebliches Einkommen, hatte.

b) Freiwillige Beiträge

11 Die Nachentrichtung freiwilliger Beiträge richtet sich nach den allgemeinen Vorschriften der Rentenversicherung, wobei die Vorschriften der Rentenversicherung der Angestellten mit denen der Rentenversicherung der Arbeiter seit dem Inkrafttreten der Rentenversicherungs-Neuregelungsgesetze übereinstimmen.

Dem Handwerker ist es freigestellt, die Höhe der von ihm nachzuentrichtenden freiwilligen Beiträge selbst zu bestimmen, ebenso wie er auch nicht eine bestimmte Anzahl von Beiträgen für jedes Kalenderjahr entrichten muß.

Zu beachten ist jedoch, daß für die Beitragsnachentrichtung in dem HwVG lediglich eine Zuständigkeitsregelung enthalten ist. Unabhängig davon ist die Beurteilung des Rechts zur freiwilligen Versicherung in der Rentenversicherung überhaupt. Über die Zulässigkeit der freiwilligen

Weiterversicherung ist unter Berücksichtigung der allgemeinen Vorschriften der Rentenversicherung der Arbeiter zu entscheiden, und zwar im Falle der Beitragsnachentrichtung auch dahingehend, ob der Handwerker in dem Zeitraum, für den er nunmehr die Beiträge nachentrichten will, bereits zur freiwilligen Weiterversicherung berechtigt war.

War der Handwerker zur freiwilligen Weiterversicherung berechtigt und kann er die freiwillige Weiterversicherung nach den ab 1. 1. 1962 geltenden Vorschriften nur in der Rentenversicherung der Arbeiter durchführen (vgl. § 8 Abs. 3 HwVG), so sind auch Beiträge für zurückliegende Zeiten zu diesem Versicherungszweig nachzuentrichten, ohne Rücksicht darauf, ob nach dem bisher geltenden Recht die Zuständigkeit der Rentenversicherung der Angestellten gegeben war.

So kann auch aus der Regelung des § 9 Abs. 2 letzter Halbsatz HwVG 12
nicht das Recht zur freiwilligen Weiterversicherung für die Handwerker, die bisher die Versicherungsfreiheit nach § 3 HVG geltend gemacht haben, hergeleitet werden, sondern auch dabei handelt es sich nur um eine Zuständigkeitsvorschrift, verbunden allerdings mit einer rückwirkenden Aufhebung des Verbots der freiwilligen Weiterversicherung im Rahmen der Nachentrichtungsfrist. Dies läßt sich daraus entnehmen, daß die Regelung des § 9 Abs. 2 HwVG nur die Zuständigkeit für die Nachentrichtung von Beiträgen bzw. den Einzug rückständiger Pflichtbeiträge betrifft, nicht aber in dieser Vorschrift die Berechtigung zur freiwilligen Weiterversicherung behandelt wird. Im übrigen wird keine besondere Zuständigkeit begründet, sondern es ist vielmehr davon auszugehen, daß die Regelung des § 8 Abs. 3 HwVG gilt und lediglich die Geltendmachung der Versicherungsfreiheit auf Grund eines ausreichenden Lebensversicherungsvertrages insoweit der Entrichtung von Beiträgen auf Grund des HVG gleichsteht, also sich auch die Handwerker, die die Versicherungsfreiheit nach § 3 HVG geltend gemacht haben, nur in der Rentenversicherung der Arbeiter weiterversichern können. Das muß auch dann gelten, wenn nach den allgemeinen Vorschriften der Rentenversicherungsgesetze die Zuständigkeit eines anderen Versicherungszweiges gegeben ist.

3. Die Anzahl der nachzuentrichtenden Beiträge

In § 9 Abs. 1 HwVG wird nur die Höhe der Beiträge bestimmt, die 13
für Zeiten vor dem 1. 1. 1961 nachentrichtet werden. Keine Regelung ist hinsichtlich der Anzahl der nachzuentrichtenden Beiträge getroffen worden. Daraus kann nur geschlossen werden, daß sich die Anzahl der nachzuentrichtenden Beiträge nach dem bisher geltenden Recht bestimmt, also die Vorschrift des § 4 Abs. 5 HwVG, wonach bestimmte Handwerker nur für jeden zweiten Monat einen Beitrag zu entrichten brauchen, nicht für die Beitragsentrichtung für Zeiten vor Inkrafttreten

des HwVG gilt. Rückständige Pflichtbeiträge sind deshalb im vollem Umfange nachzuentrichten, d. h. es muß für jeden Monat ein Beitrag für die Zeit, während der Versicherungspflicht bestand, nachentrichtet werden, und es steht nicht in dem Belieben des Handwerkers, für das einzelne Kalenderjahr für weniger als zwölf Kalendermonate Beiträge nachzuentrichten.

4. Die Zuständigkeit für die Nachentrichtung

14 Die Träger der Rentenversicherung der Arbeiter müssen vom 1.1.1962 an die Ausgaben für Renten, die ganz oder zum Teil auf Beiträgen nach dem HVG beruhen, der Bundesversicherungsanstalt für Angestellte erstatten bzw. die Ausgaben für die von ihnen neu festgestellten Renten in vollem Umfange tragen. Den Trägern der Rentenversicherung der Arbeiter sollen deshalb vom Inkrafttreten des HwVG an die Beiträge der Handwerker zufließen. Aus diesem Grunde ist im § 9 Abs. 2 HwVG bestimmt, daß Pflicht- und freiwillige Beiträge von Handwerkern für Zeiten vor dem Inkrafttreten des HwVG zur Rentenversicherung der Arbeiter nachzuentrichten sind.

Maßgebend für die Zuständigkeit zur Entgegennahme der Beiträge ist der Zeitpunkt der Beitragsentrichtung. Beiträge, die bis zum 31. 12. 1961 entrichtet sind, flossen noch der Bundesversicherungsanstalt für Angestellte zu, während bei der Beitragsentrichtung nach diesem Zeitpunkt die Beiträge an den Träger der Rentenversicherung der Arbeiter zu leisten sind. Die Bundesversicherungsanstalt für Angestellte ist dann auch nicht mehr berechtigt, Bareinzahlungen von Handwerkern entgegenzunehmen, selbst wenn sie eine Beitragsforderung gegen einen Handwerker bereits festgestellt hat oder auf Grund eines vor dem 1. 1. 1962 gestellten Antrages noch feststellt (§ 11 Abs. 4 HwVG).

15 Örtlich zuständig wird für die Entgegennahme der Beiträge für die Zeit vor dem 1. 1. 1962 der Träger der Rentenversicherung sein, dessen Zuständigkeit für den laufenden Beitragseinzug gegeben ist (vgl. Anm. 14 zu § 5) oder wenn der Handwerker ab 1. 1. 1962 nicht mehr versicherungspflichtig nach dem HwVG ist, der Träger der Rentenversicherung der Arbeiter, in dessen Bezirk der Versicherte zur Zeit der Entrichtung des letzten Beitrages nach dem HVG seinen Wohnsitz gehabt hat (§ 11 Abs. 1 und 2 HwVG).

5. Die Art der Beitragsnachentrichtung

16 Im § 9 HwVG wird lediglich bestimmt, in welcher Höhe und an welchen Versicherungszweig die Beiträge von Handwerkern nachzuentrichten sind. Nicht behandelt ist im Gesetz, wie die Nachentrichtung zu erfolgen hat. Denkbar ist, daß im Falle der Nachentrichtung die

Beiträge entweder durch Verwendung von Beitragsmarken oder im Bareinzugsverfahren entrichtet werden müssen.

Da die bisher geltenden Vorschriften über die Beitragsentrichtung mit dem 1. 1. 1962 außer Kraft getreten sind, wird davon auszugehen sein, daß die Pflichtbeiträge auch für Zeiten vor dem 1. 1. 1962 unmittelbar an den zuständigen Träger der Rentenversicherung in bar abzuführen sind oder an den Träger der gesetzlichen Krankenversicherung, wenn diesem der Beitragseinzug gemäß § 5 Abs. 2 HwVG übertragen worden ist.

Zwar wäre auch eine Beitragsnachentrichtung durch Verwendung von Beitragsmarken der Rentenversicherung der Arbeiter nicht ausgeschlossen, zumal die bisherigen Versicherungskarten für Handwerker als solche der Rentenversicherung der Arbeiter gelten (vgl. § 8 Abs. 3 HwVG), doch würde dadurch für den Einzug von Pflichtbeiträgen die Einheitlichkeit durchbrochen. Zweckmäßig erscheint es deshalb, daß die rückständigen Pflichtbeiträge unmittelbar an die Stelle abgeführt werden, die die laufenden Pflichtbeiträge einzuziehen hat. Eine Beitragsnachentrichtung durch Verwendung von Beitragsmarken würde auch dadurch erschwert, daß u. U. für Zeiten vor dem 1. 3. 1957 die Beitragsklassen der Rentenversicherung der Angestellten maßgebend und entsprechende Beitragsmarken der Rentenversicherung der Arbeiter nicht vorhanden sind.

Werden freiwillige Beiträge nachentrichtet, so hat dies durch Verwendung von Beitragsmarken zu geschehen, da in diesen Fällen auch 17
die laufenden Beiträge auf diese Weise zu entrichten sind. Für die Beitragsnachentrichtung dürfen dann allerdings nur Beitragsmarken der Rentenversicherung der Arbeiter verwendet werden. Diese Beitragsmarken können entweder noch in die bisherigen besonderen Versicherungskarten der Handwerker (vgl. § 8 Abs. 4 HwVG) oder in neu ausgestellte Versicherungskarten der Rentenversicherung der Arbeiter eingeklebt werden. In Ausnahmefällen kann der Träger der Rentenversicherung der Arbeiter die nachzuentrichtenden freiwilligen Beiträge in bar entgegennehmen und deren Entrichtung in einer Versicherungskarte beurkunden. Das wird insbesondere dann in Betracht kommen, wenn Beiträge über die Nachentrichtungsfrist des § 1418 Abs. 1 RVO hinaus wirksam nachentrichtet werden. Die Beurkundung der Beitragsentrichtung durch den zuständigen Versicherungsträger ersetzt dann die Verwendung von Beitragsmarken.

Wird die Nachentrichtung der freiwilligen Beiträge für Zeiten vor dem 1. 1. 1962 erst nach dem 31. 12. 1962 vorgenommen, so können die Beitragsmarken nicht mehr in die besondere Versicherungskarte für Handwerker (rote, dreiteilige Karte) eingeklebt werden, da diese bis zum 31. 12. 1962 umzutauschen sind.

III. Die Sonderregelung für das Saarland

18 Der § 9 Abs. 3 HwVG ist offensichtlich irrtümlich in der zweiten bzw. dritten Beratung des HwVG im Bundestag nicht gestrichen worden.

Die Vorschrift ist während der Beratungen des Gesetzentwurfs im Ausschuß für Sozialpolitik des Deutschen Bundestages eingefügt worden. Sinn der Ergänzung war es, daß es im Saarland bei dem Einzug der Beiträge durch den Träger der Rentenversicherung bleiben solle, da er sich dort bewährt habe (vgl. Schriftlicher Bericht des Ausschusses — zu § 5a — abgedruckt S. 32). Der unmittelbare Einzug der Beiträge der pflichtversicherten Handwerker durch den Träger der Rentenversicherung ist durch Art. 2 Abs. 1 des Gesetzes Nr. 569 zur weiteren Änderung des Gesetzes über die Altersversorgung für das Deutsche Handwerk vom 22. 12. 1956 (Amtsblatt des Saarlandes S. 1728) eingeführt worden. Die Vorschrift des § 9 Abs. 3 HwVG ist dadurch sinnlos geworden, daß ab 1. 1. 1962 allgemein die Beiträge der pflichtversicherten Handwerker durch den Träger der Rentenversicherung einzuziehen sind. Es könnte lediglich angenommen werden, daß es der Landesversicherungsanstalt für das Saarland verwehrt sein solle, den Beitragseinzug auf die Träger der gesetzlichen Krankenversicherung zu übertragen.

Ebenfalls kann die Vorschrift, daß § 5 Abs. 3 HwVG im Saarland nicht gilt, nur bedeuten, daß die Landesversicherungsanstalt für das Saarland die Beiträge selbst einzuziehen hat. Allerdings wird von dieser dann auch die Beitragsentrichtung beurkundet werden müssen, wobei dann der Versicherte keine Versicherungskarte, sondern nur eine Aufrechnungsbescheinigung über die von ihm entrichteten Beiträge erhält.

§ 10

(1) Renten, die ganz oder zum Teil auf Grund von Beiträgen nach § 8 Abs. 1 durch die Bundesversicherungsanstalt für Angestellte festgestellt sind oder werden, werden weiterhin von dieser gewährt.

(2) Renten, die ganz oder zum Teil auf Grund von Beiträgen nach § 8 Abs. 1 bei der Bundesversicherungsanstalt für Angestellte bis zum 31. Dezember 1961 beantragt oder von Renten nach Absatz 1 abgeleitet oder aus diesen umgewandelt werden, werden auch nach Inkrafttreten dieses Gesetzes von der Bundesversicherungsanstalt für Angestellte festgestellt.

(3) Die Träger der Rentenversicherung der Arbeiter erstatten der Bundesversicherungsanstalt für Angestellte die Ausgaben für Renten nach den Absätzen 1 und 2; §§ 1390 bis 1393 der Reichsversicherungsordnung gelten; § 1314 der Reichsversicherungsordnung und § 93 des Angestelltenversicherungsgesetzes gelten nicht.

(4) Im Saarland werden die Renten weiterhin von der Landesversicherungsanstalt für das Saarland gewährt; Absätze 1 bis 3 gelten nicht

Übersicht über die Erläuterungen

I. Allgemeines

1 Nach der Regelung des § 10 HwVG sollen die bisher von der Bundesversicherungsanstalt für Angestellte festgestellten Renten, die ganz oder zum Teil auf Beiträgen beruhen, die nach den Vorschriften des HVG entrichtet sind, von dieser Anstalt weitergezahlt werden. Das gilt auch für die Fälle, in denen eine bereits festgestellte Leistung in eine andere Leistung umgewandelt oder aus einer solchen Leistung eine andere Leistung abgeleitet wird. Sinn der Vorschrift ist es, Änderungen in der Zuständigkeit zu vermeiden, wenn die Rentenleistung bereits festgestellt worden oder der Antrag auf Gewährung der Rente schon vor dem Inkrafttreten des HwVG gestellt ist.

Da die Beitragseinnahmen aus der Handwerkerversicherung ab 1. 1. 1962 den Trägern der Rentenversicherung der Arbeiter zufließen, müssen diese der Bundesversicherungsanstalt für Angestellte die Aufwendungen für die weiter zu zahlenden Renten erstatten, da die Rentenleistungen im wesentlichen aus den laufenden Beitragseinnahmen gedeckt werden und im übrigen auch der auf die Renten der Handwerker entfallende Teil des Bundeszuschusses künftig der Rentenversicherung der Arbeiter zufließt (vgl. § 12 HwVG).

Soweit die Renten nach dem 31. 12. 1961 beantragt werden, ist für die Feststellung und die Gewährung der Leistung der Träger der Rentenversicherung der Arbeiter zuständig. Wegen der Zuständigkeit in Übergangsfällen vgl. § 11 Abs. 1 HwVG.

Im Saarland sind die Renten der Handwerker bereits in der zurückliegenden Zeit von der Landesversicherungsanstalt für das Saarland festgestellt worden und diese hat die Renten auch weiter zu zahlen.

II. Weiterzahlung bereits festgestellter Renten

2 Renten, die durch die Bundesversicherungsanstalt für Angestellte festgestellt sind oder werden, und die ganz oder zum Teil auf Beiträgen,

die nach dem HVG entrichtet sind, beruhen, werden von dieser weiterhin gewährt.

Als Feststellung der Rente gilt die Erteilung des Bescheids über die Gewährung der Rente. Nicht erforderlich ist es, daß der die Leistung festsetzende Bescheid bindend geworden ist, zumal es auch bei der Zuständigkeit der Bundesversicherungsanstalt für Angestellte verbleibt, wenn die Leistung bereits vor dem 1. 1. 1962 beantragt ist und auf Grund eines solchen Antrages noch festgestellt werden muß (vgl. § 10 Abs. 2 HwVG). Entscheidend für die Zuständigkeit ist der Zeitpunkt der Antragstellung. Der Antrag ist vor dem 1. 1. 1962 gestellt, wenn er vor diesem Zeitpunkt bei der Bundesversicherungsanstalt für Angestellte eingegangen ist. Dem Eingang des Antrages bei dieser Stelle steht der Eingang des Antrages beim Versicherungsamt oder einer anderen deutschen Behörde oder einem deutschen Versicherungsträger gleich, wobei es unerheblich ist, ob der Antrag zunächst mündlich oder schriftlich gestellt bzw. ob das vorgesehene Antragsformular verwendet worden ist.

3 Da die Zuständigkeit der Bundesversicherungsanstalt für Angestellte von dem Zeitpunkt der Antragstellung abhängig ist, kann der Zeitpunkt des Eintritts des Versicherungsfalles vor dem 1. 1. 1962 nicht die Zuständigkeit dieses Versicherungsträgers begründen, wenn der Antrag auf Gewährung der Leistung erst später gestellt wird. So ist der Träger der Rentenversicherung der Arbeiter für die Leistungsfeststellung zuständig, wenn der Antrag erst im Januar 1962 gestellt wird, der Versicherungsfall jedoch bereits im Jahre 1961 oder früher eingetreten ist. Andererseits wird eine vorsorgliche Antragstellung im Jahre 1961 auf Grund eines im Jahre 1962 eintretenden Versicherungsfalles nicht die Zuständigkeit der Bundesversicherungsanstalt für Angestellte begründen. Vollendet z. B. ein Handwerker, der bisher Pflichtbeiträge nach dem HVG entrichtet hat, im Februar 1962 das 65. Lebensjahr, und hat er bereits vorsorglich im Dezember 1961 den Antrag auf Gewährung des Altersruhegeldes gestellt, so kann der Leistungsantrag erst mit dem Eintritt des Versicherungsfalles wirksam werden und dementsprechend ist dann auch die Zuständigkeit des Trägers der Rentenversicherung der Arbeiter für die Feststellung der Leistung gegeben, selbst wenn der Handwerker nach dem HwVG nicht versicherungspflichtig ist.

III. Umwandlung und Ableitung von Renten

1. Allgemeines

4 Die Zuständigkeit der Bundesversicherungsanstalt für Angestellte ist auch für die Feststellung derjenigen Renten gegeben, die aus einer von ihr festgestellten Rente abgeleitet oder aus dieser umgewandelt werden.

Ist bei der Umwandlung einer bereits festgestellten Rente oder der Ableitung einer Rente aus einer solchen eine Neuberechnung der Rente notwendig, so müssen von der Bundesversicherungsanstalt für Angestellte die Vorschriften des HwVG beachtet werden, wie auch dann die Renten nach den Vorschriften der Rentenversicherung der Arbeiter zu berechnen und festzustellen sind. Da die Berechnungsvorschriften aber im wesentlichen übereinstimmen, können sich hierbei keine Änderungen ergeben, es sei denn, daß nunmehr die Vorschriften des § 3 HwVG die Anrechnung von Ersatz- bzw. Ausfallzeiten einschränken.

Daneben sind von der Bundesversicherungsanstalt für Angestellte bei der Berechnung einer umgewandelten oder abgeleiteten Rente die zwischenzeitlich entrichteten Beiträge zur Rentenversicherung der Arbeiter nach dem HwVG mit anzurechnen. Da die Vorschrift des § 10 HwVG eine Sondervorschrift darstellt, kann dann nicht eine Änderung der Zuständigkeit dadurch eintreten, daß bei dem späteren Versicherungsfall der letzte Beitrag vorher zur Rentenversicherung der Arbeiter entrichtet ist.

Ein Wechsel der Zuständigkeit tritt nicht ein, wenn eine Rente, bei 5
der zum Teil Beiträge nach dem HVG zu berücksichtigen waren, bereits nach den allgemeinen Vorschriften der Rentenversicherungsgesetze von den Trägern der Rentenversicherung der Arbeiter festzustellen war, weil der letzte Beitrag zu diesem Versicherungszweig entrichtet worden ist. Solche Renten sind weiterhin von den Trägern der Rentenversicherung der Arbeiter zu gewähren, ebenso wie sie weiterhin die Umwandlung solcher Renten oder die Ableitung anderer Renten aus diesen Renten vorzunehmen haben. Das gilt auch dann, wenn die Renten bisher von dem Träger der Rentenversicherung der Arbeiter noch nicht festgestellt worden sind. Die Vorschrift des § 10 HwVG hat lediglich den Zweck, die Zuständigkeit der Bundesversicherungsanstalt für Angestellte bestehen zu lassen, wenn diese nach dem am 31. 12. 1961 geltenden Recht für die Feststellung der Rente zuständig war.

2. Umwandlung der Renten

Eine Umwandlung der Rente kommt in Betracht, wenn die bisher 6
gezahlte Rente wegfällt, aber mit dem Wegfall dieser Rente an denselben Berechtigten eine andere Rentenleistung zu zahlen ist, selbst wenn eine völlige Neuberechnung der Rente vorzunehmen ist. Hierbei kann es nicht darauf ankommen, ob die Gewährung einer anderen Rente anstelle der bisher gezahlten stets im Gesetz als „Umwandlung" bezeichnet ist. Als Umwandlung ist in den Vorschriften der Neuregelungsgesetze nur bezeichnet:

wenn eine Rente wegen Berufsunfähigkeit bezogen wird und der Empfänger dieser Rente erwerbsunfähig wird, so ist die Berufsunfähigkeitsrente in eine Erwerbsunfähigkeitsrente umzuwandeln (§ 1253 Abs. 2 RVO);

wenn der Empfänger einer Rente wegen Berufsunfähigkeit oder wegen

Erwerbsunfähigkeit das 65. Lebensjahr vollendet und die Wartezeit für das Altersruhegeld erfüllt hat, so ist die bisher gezahlte Rente in das Altersruhegeld umzuwandeln (§ 1254 Abs. 2 RVO):
wenn der Empfänger einer Rente wegen Erwerbsunfähigkeit infolge einer Änderung in seinen Verhältnissen nicht mehr erwerbsunfähig, aber noch berufsunfähig ist, so ist seine Rente in eine Berufsunfähigkeitsrente umzuwandeln (§ 1286 Abs. 1 RVO);
wenn der Empfänger einer erhöhten Witwenrente (Witwerrente, Renten an den früheren Ehegatten) gemäß § 1268 Abs. 2 Nr. 2 RVO nicht mehr berufsunfähig ist, so ist die Rente in eine Rente nach § 1268 Abs. 1 RVO (normale Witwenrente) umzuwandeln;
wenn der Rentenberechtigte sich ohne triftigen Grund einer Nachuntersuchung oder Beobachtung entzieht, so kann seine Rente umgewandelt werden, und zwar eine Erwerbsunfähigkeitsrente in eine Berufsunfähigkeitsrente, eine wegen Berufsunfähigkeit gewährte erhöhte Witwenrente nach § 1268 Abs. 2 Nr. 2 RVO (Witwerrente, Rente an den früheren Ehegatten) in eine Witwenrente nach § 1268 Abs. 1 RVO, wenn der Berechtigte vorher auf diese Folge schriftlich hingewiesen worden ist.

Daneben wird aber als Umwandlung im Sinne des § 10 Abs. 2 HwVG auch die Gewährung eines vorgezogenen Altersruhegeldes nach § 1248 Abs. 2 und 3 RVO anstelle einer Berufs- oder Erwerbsfähigkeitsrente, die Gewährung einer erhöhten Witwenrente nach § 1268 Abs. 2 RVO (Witwerrente, Rente an den früheren Ehegatten) anstelle der Gewährung der Rente nach § 1268 Abs. 1 RVO, die Gewährung einer Vollwaisenrente anstelle einer Halbwaisenrente anzusehen sein.

7 Mit einem endgültigen Wegfall der Versichertenrente wegen Entziehung (§ 1286 RVO bzw. § 63 AVG) endet allerdings auch die Zuständigkeit der Bundesversicherungsanstalt für Angestellte. Wird nach einem Wegfall der Rente wegen Entziehung später erneut eine Rente beantragt, so ist für die Feststellung dieser Rente der Träger der Rentenversicherung der Arbeiter zuständig.

3. Ableitung der Renten

8 Unter Ableitung einer Rente aus einer anderen Rente ist zu verstehen, wenn eine an den Versicherten gezahlte Rente wegen des Todes des Berechtigten wegfällt und den Hinterbliebenen Rente zu gewähren ist. Die Hinterbliebenenrenten werden dann aus der Rente des Versicherten abgeleitet.

Unerheblich ist es, ob bei der Ableitung der Rente eine Neuberechnung erforderlich ist. Grundsätzlich bleibt es bei der Zuständigkeit der Bundesversicherungsanstalt für Angestellte, wenn bereits eine Rente von ihr festgesetzt war und unter Wegfall der bisherigen Leistung eine andere Rente festgestellt werden muß. Keinen Einfluß hat es, wenn zwischen dem Wegfall der bisher bezogenen Rente, die von der Bundesversicherungsanstalt für Angestellte festgestellt worden ist, und der Feststellung der dann zu gewährenden abgeleiteten Rente ein Zeitraum liegt, während dem überhaupt keine Rente gewährt wird. Das kann vorkommen, wenn der Beginn der neu zu gewährenden Rente wegen verspäteter Antragstellung nicht unmittelbar an den Wegfall der bisherigen Rente anschließt.

IV. Die Erstattung der Aufwendungen für Renten

Die Träger der Rentenversicherung der Arbeiter erstatten der Bundes- 9
versicherungsanstalt für Angestellte die Ausgaben für Renten, die von dieser festgestellt sind oder noch festgestellt werden und die ganz oder zum Teil auf Beiträgen beruhen, die nach dem HVG entrichtet worden sind.

Die in § 10 Abs. 3 HwVG angeführten Rechtsvorschriften haben folgenden Wortlaut:

„§ 1390 RVO

Die Leistungen für Renten und Beitragserstattungen und für Beiträge für die Krankenversicherung der Rentner werden von sämtlichen Trägern der Rentenversicherung der Arbeiter nach dem Verhältnis ihrer Beitragseinnahmen jeweils für ein Kalenderjahr gemeinsam getragen.

§ 1391 RVO

Das Bundesversicherungsamt verteilt die Aufwendungen für Renten, Beitragserstattungen und Beiträge für die Krankenversicherung der Rentner auf die Träger der Rentenversicherung der Arbeiter. Es führt die Abrechnung zwischen den Trägern der Rentenversicherung der Arbeiter untereinander, der Deutschen Bundespost und dem Bund durch.

§ 1392 RVO

Die Deutsche Bundespost teilt dem Bundesversicherungsamt zur Durchführung der Abrechnung binnen acht Wochen nach Ablauf jedes Kalenderjahres die Beträge mit, die auf Anweisung der Träger der Rentenversicherung der Arbeiter im abgelaufenen Kalenderjahr gezahlt worden sind.

§ 1393 RVO

Die Träger der Rentenversicherung der Arbeiter haben die zu erstattenden Beträge binnen zwei Wochen nach dem Empfang der Zahlungsaufforderung zu zahlen.

§ 1314 RVO

(1) Zwischen den beteiligten Trägern der Rentenversicherung findet ein finanzieller Ausgleich statt.

(2) Der Ausgleich ist unter Berücksichtigung der in den beteiligten Versicherungszweigen zurückgelegten Versicherungs- und Ausfallzeiten und der Höhe der

den Beiträgen zugrunde liegenden Entgelte oder Arbeitseinkommen durchzuführen. Dabei gelten Beiträge für Zeiten vor dem 1. Januar 1923, in denen der Versicherte als Angestellter beschäftigt war, als Beiträge zur Rentenversicherung der Angestellten. Dabei gelten Ersatzzeiten und Ausfallzeiten in dem Versicherungszweig als zurückgelegt, zu dem der letzte Beitrag vor der Ersatz- oder Ausfallzeit entrichtet ist, und, wenn vor der Ersatz- oder Ausfallzeit kein Beitrag entrichtet ist, in dem Versicherungszweig, zu dem nach Beendigung der Ersatz- oder Ausfallzeit der erste Beitrag entrichtet wurde. Rentenbezugszeiten werden in dem Versicherungszweig, der die Rente gewährt hat, angerechnet. Eine Zurechnungszeit wird bei den beteiligten Versicherungszweigen nach der Dauer der in ihnen zurückgelegten Versicherungs- und Ausfallzeiten anteilmäßig berücksichtigt; dies gilt für die Fälle, in denen eine Kürzungs- oder Ruhensvorschrift angewandt ist, entsprechend.

(3) Stellt der Träger der knappschaftlichen Rentenversicherung die Gesamtleistung fest, so erstatten die Träger der Rentenversicherung der Arbeiter und der Rentenversicherung der Angestellten die auf sie entfallenden Leistungsanteile. Stellt der Träger der Rentenversicherung der Arbeiter oder der Rentenversicherung der Angestellten eine Gesamtleistung mit einem knappschaftlichen Leistungsanteil fest, so erstattet der Träger der knappschaftlichen Rentenversicherung den auf die knappschaftliche Rentenversicherung entfallenden Leistungsanteil an den feststellenden Träger der Rentenversicherung.

(4) Für die Anwendung der Begrenzungs- und Ruhensvorschriften gilt die Reihenfolge: knappschaftliche Rentenversicherung, Rentenversicherung der Arbeiter, Rentenversicherung der Angestellten.

(5) Der Kinderzuschuß geht zu Lasten der Rentenversicherung der Angestellten. Wird eine Leistung aus der Rentenversicherung der Angestellten nicht gewährt, so geht er zu Lasten der Rentenversicherung der Arbeiter.

(6) Die Waisenrente geht zu Lasten der knappschaftlichen Rentenversicherung, wenn eine Leistung aus diesem Versicherungszweig gewährt wird.

(7) Der Bundesminister für Arbeit kann durch Rechtsverordnung mit Zustimmung des Bundesrates die Grundsätze und das Verfahren für den Ausgleich nach den Absätzen 1 bis 3 bestimmen. Er kann eine pauschale Ermittlung der Ausgleichsbeträge vorschreiben und kann das Bundesversicherungsamt mit der Durchführung des jährlichen Ausgleichs beauftragen.“

Der § 93 AVG stimmt wörtlich mit dem § 1314 RVO überein. Von dem Abdruck wurde deshalb abgesehen.

10 Wie in dem schriftlichen Bericht des Ausschusses für Sozialpolitik des Deutschen Bundestages zum Entwurf des HwVG (abgedruckt S. 34) ausgeführt wird, hat die Vorschrift des § 10 Abs. 3 HwVG den Sinn, die Abrechnung zwischen den Trägern der Rentenversicherung der Arbeiter und der Bundesversicherungsanstalt für Angestellte wegen der zu erstattenden Aufwendungen für Handwerker zu erleichtern.

Die Träger der Rentenversicherung der Arbeiter haben die gesamten Ausgaben für Renten, in denen Beiträge nach dem HVG enthalten sind, zu erstatten, und zwar ohne Rücksicht darauf, ob in solchen Renten auch Beiträge zur Rentenversicherung der Angestellten berücksichtigt worden sind. Es reicht deshalb aus, wenn bei der Berechnung einer Rente nur eine geringe Anzahl von Beiträgen nach dem HVG berücksichtigt, sonst aber nur Beiträge zur Rentenversicherung der Angestellten nachgewiesen sind, daß die gesamte Rente der Bundesversicherungsanstalt für Angestellte zu erstatten ist. Die Aufteilung der Aufwendung für die Rente nach den allgemeinen Vorschriften über den Wanderversicherungsausgleich soll vermieden werden, wie sich auch daraus ergibt, daß § 1314 RVO bzw. § 93 AVG keine Anwendung finden.

Zum Ausgleich dafür hat aber die Bundesversicherungsanstalt für 11
Angestellte die gesamten Aufwendungen für die Beiträge zur Krankenversicherung der Rentner, die aus solchen Renten resultieren, aus eigenen Mitteln zu tragen, ebenso wie sie nicht ihre Verwaltungskostenanteile, die auf die weitere Verwaltung der bisher bereits festgestellten Renten entfallen, erstattet erhält. Daneben trägt die Bundesversicherungsanstalt für Angestellte auch noch die gesamten Aufwendungen für die Maßnahmen zur Erhaltung, Besserung und Wiederherstellung der Erwerbsfähigkeit, für deren Gewährung sie noch zuständig ist, sei es, weil der Handwerker den Antrag auf Durchführung dieser Maßnahmen vor dem 1. 1. 1962 gestellt hat (vgl. § 11 Abs. 4 HwVG), oder weil die Zuständigkeit der Bundesversicherungsanstalt für Angestellte gegeben ist, da sie die Rente gewährt. Das gleiche gilt auch für die Beitragserstattungen, die von Handwerkern vor dem 1. 1. 1962 beantragt worden sind. Auch in solchen Fällen hat die Bundesversicherungsanstalt keinen Anspruch auf Erstattung ihrer Aufwendungen, selbst wenn nur Beiträge erstattet werden, die auf Grund des HVG entrichtet worden sind.

Der pauschale Ausgleich zwischen den Trägern der Rentenversicherung 12
der Arbeiter und der Bundesversicherungsanstalt für Angestellte gilt allerdings nur, soweit es sich um Renten handelt, die von ihr nach § 10 Abs. 1 und 2 HwVG weiterzugewähren oder noch neu festzustellen sind. Für die Renten, für deren Feststellung die Bundesversicherungsanstalt für Angestellte nach dem 1. 1. 1962 zuständig wird, weil der letzte Beitrag vor Eintritt des Versicherungsfalles zur Rentenversicherung der Angestellten entrichtet ist, gelten die allgemeinen Vorschriften über den Wanderversicherungsausgleich (§ 1314 RVO bzw. § 93 AVG), selbst wenn bei der Berechnung solcher Renten Beiträge zu berücksichtigen sind, die auf Grund des HVG oder des HwVG entrichtet sind. Das gilt auch für den Wanderversicherungsausgleich bei Beitragserstattungen.

Eine Auseinandersetzung zwischen den Trägern der Rentenversiche- 13
rung der Arbeiter und der Bundesversicherungsanstalt für Angestellte über das vorhandene Vermögen der Handwerkerversorgung findet nicht statt, da der Bundestag in der zweiten Lesung des Gesetzes die entsprechende Vorschrift des Entwurfs, in der eine solche Auseinandersetzung vorgeschrieben war, gestrichen hat. Soweit sich aus dem Sondervermögen der Handwerkerversorgung, das bis zum 31. 12. 1961 bei der

Bundesversicherungsanstalt für Angestellte bestand, ein Überschuß ergibt, verbleibt dieser bei der Bundesversicherungsanstalt für Angestellte. Besteht das Sondervermögen auch nach der endgültigen Abrechnung nur aus Verbindlichkeiten, so muß die Bundesversicherungsanstalt für Angestellte diese aus ihrem eigenen Vermögen decken.

V. Sonderregelung für das Saarland

14 Die Landesversicherungsanstalt für das Saarland war zunächst auch der Träger der Rentenversicherung der Angestellten und damit auch für die Feststellung und die Gewährung von Renten nach dem HVG zuständig. Bei der Neuordnung der Sozialversicherungsträger im Saarland durch das Sozialversicherungs-Organisationsgesetz-Saar vom 28. 3. 1960 (BGBl. I S. 194) gingen die Aufgaben der Rentenversicherung der Angestellten auf die Bundesversicherungsanstalt für Angestellte über, die Landesversicherungsanstalt für das Saarland blieb jedoch Träger der Altersversorgung für das Deutsche Handwerk.

Für das Saarland brauchte deshalb keine besondere Regelung über die Zuständigkeit für die Weitergewährung der Renten getroffen zu werden, da diese ohnehin von dem Träger der Rentenversicherung der Arbeiter festgestellt sind und gewährt werden. Zweifelhaft ist es, ob die Landesversicherungsanstalt für das Saarland die Leistungen an selbständige Handwerker in vollem Umfange aus eigenen Mitteln zu tragen hat, d. h. solche Leistungen aus dem Verfahren über die Gemeinlastabrechnung zwischen den Trägern der Rentenversicherung der Arbeiter ausgenommen sind, oder ob auch diese Leistungen in das Gemeinlastverfahren einbezogen werden müssen. Im letzteren Falle ergäbe sich allerdings die nicht gewollte Auswirkung, daß die Leistungen der Landesversicherungsanstalt für das Saarland an selbständige Handwerker von den anderen Trägern der Rentenversicherung der Arbeiter mit getragen werden müßten, während andererseits die Landesversicherungsanstalt für das Saarland von der Verpflichtung befreit wäre, gemeinsam mit den anderen Landesversicherungsanstalten die der Bundesversicherungsanstalt für Angestellte entstehenden Aufwendungen für Renten an selbständige Handwerker zu übernehmen. Das könnte dann noch zu der Folgerung führen, daß auch die Beitragseinnahmen der Landesversicherungsanstalt für das Saarland, soweit sie auf den Vorschriften des HwVG beruhen, von der Gemeinlastabrechnung ausgenommen werden müßten.

§ 11

(1) Sind zuletzt Beiträge nach § 8 Abs. 1 Satz 1 entrichtet worden, so ist für die Feststellung der Renten derjenige Träger der Rentenver-

sicherung der Arbeiter zuständig, in dessen Bezirk der Versicherte zur Zeit der Entrichtung dieses Beitrages seinen Wohnsitz gehabt hat. § 1311 der Reichsversicherungsordnung gilt entsprechend.

(2) Absatz 1 gilt auch für die Zuständigkeit beim Umtausch von Versicherungskarten und bei sonstigen Angelegenheiten der Versicherung nach diesem Gesetz.

(3) Maßnahmen zur Erhaltung, Besserung und Wiederherstellung der Erwerbsfähigkeit, die vor dem Inkrafttreten dieses Gesetzes bewilligt sind, werden von der Bundesversicherungsanstalt für Angestellte bis zu dem Zeitpunkt weitergewährt, zu dem sie ohne dieses Gesetz beendigt worden wären. Für Anträge auf solche Maßnahmen, die vor Inkrafttreten dieses Gesetzes gestellt sind, bleibt die Bundesversicherungsanstalt für Angestellte zuständig; Satz 1 gilt entsprechend.

(4) Die Bundesversicherungsanstalt für Angestellte bleibt für die Entscheidung über Anträge zuständig, welche die Beitragspflicht von Handwerkern betreffen und vor dem Inkrafttreten dieses Gesetzes gestellt sind.

(5) In den Fällen der Absätze 3 und 4 tritt im Saarland an die Stelle der Bundesversicherungsanstalt für Angestellte die Landesversicherungsanstalt für das Saarland.

Übersicht über die Erläuterungen

I. Allgemeines

Im § 11 Abs. 1 und 2 HwVG wird die örtliche Zuständigkeit des Trägers der Rentenversicherung für die Feststellung von Renten, den Umtausch der Versicherungskarten und die sonstigen Angelegenheiten der Versicherung bestimmt, während in den Absätzen 3 und 4 geregelt wird, für welche Angelegenheiten die Bundesversicherungsanstalt für Angestellte weiterhin zuständig bleiben soll. 1

Im Absatz 5 ist schließlich eine Sonderregelung für das Saarland enthalten, da die Landesversicherungsanstalt für das Saarland bisher schon Träger der Altersversorgung für das Deutsche Handwerk war.

II. Zuständigkeit der Träger der Rentenversicherung der Arbeiter

1. Feststellung von Renten

Der § 11 Abs. 1 HwVG, wonach in den Fällen, in denen zuletzt Beiträge auf Grund des HVG entrichtet sind, für die Feststellung der Renten derjenige Träger der Rentenversicherung der Arbeiter zuständig ist, in 2 dessen Bezirk der Versicherte zur Zeit der Entrichtung dieses Beitrages seinen Wohnsitz gehabt hat, stellt eine Sonderregelung dar.

Die Zuständigkeitsregelung des § 11 Abs. 1 HwVG kann deshalb nur dann Anwendung finden, wenn der Versicherte außer den auf Grund der Vorschriften des HVG entrichteten Beiträgen keine weiteren Beiträge zur gesetzlichen Rentenversicherung entrichtet hat. Entrichtete der Versicherte später noch weitere Beiträge zur gesetzlichen Rentenversicherung, so richtet sich die Zuständigkeit des Träger der Rentenversicherung nach den allgemeinen Vorschriften der Rentenversicherung.

Die besondere Zuständigkeitsregelung kann nur dann Anwendung finden, wenn nicht noch die Bundesversicherungsanstalt für Angestellte für die Feststellung der Leistung zuständig ist (vgl. § 10 Abs. 1 und 2 HwVG).

Der in der Vorschrift angeführte § 1311 RVO hat folgenden Wortlaut:

„§ 1311 RVO

(1) Zuständig für die Feststellung und Zahlung der Leistung ist der Träger des Versicherungszweiges, an den der letzte Beitrag entrichtet ist. Sind zuletzt Beiträge an mehrere Versicherungszweige entrichtet, so ist der zuerst angegangene Versicherungsträger zuständig. Für die Zuständigkeit ist die Wirksamkeit der Beiträge unerheblich.

(2) Der Träger der knappschaftlichen Rentenversicherung ist für die Feststellung und Zahlung der Leistung auch dann zuständig, wenn die Wartezeit für die Bergmannsrente nach § 45 Abs. 1 Nr. 1 des Reichsknappschaftsgesetzes erfüllt ist oder als erfüllt gilt.

(3) Der Bundesminister für Arbeit kann durch Rechtsverordnung mit Zustimmung des Bundesrates die Zuständigkeit abweichend von Absatz 1 regeln."

2. Die sonstigen Angelegenheiten

3 Die Zuständigkeitsregelung des § 11 Abs. 1 HwVG soll auch für den Umtausch von Versicherungskarten und bei sonstigen Angelegenheiten der Versicherung nach dem HwVG gelten (§ 11 Abs. 2 HwVG).

Soweit die Zuständigkeitsvorschrift den Umtausch der Versicherungskarten betrifft, so wird anzunehmen sein, daß der Träger der Rentenversicherung der Arbeiter dadurch nicht allein zuständig wird, sondern die Karten auch von den Ausgabestellen für Versicherungskarten, die nach Landesrecht bestimmt sind, umgetauscht werden können. Die Ausgabestelle muß lediglich die Karten dann gegebenenfalls durch Vermittlung des Versicherungsträgers, in dessen Bezirk sie ihren Sitz hat, an den nach § 11 Abs. 2 HwVG zuständigen Versicherungsträger weiterleiten.

Als sonstige Angelegenheiten der Versicherung nach dem HwVG werden die Fälle anzusehen sein, in denen die Entscheidung über die Versicherungspflicht oder die Versicherungsfreiheit zu treffen ist, wenn nicht ein anderer Träger der Rentenversicherung für eine solche Entscheidung zuständig ist, weil der Handwerker in dessen Bezirk in der Handwerksrolle eingetragen ist. Die Vorschrift kann nur so verstanden werden, daß sie eine Zuständigkeit in den Fällen begründen soll, in denen eine andere Zuständigkeitsregelung nicht besteht.

Nicht zu den Angelegenheiten der Versicherung nach dem HwVG gehören die Fragen der freiwilligen Weiterversicherung, der Beitragserstattung, der Gewährung von Maßnahmen zur Erhaltung, Besserung und Wiederherstellung der Erwerbsfähgkeit, weil sie nicht in dem HwVG, sondern vielmehr in den allgemeinen Vorschriften der Rentenversicherung der Arbeiter geregelt sind.

III. Die Zuständigkeit der Bundesversicherungsanstalt für Angestellte

Die Bundesversicherungsanstalt für Angestellte bleibt für die Durchführung von Maßnahmen zur Erhaltung, Besserung und Wiederherstellung der Erwerbsfähigkeit zuständig, die vor dem 1. 1. 1962 beantragt oder bewilligt worden sind. Eine Änderung in der Zuständigkeit tritt durch den Übergang der Handwerkerversicherung von der Bundesversicherungsanstalt für Angestellte auf die Träger der Rentenversicherung der Arbeiter nicht ein. Wegen des Zeitpunkts der Antragstellung vgl. Anm. 2 zu § 10. Eine Erstattung der Kosten für die Durchführung der Maßnahmen erhält die Bundesversicherungsanstalt für Angestellte nicht (vgl. Anm. 11 zu § 10). 4

Die Bundesversicherungsanstalt für Angestellte bleibt auch für die Entscheidung über Anträge zuständig, welche die Beitragspflicht von Handwerkern betreffen und die vor dem 1. 1. 1962 gestellt sind.

Obwohl nur die Beitragspflicht erwähnt ist, wird hierzu auch die Entscheidung über die Versicherungspflicht und die Versicherungsfreiheit, insbesondere aber die Entscheidung über Anträge auf Befreiung von der Versicherungspflicht gehören. Maßgebend für die Zuständigkeit der Bundesversicherungsanstalt ist dabei der Zeitpunkt der Antragstellung (vgl. Anm. 2 zu § 10). Es wird wohl davon auszugehen sein, daß alle Anträge und auch Anfragen von Handwerkern, die vor dem 1. 1. 1962 bei der Bundesversicherungsanstalt für Angestellte eingegangen sind und die die Versicherung nach dem HVG betreffen, auch von dieser noch abschließend zu bearbeiten sind. Sofern allerdings noch Beiträge einzuziehen sind, muß die Bundesversicherungsanstalt für Angestellte die Beitragspflicht für die Zeit vor dem 1. 1. 1962 feststellen, der Beitragseinzug selbst muß von dem Träger der Rentenversicherung der Arbeiter vorgenommen werden (§ 9 Abs. 2 HwVG).

Bei der Bundesversicherungsanstalt für Angestellte bestehende Vorgänge sind deshalb von dieser abschließend zu bearbeiten und dürfen nicht an den Träger der Rentenversicherung der Arbeiter abgegeben werden, es sei denn, es handelt sich um Vorgänge, die die Versicherungspflicht usw. nach dem HwVG betreffen.

§ 12

Der in § 1389 der Reichsversicherungsordnung in der Fassung des Gesetzes über Bundeszuschüsse und Gemeinlast vom 28. März 1960 (Bundesgesetzbl. I S. 199) festgesetzte Bundeszuschuß erhöht sich, der in § 116 des Angestelltenversicherungsgesetzes in der Fassung des Gesetzes über Bundeszuschüsse und Gemeinlast vom 28. März 1960 festgesetzte Bundeszuschuß ermäßigt sich im Jahre 1962 um 7,9 vom Hundert des Bundeszuschusses der Rentenversicherung der Angestellten.

Die Mittel für die Ausgaben der Rentenversicherung werden durch Beiträge der Versicherten und der Arbeitgeber sowie durch einen Zuschuß des Bundes aufgebracht (§ 1382 RVO). Im Zusammenhang mit der Überführung der Handwerkerversicherung aus der Rentenversicherung der Angestellten in die Rentenversicherung der Arbeiter ist der Bundeszuschuß neu festgesetzt worden.

Der Satz von 7,9 v. H. des Bundeszuschusses der Rentenversicherung der Angestellten entspricht dem Anteil der Rentenlast der Handwerker an der Gesamtlast der Rentenversicherung der Angestellten für das Jahr 1957 nach der Rechnung des Bundesversicherungsamts (vgl. Niederschrift über die 121. Sitzung des Deutschen Bundestages — 3. Wahlperiode — S. 6998 A). Der Teil des Bundeszuschusses, der bei der Rentenversicherung der Angestellten bisher auf die Renten der Handwerker entfiel, soll künftig den Trägern der Rentenversicherung der Arbeiter zufließen, da diese auch die Aufwendungen für die Renten an Handwerkerzu übernehmen haben.

§ 13

(1) Die Reichsversicherungsordnung wird wie folgt geändert:

1. In § 1227 Abs. 1 werden die Worte „oder des Gesetzes über die Altersversorgung für das Deutsche Handwerk“ gestrichen.

2. In § 1228 Abs. 1 Nr. 4 werden eingefügt hinter „Arbeitgeber“ die Worte „oder eine Nebentätigkeit“ und angefügt die Worte „oder in der Nebentätigkeit“.

3. In § 1314 Abs. 2 wird folgender Satz 2 eingefügt:

„Dabei gelten Beiträge für Zeiten vor dem 1. Januar 1923, in denen der Versicherte als Angestellter beschäftigt war, als Beiträge zur Rentenversicherung der Angestellten.“

(2) Das Angestelltenversicherungsgesetz wird wie folgt geändert:

1. In § 4 Abs. 1 Nr. 5 werden eingefügt hinter „Arbeitgeber“ die Worte „oder eine Nebentätigkeit“ und angefügt die Worte „oder in der Nebentätigkeit“.

2. In § 93 Abs. 2 wird folgender Satz 2 eingefügt:
„Dabei gelten Beiträge für Zeiten vor dem 1. Januar 1923, in denen der Versicherte als Angestellter beschäftigt war, als Beiträge zur Rentenversicherung der Angestellten."

(3) 1. Artikel 2 § 36 Abs. 3 des Arbeiterrentenversicherungs-Neuregelungsgesetzes in der Fassung des Gesetzes über Bundeszuschüsse und Gemeinlast vom 28. März 1960 erhält folgende Fassung:
„(3) Von den Aufwendungen für den Sonderzuschuß erstattet der Bund den Trägern der Rentenversicherung der Arbeiter im Jahre 1962 den Betrag von 172 Millionen Deutsche Mark und in den folgenden neun Jahren einen Betrag, der jeweils um 17,2 Millionen Deutsche Mark geringer ist als im Vorjahr."

2. Art. 2 § 35 Abs. 3 des Angestelltenversicherungs-Neuregelungsgesetzes in der Fassung des Gesetzes über Bundeszuschüsse und Gemeinlast vom 28. März 1960 erhält folgende Fassung:
„(3) Von den Aufwendungen für den Sonderzuschuß erstattet der Bund der Bundesversicherungsanstalt für Angestellte im Jahre 1962 den Betrag von 45 Millionen Deutsche Mark und in den folgenden neun Jahren einen Betrag, der jeweils um 4,5 Millionen Deutsche Mark geringer ist als im Vorjahr."

(4) Das Reichsknappschaftsgesetz wird wie folgt ergänzt:

1. In § 30 Abs. 1 Nr. 4 werden eingefügt hinter „Arbeitgeber" die Worte „oder eine Nebentätigkeit" und angefügt die Worte „oder in der Nebentätigkeit".

2. In § 104 Abs. 2 wird folgender Satz 2 eingefügt:
„Dabei gelten Beiträge für Zeiten vor dem 1. Januar 1923, in denen der Versicherte als Angestellter beschäftigt war, als Beiträge zur Rentenversicherung der Angestellten."

(5) Soweit in anderen Vorschriften auf Bestimmungen verwiesen wird oder Bezeichnungen verwendet werden, die durch dieses Gesetz geändert werden, treten an ihre Stelle die entsprechenden Bestimmungen und Bezeichnungen dieses Gesetzes.

Die durch § 13 Abs. 1, 2 und 4 HwVG vorgenommenen Änderungen der RVO, des AVG bzw. des RKG betreffen nur mittelbar die Versicherung von selbständigen Handwerkern. 1

Die Streichung der Worte „oder des Gesetzes über die Altersversorgung für das Deutsche Handwerk" im § 1227 Abs. 1 RVO war notwendig, da die Versicherung nach dem HwVG nicht mehr die gesamten Tätigkeiten und Beschäftigungen des Handwerkers umfaßt, sondern vielmehr künftig der Handwerker, der als Arbeitnehmer rentenversicherungspflichtig ist, nach § 2 Abs. 1 Nr. 5 HwVG versicherungsfrei ist.

2 Die Ergänzung der Vorschrift des § 1228 Abs. 1 Nr. 4 RVO, des § 4 Abs. 1 Nr. 5 AVG und des § 30 Abs. 1 Nr. 4 RKG bringt eine Änderung der bisherigen Rechtslage, da nunmehr auch neben regelmäßigen, die Versicherungspflicht begründenden Beschäftigungen ausgeübte Nebentätigkeiten versicherungsfrei sein können. Für die selbständigen Handwerker hat diese Vorschrift keine Bedeutung, da sie ohnehin nach § 2 Abs. 1 Nr. 5 HwVG wegen ihrer Tätigkeit als selbständige Handwerker versicherungsfrei sind, wenn sie als Arbeitnehmer beschäftigt und auf Grund dieser Beschäftigung der Versicherungspflicht nach den allgemeinen Vorschriften der Rentenversicherung unterliegen.

3 Die Ergänzung des § 1314 Abs. 2 RVO, des § 93 Abs. 2 AVG und des § 104 Abs. 2 RKG hat zum Ziel, sogenannte „unechte" Wanderversicherungsfälle bei dem Wanderversicherungsausgleich zwischen den einzelnen Versicherungszweigen auszuschließen, wenn der Versicherte zwar als Angestellter beschäftigt war, die Beiträge jedoch zur Rentenversicherung der Arbeiter zu entrichten waren.

4 Die Änderung der Höhe der Erstattungen des Bundes für den Sonderzuschuß ergab sich einmal aus dem Übergang der Handwerkerversicherung auf die Rentenversicherung der Arbeiter und die damit verbundene Übernahme der Aufwendungen für Renten an Handwerker. Eine Neufestsetzung gegenüber den Entwürfen war notwendig, weil das HwVG entgegen der ursprünglichen Absicht erst am 1. 1. 1962 in Kraft getreten ist.

5 Die Regelung des Absatzes 5 stellt eine Generalklausel dar, wonach die Anpassung der Verweisungen und Bezeichnungen in anderen Gesetzen automatisch erfolgt. Die Vorschrift hat nicht nur Bedeutung für die Änderungen der RVO, des AVG und des RKG durch § 13 Abs. 1 bis 4 HwVG, sondern sie gilt für alle Vorschriften des HwVG, die an die Stelle von Vorschriften des HVG getreten sind.

§ 13a

Die Befreiung von der Versicherungspflicht nach § 2 Abs. 2 wirkt vom 1. Januar 1962 an, wenn sie bis zum 31. Dezember 1962 beantragt wird.

Diese Vorschrift ist durch das Änderungsgesetz zum HwVG eingefügt worden. Sie betrifft das Wirksamwerden der Befreiung von Bezirksschornsteinfegermeistern. Wird der Antrag bis zum 31. 12. 1962 gestellt, so kann er nicht auf bestimmte Zeiten nach dem 31. 12. 1961 beschränkt werden, sondern mit dem Wirksamwerden der Befreiung werden alle seit dem 1. 1. 1962 entrichteten Pflichtbeiträge unwirksam.

Wegen des Wirksamwerdens der Befreiung in den Fällen, in denen der Antrag erst nach dem 31. 12. 1962 gestellt wird, vgl. Anm. 2a zu § 2 HwVG.

DRITTER ABSCHNITT
Schlußvorschriften
§ 14

Mit dem Inkrafttreten dieses Gesetzes treten insbesondere außer Kraft

1. das Gesetz über die Altersversorgung für das Deutsche Handwerk vom 21. Dezember 1938 (Reichsgesetzbl. I S. 1900),
2. die Erste Verordnung zur Durchführung und Ergänzung des Gesetzes über die Altersversorgung für das Deutsche Handwerk vom 13. Juli 1939 (Reichsgesetzbl. I S. 1255),
3. § 3 Abs. 1 Satz 4 der Zweiten Durchführungsverordnung zur Notdienstverordnung vom 10. Oktober 1939 (Reichsgesetzbl. I S. 2018),
4. die Zweite Verordnung zur Durchführung und Ergänzung des Gesetzes über die Altersversorgung für das Deutsche Handwerk vom 28. Oktober 1939 (Reichsgesetzbl. I S. 2113),
5. die Dritte Verordnung zur Durchführung und Ergänzung des Gesetzes über die Altersversorgung für das Deutsche Handwerk vom 20 Dezember 1940 (Reichsgesetzbl. I S. 1671),
6. Abschnitt IV des Gesetzes über weitere Maßnahmen in der Reichsversicherung aus Anlaß des Krieges vom 15. Januar 1941 (Reichsgesetzbl. I S. 34),
7. die Vierte Verordnung zur Durchführung und Ergänzung des Gesetzes über die Altersversorgung für das Deutsche Handwerk vom 8. Dezember 1941 (Reichsgesetzbl. I S. 756),
8. die Fünfte Verordnung zur Durchführung und Ergänzung des Gesetzes über die Altersversorgung für das Deutsche Handwerk vom 26. September 1942 (Reichsgesetzbl. I S. 565),
9. die Sechste Verordnung zur Durchführung und Ergänzung des Gesetzes über die Altersversorgung für das Deutsche Handwerk vom 6. Dezember 1943 (Reichsgesetzbl. I S. 664),
10. Artikel 21 der Ersten Verordnung zur Vereinfachung des Leistungs- und Beitragsrechts in der Sozialversicherung vom 17. März 1945 (Reichsgesetzbl I S. 41), soweit er selbständige Handwerker betrifft,
11. das Gesetz zur vorläufigen Änderung des Gesetzes über die Altersversorgung für das Deutsche Handwerk vom 27. August 1956 (Bundesgesetzbl. I S. 755),
12. die Verordnung zur Durchführung des Gesetzes zur vorläufigen Änderung des Gesetzes über die Altersversorgung für das Deutsche Handwerk vom 21. Dezember 1956 (Bundesgesetzbl. I S. 950),
13. Artikel 2 § 52 des Angestelltenversicherungs-Neuregelungsgesetzes vom 23. Februar 1957 (Bundesgesetzbl. I S. 88),
14. das Gesetz vom 6. Juli 1952 (Amtsblatt des Saarlandes S. 661) zur Änderung des Gesetzes über die Altersversorgung für das Deutsche Handwerk vom 21. Dezember 1938 (Reichsgesetzblatt I S. 1900),

15. das Gesetz Nr. 569 zur weiteren Änderung des Gesetzes über die Altersversorgung für das Deutsche Handwerk vom 22. Dezember 1956 (Amtsblatt des Saarlandes S. 1728).

Im § 14 HwVG werden beispielhaft die Vorschriften aufgezählt, die außer Kraft treten. Wenn auch ein ausdrücklicher Hinweis fehlt, daß mit dem Inkrafttreten des HwVG alle entgegenstehenden oder gleichlautenden Vorschriften außer Kraft treten, so hat das keine praktische Bedeutung. Der allgemeine Rechtsgrundsatz, daß das neue Recht das alte Recht ersetzt, muß auch hier angewandt werden.

Im übrigen geht aus der Formulierung „treten insbesondere außer Kraft" eindeutig hervor, daß die dem HwVG entgegenstehenden Vorschriften nicht mehr gelten.

§ 15

Dieses Gesetz gilt nach § 13 Abs. 1 des Dritten Überleitungsgesetzes vom 4. Januar 1952 (Bundesgesetzbl. I S. 1) auch im Land Berlin.

Das Land Berlin hat das HwVG durch das Übernahmegesetz vom 23. 9. 1960 (GVBl. S. 981) übernommen. Das HwVG gilt daher ab 1. 1. 1962 auch im Land Berlin.

§ 16

Dieses Gesetz tritt mit Wirkung vom 1. Januar 1962 in Kraft.

Das HwVG ist im Bundesgesetzblatt Teil I Nr. 50 — ausgegeben zu Bonn am 15. 9. 1960 — verkündet worden. Das Inkrafttreten des HwVG ist während der zweiten Beratung des Gesetzentwurfs im Deutschen Bundestag auf den 1. 1. 1962 hinausgeschoben worden. Wie in der Beratung betont wurde, sollte den Trägern der Rentenversicherung bzw. den Trägern der Krankenversicherung, sofern ihnen der Beitragseinzug übertragen wird, genügend Zeit gegeben werden, um die notwendigen Vorbereitungsarbeiten durchführen zu können.

Daneben sollte aber mit dem Hinausschieben des Zeitpunktes des Inkrafttretens erreicht werden, daß die Handwerker, die bisher im Rahmen der Rentenversicherung der Angestellten versichert worden sind, noch beim Eintritt des Versicherungsfalles bis zum 31. 12. 1961 in den Genuß der günstigeren Berechnung der Renten nach dem am 31. 12. 1956 geltenden Recht der Rentenversicherung der Angestellten kommen können (vgl. Art. 2 § 41 AnVNG).

Die Neufassung des § 1 Abs. 1 und 2 HwVG sowie die Anfügung des Abs. 6 an § 7 HwVG durch das Gesetz zur Änderung sozialrechtlicher Vorschriften vom 25. 4. 1961 (BGBl. I S. 465) ist bereits mit dem 1. Mai 1961 in Kraft getreten (Art. 8 des Änderungsgesetzes). Materiellrechtlich wird das Inkrafttreten der Änderungen vor dem Inkrafttreten des geänderten Gesetzes keine Bedeutung haben können, sondern das gesamte HwVG einschließlich der Änderungen wird erst am 1. 1. 1962 in Kraft getreten sein.

ANHANG

Gesetz über die Altersversorgung für das Deutsche Handwerk

Vom 21. Dezember 1938

(Reichsgesetzbl. I S. 1900)

Um den selbständigen Handwerkern, die durch ihre Beiträge die Zukunft ihrer Gesellen und Lehrlinge sichern, nunmehr auch eine eigene Altersversorgung zu gewährleisten, hat die Reichsregierung das folgende Gesetz beschlossen, das hiermit verkündet wird:

§ 1

(1) Die Handwerker werden für den Fall der Berufsunfähigkeit und des Alters sowie zugunsten der Hinterbliebenen versichert. Sie werden der Rentenversicherung der Angestellten angeschlossen. Für sie gelten die Vorschriften des Angestelltenversicherungsgesetzes entsprechend, soweit nicht im folgenden etwas anderes bestimmt ist.

(2) Handwerker im Sinne dieses Gesetzes sind alle Handwerker und Handwerkerinnen, die in die Handwerksrolle eingetragen sind.

(3) Der Anschluß an die Rentenversicherung der Angestellten berührt die gewerberechtliche Selbständigkeit nicht.

§ 2

(1) Die Versicherung erfaßt das gesamte Jahreseinkommen des einzelnen Handwerkers.

(2) Die Versicherungsgrenze von 7200 Reichsmark gilt für die Handwerker nicht.

§ 3

Handwerker, die mit einer öffentlichen oder privaten Lebensversicherungsunternehmung für sich und ihre Hinterbliebenen einen Versicherungsvertrag für den Fall des Todes und des Erlebens des fünfundsechzigsten oder eines niedrigeren Lebensjahres abschließen, können je nach der Höhe der Lebensversicherung entweder die Versicherungsfreiheit (§ 4) geltend machen oder die Befreiung von der halben Beitragsleistung (Halbversicherung, §§ 5, 6) beantragen.

§ 4

(1) Handwerker sind versicherungsfrei, wenn und solange sie für ihre Lebensversicherung (§ 3) mindestens ebensoviel aufwenden, wie sie zur Rentenversicherung der Angestellten zu zahlen hätten.

(2) Ist der Lebensversicherungsvertrag (§ 3) auf die Zahlung eines Kapitals gerichtet, so ist außerdem erforderlich, daß die Versicherungssumme mindestens 5000 Deutsche Mark beträgt und daß etwaige Gewinnanteile zur Erhöhung der Versicherungsleistung verwendet werden.

(3) Die Versicherungsfreiheit beginnt mit dem Kalendermonat, in dem der Lebensversicherungsvertrag abgeschlossen wird.

§ 5

(1) Handwerker werden auf Antrag von der halben Beitragsleistung befreit, wenn und solange sie für ihre Lebensversicherung (§ 3) mindestens halb so viel aufwenden, wie sie zur Rentenversicherung der Angestellten zu zahlen hätten.

(2) Ist der Lebensversicherungsvertrag (§ 3) auf die Zahlung eines Kapitals gerichtet, so ist außerdem erforderlich, daß die Versicherungssumme mindestens 2500 Deutsche Mark beträgt und daß etwaige Gewinnanteile zur Erhöhung der Versicherungsleistung verwendet werden.

(3) Entspricht die Hälfte des Beitrages, der bei der Vollversicherung zu zahlen wäre, nicht einem der im § 171 des Angestelltenversicherungsgesetzes vorgesehenen Klassenbeiträge, so ist der nächstniedrigere Beitrag zu leisten.

(4) Über den Antrag entscheidet die Ausgabestelle für die Versicherungskarten. Der Antragsteller legt ihr den Versicherungsschein oder eine Bescheinigung der Lebensversicherungsunternehmung, die letzte Prämienquittung und den letzten Einkommensteuerbescheid vor. Die Ausgabestelle vermerkt dann auf der Versicherungskarte, daß der Handwerker halbversichert ist.

(5) Die Halbversicherung beginnt mit dem Kalendermonat, in dem sie auf der Versicherungskarte vermerkt wird.

§ 6

(1) Halbversicherte Handwerker erhalten beim Eintritt des Versicherungsfalls den halben Grundbetrag und die Steigerungsbeträge, die den ermäßigten Beiträgen entsprechen.

(2) Die Bundessversicherungsanstalt für Angestellte kann die Gewährung eines Heilverfahrens für einen halbversicherten Handwerker davon abhängig machen, daß er die Kosten zur Hälfte trägt.

(3) Hat ein halbversicherter Handwerker nach dem Ende der Halbversicherung (§ 8) mindestens sechzig Beiträge entrichtet, die dem vollen Jahreseinkommen entsprechen, so erhält er den vollen Grundbetrag.

§ 7

Versicherungsfreiheit und Halbversicherung beginnen mit dem 1. Januar 1939, wenn der Lebensversicherungsvertrag vor dem 1. Juli 1939 abgeschlossen wird. Dies gilt jedoch für die Halbversicherung nur dann, wenn sie vor dem 1. Oktober 1939 beantragt wird.

§ 8

(1) Versicherungsfreiheit und Halbversicherung enden mit dem Ablauf des Kalendermonats, in dem für die Lebensversicherung nicht mehr der erforderliche Betrag aufgewendet wird oder — im Falle der Kapitalversicherung — die Versicherungssumme unter die erforderliche Mindesthöhe sinkt.

(2) Wollen Handwerker, die einen Lebensversicherungsvertrag abgeschlossen haben, die Versicherungsfreiheit oder die Halbversicherung nicht oder nicht mehr geltend machen, so entrichten sie für die Zukunft die vollen Beiträge zur Rentenversicherung. Halbversicherte legen der Bundesversicherungsanstalt die Versicherungskarte zur Löschung des Vermerks über die Halbversicherung vor.

(3) Wollen Handwerker die Versicherungsfreiheit nicht oder nicht mehr geltend machen, obwohl die Voraussetzungen dafür erfüllt sind, so können sie die Halbversicherung beantragen.

§ 9

Handwerker, die auf Grund einer Lebensversicherung die Versicherungsfreiheit oder die Halbversicherung geltend machen, haben der Bundesversicherungsanstalt und ihren Beauftragten jederzeit auf Verlangen die im § 5 Abs. 4 Satz 2 bezeichneten Urkunden vorzulegen.

§ 10

(1) Handwerker können für die Zeit, in der sie selbständig gewesen sind, frühestens aber für die Zeit seit dem 1. Januar 1924 Beiträge zur Rentenversicherung der Angestellten nachentrichten.

(2) Das Recht, Beiträge nachzuentrichten, erlischt, wenn der Handwerker berufsunfähig wird, das sechzigste Lebensjahr vollendet oder stirbt. Es kann nur bis zum 31. Dezember 1941 ausgeübt werden. Von diesem Zeitpunkt ab gelten für die Nachentrichtung von Beiträgen die allgemeinen Vorschriften.

(3) Hat ein Handwerker für die im Abs. 1 bezeichnete Zeit freiwillige Beiträge zur Rentenversicherung der Arbeiter oder der Angestellten entrichtet, so gelten sie für die Erfüllung der Wartezeit als Pflichtbeiträge.

§ 11

Der Deutsche Handwerks- und Gewerbekammertag erhebt zur Förderung der Altersversorgung eine jährliche Umlage, deren Höhe die Durchführungsverordnung (§ 12 Abs. 2) bestimmt. Der Deutsche Handwerks- und Gewerbekammertag regelt das Nähere.

§ 12

(1) Dieses Gesetz tritt mit dem 1. Januar 1939 in Kraft; seine Inkraftsetzung für das Land Österreich und die sudetendeutschen Gebiete bleibt vorbehalten.

(2) Der Reichsarbeitsminister kann im Einvernehmen mit dem Reichswirtschaftsminister Rechts- und Verwaltungsvorschriften zur Durchführung und Ergänzung dieses Gesetzes erlassen. Auf Antrag des Reichshandwerksmeisters kann eine Sonderregelung für die Mitglieder von solchen Handwerker-Versorgungseinrichtungen getroffen werden, die bereits beim Inkrafttreten dieses Gesetzes bestehen.

(3) Der Reichsarbeitsminister kann Vorschriften der Reichsversicherungsgesetze zur Anpassung an dieses Gesetz ändern oder aufheben.

Verordnung zur Durchführung und Ergänzung des Gesetzes über die Altersversorgung für das Deutsche Handwerk

Vom 13. Juli 1939

(Reichsgesetzbl. I S. 1255)

Auf Grund des § 12 Abs. 2 des Gesetzes über die Altersversorgung für das Deutsche Handwerk vom 21. Dezember 1938 (Reichsgesetzbl. I S. 1900) wird im Einvernehmen mit dem Reichswirtschaftsminister und dem Reichsminister der Justiz verordnet:

Anhang

ABSCHNITT I

Reichsversicherung

§ 1

Die Versicherung nach dem Gesetz erfaßt die gesamte Tätigkeit, die der Handwerker ausübt. Daneben werden einzelne Tätigkeiten weder in der Rentenversicherung der Angestellten noch in der Rentenversicherung der Arbeiter gesondert versichert; der Handwerker hat aber, soweit er neben selbständiger Tätigkeit auch in einem Beschäftigungsverhältnis bei einem Unternehmer steht, gegen diesen einen Anspruch auf die Unternehmerhälfte des ersparten Pflichtbeitrags, und zwar auch dann, wenn er auf Grund eines Lebensversicherungsvertrages Versicherungsfreieheit oder Halbversicherung geltend macht. Ist der Handwerker nach § 4 des Gesetzes versicherungsfrei, ist er überhaupt nicht rentenversicherungspflichtig.

§ 2

Der Handwerker bleibt auch in den Zeiten versicherungspflichtig, in denen die Einnahmen seines Betriebes die Ausgaben nicht übersteigen.

§ 3

Es gelten nicht

1. der § 10 des Angestelltenversicherungsgesetzes über die Versicherungsfreiheit vorübergehender Dienstleistungen,
2. der § 15 des Angestelltenversicherungsgesetzes über die Befreiung von der Versicherungspflicht wegen Vollendung des fünfzigsten Lebensjahres.

§ 4

(1) Der Beitragsberechnung ist der im letzten Einkommensteuerbescheid nachgewiesene Gesamtbetrag der Einkünfte vor Abzug der Sonderausgaben so lange zugrunde zu legen, bis ein neuer Steuerbescheid ergeht. Ein Zwölftel dieses Betrages gilt als Monatseinkommen.

(2) Ist der Handwerker für ein Kalenderjahr nicht zur Einkommensteuer veranlagt worden, so ist der Betrag maßgebend, den er im letzten Kalenderjahr für sich und seine Familie dem Betrieb entnommen hat (Privatentnahme). Hierbei ist eine nur für einzelne Monate feststellbare Privatentnahme auf ein volles Jahr umzurechnen. Hat der Betrieb erst im laufenden Kalenderjahr begonnen, so ist für jeden einzelnen Monat die durchschnittliche Privatentnahme der vergangenen Monate maßgebend.

§ 5

(1) Die Ersatzzeiten nach § 1262 Abs. 4, § 1267 Abs. 1 Nr. 1 bis 3, § 1268 Abs. 4 Satz 3 der Reichsversicherungsordnung gelten für den Handwerker auch dann, wenn sein Betrieb während der Ersatzzeit ohne Minderung des Ertrags weitergeführt wird.

(2) Krankheitszeiten werden nach § 1267 Abs. 1 Nr. 4 der Reichsversicherungsordnung nur berücksichtigt, wenn der Handwerker sich nicht auf die Leitung seines Betriebs beschränkt, sondern körperlich mitarbeitet und an der Fortsetzung dieser Mitarbeit durch die Krankheit verhindert wird.

(3) Für die nach Abs. 1, 2 zu berücksichtigenden Ersatzzeiten brauchen keine Beiträge entrichtet zu werden. Beiträge, die gleichwohl entrichtet werden, gelten für die Erfüllung der Wartezeit als Pflichtbeiträge.

§ 6

Der Handwerker gilt erst dann als arbeitslos im Sinne des § 1267 Abs. 1 Nr. 5 der Reichsversicherungsordnung und des § 397 des Angestelltenversicherungsgesetzes, wenn er in der Handwerksrolle gelöscht ist und für den Arbeitseinsatz als Arbeitssuchender zur Verfügung steht.

§ 7

Die Beiträge sind am letzten Werktag des Kalendermonats zu entrichten, für den sie geschuldet werden.

§ 8

Die Vorschriften des Angestelltenversicherungsgesetzes über die dem Arbeitgeber obliegenden Verpflichtungen gelten für den Handwerker entsprechend, dagegen nicht die Strafvorschriften, die sich lediglich gegen den Arbeitgeber richten.

§ 9

(1) Nach § 10 Abs. 1 des Gesetzes können Beiträge auch für solche Zeiten nachentrichtet werden, für die bereits Beiträge entrichtet sind.

(2) Die Beiträge sind durch Barzahlung oder Überweisung zu leisten. Dabei ist anzugeben

Vor- und Zunahme, die genaue Anschrift, der Beruf, Geburtsort und Geburtsdatum, die Klasse und die Zeit, für welche die Beiträge gelten sollen.

(3) Vollversicherte entrichten die Beiträge in der Klasse C, Halbversicherte in der Klasse B. Das Recht, höhere Beiträge zu leisten, bleibt unberührt. Die Höhe des Beitrags einer Klasse bestimmt sich nach den am Tage der Nachzahlung geltenden Vorschriften.

(4) Die nachzuentrichtenden Beiträge gelten für die Erfüllung der Wartezeit als Pflichtbeiträge.

(5) Wenn und soweit eine Nachzahlung nach § 10 des Gesetzes zulässig ist, wird eine vom Handwerker nach § 123 Abs. 2 des Gesetzes über den Ausbau der Rentenversicherung vom 21. Dezember 1937 (Reichsgesetzbl. I S. 1393, 1406) für die Kalenderjahre 1932 bis 1937 oder für einen Teil dieser Zeit an einen anderen Versicherungsträger geleistete Nachzahlung auf Antrag an die Reichsversicherungsanstalt für Angestellte überwiesen. Die Reichsversicherungsanstalt verbucht die Beiträge so, wie es für den Handwerker am günstigsten ist.

ABSCHNITT II

Reichsversicherung und Lebensversicherung

§ 10

(1) Versicherungsfreiheit oder Halbversicherung können auch auf Grund mehrerer mit derselben oder mit verschiedenen Lebensversicherungsunternehmungen abgeschlossener Verträge geltend gemacht werden, wenn die einzelnen Verträge

den Voraussetzungen des § 3 des Gesetzes entsprechen und wenn sie zusammen die nach den §§ 4, 5 des Gesetzes erforderliche Höhe der Prämien und — bei der Kapitalversicherung — auch des Kapitals ergeben. Hierbei werden Prämien und Leistungen einer Gruppenversicherung nicht berücksichtigt.

(2) Ist von mehreren Lebensversicherungsverträgen der eine auf die Zahlung einer Rente und der andere auf die Zahlung eines Kapitals gerichtet, so ermäßigen sich die im § 4 Abs. 2, § 5 Abs. 2 des Gesetzes für die Kapitalversicherung vorgesehenen Mindestbeträge um das Zehnfache der für den Handwerker selbst vereinbarten Jahresrente.

(3) Mitglieder der „Pensionskasse des Bäckerhandwerks Versicherungsverein auf Gegenseitigkeit Sitz Berlin" können nach ihrer Wahl die Versicherungsfreiheit oder die Halbversicherung geltend machen, wenn die zur Pensionskasse zu entrichtenden Beiträge die nach §§ 4, 5 des Gesetzes erforderliche Höhe erreichen.

§ 11

Versicherungsfreiheit oder Halbversicherung können auf einen Lebensversicherungsvertrag nur dann gestützt werden, wenn er auf das Leben des Handwerkers allein geschlossen ist und wenn beim Tode nicht nur die Verpflichtung zur Prämienzahlung endet, sondern die Versicherungsleistung selbst fällig wird.

§ 12

Sind bei einer Lebensversicherung für den Todesfall andere Personen als die Ehefrau und die Kinder (§ 1258 Abs. 2 der Reichsversicherungsordnung) als bezugsberechtigt bezeichnet, so können Versicherungsfreiheit oder Halbversicherung nur geltend gemacht werden, wenn die Bezeichnung des Bezugsberechtigten davon abhängt, daß zur Zeit des Todes weder eine Ehefrau noch Kinder (§ 1258 Abs. 2 der Reichsversicherungsordnung) vorhanden sind.

§ 13

Versicherungsfreiheit oder Halbversicherung werden nicht dadurch berührt, daß die für die Lebensversicherung zu zahlende Prämie während der nach § 5 zu berücksichtigenden Ersatzzeiten gestundet wird. Voraussetzung ist, daß der Versicherungsschutz nicht unterbrochen wird, daß die nach Beendigung der Ersatzzeit zu zahlende Prämie die erforderliche Höhe hat und daß — im Falle der Kapitalversicherung — außerdem die Versicherungssumme die im § 4 Abs. 2, § 5 Abs. 2 des Gesetzes vorgesehene Höhe behält.

§ 14

(1) Versicherungsfreiheit oder Halbversicherung werden nicht dadurch ausgeschlossen, daß die Prämie durch eine einmalige Zahlung von entsprechender Höhe abgelöst wird. Voraussetzung ist, daß die einmalige Zahlung zur Versicherung eines Kapitals oder einer Rente ausreicht, die sich bei laufender Zahlung der nach § 4 Abs. 1, § 5 Abs. 1 des Gesetzes erforderlichen Prämie ergeben würde, und daß bei einer Kapitalversicherung außerdem die im § 4 Abs. 2, § 5 Abs. 2 des Gesetzes vorgesehenen Mindestbeträge erreicht werden.

(2) Eine Umwandlung der Lebensversicherung in eine prämienfreie berührt Versicherungsfreiheit oder Halbversicherung dann nicht, wenn die sich aus der Umwandlung ergebende Versicherungssumme oder Rente den Grundsätzen des Abs. 1 entspricht.

§ 15

(1) Ist mit der Lebensversicherung eine Unfallversicherung derart verbunden, daß die bei dem Tode des Versicherten infolge eines Unfalls zu gewährende Versicherungsleistung erhöht wird (Unfallzusatzversicherung), so bleiben bei der Prüfung, ob die Prämien und — im Falle der Kapitalversicherung — auch das Kapital die für Versicherungsfreiheit oder Halbversicherung erforderliche Höhe erreichen, die zusätzlichen Prämien sowie die bei einem Unfall eintretende Erhöhung der Versicherungsleistung außer Betracht.

(2) Zuschläge für das Wagnis der Berufsunfähigkeit stehen den Prämien gleich.

§ 16

Erhöht sich das Einkommen des Handwerkers so, daß die Prämie nicht mehr die nach §§ 4, 5 des Gesetzes erforderliche Höhe erreicht, so enden Versicherungsfreiheit oder Halbversicherung erst drei Monate nach Ablauf des Kalendermonats, in dem der neue Steuerbescheid rechtskräftig wird, wenn die Lebensversicherung nicht bis dahin an die neue Sachlage angepaßt wird.

§ 17

Versicherungsfreiheit oder Halbversicherung werden nicht dadurch ausgeschlossen, daß die Leistung aus dem Lebensversicherungsvertrag nicht alsbald bei Vollendung des fünfundsechzigsten Lebensjahres, sondern erst einige, höchstens sechs Monate später fällig wird.

§ 18

Versicherungsfreiheit oder Halbversicherung können — vorbehaltlich des § 24 — auf einen Lebensversicherungsvertrag erst gestützt werden, wenn die Versicherung begonnen hat.

§ 19

(1) Ist der Lebensversicherungsvertrag auf die Zahlung einer Rente gerichtet, so können Versicherungsfreiheit oder Halbversicherung auf ihn nur gestützt werden, wenn für die Witwe mindestens fünf Zehntel und für jede Waise mindestens vier Zehntel der dem Handwerker selbst zustehenden Rente und die Gewährung der Waisenrente bis zur Vollendung des achtzehnten Lebensjahres zugesichert sind. Die Renten der Hinterbliebenen brauchen zusammen die Rente des Handwerkers nicht zu übersteigen.

(2) Versicherungsfreiheit oder Halbversicherung bestehen auch nach Beginn der Rente weiter.

§ 20

(1) Ist der Lebensversicherungsvertrag auf die Zahlung eines Kapitals gerichtet, so können Versicherungsfreiheit oder Halbversicherung auf ihn nur dann gestützt werden, wenn vereinbart ist, daß etwaige Gewinnanteile nicht früher ausgezahlt werden als die Versicherungsleistung. Es genügt, daß die Gewinnanteile bei der Versicherungsunternehmung verzinslich angesammelt werden, sie brauchen nicht als Prämie für eine besondere Versicherungsleistung verwendet zu werden.

(2) Beträgt die Versicherungssumme mindestens 10000 Deutsche Mark, so brauchenetwaige Gewinnanteile nicht zur Erhöhung der Versicherungsleistung verwendet zu werden.

§ 21

(1) Ist der Lebensversicherungsvertrag auf die Zahlung eines Kapitals gerichtet, so können Versicherungsfreiheit oder Halbversicherung auf ihn nur gestützt werden, wenn das Kapital — außer beim Tode oder beim Eintritt der Berufsunfähigkeit — frühestens bei Vollendung des sechzigsten Lebensjahres fällig wird. Versicherungsfreiheit oder Halbversicherung können auch dann geltend gemacht werden, wenn der Lebensversicherungsvertrag so abgeschlossen ist, daß beim Eintritt der Berufsunfähigkeit unter Wegfall der Prämienzahlung bis zum Tode oder bis zur Fälligkeit der Versicherungssumme eine Rente gezahlt wird, die mindestens zehn vom Hundert der Versicherungssumme beträgt.

(2) Versicherungsfreiheit oder Halbversicherung bestehen auch nach Fälligkeit des Kapitals, im Falle des Abs. 1 Satz 2 nach Beginn der Rente weiter.

§ 22

(1) Wenn auf Grund eines Lebensversicherungsvertrages Versicherungsfreiheit oder Halbversicherung geltend gemacht wird, so ist der Anspruch auf Leistung eines Kapitals bis zum Höchstbetrag von 10000 Deutsche Mark, der Anspruch auf Zahlung einer Rente in dem gleichen Umfang wie Ansprüche auf Arbeitsvergütung der Pfändung entzogen.

(2) Über den Anspruch kann nicht verfügt werden, soweit er der Pfändung entzogen ist Ausnahmsweise darf der Berechtigte über den Anspruch, soweit er der Pfändung entzogen ist, mit Genehmigung des Versicherungsamts ganz oder zum Teil verfügen; wird das Recht auf die künftigen Leistungen des Lebensversicherungsvertrages verpfändet oder zur Sicherung abgetreten, so enden Versicherungsfreiheit oder Halbversicherung mit dem Ablauf von sechs Kalendermonaten seit der Verpfändung oder Abtretung, wenn sich das Pfandrecht oder die Abtretung nicht bis dahin erledigt.

(3) Gewährt die Versicherungsunternehmung selbst ein Darlehen oder eine Vorauszahlung, so enden Versicherungsfreiheit oder Halbversicherung dann nicht, wenn die Lebensversicherung in der nach §§ 4, 5 des Gesetzes erforderlichen Höhe unberührt bleibt.

§ 23

(1) Endet die auf Grund eines Lebensversicherungsvertrages geltend gemachte Versicherungsfreiheit nach Vollendung des fünfzigsten Lebensjahres, so wird beim Eintritt des Versicherungsfalles der Grundbetrag nicht gewährt.

(2) Endet die Halbversicherung nach Vollendung des fünfzigsten Lebensjahres, so wird beim Eintritt des Versicherungsfalles nur der halbe Grundbetrag gewährt.

§ 24

(1) Versicherungsfreiheit oder Halbversicherung können nach § 7 des Gesetzes mit Wirkung vom 1. Januar 1939 auch dann geltend gemacht werden, wenn der Antrag auf Abschluß des Lebensversicherungsvertrages vor dem 1. Juli 1939 gestellt und vor dem 1. Oktober 1939 angenommen worden ist. Abweichend vom § 18 genügt es, daß die Lebensversicherung mit dem 1. Juli 1939 beginnt.

(2) Im Memelland beginnen Versicherungsfreiheit oder Halbversicherung mit dem 1. Mai 1939, wenn der Lebensversicherungsvertrag vor dem 1. Januar 1940 abgeschlossen wird. Dies gilt jedoch für die Halbversicherung nur dann, wenn sie

vor dem 1. April 1940 beantragt wird. Abweichend vom § 18 genügt es, daß die Lebensversicherung mit dem 1. Januar 1940 beginnt.

(3) Hat der Handwerker vor dem 1. Juli 1939 einen Lebensversicherungsvertrag abgeschlossen, der den Erfordernissen des Gesetzes und dieser Verordnung nicht genügt, so können Versicherungsfreiheit oder Halbversicherung gleichwohl mit Wirkung vom 1. Januar 1939 geltend gemacht werden, wenn der Vertrag vor dem 1. Oktober 1939 den Vorschriften des Gesetzes und dieser Verordnung angepaßt wird.

§ 25

(1) Der Handwerker, der einen Lebensversicherungsvertrag abgeschlossen hat, kann zunächst die Versicherungsfreiheit und dann die Halbversicherung geltend machen und umgekehrt. Eine Wiederholung dieses Wechsels ist nur auf Grund eines neuen Lebensversicherungsvertrags zulässig.

(2) Ist der Handwerker, der einen Lebensversicherungsvertrag abgeschlossen hat, von der Versicherungsfreiheit oder der Halbversicherung zur Vollversicherung übergegangen, so kann er Versicherungsfreiheit oder Halbversicherung nur auf Grund eines neuen Lebensversicherungsvertrages geltend machen.

§ 26

(1) Macht der Handwerker auf Grund einer Lebensversicherung die Versicherungsfreiheit geltend, so ist er nicht berechtigt,

1. sich in der Rentenversicherung der Angestellten freiwillig weiterzuversichern oder in diesen Versicherungszweig freiwillig einzutreten,
2. Beiträge nach § 10 des Gesetzes nachzuentrichten.

(2) Abs. 1 Nr. 1 gilt nicht, wenn die Weiter- oder Selbstversicherung bereits vor dem 1. Januar 1939 — im Memelland vor dem 1. Mai 1939 — begonnen worden ist.

(3) Wird die Versicherungsfreiheit geltend gemacht, nachdem Beiträge der im Abs. 1 bezeichneten Art entrichtet sind, so verlieren die Beiträge ihre Wirksamkeit; für ihre Erstattung gilt der § 1445c der Reichsversicherungsordnung.

§ 27

(1) Das Reichsversicherungsamt und das Reichsaufsichtsamt für Privatversicherung können durch gemeinschaftliche Verfügung Muster aufstellen für

1. die Bescheinigungen, die nach § 5 Abs. 4 Satz 2 des Gesetzes statt des Versicherungsscheins vorgelegt werden können,
2. die Anträge auf Befreiung von der halben Beitragsleistung.

(2) Die Bundesversicherungsanstalt für Angestellte und die von ihr Beauftragten, die Ausgabestellen und die Versicherungsbehörden können die Vorlegung des Versicherungsscheins verlangen, auch wenn eine Bescheinigung nach Abs. 1 Nr. 1 beigebracht ist.

§ 28

Entspricht die Hälfte des Beitrags, der bei der Vollversicherung zu zahlen wäre, nicht einem der im § 171 des Angestelltenversicherungsgesetzes vorgesehenen Klassenbeiträge, so braucht im Falle der Halbversicherung auch die Prämie für die Lebensversicherung nur dem nächstniedrigeren Beitrag zu entsprechen.

§ 29

Wird dem Antrag auf Befreiung von der halben Beitragsleistung erst nach Ablauf des Kalendermonats entsprochen, in dem er gestellt ist, so beginnt die Halbversicherung mit dem Antragsmonat.

§ 30

(1) Die Vorschrift, daß im Falle der Halbversicherung nur der halbe Grundbetrag gewährt wird, gilt nicht, wenn der Handwerker, bevor oder nachdem er als solcher versicherungspflichtig gewesen ist, mindestens sechzig Pflichtbeiträge oder insgesamt hundertzwanzig Beiträge zur Rentenversicherung der Angestellten entrichtet hat.

(2) Die Befugnis der Bundesversicherungsanstalt, die Gewährung eines Heilverfahrens von einem Zuschuß des Versicherten abhängig zu machen (§ 6 Abs. 2 des Gesetzes), besteht während der Halbversicherung und nach ihrem Ende, wenn und solange der Versicherte nach Abs. 1 oder nach § 6 Abs. 3 des Gesetzes keine Anwartschaft auf den vollen Grundbetrag hat.

(3) Hat der halbversicherte Handwerker auch der Rentenversicherung der Arbeiter angehört, so dürfen die beim Eintritt des Versicherungsfalls aus mehreren Versicherungszweigen zu gewährenden Grundbeträge oder Grundbetragsteile (§ 1544f Abs. 2 der Reichsversicherungsordnung) den halben Grundbetrag der Rentenversicherung der Angestellten nicht übersteigen.

§ 31

Der Erstattungsanspruch im Falle der Heirat oder des Todes einer Handwerkerin (§§ 47, 48 des Angestelltenversicherungsgesetzes, § 1309a der Reichsversicherungsordnung) besteht auch im Falle der Halbversicherung; es wird die Hälfte der tatsächlich entrichteten Beiträge erstattet.

§ 32

(1) Wird der auf Grund seiner Lebensversicherung versicherungsfreie Handwerker in der Handwerksrolle gelöscht, so wird er auf Antrag nach § 375 des Angestelltenversicherungsgesetzes von der eigenen Beitragsleistung befreit, auch wenn die besonderen Voraussetzungen dieser Vorschrift nicht erfüllt sind. Voraussetzung ist, daß er eine angestelltenversicherungspflichtige Tätigkeit übernimmt oder in der Rentenversicherung der Angestellten sich freiwillig weiterversichert.

(2) Wird der halbversicherte Handwerker in der Handwerksrolle gelöscht, so besteht die Halbversicherung nach den bisher für ihn geltenden Vorschriften weiter, wenn die Voraussetzungen des Abs. 1 Satz 2 erfüllt sind. Die Prämie für die Lebensversicherung braucht beim Steigen des Einkommens nicht erhöht zu werden. Für die freiwillige Weiterversicherung genügen die dem halben Einkommen entsprechenden Beiträge.

ABSCHNITT III

Sonstige Vorschriften

§ 33

(1) Das Gesetz gilt auch für die Witwe des Handwerkers, die den Betrieb nach dem Tode ihres Ehemannes fortführt. Sie wird auf Antrag von der Versicherungspflicht befreit,

1. wenn sie eine Witwenrente aus der Rentenversicherung der Arbeiter oder der Angestellten bezieht,
   oder
2. wenn aus der Lebensversicherung ihres Ehemannes nach den §§ 3ff. des Gesetzes eine Versicherungsleistung gewährt ist,
   oder
3. wenn sie den Betrieb binnen einem Jahre nach dem Tode ihres Ehemannes aufgibt.

(2) Der Antrag kann nur binnen zwei Jahren nach dem Tode des Handwerkers gestellt werden. Über ihn entscheidet die Bundesversicherungsanstalt und auf Beschwerde das Oberversicherungsamt endgültig. Die Befreiung wirkt auf den Zeitpunkt des Todes zurück.

§ 34

Das Gesetz gilt nicht für den Inhaber einer Unternehmung des Handels, der Industrie, der Landwirtschaft oder einer sonstigen Gruppe der Wirtschaft, der einen handwerklichen Nebenbetrieb hat.

§ 35

Das Gesetz gilt nicht für Bezirksschornsteinfegermeister.

§ 36

Wird der Handwerker auf Grund der Verordnung über die Durchführung des Vierjahresplanes auf dem Gebiet der Handwerkswirtschaft vom 22. Februar 1939 (Reichsgesetzbl. I S. 327) vor dem 1. Januar 1943 in der Handwerksrolle gelöscht und übernimmt er bis zum Ablauf des auf die Löschung folgenden Kalenderjahres keine rentenversicherungspflichtige Tätigkeit, so werden ihm auf Antrag die auf Grund des Gesetzes zur Rentenversicherung der Angestellten entrichteten Beiträge erstattet. Der Antrag ist nur bis zum Ablauf des auf die Löschung folgenden zweiten Kalenderjahres zulässig.

§ 37

Die im § 11 des Gesetzes vorgesehene Jahresumlage für die Altershilfe des Deutschen Handwerks wird für die Zeit vom 1. April 1939 bis zum 31. März 1940 auf eine Reichsmark festgesetzt.

§ 38

(1) Diese Verordnung tritt mit Wirkung vom 1. Januar 1939, im Memelland mit Wirkung vom 1. Mai 1939, in Kraft.

(2) Der Anwendung des § 3 Nr. 2 steht die Rechtskraft einer seit dem Inkrafttreten der Altersversorgung ausgesprochenen Befreiung nach § 15 des Angestelltenversicherungsgesetzes nicht entgegen.

(3) Die nach § 22 Abs. 2 Satz 2 erforderliche Genehmigung gilt als erteilt, wenn die Verfügung vor Verkündung dieser Verordnung getroffen ist. Die Frist im § 22 Abs. 2 Satz 2 läuft nicht vor dem 31. Dezember 1939 ab.

Zweite Durchführungsverordnung zur Notdienstverordnung (Sozialversicherung der Notdienstpflichtigen)

Vom 10. Oktober 1939
(Reichsgesetzbl. I S. 2018)

(Auszug)

§ 3

Notdienstverhältnis mit Beschäftigungsverhältnis

(1) ... Für selbständige Handwerker gilt das Gesetz über die Altersversorgung für das Deutsche Handwerk vom 21. Dezember 1938 (Reichsgesetzbl. I S. 1900) weiter; der Dienstleistungsempfänger erstattet dem Notdienstpflichtigen die Hälfte des vor der Verpflichtung regelmäßig entrichteten Beitrags.

Zweite Verordnung zur Durchführung und Ergänzung des Gesetzes über die Altersversorgung für das Deutsche Handwerk

Vom 28. Oktober 1939
(Reichsgesetzbl. I S. 2113)

Auf Grund des § 12 Abs. 2 des Gesetzes über die Altersversorgung für das Deutsche Handwerk vom 21. Dezember 1938 (Reichsgesetzbl. I S. 1900) wird im Einvernehmen mit dem Reichswirtschaftsminister und dem Reichsminister der Justiz verordnet:

§ 1

Beantragt ein Handwerker, der auf Grund des besonderen Einsatzes der Wehrmacht eingezogen ist, nach § 5 des Gesetzes über die Altersversorgung für das Deutsche Handwerk vom 21. Dezember 1938 (Reichsgesetzbl. I S. 1900) die Halbversicherung vor dem 1. Januar 1940, so wirkt sie auf den 1. Januar 1939 zurück.

§ 2

Die im § 24 Abs. 1, 3 der Durchführungsverordnung vom 13. Juli 1939 (Reichsgesetzbl. I S. 1255) vorgesehenen Fristen für die Annahme eines vor dem 1. Juli 1939 gestellten Antrags auf Abschluß des Lebensversicherungsvertrags und für die Anpassung eines vor dem 1. Juli 1939 abgeschlossenen Lebensversicherungsvertrags werden bis zum 31. Dezember 1939 verlängert.

§ 3

Hat ein Handwerker vor dem 1. Januar 1939 bereits das fünfzigste Lebensjahr vollendet, so beginnen Versicherungsfreiheit oder Halbversicherung mit dem 1. Januar 1939, wenn der Lebensversicherungsvertrag vor dem 1. Januar 1940 abgeschlossen wird.

§ 4

(1) Versicherungsfreiheit oder Halbversicherung können auf einen Lebensversicherungsvertrag nur dann gestützt werden, wenn außer der nach dem An-

gestelltenversicherungsgesetz witwenrentenberechtigten Ehefrau von den Kindern (§ 1258 Abs. 2 der Reichsversicherungsordnung) mindestens diejenigen als bezugsberechtigt bezeichnet werden, die beim Tode des Handwerkers das achtzehnte Lebensjahr noch nicht vollendet haben.

(2) Ist eine Handwerkerin versichert, so ist an Stelle der Ehefrau der Ehemann zu bezeichnen, und zwar ohne Rücksicht darauf, ob er nach dem Angestelltenversicherungsgesetz witwerrentenberechtigt ist.

(3) Versicherungsfreiheit oder Halbversicherung werden dadurch nicht ausgeschlossen, daß die Bezugsberechtigten namentlich bezeichnet werden. Dies gilt jedoch nur, wenn und solange die namentliche Bezeichnung den Erfordernissen der Abs. 1, 2 entspricht. Ist dies nicht der Fall, so enden Versicherungsfreiheit oder Halbversicherung drei Monate nach Ablauf des Kalendermonats, in dem die Änderung eingetreten ist, wenn die Lebensversicherung nicht bis dahin an die Sachlage angepaßt wird.

(4) Ist der Lebensversicherungsvertrag auf die Zahlung eines Kapitals gerichtet, so können Versicherungsfreiheit oder Halbversicherung auf ihn nur dann gestützt werden, wenn die Anteile der bezugsberechtigten Hinterbliebenen gleich sind. Sind keine Kinder (§ 1258 Abs. 2 der Reichsversicherungsordnung) vorhanden, so muß der Ehefrau (dem Ehemann) das gesamte Kapital zugedacht sein.

§ 5

Ist der Lebensversicherungsvertrag auf die Zahlung eines Kapitals gerichtet, so ist dem Erfordernis des § 21 Abs. 1 Satz 1 der Durchführungsverordnung auch dann genügt, wenn das Kapital einige, höchstens sechs Monate vor der Vollendung des sechzigsten Lebensjahres fällig wird.

§ 6

Diese Verordnung tritt mit Wirkung vom 1. Januar 1939, im Memelland mit Wirkung vom 1. Mai 1939, in Kraft. Ihrer Anwendung steht die Rechtskraft früherer Entscheidungen der Versicherungsbehörden nicht entgegen.

Dritte Verordnung zur Durchführung und Ergänzung des Gesetzes über die Altersversorgung für das Deutsche Handwerk

Vom 20. Dezember 1940

(Reichsgesetzbl. I S. 1671)

Auf Grund des § 12 Abs. 2 des Gesetzes über die Altersversorgung für das Deutsche Handwerk vom 21. Dezember 1938 (Reichsgesetzbl. I S. 1900) wird im Einvernehmen mit dem Reichswirtschaftsminister verordnet:

§ 1

Im § 1 der Ersten Verordnung zur Durchführung und Ergänzung des Gesetzes über die Altersversorgung für das Deutsche Handwerk vom 13. Juli 1939 (Reichsgesetzbl. I S. 1255) wird der Satz 2 durch folgenden Halbsatz ergänzt:

„ ; der Handwerker hat aber, soweit er neben selbständiger Tätigkeit auch in einem Beschäftigungsverhältnis bei einem Unternehmer steht, gegen diesen einen Anspruch auf die Unternehmerhälfte des ersparten Pflichtbeitrags, und zwar auch dann, wenn er auf Grund eines Lebensversicherungsvertrags Versicherungsfreiheit oder Halbversicherung geltend macht."

§ 2

Diese Verordnung tritt mit dem 1. Dezember 1940 in Kraft.

Gesetz über weitere Maßnahmen in der Reichsversicherung aus Anlaß des Krieges

Vom 15. Januar 1941

(Reichsgesetzbl. I S. 34)

(Auszug)

ABSCHNITT IV

Sondervorschriften für Handwerker

§ 25

Für selbständige Handwerker, die während des Krieges ihren Betrieb einstellen und eine invaliden- oder angestelltenversicherungspflichtige Tätigkeit als Gefolgschaftsmitglieder übernehmen, gilt das Gesetz über die Altersversorgung für das Deutsche Handwerk vom 21. Dezember 1938 (Reichsgesetzbl. I S. 1900) weiter, solange ihre Eintragung in der Handwerksrolle bestehen bleibt. Der Unternehmer erstattet dem Handwerker die Hälfte des Beitrags, den der Handwerker nach dem Handwerksversorgungsgesetz regelmäßig entrichtet hat oder entrichtet hätte, wenn nicht auf Grund einer Lebensversicherung die Versicherungsfreiheit oder die Halbversicherung geltend gemacht worden wäre.

§ 26

(1) Versicherungsfreiheit oder Halbversicherung beginnen mit dem Inkrafttreten der Handwerksversorgung, wenn der Antrag auf Abschluß des Lebensversicherungsvertrags vor dem 1. Juli 1939 — im Gebiet der ehemaligen Freien Stadt Danzig vor dem 1. Januar 1940 — gestellt und vor dem 1. April 1941 angenommen wird.

(2) Hat der Handwerker vor dem 1. Juli 1939 — im Gebiet der ehemaligen Freien Stadt Danzig vor dem 1. Januar 1940 — einen Lebensversicherungsvertrag abgeschlossen, der den Vorschriften des Handwerkerversorgungsgesetzes nicht genügt, so können Versicherungsfreiheit oder Halbversicherung gleichwohl mit Wirkung vom Inkrafttreten der Handwerksversorgung geltend gemacht werden, wenn der Vertrag vor dem 1. April 1941 den Vorschriften des geltenden Rechts angepaßt wird.

(3) In den Fällen des Abs. 1 genügt es, daß die Verpflichtung zur Prämienzahlung mit dem 1. April 1941 beginnt.

(4) Die Abs. 1 und 2 gelten für die Halbversicherung nur dann, wenn sie vor dem 1. Mai 1941 beantragt wird.

§ 27

Beantragt ein Handwerker, der zum Heeresdienst eingezogen worden ist, die Halbversicherung vor dem Ablauf des dritten Monats nach Friedensschluß, so wirkt sie, wenn ihre sonstigen Voraussetzungen erfüllt sind, auf das Inkrafttreten der Handwerkerversorgung zurück.

§ 28

Versicherungsfreiheit oder Halbversicherung werden nicht dadurch berührt, daß von Handwerkern, die zum Heeresdienst eingezogen oder aus den geräumten Westgebieten verdrängt worden sind, in der Zeit vom 26. August 1939 bis zum Ablauf des Kalenderjahres, in dem der Krieg endet, Prämien für die Lebensversicherung nicht oder in geringerer Höhe bezahlt werden, als nach §§ 4 und 5 des Handwerkerversorgungsgesetzes erforderlich wäre.

Vierte Verordnung zur Durchführung und Ergänzung des Gesetzes über die Altersversorgung für das Deutsche Handwerk

Vom 8. Dezember 1941
(Reichsgesetzbl. I S. 756)

Auf Grund des § 12 Abs. 2 des Gesetzes über die Altersversorgung für das Deutsche Handwerk vom 21. Dezember 1938 (Reichsgesetzbl. I S. 1900) wird im Einvernehmen mit dem Reichswirtschaftsminister verordnet:

Die im § 11 des Gesetzes vorgesehene Jahresumlage für die Altershilfe des Deutschen Handwerks wird für die Zeit vom 1. April 1940 bis zum 31. März 1941 und vom 1. April 1941 bis zum 31. März 1942 auf eine Reichsmark, für die Zeit vom 1. April 1942 bis zum 31. März 1943 auf zwei Reichsmark festgesetzt.

Fünfte Verordnung zur Durchführung und Ergänzung des Gesetzes über die Altersversorgung für das Deutsche Handwerk

Vom 26. September 1942
(Reichsgesetzbl. I S. 565)

Auf Grund des § 12 Abs. 2 des Gesetzes über die Altersversorgung für das Deutsche Handwerk vom 21. Dezember 1938 (Reichsgesetzbl. I S. 1900) wird im Einvernehmen mit dem Reichswirtschaftsminister und dem Reichsminister der Finanzen verordnet:

Die im § 11 des Gesetzes vorgesehene Jahresumlage für die Altershilfe des Deutschen Handwerks wird für die Zeit vom 1. April 1943 bis zum 31. März 1944 auf zwei Reichsmark festgesetzt.

Sechste Verordnung zur Durchführung und Ergänzung des Gesetzes über die Altersversorgung für das Deutsche Handwerk

vom 6. Dezember 1943

(Reichsgesetzbl. I S. 664)

Auf Grund des § 12 Abs. 2 des Gesetzes über die Altersversorgung für das Deutsche Handwerk vom 21. Dezember 1938 (Reichsgesetzbl. I S. 1900) wird im Einvernehmen mit dem Reichswirtschaftsminister und dem Reichsminister der Finanzen verordnet:

Die im § 11 des Gesetzes vorgesehene Jahresumlage für die Altershilfe des Deutschen Handwerks wird für die Zeit vom 1. April 1944 bis auf weiteres auf zwei Reichsmark festgesetzt.

Erste Verordnung zur Vereinfachung des Leistungs- und Beitragsrechts in der Sozialversicherung

Vom 17. März 1945

(Reichsgesetzbl. I S. 41)

(Auszug)

Artikel 21

(1) Im § 3 Abs. 1 der Zweiten Durchführungsverordnung zur Notdienstverordnung vom 10. Oktober 1939 (Reichsgesetzbl. I S. 2018) erhalten.

1. im Satz 2 der zweite Halbsatz folgende Fassung:

„maßgebend für die Höhe des Beitrages ist der für die Zeit des Notdienstes gewährte Entgelt";

2. der Satz 4 folgende Fassung:

„Für selbständige Handwerker sind die Beiträge nicht nach den Vorschriften des Gesetzes über die Altersversorgung für das Deutsche Handwerk, sondern nach den allgemeinen Vorschriften der Angestelltenversicherung und nach dem für die Zeit des Notdienstes gewährten Entgelt zu entrichten; hat ein Handwerker auf Grund eines Lebensversicherungsvertrages Versicherungsfreiheit oder Halbversicherung geltend gemacht, so hat ihm der Dienstberechtigte den Arbeitnehmeranteil des Angestelltenversicherungsbeitrages zu erstatten."

(2) Der § 3 Abs. 1 Satz 3 der Zweiten Durchführungsverordnung zur Notdienstverordnung fällt weg; der Satz 4 gilt entsprechend für selbständige Handwerker, die während des Krieges ihren Betrieb einstellen und eine invaliden- oder angestelltenversicherungspflichtige Tätigkeit als Gefolgschaftsmitglied übernehmen und noch in die Handwerksrolle eingetragen sind. Die Vorschriften des § 25 des Gesetzes über weitere Maßnahmen in der Reichsversicherung aus Anlaß des Krieges vom 15. Januar 1941 (Reichsgesetzbl. I S. 34) entfallen.

Gesetz zur vorläufigen Änderung des Gesetzes über die Altersversorgung für das Deutsche Handwerk

Vom 27. August 1956

(Bundesgesetzbl. I S. 755)

Der Bundestag hat das folgende Gesetz beschlossen:

Artikel 1

Regelung der Versicherungsverhältnisse

(1) Handwerker, die die Voraussetzungen für die Versicherungsfreiheit oder die Halbversicherung in der Rentenversicherung der Angestellten nach § 3 des Gesetzes über die Altersversorgung für das Deutsche Handwerk vom 21. Dezember 1938 (Reichsgesetzbl. I S. 1900) bis zur Währungsumstellung am 21. Juni 1948 — in Berlin am 25. Juni 1948 — erfüllt hatten, danach jedoch infolge der Abwertung des Lebensversicherungsanspruchs oder infolge der Erhöhung der Beiträge der Rentenversicherung der Angestellten nach dem Sozialversicherungs-Anpassungsgesetz in der Fassung des Gesetzes über die Änderung des Dritten Gesetzes zur Änderung des Sozialversicherungs-Anpassungsgesetzes vom 21. Januar 1956 (Bundesgesetzbl. I. S. 16) und dem Renten-Mehrbetrags-Gesetz vom 23. November 1954 Bundesgesetzbl. I S. 345) nicht mehr erfüllten, bleiben von der vollen oder halben Versicherungspflicht nach dem Gesetz über die Altersversorgung für das Deutsche Handwerk bis zum 31. Dezember 1956 frei. § 21 Abs. 2 der Verordnung zur Durchführung und Ergänzung des Gesetzes über die Altersversorgung für das Deutsche Handwerk vom 13. Juli 1939 (Reichsgesetzbl. I S. 1255) ist auch in diesen Fällen anzuwenden.

(2) Für Handwerker der in Absatz 1 bezeichneten Art gilt im übrigen folgendes:

1. Beiträge, die für die Zeit der nach Abs. 1 eintretenden Befreiung von der Versicherungspflicht zur Rentenversicherung der Angestellten entrichtet worden sind, gelten im Falle des Eintritts der Versicherungspflicht am 1. Januar 1957 als wirksame Beiträge. Wenn der Versicherungsfall vor dem 1. Januar 1957 eingetreten ist oder eintritt, gelten die bis zum Versicherungsfall entrichteten Beiträge ebenfalls als wirksame Beiträge.
2. Werden die Handwerker am 1. Januar 1957 versicherungspflichtig, so gilt die Anwartschaft aus Beiträgen zur Rentenversicherung der Angestellten, die bis zum 31. Dezember 1956 entrichtet worden sind, bis zu diesem Tage als erhalten. Die am 1. Januar 1957 versicherungspflichtig werdenden Handwerker haben sich bis spätestens 31. März 1957 eine Handwerker-Versicherungskarte (Artikel 2 Abs. 2) ausstellen zu lassen.
3. Handwerker, die beim Inkrafttreten dieses Gesetzes das fünfzigste Lebensjahr vollendet haben, werden auf Antrag durch die Bundesversicherungsanstalt für Angestellte von der Versicherungspflicht nach dem Gesetz über die Altersversorgung für das Deutsche Handwerk auch für die Zeit nach dem 31. Dezember 1956 befreit, wenn der Antrag bis zu diesem Zeitpunkt gestellt wird.

(3) Haben Handwerker, die vor dem Inkrafttreten dieses Gesetzes nach dem Gesetz über die Altersversorgung für das Deutsche Handwerk nicht von der vollen

oder halben Versicherungspflicht befreit waren und auch nicht durch die Vorschriften des Absatzes 1 befreit worden sind, Beiträge zur Rentenversicherung der Angestellten nicht, nicht ausreichend oder nicht regelmäßig entrichtet, so behält es für die Zeit bis zum 31. Dezember 1953 dabei sein Bewenden. Das gleiche gilt für halbversicherte Handwerker.

(4) Für Handwerker der in Absatz 3 bezeichneten Art gilt im übrigen folgendes:

1. Die Anwartschaft aus Beiträgen zur Rentenversicherung der Angestellten, die für die Zeit bis zum 31. Dezember 1953 wirksam entrichtet worden sind, gilt bis zu diesem Tage als erhalten, sofern der Versicherungsfall nicht vor dem 1. Januar 1954 eingetreten ist. Für Beiträge, die für die Zeit vor dem 1. Januar 1924 entrichtet worden sind, gilt dies nicht, wenn bis zum 30. November 1948 für die Zeit nach dem 31. Dezember 1923 kein Beitrag entrichtet worden ist.
2. Die seit dem 1. Januar 1954 bis zum Inkrafttreten dieses Gesetzes eingetretenen Rückstände können nicht vor dem 1. Januar 1957 beigetrieben werden. Der ein Drittel der Rückstände übersteigende Betrag kann jedoch nicht vor dem 1. Juli 1957 und der zwei Drittel der Rückstände übersteigende Betrag nicht vor dem 1. Januar 1958 beigetrieben werden. Der Anspruch auf diese Rückstände verjährt nicht vor Ablauf des 31. Dezember 1958. Die innerhalb dieser Verjährungsfrist gezahlten rückständigen Beiträge sind wirksame Beiträge.
3. Handwerker, die beim Inkrafttreten dieses Gesetzes das sechzigste Lebensjahr vollendet haben und bis zur Vollendung des fünfundsechzigsten Lebensjahres die Wartezeit für das Altersruhegeld nicht mehr erfüllen können, werden auf Antrag durch die Bundesversicherungsanstalt für Angestellte von der Versicherungspflicht nach dem Gesetz über die Altersversorgung für das Deutsche Handwerk für die Zeit nach dem 31. Dezember 1953 befreit, wenn der Antrag bis zum 31. Dezember 1956 gestellt wird.

Artikel 2

Marken und Versicherungskarten der Handwerker, Führung der Vorgänge

(1) Zur Beitragsleistung der in der Angestelltenversicherung versicherten Handwerker im Sinne des Gesetzes über die Altersversorgung für das Deutsche Handwerk gibt die Bundesversicherungsanstalt für Angestellte besondere Marken aus. Beiträge können vom 1. Januar 1957 an wirksam nur durch diese besonderen Marken entrichtet werden. Die Beitragsmarken für die Höherversicherung nach dem Gesetz über die Höherversicherung in den Rentenversicherungen der Arbeiter und der Angestellten vom 14. März 1951 (Bundesgesetzbl. I S. 188) werden zur Verwendung zu den Marken im Sinne des Satzes 1 besonders gekennzeichnet. Beiträge zur Höherversicherung können vom 1. Januar 1957 an nur durch diese besonders gekennzeichneten Marken entrichtet werden.

(2) Die Handwerker-Versicherungskarten unterscheiden sich von den übrigen Versicherungskarten und haben eine eigene Nummernfolge. War der Handwerker bereits vor seiner Versicherung nach dem Gesetz über die Altersversorgung für das

Deutsche Handwerk in der Angestelltenversicherung versichert, so wird die sich aus den bisherigen Versicherungskarten ergebende Nummernfolge hinter der neuen Nummernfolge in Klammern fortgeführt. Die Ausgabestellen für die Handwerker-Versicherungskarten bestimmt der Bundesminister für Arbeit nach Maßgabe der Vorschrift des Artikels 4 Abs. 2.

(3) Die bisherigen Versicherungskarten der Handwerker sind zum 1. Januar 1957 gegen die neuen Handwerker-Versicherungskarten bis zum 31. März 1957 umzutauschen, soweit nicht der Handwerker nachweislich als freiwillig Versicherter im Sinne des § 26 Abs. 2 der Verordnung zur Durchführung und Ergänzung des Gesetzes über die Altersversorgung für das Deutsche Handwerk vom 13. Juli 1939 der Angestelltenversicherung angehört. Werden die bisherigen Versicherungskarten nicht bis zu dem genannten Termin oder dem nach Artikel 4 Abs. 1 festgesetzten Termin umgetauscht, ist die Bundesversicherungsanstalt für Angestellte berechtigt, die Rückstände abweichend von Artikel 1 Abs. 4 Nr. 2 beizutreiben.

(4) Alle Vorgänge, die sich bei der Durchführung des Gesetzes über die Altersversorgung für das Deutsche Handwerk bei der Bundesversicherungsanstalt für Angestellte ergeben, werden von dieser besonders geführt und als solche kenntlich gemacht. Die Einnahmen und Ausgaben sind gesondert nachzuweisen.

Artikel 3

Entschädigung

Für die Verpflichtungen, die der Bundesversicherungsanstalt für Angestellte durch die Erhaltung der Anwartschaft nach diesem Gesetz entstehen, zahlt der Bund einen Pauschalbetrag in Höhe von 75 Millionen Deutsche Mark durch Zuteilung von Schuldbuchforderungen. Die Bedingungen der Hergabe von Schuldbuchforderungen vereinbaren die Bundesversicherungsanstalt für Angestellte und der Bundesminister der Finanzen. Kommt diese Vereinbarung nicht innerhalb von sechs Monaten nach Inkrafttreten dieses Gesetzes zustande, so ist § 3 des Gesetzes über die Deckung der Rentenzulagen nach dem Rentenzulagengesetz für das Rechnungsjahr 1953 vom 4. September 1953 (Bundesgesetzbl. I S. 1321) sinngemäß anzuwenden.

Artikel 4

Ermächtigungen

(1) Der Bundesminister für Arbeit kann die in Artikel 1 Abs. 2 Nr. 2 letzter Satz und in Artikel 2 Abs. 3 bestimmte Frist in einzelnen Härtefällen verlängern, jedoch nicht über den 31. Dezember 1957 hinaus.

(2) Der Bundesminister für Arbeit wird ermächtigt, durch Rechtsverordnung

a) die Stellen für den Verkauf der besonderen Marken und die Ausgabestellen für die Handwerker-Versicherungskarten nach Anhören der Bundesversicherungsanstalt für Angestellte zu bestimmen;

b) die Höhe der den Verkaufsstellen für die Marken und den Ausgabestellen für die Handwerker-Versicherungskarten zu gewährende Vergütung festzusetzen.

(3) Die zur Durchführung dieses Gesetzes im Rahmen der Bundesverwaltung erforderlichen allgemeinen Verwaltungsvorschriften erläßt der Bundesminister für Arbeit.

Artikel 5
Geltung im Land Berlin

Dieses Gesetz gilt nach Maßgabe des § 13 Abs. 1 des Dritten Überleitungsgesetzes vom 4. Januar 1952 (Bundesgesetzbl. I S. 1) auch im Land Berlin; dabei tritt an die Stelle des in Art. 1 Abs. 1 genannten Sozialversicherungs-Anpassungsgesetzes das Gesetz zur Anpassung des Rechts der Sozialversicherung in Berlin an das in der Bundesrepublik Deutschland geltende Recht vom 3. Dezember 1950 (Verordnungsblatt für Berlin Teil I S. 542). Rechtsverordnungen, die auf Grund dieses Gesetzes erlassen werden, gelten im Land Berlin nach § 14 des Dritten Überleitungsgesetzes.

Artikel 6
Inkrafttreten

Dieses Gesetz tritt mit Ausnahme des Artikels 2 am Ersten des auf die Verkündung folgenden Monats in Kraft. Der Artikel 2 tritt am 1. Januar 1957 in Kraft.

Verordnung zur Durchführung des Gesetzes zur vorläufigen Änderung des Gesetzes über die Altersversorgung für das Deutsche Handwerk

Vom 21. Dezember 1956
(Bundesgesetzbl. I S. 950)

Auf Grund des Artikels 4 Abs. 2 des Gesetzes zur vorläufigen Änderung des Gesetzes über die Altersversorgung für das Deutsche Handwerk vom 27. August 1956 (Bundesgesetzbl. I S. 755) sowie des § 174 und des § 176 Abs. 1 des Angestelltenversicherungsgesetzes in Verbindung mit Artikel 129 des Grundgesetzes wird nach Anhören der Bundesversicherungsanstalt für Angestellte mit Zustimmung des Bundesrates verordnet:

§ 1

(1) Die besonderen Marken zur Beitragsentrichtung für die in der Angestelltenversicherung pflichtversicherten Handwerker (Handwerker-Versicherungsmarken) verkauft die Deutsche Bundespost.

(2) Die Vergütung, die die Bundesversicherungsanstalt für Angestellte der Deutschen Bundespost zur Abgeltung der gesamten Verwaltungsarbeit bei dem Verkauf der Handwerker-Versicherungsmarken zu gewähren hat, beträgt 0,46 v. H. des Erlöses aus dem Verkauf der Handwerker-Versicherungsmarken.

(3) Die Absätze 1 und 2 gelten auch für die besonders gekennzeichneten Höherversicherungsmarken für Handwerker (Handwerker-Höherversicherungsmarken).

§ 2

(1) Ausgabestellen für Handwerker-Versicherungskarten sind die örtlich zuständigen Kreishandwerkerschaften und Handwerkskammern.

(2) Die Höhe der Vergütung für jede seit dem 1. Januar 1957 ausgegebene Handwerker-Versicherungskarte richtet sich nach den für die Ausgabe von Angestellten-Versicherungskarten geltenden Bestimmungen.

§ 3

(1) Soweit Handwerker zur Beitragsentrichtung für Versicherungszeiten vor dem 1. April 1955 berechtigt sind, können die Beiträge durch Barzahlung oder Überweisung entrichtet werden.

(2) Bei der Entrichtung ist anzugeben

a) die Bezeichnung „Handwerker",
b) Vor- und Familienname des Versicherten, bei verheirateten weiblichen Versicherten auch der Geburtsname und bei geschiedenen und wiederverheirateten weiblichen Versicherten auch der frühere Frauenname,
c) Ort und Tag der Geburt des Versicherten,
d) volle Anschrift und Beruf des Versicherten,
e) Klasse und Zeit (Jahr, Monate), für welche die Beiträge gelten sollen.

§ 4

Diese Verordnung gilt nach § 14 des Dritten Überleitungsgesetzes vom 4. Januar 1952 (Bundesgesetzbl. I S. 1) in Verbindung mit Artikel 5 des Gesetzes zur vorläufigen Änderung des Gesetzes über die Altersversorgung für das Deutsche Handwerk vom 27. August 1956 (Bundesgesetzbl. I S. 755) auch im Land Berlin.

§ 5

Diese Verordnung tritt am 1. Januar 1957 in Kraft.

Gesetz zur Neuregelung des Rechts der Rentenversicherung der Angestellten (Angestelltenversicherungs-Neuregelungsgesetz — AnVNG)

Vom 23. Februar 1957

(BGBl. I S. 88)

(Auszug)

Artikel 2

§ 52

(1) Soweit in Renten, die vor oder nach dem Inkrafttreten dieses Gesetzes festgestellt sind, Beiträge berücksichtigt sind, die auf Grund des Gesetzes über die Altersversorgung für das Deutsche Handwerk vom 21. Dezember 1938 (Reichsgesetzbl. I S. 1900) entrichtet sind, werden die auf diese Beiträge entfallenden Renten oder Rententeile in entsprechender Anwendung dieses Gesetzes berechnet.

(2) Handwerker, die im Zeitpunkt der Verkündung dieses Gesetzes die Voraussetzungen für die Versicherungsfreiheit oder Befreiung von der halben Beitragsleistung nach § 3 des Gesetzes über die Altersversorgung für das Deutsche Handwerk erfüllen und versicherungsfrei oder von der halben Beitragsleistung befreit sind, jedoch infolge der Erhöhung der Beiträge durch dieses Gesetz oder infolge einer Erhöhung des Einkommens die genannten Voraussetzungen nicht mehr erfüllen, bleiben bis zur Neuregelung der Altersversorgung für das Deutsche Handwerk versicherungsfrei oder von der halben Beitragsleistung befreit, wenn und solange sie Prämien entsprechend den bis zum 28. Februar 1957 geltenden Beitragsklassen und dem bis dahin geltenden Beitragssatz der Rentenversicherung der

Angestellten zahlen. Handwerker, die im Zeitpunkt der Verkündung dieses Gesetzes die Voraussetzungen für die Befreiung von der halben Beitragsleistung erfüllen und diese beantragt haben, erlangen Befreiung von der halben Beitragsleistung bis zur Neuregelung der Altersversorgung für das Deutsche Handwerk auch dann, wenn und solange die genannten Voraussetzungen infolge der Erhöhung der Beiträge durch dieses Gesetz oder infolge einer Erhöhung des Einkommens nicht mehr vorliegen, jedoch Prämien entsprechend den bis zum 28. Februar 1957 geltenden Beitragsklassen und dem bis dahin geltenden Beitragssatz der Rentenversicherung der Angestellten gezahlt werden.

(3) Handwerker werden auf Antrag von der Versicherungspflicht nach dem Gesetz über die Altersversorgung für das Deutsche Handwerk befreit, wenn sie Beiträge für eine versicherungspflichtige Beschäftigung oder Tätigkeit während mindestens einhundertachtzig Kalendermonaten entrichtet haben; sie sind zur freiwilligen Weiterversicherung in der Altersversorgung für das Deutsche Handwerk berechtigt. Die Befreiung wirkt vom Beginn des Monats an, der auf den Monat folgt, in dem der Antrag gestellt ist. Über den Antrag entscheidet die Bundesversicherungsanstalt für Angestellte.

(4) Bis zur Neuregelung der Altersversorgung für das Deutsche Handwerk wird diese durch ein nicht rechtsfähiges Sondervermögen der Bundesversicherungsanstalt für Angestellte mit eigener Wirtschafts- und Rechnungsführung weitergeführt. Das Sondervermögen ist von dem übrigen Vermögen der Bundesversicherungsanstalt für Angestellte, seinen Rechten und Verbindlichkeiten getrennt zu halten; die Haftung der Bundesversicherungsanstalt für Angestellte für Verbindlichkeiten der Altersversorgung für das Deutsche Handwerk beschränkt sich auf das Sondervermögen.

(5) Reicht das Beitragsaufkommen aus den Beiträgen zur Altersversorgung für das Deutsche Handwerk zusammen mit dem Teil des Bundeszuschusses für die Rentenversicherung der Angestellten, der dem Verhältnis der Ausgaben für Renten oder Rententeile nach Absatz 1 zu den Gesamtrentenausgaben der Rentenversicherung der Angestellten im Kalenderjahr 1956 entspricht, zur Deckung der Aufwendungen nach Absatz 1 nicht aus, so gewährt die Bundesversicherungsanstalt für Angestellte für diese Mehraufwendungen dem Sondervermögen Darlehen, bis ein Gesetz nach § 111 des Angestelltenversicherungsgesetzes erlassen ist.

Gesetz zur Änderung des Gesetzes über die Altersversorgung für das Deutsche Handwerk vom 21. Dezember 1938 (RGBl. I S. 1900)

Vom 6. Juni 1952
(Amtsblatt des Saarlandes 1952 S. 661)

Der Landtag des Saarlandes hat folgendes Gesetz beschlossen, das hiermit verkündet wird:

§ 1

Nach dem § 4 wird folgender § 4a eingefügt:

„§ 4a

(1) Handwerker, bei denen die bisherige Versicherungssumme der Lebensversicherung infolge der Umstellung in französische Franken auf Grund des Gesetzes

Nr. 47—2158 vom 15. November 1947 (ABl. S. 585) für die Geltendmachung der Versicherungsfreiheit nicht mehr ausreicht, können Versicherungsfreiheit beantragen, sofern sie am 31. Dezember 1950 das fünfzigste Lebensjahr vollendet hatten.

(2) Der Antrag muß bis zum 31. Dezember 1952 gestellt sein. Die Befreiung beginnt mit dem 1. Dezember 1947 und ist endgültig."

§ 2

Der § 13 in der Fassung des § 23 Absatz 2 des Gesetzes über Änderungen in der Sozialversicherung, Arbeitslosenversicherung und Kasse für Familienzulagen vom 14. Dezember 1950 (ABl. 1951 S. 115) erhält folgende Fassung:

„§ 13

(1) Von der zwangsweisen Einziehung von Pflichtbeiträgen, die bis zum 31. Dezember 1950 zu entrichten waren, wird abgesehen. Nimmt ein nach diesem Gesetz Versicherungspflichtiger seine Beitragsentrichtung erstmalig mit dem 1. Januar 1951 auf, so gilt dieser Tag als Eintritt in die Handwerkerversorgung.

(2) Die Unterlassung der Beitragsentrichtung für die Zeit bis 1. Januar 1951 steht der Geltendmachung der Versicherungsfreiheit gemäß § 4 gleich."

§ 3

Nach dem § 23 der Verordnung zur Durchführung und Ergänzung des Gesetzes über die Altersversorgung für das Deutsche Handwerk vom 13. Juli 1939 (RGBl. I S. 1255) wird folgender § 23a eingefügt:

„§ 23a

(1) Handwerkern, die spätestens am 31. Dezember 1950 das fünfzigste Lebensjahr vollendet hatten, wird der volle Grundbetrag aus der Angestelltenversicherung gewährt, wenn die bisherige Versicherungssumme der Lebensversicherung infolge der Umstellung in französische Franken auf Grund des Gesetzes Nr. 47—2158 vom 15. November 1947 (ABl. S. 585) für die Geltendmachung von Versicherungsfreiheit oder Halbversicherung nicht mehr ausreicht und für die Zeit ab 1. Dezember 1947 Beiträge entsprechend § 190 des Angestelltenversicherungsgesetzes nachentrichtet werden.

(2) Diese Vergünstigung gilt nicht, wenn der Handwerker am 20. November 1947 das sechzigste Lebensjahr vollendet hatte oder wenn er bei der Beitragsentrichtung berufsunfähig ist."

§ 4

Der § 30 der Verordnung zur Durchführung und Ergänzung des Gesetzes über die Altersversorgung für das Deutsche Handwerk vom 13. Juli 1939 (RGBl. I S. 1255) erhält folgende Fassung:

„§ 30

(1) Die Vorschrift, daß im Falle des § 23 Absatz 1 und 2 kein Grundbetrag bzw. nur der halbe Grundbetrag gewährt wird, gilt nicht, wenn der Handwerker, bevor oder nachdem er als solcher versicherungspflichtig gewesen ist, sechzig Pflichtbeiträge zur Rentenversicherung der Arbeiter oder der Angestellten entrichtet hat, aus denen die Anwartschaft erhalten ist.

(2) Die Befugnis der Landesversicherungsanstalt, die Gewährung eines Heilverfahrens von einem Zuschuß des Versicherten abhängig zu machen (§ 6 Absatz 2 des Gesetzes), besteht während der Halbversicherung und nach ihrem Ende, wenn und solange der Versicherte nach Absatz 1 oder nach § 6 Absatz 3 des Gesetzes keine Anwartschaft auf den vollen Grundbetrag hat."

§ 5

Es treten in Kraft:
§ 2 mit dem 1. Januar 1951; die übrigen Vorschriften mit dem 1. Januar 1952.

Gesetz Nr. 569 zur weiteren Änderung des Gesetzes über die Altersversorgung für das Deutsche Handwerk

Vom 22. Dezember 1956
(Amtsblatt des Saarlandes S. 1728)

Der Landtag des Saarlandes hat folgendes Gesetz beschlossen, das hiermit verkündet wird:

Artikel 1
Regelung der Versicherungsverhältnisse

(1) Handwerker, die die Voraussetzungen für die Versicherungsfreiheit oder die Halbversicherung in der Rentenversicherung der Angestellten nach § 3 des Gesetzes über die Altersversorgung für das Deutsche Handwerk vom 21. Dezember 1938 (RGBl. I S. 1900) bis zur Währungsumstellung am 20. November 1947 erfüllt hatten, danach jedoch infolge Umstellung des Lebensversicherungsanspruchs in französische Franken oder infolge der Erhöhung der Beiträge der Rentenversicherung der Angestellten nicht mehr erfüllten, bleiben von der vollen oder halben Versicherungspflicht nach dem Gesetz über die Altersversorgung für das Deutsche Handwerk bis zum 31. Dezember 1956 frei. § 21 Absatz 2 der Verordnung zur Durchführung und Ergänzung des Gesetzes über die Altersversorgung für das Deutsche Handwerk vom 13. Juli 1939 (RGBl. I S. 1255) ist auch in diesen Fällen anzuwenden.

(2) Für Handwerker der in Absatz 1 bezeichneten Art gilt im übrigen folgendes:
1. Beiträge, die für die Zeit der nach Absatz 1 eintretenden Befreiung von der Versicherungspflicht zur Rentenversicherung der Angestellten entrichtet worden sind, gelten im Falle des Eintritts der Versicherungspflicht am 1. Januar 1957 als wirksame Beiträge. Wenn der Versicherungsfall vor dem 1. Januar 1957 eingetreten ist oder eintritt, gelten die bis zum Versicherungsfall entrichteten Beiträge ebenfalls als wirksame Beiträge.
2. Werden die Handwerker am 1. Januar 1957 versicherungspflichtig, so gilt die Anwartschaft aus Beiträgen zur Rentenversicherung der Angestellten, die für die Zeit vom 1. Januar 1924 bis zum 31. Dezember 1956 entrichtet worden sind, bis zu diesem Tage als erhalten.
3. Handwerker, die am 1. September 1956 das fünfzigste Lebensjahr vollendet hatten, werden auf Antrag durch die Landesversicherungsanstalt für das Saarland von der Versicherungspflicht nach dem Gesetz über die Altersver-

sorgung für das Deutsche Handwerk auch für die Zeit nach dem 31. Dezember 1956 befreit, wenn der Antrag bis zum 30. April 1957 gestellt wird.

(3) Haben Handwerker, die vor dem 1. September 1956 nach dem Gesetz über die Altersversorgung für das Deutsche Handwerk nicht von der vollen oder halben Versicherungspflicht befreit waren und auch nicht durch die Vorschriften des Absatzes 1 befreit worden sind, Beiträge zur Rentenversicherung der Angestellten nicht, nicht ausreichend oder nicht regelmäßig entrichtet, so behält es für die Zeit bis zum 31. Dezember 1955 dabei sein Bewenden. Das gleiche gilt für halbversicherte Handwerker.

(4) Für Handwerker der in Absatz 3 bezeichneten Art gilt im übrigen folgendes:

1. Die Anwartschaft aus Beiträgen zur Rentenversicherung der Angestellten, die für die Zeit vom 1. Januar 1924 bis zum 31. Dezember 1955 wirksam entrichtet worden sind, gilt bis zu diesem Tage als erhalten, sofern der Versicherungsfall nicht vor dem 1. Januar 1957 eingetreten ist.
2. Handwerker, die am 1. September 1956 das sechzigste Lebensjahr vollendet hatten und bis zur Vollendung des fünfundsechzigsten Lebensjahres die Wartezeit für das Altersruhegeld nicht mehr erfüllen können, werden auf Antrag durch die Landesversicherungsanstalt für das Saarland von der Versicherungspflicht nach dem Gesetz über die Altersversorgung für das Deutsche Handwerk für die Zeit nach dem 31. Dezember 1955 befreit, wenn der Antrag bis zum 30. April 1957 gestellt wird.

Artikel 2

Beitragsverfahren der Handwerker, Führung der Vorgänge

(1) Die Beiträge der auf Grund des Gesetzes über die Altersversorgung für das Deutsche Handwerk in der Angestelltenversicherung versicherungspflichtigen Handwerker werden von der Landesversicherungsanstalt für das Saarland unmittelbar eingezogen. Marken sind für diese Beiträge nicht zu verwenden.

(2) Die bisherigen Versicherungskarten der Handwerker sind bis zum 30. Juni 1957 aufzurechnen; neue Versicherungskarten sind nicht auszustellen. Der Handwerker erhält am Ende eines jeden Jahres über die unmittelbar an die Landesversicherungsanstalt für das Saarland entrichteten Beiträge eine Aufrechnungsbescheinigung.

(3) Absatz 2 gilt nicht, soweit der Handwerker nachweislich als freiwillig Versicherter im Sinne des § 26 Absatz 2 der Verordnung zur Durchführung und Ergänzung des Gesetzes über die Altersversorgung für das Deutsche Handwerk vom 13. Juli 1939 der Angestelltenversicherung angehört.

(4) Alle Vorgänge, die sich bei der Durchführung des Gesetzes über die Altersversorgung für das Deutsche Handwerk bei der Landesversicherungsanstalt für das Saarland ergeben, werden von dieser besonders geführt und als solche kenntlich gemacht. Die Einnahmen und Ausgaben sind gesondert nachzuweisen.

Artikel 3

Entschädigung

Für die Verpflichtungen, die der Landesversicherungsanstalt für das Saarland durch die Erhaltung der Anwartschaft nach diesem Gesetz entstehen, zahlt das Saarland einen Pauschalbetrag in Höhe von 200000000 Franken. Dieser Betrag wird in vier Jahresraten von je 50000000 Franken, beginnend mit dem Rechnungsjahr 1957, bereitgestellt.

Artikel 4
Ermächtigungen

(1) Der Minister für Arbeit und Wohlfahrt kann die in Artikel 2 Absatz 2 bestimmte Frist verlängern, jedoch nicht über den 31. Dezember 1957 hinaus.

(2) Die zur Durchführung dieses Gesetzes erforderlichen Verwaltungsvorschriften erläßt der Minister für Arbeit und Wohlfahrt.

Artikel 5
Inkrafttreten

Dieses Gesetz tritt am 1. Januar 1957 in Kraft, gleichzeitig tritt § 13 des Gesetzes über die Altersversorgung für das Deutsche Handwerk vom 21. Dezember 1938 in der Fassung des Gesetzes Nr. 328 zur Änderung des Gesetzes über die Altersversorgung für das Deutsche Handwerk vom 6. Juni 1952 (ABl. S. 661) außer Kraft.

Gesetz zur Ordnung des Handwerks (Handwerksordnung)

Vom 17. September 1953

(BGBl. I S. 1411)

in der Fassung des Gesetzes zur Änderung und Ergänzung der Handwerksordnung vom 22. 12. 1953 (BGBl. I S. 1567) und des Selbstverwaltungs- und Krankenversicherungsangleichungs-Gesetzes Berlin — SKAG Berlin vom 26. 12. 1957 (BGBl. I S. 1883)

Auszug

§ 1

(1) Der selbständige Betrieb eines Handwerks als stehendes Gewerbe ist nur den in der Handwerksrolle eingetragenen natürlichen und juristischen Personen (selbständige Handwerker) gestattet.

(2) Ein Gewerbebetrieb ist Handwerksbetrieb im Sinne dieses Gesetzes, wenn er handwerksmäßig betrieben wird und zu einem Gewerbe gehört, das in der Anlage A zu diesem Gesetz aufgeführt ist.

§ 2

Die Vorschriften dieses Gesetzes für selbständige Handwerker gelten auch

1. für gewerbliche Betriebe des Bundes, der Länder, der Gemeinden und der sonstigen juristischen Personen des öffentlichen Rechtes, in denen Waren zum Absatz an Dritte handwerksmäßig hergestellt oder Leistungen für Dritte handwerksmäßig bewirkt werden,
2. für handwerkliche Nebenbetriebe, die mit einem Versorgungs- oder sonstigen Betrieb der in Nummer 1 bezeichneten öffentlich-rechtlichen Stellen verbunden sind,

3. für handwerkliche Nebenbetriebe, die mit einem Unternehmen der Industrie, des Handels, der Landwirtschaft oder sonstiger Wirtschafts- und Berufszweige verbunden sind.

§ 3

(1) Ein handwerklicher Nebenbetrieb im Sinne des § 2 Nr. 2 und 3 liegt vor, wenn in ihm Waren zum Absatz an Dritte handwerksmäßig hergestellt oder Leistungen für Dritte handwerksmäßig bewirkt werden, es sei denn, daß eine solche Tätigkeit nur in unerheblichem Umfange ausgeübt wird oder daß es sich um einen Hilfsbetrieb handelt.

(2) Eine Tätigkeit im Sinne des Absatzes 1 ist unerheblich, wenn sie den durchschnittlichen Umsatz und die durchschnittliche Arbeitszeit eines ohne Hilfskräfte arbeitenden Betriebes des betreffenden Handwerkszweiges nicht übersteigt.

(3) Hilfsbetriebe im Sinne des Absatzes 1 sind unselbständige, der wirtschaftlichen Zweckbestimmung des Hauptbetriebes dienende Handwerksbetriebe, wenn sie

1. Arbeiten für den Hauptbetrieb oder für andere dem Inhaber des Hauptbetriebes ganz oder überwiegend gehörende Betriebe ausführen oder
2. Leistungen an Dritte bewirken, die
   a) als handwerkliche Arbeiten untergeordneter Art zur gebrauchsfertigen Überlassung üblich sind oder
   b) in unentgeltlichen Pflege-, Instandhaltungs- oder Instandsetzungsarbeiten bestehen oder
   c) in entgeltlichen Pflege-, Instandhaltungs- oder Instandsetzungsarbeiten an solchen Gegenständen bestehen, die in dem Hauptbetrieb selbst erzeugt worden sind, sofern die Übernahme dieser Arbeiten bei der Lieferung vereinbart worden ist, oder
   d) auf einer vertraglichen oder gesetzlichen Gewährleistungspflicht beruhen.

§ 4

(1) Nach dem Tode eines selbständigen Handwerkers darf der Ehegatte den Betrieb fortführen.

(2) Das gleiche gilt für minderjährige Erben während der Minderjährigkeit sowie für den Nachlaßverwalter, Nachlaßpfleger oder Testamentsvollstrecker während einer Nachlaßverwaltung, Nachlaßpflegschaft oder Testamentsvollstreckung.

(3) Nach Ablauf eines Jahres seit dem Tode des selbständigen Handwerkers ist die Fortführung des Betriebes gemäß den Absätzen 1 und 2 nur gestattet, wenn er von einem Handwerker geleitet wird, der den Voraussetzungen des § 7 Abs. 1 oder 2 genügt.

§ 5

Wer ein Handwerk nach § 1 betreibt, kann hierbei auch die mit diesem Handwerk technisch oder fachlich zusammenhängenden Arbeiten in anderen Handwerken ausführen.

§ 6

(1) Die Handwerkskammer hat ein Verzeichnis zu führen, in welches die selbständigen Handwerker ihres Bezirks mit dem von ihnen betriebenen Handwerk oder bei Ausübung mehrerer Handwerke mit diesen Handwerken einzutragen sind (Handwerksrolle).

(2) Die Einsicht in die Handwerksrolle ist jedem gestattet, der ein berechtigtes Interesse nachweist.

(3) Der Bundesminister für Wirtschaft bestimmt durch Rechtsverordnung, wie die Handwerksrolle einzurichten ist.

§ 7

(1) In die Handwerksrolle wird eingetragen, wer in dem von ihm zu betreibenden Handwerk die Meisterprüfung bestanden hat.

(2) In die Handwerksrolle wird in Ausnahmefällen ferner eingetragen, wer, ohne den Voraussetzungen des Absatzes 1 zu entsprechen, die zur selbständigen Ausübung des von ihm zu betreibenden Handwerks als stehendes Gewerbe notwendigen Kenntnisse und Fertigkeiten nachweist und hierüber eine Ausnahmebewilligung gemäß § 8 besitzt,

(3) Eine juristische Person wird in die Handwerksrolle eingetragen, wenn der Betriebsleiter den Voraussetzungen der Absätze 1 oder 2 genügt.

(4) Der Inhaber eines handwerklichen Nebenbetriebes (§ 2 Nr. 2 und 3) wird in die Handwerksrolle eingetragen, wenn der Leiter des Nebenbetriebes den Voraussetzungen der Absätze 1 oder 2 genügt.

§ 8

(1) Die in § 7 Abs. 2 vorgesehene Ausnahmebewilligung wird auf Antrag des Gewerbetreibenden von der höheren Verwaltungsbehörde erteilt; die Handwerkskammer und die Berufsvereinigung, welcher der Antragsteller angehört oder die er benennt, sind zu hören.

(2) Die Ausnahmebewilligung kann auch bedingt oder befristet erteilt werden.

(3) Gegen die Entscheidung steht neben dem Antragsteller auch der Handwerkskammer der Verwaltungsrechtsweg offen; als beteiligt gelten die Handwerkskammer und die in Absatz 1 erwähnte Berufsvereinigung.

§ 9

(1) Die Eintragung in die Handwerksrolle erfolgt auf Antrag oder von Amts wegen.

(2) Über die Eintragung in die Handwerksrolle hat die Handwerkskammer eine Bescheinigung auszustellen (Handwerkskarte). Der Bundesminister für Wirtschaft bestimmt den Wortlaut der Handwerkskarte und die Höhe der für ihre Ausstellung an die Handwerkskammer zu entrichtenden Verwaltungsgebühren.

(3) Wird der selbständige Handwerker in der Handwerksrolle gelöscht, so ist die Handwerkskarte zurückzugeben.

§ 10

Die Handwerkskammer hat dem Gewerbetreibenden die beabsichtigte Eintragung in die Handwerksrolle gegen Empfangsbescheinigung mitzuteilen; in gleicher Weise hat sie dies der Industrie- und Handelskammer mitzuteilen, wenn der Gewerbetreibende in dem Handelsregister eingetragen ist oder wenn er, ohne in diesem eingetragen zu sein, der Industrie- und Handelskammer angehört.

§ 11

Gegen die Entscheidung über die Eintragung in die Handwerksrolle steht dem Gewerbetreibenden der Verwaltungsrechtsweg offen, ebenso der Industrie- und

Handelskammer, wenn der Gewerbetreibende in dem Handelsregister eingetragen ist oder wenn er, ohne in diesem eingetragen zu sein, der Industrie- und Handelskammer angehört.

§ 12

Auf die Löschung in der Handwerksrolle finden die §§ 9 bis 11 entsprechende Anwendung.

§ 13

Ein selbständiger Handwerker, der in der Handwerksrolle eingetragen ist, ohne daß ein Verfahren nach § 11 durchgeführt worden ist, kann eine Löschung aus dem Grunde, daß der Betrieb kein Handwerksbetrieb sei, erst nach Ablauf eines Jahres seit der Eintragung und nur dann beantragen, wenn eine wesentliche Veränderung in den für die Eintragung maßgeblichen Verhältnissen eingetreten ist. Ist der selbständige Handwerker in dem Handelsregister eingetragen oder in dieses einzutragen oder betreibt er den Gewerbebetrieb nicht mehr handwerksmäßig, so kann auch die Industrie- und Handelskammer nach Ablauf eines Jahres seit der Eintragung die Löschung in der Handwerksrolle beantragen.

§ 14

(1) Ist in einem Verfahren nach § 11 unanfechtbar über die Eintragung in die Handwerksrolle entschieden worden, so kann der Gewerbetreibende bei der Handwerkskammer eine Löschung aus dem Grunde, daß der Betrieb kein Handwerksbetrieb sei, erst nach Ablauf eines Jahres seit der Rechtskraft und nur dann beantragen, wenn seit der Entscheidung eine wesentliche Veränderung in den betrieblichen Verhältnissen eingetreten ist. § 13 Satz 2 findet entsprechende Anwendung.

(2) Ist in einem Verfahren nach § 11 unanfechtbar die Eintragung abgelehnt worden, so gilt das gleiche, wenn eine Eintragung des Gewerbetreibenden in die Handwerksrolle erfolgen soll, weil der Betrieb nunmehr ein handwerksmäßiger sei.

(3) Lehnt die Handwerkskammer im Falle der §§ 13 und 14 Abs. 1 den Antrag auf Löschung ab, so findet § 11 entsprechende Anwendung.

§ 15

(1) Wer den Betrieb eines Handwerks nach § 1 anfängt, hat gleichzeitig mit der nach § 14 der Gewerbeordnung zu erstattenden Anzeige der hiernach zuständigen Behörde die über die Eintragung in der Handwerksrolle ausgestellte Handwerkskarte (§ 9 Abs. 2) vorzulegen.

(2) Der selbständige Handwerker hat ferner der Handwerkskammer, in deren Bezirk seine gewerbliche Niederlassung liegt, unverzüglich den Beginn und die Beendigung seines Betriebes und in den Fällen des § 4 Abs. 3 und des § 7 Abs. 3 und 4 die Bestellung und Abberufung des Betriebsleiters anzuzeigen; bei juristischen Personen sind auch die Namen der gesetzlichen Vertreter anzuzeigen.

§ 112

(1) Die bei Inkrafttreten dieses Gesetzes vorhandene Berechtigung eines Gewerbetreibenden, ein Handwerk als stehendes Gewerbe selbständig zu betreiben, bleibt bestehen. Soweit die Berechtigung zur Ausübung eines selbständigen Handwerks anderen bundesrechtlichen Beschränkungen als den in diesem Gesetz bestimmten unterworfen ist, bleiben diese Vorschriften unberührt.

(2) Ist ein nach Absatz 1 Satz 1 berechtigter Gewerbetreibender bei Inkrafttreten dieses Gesetzes nicht in der Handwerksrolle eingetragen, so ist er auf Antrag oder von Amts wegen binnen drei Monaten in die Handwerksrolle einzutragen.

§ 125

Das Gesetz tritt am Tage nach der Verkündung in Kraft.

Anlage A
zu dem Gesetz zur Ordnung des Handwerks (Handwerksordnung)

Verzeichnis der Gewerbe, die als Handwerk betrieben werden können (Die zu einem Handwerk gehörenden Handwerkszweige sind eingeklammert; die mundartlichen Bezeichnungen sind kursiv gedruckt)

I. Gruppe der Bau- und Ausbaugewerbe

Nr.

1 Maurer; Beton- und Stahlbetonbauer; Feuerungs- und Schornsteinbauer; Backofenbauer
2 Zimmerer
3 Dachdecker (Schiefer-, Schindel-, Stroh-[Rohr]- und Ziegeldecker)
4 Straßenbauer (Pflasterer)
5 Wärme-, Kälte- und Schallschutzisolierer
6 Mosaik-, Platten- und Fliesenleger
7 Betonstein- und Terrazzohersteller; Steinholzleger
8 Brunnenbauer
9 Steinmetzen und Steinbildhauer
10 Stukkateure
11 Maler, *Anstreicher*, (Tüncher, *Weißbinder*); Lackierer
12 Ofensetzer
13 Schornsteinfeger, *Kaminkehrer*

II. Gruppe der Metallgewerbe

14 Schmiede
15 Schlosser (Blitzableiterbauer)
16 Maschinenbauer; Werkzeugmacher; Dreher
17 Mühlenbauer
18 Mechaniker (Näh-, Sprechmaschinen- und Fahrradmechaniker); Büromaschinenmechaniker
19 Kraftfahrzeugmechaniker; Kraftfahrzeugelektriker
20 Landmaschinenmechaniker
21 Feinmechaniker und Feinoptiker
22 Büchsenmacher
23 Klempner, *Spengler*, *Flaschner* (Kühlerhersteller, Kühlerreparateure); Gas- und Wasserinstallateure

Nr.

24 Zentralheizungs- und Lüftungsbauer
25 Kupferschmiede
26 Elektroinstallateure (Blitzableiterbauer); Elektro- und Fernmeldemechaniker
27 Elektromaschinenbauer
28 Radio- und Fernsehtechniker
29 Uhrmacher
30 Graveure (Damaszierer, Formstecher); Ziseleure
31 Galvaniseure und Metallschleifer
32 Gürtler und Metalldrücker
33 Metallformer und Metallgießer
34 Glockengießer
35 Schweißer
36 Messerschmiede
37 Gold- und Silberschmiede
38 Gold-, Silber- und Aluminiumschläger

III. Gruppe der Holzgewerbe

39 Tischler, *Schreiner* (Segelflugzeugbauer, Kegelbahnbauer)
40 Rolladen- und Jalousiebauer
41 Bootsbauer; Schiffbauer
42 Modellbauer
43 Stellmacher, *Wagner*; Karosseriebauer
44 Drechsler; Schirmmacher
45 Holzbildhauer
46 Böttcher, *Kübler*, *Schäffler*; Weinküfer
47 Bürsten- und Pinselmacher (Drahtbürstenmacher)
48 Korbmacher

IV. Gruppe der Bekleidungs-, Textil- und Ledergewerbe

49 Herrenschneider
50 Damenschneider
51 Wäscheschneider
52 Sticker; Stricker
53 Putzmacher

Nr.
54 Weber
55 Seiler (Netzmacher); Segelmacher
56 Kürschner; Mützenmacher
57 Handschuhmacher
58 Schuhmacher (Schäftemacher); Orthopädieschuhmacher
59 Holzschuhmacher
60 Gerber
61 Sattler; Feintäschner
62 Polsterer und Dekorateure, *Tapezierer*

V. Gruppe der Nahrungsmittelgewerbe

63 Bäcker (Brezel-, Schwarzbrot und Lebkuchenbäcker, Feinbackwarenhersteller)
64 Konditoren
65 Fleischer, *Metzger*, *Schlachter*
66 Roßschlachter
67 Müller
68 Brauer und Mälzer

VI. Gruppe der Gewerbe für Gesundheits- und Körperpflege sowie der chemischen und Reinigungsgewerbe

69 Augenoptiker
70 Bandagisten
71 Orthopädiemechaniker
72 Chirurgie-Instrumentenmacher und Chirurgiemechaniker

Nr.
73 Zahntechniker
74 Friseure (Perückenmacher)
75 Färber und Chemischreiniger
76 Seifensieder (Kerzenzieher)
77 Wäschereibetriebe; Plättereibetriebe
78 Gebäudereiniger

VII. Gruppe der Glas-, Papier-, keramischen und sonstigen Gewerbe

79 Glaser
80 Glasschleifer und Glasätzer
81 Glasbläser und Glasinstrumentenmacher
82 Glas- und Porzellanmaler
83 Edelsteinschleifer
84 Photographen (Phototechniker)
85 Buchbinder
86 Buchdrucker; Schriftsetzer; Drucker
87 Steindrucker; Lithographen; Xylographen
88 Chemigraphen; Stereotypeure und Galvanoplastiker
89 Töpfer, *Hafner*, *Häfner*
90 Orgelbauer; Klavier- und Harmoniumbauer; Geigenbauer; Metallblasinstrumenten- und Schlagzeugmacher; Holzblasinstrumentenmacher; Zupfinstrumentenmacher
91 Vergolder
92 Schilder- und Lichtreklamehersteller
93 Vulkaniseure

VIERTES BUCH

Reichsversicherungsordnung

Rentenversicherung der Arbeiter (Arbeiterrentenversicherung = ArV)

Die zu den einzelnen Vorschriften erlassenen Übergangsvorschriften sind Kursiv gedruckt

ERSTER ABSCHNITT

Aufgaben der Versicherung und Kreis der versicherten Personen

A. Aufgaben der Versicherung

§ 1226

Aufgaben der Rentenversicherung der Arbeiter sind im Rahmen der nachfolgenden Bestimmungen

die Erhaltung, Besserung und Wiederherstellung der Erwerbsfähigkeit der Versicherten,

die Gewährung von Renten an Versicherte wegen Berufsunfähigkeit oder wegen Erwerbsunfähigkeit und von Altersruhegeld, die Gewährung von Renten an Hinterbliebene verstorbener Versicherter und die Förderung von Maßnahmen zur Hebung der gesundheitlichen Verhältnisse in der versicherten Bevölkerung.

B. Kreis der versicherten Personen

I. Versicherungspflicht

1. Umfang der Versicherungspflicht

§ 1227

(1) In der Rentenversicherung der Arbeiter werden versichert

1. alle Personen, die als Arbeitnehmer gegen Entgelt (§ 160) oder die als Lehrling oder sonst zu ihrer Berufsausbildung beschäftigt sind,
2. Deutsche im Sinne des Artikels 116 des Grundgesetzes, die im Ausland bei einer amtlichen Vertretung des Bundes oder bei deren Leitern, deutschen Mitgliedern oder Bediensteten als Arbeitnehmer gegen Entgelt (§ 160) oder die als Lehrling oder sonst zu ihrer Berufsausbildung beschäftigt sind,
3. Hausgewerbetreibende und Heimarbeiter, soweit sie nicht nach Nummer 1 versicherungspflichtig sind,
4. Küstenschiffer und Küstenfischer als Unternehmer gewerblicher Betriebe der Seeschiffahrt und Seefischerei, die zur Besatzung ihres Fahrzeuges gehören oder als Küstenfischer ohne Fahrzeug fischen und bei dem Betrieb regelmäßig keine oder höchstens zwei versicherungspflichtige Arbeitnehmer gegen Entgelt beschäftigen,
5. Mitglieder geistlicher Genossenschaften, Diakonissen, Schwestern vom Deutschen Roten Kreuz und Angehörige ähnlicher Gemeinschaften, die sich aus überwiegend religiösen oder sittlichen Beweggründen mit Krankenpflege, Unterricht oder anderen gemeinnützigen Tätigkeiten beschäftigen, nur
   a) während der Zeit ihrer Ausbildung zu einer solchen Tätigkeit,
   b) wenn sie persönlich nach der Ausbildung neben dem freien Unterhalt Barbezüge von mehr als 75 Deutsche Mark monatlich erhalten,
6. Personen, die vor einer Wehrdienstleistung im Sinne des § 4 Abs. 1 Nr. 1 bis 3 des Wehrpflichtgesetzes zuletzt nach diesem Absatz oder nach § 1 Abs. 1 des Handwerkerversicherungsgesetzes versichert waren, für die Dauer der Wehrdienstleistung. Bei Beschäftigten im öffentlichen Dienst, denen nach § 1 Abs. 2, § 9 Abs. 1 und § 15a des Arbeitsplatzschutzgesetzes Bezüge weiterzugewähren sind, gilt das Beschäftigungsverhältnis als durch den Wehrdienst nicht unterbrochen,

sofern sie nicht wegen derselben Beschäftigung oder derselben Tätigkeit nach den Bestimmungen des Angestelltenversicherungsgesetzes oder des Reichsknappschaftsgesetzes versicherungspflichtig oder versicherungsfrei oder auf Antrag von der Versicherungspflicht befreit sind.

(2) Besteht die Besatzung eines Schiffes, das unter ausländischer Flagge fährt, ganz oder teilweise aus Seeleuten, die Deutsche im Sinne des Artikels 116 des Grundgesetzes sind und die auf Grund ihrer Beschäftigung nach Absatz 1 versicherungspflichtig wären, so sind diese auf Antrag des Reeders nach den Vorschriften dieses Gesetzes zu versichern, wenn der Staat, dessen Flagge das Schiff führt, der Versicherung nicht widerspricht. Über den Antrag entscheidet die Seekasse.

2. Ausnahmen von der Versicherungspflicht

a) Versicherungsfreiheit kraft Gesetzes

§ 1228

(1) Versicherungsfrei ist,

1. wer bei seinem Ehegatten in Beschäftigung steht,
2. wer als Entgelt für eine Beschäftigung, die nicht zur Berufsausbildung ausgeübt wird, nur freien Unterhalt erhält,
3. wer während der Dauer seines Studiums als ordentlicher Studierender einer Hochschule oder einer sonstigen der wissenschaftlichen Ausbildung dienenden Schule gegen Entgelt beschäftigt ist,
4. wer neben einer regelmäßigen, die Versicherungspflicht begründenden Beschäftigung eine Nebenbeschäftigung bei einem anderen Arbeitgeber oder eine Nebentätigkeit ausübt, in der Nebenbeschäftigung oder in der Nebentätigkeit,
5. wer berufsmäßig eine die Versicherungspflicht begründende Beschäftigung oder Tätigkeit nicht ausübt, eine solche aber als Nebenbeschäftigung oder Nebentätigkeit übernimmt.

(2) Nebenbeschäftigung und Nebentätigkeit im Sinne des Absatzes 1 Nr. 4 und 5 liegen vor, wenn die Beschäftigung oder Tätigkeit ausgeübt wird

a) nur gelegentlich, insbesondere zur Aushilfe, für eine Zeitdauer, die im Laufe eines Jahres seit ihrem Beginn auf nicht mehr als zwei Monate oder insgesamt fünfzig Arbeitstage nach der Natur der Sache beschränkt zu sein pflegt oder im voraus durch Vertrag beschränkt ist, oder

b) zwar laufend oder in regelmäßiger Wiederkehr, aber nur gegen einen Entgelt oder ein Arbeitseinkommen, das durchschnittlich im Monat ein Achtel der für Monatsbezüge geltenden Beitragsbemessungsgrenze (§ 1385 Abs. 2) oder bei höherem Entgelt oder Arbeitseinkommen ein Fünftel des Gesamteinkommens nicht überschreitet.

(3) Wird bei einer Nebenbeschäftigung oder Nebentätigkeit die in Absatz 2 Buchstabe a angegebene Zeitdauer überschritten, so tritt von der Überschreitung an Versicherungspflicht ein.

§ 1229

(1) Versicherungsfrei sind

1. Personen, die ein Altersruhegeld aus der Rentenversicherung der Arbeiter, der Rentenversicherung der Angestellten oder der knappschaftlichen Rentenversicherung beziehen, vom Rentenbeginn an,
2. Beamte des Bundes, der Länder, der Gemeindeverbände, der Gemeinden, der Träger der Sozialversicherung, der Bundesanstalt für Arbeitsvermittlung und Arbeitslosenversicherung, der Deutschen Bundesbank und der als öffentlich-rechtliche Körperschaften anerkannten Religionsgesellschaften, solange sie lediglich für ihren Beruf ausgebildet werden,
3. Beamte und sonstige Beschäftigte der in Nummer 2 genannten Körperschaften, wenn ihnen Anwartschaft auf lebenslängliche Versorgung und auf Hinterbliebenenversorgung nach beamtenrechtlichen Vorschriften oder Grundsätzen gewährleistet ist,
4. Polizeivollzugsbeamte auf Widerruf,
5. Soldaten auf Zeit und Berufssoldaten der Bundeswehr.

(2) Ob und seit wann Anwartschaft auf lebenslängliche Versorgung und Hinterbliebenenversorgung im Sinne des Absatzes 1 Nr. 3 gewährleistet ist, entscheidet für die beim Bund oder bei einer der Aufsicht des Bundes unterstehenden Körperschaft Beschäftigten der zuständige Bundesminister, für die bei sonstigen Körperschaften Beschäftigten die oberste Verwaltungsbehörde des Landes, in dessen Betrieben oder Dienst die Beschäftigung stattfindet oder in dessen Gebiet die Körperschaft ihren Sitz hat.

Art. 2 § 1 ArVNG

Versicherungsfrei sind auch nach Inkrafttreten dieses Gesetzes Mitglieder der Pensionskasse Deutscher Eisenbahnen und Straßenbahnen (Gesetz zur Neuordnung der Pensionskasse Deutscher Eisenbahnen und Straßenbahnen vom 5. März 1956 — Bundesgesetzbl. I S. 101), die mit der Pensionskasse vor dem 1. Juli 1948 erstmalig ein Versicherungsverhältnis begründet haben.

b) Befreiung von der Versicherungspflicht auf Antrag

§ 1230

(1) Auf ihren Antrag werden von der Versicherungspflicht befreit Personen, denen vom Bund, einem Land, einem Gemeindeverband, einer Gemeinde, einem Träger der Sozialversicherung, der Bundesanstalt für Arbeitsvermittlung und Arbeitslosenversicherung, der Deutschen Bundesbank und den als öffentlich-rechtliche Körperschaften anerkannten Religionsgesellschaften oder einem nach § 1231 gleichgestellten Arbeitgeber nach beamtenrechtlichen Vorschriften oder Grundsätzen eine lebenslängliche Versorgung bewilligt und Hinterbliebenenversorgung gewährleistet ist.

(2) Die Befreiung wirkt vom Beginn des Beschäftigungsverhältnisses an, wenn sie innerhalb von zwei Monaten danach beantragt wird, sonst vom Eingang des Antrages an.

(3) Über den Antrag entscheidet der für den Wohnsitz des Antragstellers zuständige Träger der Rentenversicherung.

(4) Der zuständige Träger der Rentenversicherung widerruft die Befreiung, wenn ihre Voraussetzungen weggefallen sind.

(5) Wer nach Absatz 1 von der Versicherungspflicht befreit ist, kann durch schriftliche Erklärung gegenüber dem zuständigen Träger der Rentenversicherung auf die Befreiung mit Wirkung vom Beginn des nächsten Monats an verzichten.

§ 1231

(1) Auf Antrag des Arbeitgebers werden von der Versicherungspflicht befreit Personen, die in Betrieben oder im Dienst anderer als der in § 1229 Abs. 1 Nr. 2 genannten öffentlich-rechtlichen Körperschaften oder anderer öffentlich-rechtlicher Verbände oder der Verbände von Trägern der Sozialversicherung beschäftigt sind, wenn ihnen Anwartschaft auf lebenslängliche Versorgung und auf Hinterbliebenenversorgung nach beamtenrechtlichen Vorschriften oder Grundsätzen gewährleistet ist. Die Befreiung darf nur erfolgen, wenn die Erfüllung der Gewährleistung gesichert ist; sie kann an Auflagen gebunden werden. Die Befreiung kann für alle derzeitigen und zukünftigen Beschäftigten oder für Gruppen von ihnen oder für

bestimmte Personen ausgesprochen werden. Die Befreiung wirkt von der Verleihung der Anwartschaft an, wenn sie innerhalb von zwei Monaten danach beantragt wird, sonst vom Eingang des Antrages an. Über den Antrag entscheiden die nach § 1229 Abs. 2 zuständigen Stellen.

(2) Auf Antrag des Reeders sind von der Versicherungspflicht zu befreien ausländische und staatenlose Besatzungsmitglieder deutscher Seefahrzeuge, die keinen Wohnsitz im Inland haben, soweit nicht zwischenstaatliche Sozialversicherungsabkommen oder internationale Übereinkommen auf dem Gebiet der Sozialversicherung entgegenstehen. Über den Antrag entscheidet die Seekasse.

(3) Auf Antrag ihrer Gemeinschaft werden die in § 1227 Abs. 1 Nr. 5 genannten Personen von der Versicherungspflicht befreit, wenn ihnen die in der Gemeinschaft übliche lebenslängliche Versorgung gewährleistet ist. Absatz 1 Satz 2 bis 5 gilt entsprechend.

Art. 2 § 2 ArVNG

Soweit auf Grund des § 1242 der Reichsversicherungsordnung alter Fassung oder der §§ 174 und 1226 der Reichsversicherungsordnung in der Fassung der Verordnung vom 17. März 1945 (Reichsgesetzbl. I S. 41) oder der diesen Vorschriften sinngemäß entsprechenden früheren Vorschriften auf Antrag des Arbeitgebers eine Freistellung von der Versicherungspflicht erfolgt ist, verbleibt es dabei auch nach Inkrafttreten dieses Gesetzes, solange nicht die nach § 1229 Abs. 2 der Reichsversicherungsordnung zuständigen Stellen die Freistellung widerrufen, weil ihre Voraussetzungen nicht mehr gegeben sind.

3. Nachversicherung

§ 1232

(1) Scheiden Personen aus der Beschäftigung, während der sie nach § 1229 Abs. 1 Nr. 2 bis 4 oder nach § 1231 Abs. 1 versicherungsfrei waren, aus, ohne daß ihnen nach beamtenrechtlichen Vorschriften oder Grundsätzen eine lebenslängliche Versorgung oder an deren Stelle eine Abfindung oder ihren Hinterbliebenen eine diesen Vorschriften oder Grundsätzen entsprechende Versorgung auf Grund des Beschäftigungsverhältnisses gewährt wird, so sind sie für die Zeit, in der sie sonst in der Rentenversicherung der Arbeiter versicherungspflichtig gewesen wären, nachzuversichern.

(2) Absatz 1 gilt bei Beamten auch für die Zeit des Vorbereitungsdienstes für den Beamtenberuf ohne Rücksicht darauf, ob während dieser Zeit Entgelt bezogen worden ist.

(3) Scheiden Berufssoldaten und Soldaten auf Zeit, die nach § 1229 Abs. 1 Nr. 5 versicherungsfrei waren, aus der Bundeswehr aus, ohne daß ihnen nach soldatenrechtlichen Vorschriften oder Grundsätzen eine lebenslängliche Versorgung oder ihren Hinterbliebenen eine diesen Vorschriften oder Grundsätzen entsprechende Versorgung gewährt wird, so sind sie in der Rentenversicherung der Arbeiter für die Dauer ihrer Dienstzeit nachzuversichern,

a) wenn sie innerhalb eines Jahres nach dem Ausscheiden aus der Bundeswehr oder nach der Beendigung einer nach soldatenrechtlichen Vorschriften gewährten Berufsförderung in diesem Versicherungszweig versicherungspflichtig werden,

b) wenn sie nach dem Ausscheiden nicht rentenversicherungspflichtig werden, aber vor dem Eintritt in die Bundeswehr in diesem Versicherungszweig versicherungspflichtig waren,

c) wenn sie die Voraussetzungen der Buchstaben a und b nicht erfüllen, aber bei der Bundeswehr eine Beschäftigung ausgeübt haben, die sonst der Versicherungspflicht nach § 1227 unterliegt.

Absatz 4 ist weggefallen.

(5) Scheiden Mitglieder geistlicher Genossenschaften, Diakonissen, Schwestern vom Deutschen Roten Kreuz und Angehörige ähnlicher Gemeinschaften aus ihrer Gemeinschaft aus, so sind sie für die Zeit, in der sie aus überwiegend religiösen oder sittlichen Beweggründen mit Krankenpflege, Unterricht oder anderen gemeinnützigen Tätigkeiten beschäftigt waren, aber der Versicherungspflicht nicht unterlagen oder nach § 1231 Abs. 3 befreit waren, nachzuversichern, wenn dies von dem ausscheidenden Mitglied oder der Gemeinschaft innerhalb eines Jahres nach dem Ausscheiden beantragt wird.

(6) Die Nachversicherung nach den Absätzen 1 bis 5 entfällt, wenn bei dem Ausscheiden des Beschäftigten durch Tod keine Hinterbliebenen im Sinne der §§ 1263 bis 1267 vorhanden sind oder auch bei Durchführung der Nachversicherung keine Hinterbliebenenrente auf Grund der Vorschriften dieses Gesetzes zu zahlen wäre.

Art. 2 § 3 ArVNG

(1) Scheiden Personen aus einer versicherungsfreien Beschäftigung nach dem Inkrafttreten dieses Gesetzes aus, so gilt § 1232 der Reichsversicherungsordnung auch für die Zeit vorher, wenn in dieser Zeit nach den jeweils geltenden, dem § 1229 Abs. 1 Nr. 2 bis 4 und dem § 1231 der Reichsversicherungsordnung sinngemäß entsprechenden Vorschriften Versicherungsfreiheit bestand. Dies gilt bei Beamten für die Zeit des Vorbereitungsdienstes auch dann, wenn sie einen Entgelt nicht bezogen haben.

(2) § 1232 der Reichsversicherungsordnung gilt auch für Personen, deren Nachversicherung in der Zeit vor dem Inkrafttreten dieses Gesetzes auf Grund des § 1242a Abs. 1 der Reichsversicherungsordnung in der Fassung der Verordnung vom 17. März 1945 (Reichsgesetzbl. I S. 41) oder der Sozialversicherungsanordnung Nr. 14 Nummer 2 Buchstabe b oder c vom 19. Juli 1947 (Arbeitsblatt für die britische Zone S. 240) wegen unehrenhaften oder freiwilligen Ausscheidens aus einer versicherungsfreien Beschäftigung unterblieben ist, es sei denn, daß § 141 Abs. 2 Satz 1 des Deutschen Beamtengesetzes unter Berücksichtigung der Bundesfassung (Bundesgesetzbl. 1950 S. 279) die Nachversicherung ausschloß. In Fällen besonderer Härte ist eine Nachversicherung nach § 1232 der Reichsversicherungsordnung abweichend von § 141 Abs. 2 Satz 1 des Deutschen Beamtengesetzes unter Berücksichtigung der Bundesfassung durchzuführen. Das Nähere bestimmen der Bundesminister für Arbeit, der Bundesminister der Finanzen und der Bundesminister des Innern durch Rechtsverordnung mit Zustimmung des Bundesrates.

(3) Absätze 1 und 2 gelten für Mitglieder der Pensionskasse Deutscher Eisenbahnen und Straßenbahnen entsprechend.

(4) Bei Soldaten auf Zeit und Berufssoldaten der Bundeswehr erstreckt sich eine Nachversicherung nach § 1232 der Reichsversicherungsordnung auch auf die Zeit einer Wehrdienstleistung nach dem 31. März 1956.

II. Freiwillige Versicherung

1. Weiterversicherung

§ 1233

(1) Wer weder nach diesem Gesetz noch nach dem Angestelltenversicherungsgesetz, dem Reichsknappschaftsgesetz oder dem Handwerkerversicherungsgesetz versicherungspflichtig ist und innerhalb von zehn Jahren während mindestens sechzig Kalendermonaten Beiträge für eine rentenversicherungspflichtige Beschäftigung oder Tätigkeit entrichtet hat, kann die Versicherung freiwillig fortsetzen (Weiterversicherung). Nach Erreichen der Altersgrenze für die Gewährung des Altersruhegeldes ist eine Weiterversicherung nur zulässig, wenn der Versicherte ein Altersruhegeld aus der Rentenversicherung der Arbeiter, der Rentenversicherung der Angestellten oder der knappschaftlichen Rentenversicherung nicht bezieht.

(2) Eine nach Absatz 1 zulässige Weiterversicherung kann während einer Berufsunfähigkeit oder einer Erwerbsunfähigkeit nur zur Anrechnung für das Altersruhegeld und die Hinterbliebenenrente erfolgen.

(3) Hat der Versicherte die Voraussetzungen für die Weiterversicherung sowohl in der Rentenversicherung der Arbeiter als auch in der Rentenversicherung der Angestellten erfüllt, so kann er die Weiterversicherung nur in dem Versicherungszweig durchführen, in dem er zuletzt versicherungspflichtig war. Sind für den Versicherten Beiträge zur knappschaftlichen Rentenversicherung entrichtet, so richtet sich die Weiterversicherung nach § 33 des Reichsknappschaftsgesetzes. Sind für einen Versicherten der Rentenversicherung der Arbeiter auch Beiträge zur knappschaftlichen Rentenversicherung entrichtet, ohne daß die Voraussetzungen des § 33 Abs. 1 des Reichsknappschaftsgesetzes vorliegen, so gelten für die Anwendung des Satzes 1 die knappschaftlichen Beiträge als in dem Zweig der gesetzlichen Rentenversicherung entrichtet, in dem der Versicherte zu versichern gewesen wäre, wenn er nicht der knappschaftlichen Rentenversicherung angehört hätte.

Art. 2 § 4 ArVNG

(1) Wer durch Entrichtung eines Beitrages vor dem 1. Januar 1956 die Selbstversicherung (§ 1243 der Reichsversicherungsordnung alter Fassung) begonnen oder bis zum Inkrafttreten dieses Gesetzes von dem Recht der Weiterversicherung (§ 1244 der Reichsversicherungsordnung alter Fassung) Gebrauch gemacht hat, kann die Versicherung fortsetzen, auch wenn die Voraussetzungen des § 1233 Abs. 1 Satz 1 der Reichsversicherungsordnung nicht erfüllt sind. § 1233 Abs. 1 Satz 2, Abs. 2 und 3 der Reichsversicherungsordnung gilt.

(2) Wer bis zum Inkrafttreten dieses Gesetzes zur Weiterversicherung (§ 1244 der Reichsversicherungsordnung alter Fassung) berechtigt war und innerhalb der drei Monate vor Inkrafttreten dieses Gesetzes Beiträge aus versicherungspflichtiger Beschäftigung oder Tätigkeit für mindestens einen Kalendermonat entrichtet hat, kann innerhalb von zwei Jahren nach Inkrafttreten dieses Gesetzes die Versicherung fortsetzen, wenn er bis zur Fortsetzung der Versicherung Beiträge für eine versicherungspflichtige Beschäftigung oder Tätigkeit für mindestens vierundzwanzig Monate entrichtet hat.

(3) Wer die Selbstversicherung nach dem 31. Dezember 1955 begonnen hat, erhält die zur Selbstversicherung entrichteten Beiträge in voller Höhe zurückgezahlt, wenn er dies bis zum 31. Dezember 1957 beantragt.

2. Höherversicherung

§ 1234

(1) Neben Beiträgen, die auf Grund der Versicherungspflicht oder der Berechtigung zur Weiterversicherung entrichtet sind, kann der Versicherte zusätzlich Beiträge zum Zwecke der Höherversicherung entrichten.

(2) § 1233 Abs. 2 gilt entsprechend.

ZWEITER ABSCHNITT

Leistungen aus der Versicherung

A. Regelleistungen

§ 1235

Regelleistungen sind

1. Maßnahmen zur Erhaltung, Besserung und Wiederherstellung der Erwerbsfähigkeit,
2. Renten,
3. Witwen- und Witwerrentenabfindungen,
4. Beitragserstattungen,
5. Beiträge für die Krankenversicherung der Rentner.

I. Maßnahmen zur Erhaltung, Besserung und Wiederherstellung der Erwerbsfähigkeit

§ 1236

(1) Ist die Erwerbsfähigkeit eines Versicherten infolge von Krankheit oder anderen Gebrechen oder Schwäche seiner körperlichen oder geistigen Kräfte gefährdet oder gemindert und kann sie voraussichtlich erhalten, wesentlich gebessert oder wiederhergestellt werden, so kann der Träger der Rentenversicherung der Arbeiter Maßnahmen in dem in § 1237 bestimmten Umfang zur Erhaltung, Besserung oder Wiederherstellung der Erwerbsfähigkeit gewähren.

(2) Absatz 1 gilt für Empfänger von Rente wegen Berufsunfähigkeit (§ 1246), wegen Erwerbsunfähigkeit (§ 1247) und für Empfänger von Hinterbliebenenrente, die wegen Berufsunfähigkeit die erhöhte Rente nach § 1268 Abs. 2 Nr. 2 beziehen, entsprechend.

(3) Soweit nach Gesetz oder Satzung für die Durchführung von Maßnahmen im Sinne der Absätze 1 und 2 ein Träger eines anderen Zweiges der Sozialversicherung oder eine sonstige durch Gesetz verpflichtete Stelle, insbesondere die Kriegsopferversorgung oder die Bundesanstalt für Arbeitsvermittlung und Arbeitslosenversicherung, zuständig ist, bleiben deren Verpflichtung und Zuständigkeit unberührt.

§ 1237

(1) Die nach § 1236 durchzuführenden Maßnahmen erstrecken sich auf Heilbehandlung, Berufsförderung und soziale Betreuung.

(2) Die Heilbehandlung umfaßt alle erforderlichen medizinischen Maßnahmen, insbesondere Behandlung in Kur- und Badeorten und in Spezialanstalten.

(3) Die Berufsförderung umfaßt

a) Maßnahmen zur Wiedergewinnung oder Erhöhung der Erwerbsfähigkeit im bisherigen Beruf,

b) Ausbildung für einen anderen nach der bisherigen Berufstätigkeit zumutbaren Beruf,

c) Hilfe zur Erhaltung oder zur Erlangung einer Arbeitsstelle.

Die Berufsförderung wird unter der Voraussetzung der Eignung und Mitarbeit des Betreuten bis zum Erreichen ihres angestrebten Zieles, in der Regel jedoch nicht länger als ein Jahr gewährt. In geeigneten Fällen kann der Träger der Rentenversicherung der Arbeiter die Berufsförderung über diesen Zeitraum, jedoch nicht über zwei weitere Jahre hinaus, ausdehnen. Für nachgehende Maßnahmen gelten diese Fristen nicht.

(4) Die soziale Betreuung umfaßt

a) die Gewährung von Übergangsgeld während der Durchführung von Maßnahmen der Heilbehandlung und der Berufsförderung,

b) nachgehende Maßnahmen zur Sicherung des nach Durchführung der Heilbehandlung und der Berufsförderung erzielten Ergebnisses.

(5) Für die im Einzelfall durchzuführenden Maßnahmen der Heilbehandlung, Berufsförderung und sozialen Betreuung ist durch den Träger der Rentenversicherung der Arbeiter in Zusammenarbeit mit allen an der Durchführung beteiligten Stellen so früh wie möglich ein Gesamtplan aufzustellen. Auf Wunsch des Betreuten ist sein behandelnder Arzt zu beteiligen.

(6) Die Durchführung von Maßnahmen nach den Absätzen 1 bis 5 bedarf der Zustimmung des Betreuten.

§ 1238

(1) Überträgt der Träger der Rentenversicherung der Arbeiter die Durchführung von Maßnahmen nach §§ 1236 und 1237 anderen Stellen, so bleibt er dem Betreuten gegenüber verantwortlich.

(2) Entstehen den die Maßnahmen durchführenden Stellen Aufwendungen, die über den Umfang ihrer gesetzlichen oder satzungsmäßigen Verpflichtungen gegenüber dem Betreuten hinausgehen, so hat der Träger der Rentenversicherung der Arbeiter die Mehrkosten zu erstatten.

§ 1239

Ist Heilbehandlung notwendig und ist zugleich Krankenhilfe, Wochenhilfe oder Familienhilfe durch einen Träger der gesetzlichen Krankenversicherung zu gewähren, so kann an Stelle des Trägers der Krankenversicherung der Träger der Rentenversicherung der Arbeiter im Benehmen mit dem Träger der Krankenversicherung Leistungen selbst übernehmen. Er hat dem Betreuten dann mindestens das zu gewähren, was der Träger der Krankenversicherung nach Gesetz oder Satzung zu leisten hätte. Für die Dauer der Gewährung dieser Leistungen durch den Träger der Rentenversicherung ruhen insoweit die Ansprüche des Betreuten gegen den Träger der Krankenversicherung. Der Träger der Krankenversicherung hat dem Träger der Rentenversicherung Ersatz zu leisten, soweit der Betreute nach Gesetz oder Satzung von dem Träger der Krankenversicherung Krankengeld zu beanspruchen gehabt hätte.

§ 1240

Ist Berufsförderung notwendig, so veranlaßt der Träger der Rentenversicherung die Durchführung der erforderlichen Maßnahmen bei der Bundesanstalt für Arbeitsvermittlung und Arbeitslosenversicherung, soweit diese zur Durchführung im Rahmen der für sie geltenden Vorschriften zuständig ist und über geeignete Einrichtungen verfügt. Ist dies nicht der Fall, so kann der Träger der Rentenversicherung andere Einrichtungen, insbesondere solche der Kriegsopferversorgung oder der Träger der gesetzlichen Unfallversicherung, zur Durchführung der erforderlichen Maßnahmen im Rahmen der verfügbaren Plätze nach Vereinbarung in Anspruch nehmen oder die Maßnahmen selbst durchführen.

§ 1241

(1) Für die Zeit, in der der Träger der Rentenversicherung Maßnahmen zur Erhaltung, Besserung oder Wiederherstellung der Erwerbsfähigkeit durchführt, hat er dem Betreuten ein Übergangsgeld zu gewähren. Hat der Betreute vor Beginn der Maßnahmen Antrag auf Rente wegen Berufsunfähigkeit oder wegen Erwerbsunfähigkeit oder auf erhöhte Rente nach § 1268 Abs. 2 Nr. 2 gestellt, so beginnt das Übergangsgeld mit dem Zeitpunkt, von dem an die Rente oder der erhöhte Rentenbetrag zu zahlen gewesen wäre.

(2) Die Höhe des Übergangsgeldes wird durch übereinstimmende Beschlüsse der Organe des Trägers der Rentenversicherung unter Berücksichtigung der Zahl der von dem Betreuten vor Beginn der Maßnahmen überwiegend unterhaltenen Familienangehörigen festgesetzt. Das Übergangsgeld für Versicherte beträgt mindestens 50 vom Hundert und höchstens 80 vom Hundert des Arbeitsentgelts oder Arbeitseinkommens, das im Durchschnitt der letzten zwölf mit Beiträgen belegten Monate oder, wenn dies für den Betreuten günstiger ist, im Durchschnitt der letzten sechsunddreißig mit Beiträgen belegten Monate der Beitragsentrichtung zugrunde lag. Sind Beiträge durch Verwendung von Beitragsmarken entrichtet, so sind bei der Berechnung die Beiträge anzusetzen, die den Mittelwerten der den Beitragsklassen nach § 1387 zugeordneten Arbeitsentgelte oder Arbeitseinkommen entsprechen. Werden dem Betreuten Unterkunft und Verpflegung gewährt, so kann das Übergangsgeld bis auf ein Drittel des nach den Sätzen 2 und 3 zu gewährenden Betrages ermäßigt werden.

(3) Übergangsgeld wird insoweit nicht gewährt, als der Betreute während der Durchführung der Maßnahmen Arbeitsentgelt, anderes Erwerbseinkommen oder eine Rente aus der Rentenversicherung der Arbeiter, der Rentenversicherung der Angestellten oder der knappschaftlichen Rentenversicherung bezieht.

§ 1242

Für die Dauer der Durchführung von Maßnahmen zur Erhaltung, Besserung oder Wiederherstellung der Erwerbsfähigkeit besteht kein Anspruch auf Rente wegen Berufsunfähigkeit oder wegen Erwerbsunfähigkeit oder auf erhöhte Rente nach § 1268 Abs. 2 Nr. 2, es sei denn, daß die Rente oder die Rentenerhöhung bereits vor Beginn der Maßnahmen bewilligt war; das gleiche gilt für den Zeitraum vor Beginn der Durchführung solcher Maßnahmen, für den nach § 1241 Abs. 1 Satz 2 Übergangsgeld zu zahlen ist.

§ 1243

(1) Entzieht sich ein Versicherter ohne triftigen Grund der Durchführung einer von dem Träger der Rentenversicherung vorgesehenen Maßnahme der Heilbehandlung oder einer nach der bisherigen Berufstätigkeit des Versicherten zumutbaren Maßnahme der Berufsförderung oder einer nachgehenden Maßnahme (§ 1237 Abs. 1 bis 4), so kann ihm die Rente wegen Berufsunfähigkeit oder wegen Erwerbsunfähigkeit ganz oder teilweise auf Zeit versagt werden, wenn Berufsunfähigkeit oder Erwerbsunfähigkeit in den nächsten drei Jahren nach der Weigerung eintritt und ganz oder überwiegend auf Umständen beruht, zu deren Behebung die vorgesehene Maßnahme durchgeführt werden sollte. Der Versicherte ist auf diese Folge vorher schriftlich hinzuweisen.

(2) Entzieht sich ein Empfänger von Rente wegen Berufsunfähigkeit oder wegen Erwerbsunfähigkeit ohne triftigen Grund der Durchführung einer vom Träger der Rentenversicherung vorgesehenen Maßnahme, so kann ihm die Rente ganz oder teilweise auf Zeit versagt werden, wenn die Berufsunfähigkeit oder die Erwerbsunfähigkeit durch die vorgesehene Maßnehme voraussichtlich beseitigt worden wäre. Der Rentenempfänger ist auf diese Folge vorher schriftlich hinzuweisen.

(3) Absatz 2 gilt entsprechend für die Empfänger von Hinterbliebenenrenten in bezug auf den wegen Berufsunfähigkeit oder wegen Erwerbsunfähigkeit nach § 1268 Abs. 2 Nr. 2 zustehenden Rentenerhöhungsbetrag.

(4) Nicht zumutbar ist eine Heilbehandlung, die mit einer erheblichen Gefahr für Leben und Gesundheit des Versicherten verbunden ist, eine Operation auch dann, wenn sie einen erheblichen Eingriff in die körperliche Unversehrtheit bedeutet.

§ 1244

(1) Die Träger der Rentenversicherung sind gehalten, mit den Trägern der anderen Zweige der Sozialversicherung, den Dienststellen der Bundesanstalt für Arbeitsvermittlung und Arbeitslosenversicherung, den Verwaltungsbehörden der Kriegsopferversorgung, den Gesundheitsbehörden, den Trägern der öffentlichen Fürsorge, den kassenärztlichen Vereinigungen und den Ärzten zur Durchführung von Maßnahmen zur Erhaltung, Besserung oder Wiederherstellung der Erwerbsfähigkeit der von ihnen zu betreuenden Personen zusammenzuarbeiten. Das Nähere soll durch Vereinbarungen oder durch andere geeignete Maßnahmen geregelt werden. Die Bildung von Arbeitsgemeinschaften ist anzustreben.

(2) Die Träger der gesetzlichen Krankenversicherung, der gesetzlichen Unfallversicherung, die Dienststellen der Bundesanstalt für Arbeitsvermittlung und Arbeitslosenversicherung und die Verwaltungsbehörden der Kriegsopferversorgung sind verpflichtet, dem Träger der Rentenversicherung davon Mitteilung zu machen, wenn sie in ihrem Geschäftsbereich Fälle feststellen, in denen die Durchführung von Maßnahmen zur Erhaltung, Besserung oder Wiederherstellung der Erwerbsfähigkeit eines Betreuten durch den Träger der Rentenversicherung angezeigt erscheint.

§ 1244a

(1) Sind Versicherte, Rentner, ihre Ehegatten oder ihre Kinder an aktiver behandlungsbedürftiger Tuberkulose erkrankt, so haben Versicherte und Rentner für sich, für ihren Ehegatten oder für ihre Kinder Anspruch auf die Maßnahmen nach §§ 1236 bis 1244 wegen dieser Erkrankung nach Maßgabe folgender Vorschriften.

(2) Versichert im Sinne dieser Vorschrift ist derjenige, für den in den der Feststellung der Behandlungsbedürftigkeit vorausgegangenen vierundzwanzig Kalendermonaten Beiträge für wenigstens sechs Kalendermonate für eine versicherungspflichtige Beschäftigung oder Tätigkeit entrichtet sind oder der die Wartezeit nach § 1246 Abs. 3 erfüllt hat. Ehegatte im Sinne dieser Vorschrift ist der nichtversicherte Ehegatte, wenn der Versicherte oder der Rentner ihn überwiegend unterhalten hat. Kinder im Sinne dieser Vorschrift sind nichtversicherte Kinder, für die Kinderzuschuß gewährt wird oder bei Rentenbezug zu gewähren wäre.

(3) Versicherte und Rentner erhalten für sich, für ihren Ehegatten oder für ihre Kinder Heilbehandlung, auch wenn die in § 1236 Abs. 1 und 2 genannten Voraussetzungen nicht erfüllt sind. Besteht Anspruch auf Krankenpflege oder Familienkrankenpflege gegen einen Träger der sozialen Krankenversicherung, ruht der Anspruch auf Heilbehandlung nach Satz 1 für die Dauer der ambulanten Behandlung. Für die Dauer der stationären Heilbehandlung bleibt § 1239 Satz 2 bis 4 unberührt.

(4) Versicherte und Rentner erhalten für ihre Person bis zur Vollendung des sechzigsten Lebensjahres Berufsförderung und nachgehende Maßnahmen, auch wegen der Folgen der Erkrankung.

(5) Über Art und Maß der Leistungen entscheidet der Rentenversicherungsträger nach pflichtmäßigem Ermessen.

(6) Versicherte sowie Rentner bis zur Vollendung des fünfundsechzigsten Lebensjahres erhalten Übergangsgeld

a) für die Dauer ihrer stationären Heilbehandlung nach Absatz 3 und ihrer Berufsförderung nach Absatz 4,
b) für die Dauer ihrer ambulanten Heilbehandlung nach Absatz 3 oder für die Dauer ihrer Krankenpflege nach vorausgegangener stationärer Heilbehandlung nach Absatz 3
   nur bei Arbeitsunfähigkeit im Sinne der sozialen Krankenversicherung, längstens für zwei Jahre,
c) für ihren Ehegatten oder für ihre Kinder für die Dauer der stationären Heilbehandlung nach Absatz 3 zur Bestreitung ihrer persönlichen Beaürfnisse, soweit diese nicht durch Sachleistungen befriedigt werden.

Die Gewährung von Übergangsgeld ist für die Dauer der stationären Heilbehandlung und der ambulanten Heilbehandlung oder Krankenpflege nach vorausgegangener stationärer Heilbehandlung nicht von den in § 1236 Abs. 1 und 2 genannten Voraussetzungen abhängig. Der Anspruch auf Übergangsgeld ruht während ambulanter Behandlung, solange Anspruch auf Krankengeld gegen einen Träger der sozialen Krankenversicherung besteht, es sei denn, daß der Rentenversicherungsträger die Heilbehandlung nach § 1239 übernommen hat. § 1242 gilt nur für die Dauer der Gewährung von Übergangsgeld.

(7) Beruht die Erkrankung auf einem Arbeitsunfall, einer Berufskrankheit oder einer Schädigung im Sinne des Bundesversorgungsgesetzes oder eines Gesetzes, das das Bundesversorgungsgesetz für entsprechend anwendbar erklärt, gelten die vorstehenden Vorschriften nicht. Sie gelten ferner nicht für diejenigen Personen, die nach § 1229 Abs. 1 Nr. 2 bis 5 versicherungsfrei oder gemäß §§ 1230, 1231 Abs. 1 von der Versicherungspflicht befreit sind, sowie für ihre Ehegatten und Kinder, die bei der Feststellung der Behandlungsbedürftigkeit in keiner versicherungspflichtigen Beschäftigung standen. Bei Unterbringung in Anstaltspflege und bei Haftvollzug im Sinne der §§ 23, 24 des Gesetzes über die Tuberkulosehilfe vom 23. Juli 1959 (Bundesgesetzbl. I S. 513) entfällt der Anspruch auf Heilbehandlung nach Absatz 3.

(8) Die in Absatz 1 genannten Personen haben keinen Anspruch gegen den Rentenversicherungsträger auf Ergänzung von Hausrat, Bekleidung und Heizung, auf besondere Ernährung, auf Beihilfen zur Haltung von Ersatzkräften im Haushalt oder Kleinbetrieb und auf Hilfe bei der Wohnungsbeschaffung.

(9) Anspruch auf Maßnahmen nach den vorstehenden Vorschriften besteht nur, soweit die Betreuten im Geltungsbereich dieses Gesetzes behandelt oder beruflich gefördert werden können oder nachgehende Maßnahmen unmittelbar erhalten können.

II. Renten

1. Renten an Versicherte

§ 1245

Rentenleistungen an Versicherte sind

1. Renten wegen Berufsunfähigkeit oder wegen Erwerbsunfähigkeit,
2. Ruhegeld nach Erreichen der Altersgrenze (Altersruhegeld).

a) Voraussetzungen der Renten an Versicherte

§ 1246

(1) Rente wegen Berufsunfähigkeit erhält der Versicherte, der berufsunfähig ist, wenn die Wartezeit erfüllt ist.

(2) Berufsunfähig ist ein Versicherter, dessen Erwerbsfähigkeit infolge von Krankheit oder anderen Gebrechen oder Schwäche seiner körperlichen oder geistigen Kräfte auf weniger als die Hälfte derjenigen eines körperlich und geistig gesunden Versicherten mit ähnlicher Ausbildung und gleichwertigen Kenntnissen und Fähigkeiten herabgesunken ist. Der Kreis der Tätigkeiten, nach denen die Erwerbsfähigkeit eines Versicherten zu beurteilen ist, umfaßt alle Tätigkeiten, die seinen Kräften und Fähigkeiten entsprechen und ihm unter Berücksichtigung der Dauer und des Umfangs seiner Ausbildung sowie seines bisherigen Berufs und der besonderen Anforderungen seiner bisherigen Berufstätigkeit zugemutet werden können. Zumutbar ist stets eine Tätigkeit, für die der Versicherte durch Maßnahmen zur Erhaltung, Besserung oder Wiederherstellung der Erwerbsfähigkeit mit Erfolg ausgebildet oder umgeschult worden ist.

(3) Die Wartezeit für die Rente wegen Berufsunfähigkeit ist erfüllt, wenn vor Eintritt der Berufsunfähigkeit eine Versicherungszeit von sechzig Kalendermonaten zurückgelegt ist.

(4) Für die Gewährung der Rente wegen Berufsunfähigkeit aus Beiträgen der Höherversicherung ist die Erfüllung der Wartezeit nicht erforderlich.

Art. 2 § 6 ArVNG

§ 1246 Abs. 2 der Reichsversicherungsordnung gilt auch in den Fällen, in denen bei Inkrafttreten dieses Gesetzes ein bindender oder rechtskräftiger Bescheid nicht vorliegt oder ein Anspruch auf Leistung erst durch dieses Gesetz begründet wird.

§ 1247

(1) Rente wegen Erwerbsunfähigkeit erhält der Versicherte, der erwerbsunfähig ist, wenn die Wartezeit erfüllt ist.

(2) Erwerbsunfähig ist der Versicherte, der infolge von Krankheit oder anderen Gebrechen oder von Schwäche seiner körperlichen oder geistigen Kräfte auf nicht absehbare Zeit eine Erwerbstätigkeit in gewisser Regelmäßigkeit nicht mehr ausüben oder nicht mehr als nur geringfügige Einkünfte durch Erwerbstätigkeit erzielen kann.

(3) Die Wartezeit für die Rente wegen Erwerbsunfähigkeit ist erfüllt, wenn vor Eintritt der Erwerbsunfähigkeit eine Versicherungszeit von sechzig Kalendermonaten zurückgelegt ist.

(4) Für die Gewährung der Rente wegen Erwerbsunfähigkeit aus Beiträgen der Höherversicherung ist die Erfüllung der Wartezeit nicht erforderlich.

(5) Neben einer Rente wegen Erwerbsunfähigkeit wird eine Rente wegen Berufsunfähigkeit nicht gewährt.

§ 1248

(1) Altersruhegeld erhält der Versicherte, der das 65. Lebensjahr vollendet hat, wenn die Wartezeit erfüllt ist.

(2) Altersruhegeld erhält auf Antrag auch der Versicherte, der das 60. Lebensjahr vollendet, die Wartezeit erfüllt hat und seit mindestens einem Jahr ununterbrochen arbeitslos ist, für die weitere Dauer der Arbeitslosigkeit. Das Altersruhegeld fällt mit dem Ablauf des Monats weg, in dem der Berechtigte in eine rentenversicherungspflichtige Beschäftigung oder Tätigkeit eintritt. Endet diese Beschäftigung oder Tätigkeit wieder, so wird das Altersruhegeld auf Antrag bereits mit dem Ersten des auf das Ende der Beschäftigung folgenden Kalendermonats wiedergewährt. Eine Beschäftigung oder Tätigkeit, die über eine gelegentliche Aushilfe nicht hinausgeht, bleibt außer Betracht.

(3) Altersruhegeld erhält auf Antrag auch die Versicherte, die das 60. Lebensjahr vollendet hat, wenn die Wartezeit erfüllt ist und wenn sie in den letzten zwanzig Jahren überwiegend eine rentenversicherungspflichtige Beschäftigung oder Tätigkeit ausgeübt hat und eine solche Beschäftigung oder Tätigkeit nicht mehr ausübt. Absatz 2 Satz 2 bis 4 findet Anwendung.

(4) Die Wartezeit für das Altersruhegeld ist erfüllt, wenn eine Versicherungszeit von einhundertachtzig Kalendermonaten zurückgelegt ist.

(5) Für die Gewährung des Altersruhegeldes aus Beiträgen der Höherversicherung ist die Erfüllung der Wartezeit nicht erforderlich.

(6) Neben dem Altersruhegeld wird Rente wegen Berufsunfähigkeit oder wegen Erwerbsunfähigkeit nicht gewährt.

b) Anrechnungsfähige Versicherungszeiten für die Erfüllung der Wartezeit

§ 1249

Auf die Wartezeit für die Rente wegen Berufsunfähigkeit oder wegen Erwerbsunfähigkeit und für das Altersruhegeld werden die ab 1. Januar 1924 zurückgelegten Versicherungszeiten (§ 1250) angerechnet. Ist in der Zeit zwischen dem 1. Januar 1924 und dem 30. November 1948 mindestens ein Beitrag für die Zeit nach dem 31. Dezember 1923 entrichtet, so werden auch die vor dem 1. Januar 1924 zurückgelegten Versicherungszeiten angerechnet.

Art. 2 § 8 ArVNG

§ 1249 der Reichsversicherungsordnung gilt auch für Versicherungsfälle, die vor Inkrafttreten dieses Gesetzes, aber nach dem 31. März 1945 eingetreten sind. Satz 1 findet keine Anwendung, wenn der Versicherte vor dem 1. April 1945 invalide im Sinne des § 1254 der Reichsversicherungsordnung in der am 31. Mai 1949 geltenden Fassung geworden ist. Liegen die Voraussetzungen des § 1249 der Reichsversicherungsordnung nicht vor, so werden alle Beiträge angerechnet, aus denen zur Zeit des Versicherungsfalles nach den zu diesem Zeitpunkt geltenden Vorschriften die Anwartschaft erhalten war.

§ 1250

(1) Anrechnungsfähige Versicherungszeiten sind

a) Zeiten, für die nach Bundesrecht oder früheren Vorschriften der reichsgesetzlichen Invalidenversicherung Beiträge wirksam entrichtet sind oder als entrichtet gelten (Beitragszeiten),

b) Zeiten ohne Beitragsleistung nach § 1251 (Ersatzzeiten).

(2) Sind Wochenbeiträge entrichtet, so werden für je dreizehn Wochenbeiträge drei Kalendermonate als Versicherungszeit angerechnet; von einem verbleibenden Rest gelten je vier Wochenbeiträge als eine Versicherungszeit von einem Kalendermonat. Verbleibt danach ein Rest von weniger als vier Wochenbeiträgen, so gilt dieser als ein voller Kalendermonat. Sätze 1 und 2 gelten für Ersatzzeiten, die an entrichtete Wochenbeiträge anschließen, entsprechend.

(3) Sind Pflichtbeiträge durch Abführung an eine Einzugsstelle (§ 1399) entrichtet, so werden Kalendermonate, die nach Absatz 1 nur teilweise als Versicherungszeit anrechnungsfähig wären, voll angerechnet.

§ 1251

(1) Für die Erfüllung der Wartezeit werden als Ersatzzeiten angerechnet

1. Zeiten des militärischen oder militärähnlichen Dienstes im Sinne der §§ 2 und 3 des Bundesversorgungsgesetzes, auf Grund gesetzlicher Dienst- oder Wehrpflicht oder während des Krieges geleistet worden ist, sowie Zeiten der Kriegsgefangenschaft und einer anschließenden Krankheit oder unverschuldeten Arbeitslosigkeit,
2. Zeiten der Internierung oder der Verschleppung sowie Zeiten einer anschließenden Krankheit oder unverschuldeten Arbeitslosigkeit, wenn der Versicherte Heimkehrer im Sinne des § 1 des Heimkehrergesetzes ist,
3. Zeiten, in denen der Versicherte während eines Krieges, ohne Kriegsteilnehmer zu sein, durch feindliche Maßnahmen an der Rückkehr aus dem Ausland verhindert gewesen ist,

4. Zeiten der Freiheitsentziehung im Sinne des § 43 des Bundesentschädigungsgesetzes, Zeiten einer anschließenden Krankheit oder unverschuldeten Arbeitslosigkeit sowie Zeiten der durch Verfolgungsmaßnahmen im Sinne des genannten Gesetzes hervorgerufenen Arbeitslosigkeit oder eines Auslandsaufenthalts bis zum 31. Dezember 1949, wenn der Versicherte Verfolgter im Sinne des § 1 des Bundesentschädigungsgesetzes ist,
5. Zeiten des Gewahrsams und einer anschließenden Krankheit oder unverschuldeten Arbeitslosigkeit bei Personen im Sinne des § 1 des Häftlingshilfegesetzes,
6. die Zeit vom 1. Januar 1945 bis 31. Dezember 1946 sowie außerhalb dieses Zeitraums liegende Zeiten der Vertreibung oder Flucht und einer anschließenden Krankheit oder unverschuldeten Arbeitslosigkeit bei Personen im Sinne der §§ 1 bis 4 des Bundesvertriebenengesetzes.

(2) Die in Absatz 1 aufgeführten Zeiten werden als Ersatzzeiten für die Erfüllung der Wartezeit nur angerechnet, wenn eine Versicherung vorher bestanden hat und während der Ersatzzeit Versicherungspflicht nicht bestanden hat. Sie werden auch ohne vorhergehende Versicherungszeiten angerechnet, wenn

a) innerhalb von zwei Jahren nach Beendigung der Ersatzzeit oder einer durch sie aufgeschobenen oder unterbrochenen Ausbildung eine rentenversicherungspflichtige Beschäftigung oder Tätigkeit aufgenommen worden ist oder
b) nach einer Ersatzzeit des Absatzes 1 Nr. 4 der Verfolgte bis zum 27. August 1949 eine rentenversicherungspflichtige Beschäftigung oder Tätigkeit aufgenommen hatte.

Art. 2 § 9 ArVNG

Soweit Ersatzzeiten für die Zeit vor dem 1. Januar 1957 nach dem bis zum 31. Dezember 1956 geltenden Recht über die Vorschrift des § 1251 der Reichsversicherungsordnung hinaus auf die Wartezeit anrechenbar sind, behält es hierbei sein Bewenden, auch wenn der Versicherungsfall nach dem 31. Dezember 1956 eintritt.

§ 1252

Die Wartezeit gilt als erfüllt, wenn der Versicherte
1. infolge eines Arbeitsunfalls oder
2. während oder infolge eines militärischen oder militärähnlichen Dienstes im Sinne der §§ 2 und 3 des Bundesversorgungsgesetzes, der auf Grund gesetzlicher Dienst- oder Wehrpflicht oder während eines Krieges geleistet worden ist, sowie während der Kriegsgefangenschaft oder
3. infolge unmittelbarer Kriegseinwirkung im Sinne des § 5 des Bundesversorgungsgesetzes oder
4. als Verfolgter des Nationalsozialismus im Sinne des § 1 des Bundesentschädigungsgesetzes infolge von Maßnehmen im Sinne des § 2 des Bundesentschädigungsgesetzes oder
5. während oder infolge der Internierung oder der Verschleppung im Sinne des § 1 Abs. 3 und 4 des Heimkehrergesetzes oder
6. als Vertriebener oder Sowjetzonenflüchtling im Sinne der §§ 1 bis 4 des Bundesvertriebenengesetzes durch Folgen der Vertreibung oder der Flucht

berufsunfähig geworden oder gestorben ist.

Art. 2 § 10 ArVNG

(1) Es gelten

a) § 1252 Nr. 1 der Reichsversicherungsordnung auch für Versicherungsfälle, die nach dem 30. April 1942,

b) § 1252 Nr. 4 der Reichsversicherungsordnung auch dann, wenn Berufsunfähigkeit oder Tod nach dem 29. Januar 1933,

c) § 1252 Nr. 6 der Reichsversicherungsordnung auch dann, wenn Berufsunfähigkeit oder Tod nach dem 30. Juni 1944

eingetreten sind.

(2) § 1252 Nr. 5 der Reichsversicherungsordnung gilt nur, wenn der Internierte oder Verschleppte (§ 1 Abs. 3 und 4 des Heimkehrergesetzes) vor dem 10. August 1955 seinen ständigen Aufenthalt im Bundesgebiet oder im Land Berlin genommen hat oder vor dem 10. August 1955 gestorben ist.

c) Zusammensetzung und Berechnung der Renten

aa) Renten wegen Berufsunfähigkeit und wegen Erwerbsunfähigkeit

§ 1253

(1) Der Jahresbetrag der Rente wegen Berufsunfähigkeit ist für jedes anrechnungsfähige Versicherungsjahr (§ 1258) 1 vom Hundert der für den Versicherten maßgebenden Rentenbemessungsgrundlage (§ 1255); er erhöht sich um die Steigerungsbeträge für entrichtete Beiträge der Höherversicherung (§ 1261) und um den Kinderzuschuß (§ 1262).

(2) Für die Rente wegen Erwerbsunfähigkeit gilt Absatz 1 mit der Maßgabe, daß der Vomhundertsatz 1,5 beträgt. Wird der Empfänger einer Rente wegen Berufsunfähigkeit erwerbsunfähig, so ist die bisherige Renten in eine Rente nach Satz 1 umzuwandeln. Eine bisher angerechnete Zurechnungszeit (§ 1260) ist in gleichem Umfang anzurechnen. Versicherungs- und Ausfallzeiten, die nach Eintritt der Berufsunfähigkeit zurückgelegt wurden, sind zusätzlich zu berücksichtigen; dies gilt für die während einer angerechneten Zurechnungszeit zurückgelegten Versicherungs- und Ausfallzeiten nur dann, wenn bei Kürzung der Zurechnungszeit um diese Zeiten deren Berücksichtigung eine höhere Rente ergibt.

bb) Altersruhegeld

§ 1254

(1) Der Jahresbetrag des Altersruhegeldes ist für jedes anrechnungsfähige Versicherungsjahr (§ 1258) 1,5 vom Hundert der für den Versicherten maßgebenden Rentenbemessungsgrundlage (§ 1255); er erhöht sich um die Steigerungsbeträge für entrichtete Beiträge der Höherversicherung (§ 1261) und um den Kinderzuschuß (§ 1262).

(2) Vollendet ein Empfänger von Rente wegen Berufsunfähigkeit oder wegen Erwerbsunfähigkeit das 65. Lebensjahr und hat er die Wartezeit für das Altersruhegeld erfüllt, so ist die Rente in das Altersruhegeld umzuwandeln. Nach Eintritt der Berufsunfähigkeit oder der Erwerbsunfähigkeit entrichtete Beiträge sind bei der Berechnung des Altersruhegeldes zusätzlich zu berücksichtigen. Als Alters-

ruhegeld wird mindestens die unter Anwendung des § 1253 Abs. 2 und des § 1260 berechnete Rente gewährt; bei der Gegenüberstellung bleibt der Kinderzuschuß außer Betracht.

cc) Gemeinsame Bestimmungen für die Berechnung der Renten

§ 1255

(1) Die für den Versicherten maßgebende Rentenbemessungsgrundlage ist der Vomhundertsatz der allgemeinen Bemessungsgrundlage, der dem Verhältnis entspricht, in dem während der zurückgelegten Beitragszeiten der Bruttoarbeitsentgelt des Versicherten zu dem durchschnittlichen Bruttoarbeitsentgelt aller Versicherten der Rentenversicherungen der Arbeiter und der Angestellten ohne Lehrlinge und Anlernlinge gestanden hat; sie wird bei der Rentenberechnung höchstens bis zu der im Jahre des Versicherungsfalles geltenden Beitragsbemessungsgrenze (§ 1385 Abs. 2) berücksichtigt.

(2) Allgemeine Bemessungsgrundlage ist der durchschnittliche Bruttojahresentgelt aller Versicherten der Rentenversicherungen der Arbeiter und der Angestellten ohne Lehrlinge und Anlernlinge im Mittel des dreijährigen Zeitraumes vor dem Kalenderjahr, das dem Eintritt des Versicherungsfalles voraufgegangen ist.

(3) Das Verhältnis, in dem der Bruttoarbeitsentgelt des Versicherten zu dem durchschnittlichen Bruttoarbeitsentgelt aller Versicherten gestanden hat, wird wie folgt berechnet:

a) Für Zeiten, für die Beiträge nach Lohn- oder Beitragsklassen entrichtet sind, wird die Zahl der entrichteten Beiträge jeder einzelnen Klasse mit den Werten vervielfältigt, die in der Tabelle der Anlage 1 und für die Kalenderjahre ab 1956 in den Rechtsverordnungen der Bundesregierung nach § 1256 Abs. 1 für diese Klasse und für die einzelnen Zeiträume der Beitragsentrichtung angegeben sind.

b) Für Zeiten vom 29. Juni 1942 an, für die Beiträge im Lohnabzugsverfahren entrichtet sind, wird für jedes Kalenderjahr der in der Versicherungskarte eingetragene Arbeitsentgelt, soweit er der Beitragsbemessung zugrunde lag, im Vomhundertsatz des in der Tabelle der Anlage 2 und für die Kalenderjahre ab 1956 in den Rechtsverordnungen der Bundesregierung nach § 1256 Abs. 1 für dasselbe Kalenderjahr angegebenen durchschnittlichen Bruttojahresarbeitsentgelts aller Versicherten ausgedrückt. Der Vomhundertsatz ist auf zwei Dezimalstellen auszurechnen, wobei die zweite Stelle um 1 zu erhöhen ist, wenn in der dritten Stelle eine der Zahlen 5 bis 9 erscheinen würde.

c) Für das Kalenderjahr, in dem der Versicherungsfall eintritt, und für das voraufgegangene Kalenderjahr gelten bei den Berechnungen nach den Buchstaben a und b die für den letzten Zeitraum in den Tabellen der Anlagen 1 und 2 und in den Rechtsverordnungen der Bundesregierung nach § 1256 Abs. 1 bestimmten Werte.

Aus den durch die Berechnungen nach den Buchstaben a bis c festgestellten Werten ist der Durchschnitt für die gesamten zurückgelegten Beitragszeiten zu bilden;

für die Ausrechnung ist Buchstabe b Satz 2 anzuwenden. Der errechnete Durchschnitt ist der für die Anwendung des Absatzes 1 maßgebende Vomhundertsatz.

(4) Bei Versicherten, die vor Vollendung des 25. Lebensjahres in die Versicherung eingetreten sind, bleiben bei der Berechnung nach Absatz 3 die Pflichtbeiträge der ersten fünf Kalenderjahre außer Betracht, wenn dies zu einem höheren Vomhundertsatz im Sinne von Absatz 3 letzter Satz führt.

(5) Beiträge, die auf Grund der Berechtigung zur Weiterversicherung oder zur Selbstversicherung entrichtet sind, werden bei Anwendung der Absätze 1 und 3 wie Pflichtbeiträge derjenigen Beitragsklasse behandelt, mit der sie im Betrag des Beitrages übereinstimmen.

(6) Bei versicherungspflichtigen Selbständigen stehen das der Beitragsentrichtung zugrunde liegende Arbeitseinkommen und bei den nach § 1227 Abs. 1 Nr. 5 versicherungspflichtigen Personen die der Beitragsentrichtung zugrunde liegenden Geld- und Sachbezüge dem Arbeitsentgelt im Sinne der Absätze 1 und 3 gleich. Bei Personen, die nach § 1227 Abs. 1 Nr. 6 versichert sind, ist für jeden Kalendermonat des Wehrdienstes als Bruttoarbeitsentgelt des Versicherten ein Zwölftel des durchschnittlichen Bruttoarbeitsentgelts aller Versicherten der Rentenversicherungen der Arbeiter, der Angestellten und der knappschaftlichen Rentenversicherung ohne Lehrlinge und Anlernlinge zugrunde zu legen, der für das Kalenderjahr, in dem der Wehrdienst geleistet wird, nach § 55 Abs. 1 Buchstabe b des Reichsknappschaftsgesetzes bestimmt ist; soweit der Wehrdienst nicht einen vollen Kalendermonat umfaßt, wird für jeden Tag des Wehrdienstes ein Dreißigstel des auf den Kalendermonat entfallenden Bruttoarbeitsentgelts zugrunde gelegt.

(7) Beiträge, die in der Zeit vom 1. Oktober 1921 bis zum 31. Dezember 1923 entrichtet sind, bleiben bei Anwendung der Absätze 1 und 3 unberücksichtigt.

(8) Für die Rente wegen Berufsunfähigkeit werden nur die vor dem Eintritt der Berufsunfähigkeit, für die Rente wegen Erwerbsunfähigkeit nur die vor dem Eintritt der Erwerbsunfähigkeit entrichteten Beiträge berücksichtigt.

Art. 2 § 11 ArVNG

(1) Die allgemeine Bemessungsgrundlage im Sinne des § 1255 Abs. 2 der Reichsversicherungsordnung ist für Versicherungsfälle, die im Jahre 1957 eintreten, 4281 Deutsche Mark.

(2) Sind in der Zeit vor dem 1. Januar 1957 für dieselbe Beschäftigung Pflichtbeiträge sowohl zur Rentenversicherung der Arbeiter als auch zur Rentenversicherung der Angestellten oder zur knappschaftlichen Rentenversicherung entrichtet, so werden bei Anwendung des § 1255 Abs. 3 der Reichsversicherungsordnung die Beiträge zur Rentenversicherung der Arbeiter nicht berücksichtigt.

Art. 2 § 13 ArVNG

Soweit für Zeiten vor dem 29. Juni 1942 für die Rentenberechnung Bruttoarbeitsentgelte zu berücksichtigen sind, sind für die Anwendung des § 1255 Abs. 1 der Reichsversicherungsordnung die Werte der nachstehenden Tabelle maßgebend:

Anhang

Durchschnittliche Bruttojahresarbeitsentgelte aller Versicherten der Rentenversicherungen der Arbeiter und der Angestellten ohne Lehrlinge und Anlernlinge in der Zeit von 1891 bis 1942

Jahr	Mark	Jahr	Mark
1891	700	1917	1446
1892	700	1918	1706
1893	709	1919	2010
1894	714	1920	3729
1895	714	1921	9974
1896	728	1922	
1897	741	1923	
1898	755	1924	1233
1899	773	1925	1469
1900	796	1926	1642
1901	814	1927	1742
1902	841	1928	1983
1903	855	1929	2110
1904	887	1930	2074
1905	910	1931	1924
1906	946	1932	1651
1907	987	1933	1583
1908	1019	1934	1605
1909	1046	1935	1692
1910	1078	1936	1783
1911	1119	1937	1856
1912	1164	1938	1947
1913	1182	1939	2092
1914	1219	1940	2156
1915	1178	1941	2297
1916	1233	1942	2310

§ 1256

(1) Die Bundesregierung bestimmt nach Anhören des Statistischen Bundesamtes durch Rechtsverordnung mit Zustimmung des Bundesrates bis zum 31. Dezember jeden Jahres

a) die allgemeine Bemessungsgrundlage im Sinne des § 1255 Abs. 2 für das folgende Kalenderjahr,

b) in Ergänzung der Tabelle der Anlage 1 (zu § 1255) die Werte für nach Beitragsklassen entrichtete Beiträge nach dem Verhältnis, in dem der Mittelwert des den Beitragsklassen nach § 1387 zugeordneten Bruttoarbeitsentgelts oder Bruttoarbeitseinkommens zum durchschnittlichen Bruttoarbeitsentgelt aller Versicherten im Sinne des § 1255 Abs. 1 und 2 gestanden hat, für das voraufgegangene Kalenderjahr,

c) in Ergänzung der Tabelle der Anlage 2 (zu § 1255) den durchschnittlichen Bruttoarbeitsentgelt aller Versicherten im Sinne des § 1255 Abs. 1 und 2 für das voraufgegangene Kalenderjahr.

(2) Der Bundesminister für Arbeit kann durch Rechtsverordnung mit Zustimmung des Bundesrates Näheres über das Verfahren zur Ermittlung des Verhältnisses zwischen dem von dem Versicherten erzielten Bruttoarbeitsentgelt und dem durchschnittlichen Bruttoarbeitsentgelt aller Versicherten bestimmen. Er kann hierfür eine Berechnung nach Werteinheiten vorschreiben, die den von dem Versicherten erzielten Arbeitsentgelt in Vomhundertsätzen des durchschnittlichen Arbeitsentgelts aller Versicherten ausdrücken, und hierbei Werteinheiten für Entgeltsstufen festlegen.

(3) Der Bundesminister für Arbeit kann durch Rechtsverordnung mit Zustimmung des Bundesrates bestimmen, wie zu verfahren ist, wenn die Versicherungsunterlagen nicht mehr vorhanden sind oder wenn die Versicherungsunterlagen nicht erkennen lassen, für welches Kalenderjahr die Beiträge entrichtet sind.

Er kann hierbei

a) die Berücksichtigung glaubhaft gemachter Tatsachen zulassen und bestimmen, daß die Träger der gesetzlichen Rentenversicherung für die Abnahme eidesstattlicher Versicherungen zuständig sind und als Behörden im Sinne des § 156 des Strafgesetzbuches gelten,
b) die Anrechnung glaubhaft gemachter Beitragszeiten nach Maßgabe einer durchschnittlichen Versicherungsdauer beschränken,
c) Zur Ermittlung der für den Versicherten maßgebenden Rentenbemessungsgrundlage die Anrechnung von Durchschnittsentgelten vergleichbarer Versicherter oder von Beiträgen, die nach der Art der Versicherung üblich sind vorzuschreiben, wobei sich die Zuordnung der Durchschnittsentgelte nach der Ausbildung und dem Beruf des Versicherten zu richten hat,
d) nach dem Wohnsitz des Versicherten und der Art der Versicherung die Zuständigkeit für die Ersetzung der Versicherungsunterlagen regeln,
e) unter Berücksichtigung der Vorschriften über die Umstellung von Renten die Verordnung auf Versicherungsfälle ausdehnen, die vor ihrem Inkrafttreten eingetreten sind.

§ 1257

Ergibt die nach § 1383 aufzustellende versicherungstechnische Bilanz, daß zum Ausgleich der Einnahmen und Ausgaben der Rentenversicherung der Arbeiter in den nächsten fünf Jahren eine Inangriffnahme der nach § 1383 vorgesehenen Rücklage um mehr als die Hälfte oder eine Beitragserhöhung nach §§ 1383 und 1385 oder eine Erhöhung des Bundeszuschusses über das in § 1389 vorgesehene Maß hinaus oder die Inanspruchnahme der Bundesgarantie nach § 1384 notwendig ist, so ist die allgemeine Bemessungsgrundlage für die folgenden Kalenderjahre durch besonderes Gesetz festzulegen.

§ 1258

(1) Bei der Ermittlung der Anzahl der anrechnungsfähigen Versicherungsjahre im Sinne der §§ 1253 und 1254 werden die auf die Wartezeit anzurechnende Versicherungszeiten (§§ 1249 bis 1251), die Ausfallzeiten (§ 1259) und die Zurechnungszeit (§ 1260) zusammengerechnet, soweit sie nicht auf dieselbe Zeit entfallen.

(2) Je zwölf durch in Absatz 1 genannte Zeiten belegte Monate ergeben ein Versicherungsjahr.

(3) Ergibt sich bei der Berechnung ein Rest von weniger als zwölf Monaten, so werden mehr als sechs Monate als ein volles und sechs oder weniger Monate als ein halbes anrechnungsfähiges Versicherungsjahr gerechnet.

(4) Für die Rente wegen Berufsunfähigkeit werden nur die vor Eintritt der Berufsunfähigkeit und für die Rente wegen Erwerbsunfähigkeit nur die vor Eintritt der Erwerbsfähigkeit zurückgelegten Versicherungs- und Ausfallzeiten berücksichtigt.

(5) In den Fällen des § 1252 gelten mindestens fünf Versicherungsjahre als anrechnungsfähig.

§ 1259

(1) Ausfallzeiten im Sinne des § 1258 sind

1. Zeiten, in denen eine versicherungspflichtige Beschäftigung oder Tätigkeit durch eine infolge Krankheit oder Unfall bedingte länger als sechs Wochen andauernde Arbeitsunfähigkeit unterbrochen worden ist, wenn sie in den Versicherungskarten oder sonstigen Nachweisen bescheinigt sind,
2. Zeiten, in denen eine versicherungspflichtige Beschäftigung oder Tätigkeit durch Schwangerschaft oder Wochenbett unterbrochen worden ist, wenn sie in den Versicherungskarten oder sonstigen Nachweisen bescheinigt sind,
3. Zeiten, in denen eine versicherungspflichtige Beschäftigung oder Tätigkeit durch eine länger als sechs Wochen andauernde Arbeitslosigkeit unterbrochen worden ist, vom Ablauf der sechsten Woche an, wenn der bei einem deutschen Arbeitsamt als Arbeitsuchender gemeldete Arbeitslose
   a) versicherungsmäßiges Arbeitslosengeld (Arbeitslosenunterstützung) oder
   b) Arbeitslosenhilfe (Krisenunterstützung, Arbeitslosenfürsorge) oder
   c) Unterstützung aus der öffentlichen Fürsorge oder
   d) Familienunterstützung

   bezogen hat oder eine dieser Leistungen wegen Zusammentreffens mit anderen Bezügen, wegen eines Einkommens oder wegen der Berücksichtigung von Vermögen nicht gewährt worden ist,
4. Zeiten einer nach Vollendung des 15. Lebensjahres liegenden weiteren Schulausbildung sowie einer abgeschlossenen Fachschul- oder Hochschulausbildung, wenn im Anschluß daran oder nach Beendigung einer an die Schul-, Fachschul- oder Hochschulausbildung anschließenden Ersatzzeit im Sinne des § 1251 innerhalb von zwei Jahren eine versicherungspflichtige Beschäftigung oder Tätigkeit aufgenommen worden ist, jedoch eine Schul- oder Fachschulausbildung nur bis zur Höchstdauer von vier Jahren, eine Hochschulausbildung nur bis zur Höchstdauer von fünf Jahren,
5. Zeiten des Bezuges einer Rente, die mit einer angerechneten Zurechnungszeit (§ 1260) zusammenfallen, wenn nach Wegfall der Rente erneut Rente wegen Berufsunfähigkeit oder wegen Erwerbsunfähigkeit oder wenn Altersruhegeld oder Hinterbliebenenrente zu gewähren ist.

(2) Ausfallzeiten werden längstens bis zum Eintritt des Versicherungsfalles angerechnet. Zeiten der Arbeitslosigkeit im Sinne des Absatzes 1 Nr. 3, in denen ein Altersruhegeld nach § 1248 Abs. 2 bezogen wurde, gelten nicht als Ausfallzeiten.

(3) Die Ausfallzeiten nach Absatz 1 werden nur dann angerechnet, wenn die Zeit vom Eintritt in die Versicherung bis zum Eintritt des Versicherungsfalles mindestens zur Hälfte, jedoch nicht unter sechzig Monaten, mit Beiträgen für eine rentenversicherungspflichtige Beschäftigung oder Tätigkeit belegt ist. Bei Versicherten, die nur wegen Überschreitens der Jahresarbeitsverdienstgrenze versicherungsfrei werden und die Versicherung freiwillig fortsetzen, stehen die nach Eintritt der Versicherungsfreiheit entrichteten freiwilligen Beiträge den Pflichtbeiträgen gleich.

(4) Kalendermonate, die nur teilweise mit Ausfallzeiten belegt sind, werden voll angerechnet.

Art. 2 § 14 ArVNG

Bei der Berechnung der Rente ist für die Zeit vor dem Inkrafttreten dieses Gesetzes ein Zehntel der bis dahin mit Pflichtbeiträgen belegten Zeit als Ausfallzeit anzurechnen, wenn der Berechtigte nicht längere Ausfallzeiten nachweist. Dies gilt nur insoweit, als der Zeitraum zwischen dem ersten und dem letzten Beitrag nicht schon mit Versicherungszeiten belegt ist.

§ 1260

(1) Bei Versicherten, die vor Vollendung des 55. Lebensjahres berufsunfähig oder erwerbsunfähig geworden sind und bei denen von den letzten sechzig Kalendermonaten vor Eintritt des Versicherungsfalles mindestens sechsunddreißig Kalendermonate oder die Zeit vom Eintritt in die Versicherung bis zum Eintritt des Versicherungsfalles mindestens zur Hälfte mit Beiträgen für eine rentenversicherungspflichtige Beschäftigung oder Tätigkeit belegt sind, ist bei der Ermittlung der anrechnungsfähigen Versicherungsjahre die Zeit zwischen dem Eintritt des Versicherungsfalles und der Vollendung des 55. Lebensjahres den zurückgelegten Versicherungs- und Ausfallzeiten hinzuzurechnen (Zurechnungszeit).

(2) § 1259 Abs. 4 gilt entsprechend.

§ 1261

Für Beiträge der Höherversicherung werden Steigerungsbeträge gewährt. Der jährliche Steigerungsbetrag für jeden Beitrag wird von seinem Nennwert in einem Vomhundertsatz berechnet. Er beträgt

20 vom Hundert des Beitrages,
sofern der Beitrag im Alter bis zum 30. Jahre,
18 vom Hundert des Beitrages,
sofern der Beitrag im Alter vom 31. bis zum 35. Jahre,
16 vom Hundert des Beitrages,
sofern der Beitrag im Alter vom 36. bis zum 40. Jahre,
14 vom Hundert des Beitrages,
sofern der Beitrag im Alter vom 41. bis zum 45. Jahre,
12 vom Hundert des Beitrages,
sofern der Beitrag im Alter vom 46. bis zum 50. Jahre,
11 vom Hundert des Beitrages,
sofern der Beitrag im Alter vom 51. bis zum 55. Jahre,
10 vom Hundert des Beitrages,
sofern der Beitrag im Alter vom 56. Jahre an

entrichtet worden ist. Hierbei gilt das Alter bei Entrichtung des Beitrages der Unterschied zwischen dem Jahr des Ankaufs der Beitragsmarke und dem Geburtsjahr.

Art. 2 § 15 ArVNG

(1) § 1261 der Reichsversicherungsordnung gilt für Beiträge der Höherversicherung, die nach dem 31. Dezember 1950 durch Verwendung von Beitragsmarken mit dem Aufdruck „HV" entrichtet sind und für Beiträge, die nach Absatz 2 als Beiträge der Höherversicherung gelten.

(2) Sind in der Zeit vor dem 1. Januar 1957 neben Pflichtbeiträgen oder in Ersatzzeiten freiwillige Beiträge entrichtet, so gelten die freiwilligen Beiträge als Beiträge der Höherversicherung. Sind für den gleichen Zeitraum zwei freiwillige Beiträge entrichtet, so gilt bei gleicher Höhe einer von ihnen, bei verschiedener Höhe der niedrigere Betrag als Beitrag der Höherversicherung. Dabei werden in Mark oder Reichsmark entrichtete Beiträge zu ihrem Nennwert in Deutsche Mark berücksichtigt. Als Alter bei der Entrichtung des Beitrages gilt der Unterschied zwischen dem Jahr der Entwertung der Beitragsmarke und dem Geburtsjahr. Beiträge, die in der Zeit vom 1. Oktober 1921 bis zum 31. Dezember 1923 entrichtet sind, bleiben unberücksichtigt.

§ 1262

(1) Die Rente wegen Berufsunfähigkeit oder wegen Erwerbsunfähigkeit und das Altersruhegeld erhöhen sich für jedes Kind um den Kinderzuschuß.

(2) Als Kinder gelten

1. die ehelichen Kinder,
2. die in den Haushalt des Rentenberechtigten aufgenommenen Stiefkinder,
3. die für ehelich erklärten Kinder,
4. die an Kindes Statt angenommenen Kinder,
5. die unehelichen Kinder eines männlichen Versicherten, wenn seine Vaterschaft oder seine Unterhaltspflicht festgestellt ist,
6. die unehelichen Kinder einer Versicherten,
7. die Pflegekinder im Sinne des § 2 Abs. 1 Satz 3 des Kindergeldgesetzes, wenn das Pflegekindschaftsverhältnis vor Eintritt des Versicherungsfalles begründet worden ist.

(3) Der Kinderzuschuß wird bis zur Vollendung des 18. Lebensjahres gewährt. Über diesen Zeitpunkt hinaus wird der Kinderzuschuß längstens bis zur Vollendung des 25. Lebensjahres für ein unverheiratetes Kind gewährt, das sich in Schul- oder Berufsausbildung befindet oder das bei Vollendung des 18. Lebensjahres infolge körperlicher oder geistiger Gebrechen außerstande ist, sich selbst zu unterhalten, solange dieser Zustand dauert.

(4) Der Kinderzuschuß beträgt jährlich ein Zehntel der für die Berechnung der Rente maßgebenden allgemeinen Bemessungsgrundlage (§ 1255 Abs. 2).

(5) Die Rente wegen Berufsunfähigkeit oder wegen Erwerbsunfähigkeit und das Altersruhegeld einer versicherten Ehefrau werden für ihre Kinder, die eheliche Kinder des Ehemannes sind oder deren rechtliche Stellung haben, sowie für ihre in ihrem Haushalt aufgenommenen Stiefkinder und die Pflegekinder um den Kinderzuschuß nur erhöht, wenn die Versicherte vor Eintritt des Versicherungsfalles den Unterhalt der Kinder überwiegend bestritten hat.

(6) Mehreren Berechtigten wird der Kinderzuschuß für dasselbe Kind nur einmal gewährt, und zwar demjenigen, der das Kind überwiegend unterhält.

(7) Der Kinderzuschuß wird vom Beginn des Monats an, in dem die Voraussetzungen des Anspruchs erfüllt sind, bis zum Ende des Monats, in dem sie entfallen, gewährt.

(8) Der Kinderzuschuß, auf den ein Berechtigter Anspruch hat, kann mit seiner Zustimmung einem Dritten auf dessen Antrag ausgehändigt werden, wenn dieser den Unterhalt des Kindes überwiegend bestreitet. Eine Verfügung des Berechtigten über den Kinderzuschuß für diese Zeit ist unwirksam. Verweigert der Berechtigte die Zustimmung oder ist sie aus einem anderen Grunde nicht zu erlangen, so kann sie vom Versicherungsamt ersetzt werden.

2. Renten an Hinterbliebene

a) Allgemeine Voraussetzungen

§ 1263

(1) Hinterbliebenenrenten sind Witwenrenten, Witwerrenten, Waisenrenten und Renten nach §§ 1265 und 1266 Abs. 2.

(2) Die Hinterbliebenenrenten werden gewährt, wenn für den Verstorbenen zur Zeit seines Todes eine Versicherungszeit von sechzig Kalendermonaten zurückgelegt ist oder die Wartezeit nach § 1252 als erfüllt gilt.

(3) Für die Gewährung einer Hinterbliebenenrente aus Beiträgen der Höherversicherung ist die Erfüllung der Wartezeit nicht erforderlich.

Art. 2 § 17 ArVNG

(1) § 1263 Abs. 2 der Reichsversicherungsordnung und § 8 dieses Artikels gelten auch dann, wenn der Tod des Versicherten vor dem Inkrafttreten dieses Gesetzes, aber nach dem 31. März 1945 eingetreten ist. Liegen die Voraussetzungen dieser Vorschriften nicht vor, so werden Hinterbliebenenrenten gewährt, wenn zur Zeit des Todes des Versicherten nach den zu diesem Zeitpunkt geltenden Vorschriften die Anwartschaft erhalten war und die Wartezeit nach Absatz 2 als erfüllt gilt.

(2) Für den Anspruch auf Hinterbliebenenrenten gilt die Wartezeit als erfüllt, wenn nachgewiesen oder glaubhaft gemacht wird, daß

a) beim Eintritt des Todes des Versicherten vor dem 1. Januar 1932 200 Beitragswochen,

b) beim Eintritt des Todes des Versicherten in der Zeit vom 1. Januar 1932 bis zum 31. Dezember 1937 250 Beitragswochen,

c) beim Eintritt des Todes des Versicherten in der Zeit vom 1. Januar 1938 bis zum 31. Dezember 1956 260 Beitragswochen

zurückgelegt waren.

b) Voraussetzungen der einzelnen Rentenarten

§ 1264

Nach dem Tode des versicherten Ehemannes erhält seine Witwe eine Witwenrente.

Art. 2 § 18 ArVNG

§ 1264 der Reichsversicherungsordnung gilt auch für Witwen solcher Versicherter, die am 1. Januar 1912 bereits verstorben oder an diesem Tage bereits dauernd erwerbsunfähig waren und dann verstorben sind, ohne inzwischen die Erwerbsfähigkeit wiedererlangt zu haben, wenn nachgewiesen oder glaubhaft gemacht wird, daß beim Tode des Versicherten 200 Beitragswochen zurückgelegt waren; § 1264 der Reichsversicherungsordnung gilt auch für Versicherungsfälle vor dem Inkrafttreten dieses Gesetzes.

§ 1265

Einer früheren Ehefrau des Versichertem, deren Ehe mit dem Versicherten geschieden, für nichtig erklärt oder aufgehoben ist, wird nach dem Tode des Versicherten Rente gewährt, wenn ihr der Versicherte zur Zeit seines Todes Unterhalt nach den Vorschriften des Ehegesetzes oder aus sonstigen Gründen zu leisten hatte oder wenn er im letzten Jahr vor seinem Tode Unterhalt geleistet hat.

Art. 2 § 19 ArVNG

§ 1265 der Reichsversicherungsordnung ist auch dann anzuwenden, wenn der frühere Ehemann vor dem Inkrafttreten dieses Gesetzes, aber nach dem 30. April 1942 gestorben ist.

§ 1266

(1) Witwerrente erhält der Ehemann nach dem Tode seiner versicherten Ehefrau, wenn die Verstorbene den Unterhalt ihrer Familie überwiegend bestritten hat.

(2) § 1265 gilt entsprechend.

§ 1267

(1) Waisenrente erhalten nach dem Tode des Versicherten seine Kinder (§ 1262 Abs. 2) bis zur Vollendung des 18. Lebensjahres. Über diesen Zeitpunkt hinaus wird die Waisenrente längstens bis zur Vollendung des 25. Lebensjahres für ein unverheiratetes Kind gewährt, das sich in Schul- oder Berufsausbildung befindet oder das bei Vollendung des 18. Lebensjahres infolge körperlicher oder geistiger Gebrechen außerstande ist, sich selbst zu unterhalten, solange dieser Zustand dauert.

(2) Waisenrente erhalten nach dem Tode einer versicherten Ehefrau ihre Kinder, die eheliche Kinder des hinterbliebenen Ehemannes sind oder deren rechtliche Stellung haben, sowie ihre in ihrem Haushalt aufgenommenen Stiefkinder und die Pflegekinder nur, wenn die Verstorbene den Unterhalt der Kinder überwiegend bestritten hat.

Art. 2 § 20 ArVNG

§ 1267 der Reichsversicherungsordnung gilt auch für Versicherungsfälle vor dem Inkrafttreten dieses Gesetzes.

c) Zusammensetzung und Berechnung der Renten

§ 1268

(1) Die Witwen- und die Witwerrente und die Renten nach §§ 1265 und 1266 Abs. 2 betragen sechs Zehntel der nach § 1253 Abs. 1 ohne Berücksichtigung einer Zurechnungszeit berechneten Versichertenrente ohne Kinderzuschuß.

(2) Die in Absatz 1 genannten Renten betragen sechs Zehntel der nach § 1253 Abs. 2 berechneten Versichertenrente ohne Kinderzuschuß,

1. wenn der Berechtigte das 45. Lebensjahr vollendet hat,
2. solange der Berechtigte berufsunfähig oder erwerbsunfähig (§ 1246 Abs. 2 und § 1247 Abs. 2) ist oder mindestens ein waisenrentenberechtigtes Kind erzieht.

(3) § 1254 Abs. 2 Satz 2 gilt entsprechend.

(4) Sind mehrere Berechtigte nach §§ 1264 und 1265 oder nach § 1266 Abs. 1 und 2 vorhanden, so erhält jeder von ihnen nur den Teil der für ihn nach den Absätzen 1 bis 3 zu berechnenden Rente, der im Verhältnis zu den anderen Berechtigten der Dauer seiner Ehe mit dem Versicherten entspricht. Ist nach Feststellung der Renten ein weiterer Berechtigter zu berücksichtigen, so sind die Renten nach Satz 1 neu festzustellen mit Wirkung vom Ablauf des Monats, der dem Monat folgt, in dem der neue Feststellungsbescheid zugestellt wird.

(5) Für die ersten drei Monate wird der Witwe oder dem Witwer an Stelle der Rente nach den Absätzen 1 bis 4 die Rente ohne Kinderzuschuß gewährt, die dem Versicherten im Zeitpunkt seines Todes zustand, oder, wenn der Versicherte zu diesem Zeitpunkt nicht rentenberechtigt war, die Rente des Versicherten ohne Kinderzuschuß, aus der die Rente nach den Absätzen 1 bis 3 zu berechnen ist.

Art. 2 § 21 ArVNG

§ 1268 Abs. 4 und 5 der Reichsversicherungsordnung ist nur dann anzuwenden, wenn der Tod des Versicherten nach dem Inkrafttreten dieses Gesetzes eingetreten ist.

§ 1269

(1) Die Waisenrente beträgt bei Halbwaisen ein Zehntel, bei Vollwaisen ein Fünftel der nach § 1253 Abs. 2 berechneten Versichertenrente ohne Kinderzuschuß zuzüglich Rententeilen aus der Höherversicherung. § 1254 Abs. 2 Satz 2 gilt entsprechend. Die Waisenrente erhöht sich um den Kinderzuschuß (§ 1262 Abs. 4).

(2) Liegt die Voraussetzung des § 1263 Abs. 2 nicht vor, so wird aus Beiträgen der Höherversicherung, die der Versicherte entrichtet hat, Rente in Höhe von vier Zehntel der Steigerungsbeträge (§ 1261) jährlich gewährt.

§ 1270

(1) Die Hinterbliebenenrenten dürfen zusammen nicht höher sein als die unter Berücksichtigung der nach dem Eintritt der Berufsunfähigkeit oder der Erwerbsunfähigkeit entrichteten Beiträge nach § 1253 Abs. 2 berechnete Rente des Versicherten einschließlich des Kinderzuschusses; sie werden sonst nach dem Verhältnis ihrer Höhe gekürzt. Für jedes nachgeborene Kind erhöht sich der Höchstbetrag um einen Kinderzuschuß. Beim Ausscheiden eines Hinterbliebenen erhöhen sich die Hinterbliebenenrenten bis zum zulässigen Höchstbetrage. Sind die Hinterbliebenenrenten nach Ablauf des Todesjahres des Versicherten neu zu berechnen, so ist ihrer Berechnung die Versichertenrente zugrunde zu legen, die einer inzwischen erfolgten Anpassung (§§ 1272 bis 1275) entspricht.

(2) Absatz 1 gilt nicht für den Rententeil, der auf Beiträgen der Höherversicherung beruht.

d) Renten bei Verschollenheit

§ 1271

(1) Die Hinterbliebenenrente wird auch gewährt, wenn der Versicherte verschollen ist. Er gilt als verschollen, wenn während eines Jahres keine glaubhaften Nachrichten von ihm eingegangen sind und die Umstände seinen Tod wahrscheinlich machen.

(2) Von den Hinterbliebenen kann die eidesstattliche Erklärung verlangt werden, daß sie von dem Leben des Verschollenen keine anderen als die angezeigten Nachrichten erhalten haben.

(3) Den Todestag Verschollener stellt der Träger der Rentenversicherung nach billigem Ermessen fest.

3. Gemeinsame Vorschriften
für Renten an Versicherte und für Renten an Hinterbliebene
a) Anpassung der laufenden Renten

§ 1272

(1) Bei Veränderungen der allgemeinen Bemessungsgrundlage (§ 1255 Abs. 2) werden die Renten durch Gesetz angepaßt.

(2) Die Anpassung hat der Entwicklung der wirtschaftlichen Leistungsfähigkeit und der Produktivität sowie den Veränderungen des Volkseinkommens je Erwerbstätigen Rechnung zu tragen.

(3) Absätze 1 und 2 gelten nicht für Renten oder Rententeile, die aus Steigerungsbeträgen für Beiträge der Höherversicherung bestehen.

§ 1273

Die Bundesregierung hat den gesetzgebenden Körperschaften des Bundes alljährlich bis zum 30. September, erstmalig im Jahre 1958, über die Finanzlage der Rentenversicherung der Arbeiter, die Entwicklung der wirtschaftlichen Leistungsfähigkeit und der Produktivität sowie die Veränderungen des Volkseinkommens je Erwerbstätigen in dem voraufgegangenen Kalenderjahr zu berichten, das Gutachten des Sozialbeirates vorzulegen und Vorschläge für die nach § 1272 zu treffenden Maßnahmen zu machen.

§ 1274

Der Sozialbeirat wird für alle Zweige der gesetzlichen Rentenversicherung beim Bundesministerium für Arbeit gebildet. Er besteht aus
drei Vertretern der Versicherten,
drei Vertretern der Arbeitgeber,
einem Vertreter der Deutschen Bundesbank,
drei Vertretern der Sozial- und Wirtschaftswissenschaften.
Dem Bundesminister für Arbeit obliegt die Geschäftsführung.

§ 1275

Die Mitglieder des Sozialbeirates werden für die Dauer von vier Jahren von der Bundesregierung berufen. Je einen Vertreter der Versicherten und der Arbeitgeber schlagen vor

a) für die Rentenversicherung der Arbeiter der Vorstand des Verbandes Deutscher Rentenversicherungsträger,
b) für die Rentenversicherung der Angestellten der Vorstand der Bundesanstalt für Angestellte,
c) für die knappschaftliche Rentenversicherung der Vorstand der Arbeitsgemeinschaft der Knappschaften.

Die vorgeschlagenen Vertreter müssen die Voraussetzungen für die Mitgliedschaft in den Organen von Versicherungsträgern nach den Bestimmungen des Gesetzes über die Selbstverwaltung auf dem Gebiet der Sozialversicherung erfüllen. Die Berufung der drei Vertreter der Sozial- und Wirtschaftswissenschaften erfolgt nach Anhören der westdeutschen Rektorenkonferenz.

b) Renten auf Zeit

§ 1276

(1) Besteht begründete Aussicht, daß die Berufsunfähigkeit oder die Erwerbsunfähigkeit in absehbarer Zeit behoben sein wird, so ist die Rente wegen Berufsunfähigkeit oder wegen Erwerbsunfähigkeit oder die Hinterbliebenenrente nach § 1268 Abs. 2 Nr. 2 vom Beginn der siebenundzwanzigsten Woche an, jedoch nur auf Zeit und längstens für zwei Jahre von der Bewilligung an zu gewähren.

(2) Die Rente fällt mit Ablauf des im Rentenfeststellungsbescheid zu bestimmenden Zeitraumes weg, ohne daß es eines Entziehungsbescheides bedarf. Ist ein Empfänger einer Rente nach § 1253 Abs. 2 nicht mehr erwerbsunfähig, aber noch berufsunfähig, so steht ihm von diesem Zeitpunkt an eine Rente nach § 1253 Abs. 1 zu. Liegen die Voraussetzungen für eine Rente nach § 1268 Abs. 2 Nr. 2 nicht mehr vor, weil Berufsunfähigkeit nicht mehr besteht, so steht dem Berechtigten von diesem Zeitpunkt an eine Rente nach § 1268 Abs. 1 zu. Dem Berechtigten ist ein Bescheid zu erteilen.

(3) Die Rente auf Zeit kann wiederholt gewährt werden, jedoch nicht über die Dauer von vier Jahren seit dem ersten Rentenbeginn hinaus, wenn sich die Bezugszeiten unmittelbar anschließen.

c) Ausschluß oder Versagung der Renten

§ 1277

(1) Wer sich absichtlich berufsunfähig oder erwerbsunfähig macht, hat keinen Anspruch auf die Rente wegen Berufsunfähigkeit oder wegen Erwerbsunfähigkeit. Hinterbliebene haben keinen Anspruch auf die Rente, wenn sie den Tod des Versicherten vorsätzlich herbeigeführt haben.

(2) Hat sich der Versicherte oder ein Hinterbliebener die Berufsunfähigkeit oder die Erwerbsunfähigkeit beim Begehen einer Handlung, die nach strafgerichtlichem Urteil ein Verbrechen oder vorsätzliches Vergehen ist, zugezogen, so kann die Rente ganz oder teilweise versagt werden. Zuwiderhandlungen gegen Bergpolizeiverordnungen oder bergpolizeiliche Anordnungen oder die Verletzung des § 114 des Seemannsgesetzes gelten nicht als Vergehen im Sinne des vorstehenden Satzes. Die Rente kann den im Inland wohnenden Angehörigen ganz oder teilweise überwiesen werden, wenn derjenige, dem die Rente versagt wird, diese Angehörigen bisher überwiegend unterhalten hat.

(3) Die Rente kann auch versagt werden, wenn wegen des Todes, der Abwesenheit oder eines anderen in der Person des Antragstellers liegenden Grundes kein strafgerichtliches Urteil ergeht.

d) Zusammentreffen und Ruhen von Renten

§ 1278

(1) Trifft eine Rente wegen Berufsunfähigkeit, wegen Erwerbsunfähigkeit oder ein Altersruhegeld aus der Rentenversicherung der Arbeiter mit einer Verletztenrente aus der gesetzlichen Unfallversicherung zusammen, so ruht die Rente aus der Rentenversicherung der Arbeiter insoweit, als sie zusammen mit der Verletztenrente aus der gesetzlichen Unfallversicherung sowohl 85 vom Hundert des Jahresarbeitsverdienstes, der der Berechnung der Verletztenrente zugrunde liegt, als auch 85 vom Hundert der für ihre Berechnung maßgebenden Rentenbemessungsgrundlage (§ 1255 Abs. 1 und 3) übersteigt.

(2) Absatz 1 gilt auch, soweit an die Stelle der Verletztenrente Krankenhauspflege oder Heilanstaltspflege (Anstaltspflege) tritt; die Heilanstaltspflege (Anstaltspflege) steht dabei der Vollrente gleich.

(3) Absatz 1 gilt nicht, wenn die Verletztenrente

1. für einen Unfall gewährt wird, der sich nach Eintritt der Berufsunfähigkeit oder der Erwerbsunfähigkeit oder nach Vollendung des 65. Lebensjahres ereignet,
2. auf eigener Beitragsleistung des Versicherten oder seines Ehegatten beruht,
3. schon ein Ruhen der Versorgungsbezüge nach § 65 des Bundesversorgungsgesetzes herbeiführt.

(4) Die Rente wegen Berufsunfähigkeit oder wegen Erwerbsunfähigkeit oder das Altersruhegeld wird unverkürzt bis zum Ende des Monats gewährt, in dem die Verletztenrente aus der gesetzlichen Unfallversicherung zum ersten Male ausgezahlt wird.

§ 1279

(1) Trifft eine Witwen- oder Witwerrente aus der gesetzlichen Unfallversicherung mit einer Witwenrente oder Witwerrente aus der Rentenversicherung der Arbeiter zusammen, so ruht die Rente aus der Rentenversicherung der Arbeiter insoweit, als sie zusammen mit der Rente aus der gesetzlichen Unfallversicherung sechs Zehntel der Rentenbezüge übersteigt, die dem Verstorbenen zur Zeit des Todes als Vollrente aus der gesetzlichen Unfallversicherung und als Rente wegen Erwerbsunfähigkeit aus der Rentenversicherung der Arbeiter ohne Kinderzulage und ohne Kinderzuschuß zugestanden hätte, wenn er zu diesem Zeitpunkt erwerbsunfähig gewesen wäre.

(2) Absatz 1 gilt entsprechend für die Renten nach §§ 1265 und 1266 Abs. 2.

(3) Absatz 1 und § 1278 sind auf die Renten nach § 1268 Abs. 5 nicht anzuwenden.

(4) Die Waisenrente ohne Kinderzuschuß aus der Rentenversicherung der Arbeiter ruht beim Zusammentreffen mit einer Waisenrente aus der gesetzlichen Unfallversicherung insoweit, als sie zusammen mit der Rente aus der gesetzlichen Unfallversicherung jährlich ein Fünftel, für eine Vollwaise drei Zehntel der allgemeinen Bemessungsgrundlage (§ 1255 Abs. 2), die für das Todesjahr des Versicherten gilt, übersteigt.

(5) § 1278 Abs. 4 gilt entsprechend.

§ 1280

(1) Trifft eine Rente aus eigener Versicherung mit einer Witwen- oder Witwerrente oder einer Rente nach §§ 1265 oder 1266 Abs. 2 zusammen, so wird von zwei Zurechnungszeiten (§ 1260) nur die für den Berechtigten günstigere angerechnet; die Rente, bei der die Zurechnungszeit nicht berücksichtigt wird, ruht insoweit.

(2) Treffen mehrere Waisenrenten zusammen, so wird nur die höchste Rente gewährt. Die übrigen Renten ruhen.

(3) Trifft eine Waisenrente mit einer Versichertenrente zusammen, so ruht die Waisenrente.

(4) Absätze 1 und 3 gelten auch dann, wenn eine der Renten aus der Rentenversicherung der Angestellten oder der knappschaftlichen Rentenversicherung gewährt wird.

§ 1281

Der Berechtigte ist verpflichtet, dem Träger der Rentenversicherung Bezüge aus der gesetzlichen Unfallversicherung und aus der Rentenversicherung mitzuteilen, wenn sie mit Bezügen aus der Rentenversicherung der Arbeiter zusammentreffen; solange er die Frage nach solchen Bezügen nicht beantwortet, kann die Rente einbehalten werden. Der Berechtigte ist auf diese Folge vorher schriftlich hinzuweisen.

§ 1282

(1) Ist die Rente, auf die eine der Vorschriften der §§ 1278 bis 1280 anzuwenden ist, wegen einer Änderung in den Bezügen des Berechtigten neu zu berechnen, so ist bei den maßgebenden Bezugsgrößen eine inzwischen erfolgte Anpassung der Renten nach §§ 1272 bis 1275 entsprechend zu berücksichtigen.

(2) Bei einer Rente, auf die eine der Vorschriften der §§ 1278 bis 1280 angewendet ist, bewirkt eine Änderung der Bezüge des Berechtigten, die nur auf einer Anpassung der Renten nach §§ 1272 bis 1275 beruht, keine Veränderung nach §§ 1278 bis 1280.

§ 1285

Die Vorschriften der §§ 1278 bis 1280 werden auf die Steigerungsbeträge für Beiträge der Höherversicherung nicht angewendet. Die Steigerungsbeträge für Beiträge der Höherversicherung werden auch in den Fällen gezahlt, in denen die Rente ganz oder zum Teil wegen des Aufenthalts im Ausland ruht.

Art. 2 § 23 ArVNG

§§ 1278 bis 1283 und 1285 der Reichsversicherungsordnung gelten für Rentenbezugszeiten nach dem Inkrafttreten dieses Gesetzes auch für Versicherungsfälle, die vorher eingetreten sind.

e) Entziehung der Renten

§ 1286

(1) Ist der Empfänger einer Rente wegen Berufsunfähigkeit oder wegen Erwerbsunfähigkeit infolge einer Änderung in seinen Verhältnissen nicht mehr berufsunfähig, so wird die Rente entzogen. Ist der zum Bezug einer Hinterbliebenrente nach § 1268 Abs. 2 Nr. 2 Berechtigte nicht mehr berufsunfähig, so wird die

Rente in eine Rente nach § 1268 Abs. 1 umgewandelt. Die Rente wegen Erwerbsunfähigkeit wird in eine Rente wegen Berufsunfähigkeit nach § 1253 Abs. 1 umgewandelt, wenn der Berechtigte infolge einer Änderung in seinen Verhältnissen nicht mehr erwerbsunfähig, aber noch berufsunfähig ist.

(2) Die Rente wird in ihrer bisherigen Höhe bis zum Ablauf des Monats gewährt, der auf den Monat folgt, in dem der Bescheid über die Entziehung oder Umwandlung zugestellt wird, jedoch nach Durchführung von Maßnahmen zur Besserung oder Wiederherstellung der Erwerbsfähigkeit (§§ 1236 bis 1244) mindestens bis zum Ablauf des dritten Kalendermonats nach Beendigung der Maßnahmen.

§ 1287

(1) Entzieht sich ein Berechtigter ohne triftigen Grund einer Nachuntersuchung oder Beobachtung, so kann ihm die Rente wegen Berufsunfähigkeit ganz oder teilweise auf Zeit versagt werden, wenn er auf diese Folge vorher schriftlich hingewiesen worden ist.

(2) Eine Rente nach § 1253 Abs. 2 kann unter den Voraussetzungen des Absatzes 1 in eine Rente nach § 1253 Abs. 1 und eine Rente nach § 1268 Abs. 2 Nr. 2 in eine Rente nach § 1268 Abs. 1 umgewandelt werden.

f) Bezugsberechtigte beim Tode des Rentners
und während des Verbüßens einer Freiheitsstrafe;
Fortsetzung des Verfahrens beim Tode des Berechtigten

§ 1288

(1) Ist beim Tode des Berechtigten die Rente noch nicht ausgezahlt, so steht sie nacheinander zu

dem Ehegatten,
den Kindern,
den Eltern,
den Geschwistern,
der Haushaltsführerin im Sinne des Absatzes 3,

wenn sie mit dem Berechtigten zur Zeit seines Todes in häuslicher Gemeinschaft gelebt haben oder von ihm wesentlich unterhalten worden sind.

(2) Stirbt ein Versicherter oder ein Hinterbliebener, nachdem er seinen Anspruch erhoben hatte, so sind zur Fortsetzung des Verfahrens und zum Bezug der bis zum Todestage fälligen Beträge nacheinander berechtigt

der Ehegatte,
die Kinder,
die Eltern,
die Geschwister,
die Haushaltsführerin im Sinne des Absatzes 3,

wenn sie mit dem Berechtigten zur Zeit seines Todes in häuslicher Gemeinschaft gelebt haben oder von ihm wesentlich unterhalten worden sind.

(3) Haushaltsführerin ist diejenige weibliche Verwandte oder Verschwägerte, die an Stelle der verstorbenen oder geschiedenen oder an der Führung des Haushalts durch Krankheit, Gebrechen oder Schwäche dauernd gehinderten Ehefrau den Haushalt des Berechtigten mindestens ein Jahr lang vor dessen Tode geführt hat und von ihm überwiegend unterhalten worden ist.

§ 1289

Für die Zeit, in der der Berechtigte eine Freiheitsstrafe von mehr als einem Monat verbüßt oder in der er auf Grund einer Maßregel der Sicherung und Besserung untergebracht ist, wird die Rente seinen unterhaltsberechtigten Angehörigen überwiesen, die er überwiegend unterhalten hat. § 1288 Abs. 1 gilt entsprechend.

Art. 2 § 24 ArVNG

§ 1286 Abs. 1 Satz 1, Abs. 2, § 1287 Abs. 1, §§ 1288 und 1289 der Reichsversicherungsordnung gelten auch für Versicherungsfälle, die vor dem Inkrafttreten dieses Gesetzes eingetreten sind.

g) Beginn der Renten

§ 1290

(1) Die Rente ist, vorbehaltlich der Bestimmungen des § 1268 Abs. 4 und des § 1276 Abs. 1, vom Beginn des Monats an zu gewähren, in dem ihre Voraussetzungen erfüllt sind. Ist Rente wegen Berufsunfähigkeit oder wegen Erwerbsunfähigkeit oder Altersruhegeld für den Sterbemonat gezahlt worden, so beginnen die Hinterbliebenenrenten erst mit dem Ablauf des Sterbemonats.

(2) Die Rente wegen Berufsunfähigkeit oder wegen Erwerbsunfähigkeit ist vom Beginn des Antragsmonats an zu gewähren, wenn der Antrag später als drei Monate nach dem Eintritt der Berufsunfähigkeit oder der Erwerbsunfähigkeit gestellt wird.

(3) Erhöhung oder Wiedergewährung der Rente kann nur vom Beginn des Antragsmonats an verlangt werden. Dies gilt nicht, wenn ein Empfänger von Rente wegen Berufsunfähigkeit oder wegen Erwerbsunfähigkeit das 65. Lebensjahr oder ein Empfänger von Rente nach § 1268 Abs. 1 das 45. Lebensjahr vollendet.

(4) Eine Rente an den früheren Ehegatten ist, vorbehaltlich der Regelung in § 1268 Abs. 4, erst mit dem Beginn des Antragsmonats zu gewähren.

(5) Für das Altersruhegeld nach § 1248 Abs. 2 und 3 ist der Antrag Voraussetzung für die Rentengewährung im Sinne des Absatzes 1 Satz 1

Art. 2 § 25 ArVNG

(1) Bei Versicherungsfällen, die vor dem Inkrafttreten dieses Gesetzes eingetreten sind, gilt § 1290 der Reichsversicherungsordnung, wenn der Antrag auf Rente nach dem Inkrafttreten dieses Gesetzes gestellt ist, mit der Maßgabe, daß die Leistung frühestens mit dem Inkrafttreten dieses Gesetzes beginnt. Ist der Antrag auf Rente vor dem Inkrafttreten dieses Gesetzes gestellt, so beginnt die Rente, vorbehaltlich der Regelung des § 22 dieses Artikels, spätestens mit dem Inkrafttreten dieses Gesetzes.

(2) Soweit erst durch dieses Gesetz ein Anspruch auf eine Rente begründet wird, ist die Rente nur auf Antrag zu gewähren. Die Rente beginnt mit dem Inkrafttreten dieses Gesetzes, wenn ihre Voraussetzungen zu diesem Zeitpunkt erfüllt sind; anderenfalls gilt § 1290 der Reichsversicherungsordnung.

h) Wegfall und Wiederaufleben der Renten

§ 1291

(1) Die Witwenrente und die Witwerrente fallen mit dem Ablauf des Monats weg, in dem der Berechtigte wieder heiratet.

(2) Hat eine Witwe oder ein Witwer sich wieder verheiratet und wird diese Ehe ohne alleiniges oder überwiegendes Verschulden der Witwe odes des Witwers aufgelöst oder für nichtig erklärt, so lebt der Anspruch auf Witwen- oder Witwerrente vom Ablauf des Monats, in dem die Ehe aufgelöst oder für nichtig erklärt ist, wieder auf, wenn der Antrag spätestens zwölf Monate nach der Auflösung oder der Nichtigkeitserklärung der Ehe gestellt ist; ein von der Witwe oder dem Witwer infolge Auflösung der Ehe erworbener neuer Versorgungs-, Unterhalts- oder Rentenanspruch ist auf die Witwen- oder Witwerrente anzurechnen. Eine bei der Wiederverheiratung gezahlte Abfindung ist in angemessenen monatlichen Teilbeträgen einzubehalten, soweit sie für die Zeit nach Wiederaufleben des Anspruchs auf Rente gewährt ist.

(3) Absätze 1 und 2 gelten für die Bezieher einer Rente nach §§ 1265 oder 1266 Abs. 2 entsprechend.

(4) Für die Berechnung der Rente nach Wiederaufleben des Anspruchs gilt § 1270 Abs. 1 letzter Satz entsprechend.

Art. 2 § 26 ArVNG

(1) § 1291 Abs. 2 und 3 der Reichsversicherungsordnung gilt nur, wenn die neue Ehe nach dem Inkrafttreten dieses Gesetzes aufgelöst oder für nichtig erklärt ist.

(2) § 1291 Abs. 1, §§ 1292 bis 1301 der Reichsversicherungsordnung gelten auch für Versicherungsfälle, die vor dem Inkrafttreten dieses Gesetzes eingetreten sind.

§ 1292

Die Waisenrente fällt mit dem Ablauf des Monats weg, in dem die Voraussetzungen für ihre Gewährung weggefallen sind.

§ 1293

Wird festgestellt, daß ein Versicherter, der als verschollen galt, noch lebt, so fällt die Hinterbliebenenrente mit Ablauf des Monats weg, in dem diese Feststellung getroffen wird.

§ 1294

Für den Sterbemonat und den Monat, in dem das Ruhen der Rente eintritt, wird die Rente für den ganzen Monat gezahlt.

i) Kapitalabfindung bei Renten der Höherversicherung

§ 1295

Hat ein Berechtigter nur Ansprüche aus Beiträgen der Höherversicherung und übersteigt die Leistung aus der Höherversicherung nicht den Betrag von 75 Deutsche Mark jährlich, so kann der Versicherungsträger den Berechtigten mit dessen Zustimmung mit einem dem Werte der ihm zustehenden Leistung entsprechenden Kapital abfinden. Der Bundesminister für Arbeit bestimmt die Berechnung des Kapitalwertes.

k) Zahlung der Renten

§ 1296

(1) Der Träger der Rentenversicherung zahlt die Renten, die Rentenabfindungen und die Beitragserstattungen in der Regel durch die Deutsche Bundespost. Änderungen des Wohnorts hat der Empfänger der Postanstalt anzuzeigen.

(2) Das Nähere regelt der Bundesminister für Arbeit im Einvernehmen mit dem Bundesminister für das Post- und Fernmeldewesen.

(3) Die Deutsche Bundespost erhält für die Auszahlungen nach Absatz 1 eine Vergütung, deren Höhe vom Bundesminister für Arbeit im Einvernehmen mit dem Bundesminister der Finanzen und dem Bundesminister für das Post- und Fernmeldewesen festgesetzt wird.

§ 1297

Jede Rente, bei Hinterbliebenenrenten jede einzelne Rente, wird in monatlichen Beträgen im voraus gezahlt und bei jeder Auszahlung auf 10 Deutsche Pfennig nach oben abgerundet. Renten unter 10 Deutsche Mark monatlich können für einen längeren Zeitraum im voraus gezahlt werden.

§ 1298

Der Bundesminister für Arbeit kann durch allgemeine Verwaltungsvorschriften mit Zustimmung des Bundesrates bestimmen, wie an Empfänger zu zahlen ist, die sich im Ausland aufhalten.

l) Aufrechnung

§ 1299

Gegen Leistungsansprüche dürfen nur aufgerechnet werden

Ersatzforderungen für bezogene Entschädigungen, soweit dem Träger der Rentenversicherung ein Anspruch darauf nach § 1542 zusteht,

geschuldete Sozialversicherungsbeiträge,

gezahlte Vorschüsse,

zu Unrecht vom Träger der Rentenversicherung gezahlte Leistungen,

zu erstattende Kosten des Verfahrens,

von dem Träger der Rentenversicherung verhängte Ordnungsstrafen in Geld.

Beträge, die der Träger der Rentenversicherung einer anderen zur Bekämpfung der Tuberkulose verpflichteten Stelle wegen der dem Versicherten oder dem Rentner gewährten, dem Übergangsgeld oder der Rente entsprechenden Geldleistungen zu erstatten hat.

m) Neufeststellung von Leistungen

§ 1300

Überzeugt sich der Träger der Rentenversicherung bei erneuter Prüfung, daß eine Leistung zu Unrecht abgelehnt, entzogen, eingestellt oder zu niedrig festgestellt worden ist, so hat er sie neu festzustellen.

n) Rückforderung überzahlter Leistungen

§ 1301

Der Träger der Rentenversicherung braucht Leistungen nicht zurückzufordern, die er vor rechtskräftiger Entscheidung nach dem Gesetz zahlen mußte oder die er zu Unrecht gezahlt hat.

III. Witwen- und Witwerrentenabfindung

§ 1302

(1) Einer Witwe oder einem Witwer, die wieder heiraten, wird als Abfindung das Fünffache des Jahresbetrages der bisher bezogenen Rente gewährt.

(2) Absatz 1 gilt entsprechend für die Bezieher einer Rente nach §§ 1265 oder 1266 Abs. 2.

Art. 2 § 27 ArVNG

§ 1302 der Reichsversicherungsordnung gilt nur, wenn die neue Ehe nach dem Inkrafttreten dieses Gesetzes geschlossen ist.

IV. Beitragserstattungen

§ 1303

(1) Entfällt die Versicherungspflicht in allen Zweigen der gesetzlichen Rentenversicherung, ohne daß nach § 1233 das Recht zur freiwilligen Weiterversicherung besteht, so ist dem Versicherten auf Antrag die Hälfte der für die Zeit nach dem 20. Juni 1948 im Bundesgebiet und für die Zeit nach dem 24. Juni 1948 im Land Berlin entrichteten Beiträge zu erstatten. Beiträge der Höherversicherung sind dem Versicherten in voller Höhe zu erstatten. Der Anspruch kann nur geltend gemacht werden, wenn seit dem Wegfallen der Versicherungspflicht zwei Jahre verstrichen sind und inzwischen nicht erneut eine versicherungspflichtige Beschäftigung oder Tätigkeit ausgeübt worden ist.

(2) Hat ein Versicherter bei Eintritt der Erwerbsunfähigkeit die Wartezeit nach § 1247 Abs. 3 noch nicht erfüllt und ist es für ihn nicht mehr möglich, bis zur Vollendung des 65. Lebensjahres die Wartezeit für das Altersruhegeld zu erfüllen, so gilt Absatz 1 Satz 1 und 2 entsprechend.

(3) Absatz 2 gilt auch für die Witwe, wenn der Anspruch auf Witwenrente wegen nicht erfüllter Wartezeit nicht gegeben ist.

(4) Nach Ablauf des zehnten Jahres seit dem Eintritt in die Versicherung ist eine Erstattung nach Absätzen 1 bis 3 ausgeschlossen, wenn seit der letzten wirksamen Beitragsentrichtung fünf Jahre verstrichen sind.

(5) Ist dem Versicherten eine Regelleistung aus der Versicherung gewährt worden, so sind nur die später entrichteten Beiträge zu erstatten.

(6) Der Erstattungsantrag kann nicht auf einen Teil der erstattungsfähigen Beiträge beschränkt werden.

(7) Die Erstattung schließt weitere Ansprüche aus den bisher zurückgelegten Versicherungszeiten und das Recht zur freiwilligen Weiterversicherung aus.

(8) Beiträge für die Zeit der Versicherung nach § 1227 Abs. 1 Nr. 6 werden nicht erstattet.

§ 1304

(1) Heiratet eine Versicherte, so wird ihr auf Antrag die Hälfte der Beiträge erstattet, die für die Zeit nach dem 20. Juni 1948 im Bundesgebiet oder für die Zeit nach dem 24. Juni 1948 im Land Berlin bis zum Ende des Monats entrichtet sind, in dem der Antrag gestellt ist. Beiträge der Höherversicherung sind der Versicherten in voller Höhe zu erstatten.

(2) Der Anspruch kann nur binnen drei Jahren nach der Eheschließung geltend gemacht werden.

(3) § 1303 Abs. 5 bis 7 gilt entsprechend.

B. Zusätzliche Leistungen aus der Versicherung

§ 1305

(1) Der Träger der Rentenversicherung kann Mittel der Versicherung aufwenden, um allgemeine Maßnahmen oder Einzelmaßnahmen zur Erhaltung oder zur Erlangung der Erwerbsfähigkeit der Versicherten und ihrer Angehörigen oder zur Hebung der gesundheitlichen Verhältnisse der versicherten Bevölkerung zu fördern oder durchzuführen.

(2) Der Beschluß bedarf der Genehmigung der Aufsichtsbehörde; die Genehmigung kann auch für Pauschbeträge erteilt werden.

§ 1306

(1) Der Träger der Rentenversicherung kann Mittel der Versicherung über die Regelleistungen hinaus zum wirtschaftlichen Nutzen der Rentenberechtigten, der Versicherten und ihrer Angehörigen aufwenden; dies gilt insbesondere für die Förderung der Erstellung von Wohnungen und Eigenheimen für die versicherte Bevölkerung.

(2) Der Beschluß bedarf der Genehmigung der Aufsichtsbehörde.

§ 1307

(1) Der Träger der Rentenversicherung kann Mittel der Versicherung aufwenden, um Rentenberechtigte mit ihrer Zustimmung in einem Altersheim, einem Kinderheim oder einer ähnlichen Anstalt unterzubringen.

(2) Für die Dauer der Unterbringung des Rentenberechtigten ruht dessen Rente; dem Berechtigten kann die Rente ganz oder teilweise belassen werden.

C. Wanderversicherung

§ 1308

Die Vorschriften der Wanderversicherung gelten für einen Versicherten der Rentenversicherung der Arbeiter, der Rentenversicherung der Angestellten oder der knappschaftlichen Rentenversicherung, für den auch Beiträge zu einem oder mehreren der anderen genannten Versicherungszweige wirksam entrichtet sind.

Art. 2 § 29 ArVNG

Soweit in den Vorschriften der §§ 5 bis 44 dieses Artikels Bestimmungen für Versicherungsfälle vor Inkrafttreten dieses Gesetzes enthalten sind, gelten diese Bestimmungen, vorbehaltlich der Regelung in § 30 dieses Artikels, auch für Versicherungsfälle bei Wanderversicherten im Sinne des § 1308 der Reichsversicherungsordnung, die vor dem Inkrafttreten dieses Gesetzes eingetreten sind.

Art. 2 § 30 ArVNG

Ist bei einem Wanderversicherten im Sinne des § 1308 der Reichsversicherungsordnung eine Leistung aus einem Versicherungszweig vor dem Inkrafttreten dieses

Gesetzes gewährt worden und tritt der Versicherungsfall in einem anderen Versicherungszweig nach dem Inkrafttreten dieses Gesetzes ein, so ist für die zu gewährende Gesamtleistung unter Wegfall der bisherigen Leistung das ab Inkrafttreten dieses Gesetzes geltende Recht maßgebend. Die Gesamtleistung darf die bisherige Leistung nicht unterschreiten.

§ 1309

(1) Für die Erfüllung der Wartezeit werden die in den in § 1308 genannten Zweigen der Rentenversicherung zurückgelegten Versicherungszeiten (Beitrags- und Ersatzzeiten) zusammengerechnet, soweit sie nicht auf dieselbe Zeit entfallen. Für die Wartezeit der Bergmannsrente und des Knappschaftsruhegeldes nach § 48 Abs. 1 Nr. 2 des Reichsknappschaftsgesetzes werden nur Versicherungszeiten der knappschaftlichen Rentenversicherung angerechnet.

(2) Für die Erfüllung der Voraussetzungen für die Weiterversicherung (§ 1233) werden die in den in § 1308 genannten Zweigen der Rentenversicherung zurückgelegten Beitragszeiten zusammengerechnet, soweit sie nicht auf dieselbe Zeit entfallen. Dies gilt nicht für § 33 Abs. 1 des Reichsknappschaftsgesetzes.

§ 1310

(1) Beim Eintritt des Versicherungsfalles wird eine Leistung nur aus den Zweigen der Rentenversicherung gewährt, deren Leistungsvoraussetzungen erfüllt sind. Der Leistungsantrag gilt für alle beteiligten Versicherungszweige, es sei denn, daß er ausdrücklich auf einzelne Versicherungszweige beschränkt wird.

(2) Die Leistung wird als Gesamtleistung berechnet und festgestellt.

(3) Bei der Berechnung der Leistung jedes beteiligten Versicherungszweiges sind die für ihn maßgebenden Vorschriften anzuwenden.

(4) Die in der Rentenversicherung der Arbeiter und in der Rentenversicherung der Angestellten zurückgelegten Versicherungszeiten und anrechnungsfähigen Ausfallzeiten werden zusammengerechnet. Ersatzzeiten, Ausfallzeiten und die Zurechnungszeit werden nur einmal berücksichtigt. Aus den danach anzurechnenden Zeiten wird nach den Vorschriften dieses Gesetzes eine einheitliche Leistung gewährt. Soweit Beiträge durch Verwendung von Beitragsmarken entrichtet sind, sind zur Ermittlung des Verhältnisses zwischen dem von dem Versicherten erzielten Bruttoarbeitsentgelt und dem durchschnittlichen Bruttoarbeitsentgelt aller Versicherten die Vorschriften des Versicherungszweiges anzuwenden, zu dem die Beiträge entrichtet sind.

(5) Die Zurechnungszeit wird in der knappschaftlichen Rentenversicherung angerechnet, wenn der letzte Beitrag zur knappschaftlichen Rentenversicherung entrichtet ist.

(6) Der Kinderzuschuß wird nur aus einem Versicherungszweig gewährt. Er ist nach § 1262 Abs. 4 zu berechnen. Ist die Wartezeit für die Bergmannsrente nach § 45 Abs. 1 Nr. 1 des Reichsknappschaftsgesetzes erfüllt oder gilt sie als erfüllt und wird eine Leistung aus der knappschaftlichen Rentenversicherung gewährt, so ist der Kinderzuschuß nach § 60 Abs. 4 des Reichsknappschaftsgesetzes zu berechnen.

(7) Für die Berechnung des Kinderzuschusses, um den sich die Waisenrente erhöht, gilt Absatz 6 Sätze 2 und 3.

§ 1311

(1) Zuständig für die Feststellung und Zahlung der Leistung ist der Träger des Versicherungszweiges, an den der letzte Beitrag entrichtet ist. Sind zuletzt Beiträge an mehrere Versicherungszweige entrichtet, so ist der zuerst angegangene Versicherungsträger zuständig. Für die Zuständigkeit ist die Wirksamkeit der Beiträge unerheblich.

(2) Der Träger der knappschaftlichen Rentenversicherung ist für die Feststellung und Zahlung der Leistung auch dann zuständig, wenn die Wartezeit für die Bergmannsrente nach § 45 Abs. 1 Nr. 1 des Reichsknappschaftsgesetzes erfüllt ist oder als erfüllt gilt.

(3) Der Bundesminister für Arbeit kann durch Rechtsverordnung mit Zustimmung des Bundesrates die Zuständigkeit abweichend von Absatz 1 regeln.

§ 1312

(1) Auf die festgestellte Leistung finden die gemeinsamen Vorschriften für Renten an Versicherte und für Renten an Hinterbliebene (§§ 1272 bis 1301) und die Vorschriften über die Witwen- und Witwerrentenabfindung (§ 1302) Anwendung. Satz 1 gilt für den Leistungsanteil aus der knappschaftlichen Rentenversicherung entsprechend.

(2) Ist die Wartezeit für die Bergmannsrente nach § 45 Abs. 1 Nr. 1 des Reichsknappschaftsgesetzes erfüllt oder gilt sie als erfüllt und wird eine Leistung aus der knappschaftlichen Rentenversicherung gewährt, so finden auf die festgestellte Leistung die Vorschriften des Reichsknappschaftsgesetzes Anwendung.

(3) Soweit es bei Anwendung der Begrenzungs- und Ruhensvorschriften auf die für den Versicherten maßgebende Rentenbemessungsgrundlage ankommt, ist der Gesamtdurchschnitt aus den für den Versicherten bei Feststellung der Gesamtleistung maßgebenden Rentenbemessungsgrundlagen zugrunde zu legen; der Gesamtdurchschnitt ist zu bestimmen, indem jede einzelne Rentenbemessungsgrundlage mit der Beitragsdauer in dem betreffenden Rentenversicherungszweig vervielfältigt und die Summe der erhaltenen Produkte durch die Gesamtbeitragsdauer geteilt wird.

(4) Gegen den Anspruch auf die Gesamtleistung dürfen auch die in § 1299 bezeichneten Forderungen aufgerechnet werden.

§ 1313

Sind nach einem zwischenstaatlichen Vertrag Versicherungszeiten mehrerer Zweige der deutschen Rentenversicherung und eines oder mehrerer ausländischer Versicherungszweige zusammenzurechnen, so ist die Höhe der deutschen Leistungen so zu berechnen, daß zunächst nach den deutschen Vorschriften festgestellt wird, welche Leistungen die einzelnen deutschen Versicherungszweige zu gewähren haben. Auf die hiernach für jeden Versicherungszweig berechnete deutsche Einzelleistung sind dann die entsprechenden Vorschriften des zwischenstaatlichen Vertrages anzuwenden.

§ 1314

(1) Zwischen den beteiligten Trägern der Rentenversicherung findet ein finanzieller Ausgleich statt.

(2) Der Ausgleich ist unter Berücksichtigung der in den beteiligten Versicherungszweigen zurückgelegten Versicherungs- und Ausfallzeiten und der Höhe der den Beiträgen zugrunde liegenden Entgelte oder Arbeitseinkommen durchzuführen. Dabei gelten Beiträge für Zeiten vor dem 1. Januar 1923, in denen der Versicherte als Angestellter beschäftigt war, als Beiträge zur Rentenversicherung der Angestellten. Dabei gelten Ersatzzeiten und Ausfallzeiten in dem Versicherungszweig als zurückgelegt, zu dem der letzte Beitrag vor der Ersatz- oder Ausfallzeit entrichtet ist, und, wenn vor der Ersatz- oder Ausfallzeit kein Beitrag entrichtet ist, in dem Versicherungszweig, zu dem nach Beendigung der Ersatz- oder Ausfallzeit der erste Beitrag entrichtet wurde. Rentenbezugszeiten werden in dem Versicherungszweig, der die Rente gewährt hat, angerechnet. Eine Zurechnungszeit wird bei den beteiligten Versicherungszweigen nach der Dauer der in ihnen zurückgelegten Versicherungs- und Ausfallzeiten anteilmäßig berücksichtigt; dies gilt für die Fälle, in denen eine Kürzungs- oder Ruhensvorschrift angewandt ist, entsprechend.

(3) Stellt der Träger der knappschaftlichen Rentenversicherung die Gesamtleistung fest, so erstatten die Träger der Rentenversicherung der Arbeiter und der Rentenversicherung der Angestellten die auf sie entfallenden Leistungsanteile. Stellt der Träger der Rentenversicherung der Arbeiter oder der Rentenversicherung der Angestellten eine Gesamtleistung mit einem knappschaftlichen Leistungsanteil fest, so erstattet der Träger der knappschaftlichen Rentenversicherung den auf die knappschaftliche Rentenversicherung entfallenden Leistungsanteil an den feststellenden Träger der Rentenversicherung.

(4) Für die Anwendung der Begrenzungs- und Ruhensvorschriften gilt die Reihenfolge: knappschaftliche Rentenversicherung, Rentenversicherung der Arbeiter, Rentenversicherung der Angestellten.

(5) Der Kinderzuschuß geht zu Lasten der Rentenversicherung der Angestellten. Wird eine Leistung aus der Rentenversicherung der Angestellten nicht gewährt, so geht er zu Lasten der Rentenversicherung der Arbeiter.

(6) Die Waisenrente geht zu Lasten der knappschaftlichen Rentenversicherung, wenn eine Leistung aus diesem Versicherungszweig gewährt wird.

(7) Der Bundesminister für Arbeit kann durch Rechtsverordnung mit Zustimmung des Bundesrates die Grundsätze und das Verfahren für den Ausgleich nach den Absätzen 1—3 bestimmen. Er kann eine pauschale Ermittlung der Ausgleichsbeträge vorschreiben und kann das Bundesversicherungsamt mit der Durchführung des jährlichen Ausgleichs beauftragen.

D. Zahlung von Leistungen bei Aufenthalt außerhalb des Geltungsbereiches dieses Gesetzes

§ 1315

(1) Die Rente ruht, solange der Berechtigte weder Deutscher im Sinne des Artikels 116 Abs. 1 des Grundgesetzes noch früherer deutscher Staatsangehöriger im Sinne des Artikels 116 Abs. 2 Satz 1 des Grundgesetzes ist und

1. sich freiwillig gewöhnlich außerhalb des Geltungsbereichs dieses Gesetzes aufhält oder

2. gegen ihn ein Aufenthaltsverbot für den Geltungsbereich dieses Gesetzes verhängt ist.

(2) Absatz 1 Nr. 1 gilt nicht für Waisen, deren Erziehungsberechtigte sich gewöhnlich im Ausland aufhalten.

§ 1316

Die Bundesregierung kann durch Rechtsverordnung mit Zustimmung des Bundesrates das Ruhen der Leistung für ausländische Grenzgebiete oder für auswärtige Staaten ausschließen, deren Gesetzgebung Deutschen und ihren Hinterbliebenen eine entsprechende Leistung gewährleistet.

§ 1317

Soweit sich aus den nachfolgenden Vorschriften nichts anderes ergibt, ruht auch die Rente eines Deutschen im Sinne des Artikels 116 Abs. 1 des Grundgesetzes oder eines früheren deutschen Staatsangehörigen im Sinne des Artikels 116 Abs. 2 Satz 1 des Grundgesetzes, solange er sich außerhalb des Geltungsbereichs dieses Gesetzes aufhält.

§ 1318

(1) Soweit die Rente auf die im Geltungsbereich dieses Gesetzes zurückgelegten Versicherungsjahre entfällt, wird sie auch für Zeiten des Aufenthalts im Ausland gezahlt. Der auf den Kinderzuschuß und die Zurechnungszeit entfallende Teil der Rente wird dabei in Höhe des Betrages gezahlt, der dem Verhältnis entspricht, in dem die in Satz 1 genannte Zeit zur Gesamtzahl der bei Aufenthalt im Geltungsbereich dieses Gesetzes anrechenbaren Versicherungs- und Ausfallzeiten steht.

(2) Zu den Versicherungsjahren nach Absatz 1 Satz 1 zählen Ersatz- und Ausfallzeiten, die auf Grund einer Versicherung oder rentenversicherungspflichtigen Beschäftigung oder Tätigkeit im Geltungsbereich dieses Gesetzes anrechenbar sind. Soweit die Anrechenbarkeit von Ausfallzeiten davon abhängt, daß eine Beitragszeit von bestimmter Dauer zurückgelegt ist, ist Satz 1 auch dann anzuwenden, wenn der überwiegende Teil dieser Beitragszeit im Geltungsbereich dieses Gesetzes zurückgelegt ist.

§ 1319

(1) Für Zeiten des vorübergehenden Aufenthalts außerhalb des Geltungsbereichs dieses Gesetzes wird die volle Rente gezahlt.

(2) Für Zeiten des gewöhnlichen Aufenthalts im Ausland wird die Rente insoweit gezahlt, als sie nicht auf Zeiten einer Beschäftigung nach § 16 des Fremdrentengesetzes und auf Grund dieser Beschäftigung anrechenbare Ersatz- und Ausfallzeiten entfällt. Voraussetzung hierfür ist, daß

a) der Versicherte die anzurechnenden Beitragzeiten überwiegend im Geltungsbereich dieses Gesetzes zurückgelegt hat oder

b) die Rente von einem Versicherungsträger, der die Versicherung im Geltungsbereich dieses Gesetzes durchführt, für Zeiten, in denen sich der Berechtigte in diesem Gebiet gewöhnlich aufgehalten hat, festgestellt ist oder festgestellt wird; hat der Versicherte auf Grund dieser Vorschrift bis zu seinem Tod

Rente bezogen, so gelten die Voraussetzungen dieser Vorschrift für die Hinterbliebenenrente als erfüllt.

(3) Sind mindestens sechzig Beitragsmonate im Geltungsbereich dieses Gesetzes zurückgelegt, ohne daß die Voraussetzungen des Absatzes 2 Satz 2 erfüllt sind, so ist für Zeiten des gewöhnlichen Aufenthalts im Ausland Absatz 2 Satz 1 mit der Maßgabe anzuwenden, daß Beitragszeiten außerhalb des Geltungsbereichs dieses Gesetzes in dem Umfang berücksichtigt werden, in dem Beitragszeiten im Geltungsbereich dieses Gesetzes zurückgelegt sind.

(4) In den Fällen der Absätze 2 und 3 gilt § 1318 Abs. 1 Satz 2 entsprechend.

§ 1320

Als vorübergehender Aufenthalt im Sinne des § 1319 Abs. 1 gilt ein Aufenthalt bis zur Dauer eines Jahres. Der Versicherungsträger kann in begründeten Fällen Ausnahmen zulassen.

§ 1321

(1) Deutschen im Sinne des Artikels 116 Abs. 1 des Grundgesetzes und früheren deutschen Staatsangehörigen im Sinne des Artikels 116 Abs. 2 Satz 1 des Grundgesetzes, die sich gewöhnlich im Gebiet eines auswärtigen Staates aufhalten, in dem die Bundesrepublik Deutschland eine amtliche Vertretung hat, kann die Rente insoweit gezahlt werden, als sie nicht auf nach dem Fremdrentengesetz gleichgestellte Zeiten und auf Grund solcher Zeiten anrechenbare Ersatz- und Ausfallzeiten entfällt. Die Einschränkung gilt nicht, soweit es sich um Beitragszeiten der in § 17 Abs. 1 Buchstabe b des Fremdrentengesetzes genannten Art und um Ersatz- und Ausfallzeiten handelt, die auf Grund solcher Zeiten anrechenbar sind. § 1318 Abs. 1 Satz 2 gilt entsprechend.

(2) Vertriebenen im Sinne des § 1 Abs. 2 Nr. 1 des Bundesvertriebenengesetzes aus den in den Jahren 1938 und 1939 in das Deutsche Reich eingegliederten Gebieten, die als solche im Geltungsbereich dieses Gesetzes anerkannt sind, kann die Rente auch insoweit gezahlt werden, als sie auf andere als in § 17 Abs. 1 Buchstabe b des Fremdrentengesetzes genannten, nach dem Fremdrentengesetz gleichstehende Beitragszeiten entfällt; Voraussetzung hierfür ist, daß Deckungsmittel der verpflichteten Versicherungsträger auf Rentenversicherungsträger im Reichsgebiet zu übertragen waren.

(3) Absätze 1 und 2 finden ungeachtet des § 1315 auch auf Hinterbliebene Anwendung bezüglich der Zahlung von Hinterbliebenenrenten.

(4) Die Renten nach Absätzen 1 bis 3 gelten nicht als Leistungen der sozialen Sicherheit.

(5) Früheren deutschen Staatsangehörigen im Sinne des Artikels 116 Abs. 2 Satz 1 des Grundgesetzes stehen Personen gleich, die zwischen dem 30. Januar 1933 und dem 8. Mai 1945 das Gebiet des Deutschen Reichs verlassen haben, um sich einer von ihnen nicht zu vertretenden und durch die politischen Verhältnisse bedingten besonderen Zwangslage zu entziehen, oder aus den gleichen Gründen nicht in das Gebiet des Deutschen Reichs zurückkehren konnten.

(6) Die Bundesregierung kann durch Rechtsverordnung mit Zustimmung des Bundesrates bestimmen, daß der gewöhnliche Aufenthalt in einem sonstigen

Gebiet außerhalb des Geltungsbereichs dieses Gesetzes dem gewöhnlichen Aufenthalt im Gebiet eines auswärtigen Staates gleichsteht, in dem die Bundesrepublik Deutschland eine amtliche Vertretung hat.

§ 1322

§ 1321 gilt auch für frühere deutsche Staatsangehörige, die im Ausland als Angehörige deutscher geistlicher Genossenschaften oder ähnlicher Gemeinschaften aus überwiegend religiösen oder sittlichen Beweggründen mit Krankenpflege, Unterricht, Seelsorge oder anderen gemeinnützigen Tätigkeiten bis zum Eintritt des Versicherungsfalles beschäftigt waren. Die Rente kann auch in die Gebiete solcher auswärtiger Staaten gezahlt werden, in denen die Bundesrepublik Deutschland keine amtliche Vertretung hat.

§ 1323

(1) Beitragszeiten sind im Geltungsbereich dieses Gesetzes zurückgelegt, wenn sie auf einer Beitragsleistung für eine Beschäftigung in diesem Gebiet beruhen. Beitragszeiten, die auf freiwilligen Beiträgen beruhen, sind im Geltungsbereich dieses Gesetzes zurückgelegt, wenn die Beiträge für eine Zeit entrichtet sind, während der der Versicherte in diesem Gebiet wohnte. Für die Zeit vor dem 1. Februar 1949 ist Berlin als einheitliches Gebiet anzusehen.

(2) Eine nach Bundesrecht oder dem Recht des Landes Berlin bei Aufenthalt im Ausland durch Entrichtung freiwilliger Beiträge durchgeführte Versicherung steht einer freiwilligen Versicherung im Geltungsbereich dieses Gesetzes gleich. Das gleiche gilt für eine nach den Vorschriften der Reichsversicherungsgesetze durchgeführte freiwillige Versicherung, wenn die Beiträge aus dem Ausland entrichtet sind.

E. Aufklärungspflicht

§ 1324

Dem Träger der Rentenversicherung obliegt die allgemeine Aufklärung der versicherten Bevölkerung und der Rentner über ihre Rechte und Pflichten. Die Pflicht der Versicherungsämter zur Erteilung von Auskünften bleibt unberührt. Der Träger der Rentenversicherung hat in geeigneter Weise auf diese Pflicht hinzuweisen.

VIERTER ABSCHNITT

Aufsicht

§ 1381

(1) Die für die Sozialversicherung zuständigen obersten Verwaltungsbehörden der Länder oder die nach Landesrecht bestimmten sonstigen Behörden führen die Aufsicht über die Träger der Rentenversicherung, deren Zuständigkeitsbereich sich nicht über das Gebiet eines Landes hinaus erstreckt.

(2) Das Bundesversicherungsamt führt die Aufsicht über die Träger der Rentenversicherung, deren Zuständigkeitsbereich sich über das Gebiet eines Landes hinaus erstreckt.

FÜNFTER ABSCHNITT

Aufbringung der Mittel, Verteilung der Rentenausgaben

I. Aufbringung der Mittel

§ 1382

Die Mittel für die Ausgaben der Versicherung werden durch Beiträge der Versicherten und der Arbeitgeber sowie durch einen Zuschuß des Bundes aufgebracht.

§ 1383

(1) Zur Festsetzung der künftigen Höhe der Beiträge wird für die Gesamtheit der Versicherten ein durchschnittlicher Beitragssatz berechnet. Er ist so zu bemessen, daß jeweils für einen zehnjährigen Deckungsabschnitt der Wert aller in diesem Deckungsabschnitt eingehenden Beiträge und sonstigen Einnahmen samt dem Vermögen mit Zins und Zinseszins den Betrag deckt, der erforderlich ist, damit alle in dem betreffenden Deckungsabschnitt zu leistenden Aufwendungen bestritten werden können und außerdem am Ende des Deckungsabschnitts eine Rücklage verbleibt, die den Aufwendungen zu Lasten der Versicherungsträger im letzten Jahre des Deckungsabschnitts gleichkommt.

(2) Der Bundesminister für Arbeit stellt in Abständen von zwei Jahren versicherungstechnische Bilanzen auf, erstmalig für den 1. Januar 1959. Die Bilanzen sollen für die drei auf den Stichtag der Bilanz folgenden Jahrzehnte erkennen lassen, wie sich die Einnahmen, die Ausgaben und das Vermögen der Versicherungsträger voraussichtlich entwickeln werden.

(3) Die Bundesregierung hat die versicherungstechnische Bilanz den gesetzgebenden Körperschaften des Bundes zuzuleiten und zugleich nach Anhören des Sozialbeirates (§§ 1273 bis 1275) über die Finanzlage der Rentenversicherung der Arbeiter, über die Entwicklung der wirtschaftlichen Leistungsfähigkeit und der Produktivität und über die Veränderung des Volkseinkommens je Erwerbstätigen in den voraufgegangenen Kalenderjahren seit der letzten versicherungstechnischen Bilanz zu berichten. Das Gutachten des Sozialbeirates ist vorzulegen. Ergibt der Bericht, daß Maßnahmen des Gesetzgebers erforderlich sind, so hat die Bundesregierung gleichzeitig Gesetzgebungsvorschläge zu unterbreiten, insbesondere ob und inwieweit eine Änderung der Vomhundertsätze der §§ 1253 und 1254 oder der allgemeinen Bemessungsgrundlage gemäß § 1255 Abs. 2 oder des Beitragssatzes gemäß § 1385 erforderlich ist.

§ 1384

(1) Reichen die Beiträge zusammen mit den sonstigen Einnahmen voraussichtlich nicht aus, um die Ausgaben der Versicherung für die Dauer des nächsten Jahres zu decken, so sind die erforderlichen Mittel vom Bund aufzubringen (Bundesgarantie). Das Nähere wird durch besonderes Gesetz bestimmt.

(2) Voraussetzung für die Inanspruchnahme der Bundesgarantie durch die Träger der Rentenversicherung ist, daß deren Vermögen die für die Aufrechterhaltung einer ordnungsgemäßen Verwaltung notwendigen Mittel nicht übersteigt.

II. Beiträge

1. Allgemeiner Beitragssatz

§ 1385

(1) Der Beitragssatz für die Pflichtversicherten beträgt 14 vom Hundert der nach Absatz 3 maßgebenden Bezüge des Versicherten, soweit diese die Beitragsbemessungsgrenze (Absatz 2) nicht überschreiten.

(2) Beitragsbemesungsgrenze ist für Jahresbezüge das Doppelte der allgemeinen Bemessungsgrundlage (§ 1255 Abs. 2), die für die Versicherungsfälle des laufenden Kalenderjahres gilt; sie ist auf einen durch 600 teilbaren Betrag nach oben oder unten abzurunden. Beitragsbemessungsgrenze für Monatsbezüge ist ein Zwölftel des aus Satz 1 sich ergebenden Betrages. Der Bundesminister für Arbeit gibt alljährlich die Beitragsbemessungsgrenzen bekannt.

(3) Für die Berechnung des Beitrages nach den Absätzen 1 und 2 ist maßgebend

a) bei versicherungspflichtigen Arbeitnehmern (§ 1227 Abs. 1 Nr. 1 und 2 und Abs. 2) der Bruttoarbeitsentgelt (§ 160) aus der die Versicherungspflicht begründenden Beschäftigung,

b) bei versicherungspflichtigen Selbständigen (§ 1227 Abs. 1 Nr. 3 und 4) das Bruttoarbeitseinkommen aus der die Versicherungspflicht begründenden Tätigkeit,

c) bei versicherungspflichtigen Mitgliedern von Genossenschaften oder Gemeinschaften (§ 1227 Abs. 1 Nr. 5) die Geld- und Sachbezüge, die sie persönlich erhalten,

d) bei während einer Wehrdienstleistung nach § 1227 Abs. 1 Nr. 6 versicherten Personen der auf den Zeitraum, für den Beiträge zu entrichten sind, berechnete durchschnittliche Bruttoarbeitsentgelt aller Versicherten der Rentenversicherungen der Arbeiter, der Angestellten und der knappschaftlichen Rentenversicherung ohne Lehrlinge und Anlernlinge im Sinne des § 1255 Abs. 6 Satz 2.

(4) Die Pflichtbeiträge sind zu tragen

a) bei Versicherungspflicht nach § 1227 Abs. 1 Nr. 1 und 2 und Abs. 2 von dem Versicherten und dem Arbeitgeber je zur Hälfte, jedoch von dem Arbeitgeber allein, wenn der monatliche Bruttoarbeitsentgelt des Versicherten ein Zehntel der Beitragsbemessungsgrenze für Monatsbezüge (Absatz 2) nicht übersteigt,

b) bei Versicherungspflicht nach § 1227 Abs. 1 Nr. 3 und 4 von dem Versicherten allein,

c) bei Versicherungspflicht nach § 1227 Abs. 1 Nr. 5 von der Genossenschaft oder Gemeinschaft, welcher der Versicherte angehört,

d) bei Versicherungspflicht nach § 1227 Abs. 1 Nr. 6 vom Bund.

(5) Der Bund entrichtet für die Personen, die nach § 1227 Abs. 1 Nr. 6 versichert sind, den Beitrag zusammen mit den Beiträgen zu den anderen Zweigen der gesetzlichen Rentenversicherung in einem Gesamtbetrag. Der Bundesminister für Arbeit und Sozialordnung kann im Einvernehmen mit dem Bundesminister

für Verteidigung und dem Bundesminister der Finanzen durch Rechtsverordnung mit Zustimmung des Bundesrates eine pauschale Berechnung des Gesamtbetrages vorschreiben sowie die Verteilung dieses Betrages auf die einzelnen Versicherungszweige und die Zahlungsweise regeln.

§ 1386

Für Versicherte, die nach § 1229 Abs. 1 Nr. 1 versicherungsfrei oder nach § 1230 Abs. 1 von der Versicherungspflicht befreit sind, hat der Arbeitgeber den Beitragsanteil zu entrichten, den er entrichten müßte, wenn der Versicherte versicherungspflichtig wäre.

2. Beitragsklassen

§ 1387

(1) Für Pflichtversicherte, die selbst die Beiträge zu entrichten haben (§ 1405), werden nach der Höhe der monatlichen Bruttoarbeitsentgelte oder Bruttoarbeitseinkommen folgende Beitragsklassen gebildet:

Beitragsklasse	Bruttoarbeitsentgelt oder Bruttoarbeitseinkommen im Monat	Monatsbeitrag
I	bis 25 DM	1,75 DM
II	von mehr als 25 DM bis 75 DM	7,— DM
III	von mehr als 75 DM bis 125 DM	14,— DM
IV	von mehr als 125 DM bis 175 DM	21,— DM
V	von mehr als 175 DM bis 225 DM	28,— DM
VI	von mehr als 225 DM bis 275 DM	35,— DM
VII	von mehr als 275 DM bis 325 DM	42,— DM
VIII	von mehr als 325 DM bis 375 DM	49,— DM
IX	von mehr als 375 DM bis 425 DM	56,— DM
X	von mehr als 425 DM bis 475 DM	63,— DM
XI	von mehr als 475 DM bis 525 DM	70,— DM
XII	von mehr als 525 DM bis 575 DM	77,— DM
XIII	von mehr als 575 DM bis 625 DM	84,— DM
XIV	von mehr als 625 DM bis 675 DM	91,— DM
XV	von mehr als 675 DM bis 725 DM	98,— DM
XVI	von mehr als 725 DM bis 775 DM	105,— DM
XVII	von mehr als 775 DM bis 825 DM	112,— DM
XVIII	von mehr als 825 DM bis 875 DM	119,— DM
XIX	von mehr als 875 DM bis 925 DM	126,— DM
XX	von mehr als 925 DM	133,— DM

(2) Der Bundesminister für Arbeit kann durch Rechtsverordnung mit Zustimmung des Bundesrates für einzelne Gruppen von Pflichtversicherten im Sinne des § 1227 Abs. 1 Nr. 3 und 4 und des § 1396 Abs. 2, deren Arbeitsentgelte oder Arbeitseinkommen schwankend sind, die Beitragsentrichtung in einer bestimmten

Beitragsklasse oder nach durchschnittlichen Arbeitsentgelten oder Arbeitseinkommen vorschreiben.

(3) Der Bundesminister für Arbeit hat durch Rechtsverordnung mit Zustimmung des Bundesrates in Ergänzung der Beitragsklassen des Absatzes 1 jeweils eine weitere Beitragsklasse entsprechend der Staffelung der den bestehenden Beitragsklassen zugeordneten Bruttoarbeitsentgelte oder Bruttoarbeitseinkommen und der Monatsbeiträge anzufügen, wenn die Beitragsbemessungsgrenze für Monatsbezüge (§ 1385 Abs. 2) den Anfangsbetrag des der letzten Beitragsklasse zugeordneten Bruttoarbeitsentgelts oder Bruttoarbeitseinkommens um mehr als 50 Deutsche Mark überschreitet.

Art. 2 § 46 ArVNG

Bis zum Erlaß einer Rechtsverordnung nach § 1387 Abs. 2 der Reichsversicherungsordnung gilt § 1436 Abs. 2 und 3 der Reichsversicherungsordnung in der am 31. Dezember 1956 geltenden Fassung weiter.

§ 1388

(1) Für die Weiterversicherung (§ 1233) werden folgende Beitragsklassen gebildet:

Beitragsklasse	Monatsbeitrag
A	14,— Deutsche Mark
B	28,— Deutsche Mark
C	42,— Deutsche Mark
D	56,— Deutsche Mark
E	70,— Deutsche Mark
F	84,— Deutsche Mark
G	98,— Deutsche Mark
H	105,— Deutsche Mark
J	112,— Deutsche Mark
K	119,— Deutsche Mark
L	126,— Deutsche Mark
M	133,— Deutsche Mark

(2) § 1387 Abs. 3 gilt entsprechend.

(3) Für die Höherversicherung werden die gleichen Beitragsklassen wie für die Weiterversicherung gebildet.

III. Zuschuß des Bundes

§ 1389

(1) Der Bund leistet zu den Ausgaben der Rentenversicherung der Arbeiter, die nicht Leistungen der Alterssicherung sind, einen Zuschuß.

(2) Der Zuschuß des Bundes wird für das Kalenderjahr 1960 auf 3283,6 Millionen Deutsche Mark festgesetzt. Er verändert sich in den folgenden Jahren entsprechend einer Änderung der allgemeinen Bemessungsgrundlage (§ 1255 Abs. 2).

(3) Der Zuschuß des Bundes ist unter den Trägern der Rentenversicherung der Arbeiter nach dem in § 1390 angegebenen Verhältnis aufzuteilen.

Art. 2 § 47 ArVNG

(1) Für die Zeit vom Inkrafttreten dieses Gesetzes an entfallen die Zuschüsse und Erstattungen des Bundes, die auf Grund gesetzlicher Vorschriften aus der Zeit vor Inkrafttreten dieses Gesetzes an die Träger der Rentenversicherung der Arbeiter zu zahlen sind. Dies gilt nicht für die Erstattungen nach § 72 des Gesetzes zur Regelung der Rechtsverhältnisse der unter Artikel 131 des Grundgesetzes fallenden Personen in der Fassung vom 1. September 1953 (Bundesgesetzbl. I S. 1287).

(2) Verpflichtungen des Bundes für Zeiten vor dem Inkrafttreten dieses Gesetzes bleiben unberührt. Die Bundesregierung kann durch Rechtsverordnung mit Zustimmung des Bundesrates die Höhe der Verpflichtungen des Bundes pauschal feststellen.

IV. Verteilung der Mittel und Rentenausgaben

§ 1390

Die Leistungen für Renten und Beitragserstattungen und für Beiträge für die Krankenversicherung der Rentner werden von sämtlichen Trägern der Rentenversicherung der Arbeiter nach dem Verhältnis ihrer Beitragseinnahmen jeweils für ein Kalenderjahr gemeinsam getragen.

§ 1391

Das Bundesversicherungsamt verteilt die Aufwendungen für Renten, Beitragserstattungen und Beiträge für die Krankenversicherung der Rentner auf die Träger der Rentenversicherung der Arbeiter. Es führt die Abrechnung zwischen den Trägern der Rentenversicherung der Arbeiter untereinander, der Deutschen Bundespost und dem Bund durch.

§ 1392

Die Deutsche Bundespost teilt dem Bundesversicherungsamt zur Durchführung der Abrechnung binnen acht Wochen nach Ablauf jedes Kalenderjahres die Beträge mit, die auf Anweisung der Träger der Rentenversicherung der Arbeiter im abgelaufenen Kalenderjahr gezahlt worden sind.

§ 1393

Die Träger der Rentenversicherung der Arbeiter haben die zu erstattenden Beträge binnen zwei Wochen nach dem Empfang der Zahlungsaufforderung zu zahlen.

V. Postvorschüsse und Haftung für die Postvorschüsse

§ 1394

Die Deutsche Bundespost kann von den Trägern der Rentenversicherung monatliche Vorschüsse verlangen. Das Nähere bestimmt der Bundesminister für Arbeit durch allgemeine Verwaltungsvorschriften mit Zustimmung des Bundesrates. Er kann das Bundesversicherungsamt mit der Festsetzung der Vorschüsse beauftragen.

§ 1395

Für die Postvorschüsse, welche die Träger der Rentenversicherung der Arbeiter nach § 1394 zu leisten haben, haften die Träger der Rentenversicherung, für deren Rechnung die Deutsche Bundespost Renten zahlt, als Gesamtschuldner.

SECHSTER ABSCHNITT

Beitragsverfahren

I. Entrichtung der Beiträge durch den Arbeitgeber

1. Allgemeines

§ 1396

(1) Die Beiträge für versicherungspflichtige Beschäftigte sind von dem Arbeitgeber zu entrichten.

(2) Absatz 1 gilt nicht für

a) Personen, die im Laufe eines Monats regelmäßig bei mehreren Arbeitgebern beschäftigt werden (Mehrfachbeschäftigte),

b) unständig Beschäftigte (§ 441) und

c) deutsche Beschäftigte ausländischer Staaten und solcher Personen, die nicht der inländischen Gerichtsbarkeit unterstehen.

(3) Bei Mehrfachbeschäftigten, die bei einem Arbeitgeber überwiegend beschäftigt sind (Hauptbeschäftigung), ist für die Hauptbeschäftigung Absatz 1 anzuwenden.

§ 1397

(1) Der Versicherte, für den der Arbeitgeber den Beitrag zu entrichten hat, muß sich bei der Lohnzahlung die Hälfte des Beitrags vom Barlohn abziehen lassen. Der Arbeitgeber darf nur auf diesem Wege den Beitragsanteil des Versicherten wieder einziehen. Die Abzüge sind auf die Lohnzeiten gleichmäßig zu verteilen.

(2) Besteht der Entgelt nur in Sachbezügen, so kann der Arbeitgeber den Sachbezug um den Beitragsanteil des Versicherten kürzen. Dies gilt nicht, wenn der Versicherte seinen Beitragsanteil dem Arbeitgeber bar erstattet. Wird der Entgelt von Dritten gewährt, so hat der Versicherte seinen Beitragsanteil dem Arbeitgeber bar zu erstatten, wenn dieser den vollen Beitrag entrichtet hat.

(3) Unterbliebene Abzüge dürfen nur bei der nächsten Lohnzahlung nachgeholt werden, es sei denn, daß der Arbeitgeber Beiträge schuldlos nachentrichtet.

(4) Abschlagszahlungen gelten nicht als Lohnzahlungen im Sinne dieser Vorschrift.

(5) Ist gegen den Arbeitgeber eine Anordnung des Versicherungsamtes nach § 398 ergangen, so gilt die Anordnung auch für die Beiträge zur Rentenversicherung der Arbeiter. Die Versicherten haben dann ihren Beitragsanteil an Stelle des Arbeitgebers selbst einzuzahlen.

(6) Macht der Versicherte glaubhaft, daß der auf ihn entfallende Beitragsanteil vom Lohn abgezogen worden ist, so gilt der Beitrag ohne Rücksicht auf die tatsächliche Abführung als entrichtet.

Art. 2 § 48. ArVNG

§ 1397 Abs. 6 der Reichsversicherungsordnung gilt nur für Zeiten nach dem 29. Juni 1942.

§ 1398

Der Versicherte kann an Stelle des Arbeitgebers selbst die vollen Beiträge (Arbeitgeber- und Arbeitnehmeranteil) entrichten. Der Arbeitgeber hat dann den auf ihn entfallenden Beitragsanteil zu erstatten.

2. Einzugsstellen, Beitragsberechnung

§ 1399

(1) Beiträge, die nach § 1396 von dem Arbeitgeber zu entrichten sind, werden von den Trägern der gesetzlichen Krankenversicherung (Einzugsstellen) eingezogen.

(2) Der Arbeitgeber hat die Beiträge für Versicherte, die gleichzeitig krankenversicherungspflichtig sind, mit den Krankenversicherungsbeiträgen zusammen in einem Betrag an die Krankenkasse, die für die Erhebung der Beiträge zur gesetzlichen Krankenversicherung zuständig ist, abzuführen. Für Versicherte, die rentenversicherungspflichtig, aber nicht krankenversicherungspflichtig sind, sind die Beiträge an die Krankenkasse abzuführen, bei der sie ohne Rücksicht auf die Mitgliedschaft bei einer Ersatzkasse krankenversicherungspflichtig wären.

(3) Die Einzugsstelle entscheidet über die Versicherungspflicht, die Beitragspflicht und die Beitragshöhe; sie erläßt unbeschadet des Absatzes 4 den erforderlichen Verwaltungsakt und den Widerspruchsbescheid; in Verfahren vor den Sozialgerichten ist sie Partei, soweit ihr Verwaltungsakt angefochten wird.

(4) Die Einzugsstelle ist an Erklärungen des Trägers der Rentenversicherung zu Rechtsfragen von grundsätzlicher Bedeutung gebunden.

(5) Der Bundesminister für Arbeit regelt durch Rechtsverordnung mit Zustimmung des Bundesrates, wie der Arbeitgeber für die in § 1227 Abs. 1 Nr. 2 genannten Beschäftigten Beiträge zu entrichten hat.

Art. 2 § 49 ArVNG

Bis zum Erlaß einer Rechtsverordnung nach § 1399 Abs. 5 der Reichsversicherungsordnung gilt die Verordnung über die Durchführung der deutschen Sozialversicherung bei Auslandsaufenthalt vom 29. März 1951 (Bundesgesetzbl. I S. 230) weiter.

§ 1400

(1) Für die An-, Um- und Abmeldung, für die Fälligkeit und Zahlung der Beiträge, ihren Einzug und die Erhebung von Säumniszuschlägen gelten die Vorschriften der gesetzlichen Krankenversicherung mit Ausnahme des § 397 entsprechend. Die Vorschriften über die Fälligkeit der Beiträge gelten mit der Maßgabe, daß die Beiträge zur Rentenversicherung der Arbeiter spätestens am 15. des Monats fällig werden, der dem Monat der Lohnzahlung folgt, auch wenn die Satzung der Krankenkasse für die Fälligkeit der Beiträge zur gesetzlichen Krankenversicherung einen späteren Zeitpunkt bestimmt.

(2) Der Beitragsberechnung ist der für die Berechnung der Beiträge zur gesetzlichen Krankenversicherung maßgebende Grundlohn (wirklicher Arbeitsverdienst, Lohnstufe, Mitgliederklasse) zugrunde zu legen. Überschreitet der Entgelt die Beitragsbemessungsgrenze der gesetzlichen Krankenversicherung (§§ 180 und 385), so wird der Beitrag bis zur Beitragsbemessungsgrenze der Rentenversicherung (§ 1385 Abs. 2) nach einem Grundlohn berechnet, der für krankenversicherungspflichtige Personen gilt.

(3) Von Arbeitgebern, die mit der Zahlung der Beiträge länger als eine Woche von der Zahlungsaufforderung an in Verzug sind, können ein einmaliger Säumniszuschlag in Höhe von 2 vom Hundert der rückständigen Beiträge und bei Zahlungsverzug von länger als drei Monaten nach Zahlungsaufforderung Zinsen in Höhe des jeweiligen Diskontsatzes der Deutschen Bundesbank erhoben werden. Für die Berechnung und die Einziehung des Säumniszuschlages und der Zinsen gilt § 397 a.

3. Entgeltsbescheinigung

§ 1401

(1) Die Entrichtung der Beiträge durch den Arbeitgeber ist durch Entgeltsbescheinigungen (Absatz 2) in der Versicherungskarte des Versicherten (§ 1411) nachzuweisen.

(2) Zum Nachweis trägt der Arbeitgeber alsbald nach Ablauf jedes Kalenderjahres und bei Beendigung des Beschäftigungsverhältnisses für das laufende Jahr in die Versicherungskarte ein

1. die Zeit, in der er den Versicherten in diesem Kalenderjahr gegen Entgelt beschäftigt hat,
2. den gesamten beitragspflichtigen Bruttoarbeitsentgelt, den der Versicherte in dieser Zeit von ihm erhalten hat,
3. den Namen der Krankenkasse, an die die Beiträge abgeführt sind, und
4. seinen Namen (Firmenname) mit Anschrift und Unterschrift.

(3) Wurde die Beschäftigungszeit um weniger als einen Kalendermonat ohne Gewährung von Entgelt unterbrochen, so ist diese Unterbrechung in die Versicherungskarte nicht einzutragen. Das gleiche gilt für Zeiten, für die nach dem Ausscheiden des Versicherten aus der versicherungspflichtigen Beschäftigung nach § 397 Beiträge entrichtet sind.

(4) Für Seeleute (§ 163 Abs. 2) tritt an Stelle der Entgeltsbescheinigung in der Versicherungskarte als Nachweis die Eintragung der Seefahrtzeiten und Durchschnittsheuern der Versicherten in der Seemannskartei der Seeberufsgenossenschaft (Seefahrtsnachweisungen).

4. Nachversicherung

§ 1402

(1) In den Fällen des § 1232 hat der Arbeitgeber die Beiträge nach den Vorschriften zu entrichten, die im Zeitpunkt des Ausscheidens aus der versicherungsfreien Beschäftigung für die Berechnung der Beiträge für versicherungspflichtige Beschäftigte maßgebend sind. Das Abzugsrecht nach § 1397 Abs. 1 steht ihm nicht zu.

(2) Der Berechnung der Beiträge ist für die Zeit vor dem 1. Januar 1924 ein Monatsentgelt von 150 Deutsche Mark, für die spätere Zeit der wirkliche Arbeitsentgelt zugrunde zu legen. Bei einer Nachversicherung nach § 1232 Abs. 2 ist für die Berechnung der Beiträge der bezogene Unterhaltszuschuß maßgebend. Mindestens ist die Nachversicherung nach einem Monatsentgelt von 150 Deutsche Mark durchzuführen.

(3) Sind für die Zeit der versicherungsfreien Beschäftigung freiwillige Beiträge entrichtet, so gelten die freiwilligen Beiträge als Beiträge der Höherversicherung.

(4) Die nachzuentrichtenden Beiträge gelten als rechtzeitig entrichtete Pflichtbeiträge. Der Eintritt des Versicherungsfalles steht der Entrichtung der Beiträge nicht entgegen.

(5) Wenn Personen für denselben Zeitraum in der Rentenversicherung der Arbeiter und der Rentenversicherung der Angestellten nachzuversichern wären, so sind keine Beiträge zur Rentenversicherung der Arbeiter zu entrichten.

(6) Der Arbeitgeber entrichtet die Beiträge unmittelbar an den Träger der Rentenversicherung und fügt eine Bescheinigung bei, die Beginn und Ende der versicherungsfreien Beschäftigungszeiten und die Höhe der Bruttoentgelte, einschließlich des Wertes etwaiger Sachbezüge und Nutzungen, bezeichnet, die in den einzelnen Kalenderjahren für die genannten Beschäftigungszeiten gezahlt sind. Der Träger der Rentenversicherung beurkundet die Zeiten und Entgelte und erteilt dem Versicherten darüber eine Aufrechnungsbescheinigung.

(7) Die Bundesregierung kann durch Rechtsverordnung mit Zustimmung des Bundesrates bestimmen, welche Entgelte in den Fällen des Absatzes 2 zu berücksichtigen sind, wenn der wirkliche Arbeitsentgelt nicht nachweisbar ist.

Art. 2 § 50 ArVNG

(1) Die Beitragsentrichtung nach § 1402 der Reichsversicherungsordnung hat zu erfolgen

a) im Währungsverhältnis von 10 Reichsmark = 1 Deutsche Mark
für Personen, die vor dem 21. Juni 1948 aus der versicherungsfreien Beschäftigung ausgeschieden sind,

b) im Währungsverhältnis von 1 Reichsmark = 1 Deutsche Mark
für Personen, die nach dem 20. Juni 1948 aus der versicherungsfreien Beschäftigung ausgeschieden sind oder ausscheiden,
für Personen, die vor dem 21. Juni 1948 aus der versicherungsfreien Beschäftigung ausgeschieden sind, bei denen aber die Nachentrichtung von Beiträgen über den 20. Juni 1948 hinaus aufgeschoben worden ist, und
für Personen, die nach § 3 Abs. 2 dieses Artikels nachversichert werden.

Beim Ausscheiden aus einer versicherungsfreien Beschäftigung im Land Berlin gilt bei Anwendung des Satzes 1 statt des Stichtages 21. Juni 1948 der Stichtag 25. Juni 1948 und statt des Stichtages 20. Juni 1948 der Stichtag 24. Juni 1948.

(2) Für die in § 1 dieses Artikels bezeichneten Personen tritt an die Stelle des Arbeitgebers die Pensionskasse Deutscher Eisenbahnen und Straßenbahnen; der Berechnung der Beiträge ist das bei der Pensionskasse satzungsgemäß versicherte Einkommen zugrunde zu legen.

§ 1403

(1) Die Nachentrichtung von Beiträgen wird aufgeschoben,

a) wenn der Beschäftigte in eine andere in der Rentenversicherung der Arbeiter oder der Rentenversicherung der Angestellten versicherungsfreie Beschäftigung übertritt,

b) solange die versicherungsfreie Beschäftigung vorübergehend unterbrochen wird,

c) wenn der aus der versicherungsfreien Beschäftigung ausscheidenden Person oder ihren Hinterbliebenen

aa) ein Unterhaltsbeitrag auf Zeit gewährt wird oder

bb) lebenslängliche Versorgung nach beamtenrechtlichen Vorschriften oder Grundsätzen zugesichert bleibt,

d) wenn die aus der versicherungsfreien Beschäftigung ausscheidende Person

aa) nicht unmittelbar, aber spätestens ein Jahr nach dem Ausscheiden in eine andere in der Rentenversicherung der Arbeiter oder der Rentenversicherung der Angestellten versicherungsfreie Beschäftigung übertritt oder

bb) zu einer probeweisen Beschäftigung übertritt, die spätestens zwei Jahre nach dem Ausscheiden in eine in der Rentenversicherung der Arbeiter oder der Rentenversicherung der Angestellten versicherungsfreie Beschäftigung übergeht oder

cc) eine nach soldatenrechtlichen Vorschriften zu gewährende Berufsförderung in Anspruch genommen hat und Übergangsgebührnisse nach dem Soldatenversorgungsgesetzes bezieht, wenn sie spätestens ein Jahr nach dem Wegfall der Übergangsgebührnisse in eine in der Rentenversicherung der Arbeiter oder der Rentenversicherung der Angestellten versicherungsfreie Beschäftigung übertritt.

(2) In den Fällen des Absatzes 1 Buchstaben a und d sind die Beiträge erst dann zu entrichten, wenn beim Ausscheiden aus der zweiten oder sich anschließenden, den Aufschub begründenden Beschäftigung, im Falle des Absatzes 1 Buchstabe c beim Eintritt des Versicherungsfalles dem Ausgeschiedenen oder seinen Hinterbliebenen nach beamtenrechtlichen Vorschriften oder Grundsätzen eine lebenslängliche Versorgung oder an deren Stelle eine Abfindung nicht gewährt wird.

(3) Ob die Entrichtung der Beiträge aufgeschoben wird, entscheiden die nach § 1229 Abs. 2 zuständigen Stellen.

(4) Ist die Entrichtung der Beiträge aufgeschoben, so ist dem Beschäftigten eine Bescheinigung über die Nachversicherungszeiten und den gewährten Entgelt zu erteilen. Eine gleiche Bescheinigung ist dem zuständigen Versicherungsträger unter Angabe des neuen Arbeitgebers zu übersenden.

5. Entrichtung der Beiträge durch sonstige Verpflichtete

§ 1404

Für die Beitragsentrichtung für die nach § 1227 Abs. 1 Nr. 5 versicherungspflichtigen Personen gelten die Vorschriften der §§ 1399 bis 1403 entsprechend. Die in diesen Vorschriften für Arbeitgeber bestimmten Pflichten obliegen den Stellen, die nach § 1385 den Beitrag zu tragen haben. Die in § 1385 Abs. 3 unter Buchstaben c genannten Bezüge stehen dem Arbeitsentgelt gleich.

II. Entrichtung der Beiträge durch den Versicherten

1. Allgemeines

§ 1405

(1) Mehrfachbeschäftigte (§ 1396 Abs. 2 Buchstabe a), unständig Beschäftigte und deutsche Beschäftigte ausländischer Staaten und solcher Personen, die nicht der inländischen Gerichtsbarkeit unterstehen, sowie versicherungspflichtige Selbständige (§ 1227 Abs. 1 Nr. 3 und 4) haben selbst die vollen Beiträge durch Verwendung von Beitragsmarken zu entrichten.

(2) Die Beitragsentrichtung hat jeweils am Ende jedes Kalendermonats für diesen Monat zu erfolgen.

(3) Die Arbeitgeber von Mehrfachbeschäftigten und unständig Beschäftigten (§ 1396 Abs. 2 Buchstaben a und b) haben als ihren Beitragsanteil den Versicherten einen Betrag in Höhe von 7 vom Hundert und, soweit der Arbeitgeber den Beitrag nach § 1385 Abs. 4 allein zu tragen hat, in Höhe von 14 vom Hundert des beitragspflichtigen Arbeitsentgeltes zu zahlen.

(4) Für Mehrfachbeschäftigte, die bei einem Arbeitgeber überwiegend beschäftigt sind, gilt Absatz 3 nicht für die Hauptbeschäftigung.

§ 1406

Wer sich während einer entgeltlichen, aber nicht bar bezahlten Beschäftigung (§ 1228 Abs. 1 Nr. 2) freiwillig versichert, hat Anspruch auf den Beitragsanteil des Arbeitgebers, und zwar in Höhe des Betrages, den dieser nach § 1385 Abs. 4 tragen müßte, wenn die Beschäftigung versicherungspflichtig wäre.

§ 1407

(1) Die Entrichtung der Beiträge für die Weiterversicherung (§ 1233) erfolgt durch Verwendung von Beitragsmarken (§§ 1409 und 1410).

(2) Für jeden Kalendermonat kann nur ein Beitrag entrichtet werden. Dem Versicherten steht die Wahl der Beitragsklasse frei.

§ 1408

(1) Beiträge der Höherversicherung werden durch Verwendung von besonderen Beitragsmarken (§ 1409 Abs. 2) entrichtet.

(2) Voraussetzung für die Entrichtung ist, daß für den Kalendermonat, für den der Beitrag der Höherversicherung gelten soll, ein Pflichtbeitrag oder ein freiwilliger Beitrag (Grundbeitrag) wirksam entrichtet ist. Für einen Kalendermonat kann nur ein Beitrag der Höherversicherung entrichtet werden.

(3) Neben einem freiwilligen Grundbeitrag kann ein Beitrag der Höherversicherung nur bis zur Höhe des Grundbeitrags entrichtet werden. Im übrigen steht dem Versicherten die Wahl der Beitragsklasse der Höherversicherung frei.

2. Beitragsmarken

§ 1409

(1) Die Entrichtung von Beiträgen durch Verwendung von Beitragsmarken erfolgt durch Einkleben von Beitragsmarken in die Versicherungskarten der Versicherten (§ 1411).

(2) Das gleiche gilt für die Beitragsmarken der Höherversicherung.

(3) Die Beitragsmarken sollen entwertet werden. Als Tag der Entwertung soll auf der Beitragsmarke der letzte Tag des Zeitraumes angegeben werden, für den die Marke gilt.

(4) Freiwillig Versicherte sollen zusätzlich mit dem Buchstaben „f“ entwerten.

§ 1410

(1) Die Beitragsmarken enthalten die Bezeichnung der Beitragsklasse, des Geldwertes und des Kalenderjahres des Ankaufs, die Beitragsmarken der Höherversicherung außerdem den Aufdruck der Buchstaben „HV“.

(2) Die Beitragsmarken werden durch die Deutsche Bundespost verkauft. Der Erlös ist an den Träger der Rentenversicherung der Arbeiter abzuführen, in dessen Bezirk die Verkaufsstelle liegt. Die Träger der Rentenversicherung der Arbeiter können auch besondere Verkaufsstellen für Beitragsmarken einrichten.

(3) Die Deutsche Bundespost erhält von den Trägern der Rentenversicherung der Arbeiter für den Verkauf der Beitragsmarken eine Vergütung. Die Höhe der Vergütung setzt der Bundesminister für Arbeit im Einvernehmen mit dem Bundesminister für das Post- und Fernmeldewesen durch Rechtsverordnung mit Zustimmung des Bundesrates fest.

(4) Der Bundesminister für Arbeit bestimmt durch allgemeine Verwaltungsvorschriften die Unterscheidungsmerkmale der Beitragsmarken sowie die Zeitabschnitte, für die sie ausgegeben werden sollen; er erklärt die Beitragsmarken nach Ablauf ihrer Gültigkeitsdauer für ungültig.

(5) Ungültig gewordene Beitragsmarken können binnen einem Monat nach Ablauf ihrer Gültigkeitsdauer bei der Deutschen Bundespost, binnen weiteren fünf Monaten bei dem Träger der Rentenversicherung umgetauscht werden.

III. Gemeinsame Vorschriften für die Beitragsentrichtung durch Arbeitgeber und Versicherte

1. Versicherungskarten

§ 1411

(1) Zum Nachweis der durch Abführung an eine Einzugsstelle und der durch Verwendung von Beitragsmarken entrichteten Beiträge dient die Versicherungskarte.

(2) Die Versicherungskarte wird durch die Ausgabestelle (§ 1414 Abs. 1) auf Antrag des Versicherten oder des Arbeitgebers ausgestellt und dem Antragsteller ausgehändigt.

§ 1412

(1) Die Versicherungskarte ist bei der Ausgabestelle (§ 1414 Abs. 1) in eine neue Versicherungskarte umzutauschen, wenn die für die Entgeltsbescheinigungen oder Beitragsmarken vorgesehenen Felder gefüllt sind; sie soll spätestens binnen drei Jahren nach dem Tage der Ausstellung umgetauscht werden.

(2) Für die umgetauschte Versicherungskarte erhält der Versicherte eine Aufrechnungsbescheinigung, in der die verwendeten Beitragsmarken nach Beitragsklassen zusammengefaßt bescheinigt sind und der Inhalt der eingetragenen Entgeltsbescheinigungen wiedergegeben ist.

(3) Wehrdienstzeiten sowie Ersatzzeiten (§ 1251) und Ausfallzeiten (§ 1259), die der Versicherte nachweist, trägt die Ausgabestelle in die umgetauschte Karte und in die Aufrechnungsbescheinigung ein.

§ 1412a

Die Bundeswehr stellt den nach § 4 Abs. 1 Nr. 1 bis 3 des Wehrpflichtgesetzes Wehrdienstleistenden eine Bescheinigung über die Dauer des Wehrdienstes aus. Sie ist der Versicherungskarte beizufügen. Die Ausgabestelle überträgt den Inhalt der Bescheinigung auf die Versicherungskarte und leitet die Bescheinigung mit der Versicherungskarte dem Versicherungsträger zu.

Anhang

§ 1413

(1) Verlorene, unbrauchbare oder zerstörte Versicherungskarten ersetzt die Ausgabestelle vorbehaltlich der Regelung des § 1256 Abs. 3. Auch die Träger der Rentenversicherung der Arbeiter können Karten ersetzen.

(2) Nachgewiesene Beiträge und Arbeitsentgelte werden beglaubigt übertragen.

(3) Das Nähere über das Verfahren regelt der Bundesminister für Arbeit durch allgemeine Verwaltungsvorschriften.

§ 1414

(1) Die obersten Verwaltungsbehörden der Länder bestimmen die Stellen, die außer den Trägern der Rentenversicherung der Arbeiter die Versicherungskarten ausgeben und umtauschen (Ausgabestellen).

(2) Der Bundesminister für Arbeit erläßt allgemeine Verwaltungsvorschriften über die Muster der Versicherungskarten und Aufrechnungsbescheinigungen, über Ausstellung und Umtausch von Versicherungskarten, über die Führung von Ausstellungsregistern, über die Eintragung von Ersatzzeiten und Ausfallzeiten, über Sammelkarten, über die Berichtigung von Versicherungskarten und Aufrechnungsbescheinigungen und über die Vernichtung von Versicherungskarten nach Zeitablauf. Er kann bestimmen, daß in die Versicherungskarten zu statistischen Zwecken eine Zählnummer eingetragen wird.

(3) Die Kosten für die Vordrucke der Versicherungskarten und Aufrechnungsbescheinigungen trägt der Träger der Rentenversicherung der Arbeiter des Ausgabebezirkes.

§ 1415

Die Ausgabestellen übersenden die bei ihnen umgetauschten oder abgelieferten Versicherungskarten dem Träger der Rentenversicherung der Arbeiter ihres Bezirks zur Aufbewahrung oder Weitersendung an den Träger, in dessen Bezirk die erste Versicherungskarte für den Versicherten ausgestellt ist (Ursprungsanstalt). Der Träger der Rentenversicherung der Arbeiter kann den Inhalt aller Karten des Versicherten in Sammelkarten übertragen und die Einzelkarten vernichten.

§ 1416

(1) Niemand darf unbefugt eine Versicherungskarte gegen den Willen des Inhabers zurückbehalten.

(2) Die Versicherungskarte darf nur die gesetzlich vorgeschriebenen Angaben, aber keine Zustäze zur Kennzeichnung des Inhabers, insbesondere seiner Führung oder seiner Leistungen, enthalten. Karten, die diesem Erfordernis nicht entsprechen, hat jede Behörde, der sie zugehen, einzubehalten und ihren Ersatz durch neue Karten bei der zuständigen Stelle zu veranlassen.

2. Beitragsentrichtung im Ausland

§ 1417

Der Bundesminister für Arbeit bestimmt durch Rechtsverordnung mit Zustimmung des Bundesrates, in welcher Weise die Entrichtung von Pflichtbeiträgen oder freiwilligen Beiträgen bei Aufenthalt im Ausland zu erfolgen hat.

3. Wirksamkeit der Beitragsentrichtung

§ 1418

(1) Pflichtbeiträge und freiwillige Beiträge sind unwirksam, wenn sie nach Ablauf von zwei Jahren nach Schluß des Kalenderjahres, für das sie gelten sollen, entrichtet werden.

(2) Über diese Zeit hinaus hat der Versicherungsträger die Nachentrichtung von Pflichtbeiträgen binnen zwei weiteren Jahren zuzulassen, wenn sie ohne Verschulden des Versicherten nicht rechtzeitig entrichtet worden sind. Ein Verschulden liegt insbesondere dann nicht vor, wenn der Arbeitgeber die Versicherungskarte aufbewahrt und sie nicht zur richtigen Zeit ordnungsgemäß umgetauscht hat.

(3) In Fällen besonderer Härte kann der Träger der Rentenversicherung der Arbeiter die Nachentrichtung von Pflichtbeiträgen auch nach Ablauf der in Absatz 2 bezeichneten Frist zulassen und hierfür eine Frist bestimmen, wenn der Versicherte trotz Beobachtung jeder nach den Umständen des Falles gebotenen Sorgfalt das Unterlassen der Beitragsentrichtung nicht verhindern konnte.

Art. 2 § 51 ArVNG

Beiträge für die Zeit vor dem Inkrafttreten dieses Gesetzes können nach dem 31. Dezember 1956 innerhalb der Fristen des § 1418 der Reichsversicherungsordnung noch in den an diesem Tage maßgebenden Beitragsklassen entrichtet werden.

§ 1419

(1) Freiwillige Beiträge und Beiträge der Höherversicherung dürfen nach Eintritt der Berufsunfähigkeit, der Erwerbsunfähigkeit oder des Todes für Zeiten vorher nicht mehr entrichtet werden.

(2) Absatz 1 gilt nicht, wenn sich der Versicherte vorher gegenüber einer zuständigen Stelle zur Entrichtung von Beiträgen für diese Zeiten bereit erklärt hat und die Beiträge in einer angemessenen Frist geleistet werden.

§ 1420

(1) Der Entrichtung der Beiträge im Sinne des § 1418 steht gleich

1. die von einer zuständigen Stelle an den Arbeitgeber gerichtete Mahnung,
2. die Bereiterklärung des Arbeitgebers oder des Versicherten zur Nachentrichtung gegenüber einer solchen Stelle,

wenn die Beiträge binnen angemessener Frist entrichtet werden.

(2) Zeiträume, in denen eine Beitragsstreitigkeit im Vorverfahren gemäß § 80 Nr. 2 des Sozialgerichtsgesetzes oder im Verfahren vor den Sozialgerichten oder in denen ein Verfahren über einen Rentenanspruch schwebt, werden in die Nachentrichtungsfristen des § 1418 und die Erstattungsfristen der §§ 1303 und 1304 nicht eingerechnet.

(3) Diese Tatsachen (Absätze 1 und 2) unterbrechen auch die Verjährung des Anspruchs auf Zahlung rückständiger Beiträge und des Anspruchs auf Rückzahlung von zu Unrecht entrichteten Beiträgen (§§ 29 und 1424).

§ 1421

(1) Sind für einen Versicherten Pflichtbeiträge zur Rentenversicherung der Arbeiter anstatt zur Rentenversicherung der Angestellten oder zur knappschaftlichen Rentenversicherung entrichtet oder umgekehrt, so dürfen die Beiträge nur

insoweit beanstandet werden, als die Nachentrichtung von Beiträgen zu den anderen Versicherungszweigen statthaft ist. Bei Streit über die Versicherungszugehörigkeit sind bis zur Entscheidung Beiträge an den bisherigen Versicherungsträger zu entrichten.

(2) Die beanstandeten Beiträge werden dem zuständigen Versicherungszweig überwiesen; sie gelten als zu Recht entrichtete Beiträge dieses Versicherungszweiges.

(3) Sind freiwillige Beiträge zur Rentenversicherung der Arbeiter entrichtet, obwohl die Weiterversicherung nach § 1233 Abs. 3 nicht in diesem Versicherungszweig zulässig ist, so hat der Träger der Rentenversicherung der Arbeiter die Beiträge unbeschadet des § 1423 Abs. 2 Nr. 2 zu beanstanden und sie dem zuständigen Versicherungszweig zu überweisen, auch wenn der Versicherungsfall eingetreten oder die Frist des § 1418 Abs. 1 abgelaufen ist. Die Beiträge gelten als zu Recht entrichtete Beiträge dieses Versicherungszweiges. Satz 1 gilt nicht, wenn der Versicherte die Beiträge nach § 1424 zurückfordert.

§ 1422

Beiträge, die in der irrtümlichen Annahme der Versicherungspflicht entrichtet sind und nicht zurückgefordert werden, gelten als für die Weiterversicherung entrichtet, wenn das Recht dazu in der Zeit der Entrichtung bestand.

§ 1423

(1) Wenn auf der rechtzeitig umgetauschten Versicherungskarte

1. Beschäftigungszeiten, die nicht länger als ein Jahr vor dem Ausstellungstag der Karte liegen, ordnungsgemäß bescheinigt oder
2. Beitragsmarken von Pflichtversicherten oder freiwillig Versicherten ordnungsgemäß verwendet sind,

so wird vermutet, daß während der in Nummer 1 genannten Zeiten ein die Versicherungspflicht begründendes Beschäftigungsverhältnis mit dem angegebenen Entgelt bestanden hat und die dafür zu entrichtenden Beiträge rechtzeitig geleistet sind und während der mit Beitragsmarken belegten Zeiten ein gültiges Versicherungsverhältnis vorgelegen hat.

(2) Nach Ablauf von zehn Jahren nach Aufrechnung der Versicherungskarte können

1. die Richtigkeit der Eintragung der Beschäftigungszeiten, der Arbeitsentgelte und der Beiträge und
2. die Rechtsgültigkeit der Verwendung der in der Aufrechnung der Versicherungskarte bescheinigten Beitragsmarken

nicht mehr angefochten werden. Dies gilt nicht, wenn der Versicherte oder sein Vertreter oder ein zur Fürsorge für ihn Verpflichteter die Eintragung in die Entgeltsbescheinigung oder die Verwendung der Marken in betrügerischer Absicht herbeigeführt hat.

(3) Der Versicherte kann vom Träger der Rentenversicherung der Arbeiter die Feststellung verlangen, daß während der in der Entgeltsbescheinigung eingetragenen oder mit Beitragsmarken belegten Zeiten ein gültiges Versicherungsverhältnis bestanden hat. Hat der Träger der Rentenversicherung der Arbeiter die Versicherungspflicht oder die Versicherungsberechtigung anerkannt, so kann der Rentenanspruch nicht mit der Begründung abgelehnt werden, daß Versicherungspflicht nicht bestanden hat oder die Beitragsmarken zu Unrecht verwendet sind.

(4) Gibt der Versicherte an, daß er während einer Zeit, die vor dem Ausstellungstage der Versicherungskarte liegt oder überhaupt nicht auf der Karte bescheinigt ist, versicherungspflichtig gewesen ist und daß für diese Zeit die erforderlichen Beiträge entrichtet sind, so hat er es glaubhaft zu machen.

(5) Die Absätze 1 bis 4 gelten entsprechend für den Nachweis der Seefahrtzeiten und Durchschnittsheuern der Seeleute (§ 163 Abs. 2).

4. Rückforderung und Rückzahlung von Beiträgen

§ 1424

(1) Beiträge, die zu Unrecht entrichtet sind, können binnen zwei Jahren nach Ablauf des Kalenderjahres der Entrichtung zurückgefordert werden.

(2) Beanstandet der Träger der Rentenversicherung die Rechtswirksamkeit von Beiträgen, so beginnt die zweijährige Frist erst mit dem Schluß des Kalenderjahres der Beanstandung.

(3) Die Rückforderung ist ausgeschlossen, wenn dem Versicherten bereits aus diesen Beiträgen eine Regelleistung bewilligt worden ist.

(4) Der Rückforderungsanspruch steht dem Versicherten, soweit er die Beiträge selbst getragen hat, im übrigen dem Arbeitgeber zu. Wird dem Arbeitgeber der Beitrag, soweit er ihn getragen hat, ersetzt, so steht dem Arbeitgeber kein Rückforderungsanspruch zu.

§ 1425

(1) Der Träger der Rentenversicherung ist zuständig

1. für die Erstattung zu Recht entrichteter Beiträge (§§ 1303 und 1304),
2. für die Rückzahlung zu Unrecht entrichteter Beiträge (§ 1424), soweit sie nach Antragstellung auf Rente von ihm beanstandet werden oder durch Verwendung von Beitragsmarken entrichtet sind.

Maßgebend ist der Wert der Beitragsmarken oder der in den Versicherungskarten eingetragene Entgelt (§ 1401 Abs. 2 Nr. 2), soweit die Beiträge an eine Einzugsstelle (§ 1399) abgeführt sind.

(2) Für die Rückzahlung von Beiträgen (§ 1424) ist die Einzugsstelle für die Fälle zuständig, in denen die Versicherungskarte noch nicht aufgerechnet worden ist; dabei ist die Höhe des abgeführten Beitrages maßgebend. Im Falle der Rückzahlung von Beiträgen ist die Versicherungskarte unter Benachrichtigung des Trägers der Rentenversicherung der Arbeiter zu berichtigen.

IV. Überwachung der Beitragsentrichtung

§ 1426

(1) Die Träger der Rentenversicherung der Arbeiter und die Träger der gesetzlichen Krankenversicherung überwachen die rechtzeitige und vollständige Entrichtung der nach § 1396 Abs. 1, §§ 1399 und 1404 zu entrichtenden Beiträge. Dabei prüfen sie insbesondere auch die Richtigkeit der Entgeltsbescheinigungen der Arbeitgeber.

(2) Die Träger der Rentenversicherung der Arbeiter haben mit den Trägern der gesetzlichen Krankenversicherung Näheres über die Zusammenarbeit bei der Beitragsüberwachung zu vereinbaren. Kommt eine solche Vereinbarung nicht

zustande, so trifft die für den betreffenden Träger der Rentenversicherung der Arbeiter zuständige Aufsichtsbehörde die erforderlichen Regelungen.

(3) Die Beitragsentrichtung von Betrieben, für die eine Betriebskrankenkasse errichtet ist, wird durch den Träger der Rentenversicherung überwacht, an den die Beiträge abgeführt werden.

(4) Die in § 1227 Abs. 1 Nr. 4 genannten Personen haben die Beitragsentrichtung der Seekasse jährlich am Schluß des Kalenderjahres nachzuweisen. Näheres bestimmt die Satzung der Seekasse.

(5) Die Überwachung der Entrichtung der nach §§ 1405, 1407 und 1408 zu entrichtenden Beiträge erfolgt durch den zuständigen Träger der Rentenversicherung der Arbeiter.

§ 1427

(1) Die Arbeitgeber haben dem Träger der Rentenversicherung der Arbeiter und dem Träger der gesetzlichen Krankenversicherung oder ihren Beauftragten über die Beschäftigten, ihren Arbeitsentgelt und die Art und Dauer ihrer Beschäftigung Auskunft zu geben. Sie haben die Geschäftsbücher, Listen oder andere Unterlagen, aus denen diese Tatsachen hervorgehen, während der Betriebszeit an Ort und Stelle vorzulegen.

(2) Auch die Versicherten haben Auskunft im Sinne des Absatzes 1 für ihre Person zu geben und dem Träger der Rentenversicherung der Arbeiter alle für die Prüfung ihres Versicherungsverhältnisses erforderlichen Unterlagen auf Anforderung zur Einsichtnahme vorzulegen.

(3) Die Versicherten und die Arbeitgeber sind verpflichtet, den in Absatz 1 bezeichneten Stellen auf Anfordern die Versicherungskarten und Aufrechnungsbescheinigungen (§§ 1411 und 1412 Abs. 2) zur Prüfung und Berichtigung gegen Empfangsschein auszuhändigen.

(4) Die in Absatz 1 bezeichneten Stellen können die Versicherten und die Arbeitgeber durch Zwangsgeld zur Erfüllung dieser Pflichten anhalten.

(5) Der Bundesminister für Arbeit erläßt durch Rechtsverordnung mit Zustimmung des Bundesrates Überwachungsvorschriften. Darin kann vorgesehen werden, daß die Träger der Rentenversicherung der Arbeiter die Versicherten und die Arbeitgeber zur Befolgung der Vorschriften durch Zwangsgeld anhalten können.

(6) Entstehen durch die Überwachung Barauslagen, so können sie dem Arbeit geber auferlegt werden, wenn er sie durch Pflichtversäumnis verursacht hat.

V. Strafvorschriften

§ 1428

Nehmen Arbeitgeber in die Nachweise oder Anzeigen, die sie nach den Vorschriten dieses Gesetzes oder nach den gemäß § 1427 Abs. 5 erlassenen Rechtsverordnungen aufzustellen haben, Eintragungen auf, deren Unrichtigkeit sie kannten oder denUmständen nach kennen mußten, oder unterlassen sie die vorgeschriebenen Eintragungen ganz oder teilweise, so kann der Träger der Rentenversicherung eine Ordnungsstrafe in Geld gegen sie verhängen.

§ 1429

Unterlassen es Arbeitgeber, rechtzeitig für ihre versicherungspflichtigen Beschäftigten die Beiträge abzuführen, so kann der Träger der Rentenversicherung Ordnungsstrafen in Geld gegen sie verhängen. Unabhängig von der Strafe und der Nachholung der Rückstände kann der Träger der Rentenversicherung dem Bestraften die Zahlung des Ein- bis Zweifachen dieser Rückstände auferlegen. Der Betrag wird wie Gemeindeabgaben beigetrieben.

§ 1430

Die Bestimmungen der §§ 530, 531, 533, 534 und 536 gelten auch für die Rentenversicherung der Arbeiter; § 536 gilt auch bei Anwendung der §§ 1428 und 1429.

§ 1431

(1) Wer Versicherungskarten mit unzulässigen Eintragungen oder mit besonderen Merkmalen versieht, kann vom Träger der Rentenversicherung der Arbeiter mit Ordnungsstrafe in Geld bestraft werden.

(2) Mit der gleichen Strafe kann bestraft werden, wer

1. Versicherungskartenvordrucke falsch ausfüllt, insbesondere
   a) in der Entgeltsbescheinigung einen zu hohen oder zu niedrigen Entgelt einträgt oder
   b) wahrheitswidrig bescheinigt, daß die für den eingetragenen Entgelt bereits fälligen Beiträge an die Krankenkasse abgeführt sind,
2. Eintragungen in der Versicherungskarte verfälscht oder
3. wissentlich eine Versicherungskarte mit falschen oder verfälschten Eintragungen gebraucht.

(3) Mit der Strafe nach Absatz 1 kann ebenfalls bestraft werden, wer seiner Verpflichtung aus § 1426 Abs. 4 nicht nachkommt.

(4) Wer zur Täuschung im Rechtsverkehr Versicherungskarten verfälscht oder verfälschte Versicherungskarten gebraucht, wird wegen Urkundenfälschung (§ 267 des Strafgesetzbuchs) nur bestraft, wenn dies in der Absicht geschieht, sich oder einem anderen einen Vermögensvorteil zu verschaffen oder einem anderen Schaden zuzufügen.

§ 1432

(1) Mit Gefängnis nicht unter drei Monaten, neben dem auf Verlust der bürgerlichen Ehrenrechte erkannt werden kann, wird bestraft, wer Beitragsmarken fälschlich anfertigt oder verfälscht, um sie als echte zu verwenden, oder wer zu demselben Zweck falsche Beitragsmarken sich verschafft, verwendet, feilhält oder in Verkehr bringt.

(2) Mit der gleichen Strafe wird bestraft, wer wissentlich bereits verwendete Marken wiederverwendet oder zur Wiederverwendung sich verschafft, feilhält oder in Verkehr bringt. Bei mildernden Umständen darf auf Geldstrafe oder Haft erkannt werden.

(3) In den Fällen der Absätze 1 und 2 ist zugleich auf Einziehung der Marken zu erkennen, auch wenn sie dem Verurteilten nicht gehören. Das hat auch zu geschehen, wenn keine bestimmte Person verfolgt oder verurteilt werden kann.

VI. Beziehungen der Träger der Rentenversicherung zu den Einzugsstellen

§ 1433

Die Einzugsstellen führen die eingezogenen Beiträge zur Rentenversicherung der Arbeiter unverzüglich, mindestens zweimal in der Woche, an den Träger der Rentenversicherung, in dessen Bezirk sie ihren Sitz haben, die Betriebskrankenkassen und Ersatzkassen an den Träger der Rentenversicherung, in dessen Bezirk sich ihre Einzugsstellen befinden, ab. Beiträge für Versicherte, für die eine Sonderanstalt zuständig ist (§ 1360), sind an die Sonderanstalt abzuführen.

§ 1434

Die Einzugsstellen erhalten zur Abgeltung der Kosten, die ihnen durch die Einziehung und Abführung der Beiträge zur Rentenversicherung der Arbeiter entstehen, eine Vergütung. Der Bundesminister für Arbeit bestimmt durch Rechtsverordnung nach Anhören der Bundesverbände der gesetzlichen Krankenkassen und der Träger der Rentenversicherung die Höhe der Vergütung.

§ 1435

Über die Einziehung und Abführung der Beiträge sowie über deren Verwaltung und Abrechnung durch die Einzugsstellen erläßt der Bundesminister für Arbeit allgemeine Verwaltungsvorschriften nach Anhören der Bundesverbände der gesetzlichen Krankenkassen und der Rentenversicherungsträger.

§ 1436

(1) Verletzt eine Einzugsstelle schuldhaft eine der Verpflichtungen, die ihr hinsichtlich des Einzugs der Beiträge zur Rentenversicherung der Arbeiter obliegen, so ist sie dem zuständigen Träger der Rentenversicherung schadensersatzpflichtig. Die Vorschriften des Bürgerlichen Gesetzbuchs über die Haftung für Vertragsverletzungen finden entsprechende Anwendung. Das gilt insbesondere, wenn eine Einzugsstelle die Beiträge schuldhaft verspätet einzieht.

(2) Verzögert eine Einzugsstelle schuldhaft die Abführung eingezogener Beiträge zur Rentenversicherung der Arbeiter, so hat sie dem zuständigen Träger der Rentenversicherung Verzugszinsen in Höhe des Diskontsatzes der Deutschen Bundesbank zu zahlen.

§ 1437

Die Träger der Rentenversicherung sind berechtigt und verpflichtet, die Einziehung und Abführung der Beiträge zur Rentenversicherung der Arbeiter bei den Einzugsstellen zu überprüfen.

Gesetz zur Neuregelung des Rechts der Rentenversicherung der Arbeiter (Arbeiterrentenversicherungs-Neuregelungsgesetz — ArVNG)

(Vom 23. Februar 1957 — BGBl. I S. 45)

(Auszug)

Artikel 2

Übergangsvorschriften

ZWEITER ABSCHNITT

Leistungen aus der Versicherung

C. Übergangsregelung für die Berechnung der Renten

§ 42

Bei Versicherungsfällen, die in der Zeit vom 1. Januar 1957 bis zum 31. Dezember 1961 eintreten, ist die Rente nach den vor dem 1. Januar 1957 geltenden Vorschriften über die Zusammensetzung und die Berechnung der Renten einschließlich des Sonderzuschusses des § 36 Abs. 1 dieses Artikels aus den bis zum 31. Dezember 1956 zurückgelegten Versicherungszeiten zu berechnen, wenn dies für den Berechtigten gegenüber der Berechnung der Rente nach den ab 1. Januar 1957 geltenden Vorschriften günstiger ist. Dies gilt nur, wenn aus den vor dem 1. Januar 1957 entrichteten Beiträgen die Anwartschaft zu diesem Zeitpunkt nach den bis dahin geltenden Vorschriften erhalten war und ab 1. Januar 1957 für jedes Kalenderjahr vor dem Kalenderjahr des Versicherungsfalles für mindestens neun Monate Beiträge entrichtet sind. §§ 31 bis 35 dieses Artikels gelten nicht.

VIERTER ABSCHNITT

Sondervorschriften

§ 52

(1) Personen im Sinne der §§ 1 bis 4 des Bundesvertriebenengesetzes und des § 1 des Bundesevakuiertengesetzes, die vor der Vertreibung, der Flucht oder der Evakuierung als Selbständige erwerbstätig waren und binnen zwei Jahren nach der Vertreibung, der Flucht oder der Evakuierung oder nach Beendigung einer Ersatzzeit im Sinne des § 1251 Abs. 1 Nr. 6 der Reichsversicherungsordnung eine versicherungspflichtige Beschäftigung oder Tätigkeit aufgenommen haben oder aufnehmen, können sich nach Wegfall der Versicherungspflicht weiterversichern, auch wenn die Voraussetzungen des § 1233 der Reichsversicherungsordnung nicht vorliegen, und können abweichend von der Regelung des § 1418 der Reichsversicherungsordnung Beiträge für die Zeit vor Vollendung des 65. Lebensjahres bis zum 1. Januar 1924 zurück in den Beitragsklassen des § 1388 der Reichsversicherungsordnung nachentrichten, auch wenn eine Versicherung vor der Zeit, für die Beiträge nachentrichtet werden, nicht bestanden hat. Der Eintritt des Versicherungsfalles vor dem 1. Januar 1962 steht der Nachentrichtung nicht entgegen.

(2) Ist bei einem Versicherten im Sinne des Absatzes 1, der nach Vollendung des 50. Lebensjahres eine versicherungspflichtige Beschäftigung oder Tätigkeit aufgenommen hat, die Zeit von der Aufnahme der versicherungspflichtigen Beschäftigung oder Tätigkeit bis zur Vollendung des 65. Lebensjahres voll mit Versicherungs- und Ausfallzeiten belegt und ist die Wartezeit des § 1248 Abs. 4 der Reichsversicherungsordnung durch Versicherungszeiten seit der Aufnahme der versicherungspflichtigen Beschäftigung oder Tätigkeit nicht erfüllt, so gelten die fehlenden Monate als Versicherungszeit im Sinne der §§ 1249 und 1258 der Reichsversicherungsordnung.

§ 53

(1) Versicherten, die ihren Wohnsitz oder ständigen Aufenthalt im Währungsgebiet der Deutschen Notenbank haben und auf die während ihrer Beschäftigung oder Tätigkeit die Vorschriften über den Lohnausgleich nach der Dritten Verordnung zur Neuordnung des Geldwesens (Währungsergänzungsverordnung) vom 20. März 1949 (Verordnungsblatt für Groß-Berlin Teil I S. 86) in Verbindung mit den dazu ergangenen und noch ergehenden Durchführungsbestimmungen Anwendung fanden oder finden, können widerruflich, wenn nach dem 31. März 1949 während der Zeit, in der sie in dem genannten Gebiet ihren Wohnsitz oder ständigen Aufenthalt hatten, für mindestens zwölf Monate Beiträge der Pflichtversicherung an den Träger der Rentenversicherung der Arbeiter geleistet sind, aus diesen Beiträgen und den hierzu entrichteten Beiträgen der Höherversicherung die Regelleistungen nach Artikel 1 dieses Gesetzes gewährt werden. Die Leistungen nach Satz 1 werden zusätzlich zu den Leistungen des Trägers der Sozialversicherung im Währungsgebiet der Deutschen Notenbank gewährt.

(2) Absatz 1 gilt für Hinterbliebene eines Versicherten, der im Zeitpunkt seines Todes die Voraussetzungen des Absatzes 1 erfüllt hatte, entsprechend.

(3) Der Bundesminister für Arbeit kann im Benehmen mit dem Senator für Arbeit und Sozialwesen in Berlin Richtlinien für die Gewährung der Leistungen nach den Absätzen 1 und 2 aufstellen und Bestimmungen über das dabei zu beachtende Verfahren treffen.

§ 55

(1) Weist der Versicherte nach, daß für ihn vor dem Inkrafttreten dieses Gesetzes während mindestens zehn Jahren Beiträge für eine versicherungspflichtige Beschäftigung

in einem landwirtschaftlichen Unternehmen (§ 915 Abs. 1 Buchstabe a der Reichsversicherungsordnung),

in Heimen und Krankenanstalten oder

in der Hauswirtschaft

entrichtet worden sind und ihm während dieser Zeit neben Barbezügen als Sach- oder Dienstleistungen freier Unterhalt (Kost und Wohnung) oder entsprechend Sachbezüge gewährt wurden, so ist die nach den §§ 32 und 33 dieses Artikels umgestellte Rente ohne Kinderzuschuß um 10 vom Hundert zu erhöhen; § 34 dieses Artikels findet Anwendung.

(2) Der Berechnung der für den Versicherten maßgebenden Rentenbemessungsgrundlage ist auf Antrag für Zeiten vor dem 1. Januar 1957, für die der Versicherte die Voraussetzungen des Absatzes 1 nachweist, ein Arbeitsentgelt zugrunde zu

legen, das um 20 vom Hundert gegenüber dem nachgewiesenen Arbeitsentgelt erhöht ist.

FÜNFTER ABSCHNITT

Anpassung der Berliner Rentenversicherung

§ 56

Beiträge, die im Bundesgebiet entrichtet sind, und Beiträge, die zu

a) der einheitlichen Sozialversicherung der Versicherungsanstalt Berlin in der Zeit vom 1. Juli 1945 bis zum 31. Januar 1949,
b) der einheitlichen Sozialversicherung der Versicherungsanstalt Berlin (West) in der Zeit vom 1. Februar 1949 bis zum 31. Dezember 1950,
c) der einheitlichen Rentenversicherung der Versicherungsanstalt Berlin (West) in der Zeit vom 1. Januar 1951 bis zum 31. März 1952,
d) den Rentenversicherungen der Landesversicherungsanstalt Berlin vom 1. April 1952 an

entrichtet sind, stehen einander gleich.

§ 57

(1) Die in der einheitlichen Sozialversicherung oder der einheitlichen Rentenversicherung zurückgelegten Beitragszeiten werden dem Zweig der gesetzlichen Rentenversicherungen zugeordnet, dem der Versicherte nach der Art der ausgeübten Beschäftigung oder Tätigkeit angehört hätte, wenn die Beschäftigung oder Tätigkeit im Bundesgebiet verrichtet worden wäre. Würde die Beschäftigung oder Tätigkeit nach den im Bundesgebiet geltenden Vorschriften der Versicherungspflicht nicht unterlegen haben, so werden die Beitragszeiten bei einer Beschäftigung oder Tätigkeit überwiegend geistiger Art der Rentenversicherung der Angestellten zugeordnet. Beiträge von Personen, die mit dem 31. Dezember 1950 aus der Versicherungspflicht ausgeschieden sind, werden, soweit es sich um Handwerker handelt, der Handwerkerversorgung und, soweit es sich um sonstige Selbständige handelt, der Rentenversicherung der Angestellten zugeordnet.

(2) Die auf Grund einer freiwilligen Versicherung in der einheitlichen Sozialversicherung oder der einheitlichen Rentenversicherung zurückgelegten Beitragszeiten werden zugeordnet,

a) wenn sie zur Fortsetzung einer Pflichtversicherung entrichtet sind, dem Versicherungszweig, dem die Zeiten der Pflichtversicherung zuzuordnen sind, deren Fortsetzung sie dienen,
b) wenn sie zur Fortsetzung einer vor dem 9. Mai 1945 begonnenen Selbstversicherung entrichtet sind, dem Versicherungszweig, in dem die Selbstversicherung begonnen wurde,
c) wenn der Versicherte der einheitlichen Sozialversicherung oder der einheitlichen Rentenversicherung beigetreten ist, dem Versicherungszweig, den er nach dem Inkrafttreten des Rentenversicherungsüberleitungsgesetzes zur Fortsetzung der Selbstversicherung gewählt hat oder wählt.

Ist eine Zuordnung nach Satz 1 nicht möglich, so werden die Beitragszeiten der Rentenversicherung der Angestellten zugeordnet.

(3) Soweit bisher anders verfahren worden ist, behält es dabei sein Bewenden.

§ 58

(1) Bei der Ermittlung der für den Versicherten maßgebenden Rentenbemessungsgrundlage ist für Zeiten vom 1. Juli 1945 bis 31. Dezember 1950, für die Beiträge der Pflichtversicherung entrichtet sind, als Bruttoarbeitsentgelt des Versicherten das Fünffache der entrichteten Beiträge zugrunde zu legen. Hierbei ist der Entgelt für Zeiten vom 1. Juli 1945 bis 31. März 1946 in voller Höhe, für Zeiten vom 1. April 1946 bis 31. Dezember 1950 bis zum Betrag von

7200 Reichsmark oder Deutsche Mark jährlich,
600 Reichsmark oder Deutsche Mark monatlich,
140 Reichsmark oder Deutsche Mark wöchentlich,
20 Reichsmark oder Deutsche Mark täglich

zu berücksichtigen.

(2) Im übrigen richtet sich die Ermittlung des Verhältnisses, in dem der Bruttoarbeitsentgelt des Versicherten zum durchschnittlichen Bruttoarbeitsentgelt aller Versicherten gestanden hat, nach § 32 Abs. 3 Buchstabe a des Angestelltenversicherungsgesetzes mit der Maßgabe, daß die Beiträge

a) in der Klasse als entrichtet gelten, die der Zahl nach der Beitragskasse entspricht, in der sie nach dem Recht des Landes Berlin entrichtet sind, und
b) in der Klasse II als entrichtet gelten, wenn sie in der Klasse I/II nach dem Recht des Landes Berlin entrichtet sind.

Bei freiwilligen Beiträgen, die in der Zeit vom 1. Juli 1945 bis 31. Mai 1949 entrichtet sind, ist zu vervielfältigen

a) die Zahl der Beiträge zu 6 Reichsmark oder Deutsche Mark mit dem Wert 3,60,
b) die Zahl der Beiträge zu 12 Reichsmark oder Deutsche Mark mit dem Wert 11,88.

Bei freiwilligen Beiträgen, die in der Zeit vom 1. Juni 1949 bis 31. Dezember 1950 entrichtet sind, ist zu vervielfältigen

a) die Zahl der Beiträge zu 6 Deutsche Mark mit dem Wert 1,70,
b) die Zahl der Beiträge zu 12 Deutsche Mark mit dem Wert 3,40.

Sind einheitliche Beiträge zur Kranken- und Rentenversicherung entrichtet, so stehen die Beiträge zu 12 Reichsmark oder Deutsche Mark den Beiträgen zu 6 Reichsmark oder Deutsche Mark, die Beiträge zu 20 Reichsmark oder Deutsche Mark den Beiträgen zu 12 Reichsmark oder Deutsche Mark gleich.

§ 59

(1) Die Rente, die einer weiblichen Versicherten auf Grund des § 48 Abs. 1 Nr. 3 des Berliner Sozialversicherungs-Anpassungsgesetzes oder des § 48 Nr. 1 des Rentenversicherungsüberleitungsgesetzes gewährt wird, fällt mit Ablauf des Monats weg, in dem die Berechtigte durch Aufnahme einer versicherungspflichtigen Beschäftigung oder Tätigkeit ein Einkommen erzielt, das durchschnittlich im Monat ein Fünftel der für Monatsbezüge geltenden Beitragsbemessungsgrenze übersteigt. Endet die Beschäftigung oder Tätigkeit, so wird die Rente auf Antrag mit dem Ersten des auf das Ende der Beschäftigung oder Tätigkeit folgenden Kalendermonats wieder gewährt.

(2) Die in Absatz 1 genannten Renten gelten als Altersruhegelder im Sinne des § 1229 Abs. 1 Nr. 1 der Reichsversicherungsordnung. § 38 Abs. 3 dieses Artikels findet Anwendung.

§ 60

(1) Ist bei einem Versicherten die Dauer einer von ihm seit dem 1. Januar 1939 ausgeübten Tätigkeit, für die mit Wirkung vom 1. Juli 1945 die Versicherungspflicht eingeführt worden ist, auf die Wartezeit angerechnet worden, so gilt die Wartezeit auch für den Anspruch auf Hinterbliebenenrente als erfüllt, wenn der Versicherte über den 31. Dezember 1952 hinaus bis zu seinem Tod Rente bezogen hat.

(2) § 1258 Abs. 5 der Reichsversicherungsordnung gilt entsprechend.

§ 61

Das am 1. April 1952 vorhanden gewesene Vermögen der Berliner Rentenversicherung ist auf die Rentenversicherung der Arbeiter, die Rentenversicherung der Angestellten und die Handwerkerversorgung aufzuteilen. Das Nähere bestimmt der Bundesminister für Arbeit und Sozialordnung im Einvernehmen mit dem Senator für Arbeit und Sozialwesen in Berlin.

Allgemeine Verwaltungsvorschrift über die Mitteilungen der Handwerkskammern aus der Handwerksrolle an die Landesversicherungsanstalten

Vom 3. April 1962
(Bundesanzeiger 1962 Nr. 69 vom 7. 4. 1962 — S. 1)

Nach § 5 Abs. 5 Satz 2 des Handwerkerversicherungsgesetzes vom 8. September 1960 (Bundesgesetzbl. I S. 737) wird mit Zustimmung des Bundesrates folgende allgemeine Verwaltungsvorschrift erlassen:

§ 1

Mitteilungspflicht

(1) Die Handwerkskammern teilen den örtlich zuständigen Landesversicherungsanstalten aus der Handwerksrolle die Eintragungen, deren Änderungen und die Löschungen nach Maßgabe der folgenden Vorschrift mit.

(2) Eintragungen als

1. juristische Person,
2. Inhaber eines handwerklichen Nebenbetriebes,
3. Nachlaßverwalter, Nachlaßpfleger oder Testamentsvollstrecker, der einen handwerklichen Betrieb führt,
4. Witwe oder Witwer, die (der) nach dem Tode des Ehegatten dessen Handwerksbetrieb fortführt,

und Löschungen solcher Eintragungen sind nicht mitzuteilen. Änderungen solcher Eintragungen sind nur dann mitzuteilen, wenn sich daraus eine Eintragung ergibt, die nicht unter Nummer 1 bis 4 fällt.

(3) Eine Handwerkskammer und die örtlich zuständige Landesversicherungsanstalt können schriftlich vereinbaren, daß die Handwerkskammer Änderungen von Eintragungen und Löschungen nicht für die Handwerker mitteilt, die ihr von der Landesversicherungsanstalt benannt sind. Solche Vereinbarungen sind anzustreben.

Anhang

§ 2

Umfang der Mitteilungen

(1) Mitzuteilen sind

1. der Name (Vor- und Zuname) und das Geburtsdatum des Handwerkers, bei nicht voll geschäftsfähigen Personen außerdem die entsprechenden Angaben über die Person des gesetzlichen Vertreters,
2. Ort und Straße der gewerblichen Niederlassung,
3. der Zeitpunkt der Eintragung, der Änderung oder der Löschung in der Handwerksrolle.

(2) Weitere Angaben, insbesondere

1. der Geburtsname bei verheirateten, verwitweten oder geschiedenen Handwerkerinnen,
2. die Firma, wenn der Handwerker eine Firma führt, die sich auf den Handwerksbetrieb bezieht,
3. das betriebene Handwerk oder, wenn mehrere Handwerke betrieben werden, diese Handwerke,

können mitgeteilt werden.

(3) Auf besondere Anfrage sind sonstige Angaben aus der Handwerksrolle im Einzelfalle mitzuteilen.

§ 3

Form der Mitteilungen

(1) Die Handwerkskammer teilt die Eintragungen, deren Änderungen und Löschungen für jeden Handwerker gesondert mit (Einzelmitteilungen).

(2) Eine Handwerkskammer und die örtlich zuständige Landesversicherungsanstalt können Listenform vereinbaren. Die Landesversicherungsanstalt soll der Mitteilung in Listenform zustimmen, wenn die Handwerkskammer mangels ausreichender maschineller Ausstattung zu Einzelmitteilungen nicht in der Lage ist.

(3) Die Mitteilungen müssen den Namen der Handwerkskammer und das Datum der Ausstellung oder der Absendung der Mitteilung enthalten.

(4) Vordrucke für die Mitteilungen können von der Landesversicherungsanstalt der Handwerkskammer unentgeltlich zur Verfügung gestellt werden.

§ 4

Zeitpunkt der Mitteilungen

(1) Die Mitteilungen sind der Landesversicherungsanstalt unverzüglich nach der Eintragung, deren Änderung oder der Löschung in der Handwerksrolle zuzuleiten.

(2) Einzelmitteilungen sollen spätestens am Wochenende nach der Ausstellung der Mitteilung übersandt werden.

§ 5

Inkrafttreten

Diese allgemeine Verwaltungsvorschrift tritt am Tage nach der Veröffentlichung im Bundesanzeiger in Kraft.

Allgemeine Verwaltungsvorschrift über den Nachweis der Beitragsentrichtung durch versicherungspflichtige Handwerker in der Rentenversicherung der Arbeiter

Vom 13. Juni 1962
(Bundesanzeiger 1962 Nr. 114 vom 19. Juni 1962 — S. 1)

Nach Artikel 84 Abs. 2 des Grundgesetzes wird mit Zustimmung des Bundesrats folgende allgemeine Verwaltungsvorschrift erlassen:

§ 1

(1) Die Beiträge von Handwerkern, die nach § 1 Abs. 1 des Handwerkerversicherungsgesetzes (HwVG) pflichtversichert sind, werden von den Landesversicherungsanstalten unmittelbar eingezogen, sofern nicht abweichende Vereinbarungen mit Trägern der gesetzlichen Krankenversicherung abgeschlossen werden (§ 5 HwVG). Bei unmittelbarem Beitragseinzug durch die Landesversicherungsanstalt erhält der Versicherte eine Aufrechnungsbescheinigung nach §§ 2 bis 7, ohne daß ihm eine Versicherungskarte ausgehändigt wird.

(2) Über die eingezogenen Beiträge eines pflichtversicherten Handwerkers wird innerhalb der Verwaltung der Landesversicherungsanstalten ein Nachweis geführt. Der Nachweis muß nach Inhalt und Form mit der Aufrechnungsbescheinigung übereinstimmen. § 5 Abs. 5 gilt.

(3) Für die Numerierung der Nachweise gilt § 4 der allgemeinen Verwaltungsvorschrift über die Muster der Versicherungskarten und Aufrechnungsbescheinigungen in den Rentenversicherungen der Arbeiter und der Angestellten vom 31. August 1961 (Bundesanzeiger Nr. 173 vom 8. September 1961). Die Nummern der roten Versicherungskarten der Handwerkerversorgung bei der Bundesversicherungsanstalt für Angestellte und der grünen Versicherungskarten der Angestelltenversicherung sind in die Nummernfolge nicht einzubeziehen.

(4) Für die Entrichtung von Höherversicherungsbeiträgen wird dem versicherungspflichtigen Handwerker auf Antrag von der Landesversicherungsanstalt eine Versicherungskarte ausgestellt, welche die Nummer des zur Zeit der Ausstellung geführten Nachweises erhält und mit dem Zusatz „Verwendung nur für die Höherversicherung von versicherungspflichtigen Handwerkern" versehen ist.

(5) Zuständig für die Ausstellung der Aufrechnungsbescheinigung ist die Landesversicherungsanstalt, welche die Beiträge eingezogen hat.

§ 2

(1) In die Aufrechnungsbescheinigung sind einzutragen:

1. Angaben für Verwaltungszwecke, und zwar
   a) Name der Ursprungsanstalt und gegebenenfalls einer früheren Ursprungsanstalt,
   b) laufende Nummer des von der ausstellenden Landesversicherungsanstalt geführten Nachweises (§ 1 Abs. 2 und 3),
   c) laufende Nummer des von der Landesversicherungsanstalt geführten Beitragskontos,

d) Ort und Datum der Ausstellung der Aufrechnungsbescheinigung und Name der ausstellenden Landesversicherungsanstalt im Anschluß an die Eintragung;

2. Angaben zur Person des Handwerkers, und zwar
   a) Familienname und Vorname, bei verheirateten, geschiedenen oder verwitweten Handwerkerinnen auch der Geburtsname,
   b) Geburtsdatum und Geburtsort mit Angabe des Kreises,
   c) Anschrift;
3. die Pflichtbeiträge, die nach § 5 Abs. 1 HwVG eingezogen sind, und zwar
   a) der Zeitraum (Monat, Jahr), für den die Beiträge entrichtet sind,
   b) die Anzahl der Beiträge,
   c) die Beitragsklasse,
   d) der Betrag des Monatsbeitrages in Deutsche Mark;
4. die zurückgelegten Ersatz- und Ausfallzeiten sowie Zeiten des Wehrdienstes und des zivilen Ersatzdienstes, und zwar
   a) ihre Dauer unter Angabe des Beginns und des Endes des Zeitraumes nach dem Kalendertag,
   b) ihre Art, auch in verschlüsselter Form (§ 3 Abs. 5).

(2) In die Aufrechnungsbescheinigung können eingetragen werden:
1. die Berufsbezeichnung, auch verschlüsselt,
2. der Zeitpunkt der Entrichtung der Beiträge,
3. sonstige Vermerke über Beiträge und Versicherungs- und Ausfallzeiten, auch über die Ausstellung einer Höherversicherungskarte (§ 1 Abs. 4) und über die Zahl der mit Pflichtbeiträgen belegten Kalendermonate (§ 1 Abs. 1 HwVG).

(3) In der Aufrechnungsbescheinigung sind, falls die Versicherungspflicht nach dem Handwerkerversicherungsgesetz geendet hat, als Hinweise der Zeitpunkt der Beendigung und der Grund dafür, dieser verschlüsselt, anzugeben.

(4) Die Aufrechnungsbescheinigung hat ferner folgende Hinweise zu enthalten:
a) „Über die Anrechenbarkeit der Ausfallzeiten kann nur im Rentenverfahren entschieden werden."
b) „Für eine anschließende freiwillige Versicherung (Weiterversicherung) oder eine Pflichtversicherung als Arbeitnehmer ist eine Versicherungskarte bei der zuständigen Ausgabestelle unter Vorlage dieser Aufrechnungsbescheinigung zu beantragen."

Der Hinweis zu a ist in roter Farbe zu drucken.

§ 3

(1) In die Aufrechnungsbescheinigung ist der Versicherungsverlauf eines Kalenderjahres in zeitlicher Aufeinanderfolge lückenlos einzutragen. Ersatz- und Ausfallzeiten früherer Jahre können nachträglich eingetragen werden.

(2) Beiträge können, sofern sie in der gleichen Klasse entrichtet sind, auch für mehrere Monate zusammen eingetragen werden.

(3) Werden Beiträge nur für jeden zweiten Monat entrichtet (§ 4 Abs. 5 und 6 HwVG), so sind nur Kalendermonate mit gerader Ordnungszahl einzutragen (§ 5 Abs. 4 HwVG).

(4) Für die Eintragungen der Ursprungsanstalt und der früheren Ursprungsanstalt gilt § 4 Abs. 1 der allgemeinen Verwaltungsvorschrift über die Muster der

Versicherungskarten und Aufrechnungsbescheinigungen in den Rentenversicherungen der Arbeiter und der Angestellten vom 31. August 1961 entsprechend.

(5) Die Art der Verschlüsselungen wird bis zur Aufstellung eines bundeseinheitlichen Schlüsselverzeichnisses für sämtliche Versicherungsmerkmale im Rahmen der automatischen Datenverarbeitung von der Landesversicherungsanstalt bestimmt. Eine Verschlüsselung der Angaben zu § 2 Abs. 1 Nr. 4 Buchstabe b und Abs. 3 ist zu erklären. Eine Verschlüsselung der Berufsbezeichnung hat nach Anlage A zur Handwerksordnung vom 17. September 1953 (Bundesgesetzbl. I S. 1430) zu erfolgen.

§ 4

(1) Die Aufrechnungsbescheinigung ist jeweils für das abgelaufene Kalenderjahr zu Beginn des nächsten Kalenderjahres zu erteilen, sofern die für das abgelaufene Kalenderjahr fälligen Pflichtbeiträge entrichtet sind, andernfalls im Laufe des nächsten Kalenderjahres.

(2) Die obersten Verwaltungsbehörden der Länder oder die von ihnen bestimmten Stellen sowie das Bundesversicherungsamt können eine spätere Erteilung für einen längeren Zeitraum zulassen, soweit eine Landesversicherungsanstalt, über die sie die Aufsicht führen, mangels ausreichender maschineller Ausstattung zur jährlichen Eintragung nicht in der Lage ist.

(3) Eine Aufrechnungsbescheinigung ist auch zu erteilen, wenn die für die Eintragung vorgesehenen Felder gefüllt sind oder die Versicherungspflicht nach dem Handwerkerversicherungsgesetz endet.

§ 5

(1) Die Aufrechnungsbescheinigungen werden nach dem Muster der Anlage hergestellt.

(2) Für Gewicht, Format und Beschaffenheit des Papiers der Aufrechnungsbescheinigungen gilt § 2 Sätze 1 und 2 der allgemeinen Verwaltungsvorschrift über die Muster der Versicherungskarten und Aufrechnungsbescheinigungen in den Rentenversicherungen der Arbeiter und der Angestellten vom 31. August 1961.

(3) Die Landesversicherungsanstalten können von den Maßen der Spalten und Linien, nicht jedoch vom Aufbau des Musters abweichen, soweit ihre maschinelle Ausstattung oder deren Fehlen es gebietet.

(4) Die obersten Verwaltungsbehörden der Länder oder die von ihnen bestimmten Stellen sowie das Bundesversicherungsamt können Abweichungen von der Anordnung und den in Klammern gesetzten Angaben des Anschriftenteils sowie dem Gewicht zulassen, soweit die maschinelle Ausstattung der Landesversicherungsanstalt oder das Fehlen einer solchen es gebietet.

(5) Die Eintragungen sind, außer in Einzelfällen, maschinell vorzunehmen. Die obersten Verwaltungsbehörden der Länder oder die von ihnen bestimmten Stellen sowie das Bundesversicherungsamt können allgemeine Ausnahmen zulassen; für diese gilt § 3 Abs. 1 der allgemeinen Verwaltungsvorschrift über die Muster der Versicherungskarten und Aufrechnungsbescheinigungen in den Rentenversicherungen der Arbeiter und der Angestellten vom 31. August 1961.

Anhang

§ 6

Die allgemeine Verwaltungsvorschrift über die Muster der Versicherungskarten und Aufrechnungsbescheinigungen in den Rentenversicherungen der Arbeiter und der Angestellten vom 31. August 1961 (Bundesanzeiger Nr. 173 vom 8. September 1961) wird wie folgt ergänzt:

1. An § 1 wird als Satz 2 angefügt:
   „Für die Aufrechnungsbescheinigungen in der Rentenversicherung der Arbeiter für Handwerker, deren Pflichtbeiträge nach § 5 Abs. 1 des Handwerkerversicherungsgesetzes eingezogen werden, gilt die allgemeine Verwaltungsvorschrift über den Nachweis der Beitragsentrichtung durch versicherungspflichtige Handwerker in der Rentenversicherung der Arbeiter vom 13. Juni 1962 (Bundesanzeiger Nr. 114 vom 19. Juni 1962)."
2. An § 4 Abs. 2 wird als Satz 2 angefügt:
   „Die Nachweise der Beitragsentrichtung nach § 1 Abs. 2 der allgemeinen Verwaltungsvorschrift über den Nachweis der Beitragsentrichtung durch versicherungspflichtige Handwerker in der Rentenversicherung der Arbeiter vom 13. Juni 1962 (Bundesanzeiger Nr. 114 vom 19. Juni 1962) sind dabei mitzuzählen."

§ 7

Für ein Jahr nach Inkrafttreten dieser Verwaltungsvorschrift kann von dem vorgesehenen Muster im Rahmen des § 5 Abs. 4 und 5 ohne Zustimmung der dort genannten Stellen abgewichen werden.

§ 8

Diese allgemeine Verwaltungsvorschrift tritt am Tage nach der Veröffentlichung im Bundesanzeiger in Kraft.

ARBEITER-RENTENVERSICHERUNG

Landes-
versicherungsanstalt: ______________________ Früher: ____________

AUFRECHNUNGSBESCHEINIGUNG

über den Inhalt des Nachweises Nr. ________ — HwVG —

Beitragskonto Nr.

(Name, Vorname)

(Ort, Kreis, Amt)

(Geb. Name)

(Straße)

(Geb. Datum)

(Geburtsort/Kreis)

Nach dem Handwerkerversicherungsgesetz sind folgende Pflichtbeiträge entrichtet				Ersatz- und Ausfallzeiten (siehe Rückseite)			Vermerke (siehe Rückseite)
für Monat/Jahr	Anzahl	Klasse	zu DM	vom	bis	Art	

Ende der Handwerker-Versicherungspflicht Monat/Jahr	Grund (siehe Rückseite)	, den ________ Landesversicherungsanstalt ________

Diese Bescheinigung ist vom Versicherten sorgfältig aufzubewahren!

Erläuterungen

1. Zur Spalte Ersatz- und Ausfallzeiten

Art

Ersatzzeiten nach § 1251 Abs. 1 RVO, § 3 HwVG:
Nr. 1 Militärischer Dienst
Nr. 2 Internierung
Nr. 3 Verhinderung der Rückkehr aus dem Ausland
Nr. 4 Verfolgung
Nr. 5 Gewahrsam nach dem Häftlingshilfegesetz
Nr. 6 Vertreibung

Ausfallzeiten nach § 1259 Abs. 1 RVO, § 3 HwVG:
Nr. 1 Arbeitsunfähigkeit von mehr als 6 Wochen
Nr. 2 Schwangerschaft oder Wochenbett
Nr. 3 Arbeitslosigkeit vom Ablauf der 6. Woche an
Nr. 4 Schul-, Fachschul- oder Hochschulausbildung
— Über die Anrechenbarkeit der Ausfallzeiten kann nur im Rentenverfahren entschieden werden —

2. Zur Spalte Vermerke: Bei Zeiten des Wehrdienstes und zivilen Ersatzdienstes nach § 1227 Abs. 1 Nr. 6 RVO

Wehrdienst
Ziviler Ersatzdienst

3. Gründe für das Ende der Handwerker-Versicherungspflicht:

Für mindestens 216 Kalendermonate Pflichtbeiträge entrichtet
In der Handwerksrolle gelöscht
Bezug von Altersruhegeld
Als Arbeitnehmer versicherungspflichtig beschäftigt
Änderung in der Handwerksrolle (handwerklicher Nebenbetrieb)
Sonstige Gründe

Für eine anschließende freiwillige Versicherung (Weiterversicherung) oder Pflichtversicherung als Arbeitnehmer ist eine Versicherungskarte bei der zuständigen Ausgabestelle unter Vorlage dieser Aufrechnungsbescheinigung zu beantragen.

Gesetz zur Änderung des Handwerkerversicherungsgesetzes

vom 11. September 1962
(Bundesgesetzbl. I S. 610)

Der Bundestag hat mit Zustimmung des Bundesrates das folgende Gesetz beschlossen:

Artikel 1

Das Gesetz über eine Rentenversicherung der Handwerker (Handwerkerversicherungsgesetz) vom 8. September 1960 (Bundesgesetzbl. I S. 737) in der Fassung des Gesetzes zur Änderung sozialrechtlicher Vorschriften vom 25. April 1961 (Bundesgesetzbl. I S. 465) wird wie folgt geändert und ergänzt:

1. § 2 wird wie folgt geändert:

   a) Es wird folgender neuer Absatz 2 eingefügt:

   „(2) Auf ihren Antrag werden Bezirksschornsteinfegermeister von der Versicherungspflicht befreit."

   b) Die bisherigen Absätze 2 und 3 werden Absätze 3 und 4.

2. Es wird folgender § 13a eingefügt:

„§ 13a

Die Befreiung von der Versicherungspflicht nach § 2 Abs. 2 wirkt vom 1. Januar 1962 an, wenn sie bis zum 31. Dezember 1962 beantragt wird."

Artikel 2

Dieses Gesetz gilt nach § 13 Abs. 1 des Dritten Überleitungsgesetzes vom 4. Januar 1952 (Bundesgesetzbl. I S. 1) auch im Land Berlin.

Artikel 3

Dieses Gesetz tritt am Tage nach seiner Verkündung in Kraft.

SACHREGISTER

Die Zahlen bedeuten die Seiten

B

D

E

F

G

M

N

O

P

Kolibri 360 GmbH
Ferdinand-Jühlke-Straße 7
99095 Erfurt, Deutschland
produktsicherheit@kolibri360.de